5판

와이드 경제학

정승진 · 장선구 · 이진형

Business & Management Books
비앤엠북스

PREFACE

"와이드 경제학"의 새로운 판을 여는 이 서문을 통해 여러분을 진심으로 환영합니다. 이 책은 사회과학의 꽃이라 할 수 있는 경제학이라는 분야를 다루며, 우리에게 논리적 사고력을 기르는 힘을 제공합니다.

경제학은 그 본질에서 사회와 인간 행동의 이해를 근간으로 합니다. 이러한 이해를 지원하기 위해 수학적 방법과 그래프가 사용되지만, 때로는 경제학에 접근하는 데 있어 어려운 장애물이 되기도 합니다. 이러한 사실은 경제학에 대한 접근성을 낮추고, 학문의 본질적인 아름다움을 가릴 수 있습니다.

이 책에서는 경제학자들이 현실을 바라보는 틀을 제시하고, 단순히 책상 위의 이론에만 머무르지 않는 노력과 관심이 필요하다는 점을 강조합니다. "와이드 경제학"은 이론적인 근거를 실제 세계에 적용하는 방법을 탐구함으로써, 독자들이 현실 세계에서의 경제 현상을 보다 명확하게 이해하고 분석할 수 있도록 도와줍니다.

더 나아가서 경제학의 복잡한 개념들을 쉽고 명확하게 풀어내어, 경제학의 기본 원리를 이해하고 실생활에 적용할 수 있도록 합니다. 이를 통해 독자들은 경제학이 단순한 이론을 넘어서, 실제 생활에서 합리적인 결정을 내리는 데 어떻게 기여하는지를 볼 수 있게 됩니다.

이 책은 제너럴리스트와 스페셜리스트의 양면성을 모두 갖추고자 노력했습니다. 먼저 경제학의 기본적인 전체적인 틀 속에서 모든 것을 빠짐없이 다루고자 했습니다.

이 책은 다음과 같이 구성되어 있습니다.

제1부 경제학의 기초에서는 경제학의 기본적인 사고방식, 수요와 공급의 기본원리와 수요곡선과 공급곡선의 이동을 설명하고, 이러한 수요공급의 원리가 현실의 경제적 상황을 분석하는 데 어떻게 적용될 수 있는지를 보여줍니다.

제2부인 소비자이론과 생산자이론에서는 소비자와 생산자의 합리적인 행동을 다루고 미시경제학의 수식과 더불어 수업시간에 잘 설명해주지 않는 직관을 가미해 가능한 쉽게 풀어내려고 했습니다. 구체적으로

소비자 이론에서는 무차별곡선을 비롯하여 예산선 등을 제시하여 수요곡선을 도출하고, 생산자 이론에서는 기업이란 무엇인지를 설명하고 생산함수와 비용함수를 통한 이윤극대화 선택을 다루게 됩니다.

제3부 시장과 경쟁에서는 완전경쟁시장에서 독점적 경쟁, 과점, 독점에 이르는 내용을 설명하고, 독점적 경쟁시장은 제품차별화, 과점이론은 게임이론을 통해서 보다 현실적인 유용성을 높일 수 있게 됩니다.

제4부인 소득분배와 신경제에서는 생산요소 시장과 소득분배의 문제를 다루게 됩니다. 노동시장과 소득의 불평등, 빈곤, 양극화의 문제를 살펴봅니다. 추가적으로 그나마 최신이론이라고 할 수 있는 정보경제학과 디지털 경제의 내용은 급변하는 경제현상을 이해하는 데 도움이 될 것입니다.

제5부 국민경제와 경제성장과 변동에서는 거시경제학을 전반적으로 개관하고, 경제성장과 변동에 대해서 설명하고 있습니다.

제6부 경제안정은 실업과 인플레이션, 화폐와 금융시장, AD-AS 곡선에 대해서 다루게 됩니다.

제7부 국제경제와 세계화에서는 개방경제를 설명하면서 세계화의 각종 이슈에 대해서 다루게 됩니다.

끝으로 이 책의 출판에 도움을 주신 많은 분들께 감사의 말씀을 드립니다. 특히, B&M Books의 정경식 이사님, 편집자님의 재촉과 꼼꼼함이 없었다면 이 책은 빛을 보지 못했을 것입니다 그리고 최신의 많은 자료를 업데이트 해주신 한국은행의 김남주 박사님께 감사드립니다. 더 나아가 수업시간에 만난 많은 제자분들께도 감사드립니다. 많은 분들의 노력과 통찰 덕분에 이 책은 현실 세계와 연결되는 경제학의 진정한 가치를 전달할 수 있게 되었습니다.

"와이드 경제학"을 통해 경제학의 근본적인 가치와 실용성을 이해하고, 일상생활에서 보다 나은 결정을 내리는 데 도움 받기를 바랍니다.

여러분의 귀중한 피드백과 제안을 언제나 환영합니다.

2024년 저자

CONTENTS

Chapter 01 경제학적 사고방식

Chapter 02 수요-공급과 균형

Chapter 03 소비자선택이론

CONTENTS

Chapter 05 경쟁과 반독점정책

CONTENTS

Chapter 06 독점적 경쟁시장과 과점시장 - 제품차별화와 게임이론 -

Chapter 07 생산요소시장과 소득분배

Chapter 08 정보경제와 디지털경제

Chapter 09 행동경제학

CONTENTS

Chapter 12 경제성장과 생활수준

CONTENTS

Chapter 14 총수요-총공급과 균형국민소득

CONTENTS

Chapter 15 실업과 인플레이션: 필립스 곡선

Chapter 16 재정정책과 정부부채

CONTENTS

Chapter 17 화폐와 금융정책

Chapter 18 세계화와 국제무역

CONTENTS

Chapter 19 국제수지와 환율

CHAPTER | 01

경제학적 사고방식

1. 경제학이란 무엇인가

1.1. 경제학: 희소성과 선택의 학문

경제학을 공부하는 이유는 무엇인가? 경제학을 공부하면 기업, 은행, 언론, 국제관계, 교육 및 정부 등의 다양한 분야에서 경제학에서 배운 접근방법을 활용하여 보다 좋은 성과를 보일 수 있다. 경제학의 유용성은 경제학의 독특한 논리와 시각으로 다양한 사회문제를 분석하고 해결할 수 있다는 점에 있다.

경제라는 용어는 세상을 경영하고 백성을 구제한다는 의미의 한자어 '경세제민(經世濟民)'에서 나온 말이다. economy라는 용어는 가정을 관리한다는 의미의 그리스어 'oiko nomos'에서 유래하였다고 한다. 동양과 서양의 사고방식의 차이점을 보여주는 예라고도 할 수 있다. 국가를 관리하는 것과 한 가정을 관리하는 것은 모두 주어진 예산을 어떻게 하면 효율적으로 활용할 수 있는가 하는 측면에서 공통점이 있다. 가계부를 작성하는 주부의 입장에서는 적은 월급을 쪼개서 어떻게 살림살이를 잘 꾸려나가야 할지를 고민하고, 국정을 관리하는 공무원들도 주어진 예산을 한 해 동안 어떻게 적절히 활용해

경제
'경세제민(經世濟民)'에서 나온 말로 세상을 경영하고 백성을 구제한다는 의미

economy
가정을 관리한다는 그리스어 'oiko nomos'에서 유래
아리스토텔레스가 처음으로 개념 규정

경제학
한 사회가 희소한 자원을 어떻게 관리하는가를 연구하는 학문

야 하는지에 대해서 고민을 한다. 즉 **경제학**(economics)은 한 사회가 희소한 자원을 어떻게 관리하는가를 연구하는 학문이라고 할 수 있다.

1.2. 무한한 욕망을 지닌 인간과 희소한 자원

경제학의 관심대상은 무엇보다 인간이라고 할 수 있다. 그중에서 경제학에서는 합리적인 인간을 상정한다. 그렇지 않은 인간은 우리가 공통된 특징을 끌어내기 어렵기 때문에 인간에 대한 일반적인 결론을 내릴 수도 없다. 합리적인 인간이란 자신에게 주어진 상황을 잘 고려해서 자신의 목적을 달성하기 위해서 최선의 노력을 하는 사람들이다. 여기서 합리적이란 말은 목적으로서의 합리성이 아닌 최소의 비용으로 최대한의 효과를 거두고자 하는 수단으로서의 합리성을 의미한다.

인간은 무한한 욕망을 지니고 있다. 아흔아홉 마리의 양을 가지고 있는 어느 부자도 백 마리를 채우기 위해서 안간힘을 쓰는 모습에서 인간은 참으로 끝없는 욕망을 지니고 있다는 것을 새삼 느끼게 된다. 현실에서는 이를 억제하기 위해서 제도와 관습을 이용하기도 하고 때로는 종교를 활용한다. 불교에서는 고통의 근원은 욕심이라고 한다. 아마도 인간의 무한한 욕망에 비해 상대적으로 이를 충족시킬 자원은 매우 부족하기 때문에 문제가 있다고 보는 것 같다. 인간의 무한한 욕망에 비해서 상대적으로 자원이 부족하다는 것을 경제학에서는 **희소성**(scarcity)이라고 한다. 여기서의 자원은 천연자원을 포함하여 돈에서부터 시간까지 모두를 일컫는다. 애플의 스티브 잡스도 시간이라는 자원이 항상 부족했을 것이다.

희소성
인간의 무한한 욕망에 비해서 자원이 부족하다는 상대적 특성으로 경제학의 출발점

참고 **경제학자들은 부자일까?**

경제학하면 떠오르는 단어는 돈이다. 따라서 경제학자는 재테크와 주식을 통해 부자가 되지 않았을까 하는 생각을 갖기 쉬우나 실제 유명한 경제학자들은 돈과 거리가 멀었다. 가장 가난했던 사람은 마르크스였다. 그는 런던 빈민가에서 가난과 더불어 살았다. 『자본론』도 자신을 가난으로 몰아간 자본주의에 대한 반감이 아닐까 하는 생각도 든다. 주식으로 돈을 번 경제학자는 리카르도와 케인즈가 있었다. 케인즈는 주식시장을 꿰뚫어 볼 줄 알았다. 케인즈는 "주식시장은 미인대회와 같아서 가장 아름다운 미인을 뽑는 것이 아닌, 많은 사람들이 미인이라고 생각하는 사람이 뽑힌다"라고 했다. 수학과 경제학을 접목한 유명한 경제학자인 어빙 피셔는 "주가는 절대 내리지 않는다"라고 장담하다가 대공황 때 주가 폭락으로 모든 재산을 날렸다. 천재 중에 주식으로 망한 또 한 사람이 뉴턴이었다. 그는 주식으로 엄청난 손해를 보고 난 후, "천체의 움직임은 계산할 수 있어도 사람들의 광기는 도무지 알 수 없다"라고 중얼거렸다고 한다.

참고 **공기는 공짜인가?**

공기는 자유재(free goods)이기 때문에 자유롭게 아무런 대가 없이 얻을 수 있다고들 생각하지만 호흡하기에 적절한 맑은 공기는 이제 돈을 지불하고 구입해야 할 지경에 이르렀다. 이미 신선한 산소를 호흡하는 것이 북미지역에서 큰 인기를 끌고 있다. 캐나다 밴쿠버에 있는 오퍼스호텔은 모든 방에 수동으로 작동할 수 있는 산소통을 설치해서 12분 동안 신선한 공기를 마실 수 있는 서비스를 제공하고 있다. 사용료는 1통에 9.4달러이다. 또한 95%의 신선한 산소를 호흡할 수 있는 산소방이 아일랜드와 세계 대도시에서 개업하고 있는 점을 볼 때 이제는 산소도 과거와 같이 자유재가 아닌 경제재(economic goods)라고 할 수 있다.

1.3. 선택과 기회비용

무한한 욕망과 이를 충족시킬 자원이 희소하다는 데서 인간은 선택이라는 문제에 직면하게 된다. 가계를 꾸려나가는 주부의 입장에서 보면 옷도 사고 싶고, 가구도 새로 장만하고 싶고, 아이들을 학원에도 보내야 하는데 문제는 소득이 제한되어 있다는 점이다. 여기서 주부는 하고 싶은 것을 모두 선택할 수 없기 때문에 우선순위를 정해서 어느 것 하나를 선택해야 하는 문제에 봉착하게 된다. 그런데 옷을 구입하게 되면, 다른 일들을 다음 기회로 미루어야 한다. 우리는 살면서 매 순간 선택을 해야 한다. 지금 수업을 들을 것인가 아니면 결석을 하고 밖에서 친구들과 게임을 할 것인가, 혹은 오늘 점심은 어디서 먹을 것인가 등 매 순간 '선택'이라는 문제에 직면한다. 결국 경제학이라는 학문은 합리적인 인간을 대상으로 하여 주어진 희소한 자원을 가지고 최적의 선택을 하는 방법을

참고 **학교 다니는 것의 비용**

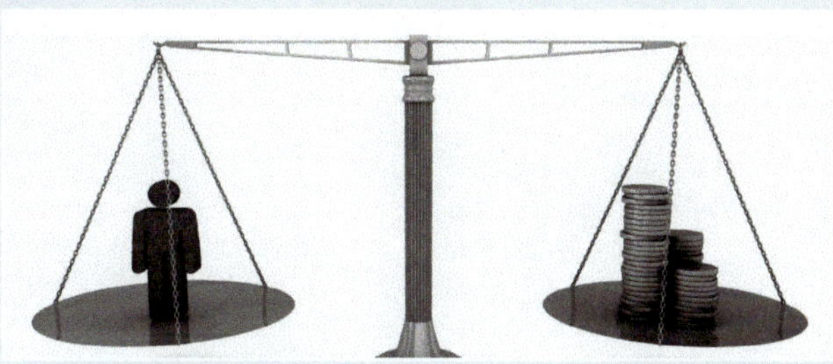

학교에 다니는 것의 비용은 얼마인가? 대부분의 사람들은 수업료, 집세, 식비, 책값과 교통비를 고려하고 나서 장학금을 공제하는 방법으로 계산을 할 것이다. 만일 그 액수가 1년에 1,000만원이라고 한다면 이것이 진정한 학교에 다니는 것의 비용이라고 할 수 있을까? 우리는 기회비용을 고려해야 그것의 진정한 비용을 산정할 수 있다. 만일 학교를 선택하는 대신 직장을 선택했다면, 그리고 그때 직장에서 1학기 동안 벌 수 있는 소득이 1,500만원이라면 진정한 의미에서 학교 다니는 것의 비용은 학교를 다니는 데 들어가는 비용인 1,000만원과 학교를 선택함으로써 포기하게 된 1,500만원을 합한 2,500만원이라고 할 수 있다.

배우는 학문이라고 정의할 수 있다.

선택을 하는 데는 반드시 그에 대한 대가가 따른다. 경제학에서는 "공짜 점심은 없다(There is no free lunch)"라는 말이 있다. 누군가가 점심을 공짜로 사준다고 하더라도 반드시 무엇인가의 대가가 따른다는 의미이다.

기회비용
여러 선택 대상 중에서 어느 하나를 선택했을 경우에 포기해야 하는 대안 중에서 최고의 가치를 갖는(next best alternative) 것의 가치

이와 같이 어떤 선택을 하게 되면 우리는 선택하지 못한 다른 것들을 못내 아쉬워한다. 이러한 아쉬움을 선택에 따른 비용이라고 생각할 수 있다. 즉 선택의 대상이 되지 못하고 포기하게 됨으로써 발생하는 비용을 **기회비용**(opportunity cost)이라고 한다. 엄밀한 의미에서 기회비용은 우리가 여러 선택 대상 중에서 어느 하나를 선택했을 경우에 포기해야 하는 대안 중에서 최고의 가치를 갖는(next best alternative) 것의 가치를 말한다.

1.4. 경제학의 3대 기본문제

인간이 직면하는 경제문제
무엇(what)을 어떻게(how) 생산하고 누구에게(who) 분배하는가의 문제

회소성의 세계에서 살고 있는 우리는 무한한 욕망을 충족시킬 수 없기 때문에 항상 선택의 문제에 직면하게 된다. 지금도 수업을 듣거나 이 책을 읽는 도중에 수업을 더 들을지 혹은 이 책을 계속 읽을지의 선택으로 고민하고 있을 것이다. 경제학에서는 이러한 **인간이 직면하는 경제문제**를 크게 세 가지로 분류한다. 즉, 무슨 재화와 서비스를 소비할 것인지 하는 '무엇(what)'의 문제와, 이 문제가 결정되었다면 어떻게 생산할 것인가 하는 '어떻게(how)'의 문제, 그리고 생산된 상품과 이득을 누구에게 배분할 것인가 하는 '누구에게(whom)'의 문제이다. 그리고 무엇을 어떻게 소비·생산할 것인가는 효율성과 관련한 문제라고 할 수 있고, 누구에게 분배할 것인가는 형평성의 문제라고 할 수 있다.

참고 **경제학이란 무엇인가?**

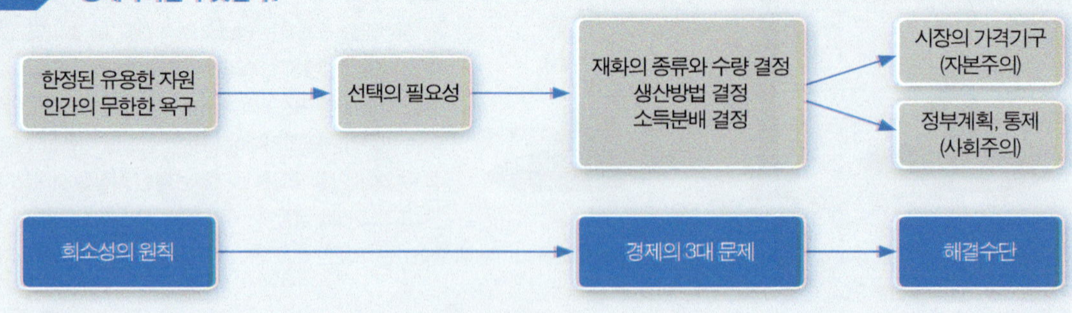

이러한 문제를 해결하는 방식에는 크게 자본주의 시스템과, 정부의 계획과 통제에 의한 사회주의 시스템이 있다. 물론 과거 원시시대에도 이런 문제는 당연히 존재했을 것이다. 구석기시대라면 추운 겨울에 대비해서 토끼를 잡을지 코끼리를 잡을지 호랑이를 잡을지를 결정해야 했을 것이다. 이 대상(what)이란 문제가 해결되면, 맨손으로 때려잡을지 창을 이용할지 활을 이용할지의 방법(how)이란 문제에 봉착한다. 만일 코끼리를 활로 잡았다고 하면, 이제 그 코끼리를 어떻게 나눌 것인가의 배분(for whom)이란 문제에 당시에는 부족마다 규칙이나 관습이 있었을 것이다. 결국 경제학의 중요한 3대 문제(소비·생산·분배)는 인간의 무한한 욕망과 희소한 자원 속에서 발생하는 선택의 문제로 인간과 함께 병존해왔다고 할 수 있다.

2. 경제학을 지배하는 10가지 법칙

다음에 설명할 경제학의 기본원리는 간혹 직관과 어긋나 보이기도 하고, 신문이나 TV에서 혹은 전문가라고 칭하는 사람들조차 간과하기 쉬운 것들이다. 좀 더 합리적이고 현명한 판단을 내리기 위해서라도 이 원리들을 잘 이해하고 적용해보도록 노력해야 한다.

◈ 선택과 포기(공짜 점심은 없다)

"공짜 점심은 없다"는 말은 무엇을 얻고자 하면 대가로 다른 무엇인가를 포기해야 한다는 것을 의미한다. 가계부를 작성하는 주부든지 국정을 운영하는 관리든지 주어진 희소한 자원을 가지고 고민한다. 후자라면 국방에 힘을 쓸 것인지 아니면 생활수준의 향상에 투입할 것인지를 고민할 것이다. 현대사회에 들어서는 환경과 소득증가 간에, 효율성과 형평성 간에 조화의 문제도 제기된다. 선택문제에서 선택한 것은 선택하지 못한 것을 희생한 대가라고 할 수 있다.

◈ 시장의 수요공급법칙

시장에는 애덤 스미스가 말한 '보이지 않는 손(invisible hand)'이라는 가격기구가 있

참고 풍부한 대안 속의 불행

기회비용은 선택의 문제에서 발생한다. 어느 것을 선택하면 선택하지 못한 것은 아쉬움으로 남는데, 이러한 것도 아쉬움의 비용이다. 우리가 포기하는 대안이 많으면 많을수록 기회비용은 커지게 되고, 기회비용이 커질수록 선택한 대안에 대한 만족감은 줄어들게 된다. 다양한 대안들의 존재로 인해서 우리는 실제로 존재하지 않는 대안들을 상상 속에서 더 많이 만들어내고, 이렇게 선택의 대안이 증가하면 우리는 불행해지게 된다. 선택의 가치는 주관적이기 때문에, 추가적인 대안들이 어느 시점을 지나 우리의 주관적인 경험의 가치를 떨어뜨리게 되면 오히려 불행해질 수 있다.

어서 수요와 공급의 법칙에 따라서 변화하고, 그 결과 시장은 균형을 이루게 된다. 그런데 정부의 원래 의도한 정책이 시장의 힘인 수요와 공급의 원리를 거스를 때 역효과를 낳는 것을 본 적이 있을 것이다. 예를 들어 세입자를 위해 임대료를 통제하는 정부의 정책, 농작물에 대한 가격하한제, 임금생활자에 대하여 일정수준 이상의 안정된 생활을 보장해주기 위한 최저임금제 등은 시장의 작동원리를 따르지 않아 예상치 못한 부작용을 발생시킬 수 있다.

◈ 한계적인 마인드

비행기 한 대가 인천에서 미국 시카고로 승객 1명을 실어 나르는 데 120만원이 든다고 하자. 만일 빈 좌석이 있을 때 대기자 1명의 학생을 절반 가격인 60만원에 할인해준다면 이 항공사는 이익이 날 것인가? 답은 "그렇다"이다. 왜냐하면 승객이 50명이든 100명이든 한 번 이륙하면 비행을 위한 비용은 모두 동일하게 지불해야 하기 때문이다. 즉 승객을 1명 더 태우는가의 여부와는 상관없이 비행기 수리비용, 활주로 이용비용, 지상요원 등의 투입비용은 고정적으로 드는 비용이므로, 단지 승객을 1명 더 추가하는 데 항공사가 고려해야 할 비용은 음식과 음료수를 제공하기 위한 기내식 비용 정도이다. 따라서 비행기의 좌석을 비워두기보다는 1명이라도 더 채우는 것이 비록 할인된 가격이지만 항공사에는 이득이 된다. 이와 같이 현재의 상황에서 한 사람의 추가적인(additional) 변화를 한계적(marginal)이라고 한다.

◈ 인센티브에 반응하는 인간의 행동

인간은 인센티브(incentive)에 반응하는 존재이다. 인간이 어떤 행동을 하게 되는 동기는 종교적인 신념, 질투, 사랑 등 다양하지만, 경제학에서는 경제주체인 소비자, 생산자, 정부는 경제적 유인인 인센티브에 가장 민감하게 반응한다고 주목하고 있다. 2007년 노벨경제학상 수상자로 선정된 레오니드 후르비치(Leonid Hurwicz)와 에릭 매스킨(Eric Maskin), 로저 마이어슨(Roger Myerson)은 메커니즘 디자인 이론의 기초를 수립한 것으로 유명하다. **메커니즘 디자인 이론**(Mechanism Design Theory)이란 사람들이 개별적으로 자신의 이익을 추구하더라도 동시에 이 같은 행동이 사회적으로도 바람직한 목표를 달성할 수 있도록 만드는 최적의 제도는 무엇인지, 어떻게 이를 설계할 수 있을지에 대해 연구하는 것이다.

메커니즘 디자인 이론
사람들이 개별적으로 자신의 이익을 추구하더라도 동시에 이 같은 행동이 사회적으로도 바람직한 목표를 달성할 수 있도록 하는 최적의 제도는 무엇인지, 어떻게 이를 설계할 수 있는지에 대한 인센티브를 연구

◈ 비교우위의 원리

최근에 중국 경제의 성장으로 인해 장난감, 전자제품, 곡물 등 많은 물품들이 중국에서 수입되고 있다. 밀려드는 중국산 수입물품으로 인해서 한국의 농민들과 제조업체들은 불평을 하면서 수입으로부터 자신들을 보호해줄 것을 정부에 요구한다. 과연 밀려드는 수입물품으로 인해서 우리의 생활수준은 위협을 받을 것인가? 노동자들은 직장에서 해고되고, 한국은 점차 빈곤해질 것일까? 경제학자들은 이러한 주장을 반박한다. 비록 중국이 모든 제품에서 한국보다 더욱 저렴하게 생산할 수 있는 경우에도 한국은 교역을 위한 상대적인 우위를 얻을 수 있다고 한다. 이러한 원리를 비교우위법칙(law of comparative advantage)이라고 한다.

◈ 교역을 통한 상호이득

경제 시스템의 가장 기본적인 원리 중의 하나는 거래의 당사자는 자발적인 교환과 거래를 통해서 이득을 누릴 수 있다는 것이다. 직관적으로 국제교역에서 어느 한 나라가 이득을 얻으면 다른 나라는 이용만 당하고 손해를 보는 것처럼 생각할 수 있으나 두 나라 모두에게 이득이 발생한다는 것이다.

◈ 만병통치약이 아닌 정부정책

시장경제는 내재적으로 호황과 불황의 경기변동이라는 문제를 안고 있다. 이러한 문제를 거시적 **시장실패**(market failure)라고 하는데, 호황기에는 인플레이션 문제가 생기고, 침체기에는 실업이 발생한다. 이 두 문제를 해결하기 위해서 정부는 세금과 정부지출을 활용한 재정정책과 통화량과 이자율을 조절하는 금융정책을 사용할 수 있는데 반드시 성공한다는 보장은 없다. 이것을 정부실패(government failure)라고 하는데, 정부가 완벽한 정보를 이용해 시장을 정확히 진단하고 처방할 능력이 없고, 경제가 정책결정자의 예상대로 반응하지 않을 수 있기 때문이다.

시장실패
시장기구가 제대로 기능을 하지 못하는 현상으로, 자원배분의 비효율성을 가져오는 독점시장, 외부성, 공공재와 불공평성의 소득분배의 문제 그리고 경기변동과 실업과 인플레이션 등으로 인해 발생

◈ 한 나라의 생활수준을 결정하는 것은 생산성

한 나라의 생활수준이란 삶의 질을 의미한다. 시간의 흐름에 따라서 생활수준은 달라지지만 소득이 증가하면서 같이 높아지는 것이 일반적이다. 국민의 생활수준은 국가의 생산성에 기인한다. 한 사람이 단위시간당 생산해내는 재화와 서비스의 양이 많은 나라일수록 살기 좋은 나라인 것이다.

참고 깨진 유리창의 오류: 경제학이 암울한 과학이 아닌 이유

똑똑한 학생일수록 경제학을 공부해야 하는 이유는 경제학이 어렵거나 흔히 말하듯이 암울한 과학이어서가 아니다. 만일 똑똑한 학생이 의사가 된다면 의술로 유익한 일을 할 때 한 번에 한 명의 환자에게만 혜택을 줄 수 있을 뿐이다. 그러나 경제학자이기도 한 벤 버냉키(Ben Bernanke) 전 미연방준비제도이사회 의장의 적절하고 합리적인 선택은 한 번에 수백만 명에게 혜택을 준다. 따라서 사회에 커다란 긍정적인 영향을 준다는 측면에서는 경제학적 효과가 더 클 것이다.

흔히 우리가 빠지는 착각으로 '깨진 유리창의 오류'라는 것이 있다. 한 10대 아이가 벽돌을 던져 빵집 유리창을 깨고 도망가자 거기에 모여든 사람들이 그 아이만을 탓했다. 그때 어느 궤변론자는 오히려 유리창이 깨졌다는 사실을 반기면서 빵집 주인이 새 유리창을 주문하게 되면, 유리창 수리업자는 이득을 얻게 되고, 이렇게 번 돈을 다른 데 사용하면 또 다른 사업자에게 이득이 되기 때문에 긍정적인 도미노효과를 얻게 될 것이라고 했다. 일련의 소득과 소비의 연쇄효과가 오히려 경제의 활성화에 기여할 것이라는 주장이었다. 그러나 경제학자들의 생각은 다르다. 빵집 주인이 깨진 유리창을 구입하는 데 비용을 아낀다면 다른 음식을 사 먹거나 양복을 구입하는 데 사용했을 것이기 때문에, 이것은 새로운 일거리를 만든 것이 아니라 소비의 대상만 바꾼 것이라고 궤변론자의 말을 반박한다. '깨진 유리창의 오류'는 우리 주위에서 여러 형태로 찾아볼 수 있다.

◈ 인플레이션은 장기적으로 통화량의 증가가 주원인

인플레이션은 물가수준의 전반적인 상승현상을 의미한다. 인플레이션을 야기하는 주요 원인은 지속적인 통화량의 증가라고 할 수 있다. 정부가 통화량을 늘리면 화폐가치는 하락하게 되고 물가수준이 전반적으로 상승하게 된다.

◈ 인플레이션과 실업의 단기상충관계

1970년대 후반과 1980년대 초반에는 유가와 식료품 가격을 포함한 물가가 상승하면서 동시에 실업은 증가했고, 2000년에 들어서는 IT혁명으로 인해서 실업은 줄어들면서 에너지 가격의 하락, 컴퓨터 가격의 하락으로 인해 경제 전체의 물가수준이 하락하는 경우가 있었다. 경제학에서는 두 경우를 일반적이 아닌 예외적인 상황으로 간주한다. 정상적인 상황에서 인플레이션과 실업은 잡아야 할 두 마리 토끼에 비유되는 상충(trade-off) 관계에 있다. 다시 말해서 정부는 왼쪽으로 도망가는 토끼와 오른쪽으로 도망가는 토끼를 모두 한꺼번에 잡을 수 없다는 것이다.

3. 경제학을 바라보는 시각

3.1. 미시적 관점과 거시적 관점

미시경제학(microeconomics)은 가격이론(price theory)이라고도 하는데, 개인이나 기업이 주어진 여건에서 자신의 이익을 극대화하기 위해 어떤 결정을 하는가, 또 그러한 결정이 시장기구(가격)를 통해 어떻게 조정되는가를 연구하는 학문이다. 반면에 거시경제학(macroeconomics)은 국민소득이론(national income theory)이라고도 부르는데, 국민경제의 입장에서 국민소득, 물가, 소득 등과 같은 국민 전체와 관련되는 경제문제를 주로 분석하는 학문이다.

미시경제학이 이른바 숲에 있는 개개의 나무를 조사함으로써 그 숲에 대한 이해를 심화시키는 것이라면, 거시경제학은 숲 전체를 조감함으로써 그 모양을 아는 것이라고 할 수 있다. 미시경제학과 거시경제학은 상호보완적으로 오늘날의 경제학을 분석하는 기

미시경제학
가격이론(price theory)이라고도 하며, 개별경제주체인 개인이나 기업이 주어진 여건에서 효용의 극대화나 이윤의 극대화를 추구하는 최적화를 연구하는 경제학의 한 분야

거시경제학
국민소득이론(national income theory)이라고도 하며, 국민경제의 입장에서 국민소득, 물가, 소득 등과 같은 국민 전체와 관련되는 경제문제를 주로 분석하는 경제학의 한 분야

본 틀이다. 구체적인 예를 들면 미시경제학은 주어진 100만원으로 무엇을 얼마나 구입하고 그것을 왜 사는가 또 주어진 노동과 자본으로 무엇을 얼마나 생산하며 왜 그것을 생산하는가 하는 문제를 다룬다. 거시경제학은 한 사회의 국민 전체의 소득은 얼마이며, 얼마만큼의 실업자가 발생하고 있고, 인플레이션 수준은 어떠하며, 어떤 방법을 통해 이를 조정할 것인가 하는 문제를 다룬다.

3.2. 실증경제학과 규범경제학

실증경제학
경제현상을 주어진 사실대로(What is) 기술하고 분석하여 그 결과로 얻은 지식체계

경제학과 같은 과학을 분류하는 기준 중에는 가치판단과 사실 기술이 있다. 실증경제학(positive economics)은 경제에서 관찰된 사실, 환경 및 이와 관련된 모든 것에 대한 관계를 설명하는 데 관심을 둔다. 즉 경제현상을 사실 그대로(what is) 기술하고 분석하여 그 결과로 얻은 지식체계이다. 윤리와 가치판단을 내포하는 문제로 얼마나 높은 인플레이션율을 견딜 수 있는가, 조세가 부유층에 중과되어 빈곤층을 도와야 하는가, 방위비 지출은 매년 10%씩 증가해야 하는가 등은 논의의 대상은 될 수 있으나 과학에 의해서나 분석에 대한 호소에 의해서 결코 해결될 수 없다. 인플레이션율이 얼마나 되어야 하고, 어느 정도의 방위세가 적정한가 등에 대하여 불변의 정답은 없는 것이다.

규범경제학
바람직한 상태(What ought to be)가 무엇인가에 대한 가치판단(value judgement)을 할 수 있는 기준으로 정치경제학과 경제사의 접근방법

규범경제학(normative economics)은 여러 가지 경제현상을 비교하여 그중 어느 것이 사회적으로 가장 바람직한가 혹은 그렇지 못한가를 평가하는 것으로, 가장 바람직한

참고 손흥민의 행동은 미시, 축구경기의 결과는 거시

축구경기는 여러 사람이 조화를 이루어 상대방의 전략에 어떤 작전으로 대응하는가에 따라 경기의 승패가 달라진다. 축구경기를 미시적인 시각과 거시적인 시각으로 나누어 살펴보고자 한다.
세계 최고의 미드필더인 우리나라의 손흥민은 매 순간 선택문제에 직면하게 된다. 그는 욕심이 매우 많다. 혼자서 볼을 드리블해서 골로 연결시키고 싶지만 상대 수비수가 가만히 있지 않고, 체력적으로도 한계가 있기 때문에 주어진 상황에서 최선의 선택을 해야 한다. 진로를 가로막는 상대방 수비수가 앞에 나타나면 손흥민은 수비수를 왼쪽으로 돌파할지 아니면 오른쪽으로 돌파할지, 패스를 해야 할지 선택에 직면하게 되는데 이러한 상황은 '미시'적 현미경으로 보는 것이다. 수비수를 제치고 볼을 어떤 공격수에게 센터링을 할지 선택해야 하고, 이때 최적의 공격 경로를 따라서 공격수에게 잘 전달되면 그 결과가 골로 연결되는 것이다. 전·후반전이 끝나면 최종결과인 점수와 반칙수, 코너킥수 등이 비교되어 나오는데 이러한 정보는 '거시'적인 망원경으로 본 내용들이다. 아침신문에 주로 나오는 것은 경기의 결과이다. '한국, 일본을 상대로 3:1로 승리하다'와 같은 결과는 거시적인 문제이고, 만일 더 큰 점수 차이로 승리를 못한 데 아쉬워하며 '아, 그때 손흥민이 직접 몰고 갔어야 하는데!' 등의 선택의 문제를 되짚어보는 것은 미시적인 접근이라고 할 수 있다. 이처럼 미시와 거시는 접근방식이 다를 뿐 상호 보완적일 때 그 의미가 높다고 할 수 있다.

상태(what ought to be)가 무엇인가에 대한 가치판단(value judgement)을 할 수 있는 기준을 전제로 한다. 가치판단에 있어서의 기준으로 여러 가지가 있겠지만, 중요한 것은 효율(efficiency), 공평(equity), 자유(freedom), 성장(growth), 안정(stability) 등을 들 수 있다.

4. 경제현상의 판단 기준: 효율성과 공평성

효율성은 생산과 소비 측면에서 주로 논의되고, 공평성 혹은 형평성은 주로 분배 측면에서 논의된다. 경제학에서 효율성(efficiency)은 "최소의 대가나 비용으로 최대의 효과를 얻는 것" 즉 최소비용의 법칙이 이루어짐을 의미하며, 공평성(equity)은 사회적으로 바람직한 분배 및 재분배가 이루어짐을 의미한다.

경제학의 출발점은 희소한 자원과 무한한 욕망이라고 할 수 있다. 따라서 아까운 자원을 낭비한다는 것은 거의 죄악이나 다름없다. 어떻게 하면 희소한 자원을 낭비 없이 잘 사용할 것인가의 문제가 효율성이다. 예를 들어 피자 한 판이 있다고 하자. 이때 피자 두 조각을 먹지 않고 남기게 되었다면 이것은 다른 데 쓸 수 있었던 아까운 자원을 피자 만드는 데 더 많이 사용했다는 것을 의미하므로 비효율적인 자원배분이라고 할 수 있다. 반면에 피자 한 판을 누군가 혼자 7조각 먹고 나머지 9명이 1조각 먹게 되면 낭비 없이 효율성은 달성되지만 공평성을 충족하지 못하게 된다.

넓은 의미의 효율성 개념에는 공평성 개념도 포함된다고 보아야 하는데, 이는 공평성이 전제되지 않는 효율성의 보장이란 무의미하며, 장기적으로는 효율성도 보장되지 못하기 때문이다. 이처럼 효율성과 공평성 개념은 긴밀한 관계에 있으나, 앞에서 언급한 서로 다른 방향으로 뛰는 두 마리의 토끼의 예처럼, 둘을 동시에 달성하기란 쉽지 않다.

5. 경제이론의 구성

5.1. 경제이론 구성 절차

경제이론은 정의, 가정, 가설, 예측, 검증으로 구성된다. 먼저 개념 용어와 변수(variable)의 정의를 시작으로 현실을 고려한 조건을 세우게 되는데 이를 가정(assumption)이라고 한다. 다음으로는 가설(hypotheses)을 세우게 되는데, 가설은 추리된 인과관계로서 경제현상을 설명해주기 위한 모형(model)이다. 이처럼 경제현상에 대한 여러 가지 가설을 검증하여 체계적으로 정리한 것이 곧 경제이론이다. 경제이론에서 가설에 입각하여 여러 가지 결론을 도출할 수 있으며, 이 결론이 곧 예측(predictions)이다. 마지막으로 이론적인 결과와 현실이 얼마나 부합하는가를 평가하는 것이 검증(testing theories)과정이다.

경제학은 사회과학의 한 분야로 과학적인 특성과 사회적인 특성을 모두 가지고 있다. 따라서 수리적인 접근과 동시에 역사적인 방식도 매우 중요하다. 최근의 경제학은 현실을 분석하는 데 있어서 경제자료를 이용한 통계적 접근방법을 많이 사용하고 있다. 경제학은 특정한 문제에 대해서 이론적이고 분석적인 틀을 제공해줄 수 있지만, 정책문제에 대한 최종적인 결정은 서로 다른 가치판단을 가지고 있는 경제학자에 달려 있다. 따라서 동일한 현상이라도 주관적인 가치관이 가미된 렌즈를 가지고 보게 되므로 다른 판단을 내릴 수 있다. 예를 들어 지구 온난화를 대비하기 위한 적절한 벌금 수준이 어느 정도인지는 환경주의자인지 아닌지의 여부에 따라 달라질 것이다.

5.2. 추상화와 단순화

경제이론은 비현실적인 가정을 많이 한다. 그 이유는 현실 세계가 너무 복잡한데 이를 필요에 의해서 단순하게 추상화하려는 데 있다. 인간을 관심 대상으로 하는 경제학은 중요하지 않은 세부사항까지 고려할 경우 정작 중요한 핵심을 놓칠 수 있기 때문에 되도록 단순화하게 된다.

일례로 대통령이 두 명의 비서에게 추석 때 사용할 서울-부산 간 지도를 만들라는 지

참고 가정의 경제학

경제이론이 현실과 매우 동떨어져 있다는 점을 꼬집은 다음과 같은 일화가 있다. 무인도에 화학자, 물리학자, 경제학자 세 사람이 조난당했다. 난파된 배에는 통조림이 매우 많았지만 이를 개봉할 도구가 없었다. 이때 화학자는 통조림 밑에 불을 피워 터뜨리자고 했고, 물리학자는 물리법칙을 활용해 얼마의 속력으로 바위에 힘차게 던질 수 있는 기구를 만들자고 제안했다. 이들 제안을 가만히 듣고 있던 경제학자는 어떤 해결책을 내놓았을까? 바로 "통조림 따는 도구가 있다고 가정(assumption)해보자"였다.

참고 경제체제의 장벽을 넘어 정보의 풍요 속으로

1960년대 초 베를린을 동서로 나누는 장벽이 설치되고 난 후, 경제학은 세계에서 가장 성공한 경제국가인 독일을 대상으로 실험을 하였다. 한쪽은 강력한 중앙집권적인 정부가 들어서서 수요를 예측하고 생산계획을 수립했고, 다른 한쪽은 자유로운 시장에 맡겨 사람들이 좋아하는 방향으로 나가도록 내버려두었다. 동독과 서독의 가장 중요한 차이점은 경제권력의 중앙집권화와 분권화에 있었다. 분권화가 계획적인 조정이 가능한 중앙집권화보다 혼란만 초래할 것이라는 일반적인 직관과 달리 보다 더 효율적이었다. 바로 동독의 몰락과 독일의 통일(1989)이 역사적인 증거라고 할 수 있겠다.

시를 내렸다고 하자. 한 비서는 우리나라 지도 전체를 놓고 제주도, 독도, 한라산, 백두산을 모두 표시하고 서울에서 부산까지의 모든 것을 자세하게 적어 넣은 지도를 만들었고, 다른 비서는 대통령의 관심이 서울에서 부산까지의 교통상황과 휴게소 위치 파악이라고 생각해서 다른 부분은 대충 나타내고 관심 있는 부분만 잘 설명한 지도를 만들었다고 하자. 과연 대통령은 두 비서 중에서 누구를 칭찬할 것인가? 물론 모든 부분을 구석구석 자세히 그린 비서도 칭찬받을 만하지만, 목적에 맞지 않는 부분에 많은 시간과 노력을 기울인 점은 경제학의 기회비용의 측면에서 볼 때 결코 합리적이라고 할 수 없다. 우리가 주의해야 할 점은 모든 분석에 잘 적용되는 완벽한 모형은 존재하지 않기 때문에, 단순화와 추상화를 통해 분석의 목적에 부합하는 판단기준을 세워야 한다.

5.3. 경제모형

경제모형(economic model)이란 실제의 경제를 단순화하여 작은 규모로 축소한 것이다. 아이들에게 교육적인 목적으로 비행기의 비행원리를 설명하고 관찰하도록 유도하

경제모형
실제의 경제를 단순화하여 작은 규모로 축소한 것.
즉, 추상화(=직관)한 것

기 위해서는 전체적으로 매우 정교하게 모방한 비행기 모형물보다 기체 부분은 단순화하고 날개 부분은 매우 정교하게 제작한 비행기 모형물을 제시한 편이 오히려 나을 수 있다. 유명한 경제학자 필립스(A. W. Phillips)는 단순한 경제에서 국민소득이 어떻게 결정되는지를 설명하기 위해서 런던정경대학(LSE)의 지하실 파이프를 이용했다고 한다.

앞으로 경제학에서는 그림을 통한 설명방법을 많이 도입하는데, 이러한 방법을 두려워하기보다 경제현상을 이해하기 위한 도구로 반갑게 맞이하면 될 것이다.

6. 경제학적 설명방법

경제학에서 사용하는 설명방법은 먼저 말로 설명하는 것이 가장 기본이다. 개념적인 내용뿐만 아니라 직관을 사용해서 경제현상이 어떻게 나타나고 있는가를 풀어서 설명하는 것은 중요하다. 'TV 토론'에 나온 패널이 부동산 가격 급등의 원인과 대책을 설명하기 위해서 어려운 수식이나 그래프를 이용한다면 대부분의 시청자들은 채널을 돌릴 것이다. 따라서 기본적인 접근방법은 말로 서술하는 것이다. 여러분이 경제원리를 학습한 후 집에 가서 경제학에 대해서 아무것도 모르는 어머님에게 말로 차근차근 설명할 수 있으면 완전하게 이해한 것이라고 말해도 괜찮다. 명절에 놀러 온 고등학생 사촌에게 "경제학이 무엇을 배우는 학문이야?"라는 질문을 받고서 얼른 떠오르는 것이 복잡한 수식과 그래프 그리고 왠지 어렵다는 생각이라면 공부를 잘못하고 있는 것이다.

◈ 서술적 방법

수요의 법칙이란, 뒤에서 자세히 배우겠지만, 간단히 말하면 가격이 오르면 사람들이 사과를 덜 사려고 하고, 가격이 내리면 더 많이 사려고 하는 시장관계라고 설명할 수 있다. 이러한 가격과 구입하고자 하는 수요량 간의 반비례관계를 수요의 법칙이라고 한다.

◈ 그래프를 이용한 방법

앞에서 말로 설명한 것과 동일한 정보를 가지고 그림을 통해서 나타내면 〈그림 1-1〉과 같이 사과의 가격과 수요량 간의 관계가 한눈에 들어온다. 이처럼 그림은 말로 설명

그림 1-1

수요의 법칙과 수요곡선

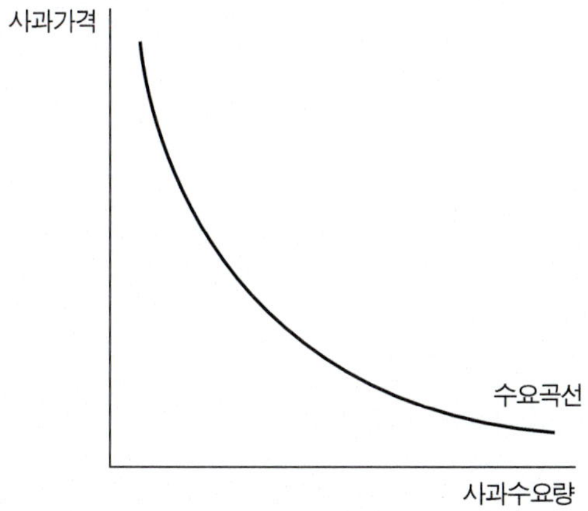

하면 논리가 길어지고 복잡해지는 경우 쉽게 이해하는 데 도움을 준다.

◈ 수리적 방법

경제학에서는 말이나 그림을 통한 방법 이외에도 수학을 많이 사용한다. 그러나 어려운 고도의 수학이 필요한 것은 아니고 단지 미분의 기초 정도만 알면 해결된다. 수학이라기보다는 수식이라고 표현하는 편이 더 타당할 것이다. 앞의 서술과 그래프를 다음과

참고 DIY 경제학의 오류

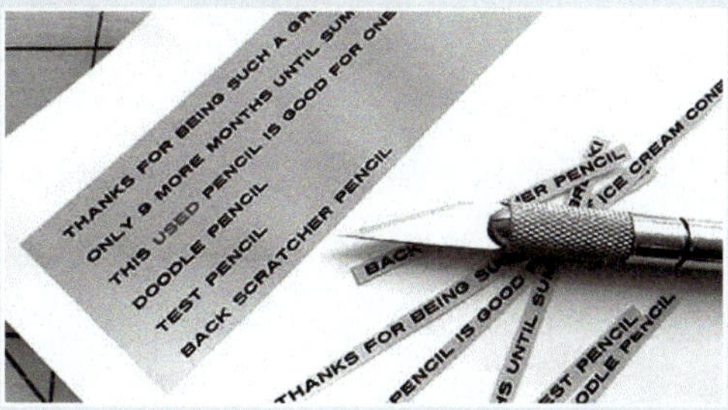

DIY는 'Do It Yourself'의 약자로, DIY 경제학이란 경제학을 제대로 교육받지 않는 일반인들의 실용적인 경제지식을 말한다. 상대성이론이나 뇌의 원리에 대해서는 입 다물고 조용히 있으면서 부동산시장에 대해서는 택시 기사들부터 장사하는 사람에 이르기까지 모두 한마디씩은 한다. 눈에 보이는 현상을 어쩌면 너무 쉽게 생각해서 그런 것은 아닐까? 태양은 동쪽에서 떠서 서쪽으로 움직이나, 태양이 지구를 돈다는 생각을 당연시 받아들여 이를 부인할 생각도 하지 않았고 부인하면 화형을 당했던 시절이 있었다. 복잡한 시스템을 이해하고 그 원리를 알기 위해서는 연구와 교육이 필요하다. 경제학에 대해서 모두 잘 아는 것 같지만 실제로는 잘 모르고 있다. DIY 경제학이 오류에 빠지는 것은 경제현상을 성급하게 일반화하기 때문이다. 갈릴레이는 종교재판관들에게 망원경을 들여다보라고 권유하지도 않았고, 설사 설득한다고 해도 변하는 것은 없을 것이라고 생각했다. 당시 사회를 지배하고 있는 맹신적인 편견과 독단주의는 망원경을 통해 알려진 사실 그 자체를 인정하려고 하지 않았을 것이기 때문이다.

같이 함수식으로 표현하면 더 편리한 경우가 많다.

$$Q^{D}_{사과} = f(P_{사과})$$

이 식은 사과의 수요량($Q^{D}_{사과}$)을 사과 가격($P_{사과}$)의 함수로 나타낸 것이다. 여기에 음(−)의 상관관계라는 정보만 표시해주면 앞에서 언급한 복잡한 내용을 단 한 줄로 해결할 수 있다. 경제학에서는 상품의 가짓수가 많아지면 말이나 그림을 통해서 설명하는 데 어려움이 있기 때문에 수리적인 방법을 많이 활용한다.

7. 경제학 학습의 의의와 학습방법

7.1. 경제학 학습의 의의

자본주의 사회의 구조와 운영원리를 습득한다는 것은 생활과 밀접한 실업, 인플레이션, 주택난, 교통난 등 우리가 당면한 각종 경제문제를 해결하는 방안의 첫걸음이 된다. 특히 사회 전체적으로는 경제학적인 지식이 긍정적인 파급효과를 지닌 공공재로서의 역할을 하게 되므로, 개별경제주체들은 합리적인 선택과 행동을 통해 사회적인 기회비용을 줄일 수 있다. 이러한 측면에서 볼 때 경제학적 지식은 학습자 개인에게만 직접 이익을 가져다주고 외부성을 갖지 못하는 외국어 회화나 컴퓨터 지식과 다르다고 할 수 있다.

최근 많은 사람들의 관심사는 어떻게 하면 돈을 많이 벌 수 있는가의 방법에 대해 생각한다. 경제학은 돈 버는 방법을 가르쳐주는 학문이 아니라 인간에 대한 연구로서 어떻게 하면 매 순간 직면하는 선택의 문제를 슬기롭게 해결할 수 있는가라는 좀 더 광범위한 영역을 다룬다고 볼 수 있다.

기업들이 추구하는 경영환경에 따른 혁신적인 기법은 경제학과 같은 기초적인 토양이 뒷받침되지 않는다면 실질적인 경쟁력을 얻기 어렵다. 따라서 성공적인 기업경영을 위한 구체적인 경영학이론들—품질경영, 기업문화 혁신, 조직단계의 축소, 벤치마킹, 리엔 지니어링, 리스트럭처링, 다운사이징 등—이 유행에 따라 확산되지만 실패하는 경우를 많이 볼 수 있는데 이러한 한계를 극복하는 데 있어서 경제학이 필요하다.

7.2. 경제학 학습방법

경제학을 학습하는 가장 좋은 방법은 디지털 매체를 통해 경제신문 혹은 신문의 경제기사를 즐겨 보는 것이다. 언제나 들어오던 말이겠지만 실제로 행동으로 옮기기는 쉽지 않은 일이다. 인터넷을 통해서 혹은 도서관에서 얻은 기사를 직접 풀과 가위를 이용해 스크랩하면서 중요한 부분은 밑줄 치며 공부하는 것이 처음에는 보잘것없이 보여도 나중에 커다란 도움을 줄 것이다. 경제학 교과서를 통해 이론적 기반을 다지는 것도 중요하지만 현실적인 감각을 키우기 위해서는 신문의 경제란을 많이 읽어볼 필요가 있다. 경제학 교과서는 경제현상을 바라보는 원리를 알려주고, 신문기사 내용은 그 원리가 어떻게 응용되어 현실을 이해하는 데 도움이 되는가를 알려줄 것이다.

참고 **노벨경제학상에 대하여**

◈ 새로운 노벨상의 신설

노벨경제학상은 원래 노벨상이 아니다. 이 상의 정식명칭은 '알프레드 노벨 기념 경제학 스웨덴은행상(The Sveriges Riksbank Prize in Economic Sciences in Memory of Afred Nobel)'이다. 이 상은 1968년 스웨덴 국립은행 설립 300주년을 기념하여 제정되었고, 스웨덴 국립은행이 영구히 상금을 지원한다. 첫 노벨경제학상은 1969년에 수여되었고 수상자는 얀 틴버겐(Jan Tinbergen)과 랑나르 프리슈(Ragnar Fricsh)였다. 시상식은 항상 알프레드 노벨의 명일인 12월 19일에 스톡홀름에서 열린다. 2001년 이래 노벨경제학상의 상금은 1,000만스웨덴크로나(Krona)이고 수상자가 2명 이상인 경우에는 상금을 나누어서 지급한다. 알프레드 노벨의 유언에 따라서 '인류의 행복에 공헌'을 한 사람을 위해 마련한 것으로 노벨물리학상, 노벨화학상이나 생리의학상 등에 추가로 신설된 것이다. 스웨덴왕립아카데미는 새로운 노벨상을 승인했으나 처음에는 그리 적극적이지 않았다. 1969년 제1회 노벨경제학상을 수여했던 해에 '쿼크(qurk) 이론'으로 노벨물리학상을 수상한 머리 겔만(Murray Gell-Mann)은 "수상할 때 경제학 수상자와 나란히 서야 하나?"라고 불평했다고도 한다.

◈ 과학으로서의 경제학

20세기 중반 케인즈 이후 경제학이론은 자연과학의 이론과 거의 같은 의미로 사용되기 시작하였다. 경제학은 수학과 통계학을 이용해서 모델을 선정하여 경제과학으로 발전하기 시작했다. 또한 제2차세계대전 이후에 자본주의 국가들은 수십 년에 걸쳐서 역사상 유래가 없는 급속한 경제발전을 이루었다. 그 결과 1960년대 말 스웨덴의 중앙은행은 경제학의 중요성을 인식했고, 경제학이 과학이론으로서 체계를 갖추었다고 판단하여 노벨상에 경제학상을 신설한 것이다.

◈ 수상자 선정 기준은 독창성, 중요성, 영향력

노벨경제학상은 학문적 업적이 구체적이고 중요하며 독창적이어야 한다는 기준을 따른다. 다른 학자들이 선정자들의 어깨를 밟고 더 높은 곳으로 올라설 수 있게 그 발판을 마련했는지를 중요한 평가기준으로 삼는다. 또한 공공정책을 비롯한 사회 전반에 미친 영향도 함께 평가한다. 노벨재단 웹사이트에 실린 선정과정은 이렇다.

"매년 9월 스웨덴 왕립과학원 산하 경제학상 위원회가 세계 각국의 과학자와 학회 회원, 대학 교수 수천 명에게 내년도 노벨경제학상의 후보를 추천해달라는 공문을 띄운다. 스웨덴 왕립과학원 회원과 기존 수상자들도 후보를 추천할 권한이 있다."

보통 추천건수는 200~300건이며 추천되는 후보는 100명가량이다. 추천은 2월 초까지 진행되고 이후 경제학상 위원회와 몇몇 전문가의 검토를 거친다. 경제학상 위원회는 5~9명의 스웨덴 경제학자로 구성되고 임기는 3년이며 위원 중의 한 명이 위원장을 맡는다. 위원회는 9월까지 최종후보 명단을 결정하고 다수결원칙에 따라서 잠정적인 결정을 내린다.

◈ 노벨경제학상의 문제

노벨경제학상 수상자가 너무 한쪽으로 편중되어 있다는 점이 문제로 꼽힌다. 2012년 기준으로 수상자는 모두 71명인데 미국과 유럽의 경제학자들이 전체의 70%가 넘는 51명에 이른다. 서양인이 아닌 수상자는 인도의 경제학자 아마트야 센이 유일하다. 출신대학도 세계적으로 명성이 있는 소수의 엘리트 학교에 집중되어 있다. 하버드, 시카고, 케임브리지, MIT, 예일, 프린스턴, 스탠퍼드, UC버클리 같은 명문 대학이다. 또한 신고전파 혹은 신케인즈학파인 주류 경제학자들이 아니면 수상하기 어렵다. 이러한 현상은 노벨경제학상이 주류적인 이론에 높은 가중치를 두고 있기 때문이다. 미국 중앙은행 의장을 역임한 앨런 그린스펀(Alan Greenspan)은 세계적으로 명성이 자자한 경제학자이지만 노벨상을 받을 수 없다. 이론가라기보다 실무가이기 때문이다. 또한 경제학의 한 획을 그은 칼 마르크스(Karl Marx) 역시 살아 있더라도 이 상을 받을 수 없다. 왜냐하면 서구형 자본주의 경제시스템을 기반으로 이론을 전개한 것이 아니기 때문이다. 1994년에는 존 내쉬를 두고 논란이 벌어졌다. 내쉬의 업적이 뛰어나다는 데는 의심의 여지가 없지만, 그의 업적은 선정 당시의 기준으로 볼 때 40년 이상이 지난 것이었고, 내쉬 자신은 경제학자가 아닌 수학에 더욱 기여한 수학자로 정의했기 때문이다. 더욱이 정신분열증을 앓아 경력에 상당한 공백이 있었고, 시상식에 참여할 수 있을지도 불투명했다. 당시 수상자 결정의 투표는 박빙이었다. 영화 〈Beautful Mind〉에 내쉬의 일대기가 흥미롭게 묘사되어 있다.

CHAPTER | 02

수요-공급과 균형

경제분석에 있어서 가장 중요한 수요와 공급의 개념과 이들의 상호작용에 의한 균형가격의 결정에 대하여 고찰해보자. "경제학은 수요와 공급의 법칙과 함께 시작하고 끝난다"거나 "앵무새조차 박식한 경제학자로 육성할 수 있는데 그가 배워야 할 단어는 '수요'와 '공급'의 두 가지면 충분하다" 등으로 언급되듯이, 경제분석에 있어서 수요와 공급의 개념은 매우 중요하다. 앞에서 논의한 바와 같이 경제학의 기본문제는 자원배분의 문제(즉 재화가 어떻게 생산되고, 또 그것을 누가 처분하는가 하는 문제)이며, 이것은 결국 여러 가지 재화의 가격에 의해서 결정되고, 그 가격은 다시 그 재화에 대한 수요와 공급에 의하여 결정된다. 따라서 수요-공급이론을 철저하게 이해한다는 것은 경제학의 기본문제와 분석의 기초를 이해하는 데 필수적이다. 수요-공급곡선이란 애덤 스미스가 이야기한 '보이지 않는 손(invisible hand)'을 의미하고 시장에서의 가격 메커니즘을 의미한다. 여기서는 수요-공급곡선이 시장을 이해하는 기초가 된다는 점과 시장개입을 통한 규제가 시장에 부정적인 영향을 미친다는 점을 살펴볼 것이다.

1. 보이지 않는 손과 시장 메커니즘

1.1. 보이지 않는 손

보이지 않는 손
경쟁시장의 자유로운 가격 메커니즘(동역학)

애덤 스미스의 **보이지 않는 손**(invisible hand)이란 시장에서 사람들이 개인적인 이익을 추구함에도 불구하고 그 이익이 시장의 가격 메커니즘으로 인해 의도하지 않았던 공공의 이익으로 전환될 수 있다는 것을 비유적으로 가리키는 말이다. 이러한 가격체계는

참고 애덤 스미스

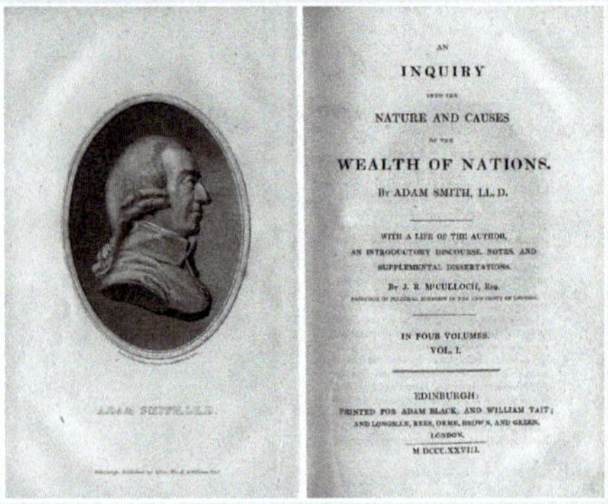

◈ 경제학의 창시자

애덤 스미스(Adam Smith)는 경제학을 처음으로 체계화한 사람이라고 해서 '경제학의 아버지'라고 불린다. 그가 1776년에 쓴 『국부론(*An Inquiry into the Nature and Causes of the Wealth of Nations*)』에는 경제학의 기초가 되는 개념들이 담겨 있다. 애덤 스미스가 살던 당시에는 시장경제가 본격적으로 등장하면서 새로운 경제질서의 윤리가 필요했다. 왜냐하면 당시까지는 사회에 대한 권리와 의무를 중심으로 한 이타적이고 종교적인 삶을 중시했기 때문에 새롭게 등장한 시장을 중심으로 한 물질적인 부를 탐탁지 않고 부끄럽게 생각하는 경향이 있었다. 그러나 경제사상가로서 애덤 스미스는 물질적인 부의 추구가 결코 도덕적이고 윤리적인 측면과 상충되는 것이 아니라고 주장하였다. 그는 영국의 글래스고대학에서 교수로 있으면서 경제학 강의는 한 번도 하지 않고 대부분 윤리학을 강의했다. 왜냐하면 아직 경제학이 독립적인 과목으로 존재하지 않았고, 경제문제도 철학과 사상의 측면에서 주로 논의되었기 때문이다.

◈ 보이지 않는 손(invisible hands)

애덤 스미스는 시장에서 가격을 '보이지 않는 손'에 비유하였다. 개인은 남을 위해서 일해야 할 필요가 없이 자신의 사익을 추구하더라도, 정당한 방법을 사용한다면 보이지 않는 손의 조정을 통해서 자연스럽게 사회전체의 이익으로 연결된다는 것이다.

"우리가 저녁식사를 기대할 수 있는 것은 푸줏간 주인, 술도가 주인, 빵집 주인의 자비심 덕분이 아니라, 그들이 자기 이익을 챙기려는 생각 덕분이다. 우리는 그들의 박애심이 아니라 자기애에 호소하며, 우리의 필요가 아니라 그들의 이익만을 이야기할 뿐이다."

'보이지 않는 손'은 애덤 스미스 경제학의 뚜렷한 상징이다.

◈ 분업과 경쟁의 원리

노동의 투입량을 늘릴 때 처음에는 분업과 전문화로 인해 한계생산이 체증한다고 했다. 물론 나중에는 한계생산이 체감하지만 일정한 수준까지는 분업과 전문화로 효율적인 생산을 할 수 있다. 그 대표적인 사례가 『국부론』에 잘 나타나 있다.

"…한 사람은 철사 줄을 잡아당기고, 다른 사람들은 각각 직선으로 펴고, 절단하고, 뾰족하게 하고, 핀 머리를 씌울 끝을 갈고… 이렇게 사람들이 한 작업만 일을 나누어 맡게 되면 10명이 하루에 약 48,000개의 핀을 만들 수 있었다. 그러나 만일 그들 각자가 떨어져서 독립적으로 핀을 만들었다면 하루에 만들 수 있었던 핀의 수는 240개도 아니고, 4,800개는 더욱 아닌 약 20개 정도에 그쳤을 것이다.…"

재화를 효율적으로 생산·분배하고, 소비자의 선호가 존중될 수 있도록 유도한다. 역사적으로 보이지 않는 손을 묶으려는 시도가 많았지만 오히려 부작용을 불러일으켰다.

기원전 1800년경 바빌로니아의 함무라비법전에는 이자율에 제한을 두었으며, 로마시대의 디오클레티아누스 황제는 식료품을 비롯한 다른 생산물에 가격상한제를 실시한 바 있다. 최근에도 집세, 이자율, 보험료 등의 경우에서 흔히 볼 수 있는데, 이러한 규제는 시장의 왜곡을 가져와 높은 임대료와 암시장의 형성 등 부정적인 영향을 불러일으키고 있다.

1.2. 시장의 정의

시장(market)은 소비자와 생산자가 모여 재화와 서비스를 거래하는 제도 혹은 메커니즘이다. 따라서 눈에 보이는 피자가게나 증권거래소, 농산물시장과 같은 물적인 장소일 수도 있지만, 쿠팡이나 넷플릭스와 같은 가상공간이 될 수도 있다. 시장은 크게 상품시장(commodity markets)과 생산요소시장(production factor markets)으로 나눈다.

시장
소비자와 생산자가 모여 재화와 서비스를 거래하는 제도 혹은 메커니즘

상품시장은 사과나 컴퓨터와 같은 재화와 미용이나 치과 치료와 같은 서비스가 거래되는 시장이고, 생산요소시장은 노동, 자본, 자연자원, 그리고 기업가의 경영능력처럼 생산에 필요한 요소가 거래되는 시장이다. 상품시장에서 재화와 서비스를 공급하는 주체는 기업이 되고, 수요의 주체는 가계가 된다. 반면에 생산요소시장에서 공급의 주체는 노동과 자본, 토지 등을 가진 가계가 되고, 이를 사용하여 재화와 서비스를 만드는 기업이 수요의 주체가 된다.

참고 시장의 탄생

경제학 이론으로는 시장의 신비를 벗겨낼 수 없다. 왜냐하면 단지 시장을 추상적으로 표현하기 때문이다. 경제학 원론에서 수요공급법칙은 가격이 어떤 역할을 하는지에 대해서는 설명해주지만 어떻게 결정되는지에 대해서는 침묵한다. 수요와 공급의 법칙은 매입자와 매도자가 어떻게 한데 모이는지 그리고 어떤 협상과정을 거치는지, 매입자가 상품가치를 어떻게 평가하는지, 합의점이 어떻게 도출되는지에 대한 논의를 간과하고 있기 때문이다. 그러나 현대에 와서는 교환과정을 설명하기 위해서 게임이론이 동원되고 시장의 알력과 억압의 과정에 대한 메커니즘이 연구되고 있다. 1900년 독일 사회학자 지멜은 교환을 "사회화의 가장 순수하고 근원적인 형태"라고 지적하고 "교환이야말로 단순한 인간의 집합이 아닌 사회를 창조한다"고 했다. 이처럼 시장은 하나의 초역사적인 사회구조이다. 시장이 원활하게 돌아가려면 시장 설계가 필요한데, 구매와 판매의 메커니즘은 정보의 흐름을 위한 채널, 재산권을 정의하고 계약을 뒷받침해주는 법률과 시장의 문화, 자율 규제와 규약, 행동을 지배하는 관례 등을 포함한다.

1.3. 경제순환 모형도

시장에 참여하는 대표적 주체로서 가계와 기업이 어떻게 상호 연결되어 있는지를 쉽게 이해하기 위해 경제순환 모형도(circular-flow diagram)를 만들어보자. 가계(household)는 기업에 노동과 자본 같은 생산요소를 공급하고, 그 대가로 받은 소득으로 재화와 서비스를 구입한다. 기업(firm)은 가계로부터 받은 생산요소를 투입물로 이용하여 재화와 서비스를 공급한다. 현실에는 금융 부문과 해외 부문 그리고 정부의 역할을 고려해야 하지만 여기서는 단순한 모형을 위해서 경제의 순환만 제시하면 〈그림 2-1〉과 같다(그림에서 실선은 화폐의 흐름을, 점선은 재화와 서비스의 흐름을 의미한다).

그림 2-1

경제순환 모형도

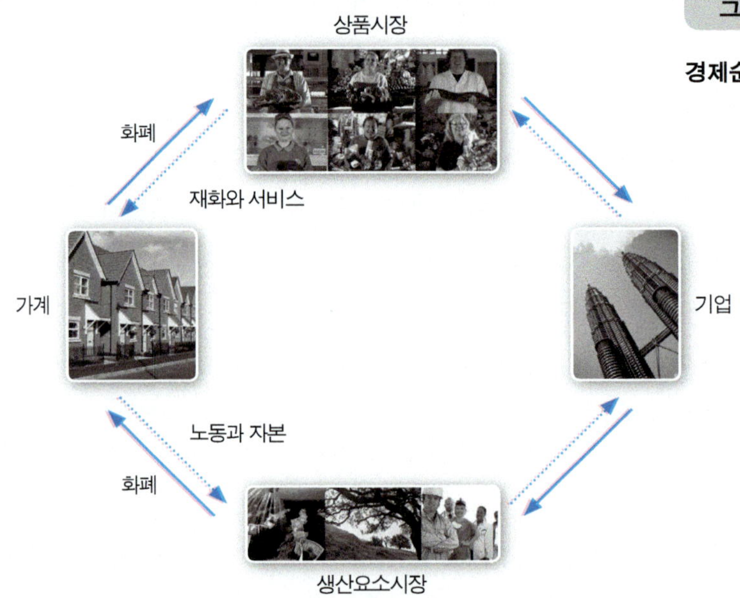

2. 수요와 수요량

2.1. 수요함수와 수요곡선

(1) 수요함수

수요란 주어진 일정기간 동안에 각 가격수준에서 구입하고자 하는 상품 수량들의 조합을 말한다. 그리고 수요량은 일정기간 동안 각 가격수준에서 구입하고자 하는 구체적인 상품의 수량을 말하며, 모든 상품수량의 조합을 의미하는 수요와 구별되는 개념이다. 이 정의에서 일정기간이란 유량의 개념이 들어 있고, 이미 구입을 한 것이 아닌 구입하고자 하는 의사를 나타낸 사전적인 개념이 들어 있다는 점에 유의해야 한다.

수요
주어진 일정기간 동안에 어떤 상품에 대해서 사전적으로 구입하고자 하는 의사

누군가가 새로운 컴퓨터의 시장잠재력은 어느 정도인가라고 묻는다면, 이것은 시장에서 얼마나 많이 팔릴지를 알고 싶어 하는 질문이다. 그러나 이러한 질문은 애매모호한 것이다. 왜냐하면 어떤 재화의 수요량은 그 재화의 가격에 따라서 달라지기 때문이다. 일반적으로 사과에 대한 수요량(Q_x^d)은 사과의 가격(P_x), 다른 과일(배, 바나나 등)의 가

참고 유량과 저량

유량(flow)은 일정기간에 걸쳐 측정된 변수로 국민소득, 국제수지, 소비, 투자, 저축, 수출 등이 있으며, 저량(stock)은 일정시점에서 측정되는 변수로 국부, 노동량, 자본량, 통화량과 외채 등이 있다. 예를 들어 '소양강댐이 장마로 인해 물이 넘칠 듯하자 100만톤의 저수를 방류하고 있다'고 하는 것은 별 의미가 없다. 초당 혹은 분당 얼마의 저수를 방류하고 있다는 것인지 일정기간을 명시해야 하기 때문이다. 마찬가지로 '누군가의 소득이 500만원'이라고 하면 그 자체로는 의미가 없다. 1개월에 1,000만원을 번다고 하면 고소득자이지만, 1년에 1,000만원을 번다고 하면 최저생활수준에도 미치지 못하는 저소득자인 것이다. 따라서 소득은 시급, 월급 혹은 연봉처럼 기간의 개념을 함께 사용해야 그 의미가 있는 것이다.

댐에 물이 고여 있을 때 일정시점에서의 물의 양을 측정하는 개념을 저량(stock)이라고 함

댐에서 저수를 방류하는 것처럼 일정기간을 기준으로 측정한 변수를 유량(flow)이라고 함

격(P_y), 소득(M), 그리고 기호(T)와 인구 규모(N) 등의 요인에 의해서 결정된다. 이를 수식으로 나타내면 다음과 같다.

$$Q_x^d = f(P_x, P_y, M, T, N)$$

그러나 여기서는 '다른 요인들이 일정하다'는 가정하에서 사과의 가격이 변화했을 때 사과의 수요량은 어떻게 변화하는가에 초점을 맞추고자 한다.

참고 **다른 요인이 일정하다는 가정**

'다른 요인이 일정하다면(ceteris paribus; other things being equal)'은 경제학에서 많이 사용하는 가정으로, 경제학의 추상화와 모형화를 위해서 관심의 대상이 되는 부분에만 초점을 맞추기 위한 것이다. 예를 들어 어느 학부모가 고3이 되는 자녀에게 사교육인 과외공부를 시킨다고 가정하자. 한 달간 과외공부를 했을 때 성적이 반에서 5등이 올랐다고 했을 때, 과연 이 과외를 한 달 더 연장할지의 여부를 알기 위해서는 다른 요인들을 통제하고 과외로 인한 효과만 분리해내야 한다. 왜냐하면 이번 달 성적이 5등 올랐다는 결과가 학생이 성실해져 절대 공부량이 많이 늘었다거나 학교에서 담당과목 선생님이 바뀌어서 공부에 의욕이 생겼다거나 커닝 같은 부정행위를 하였다거나 하는 과외공부 이외의 다른 요인들로 인해서 발생한 결과일 수 있기 때문이다.

고액과외

과외 이전

나성실의 어머니는 고액과외를 한 달 더 할지 아니면 성적향상에 비해 너무 비싸 그만둘지를 고민하고 있음

과외 이후

성적 5등 향상에 있어서 과외 이외의 다른 요인은 없어야 오로지 과외의 효과라고 할 수 있음 →(과외에 미치는) 다른 요인이 일정하다는 가정이 필요함

그림 2-2

수요표와 수요곡선

	사과가격	한 달간 사과수요량
A	600	20
B	500	22
C	400	26
D	300	30
E	200	36
F	100	44

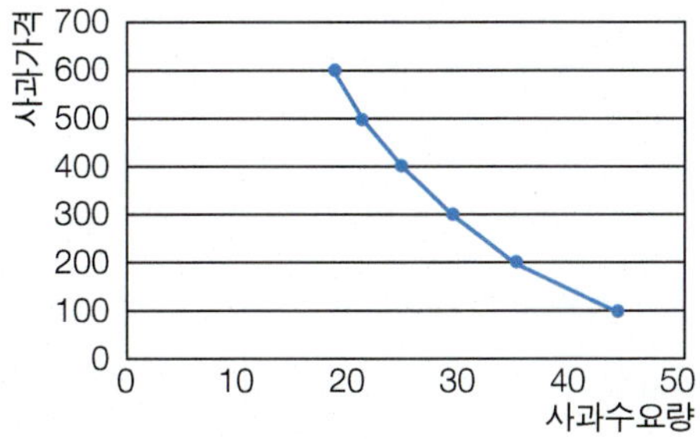

(2) 수요표와 수요곡선

일반적으로 다른 모든 요인이 일정하다는 상황하에서 특정지역의 소비자들이 일정기간 동안 각각의 가격수준에 대해서 구입할 의사와 능력이 있는 소비량 즉 수요량을 구체적인 숫자로 표시한 것이 수요표이다. 일반적으로 가격이 상승하면 실질소득의 감소로 인해 소비량을 줄이거나 값싸고 대체 가능한 다른 재화로 바꿀 것이기 때문에 그 재화에 대한 수요량은 감소하게 된다.

수요표
일정기간 동안 소비자가 여러 가격수준에서 수요하고자 하는 수량을 표시한 도표

따라서 모든 다른 요인들이 불변인 경우 한 상품의 가격이 상승함에 따라 수요량은 일반적으로 감소하고, 가격이 하락함에 따라 수요량은 일반적으로 증가한다. 이와 같은 가격과 수요량의 관계를 그림으로 나타낸 것이 수요곡선이다.

참고 **스타벅스의 가격설정**

서울 도심지, 런던, 뉴욕, 워싱턴, 도쿄의 커피는 왜 비쌀까? 흔히 우리는 높은 임대료(땅값) 때문에 커피값이 비싸다고 생각한다. 그러나 사실 그 관계는 거꾸로 이루어진다. 커피를 비싸게 팔 수 있기 때문에 임대료가 비싼 것이다. 값비싼 임대료는 건물주가 마음대로 결정할 수 있는 것이 아니다. 리카도는 높은 임대료를 받으려면 그 땅에서 나는 곡식의 가치가 높아야 한다고 했다. 고객이 커피에 대해서 높은 가격을 지불하는 경우에만 높은 임대료를 받을 수 있다. 편리하게 이용할 수 있는 커피숍에서 높은 가격을 지불하려는 고객의 의도가 바로 높은 임대료의 원인이다. 커피숍은 역 주변이나 교통이 편리한 지역에 위치하는 경우가 대부분이다. 인적이 드문 지역은 당연히 커피를 살 사람이 없기 때문에 커피숍이 없거나 있어도 가격이 낮은 편이다. 스타벅스는 좋은 길목에 위치해 높은 가격을 지불하면서 구입하려는 사람들을 끌어들이는 가격 설정 전략을 사용한다.

(3) 수요곡선상의 이동과 수요곡선의 이동

사과의 수요량은 사과 가격 이외의 여러 다른 요인에 의해서 영향을 받는다. 관련 재화인 배와 바나나의 가격, 소득, 그리고 취향, 인구 규모 등은 사과의 가격이 변화하지 않더라도 사과에 대한 수요를 변화시킨다. 사과 가격의 변화는 수요곡선의 한 점에서 같은 수요곡선의 다른 한 점으로 사과 수요량을 변화시켜 '**수요곡선상에서 이동**(shift on the demand curve)'하게 된다. 그러나 일정하다고 가정한 다른 요인이 변화하면 '**수요곡선 자체의 이동**(shift of the entire demand curve)'이 된다. 만일 사과가격이 변하지 않아도 소비자들이 더 많은 사과를 구입하기를 원한다면 수요곡선은 오른쪽으로 이동하게 되고, 덜 수요하기를 원한다면 왼쪽으로 이동하게 된다.

수요곡선상의 이동
분석하고자 하는 상품의 가격이 변화하는 경우 수요곡선상에서 이동

수요곡선의 이동
일정하다고 가정한 다른 요인이 변화하여 수요곡선 자체가 이동

참고 수요량의 이동과 수요의 이동

수요량의 변화와 수요의 변화는 전혀 다른 개념이다. 수요량의 변화는 수요곡선의 그래프에서 x축과 y축의 변수가 변화하면 곡선은 그대로 있고, 곡선상에서 (x, y)의 점만 이동하게 된다. 그러나 x축과 y축의 값이 아닌 다른 변수가 변화하게 되면 곡선의 기울기는 그대로 있는 상태에서 곡선 자체가 이동하게 된다. 수요곡선의 경우도 마찬가지이다. x축의 가격(P)이나 생산량(Q)이 변화하면 곡선은 그대로 유지한 채 곡선상에서 점이 이동하지만, 수요에 영향을 미치는 다른 요인이 변화하면 곡선 자체가 이동하게 된다. 이것은 경제학에서 그래프를 이해하는 데 가장 중심이 되는 기본적인 사항이기 때문에 반드시 숙지해야 한다.

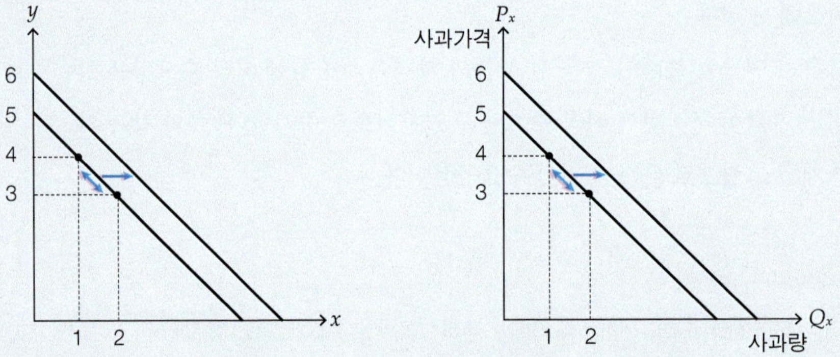

(a) (b)

수요량의 이동과 수요의 이동

(a) $y = -x + 5 \rightarrow y = -x + 6$
x와 y값이 변하면 곡선상에서 이동하게 되고, 절편 5가 6으로 바뀌면 곡선 자체가 이동하게 됨

(b) $P_x = -Q_x + 5 \rightarrow P_x = -Q_x + 6$
P_x(가격)와 Q_x(상품량)이 변하면 곡선상에서 이동하게 되고, 절편 5가 6으로 바뀌면 수요곡선 자체가 이동하게 됨

◈ 관련 재화의 가격

관련 재화에는 대체재와 보완재가 있다. 사과와 배는 서로 경쟁관계인 대체재라고 할 수 있고, 커피와 프림은 같이 소비할 때 더 효과가 큰 보완재라고 할 수 있다. 사과와 대체관계에 있는 재화인 배와 바나나 가격의 하락은 사과의 수요를 줄여 사과의 수요곡선을 왼쪽으로 이동시킨다.

◈ 소비자의 소득

소비자의 평균 소득이 상승하면 비록 사과의 가격이 일정하게 유지된다고 하더라도 더 많은 사과를 구입할 수 있을 것이다. 따라서 사과의 수요곡선은 오른쪽으로 이동한다.

◈ 소비자의 선호

사과를 먹으면 피부가 고와진다는 소문과 광고로 인해서 사과에 대한 붐이 일어난다면, 사과의 가격이 변함없더라도 사과에 대한 수요는 증가하게 되어 수요곡선은 오른쪽으로 이동한다.

참고 튤립 거품

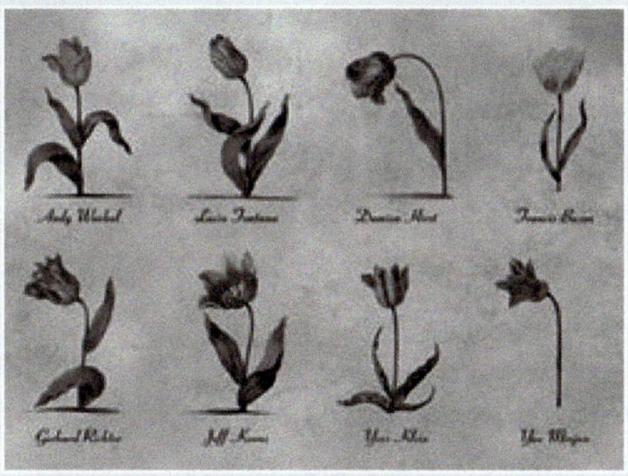

인간이 사고팔 의사를 지닌 것은 모두 시장을 형성할 수 있다. 17세기 초 네덜란드에서는 의외의 물건으로 투기열이 고조되었다. 바로 튤립이었다. 튤립은 1550년경에 터키를 거쳐 서구 유럽에 처음 소개되었는데, 집약적인 재배와 품종개량을 통해서 더욱 아름다워졌다. 그리고 17세기가 되자 독일과 네덜란드 부유층 사이에서 큰 인기를 얻었다. 가장 아름다운 튤립을 선발하는 대회가 열리고 많은 상금도 걸렸다. 우승을 한 튤립은 이종교배를 통해서 더 비싸게 판매되었다. 튤립의 가치가 높아지자 1630년경에는 많은 네덜란드 사람들이 튤립 재배와 판매에 열을 올리기 시작해 얼마 안 되는 뒷마당에도 모두 튤립을 재배하기 시작했다. 처음에는 다들 돈을 벌었는데, 이러한 소문이 퍼지자 다니던 일과 직장을 그만두고 튤립 재배를 하는 사람들도 생겨났다. 1634년에는 웬만한 집 한 채를 장만할 정도로 튤립 가격이 폭등했다. 농부들은 튤립 투기를 위한 자금을 마련하기 위해서 가축을 팔기도 하고, 집과 토지를 저당 잡히기도 하였다. 밤이면 몰래 훔쳐갈까 봐 노심초사했는데, 로테르담에 잠시 정박한 영국인 선원은 양파인 줄 알고 튤립 구근을 뽑아 먹었다가 10년을 감옥살이하였다. 그러나 1637년 갑작스럽게 튤립 가격이 폭락하였다. 위기의식을 느낀 사람들이 너도나도 튤립을 시장에 내놓았지만, 오히려 가격 폭락을 가중시킬 뿐이었다. 왜냐하면 거의 모두 튤립을 재배하고 있었기 때문이다. 그때가 되어서야 사람들은 자신들이 가지고 있던 것이 진정한 자산이 아닌 튤립 뿌리에 불과하다는 것을 깨달았다.

그림 2-3

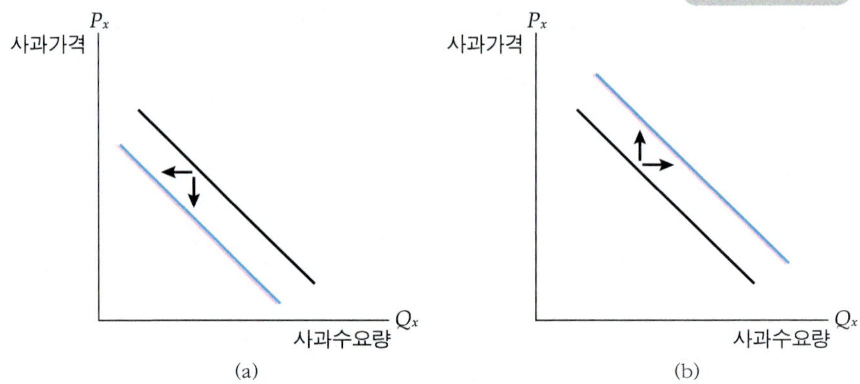

사과의 수요곡선 이동 요인

(a) 수요곡선 하방이동(좌측 이동): 소비자의 지불의사 감소
(b) 수요곡선 상방이동(우측 이동): 대체재(배, 바나나)의 가격 상승, 소득의 증대, 사과에 대한 기호의 변화, 사과소비 인구의 증가, 사과의 미래가격 상승 예상

◈ 인구 규모

인구가 증가하면 사과에 대한 수요는 증가하게 된다. 물론 특수한 인구계층이 증가하는 경우 특정상품에 대한 수요가 증가하는 것을 볼 수 있다. 예를 들어 Y세대의 증가는 비디오게임기와 핸드폰에 대한 수요를 증가시킨다.

3. 공급과 공급량

3.1. 공급표와 공급곡선

일반적으로 가격이 상승하면 공급량은 더 많아지게 된다. 어떤 농가의 자원이 사과를 생산하는 데 더 많이 투입될수록 사과의 기회비용은 증가한다. 따라서 생산자들은 사과를 더 높은 가격에 판매를 해야만 이익이 되기 때문에 생산의 확대로 더 높은 가격을 받으려고 한다. 일반적으로 어떤 상품의 가격이 상승하면 그 상품의 공급량은 증가한다. 반대로 가격이 하락하면 그 상품에 대한 공급량은 감소하게 된다.

공급표란 다른 모든 요인이 일정하다는 가정하에서 일정기간 동안에 생산자가 여러 가격 수준에서 얼마만큼 공급할지를 보여주는 표를 말하고, 이러한 정보를 그래프로 그린 것이 공급곡선이다. 일반적으로 가격이 상승하면 공급량이 많아지기 때문에 공급곡선은 우상향하는 양(+)의 기울기를 나타내게 된다.

공급표
일정기간 동안에 생산자가 여러 가격 수준에서 얼마만큼을 공급할지를 보여주는 표

그림 2-4

공급표와 공급곡선

	사과가격	한 달간 사과공급량
A	600	40
B	500	35
C	400	30
D	300	25
E	200	20
F	100	12

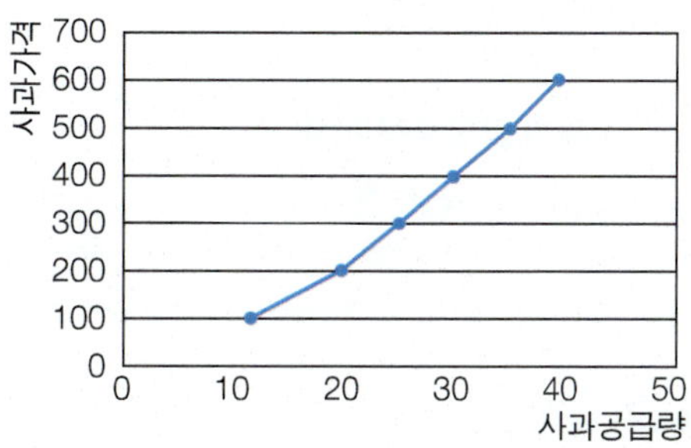

3.2. 공급곡선의 이동

공급량도 수요량처럼 가격 이외의 많은 요인들에 의해서 영향을 받는다. 사과의 공급량 변화요인에는 사과의 가격뿐만 아니라 기술, 기후, 사료비용, 과수농가의 수와 규모 등 많은 요인들이 있다. 사과 가격은 사과의 공급곡선상에서의 이동을 나타내는 공급량의 이동을 초래하지만, 사과 가격 이외의 요인들이 변화하면 공급곡선 자체가 이동하게 된다.

◈ 산업규모의 변화

사과에 대한 수요가 증가하면 더 많은 과수 농가들이 사과 생산에 뛰어들게 되어 사과의 공급량은 증가하게 된다. 그 결과 주어진 가격 수준에서 사과의 공급곡선은 오른쪽으로 이동하게 된다.

그림 2-5

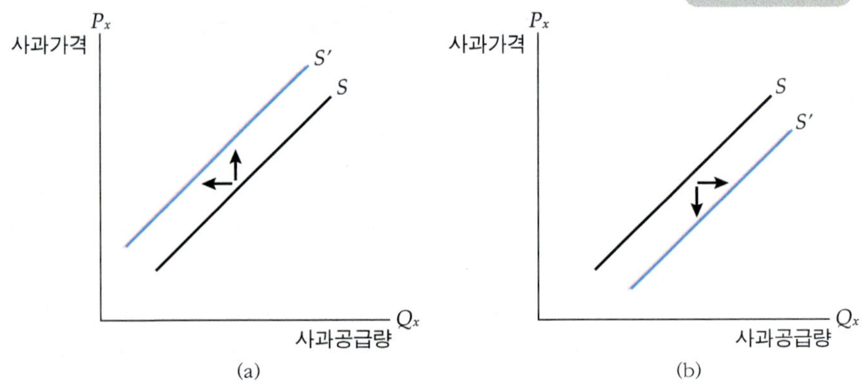

사과의 공급곡선 이동 요인

(a) 공급곡선 상방이동: 인건비·기름값 등 생산요소가격 상승, 조세 인상
(b) 공급곡선 하방이동: 기술 진보, 생산요소가격 감소, 보조금 지급, 사과의 미래가격 하락 예상

◈ 기술진보

사과 생산에 새로운 유전학적인 방법이 등장하게 된다면 사과를 생산하는 데 비용이 덜 들기 때문에, 혹은 주어진 가격에서 사과를 더 많이 생산할 수 있기 때문에 사과의 공급곡선은 오른쪽으로 이동하게 된다.

◈ 투입요소의 가격

만일 가뭄으로 인해서 사과를 생산하는 데 들어가는 비료의 가격이 상승하거나 물가 상승으로 사과를 재배하는 데 투입되는 인건비가 상승하면 사과의 공급량은 감소하고, 그 결과 사과의 공급곡선은 왼쪽으로 이동하게 된다.

참고 **수요곡선과 공급곡선의 비밀**

경제학에서는 언제나 x축과 y축의 2차원에 그래프를 그린다는 점을 명심해야 한다. 따라서 그래프를 x축과 y축의 두 측면에서 바라보고 해석하면 보다 쉽게 이해할 수 있다. 수요곡선의 경우, y축에서 바라본다면 주어진 가격에 대해서 얼마나 상품을 구입할 것인가의 의사를 나타낸 것으로 해석할 수 있고, x축에서 바라본다면 주어진 상품 한 단위에 대해서 최대한 얼마까지 지불할 의사가 있는가(willingness to pay)를 나타낸 것으로 해석할 수 있다. 따라서 x축으로 바라보았을 때 수요곡선은 그 재화 한 단위에 대한 한계효용(MU: Marginal Utility)으로 해석이 가능하다.

공급곡선의 경우도 마찬가지이다. 만일 y축의 시각에서 바라본다면 주어진 가격에 대해서 상품을 얼마나 생산할 것인가의 의사를 나타낸 것이고, x축의 시각에서 바라본다면 공급곡선은 비용곡선을 의미하게 된다. 따라서 주어진 상품의 한 단위를 생산하는 데 투입되는 비용을 나타내기 때문에 공급자의 입장에서는 최소한 얼마를 받아야겠다는 금액을 의미하는 것이라 할 수 있다. 즉 한계비용(MC: Marginal Cost)의 의미이다.

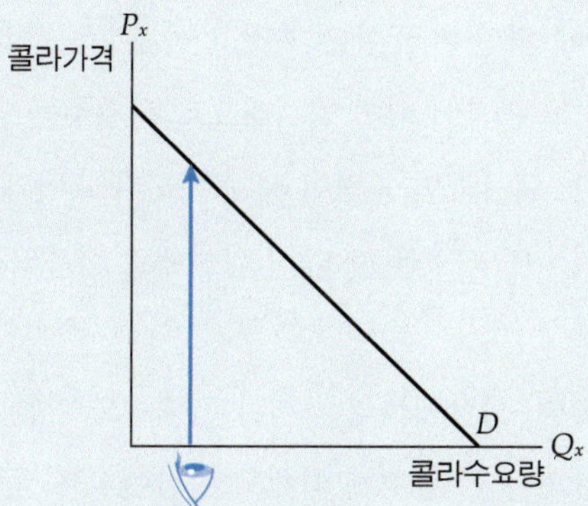

(a)

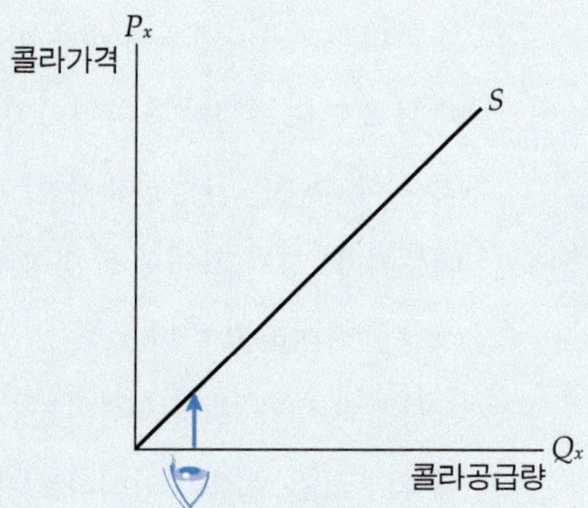

(b)

밑에서 바라본 수요곡선과 공급곡선의 의미

(a) 수요곡선의 의미
콜라 한 병에 대해 최대한 지불하고자 하는 의사(willingness)=소비자가 지불하고자 하는 최대한의 금액

(b) 공급곡선의 의미
콜라 한 병을 생산하는 데 들어가는 최소한의 비용=공급자가 받고자 하는 최소한의 가격

4. 수요와 공급의 균형

4.1. 시장균형이란

시장에서 가격이 어떻게 결정되는가를 알기 위해서는 소비자와 생산자의 욕구를 나타

균형
일단 어떤 상태가 달성되면 새로운 교란요인이 없는 한 내재적으로 변화할 유인이 없이(have no incentive to change) 그대로 유지되려는 경향이 있는 상태. 사회학적인 균형(balance)이 아니라, 물리학적인 평형(equilibrium) 개념

내는 수요와 공급의 의도가 일치해야 한다. 자유시장에서 거래량과 가격은 일반적으로 우하향하는 수요곡선과 우상향하는 공급곡선의 교차점에서 이루어지게 된다. 이 교차점을 **균형**(Equilibrium)이라고 하는데, 균형이란 일단 어떤 상태가 달성되면 새로운 교란요인이 없는 한 내재적으로 변화할 유인이 없이(have no incentive to change) 그대로 유지되려는 경향이 있는 상태를 말한다.

예를 들어 중앙에 멈추어 있는 시계추를 생각해보자. 사람의 손과 같은 외부적인 힘을 가하지 않는 한 시계추는 원래의 장소에서 그대로 머물러 있을 것이다. 왼쪽으로 움직이려는 힘과 오른쪽으로 움직이려는 힘이 정확하게 일치하는 경우에 이를 균형이라고 한다. 만일 시계추에 힘을 가하게 되면 이 균형은 깨지고 시계추는 움직이게 된다. 이때 한쪽으로 최대한 올라가다가 어느 순간이 되면 일시적으로 시계추는 멈추게 된다. 그러나 이 수준은 균형상태가 아니다. 왜냐하면 중력이 시계추를 다시 아래로 끌어당기기 때문이다. 그리고 어떤 균형상태가 이탈되었을 때 다시 원상태로 회복되는 경우를 안정적인 균형이라고 한다.

시계의 추가 계속 움직이는 것처럼, 시장에서의 가격과 거래량도 마찬가지이다. 시장에 외부적인 충격이 있더라도 수요와 공급의 힘에 의해서 시장이 다시 균형상태로 돌아오는 것을 현실에서 많이 볼 수 있다.

4.2. 균형의 3요소

균형은 경제학의 분석방법을 사용하는 데 있어 매우 중요한 개념이다. 따라서 균형과 관련해 알아두어야 할 것은 먼저 균형이 과연 존재하는지, 만약 존재한다면 그 균형은 유일한지 혹은 여러 개의 복수의 균형이 존재할 수 있는지, 더 나아가서 존재하는 균형은 안정적인지 불안정적인지의 판단 여부이다.

(1) 균형의 존재성

〈그림 2-6〉은 균형이 존재하지 않는 경우를 수요-공급 곡선을 통해서 설명하고 있다. 경제학에서 균형은 수요곡선과 공급곡선이 교차하는 점에서 이루어지나, 두 곡선이 교차하지 않으면 균형은 존재하지 않게 된다.

그림 2-6

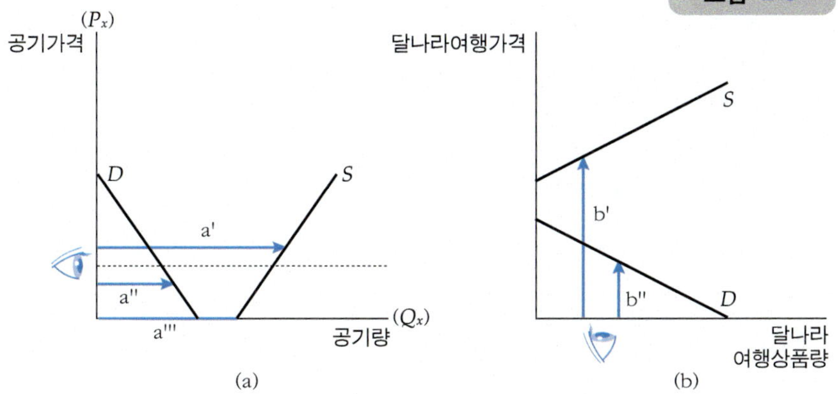

시장균형이 존재하지 않는 경우

(a) 공기시장
a': 주어진 가격에서 공기 공급량, a'': 주어진 가격에서 공기 수요량, a''': 가격을 0으로 낮추어도 수요보다 공급이 큼
(b) 달나라 여행
b': 주어진 상품을 공급하는 데 들어가는 비용, b'': 최대한 지불하고자 하는 금액

먼저 〈그림 2-6(a)〉는 숨을 쉬고 살아가는 데 필요한 공기와 같이 공급이 너무 많아서 주어진 가격에 대해서 거의 0의 값을 부여해도 필요한 수요를 다 충족시키고도 남는 경우이다. 반면에 〈그림 2-6(b)〉는 '수요곡선과 공급곡선의 비밀'에서 설명한 바와 같이 밑에서 올려다보면 주어진 상품을 생산하는 비용은 매우 많이 드는 데 반해서 그 상품의 수요로 인해 얻게 되는 편익이 상대적으로 작은 경우이다. 달나라 여행 상품이 존재한다면 그런 상품의 경우, 한 번 우주선을 타는 데 드는 비용은 매우 크지만 달나라 여행을 통해 얻는 편익은 매우 작다. 왜냐하면 여행의 위험과 더불어 달나라에 옥토끼가 없다는 사실을 이미 우리는 알고 있어서 별로 신기하지도 않기 때문이다. 이 두 경우는 균형이 존재하지 않는 경우라고 할 수 있다.

(2) 균형의 유일성

균형은 한 개 존재할 수도 있고, 여러 개 존재할 수도 있다. 일반적인 경우에는 균형이 한 개 존재하지만 〈그림 2-7 (b)〉와 같이 수요곡선이나 공급곡선이 휘어 있는 경우는 한 개 이상이 존재할 수도 있다.

그림 2-7

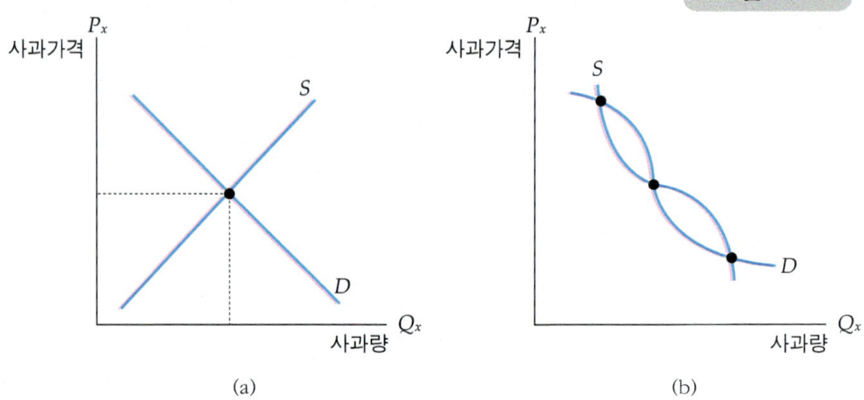

시장균형이 한 개인 경우와 여러 개인 경우

(a) 시장균형이 한 개인 경우
(b) 시장균형이 여러 개인 경우

(3) 균형의 안정성

균형이 존재하고, 하나의 균형이 존재하는 경우에 우리의 다음 관심사는 과연 그 균형이 안정적인지 불안정적인지 하는 것이다. 〈그림 2-8〉에서 알 수 있듯이 (A)공과 (B)공은 모두 균형상태이다. 외부적인 충격이 없다면 그 상태를 계속해서 유지하기 때문이다.

그림 2-8

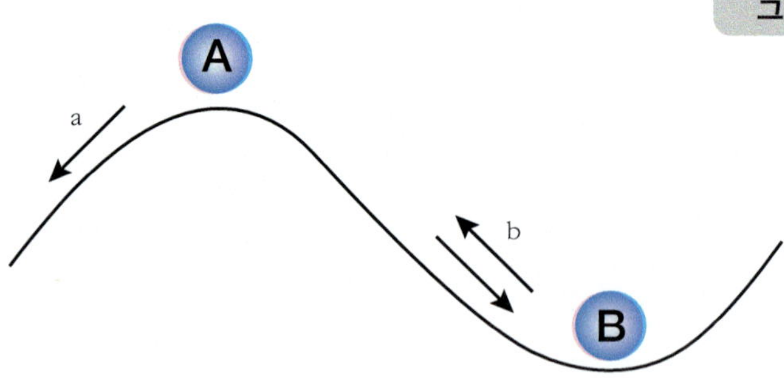

안정적 균형과 불안정적 균형

A: 불안정적 균형
B: 안정적 균형
a: 균형상태가 깨지면 다시 원상태로 회복하지 않고 계속 내려감
b: 균형상태가 깨지면 다시 원상태로 복귀하려는 힘이 있음

그런데 외부에서 힘이 가해져서 균형상태가 깨진다면 (A)공의 경우는 다시 되돌아오지 않지만 (B)공의 경우는 다시 되돌아오는 성질을 가지고 있다.

이처럼 한 번 균형상태가 깨지는 경우 다시 원상태로 복귀하는 균형을 안정적(stable) 균형(B)이라고 하고, 다시 원상태로 복귀하지 않는 균형을 불안정적(unstable) 균형(A)이라고 한다.

4.3. 가격 조정과 균형

시장에서의 보이지 않는 손은 바로 자유로운 가격 메커니즘이다. 가격은 수요와 공급이 일치하도록 상하로 움직이면서 균형을 찾아간다. 〈그림 2-9〉는 균형상태에서 이탈하게 되면 어떻게 되는지를 수요곡선과 공급곡선의 모양을 통해서 설명해준다. 〈그림 2-9(a)〉는 가격이 상승하여 균형상태에서 벗어나면 공급이 수요보다 많아 결국에는 다시 이전의 균형상태로 원상 복귀하려는 힘을 지닌 경우이며, 〈그림 2-9(b)〉는 우상향하는 수요곡선과 우하향하는 공급곡선의 경우 균형상태를 벗어나면 다시 원상태로 복귀

그림 2-9

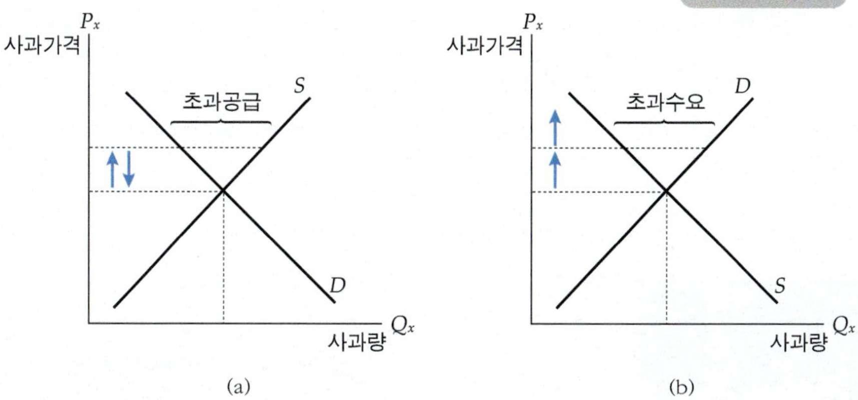

초과공급시장과 초과수요시장

(a) 초과공급시장
$D<S$, 공급이 수요보다 커서 가격이 다시 하락하려는 압력을 받음
(b) 초과수요시장
$D>S$, 수요가 공급보다 커서 가격은 더욱 상승하려는 압력을 받음

하지 않는 경우이다. 오히려 가격이 상승했음에도 공급보다 수요가 많기 때문에 가격은 더욱 상승하게 된다.

5. 수요-공급이론의 응용

지금까지 배운 수요-공급곡선은 시장경제현상을 이해하는 데 매우 편리한 도구이다. 왜냐하면 경제학적인 시각으로 이해하려는 노력과 시도는 합리적인 선택을 하는 데 많은 도움을 줄 것이기 때문이다. 현실에서 흔히 볼 수 있는 경제적 현상을 수요-공급곡선을 이용해서 분석하는 연습을 몇 가지 사례로 더 살펴볼 것이다. 그림을 통해서 이해해 보려는 습관을 들이는 것이 처음에는 어려울 수 있지만 점차 익숙해지면 비경제학자들이 보지 못하는 시장현상에 내재한 이면의 원리를 이해할 수 있을 것이다.

◈ 임대료 규제는 왜 임대아파트시장의 질을 떨어뜨릴까?

시장에서 자율적으로 결정되는 임대아파트의 가격이 너무 높다고 생각하는 경우 정부는 부동산시장의 가격상승을 막고 무주택 서민들의 어려움을 덜어주기 위해 임대료의 가격상한선을 정해서 어느 수준 이상으로 올리지 못하도록 통제할 수 있다. 이러한 규제를 **최고가격제**(maximum prices)라고 한다.

최고가격제
가격의 상한선을 정해서 어느 수준 이상으로 올리지 못하도록 통제하는 제도

이것을 수요공급곡선을 이용해서 분석하면, 최고가격하에서는 공급보다 수요가 큰 초

참고 **세일하면 명품이 아니다?**

명품이 바겐세일을 하지 않는 이유는 무엇일까? 그것은 최상류 계층 5%의 단골 고객을 유지하기 위해서이다. 바겐세일을 해서 상위 10%나 20%의 계층도 명품을 가지게 되면 기존 단골들이 등을 돌리게 되기 때문이다. 명품은 가질 수 있는 사람보다 갖고 싶어 하는 사람의 수가 훨씬 많을 때 명품의 대접을 받는다. 따라서 아주 비싼 가격을 책정하게 되는데 이러한 가격전략을 '프리미엄 가격전략(premium price strategy)'이라고 한다. 사람들이 명품에 목매는 모습을 보면 가격이 오르는데도 일부 계층의 과시욕으로 인해 수요가 줄지 않는 현상을 발견할 수 있는데, 이러한 현상을 '베블렌 효과'라고 한다. 부가 새로운 신분 상징이 되면서 사람들은 심리적인 만족감을 얻기 위해서 명품을 찾게 된다.

과수요현상이 발생한다. 공급자들은 이익이 줄기 때문에 공급을 줄이려고 할 것이고 수요자들은 이때가 기회라고 보고 수요를 증가시킬 것이기 때문이다(앞에서 배운 x축과 y축을 기준으로 해석을 해보면 재미있을 것이다). 이때 공급자들은 임대아파트의 품질이 낮아도 집을 구하고자 하는 사람들이 많기 때문에 오히려 큰소리를 칠 것이다. 급기야는 아파트의 시설이 나빠도 구하고자 하는 사람들이 뇌물이나 웃돈을 주고라도 구입하고자 하여 암시장(black market)이 형성된다. 이러한 현상은 정부가 월드컵 결승전 때 티켓값이 너무 높으면 청소년들이 볼 수 없다고 생각해 10만원으로 책정하려던 것을 2만원으로 낮추었을 때 서로 사고자 하면서 암표가 등장하는 것과 마찬가지이다. 현재의 취업시장에서 취업하려는 사람들은 많고 채용의사를 밝힌 기업은 별로 없어 기업의 콧대가 매우 높아지는 것도 같은 맥락으로 이해할 수 있다.

그림 2-10

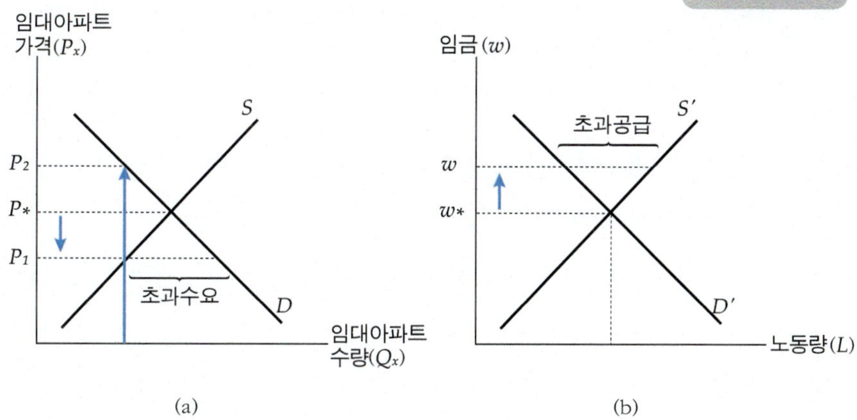

수요-공급곡선의 응용

(a) 임대아파트시장

S: 임대아파트 공급곡선, D: 임대아파트 수요곡선, P_1: 최고가격수준, P_2: 수요자들이 최대한 지불하고자 하는 금액

(b) 노동시장

S': 노동공급곡선, D': 노동수요곡선, w: 최저임금 수준

◈ 패스트푸드점의 최저임금제 실시는 항상 좋은가?

정부는 패스트푸드점과 같은 곳에서 아르바이트를 하는 사람들의 임금이 너무 낮아 인간다운 생활을 하지 못하는 경우를 막기 위해서 최소한의 임금 수준을 법적으로 강제한다. 이것을 최저임금제라고 하는데 현재는 시간급 9,620원(2023년)으로 책정하고 있다.

최저임금제는 시장에서 형성된 노동시장의 균형임금이 너무 낮다고 생각해 최소한의 가이드라인을 제시한 것이다. 만약 균형임금보다 높게 설정되면(w*→w), 이 수준에서 노동을 제공하려는 사람이 많아지는 데 반해서, 높은 임금을 주고 고용하려는 회사는 줄어들게 된다. 그 결과 노동시장의 초과공급이 발생한다. 이때의 초과공급은 주어진 가격에 일하고자 하여도 일자리를 구하지 못하는 실업상태를 유발하는데, 일자리는 별로 없고 일하고자 하는 사람들이 많은 경우이다. 회사의 입장에서는 정규직으로 채용하기를 꺼려해 비정규직을 늘리려고 할 것이고, 고학력자나 기술자가 몰려들어 노약자나 기술이 없는 사람들은 오히려 더 심한 차별을 받게 될 것이다. 왜냐하면 낮은 임금에서라도 일하고 싶은데 아예 일할 기회조차 박탈당하기 때문이다.

◈ 레이저 프린터 토너의 값이 내리면 레이저 프린터의 균형가격과 균형거래량은 어떻게 될까?

레이저 프린터는 토너 가격에 영향을 받는 상호 보완관계에 있다. 커피와 프림처럼 함께 사용하여야 그 효과가 더욱 높아지는 것과 같다. 이러한 경우 레이저 프린터의 수요는 토너의 가격에 의해서도 영향을 받는다. 직관적으로 알 수 있듯이 토너의 가격이 하락하면 보다 많은 사람들이 프린터를 구입하려고 할 것이고, 그 결과 수요는 증가하게 된다. 즉 프린터의 수요곡선은 오른쪽으로 이동하게 된다. 따라서 균형거래량이 늘어나지만 균형가격도 상승한다.

◈ 서울시가 공무원의 월급을 대폭 인상하면 서울시 아파트 전세값이 지방보다 높아지는 이유는?

커피가게의 임대료는 아파트의 임대료와 마찬가지로 생활에 편리한 곳에 위치할수록 높아진다. 서울시가 공무원의 임금을 대폭 인상하면, 많은 공무원들은 출퇴근하기 편리한 곳으로 이동하게 된다. 월급이 낮아서 수도권에서 힘들게 출퇴근하는 공무원은 직장에 가깝게 위치한 곳으로 이동하기 위해 증가한 소득의 일부를 기꺼이 지불하려 할 것이다. 따라서 아파트 전세시장의 수요곡선이 오른쪽으로 이동하고, 서울에 가깝게 위치한 아파트의 전세값은 더욱 높아질 것이다.

◈ 20년 전보다 기말 리포트를 더 자주 쉽게 수정할 수 있는 이유는?

컴퓨터가 그다지 보급되지 않았던 시절에는 기말 리포트를 손이나 워드프로세서를 이용해서 제출하였다. 이 경우는 수정하는 것도 매우 힘들고 어려웠다. 즉 수정에 따른 기회비용이 매우 높았던 것이다. 그러나 컴퓨터의 보급으로 한 번 수정하는 데 들어가는 노력이나 비용이 대폭 감소하게 되었고, 그 결과 수정 횟수는 증가하게 되었다. 기말 리포트 작성시장이 있다고 가정하고 수요-공급곡선으로 설명하면, 새로운 기술의 등장으로 인한 비용의 감소로 공급곡선이 오른쪽(아래쪽)으로 이동하게 된다.

◈ 여름철에 제주도행 항공권은 비싸지는 반면에 수박은 제철인데도 왜 값싸질까?

여행의 성수기인 여름 휴가철에는 비행기를 타고 더위를 피해 떠나려는 사람들이 많아진다. 이러한 경우 제주도에 가고자 하는 사람들 즉 수요자가 많아지고, 그 결과 수요곡선은 오른쪽(위쪽)으로 이동하게 된다. 비행기 항공권시장을 그림으로 나타낼 때 x축과 y축은 비행기 티켓의 수요량과 가격이라고 할 수 있는데, 여름철에 수요가 증가하기 때문에 y축을 기준으로 보면 주어진 가격에서 더 많은 비행기 티켓을 얻고자 하는 것이고 x축을 기준으로 보면 주어진 비행기 티켓에 대해서 더 높은 가격을 지불할 의사를 지닌다는 것을 의미한다. 따라서 수요곡선이 오른쪽으로 이동하여 비행기 항공권의 가격은 상승하게 된다.

반면에 수박의 가격은 계절적인 요인에 큰 영향을 받는데 여름이 제철이기 때문에 공급의 증가로 인해 공급곡선이 오른쪽(아래쪽)으로 이동하기 때문에, 가격은 대폭적으로 하락하게 되는 것이다.

6. 소비자잉여와 생산자잉여

6.1. 소비자잉여

소비자잉여
소비자가 지불하고자 하는 금액보다 더 싼 금액으로 구입했을 때 그 차액
유보가격
소비자가 구입 전에 마음먹은 가격

소비자잉여(consumer surplus)란 소비자가 지불하고자 하는 금액보다 더 싼 금액으로 구입을 했을 때 그 차액을 말한다. 즉 소비자가 어떤 재화를 구입하기 위해서 지불할 의사가 있는 최대한의 금액과 실제 지불한 금액의 차이라고 할 수 있다. 이때 소비자가 구입 전에 마음먹은 가격을 **유보가격**(reserved price)이라고 한다. 수요곡선의 높이가 바로 그 수준에서 1단위 추가로 재화를 구입할 때 최대한 지불하려고 하는 가격이라는 점을 고려하면 쉽게 이해할 수 있다. 〈그림 2-11〉에서 Q_0를 구입한다면 면적 $(A+B)$만큼이 지불할 의사가 있는 최대금액이 된다. 그런데 시장에서 결정된 재화의 가격이 P_0라면 실제 지불한 금액은 면적 B가 된다. 따라서 시장의 교환을 통해 소비자가 얻는 이득의 크기인 A가 소비자잉여이다.

6.2. 생산자잉여

생산자잉여
생산자가 어떤 재화를 판매할 때 최소한 받고자 하는 금액보다 실제로 더 높은 금액을 받게 되었을 때 그 차액

생산자잉여(producer surplus)란 생산자가 어떤 재화를 공급·판매할 때 최소한 받고자 하는 금액보다 실제로 더 높은 금액을 받게 되었을 때 그 차액을 말한다. 공급곡선의 높이가 생산자가 최소한 받아야겠다는 가격임을 떠올리면 Q_0만큼의 재화를 판매할 때 최소한 받고자 마음먹은 금액은 면적 D가 된다. 즉, 원가이다. 그런데 시장에서 가격이 P_0로 주어진 경우 실제 받는 금액은 면적 $(C+D)$가 된다. 따라서 시장의 교환을 통해 생산자가 얻는 이득의 크기인 C가 생산자잉여이다.

6.3. 사회 총잉여

소비자와 생산자만 시장에 존재한다고 할 때 시장교환의 총잉여는 소비자잉여와 생산자잉여를 합한 면적 $(A+C)$로 나타낼 수 있다. 뒤에서 살펴보겠지만 시장이 완전경쟁적

그림 2-11

소비자잉여와 생산자잉여

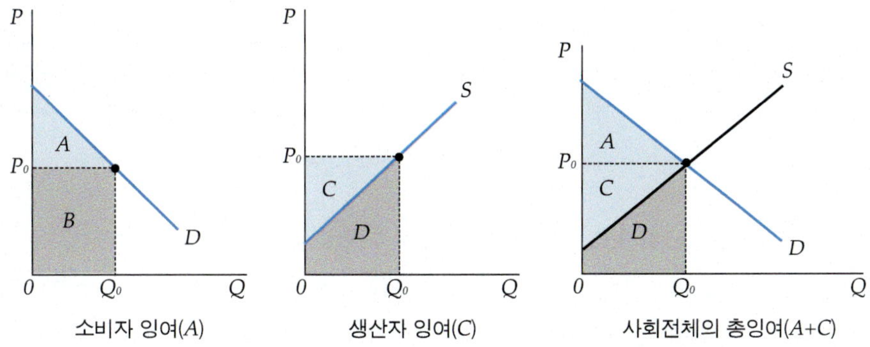

인 경우에 사회전체적인 총잉여가 극대화된다. 그리고 균형점을 중심으로 수요곡선의 기울기가 완만할수록 소비자잉여의 크기는 작아지고, 기울기가 가파를수록 소비자잉여의 크기는 커진다.

7. 조세부과의 경제적 효과

7.1. 조세의 전가와 귀착

정부가 생산자에게 조세를 부과하게 되면 생산자는 이를 다 부담하지 않고 소비자가격을 인상해서 소비자에게 일부 혹은 전부를 떠넘길 수 있다. 이처럼 조세가 부과되었을 때 조세부담을 다른 사람에게 떠넘기는 것을 **조세의 전가**(tax shifting)라고 한다. 조세의 전가에는 생산과정의 가치창출 흐름을 기준으로 전전과 후전으로 나눌 수 있다. 만일 생산자에게 조세를 부과했을 경우에 소비자에게 떠넘기면 전전(forward shifting)이라고 하고, 생산요소 공급자에게 떠넘기면 후전(backward shifting)이라고 한다.

조세의 전가
조세부담을 다른 사람에게 떠넘기는 것

조세부담의 전가가 완료되어 실질적으로 누가 조세부담을 지게 되는가의 문제를 **조세**

그림 2-12

조세 전가의 유형

조세의 귀착
조세부담의 전가가 완료되어 실질적으로 누가 조세부담을 지게 되는가의 문제

의 귀착(tax incidence)이라고 한다. 법적으로 누구에게 과세하는가의 문제를 법적 귀착 혹은 형식적 귀착이라고 하고, 조세의 전가를 통해서 실제로 누가 조세를 부담하는가의 문제를 경제적 귀착 혹은 실질적 귀착이라고 한다.

7.2. 종량세와 종가세

종량세는 재화의 수량에 따라 일정한 크기의 조세를 부과하는 것을 말하고, 종가세는 주어진 가격에 일정한 세율(%)의 조세를 부과하는 것을 말한다. 종량세는 가격과 상관없이 결정되므로 생산자에게 종량세를 부과하게 되면 공급곡선이 단위당 조세액만큼

그림 2-13

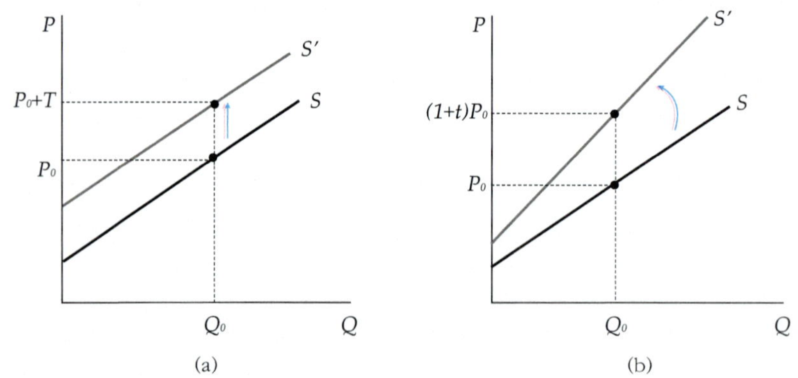

종량세와 종가세 부과로 인한 공급곡선 이동

(a) 종량세: 단위당 조세액만큼 상방으로 평행이동
(b) 종가세: 회전하면서 상방으로 이동

상방으로 이동하게 되지만, 종가세의 경우는 가격이 높을수록 생산 단위당 조세액이 증가하므로 공급곡선이 시계반대방향으로 회전하면서 상방으로 이동하게 된다.

7.3. 조세부과와 사중손실

〈그림 2-14〉에서 보듯이, 생산자에게 법적으로 단위당 T원의 조세를 부과하면 공급곡선은 상방으로 T만큼 이동하게 되고 균형점이 e_0에서 e_1로 이동하게 된다. 이때 재화의 가격은 상승하게 되는데 원래의 가격 P_0보다 높은 가격 P_1은 소비자가 지불하는 가격이 되고, P_1에서 T를 뺀 P_2는 생산자가 받게 되는 가격이 된다. T의 크기는 정확하게 P_1과 P_2의 차이와 같다. 이때 소비자잉여와 생산자잉여가 조세부과 전과 후에 어떻게 변했는지, 그리고 사회전체적인 후생은 어떻게 변했는지 살펴보자.

그림의 $(E+F)$는 소비자와 생산자, 정부 중 어느 누구도 가져가지 못하고 조세부과로 인해 사회적으로 발생한 손실의 크기가 되는데 이를 **사중손실**(DWL: Dead Weight Loss) 혹은 **자중손실**이라고 한다. 사중손실의 크기는 수요곡선의 기울기와 공급곡선의 기울기가 완만할수록 커진다. 기울기가 완만하다는 말은 좀 더 가격탄력적이란 의미인데, 수요와 공급이 탄력적일수록 조세 부과로 인한 가격 상승이 거래량을 크게 감소시키게 된다.

사중손실(자중손실)
조세부과로 인해 사회적으로 발생한 손실의 크기

그림 2-14

조세가 후생에 미치는 영향

	조세부과 전	조세부과 후
소비자잉여	A+B+E	A
생산자잉여	C+D+F	D
정부 세수		B+C
사회총잉여	A+B+C+D+E+F	A+B+C+D

→ E+F (사중손실)

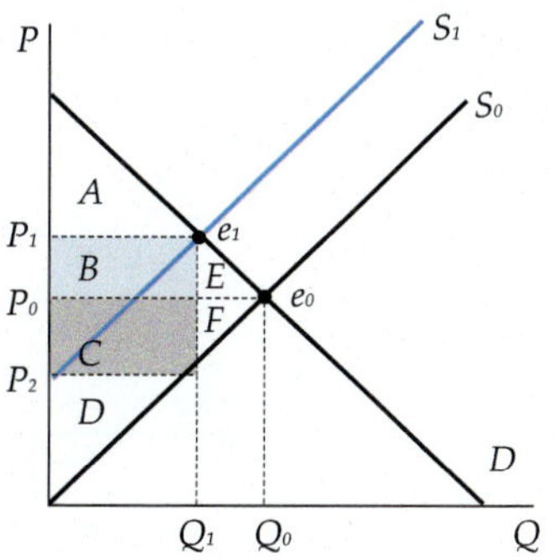

7.4. 조세의 상대적 부담의 크기

조세를 부과하게 되면 다른 사람에게 일부를 전가할 수 있기 때문에 실제 부담은 달라진다. 이때 소비자와 생산자 중에서 누가 더 많이 부담하게 되는가의 여부는 조세부과 시 이를 얼마나 잘 회피할 수 있는가에 달려 있다. 조세라는 폭탄을 잘 회피할 수 있다는 말은 다른 사람에게 쉽게 떠넘길 수 있다는 것을 의미한다. 소비자와 생산자 중에서 누가 더 큰 협상력(bargaining power)을 가지고 있는가에 따라서 조세부담의 크기가 결정되는데, 이는 수요곡선과 공급곡선의 기울기와 관련 있다.

〈그림 2-15〉에서 보듯이 수요곡선의 기울기가 완만한 경우에 조세부과로 인한 소비자

그림 2-15

가격탄력성과 조세부담

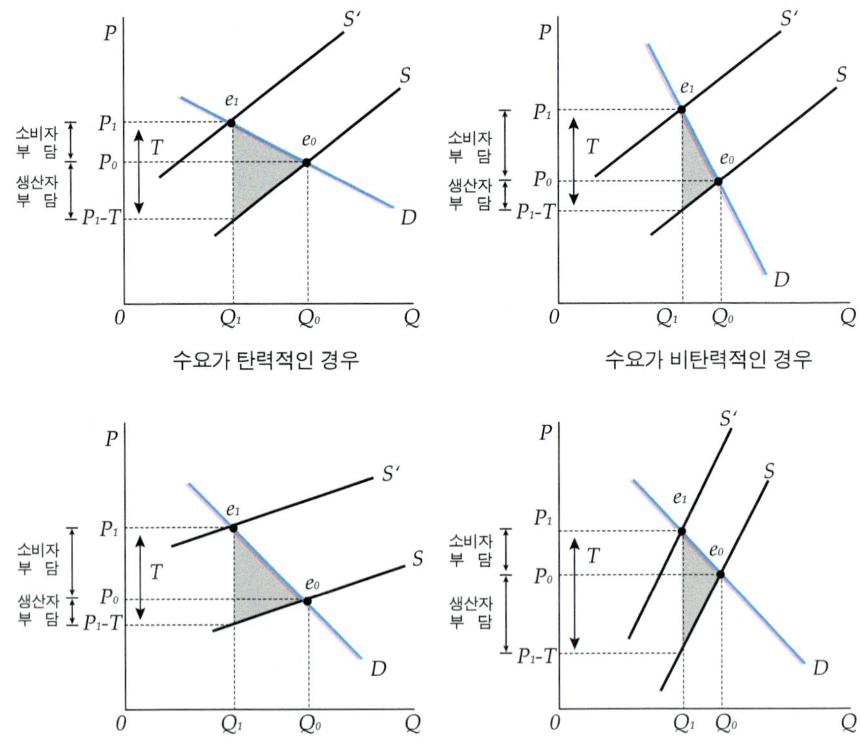

수요가 탄력적인 경우 / 수요가 비탄력적인 경우 / 공급이 탄력적인 경우 / 공급이 비탄력적인 경우

참고 **코끼리 밀렵 방지와 화형식**

얼마 전 밀렵자들로부터 압수한 코끼리의 상아 더미에 불을 지르는 케냐 대통령의 사진이 크게 실린 신문기사를 보았다. 기사에 의하면, 이 화형식은 전 세계의 밀렵군들에게 상아 교역을 중지할 것을 설득하기 위한 상징적인 표현으로 행해진 것이다. 이 화형식이 전 세계의 밀렵꾼들에게 커다란 경종으로 받아들여졌는지는 모르지만 경제적인 측면에서 보면 그 효과는 미지수이다. 오히려 전 세계적으로 상아 공급량이 줄어들어 상아의 가격이 오르고, 더불어 코끼리 밀렵의 이익은 더 커지게 되어, 처음에 케냐 정부가 의도했던 바와 달리 밀렵을 더욱 부추기는 결과로 이어질 수도 있다.

의 부담은 생산자의 부담보다 상대적으로 작아지고, 수요곡선의 기울기가 가파른 경우에 소비자 부담은 상대적으로 커진다. 수요곡선의 기울기가 완만하다는 것은 가격의 변화에 대해서 수요량이 크게 변한다는 것을 의미하며 이는, 부록에서 다루겠지만, 수요의 가격탄력성이 크다고 표현할 수 있다. 공급곡선의 경우도 그대로 적용할 수 있다.

정리하면 수요의 가격탄력성이 공급의 가격탄력성보다 크다는 것은 소비자가 판매자보다 협상력이 더 크다는 것을 의미한다. 그 결과 조세부과로 인한 부담은 소비자보다 판매자가 더 크게 된다. 만일 수요가 완전비탄력적이면 공급 측면과 상관없이 소비자가 힘이 전혀 없기 때문에 조세를 전부 부담하게 된다. 반대로 수요가 완전탄력적이면 공급 측면과 상관없이 소비자의 힘이 무한대이므로 조세를 판매자에게 전부 떠넘길 수 있게 된다.

부록 탄력성과 응용

1. 탄력성과 일상생활

탄력성은 경제학에서 매우 중요한 개념이다. 어떤 공이 탄력적이라고 하는 경우, 또는 용수철이 탄력적이라고 하는 경우를 생각하면 쉽게 그 개념을 이해할 수 있을 것이다. 수업을 듣는 친구의 옆구리를 갑자기 찔러보자. 그때 크게 반응하는 사람이 있고 별로 반응하지 않는 사람이 있을 것이다. 이 경우 크게 반응하는 사람은 보다 탄력적이고, 별로 반응하지 않는 사람은 비탄력적이라고 할 수 있다. 선생님이 떠든 학생을 혼내는 경우에 크게 반발하는 학생은 선생님의 꾸지람에 크게 반응하는 탄력적인 학생이라고 할 수 있다.

2. 탄력성의 개념과 구하기

탄력성은 가만히 있는 균형상태에 어떤 외부적인 충격을 주었을 때 얼마나 반응 하는가를 나타내는 민감도(sensitivity)라고 할 수 있다. 거시경제학에서 배울 승수효과도 사실은 탄력성과 같은 맥락이다. 사과의 가격이 변화했을 때 사과의 수요량이 얼마나 변화하는가를 이용해 탄력성을 구하면 다음과 같다.

$$\varepsilon_P = \frac{\text{사과의 수요량 변화율}}{\text{사과의 가격 변화율}} = \frac{\dfrac{\Delta Q_x^d}{Q_x^d}}{\dfrac{\Delta P_x}{P_x}}$$

이 식을 정리하면 다음과 같이 나타낼 수 있다.

(1) (2)

$$\varepsilon = \frac{\Delta Q_x}{\Delta P_x} \cdot \frac{P_x}{Q_x}$$

(2) → 가격과 수요량이 어디에 위치했는가가 중요함

(1) → 가격이 변화했을 때 수요량이 얼마나 변화했는가를 의미함 (Q를 P로 미분한 값이며, 기울기의 역수)

위 식에서 (1) 부분과 (2) 부분을 살펴보면, (1)은 가격이 변화했을 때 수요량이 얼마나 변화했는가를 나타내는 미분의 개념으로 기울기의 역수이다. (2)는 주어진 가격과 수요량을 나타낸다. 결국 탄력성의 크기는 (1)과 (2)의 영향을 받는다고 할 수 있다.

◈ (2) 부분이 고정되어 있을 때

(2)가 고정되어 있다고 가정해보자. 그렇다면 탄력성값에 영향을 주는 요인은 (1)만 있을 것이다. (1)은 x재의 수요량을 x재의 가격으로 나눈 미분의 개념으로 기울기의 역수가 된다. 따라서 기울기가 가파를수록 탄력성값은 작아지고, 기울기가 완만할수록 탄력성값은 커진다.

그림 2-16

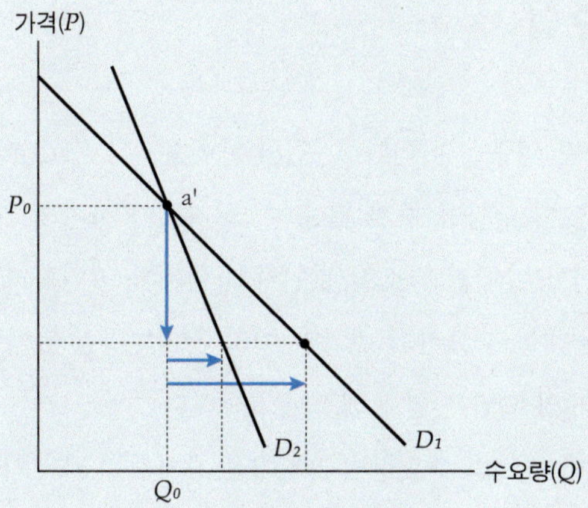

D_1: 기울기가 완만해서 가격변화에 민감하게 반응함

D_2: 기울기가 가파르고 가격변화에 별로 민감하게 반응하지 않음

a': 공통된 (사과의) 가격과 수요량값으로 (2) 부분의 고정을 의미함

그림 2-17

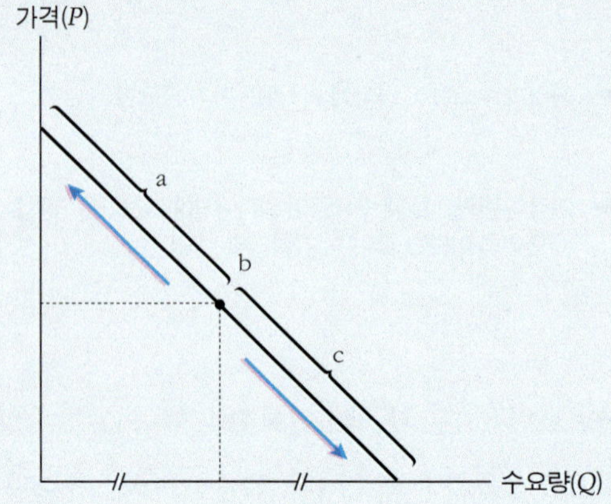

동일한 수요곡선 위에서 탄력성

수요곡선의 기울기는 일정함, (1) 부분의 고정을 의미함
a: 탄력성〉1, 탄력성값이 점점 커짐
b: 탄력성=1
c: 탄력성〈1, 탄력성값이 점점 작아짐

◈ (1) 부분이 고정되어 있을 때

이번에는 탄력성에 영향을 미치는 (1)의 값이 고정되어 있는 경우를 가정해보자. 이때는 수요곡선의 기울기가 일정하다는 것을 의미하기 때문에 탄력성값은 수요곡선의 어느 곳에 위치해 있는가에 따라서 P_x와 Q_x가 달라지고 (2)의 값도 달라진다. 즉 P_x가 높아지고 Q_x가 작아질수록 탄력성값은 커진다. 수요곡선을 따라서 왼쪽으로 올라가면 탄력성값은 커지게 된다.

3. 탄력성과 기업의 판매수입

탄력성은 기업의 판매수입에 커다란 영향을 미친다. 기업의 판매수입은 $P \times Q$로 나타낼 수 있다. 즉 가격과 수요량의 두 값이 영향을 주게 된다. 어느 가게가 사과의 가격을 낮추었을 때 판매수입은 증가할 것인가 아니면 감소할 것인가의 문제를 고민하고 있다고 하자. 이때 우리는 가격의 변화에 대한 수요량의 변화가 어떻게 되는가를 알아야 한다. 다시 말해 탄력성을 알면 사과가게의 고민은 쉽게 해결이 가능하다.

만일 사과의 가격이 2배 낮아졌는데 사과의 수요량이 2배 이상 증가하면 가게의 판매수입은 증가하게 될 것이다. 가격하락으로 인한 손실을 판매량이 크게 증가해 만회할 수 있는 것이다. 박리다매가 바로 이 경우에 해당한다. 반대로 수요량이 2배보다 작게 증가하면 가격하락으로 인한 손실을 수요량의 증가로 상쇄할 수 없기 때문에 판매수입은 감소하게 된다.

판매수입 = P × Q

(1) P ↓ ⇨ Q ↑: 판매수입(P × Q) ↑

(2) P ↓ ⇨ Q ↑: 판매수입(P × Q) ↓

4. 탄력성의 응용

앞에서 설명한 사과를 예로 들면 사과의 수요에 영향을 미치는 요인들이 많이 있다. 즉, 사과의 가격, 소득, 다른 재화(배, 바나나)의 가격, 기호, 인구 등이다. 이때 우리의 관심사가 되는 하나의 요인만 변하고 다른 요인들은 일정하다고 가정하는 것이 경제학의 기본 접근법이라고 설명한 바 있다. 사과의 수요에 영향을 미치는 요인들 중에서 사과의 가격이 변화했을 때 사과 수요량이 얼마나 변화하는가를 보는 것을 (사과의 수요량에 대한) 가격탄력성이라고 한다. 마찬가지로 소득이 변화했을 때는 소득탄력성, 다른 재화의 가격이 변화했을 때는 대체탄력성이라고 한다.

◈ 가격탄력성

가격의 변화율에 따른 수요량의 변화율이 1보다 크면 탄력적이라고 하고, 1보다 작으면 비탄력적이라고 한다. 비탄력적인 경우로 보통 쌀과 소금과 같은 필수재가 있고, 탄력적인 경우로는 골프채와 같은 사치재가 있다. 홈쇼핑에서 골프채를 절반 값으로 할인하면 우리의 눈은 휘둥그레질 것이다. 그러나 쌀이 절반 값으로 싸졌다고 하면 안심할지언정 하루에 밥을 3끼에서 5끼로 더 많이 먹지는 않을 것이다.

◈ 소득탄력성

소득의 변화도 수요량에 영향을 미친다. 소득이 증가했을 때 구매력이 커지기 때문에 수요량도 커지는 경우가 일반적인데, 여기에 해당하는 재화를 정상재라고 한다. 반대로 소득이 증가하면 오히려 수요량이 줄어드는 경우가 있는데, 이러한 재화를 열등재라고 한다. 열등재의 경우로는 선풍기, 검정 고무신, 연탄, 버스 등이 있다. 소득이 2배로 증가했다고 하여 버스를 더 많이 여러 번 타는 사람은 없을 것이다. 오히려 자가용을 하나 구입하는 게 일반적이다. 여기서 주의해야 할 것은 소득이 증가했을 때 수요량이 감소하는 것은 처음부터가 아니라 일정수준의 소득이 증가한 이후라는 점이다. 예를 들어 소득의 증가함에 따라서 연탄을 더 많이 사용하게 되는 것이 당연하지만, 어느 일정수준의 소득을 넘어서면 그때에는 연탄에 대한 수요량이 감소하게 된다.

◈ 소득에서 그 재화의 구입금액이 차지하는 비중

어떤 재화에 대한 탄력성은 사람들의 소득에 따라 다르다. 어떤 곳에 10만원짜리 수표가 떨어져 있다고 할 때, 솔깃해하는 사람들은 그 돈이 매우 크다고 생각하는 사람이지만 빌 게이츠 같은 부자들은 별로 신경 쓰지 않을 것이다. 다시 말해서 사치재인 골프채의 가격이 변화했을 때 소득에서 그 재화의 구입금액이 차지하는 비중이 큰 일반사람들은 매우 민감하게 반응하지만, 빌 게이츠 같은 부자들은 별로 신경 쓰지 않을 것이다.

◈ 대체탄력성

사과의 수요는 다른 재화인 배나 바나나의 가격이 변화했을 때도 영향을 받는다. 사과를 구입하러 시장에 갔는데 배의 가격이 절반으로 내렸다면, 사과를 구입하려는 사람의 입장에서는 상대적으로 사과의 가격이 2배 증가한 것으로 인식할 것이다. 따라서 더 비싸진 사과는 다음으로 미루고 배를 구입하기 때문에 사과에 대한 수요는 줄어들게 된다. 이처럼 다른 재화의 가격의 변화로 인해서 그 재화의 수요량이 변하는 정도를 대체탄력성이라고 한다.

대체탄력성은 대체할 만한 상품이 얼마나 많이 있는가에 달려 있다. 담배와 같은 기호품은 대체할 만한 상품이 없어 대체탄력성이 작고, 콜라와 같은 탄산음료는 환타, 사이다 등 대체할 만한 상품이 많아서 대체탄력성이 크다. 이 논리를 응용하면 여성의 마음을 잘 끄는 카사노바의 경우는 여성에 대한 대체탄력성이 매우 크다. 대체할 만한 여성이 많다고 생각하기 때문에 조금이라도 귀찮게 하는 여성은 금방 멀리하는 것이다. 그러나 일편단심 민들레의 남성은 여성이 귀찮게 하여도 그녀를 대체할 만한 다른 여성이 없다고 생각해 별로 크게 반응하지 않고 잘 받아준다.

CHAPTER | 03

소비자선택이론

1. 한계효용이론

1.1. 효용이론과 소비자선택이론의 전개

(1) 소비자의 효용

효용(utility)이란 소비자가 재화나 서비스를 소비하면서 얻게 되는 주관적인 만족의 크기를 말한다. 이를 측정하는 것은 불가능하지만 처음에는 효용의 크기를 측정 가능하다고 가정하고 논의를 전개하였다.

(2) 기수적 효용과 서수적 효용

기수적 효용은 양적으로 측정할 수 있는 효용을 말한다. 사과 1개를 먹었을 때 얻게 되는 효용은 4이고, 배 1개를 먹었을 때 효용은 2라고 하는 것처럼 측정이 가능하다.

한편 서수적 효용은 크기의 순서만 알 수 있는 경우를 말한다. 사과 1개를 먹었을 때 효용이 배 1개를 먹었을 때 효용보다 크다라는 정도의 정보만 제공해준다. 예를 들어 두 형제 A와 B가 있는데 A가 형이고 B가 동생이라는 정보만 알 수 있다면 서수적이라고 하고, A의 나이가 10세이고 B의 나이가 5세인 경우로 그 차이가 5세라는 정보까지 알 수 있으면 기수적이라고 한다. A의 나이가 6세이고 B의 나이가 5세인 경우에도 서수적인 경우에는 형과 동생의 순서가 바뀌는 것은 아니다. 그러나 기수적인 측면에서는 나이 차이가 5세에서 1세로 줄어든다.

(3) 소비자선택이론의 전개

◈ 한계효용이론

1870년대부터 1880년대에 걸쳐 제본스(W.S. Jevons), 멩거(C. Menger), 왈라스(M.E.L. Walras) 등 한계효용학파에 의해 발전된 이론으로 기수적 효용을 가정하고 있다. 1890년 『경제학원리*』를 출간한 마샬(A. Manshall)을 그 시조로 한다.

◈ 무차별곡선이론

한계효용이론의 기수적 효용 대신 서수적 효용 개념을 도입하였다. 1920년대 파레토(V. Pareto), 슬러츠키(E. Slutsky), 힉스(J.R. Hicks), 알렌(R.G.D. Allen) 등이 무차별곡선을 이용하여 현대 소비자선택이론의 중심이 되었다.

◈ 현시선호이론

효용이란 기수적으로든 서수적으로든 측정할 수 없다는 효용불가측성을 전제로 하여 시장에서 소비자의 객관적인 소비행동이라는 선택의 결과를 기반으로 수요의 법칙을 설명한다. 1960년대 새뮤얼슨(P.A. Samuelson), 하우데커(H.S. Houthakker) 등이 무차별곡선을 단순화, 객관화하고 현시선호이론으로 발전시켰다.

◈ 기대효용이론

1940년대 폰 노이만(J. von Neumann)과 모르겐슈테른(O. Morgenstern)은 소비자선택이론을 미래의 불확실한 상황으로 확장시켜 소비자의 선택은 기대소득이 아닌 기대효용에 의존한다는 이론을 전개했다. 이 이론은 복권과 도박, 보험시장에 폭넓게 응용되고 있다.

1.2. 한계효용이론

(1) 효용함수

효용함수(Utility Function)란 일정기간에 한 상품의 소비량과 그로부터 얻어지는 총효용의 관계를 나타낸 것을 말한다. X와 Y의 두 재화가 존재한다고 가정할 때, 이를 소비할 때의 총효용(U)과 관계를 나타내면 다음과 같은 효용함수를 얻을 수 있다.

$$U = f(X, Y)$$

(2) 주요 효용개념

◈ 총효용

총효용(TU: Total Utility)이란 일정기간 동안 소비자가 일정량의 상품을 소비함으로써 얻을 수 있는 주관적인 만족의 총량을 말한다. 상품소비량이 증가할수록 총효용은 체증

그림 3-1

총효용과 한계효용

콜라소비량(작은 잔)	총효용(U)$_n$	평균효용(AU)$_n$	한계효용(MU)$_n$
0	0	0	0
1	1	1	1
2	3	1.5	2
3	6	2	3
4	8	2	2
5	9	1.8	1
6	9	1.5	0
7	8	1.14	-1
8	6	0.75	-2

주: 1) 상품 n단위의 총효용은 n단위까지의 각 단위의 한계효용을 모두 합한 것과 같다.
2) 한계효용이론에서 중요한 개념은 총효용과 한계효용뿐이며 평균효용은 의미가 없다.

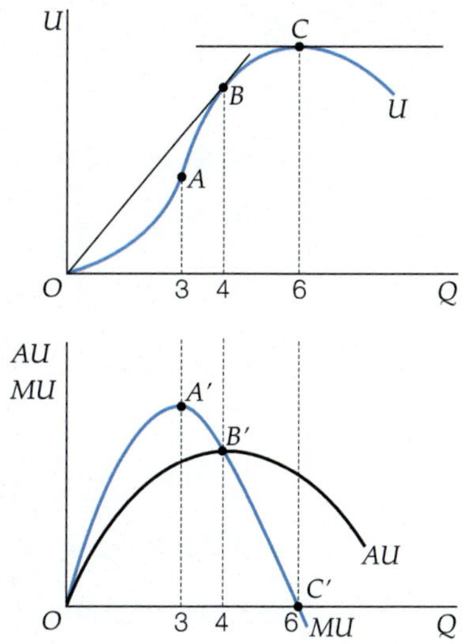

적으로 증가 → 체감적으로 증가 → 극대 → 감소의 과정을 거친다.

◈ 평균효용

평균효용(AU: Average Utility)이란 소비되는 상품의 한 단위당 효용을 의미하는 것으로 총효용을 소비량을 나눈 값이다. 평균효용을 그림에서 나타내면 각 소비량에 대응하는 총효용(U)곡선상의 각 점과 원점을 연결하는 직선의 기울기가 된다.

◈ 한계효용

한계효용(MU: Marginal Utility)이란 상품 소비량이 1단위 추가적으로 증가할 때 변화하는 총효용의 증가분을 말한다. 총효용을 소비량으로 미분한 값이다. 한계효용을 그림에서 나타내면 총효용(U)곡선상의 각 점에서의 접선의 기울기가 된다.

(3) 여러 효용의 관계

◈ 총효용과 한계효용 관계

총효용이 증가하면 $MU>0$이 되고, 반대로 총효용이 감소하면 $MU<0$이 된다. 따라서 총효용이 증가하더라도 체증적으로 증가하거나 체감적으로 증가해도 $MU>0$이 된다. 또한 총효용이 극대가 되어 만족이 포화점에 도달하는 경우에는 $MU=0$이 된다.

◈ 평균효용과 한계효용 관계

한계효용이 평균효용보다 크면($MU>AU$) 평균효용은 증가하고, 반대로 한계효용이 평균효용보다 작으면($MU<AU$) 평균효용은 감소한다. 평균효용이 극대일 때는 평균효용과 한계효용은 같게 된다.

◈ 한계효용체감의 법칙

한계효용체감의 법칙이란 다른 상품의 소비량이 고정되어 있는 상황에서 한 상품의 소비량이 증가한다면 그 상품의 한계효용은 결국 감소한다는 것을 말한다. 효용함수가

그림 3-2

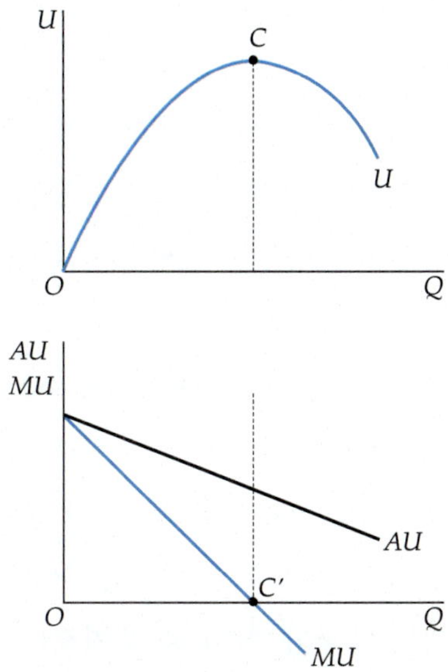

역U자 형태를 지닌 경우에 평균효용과 한계효용을 그리면 〈그림 3-2〉와 같다.[1]

1.3. 한계효용이론과 가치의 역설

(1) 가치의 역설

애덤 스미스(A. Smith)는 『국부론』(1776)에서 물은 인간생활에 없어서는 안 되는 아주 유용한 재화인데 시장에서는 값이 아주 싸고, 다이아몬드는 생활하는 데 꼭 필요한 것은 아님에도 불구하고 시장에서 가격이 매우 비싼데 그 이유는 무엇인가 하고 의문을 제기하였다. 즉 재화의 사용가치와 교환가치가 일치되지 않는 사실에 부딪쳤던 것인데, 이를 '물과 다이아몬드의 역설'이라고 한다.

결국 가치의 역설이란 물은 사용가치가 크지만 교환가치는 작은 반면에 다이아몬드는

1 한계효용이론에서는 합리적인 소비자라면 총효용이 감소하는 수준까지 한 상품의 소비량을 증가시키지 않을 것이라고 가정한다. 즉 한계효용이 음(−)이 되는 값은 분석대상에서 제외한다. 이렇게 음(−)의 한계효용을 주는 재화로는 쓰레기나 매연과 같은 것이 있으며, 이것은 소비할수록 효용을 감소시키기 때문에 비재화(bads)라고 한다.

사용가치가 작음에도 불구하고 교환가치가 큰, 가치의 이율배반적인 현상을 의미한다.

(2) 한계효용학파의 해석

한계효용학파는 물과 다이아몬드의 역설에 대해서 이는 역설이 아닌 합리적인 현상이라고 주장하였다. 상품의 가격에 영향을 미치는 것은 총효용이 아닌 한계효용이라는 근거에서였다. 어떤 상품의 한계효용은 그 상품의 소비량이 많아질수록 작아지기 때문에 물과 같이 사용량이 많은 상품은 한계효용이 작게 된다.

정리를 하면 앞서 언급한 일상생활에 필요한 사용가치는 총효용과 관련이 있으나, 시장에서 평가되는 교환가치는 한계효용과 관련이 있다. 〈그림 3-3〉에서 보면 소비량이 똑같을 때는 물은 다이아몬드보다 인간생활에 더 유용하기 때문에 물의 한계효용곡선은 다이아몬드의 한계효용곡선보다 항상 위에 위치한다. 그러나 물의 소비량은 다이아몬드의 소비량보다 훨씬 많기 때문에 물의 한계효용 및 가격은 다이아몬드의 한계효용 및 가격보다 훨씬 낮아지게 된다.

그림 3-3

물과 다이아몬드의 역설

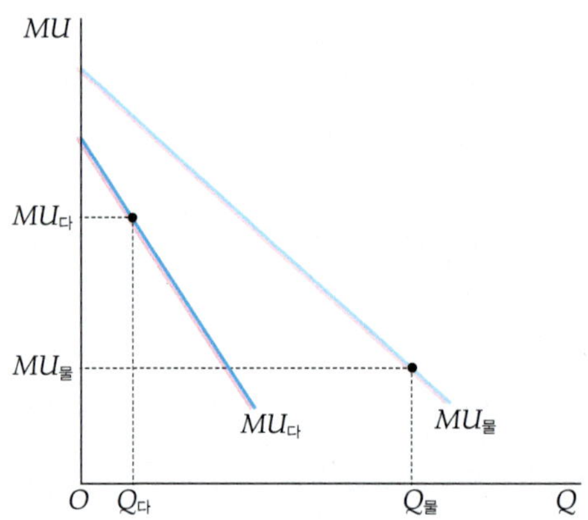

1.4. 한계효용이론의 공헌과 한계

(1) 한계효용이론의 공헌

한계효용이론은 과거 고전학파 경제학자들이 주장한 객관적 노동가치설[2]을 정면으로 부정하고, 주관적인 효용가치설[3]을 제기함으로써 소비자선택이론을 처음으로 발전시켰다. 특히 한계효용학파의 대표자인 마샬(A. Marshall)은 고전학파의 객관적 가치설을 이용해 시장공급곡선을 도출하고, 한계효용학파의 주관적 가치설을 이용해 시장수요곡선을 도출해 시장가격결정에 수요-공급이라는 종합적인 시각을 제시하였다.

(2) 한계효용이론의 한계

한계효용이론은 소비자의 주관적인 효용을 객관적이고 기수적으로 측정할 수 있다고 가정하여 현실적으로는 도입하기 어려운 이론이다. 따라서 무차별곡선이론이라는 서수적 효용이론이 등장하게 되었다.

2. 무차별곡선이론

2.1. 무차별곡선이론의 개요

(1) 무차별곡선이론과 한계효용이론의 차이점

무차별곡선이론은 기수적 효용을 전제로 하는 한계효용이론과 달리 서수적 효용인 크기의 순서로만 측정된 효용을 전제로 소비자의 최적소비행태를 분석한다. 각 상품을 따로따로 떼어내어 총효용을 독자적으로 계산하는 한계효용이론과 달리, 무차별곡선이론은 두 가지 재화의 상품묶음을 중심으로 효용의 크기를 비교하는 방법이다.

---

2 객관적 노동가치설은 한 상품의 가격은 그 상품의 생산에 객관적으로 투입된 노동량 또는 생산비에 의해서 결정된다는 주장이다.

3 주관적 효용가치설은 한 상품의 가격은 그 상품의 마지막 1단위 소비에서 얻은 주관적인 한계효용에 의해서 결정된다는 주장이다.

(2) 무차별곡선이론에서 효용극대화조건

무차별곡선이론은 서수적인 효용은 무차별곡선으로, 소득제약조건은 예산선으로 나타내어 무차별곡선과 예산선이 접하는 점에서 소비자의 효용극대화가 이루어진다고 가정한다.

소비자의 효용극대화는 소비자가 평가하는 상품의 주관적 가치와 시장에서 평가하는 상품의 객관적인 가격이 일치할 때 이루어진다.

2.2. 상품묶음과 소비자의 선호체계

(1) 상품묶음

우리는 시장에 가서 무엇을 구입할 때 하나를 사는 경우도 있지만 보통은 상품묶음으로 구입하는 경우가 많다. A라는 상품묶음(장바구니로 생각하면 이해가 쉽다)에는 사과 3개와 배 2개가 있고, B라는 상품묶음에는 사과 5개와 배 1개가 있다. 이 상품묶음을 간단하게 표시하면 A(3,2), B(5,1)과 같이 앞에는 사과, 뒤에는 배의 순서대로 바구니에 담긴 상품의 양으로 표시할 수 있다. 일반적으로 상품이 많이 담겨져 있는 바구니를 선택하면 '다다익선(the more, the better)'의 원리에 의해서 효용은 증가하게 된다. 경제학에서는 일상생활의 수많은 상품을 모두 고려할 수 있지만, 쉽게 설명을 하기 위해서 또한 x축과 y축에 그래프로 나타내기 위해서 2개의 상품만 존재한다고 가정한다.

(2) 선호체계의 개념

선호체계란 소비자가 상품묶음을 구입하면서 얻을 수 있는 주관적인 만족을 나타내는 일련의 체계를 말한다. 두 가지 상품의 묶음을 서로 비교하여 어떤 상품묶음이 더 높은 만족을 주는지 판단할 수 있는 관계를 말한다.

(3) 선호체계의 공리

① 완전성: A와 B 중에서 어느 것을 더 선호하거나 선호의 차이가 없다는 것을 비교할 수 있어야 한다는 것이다.

② 이행성: $A>B$이고 $B>C$라면 $A>C$가 성립되는 것으로, 선호에 일관성이 있어야

함을 말한다.

③ 연속성: 소비자의 선호는 연속적으로 이루어지며 갑자기 변화하지는 않는다.

④ 강단조성: 상품이 효용재인 경우에 그 상품을 많이 가질수록 더 큰 만족을 얻는다.

⑤ 볼록성: 소비자는 한 가지 상품만 구입하는 극단적인 상품묶음보다는 두 상품이 골고루 섞여 있는 다양한 구성의 상품묶음을 더 선호한다는 것을 말한다.

2.3. 효용함수와 무차별곡선

(1) 무차별곡선 개념

무차별곡선(indifference curve)이란 동일한 효용을 주는 두 상품의 여러 가지 조합들을 연결한 곡선을 말한다. 소비자의 선호가 일정불변이라면 무차별곡선은 이동하거나 교차하지 않고 무차별지도 형태로 주어지게 된다. 따라서 소비자는 무차별곡선상의 모든 재화결합점에 대해서 무차별적인, 즉 똑같은 선호를 갖는다.

(2) 효용함수와 무차별곡선

지도상에 산의 형태와 높이를 〈그림 3-4(a)〉와 같이 나타낸다면 현실감은 있지만 2차원의 평면에 나타내는 데 제약을 받을 수밖에 없다. 인간이 발명한 도르래, 수레, 계단,

그림 3-4

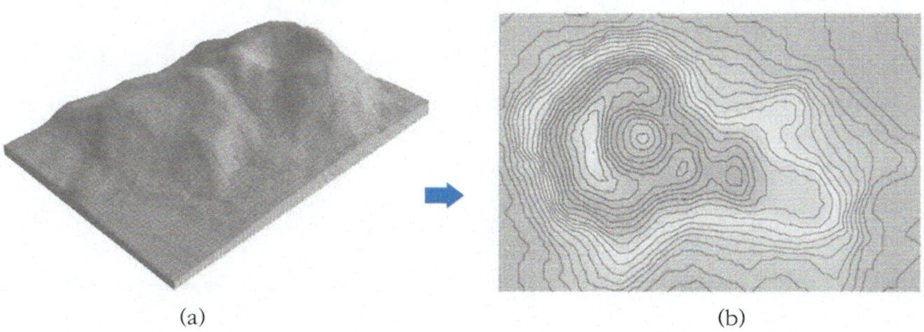

(a) (b)

3차원의 산의 형태와 2차원의 등고선

(a) 3차원의 형태
(b) 2차원의 형태

참고 **에덴동산 세상과 경제학**

경제학을 공부하다 보면 항상 예로서 에덴동산의 아담과 이브, 난파되어 무인도에 머물게 된 로빈슨 크루소와 프라이데이와 같이 꼭 2명의 사람만이 존재한다고 가정한다. 또한 생산요소도 노동(L)과 자본(K)만 있다고 가정하고, 국가도 한국과 외국(미국)만 존재하는 상황을 가정한다. 그래서 혹자는 경제학은 지나치게 제한된 모형으로 인해서 현실적으로 설명력이 떨어진다고 지적한다. 사실 경제학에서 2개의 국가(자국과 타국), 2명의 사람(A와 B), 2개의 상품(x재와 y재), 2개의 생산요소(노동과 자본)를 가정하는 것은 경제원리를 보다 쉽게 설명하기 위한 눈물겨운 시도에서 나온 것이다. 평면에 그래프를 그리기 위해서는 2차원의 제약을 받을 수밖에 없기 때문인데, 이러한 가정을 사용하더라도 현실로의 일반화를 유도하는 데는 별 지장이 없다.

망원경 등 많은 편리한 도구처럼 지도에 쉽게 표현하여 많은 정보를 제공하는 것이 등고선이다. 등고선이란 말 그대로 동일한 높이를 연결한 선이다. 〈그림 3-4(b)〉는 왼쪽의 입체적인 3차원 형태를 2차원으로 한 차원 낮추어 그린 것이다. 등고선을 읽는 방법만 익히면 오른쪽 평면상의 그림을 통해서 왼쪽의 입체적인 그림을 쉽게 떠올릴 수 있다.

사과(X)와 배(Y)가 들어 있는 상품묶음을 선택해서 얻게 되는 효용(U)이 다음과 같이 함수 형태로 주어져 있다고 하자.

$$\text{효용함수: } U(X, Y) = XY$$

이 경우 사과 1개와 배 1개가 담겨 있는 상품묶음을 구입했을 때 얻게 되는 효용은 1(=1×1)이 된다. 만일 사과 2개와 배 2개가 담겨 있는 상품묶음인 경우는 효용은 4(=2×2)가 될 것이다. 이렇게 상품묶음들로 얻게 되는 효용함수들을 연결하여 〈그림 3-5(a)〉에서와 같이 3차원의 효용곡면을 도출할 수 있다. 그림에서 X축은 사과를 Y축은 배를 나타내고 수직선의 축은 효용(U)의 크기를 나타낸다.

이때 3차원의 효용곡면은 우리가 분석을 하기에 다소 복잡하다. 그뿐 아니라 소비자의 합리적 선택의 문제에서는 얼마나 효용을 얻게 되는가의 정도가 아닌 가장 높은 효용을 가져다주는 상품묶음(X, Y)을 선택하는 것이 목적이다. 일례로 대학교는 그해 지원한 학생들 중에서 어떻게 하면 가장 우수한 학생을 선발할 수 있는가의 문제로 고민을

그림 3-5

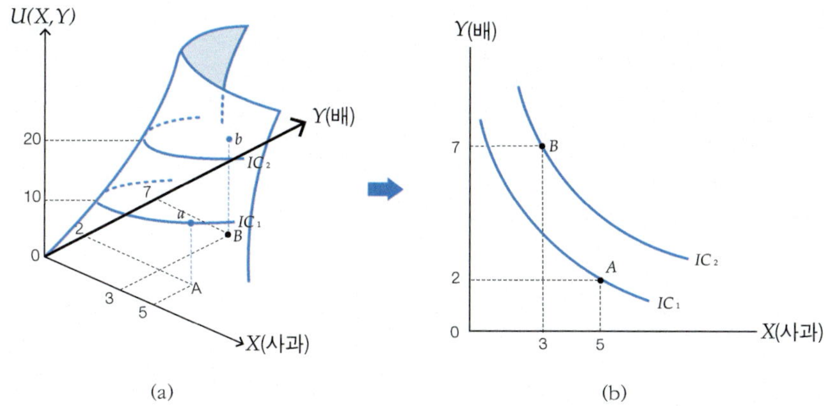

효용곡면과 무차별곡선

(a) 효용곡면: 사과(X)와 배(Y)가 담긴 상품묶음과 효용
(b) 무차별곡선

하지 선발된 학생들의 점수가 얼마인가의 문제는 중요하지 않다. 또한 상대평가로 학점을 부여하는 경우 학생들의 절대점수가 얼마인가보다 다양한 평가방법을 활용해서 1등부터 순서대로 나열하여 부여하는 상대점수가 중요한 것도 같은 맥락이다. 즉 무차별곡선은 효용의 기수적 측정 가능성에 의거하지 않고, 단순히 각 재화결합에 대한 소비자의 선호순위에만 의거하여 소비자선택이론을 전개할 목적으로 도입되었다.

따라서 〈그림 3-5(b)〉에서 보여주는 바와 같이 2차원의 무차별곡선으로 표현하는 것이 분석에 용이하다. 〈그림 3-5〉는 〈그림 3-4〉에서 설명한 것과 동일한데, 무차별곡선은 효용곡면을 2차원 평면에 옮긴 것이다.

무차별곡선은 등고선과 같이 위에서 내려다보면서 그림을 그린 것이기 때문에 효용곡면과 동일한 특성을 가지고 있다. 영심이라는 여학생을 그릴 때 앞에서 본 모습과 옆에서 본 모습, 그리고 위에서 내려다본 모습의 그림은 다른 형태를 지니지만 모두 영심이를 그린 것이라고 생각하면 쉽게 이해할 수 있을 것이다.

그림 3-6

무차별곡선의 예

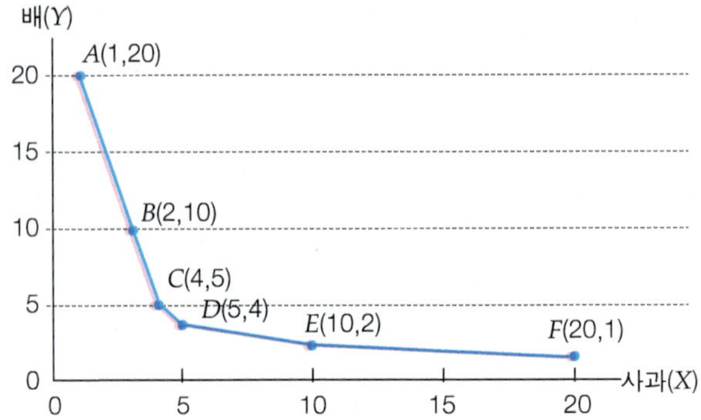

(3) 무차별곡선의 예

만일 사과(X)와 배(Y)를 구입하여 얻게 되는 효용이 효용함수 $U = XY$로 주어져 있다고 하자. 이때 효용수준 $U = 20$인 무차별곡선을 그린다면 어떻게 그릴 것인가?

무차별곡선
동일한 효용을 가져다주는 상품묶음의 궤적

먼저 **무차별곡선**이란 동일한 효용을 가져다주는 X, Y의 상품묶음의 궤적이다. 따라서 주어진 효용수준 20을 만족시키는 상품묶음은 다음의 식을 만족한다.

$$\bar{U} = 20 = XY$$

여기서 상품묶음 (X, Y)에는 $A(1,20)$, $B(2,10)$, $C(4,5)$, $D(5,4)$, $E(10,2)$, $F(20,1)$ 등이 있다. 이것은 특정한 상품묶음 중 몇 개만 표시한 것이고, 만일 상품을 잘게 쪼갤 수 있다면 두 수의 곱이 20을 만족하는 상품묶음은 무수할 것이다. 이것을 그림으로 나타내면 〈그림 3-6〉과 같다.

(4) 무차별곡선의 형태

소비자에게 동일한 만족을 주는 두 재화 X재와 Y재의 아래 표를 이용하여 무차별곡선을 그리면 다음과 같다(〈그림 3-7(a)〉). 무차별곡선의 집합을 무차별지도라고 하는데, 우상방에 위치한 무차별곡선일수록 높은 만족수준을 나타낸다(〈그림 3-7(b)〉).

그림 3-7

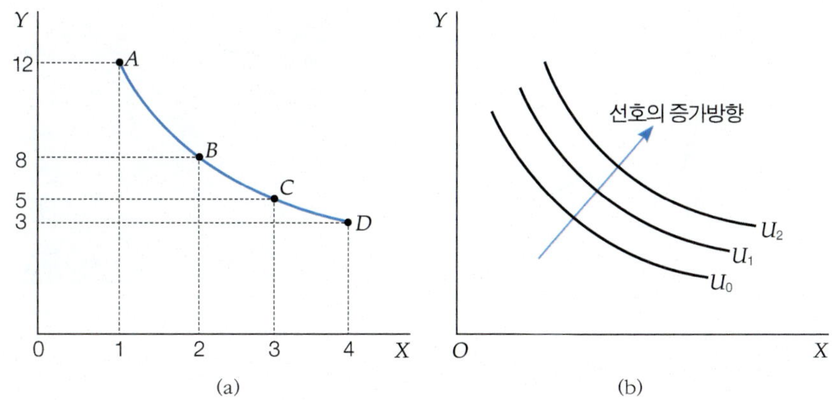

무차별곡선과 선호

(a) 무차별곡선
(b) 선호의 증가방향

	A	*B*	*C*	*D*
*X*재의 수량	1	2	3	4
*Y*재의 수량	12	8	5	3

(5) 무차별곡선의 성질

효용곡면의 형태를 위에서 내려다보고 그린 무차별곡선은 일반적으로 다음과 같은 특성을 갖는다.

◈ 원점에서 멀리 떨어진 곡선일수록 더 큰 효용

일반적으로 무차별곡선은 원점에서 멀리 떨어질수록 효용수준이 높다. 왜냐하면 〈그림 3-8(b)〉에서 화살표 부분에 관심을 두면 원점에서 멀어지면서 산의 중심으로 갈수록 x재와 y재를 더 많이 소비하게 되므로 효용수준은 높아지게 된다.

◈ 우하향하는 모양

무차별곡선은 원점에 대해 우하향하는 형태를 지닌다. 경제의 기본 원리 중에서 "공

그림 3-8

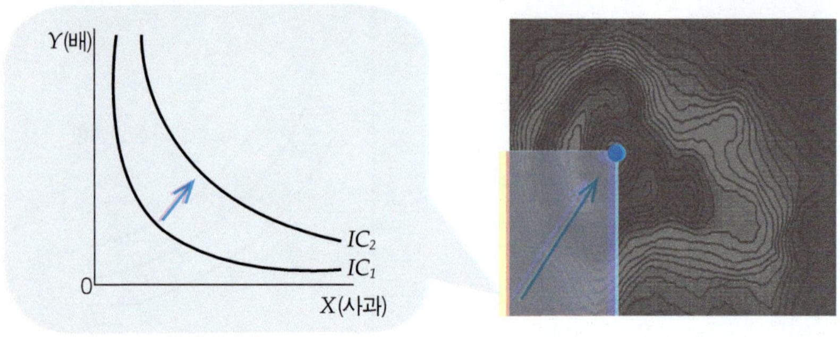

(a) (b)

무차별곡선과 다다익선

(a) $IC_2 > IC_1$: 화살표는 효용의 증가방향을 나타냄
(b) 등고선: 화살표가 정상을 향할수록 해발고도는 높아짐

그림 3-9

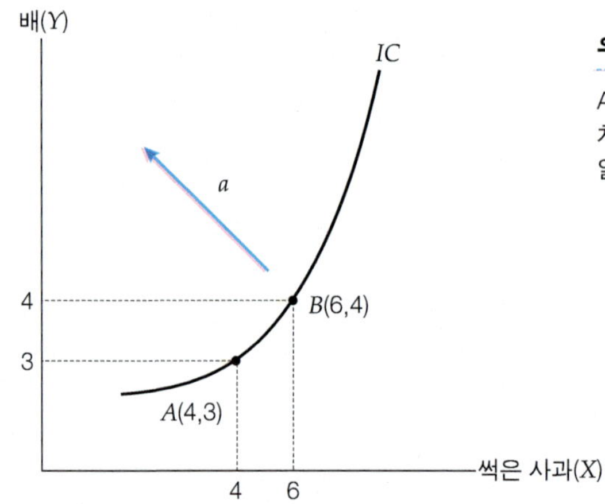

우상향하는 무차별곡선

A상품묶음과 B상품묶음은 동일한 무차별곡선상에 있기 때문에 효용이 동일함. a: 효용 증가방향

짜 점심은 없다"는 것을 기억할 것이다. 어느 것을 얻고자 하면 다른 무엇인가를 포기해야 한다는 교훈이다. 무차별곡선이란 동일한 효용수준을 가져다주는 상품묶음들의 집합이기 때문에, 만일 사과(x)를 하나 더 얻고자 하면 배(y)를 포기해야만 한다. 그래야 사과를 더 가지게 되어 증가한 효용이 감소되고 이전과 동일한 효용수준을 유지하게 되는 것이다.

반면에 〈그림 3-9〉와 같이 우상향하는 무차별곡선의 경우는 상품묶음 *A*(4,3)과 상품묶음 *B*(6,4)가 동일한 효용을 준다. 왜냐하면 동일한 무차별곡선상에 있기 때문이다. 그러나 상품묶음 *B*는 *A*보다 *X*재인 사과와 *Y*재인 배를 더 많이 소비하기 때문에 더 많이 가질수록 좋다는 인간의 기본적인 효용의 원리를 위배한 것이 된다. 따라서 일반적인 무차별곡선은 우하향하는 것이다. 물론 *X*재나 *Y*재 중에서 *X*재가 썩은 사과와 같은 '쓰레기(bad goods)'인 경우에는 썩은 사과를 더 가지면 배로 보상받아야 하므로 우상향할 수도 있다.

◈ 무차별곡선은 서로 교차하지 않음

무차별곡선은 동일한 높이의 선을 이은 등고선과 마찬가지로 효용의 정도에 따라서 무수히 존재한다. 그렇지만 우리가 명심해야 할 것은 무차별곡선끼리 절대로 교차해서는 안 된다는 점이다. 만일 교차하게 되면 우리가 분석하고자 하는 합리적인 인간이 아닌 이상한 사람이 되고 만다. 예를 들어 원빈이 현빈보다 좋다는 영심이가 있다고 하자. 영심이는 현빈을 빈빈보다 좋아한다. 그렇다면 당연히 영심이는 빈빈보다 원빈을 좋아한다고 생각할 수 있다. 즉, '원빈>현빈, 그리고 현빈>빈빈'의 관계가 성립하게 되고, '원빈>빈빈'가 귀납적인 논리에 의해서 성립하게 된다. 그러나 무차별곡선이 교차하게 되면 이러한 관계가 성립되지 않는다.

◈ 원점에 대해 볼록

그림으로 나타낸 무차별곡선의 형태를 말로 설명하는 것은 쉽지 않은 일이다. 따라서 우리는 볼록과 오목이란 말을 통해서 형태를 설명한다. 〈그림 3-10〉에서와 같이 볼록과 오목이란 어느 관점에서 보는가에 따라서 달라질 수 있는 모양이다. 이럴 때는 기준이 있어야 하는데 무차별곡선의 경우 '원점'이 된다. 일반적인 무차별곡선의 형태는 원점에 대해서 볼록하다고 표현하는데, 볼록하다는 것이 가지는 의미는 다음에서 배울 한계대체율에서 설명하고자 한다.

그림 3-10

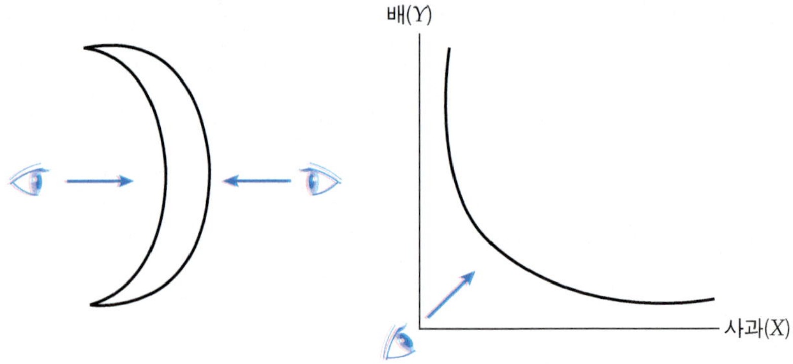

원점에 대해서 볼록한 무차별곡선

Q: 렌즈는 볼록한가, 오목한가?
A: 왼쪽에서 보면 오목렌즈라고 할 수 있고, 오른쪽에서 보면 볼록렌즈라고 할 수 있음

2.4. 한계대체율

(1) 한계대체율의 개념

한계대체율(MRS_{XY}: marginal rate of substitution)이란 X재 소비를 한 단위 증가시킬 때 이전과 동일한 효용을 유지하기 위해서 감소시켜야 하는 Y재의 수량을 말한다. 만일 X재와 Y재가 대체관계에 있다면 $\frac{\Delta Y}{\Delta X}$는 음(−)의 값을 가지게 되나, 교환비율이 관심사이기 때문에 절대값으로 표시하거나 (−)부호를 앞에 추가해 표현한다.

$$MRS_{XY} = -\frac{\Delta Y}{\Delta X}\Big|_{\overline{u}} = \frac{MU_X}{MU_Y}$$

MRS_{XY}의 의미를 다른 말로 표현하면 X재 1단위에 대한 Y재의 주관적인 교환비율로 소비자가 X재 1단위를 더 얻기 위해서 기꺼이 지불하고자 하는 한계지불성향으로 X재 1단위의 중요도를 Y재의 수량으로 평가한 값이라고 할 수 있다. 그래프로 표현하면 〈그림 3-11〉과 같이 무차별곡선의 한 점에서 접선의 기울기를 의미한다.

그림 3-11

한계대체율

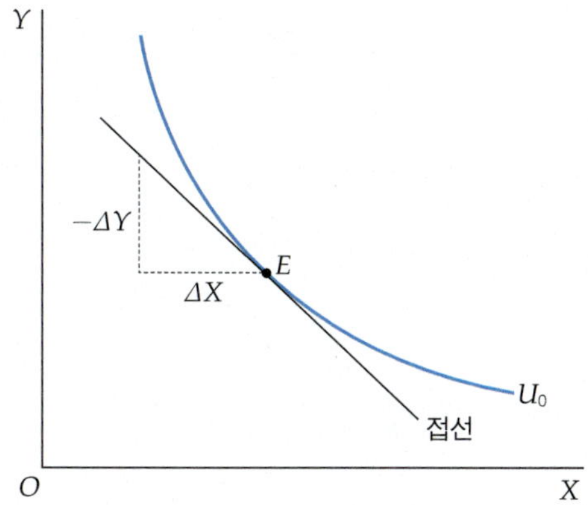

(2) 한계대체율체감의 법칙

한계대체율체감의 법칙이란 동일한 효용수준을 유지하면서 Y재를 X재로 대체해감에 따라서 MRS_{XY}가 점점 감소하는 현상을 말한다. 〈그림 3-12〉에서 $A \rightarrow B \rightarrow C \rightarrow D$로 이동하면서 X재를 1단위씩 늘려나갈 때 포기할 용의가 있는 Y재의 수량은 처음에는 4단위에서 3단위, 2단위로 점차 감소하게 된다. 즉, X재가 증가할수록 합리적 소비자가

그림 3-12

한계대체율 체감
=원점에 볼록한 무차별곡선

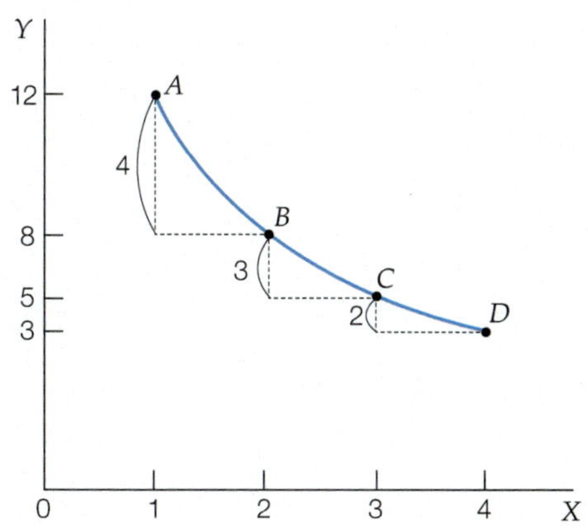

선호하는 교환 비율이 줄어드는 것이 일반적이다. 이렇게 한계대체율이 체감하게 되면 무차별곡선은 원점에 대하여 볼록한 형태를 지니게 된다.

표 3-1 한계대체율체감의 법칙과 한계효용체감의 법칙의 비교

한계대체율체감의 법칙	한계효용체감의 법칙
① 무차별곡선이론의 주요가정이다. ② 두 가지 상품의 대체적인 소비관계에서 나타나는 현상이다. ③ 두 상품이 모두 재화이고, 대체관계에 있을 때만 나타난다. ④ 무차별곡선의 기울기의 절대값으로 측정된다.	① 한계효용이론의 주요가정이다. ② 다른 상품의 소비량은 고정시킨 채 한 가지 상품의 소비량만 증가시킬 때 나타나는 현상이다. ③ 대부분의 상품 소비에서 나타난다. ④ 총효용곡선의 기울기로 측정된다.

2.5. 특수한 형태의 무차별곡선

특수한 경우	무차별곡선	특징
(1) 두 상품이 완전대체재인 경우	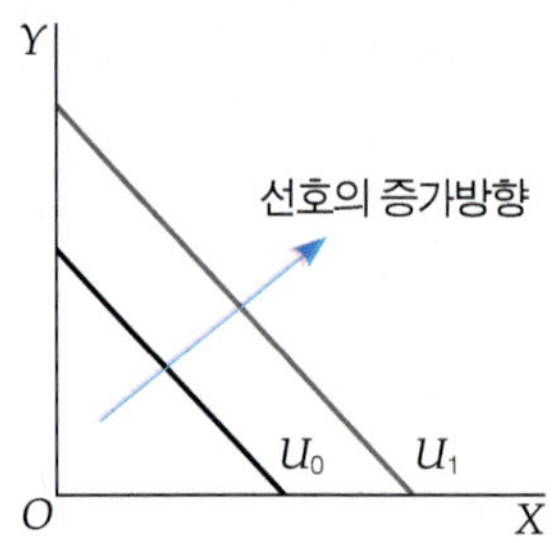 (예) 1,000원짜리 지폐 1장과 500원짜리 동전 2개	① $U=\alpha X+\beta Y$ ② MRS_{XY} 일정
(2) 두 상품이 완전보완재인 경우	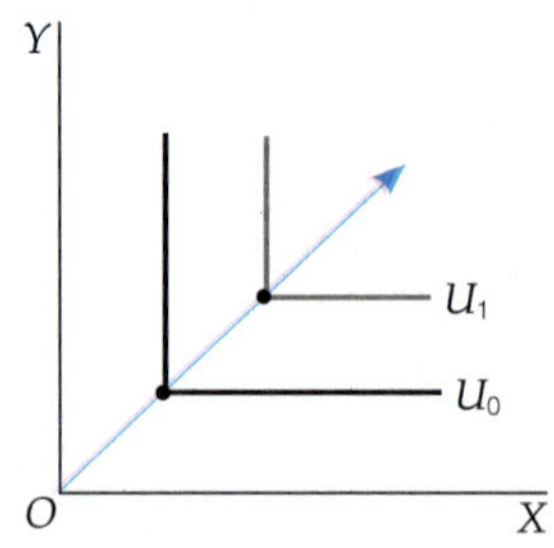 (예) 왼쪽 장갑과 오른쪽 장갑	① $U=\min(\frac{X}{\alpha}, \frac{Y}{\beta})$ ② 수직선 구간에서 $MRS_{XY}=\infty$ 수평선 구간에서 $MRS_{XY}=0$

특수한 경우	무차별곡선	특징
(3) X재가 비효용재인 경우	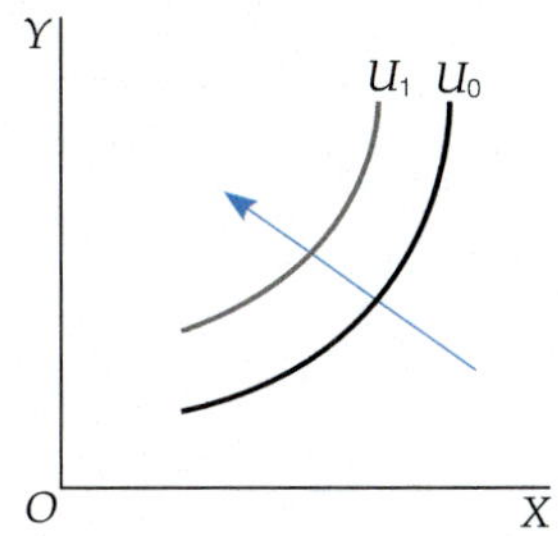 (예) 쓰레기와 식빵	① $U=Y-X^2$ ② $MRS_{XY}<0$
(4) Y재가 비효용재인 경우	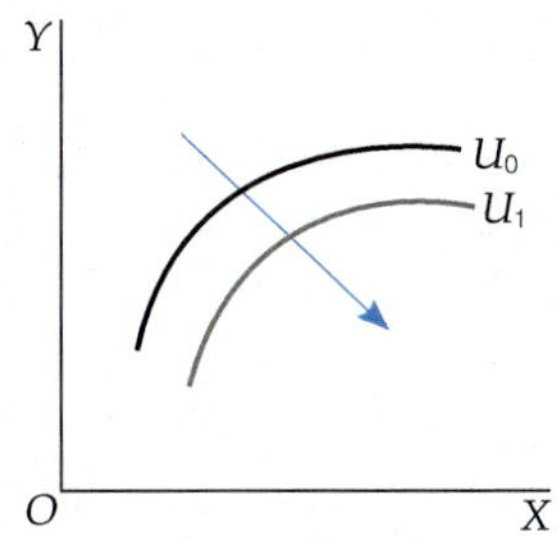 (예) 식빵과 쓰레기	① $U=X-Y^2$ ② $MRS_{XY}<0$
(5) 두 상품이 모두 효용재이지만 한 상품만 극단적으로 선호하는 경우	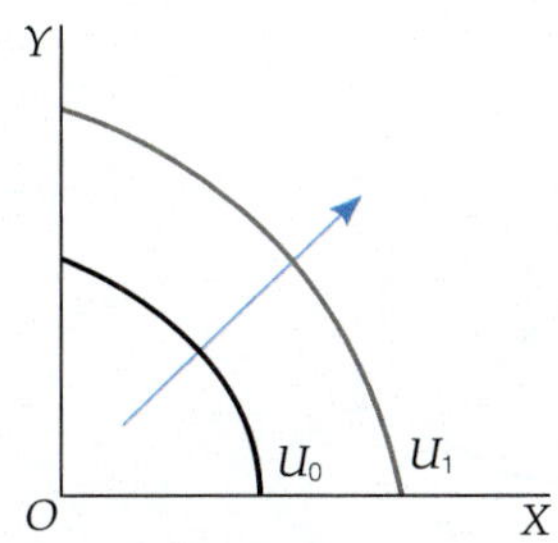 (예) 수면제와 각성제	① $U=X^2+Y^2$ ② MRS_{XY} 체증
(6) 두 상품이 모두 비효용재인 경우	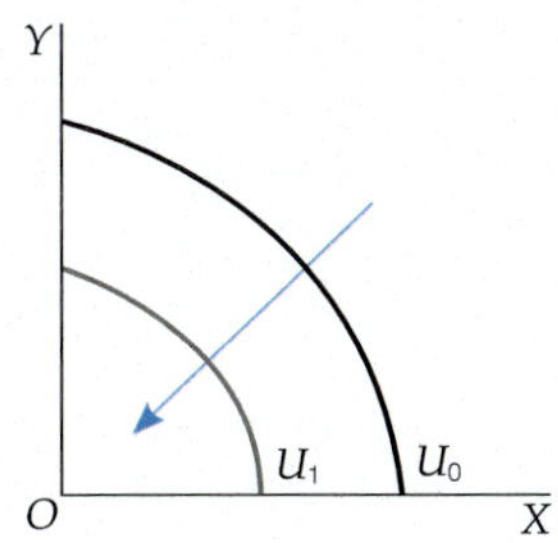 (예) 쓰레기와 매연	① $U=\frac{1}{X^2+Y^2}$ ② MRS_{XY} 체증

특수한 경우	무차별곡선	특징
(7) X재가 중립재인 경우	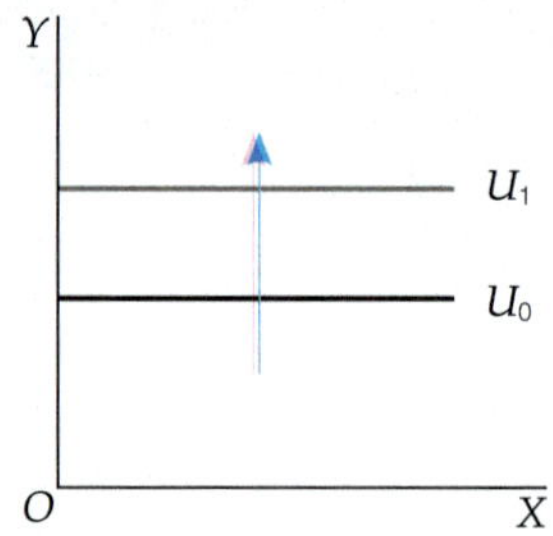 (예) 헌옷과 새옷	① $U=Y$ ② $MRS_{XY}=0$
(8) Y재가 중립재인 경우	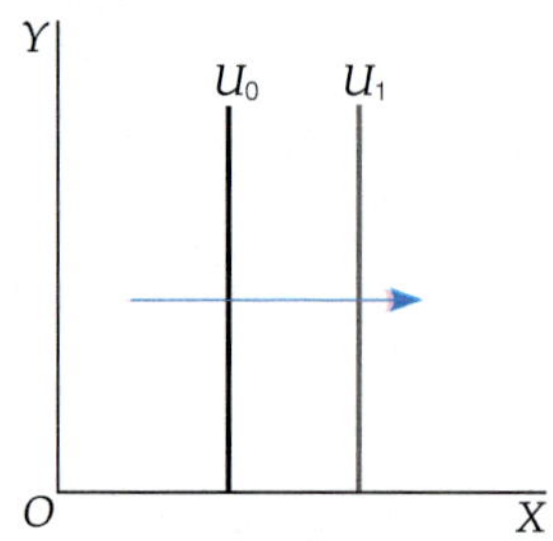 (예) 새옷과 헌옷	① $U=X$ ② $MRS_{XY}=\infty$
(9) 두 상품이 포만점 (A)에 있는 경우	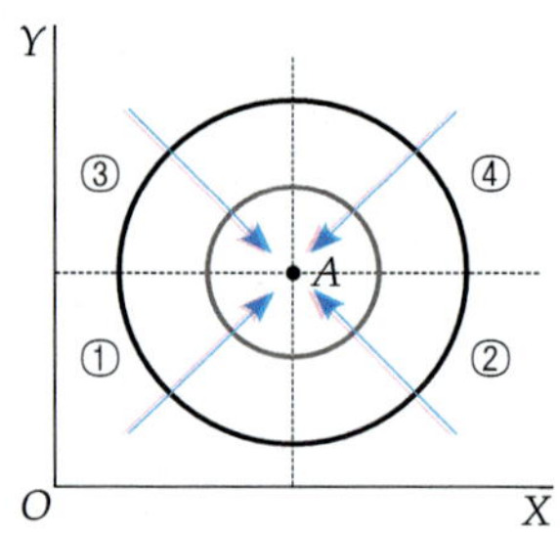	① 두 상품이 모두 효용재인 영역 ② X재가 비효용재인 영역 ③ Y재가 비효용재인 영역 ④ 두 상품이 모두 비효용재인 영역

3. 예산선: 객관적 제약조건

3.1. 예산선의 개념과 형태

(1) 예산선의 개념

예산선이란 주어진 소득 또는 예산을 전부 사용해서 구입할 수 있는 상품의 여러 가지 조합(set, 집합)을 나타내는 직선을 말한다. 예산선은 소비자의 구매능력인 소득제약조건을 의미한다.

(2) 예산선의 형태

소비자가 주어진 소득(I)과 가격조건(P_X, P_Y)하에서 X재와 Y재를 구입한다면 소득제약조건인 예산선은 다음과 같이 쓸 수 있다.

$$M = P_X X + P_Y Y$$

그림으로 나타내기 위해서 Y로 정리하면 $Y = -\frac{P_X}{P_Y}X + \frac{M}{P_Y}$가 되고, 기울기는 $-\frac{P_X}{P_Y}$가 되고, 수직축 절편은 $\frac{M}{P_Y}$가 된다. 〈그림 3-13〉과 같이 우하향하는 직선으로 표현된 예산

그림 3-13

예산선과 예산집합

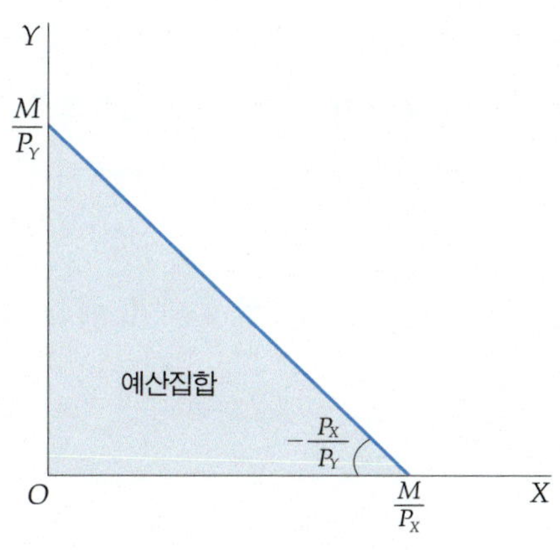

선 밑의 음영처리 된 삼각형은 소비자가 주어진 소득을 가지고 구입할 수 있는 모든 상품묶음의 집합을 나타낸다.

(3) 예산선 기울기의 의미

예산선 기울기의 절대값인 $\frac{P_X}{P_Y}$는 두 상품의 가격비율인 객관적 상대가격을 의미한다. 객관적 상대가격인 $\frac{P_X}{P_Y}$는 시장에서 X재 한 단위와 교환되는 Y재의 수량을 의미한다.

3.2. 예산선의 이동

(1) 예산선 이동의 원인

소비자가 직면하는 예산선 $M=P_XX+P_YY$에서 소득과 두 상품의 가격은 시장에서 이미 결정되어 있는 외생변수라고 할 수 있다. 따라서 소득이나 두 상품의 가격이 변화하면 예산선은 이동하게 된다.

(2) 소득의 증가

소득은 증가하고 두 재화의 상대가격은 변함이 없다면, 〈그림 3-14〉와 같이, 예산선은 우측으로 평행이동한다.

(3) P_X의 하락

P_X만 하락하고 소득(M)과 다른 재화의 가격(P_Y)이 불변이면, 〈그림 3-15〉에서 제시한 바와 같이, 예산선은 Y축 절편은 고정된 채 완만한 기울기인 오른쪽으로 이동한다. 그러나 만일 소득은 일정한데 두 상품의 가격이 동시에 같은 비율로 하락하게 되면 예산선은 오른쪽으로 평행이동한다.

한편 소득과 두 상품의 가격이 동시에 같은 비율로 상승하게 되면, 예산선은 그대로 변하지 않게 된다. 이를 '0차 동차성'이라고 한다.

그림 3-14

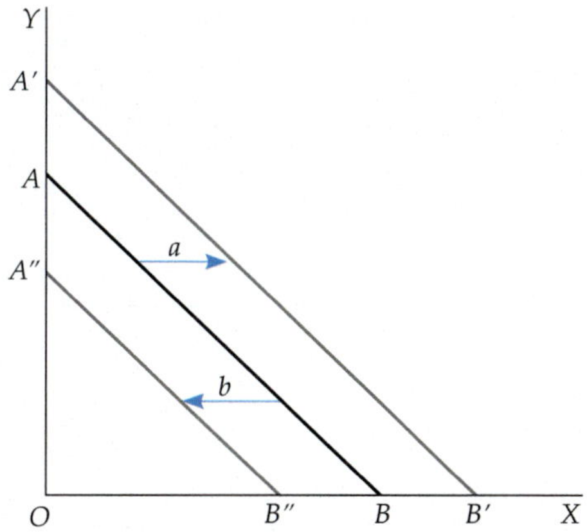

예산선의 이동: 소득 변화

a: 소득의 증가
b: 소득의 감소

그림 3-15

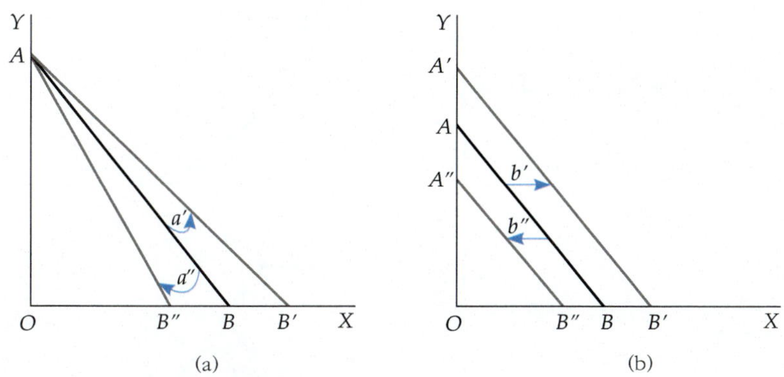

예산선의 이동: 가격 변화

(a) P_X만 하락하고 소득과 다른 재화 가격이 불변
a': X재의 가격하락 a'': X재의 가격상승
(b) 소득은 일정한데 두 상품의 가격이 하락
b': 두 상품가격 동시 하락 b'': 두 상품가격 동시 상승

3.3. 특수한 형태의 예산선

특수한 경우	예산선
(1) 배급제의 실시로 X재의 구입량이 X_0로 제한되는 경우	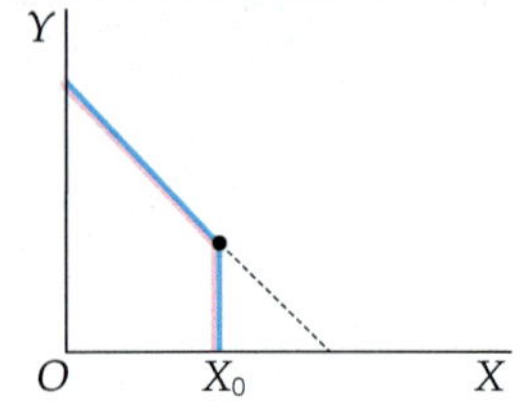
(2) 배급제의 실시로 Y재의 구입량이 Y_0로 제한되는 경우	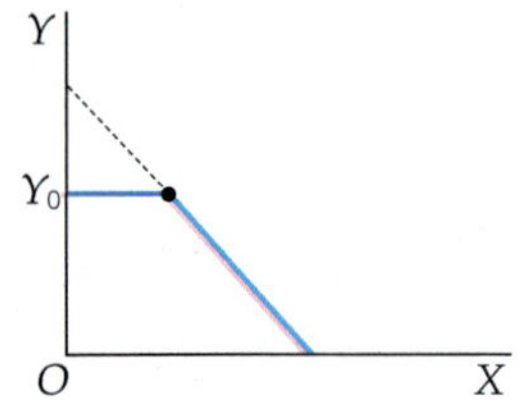
(3) X재의 구입량이 X_0를 초과하면 초과분의 가격이 할인되는 경우	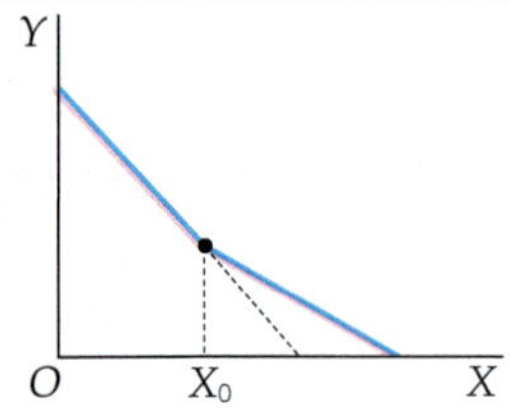
(4) Y재의 구입량이 Y_0를 초과하면 초과분의 가격이 할인되는 경우	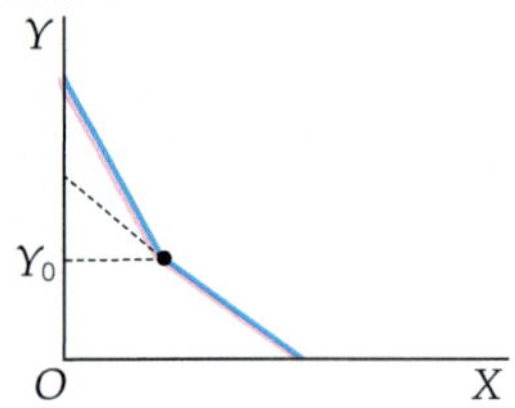
(5) 정부가 영세민에게 X_0만큼의 X재를 무료로 지급하는 경우	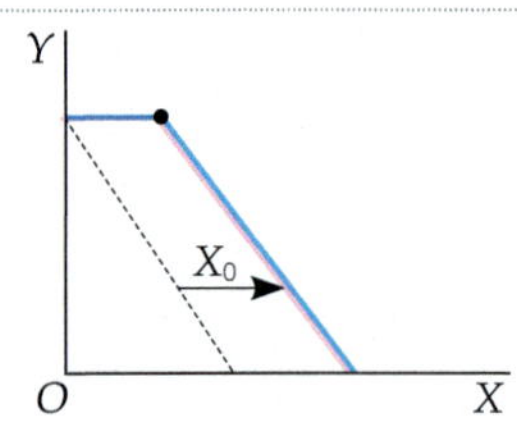
(6) 정부가 영세민에게 Y_0만큼의 Y재를 무료로 지급하는 경우	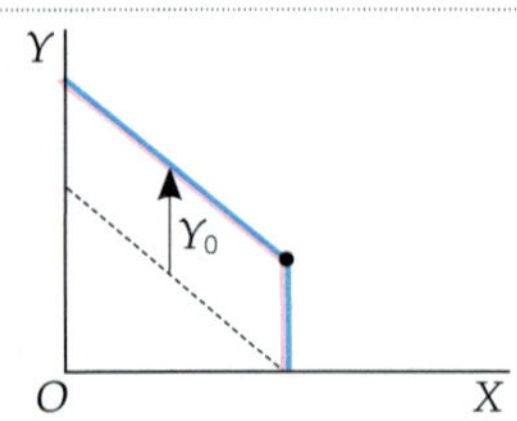

특수한 경우	예산선
(7) 소득제약조건 이외에 다른 제약조건이 추가되는 경우	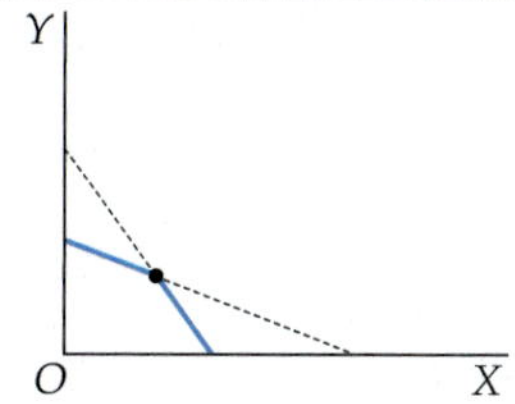

4. 소비자의 최적선택

소비자는 자신의 효용을 극대화하는 상품묶음을 선택한다. 문제는 자신의 주머니에 돈이 제한되어 있다는 것이다. 즉 소비자는 희소한 자원의 제약 속에서 효용을 극대화하는 선택을 하는 것이다. 앞에서 우리는 소비자가 얻게 되는 효용은 무차별곡선에 반영되어 있고, 희소한 자원은 바로 예산선에 반영되어 있음을 배웠다. 결국 소비자의 합리적 선택 문제는 무차별곡선과 예산선을 이용하여 해결할 수 있다.

〈그림 3-16〉에서 설명하는 것처럼, 일반적으로 우하향하는 무차별곡선은 원점에서 멀

그림 3-16

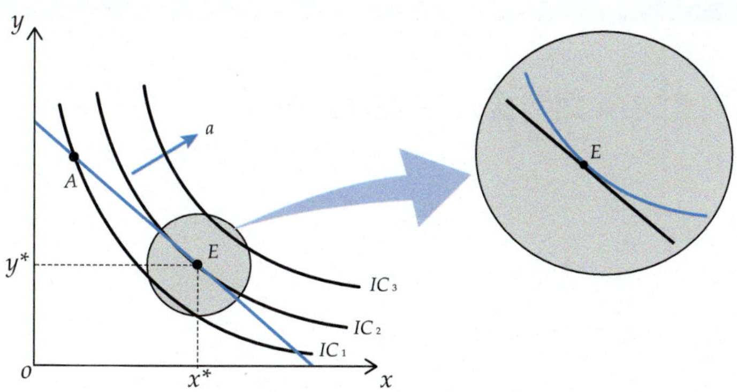

소비자의 최적선택

E: 예산선의 기울기=무차별곡선의 접선의 기울기($\frac{P_x}{P_y} = \frac{MU_x}{MU_y}$)
효용은 a방향으로 증가함

어질수록 더 높은 효용을 누리게 된다. 단, 주어진 예산선을 감안해야 한다. 예산선의 밖은 소비자가 선택할 수 없는 영역이기 때문이다. 따라서 IC_3는 더 높은 효용을 가져다주지만 선택의 영역에서는 배제된다.

그렇다면 예산선 내부에서 어떤 선택을 해야 할 것인가? 예를 들어 A와 E점 중에서 어느 점이 보다 최적의 선택이 될지를 살펴보자. 만일 A점을 선택한다면 그때 누리는 효용수준은 IC_1가 될 것이고, E점을 선택한다면 그때 누리는 효용수준은 IC_2가 될 것이다. IC_2는 IC_1보다 원점에서 더 멀리 위치해 있기 때문에 더 높은 효용을 가져다준다. 결국 예산선의 내부에서 소비자에게 최대의 효용을 가져다주는 상품묶음은 E점이 된다.

효용극대화를 가져다주는 E점의 특징을 확대해서 잘 살펴보자. 예산선과 무차별곡선이 서로 접해 있다는 것을 알 수 있다. 여기서 서로 접했다는 것을 수리적으로 다시 표현하면 예산선의 기울기와 무차별곡선의 기울기가 같다라고 할 수 있다. 따라서 소비자의 최적선택은 다음과 같다. 즉, 한계대체율 그 자체를 의미한다.

$$\frac{P_X}{P_Y} = \frac{MU_X}{MU_Y} = MRS_{XY}$$

5. 대체효과와 소득효과

5.1. 가격효과 = 대체효과 + 소득효과

(1) 개념

가격효과는 한 상품의 가격변동과 그 상품의 수요량 변동 사이의 관계를 나타낸 것으로 대체효과와 소득효과로 나눈다.

대체효과란 한 상품의 가격이 변동하게 되면 상품 사이의 상대가격의 변화로 인해 상대적으로 싸진 상품은 더 많이 수요하고 상대적으로 더 비싸진 상품은 덜 수요하게 되는 것을 말한다. 즉 대체효과는 실질소득이 불변인 상태에서 이루어지는 소비자의 소비조정과정을 나타낸다.

소득효과는 한 상품의 가격변동으로 인해서 소비자의 실질소득이 변화하게 되어 그 상품의 소비량에 미치는 영향을 말한다. 소득효과는 두 상품 간의 상대가격이 일정하다는 전제하에서 실질소득의 변화로 인해 발생하는 소비자의 소비조정과정을 나타낸다.

(2) 분배방법

X재의 가격이 하락하게 되면 상대가격이 변할 뿐만 아니라 그로 인해서 실질소득도 변하게 된다. 이때 실질소득의 변화로 인해서 발생하는 소득효과 부분을 어떻게 제거하는가에 따라서 힉스(Hicks) 방법과 슬러츠키(Slutsky) 방법으로 나눈다.

힉스는 실질소득의 증가로 인한 소득효과를 제거하기 위해서 〈그림 3-17〉에서 제시하는 새로운 예산선(AB')과 평행이면서 원래의 무차별곡선(IC_0)과 접하는 가상적인 예산선(CD)를 그려야 한다고 주장하였다. 다시 말해 종전과 동일한 효용수준을 유지하면서 증가된 실질소득을 감소시켜야 한다는 것이다.

한편 슬러츠키는 소득효과를 제거하기 위해서 새로운 예산선(AB')과 평행이면서 원래 이 균형점(E_0)을 지날 때까지 가상적인 예산선(FI)을 그려야 한다고 주장하였다. 다시 말해 종전의 소비수준을 그대로 유지할 수 있는 정도까지만 증가된 실질소득을 감

그림 3-17

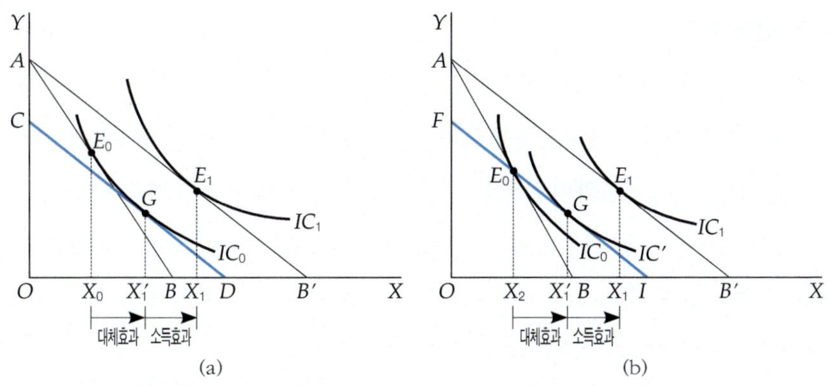

힉스 분해방법과 슬러츠키 분해방법

(a) 힉스 분해방법
(b) 슬러츠키 분해방법

소시켜야 한다는 것이다. 지금부터는 특별한 언급이 없는 한 힉스 방법을 기준으로 설명한다.

표 3-2 힉스 분해방법과 슬러츠키 분해방법의 비교

<table>
<tr><th></th><th>힉스 분해방법</th><th>슬러츠키 분해방법</th></tr>
<tr><td>가격효과</td><td colspan="2">동일</td></tr>
<tr><td rowspan="4">대체효과</td><td colspan="2">실질소득이 일정한 상태</td></tr>
<tr><td>동일한 효용수준을 누림</td><td>동일한 소비수준을 유지</td></tr>
<tr><td>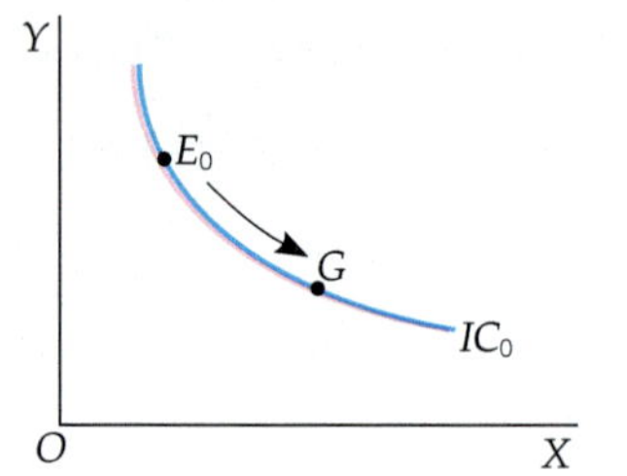
</td><td>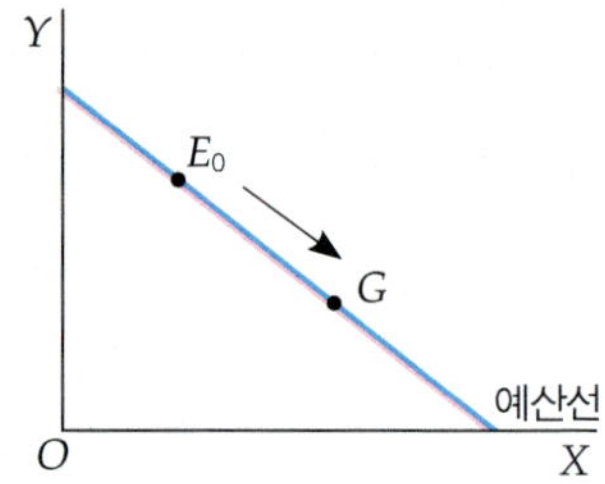
</td></tr>
<tr><td colspan="2">만약 가격변화가 아주 작다면 양자의 차이는 거의 없음</td></tr>
<tr><td>사용</td><td>주관적인 효용을 중시하는 무차별곡선이론에서 주로 사용</td><td>객관적인 구매력을 중시하는 현시선호이론에서 주로 사용</td></tr>
</table>

5.2. 정상재의 경우 대체효과와 소득효과

(1) 가격효과

처음에는 예산선 AB와 무차별곡선 IC_0의 접점 E_0에서 소비자가 균형상태에 있다고 하자. 이제 소득과 Y재의 가격은 불변($\overline{M}$, $\overline{P_Y}$)인데, X재의 가격만 P_0에서 P_1으로 하락한 경우에 예산선은 회전이동하여 AB에서 AB'가 된다. 이때 균형점은 E_0에서 E_1으로 변동한다. 이때 X재의 수요량은 X_0에서 X_1만큼 증가하게 되는데 이를 가격효과라라고 한다. 이러한 가격효과를 대체효과와 소득효과로 분리할 수 있는데, 이를 통해 〈그림 3-18〉과 같이 수요곡선을 도출할 수 있다.

(2) 대체효과

대체효과만을 측정하기 위해서 X재 가격하락에 따른 실질소득을 제거해야 한다. 이

그림 3-18

가격효과와 수요곡선 도출

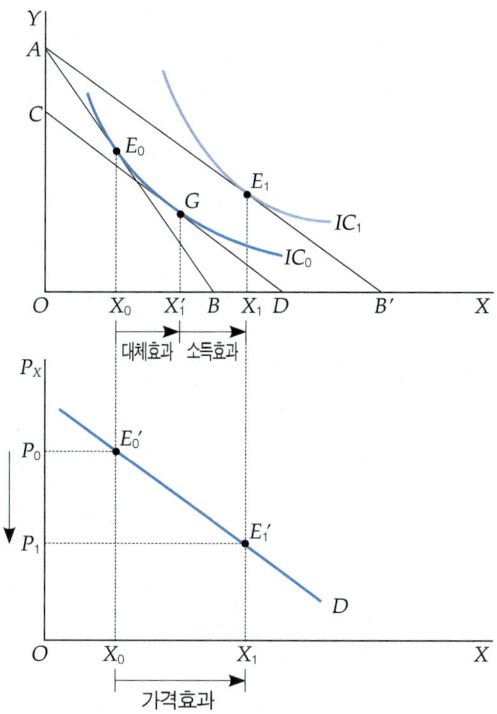

를 위해서 힉스 방법에 입각하여 새로운 예산선 AB'와 평행이면서 원래의 무차별곡선 IC_0와 접하는 가상적인 예산선 CD를 그리면 된다. 결국 대체효과의 크기는 E_0에서 G로 이동한 것을 말하고, X재를 기준으로 설명하면 X_0X_1'라고 할 수 있다.

(3) 소득효과

X재 가격하락으로 인한 실질소득 증가효과인 소득효과를 분리해본다. 소득효과는 새로운 상대가격수준에서 예산선이 CD에서 AB'로 평행이동하고, 균형점이 G에서 E_1으로 이동하는 것으로 나타난다. 결국 X재 가격하락에 따른 $X_1'X_1$만큼의 X재 수요량 증가가 소득효과가 된다.

5.3. 열등재의 경우 대체효과와 소득효과

열등재란 소득이 증가할 경우 수요가 감소하는 재화를 말한다. 따라서 X재의 가격하락으로 인해서 실질소득이 증가하게 되면 X재의 소비량은 오히려 감소하게 된다. 〈그림 3-19〉에서 보면 X재의 가격이 하락하면 그로 인한 가격효과는 X_0X_1이고, 대체효과는 X_0X_1'이며, 소득효과는 $X_1'X_1$이 된다. 이때 대체효과가 소득효과보다 크게 되면 총효과인 가격효과는 X재 증가로 나타나고, 수요곡선은 우하향하는 형태가 된다.

반대로 대체효과가 소득효과보다 작게 되면, 즉 소득효과가 대체효과보다 큰 경우에는 총효과인 가격효과는 X재 감소로 나타난다. 이때 수요곡선은 우상향하는 형태가 되

그림 3-19

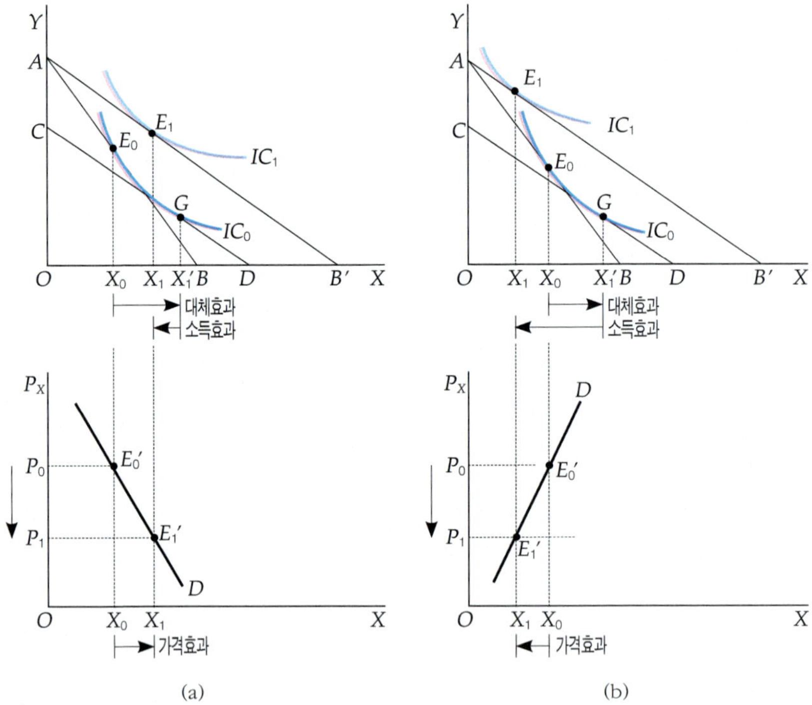

열등재의 경우 대체효과와 소득효과

(a) 열등재 (대체효과 > 소득효과)
(b) 열등재 중 기펜재 (대체효과 < 소득효과)

그림 3-20

대체효과와 소득효과

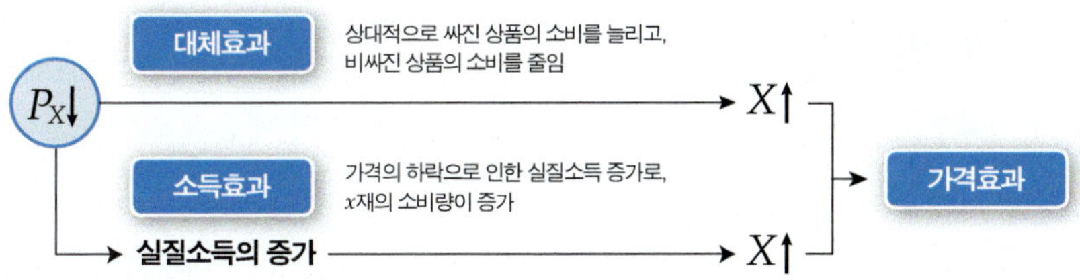

고 이를 기펜재라고 한다. 정리하면 기펜재는 열등재 중에서 '대체효과 < 소득효과'인 경우라고 할 수 있다.

5.4. 상품종류별 대체효과와 소득효과

해당상품의 종류에 따라서 대체효과와 소득효과를 분류하면 다음과 같이 정리할 수 있다. 정상재의 경우 대체효과와 소득효과는 모두 음(−)이고, 이 두 효과를 합한 가격효과도 음(−)이 된다. 이를 간단하게 정리하면 〈그림 3-20〉과 같이 나타낼 수 있다.

한편 열등재의 경우는 대체효과는 음(−)인데 소득효과는 양(+)이 된다. 그러나 일반적으로 음(−)의 대체효과가 양(+)의 소득효과보다 큰 경우는 가격효과는 정상재와 마찬가지로 음(−)이 된다. 그러나 열등재 가운데서 기펜재의 경우는 음(−)의 대체효과보다 양(+)의 소득효과가 더 크기 때문에 이 둘을 합친 총효과인 가격효과는 양(+)이 된다.

수요곡선은 가격효과를 반영하여 도출하므로, 정상재와 기펜재가 아닌 열등재의 경우는 우하향하는 정상적인 수요곡선을 얻을 수 있으나, 열등재 중에서 기펜재의 경우는 우상향하는 수요곡선을 도출하게 된다.

표 3-3 정상재, 열등재, 기펜재의 가격효과 분해

상품	대체효과	소득효과	가격효과
정상재	−	−	−
열등재	−	+	−
기펜재	−	+	+

부록 미분의 기초 개념

1. 수학과 일상생활

미분의 개념은 경제학에서 매우 중요하기 때문에 기초적인 내용을 알아두는 것이 좋다.

그림 3-21

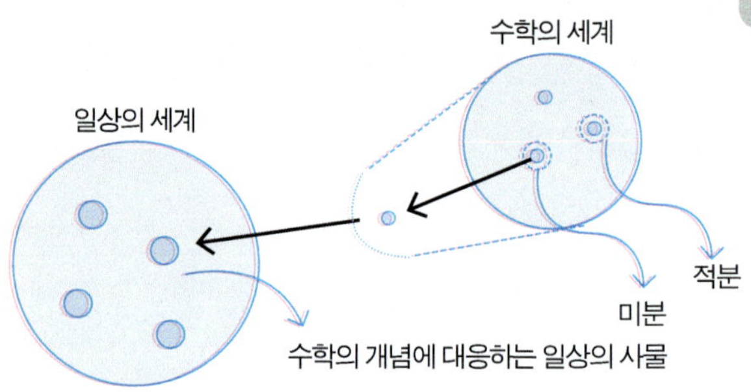

대학생 영심이는 매달 부모님이 주는 용돈과 아르바이트로 생활하고 있다. 이번 달은 동아리 행사 등으로 인해서 지출이 늘어 남은 돈이 5만원밖에 없다. 용돈과 아르바이트비가 들어오기까지는 2주를 기다려야 한다.

〈영심이의 관심사〉 1. 지갑에서 행사 때마다 얼마나 나갔는가?
2. 지출 후 지갑 속에 얼마나 남아 있는가?

2. 미분과 적분의 관계

그림 3-22

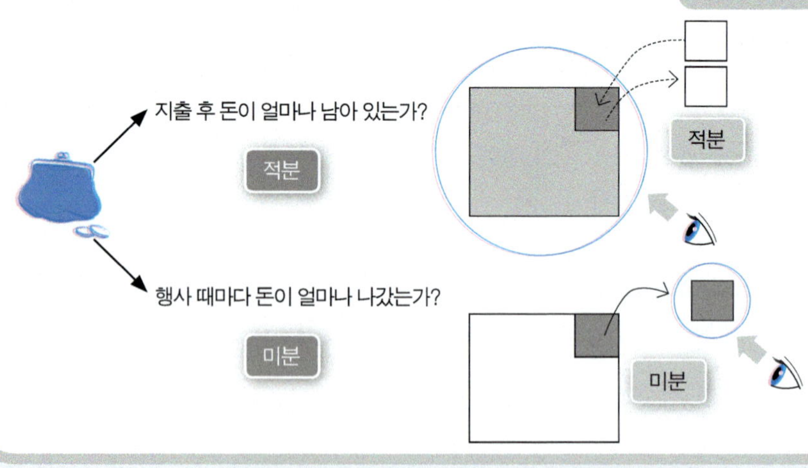

3. 함수와 미분계수

그림 3-23

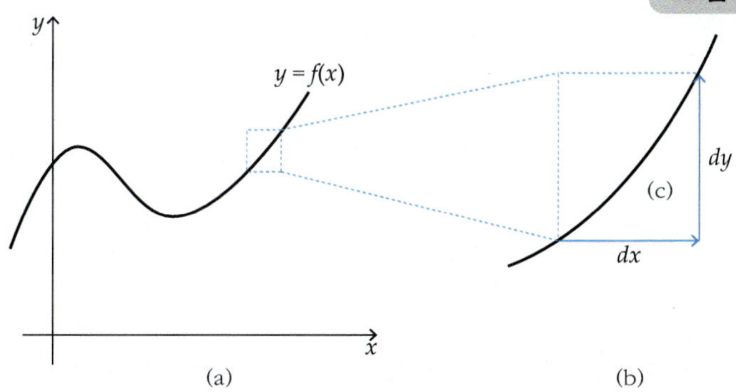

(a) 함수: 어떤 수 x가 변함에 따라 다른 수 y도 변할 때 x와 y의 대응관계를 의미함. x와 y의 대응관계가 연속해서 만들어낸 곡선의 형태를 나타내기도 함

(b) 미분: 곡선의 일부에 주목한다는 것이 미분임. 미분은 그것을 구성하는 x성분 dx와 y성분 dy의 두 가지로 분해되어 표현됨. 미분계수 dy/dx는 미분의 y성분 dy와 x성분 dx의 비율이라고 할 수 있음, $dy=(dy/dx)dx$

(c) 미분계수(dy/dx): 미분 dy를 만들어내기 위해 미분 dx에 곱한 수로 x의 값에 따라 변화함. y가 x의 함수인 것처럼 dy/dx 역시 x의 함수라고 할 수 있기 때문에 dy/dx는 $y=f(x)$의 도함수 즉 함수 $y=f(x)$에서 이끌어낸 새로운 함수라고 할 수 있음

4. sin함수의 미분

그림 3-24

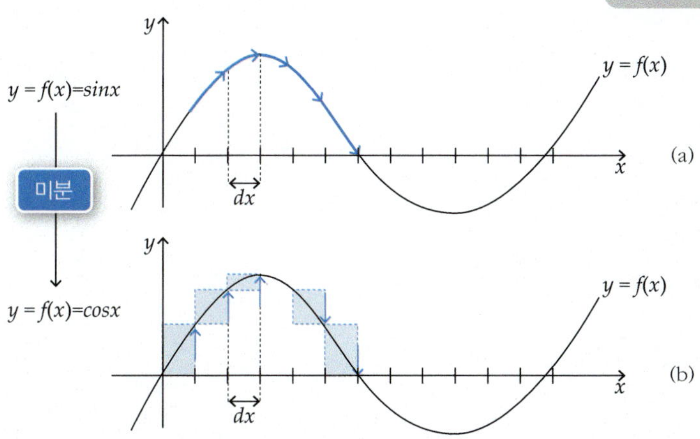

(a) $y=sinx$의 그래프를 그린 다음에 x축 구간을 dx로 동일하게 분할하고 일부를 잘라냄

(b) 잘라낸 곡선의 일부(미분)를 x성분 dx와 y성분 dy로 분해함(x축은 동일하게 분할했기 때문에 dx는 일정함)

5. 미분의 기본 공식

경제학에서는 기초적인 미분의 개념과 다음의 공식만 이해하면 충분하다. 보다 자세한 내용은 경제수학 책을 참조한다.

① 상수함수의 미분: $f(x) = c$: $\frac{dc}{dx} = 0$

② 일반함수 미분: $f(x) = x^n$: $\frac{d}{dx} f(x) = nx^{n-1}$

③ 상수배 공식: $\frac{d}{dx}[cf(x)] = c\frac{d}{dx} f(x)$

④ 합의 공식: $\frac{d}{dx}[f(x) + g(x)] = \frac{d}{dx} f(x) + \frac{d}{dx} g(x)$

⑤ 차의 공식: $\frac{d}{dx}[f(x) - g(x)] = \frac{d}{dx} f(x) - \frac{d}{dx} g(x)$

⑥ 곱의 공식: $\frac{d}{dx}[f(x)g(x)] = g(x)\frac{d}{dx} f(x) + f(x)\frac{d}{dx} g(x)$

⑦ 나눗셈의 공식: $\frac{d}{dx}\left[\frac{f(x)}{g(x)}\right] = \frac{g(x)\frac{d}{dx}f(x) - f(x)\frac{d}{dx}g(x)}{[g(x)]^2}$

〈예제〉 다음을 미분하라.

(1) $y = 11$

(2) $y = x^7$

(3) $y = 3x^7$

(4) $y = 4x^3 + 2x^2 + 1$

(5) $y = 4x^3 - 2x^2 + 1$

(6) $y = 2x^3(x^2 + 1)$

(7) $y = \frac{2x^2}{x^3}$

답

(1) $y' = \frac{dy}{dx} = 0$

(2) $y' = \frac{dy}{dx} = 7x^6$

(3) $y' = \frac{dy}{dx} = 21x^6$

(4) $y' = \frac{dy}{dx} = 12x^2 + 4x$

(5) $y' = \frac{dy}{dx} = 12x^2 - 4x$

(6) $y' = \frac{dy}{dx} = 10x^4 + 6x^2$

(7) $y' = \frac{dy}{dx} = -\frac{2}{x^2}$

CHAPTER | 04

기업과 이윤극대화

1. 기업과 생산기술

1.1. 기업

(1) 기업의 개념

시장에서 거래되는 수많은 상품들을 생산하는 주체가 바로 기업(firm)이다. 현대 경제에서 기업은 생산요소를 적절하게 결합해서 상품을 생산하고 이를 시장에 판매하는 역할을 한다. 개인이 직접 생산을 할 수도 있지만 기업을 조직하여 생산하는 이유는 무엇일까? 만일 자동차를 개인이 생산한다고 하면 수많은 부품과 조립을 감당하기 어려울 것이다. 시장에서 일일이 필요한 부품을 구입하는 것도 어렵다. 따라서 조직적으로 팀을 형성하면 보다 쉽게 비용을 줄이면서 생산의 효율성을 높일 수 있다.

(2) 기업의 다양한 이해관계자

기업은 다양한 개인 또는 조직과 거래한다. 기업은 가계, 정부, 다른 기업과의 관계를 통해서 생산요소를 투입하여 상품과 서비스를 생산·공급한다.

그림 4-1

기업의 다양한 이해관계자

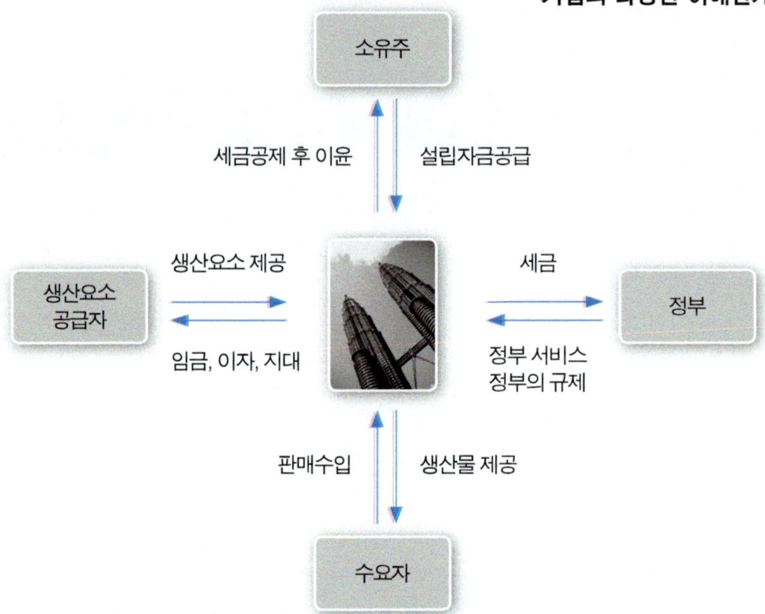

(3) 기업의 유형

◈ 개인기업, 합자회사

기업은 보통 개인기업, 합자회사, 주식회사로 크게 나눌 수 있다. 개인기업은 개인이 소유한 기업으로 소규모이지만, 일부는 매출액, 종업원의 수, 이윤으로 볼 때 큰 규모도 있다. **합자회사**(partnership)는 2인 혹은 그 이상의 사람들에 의해서 소유되는 기업이다. 대부분의 법률자문회사나 회계법인이 여기에 속한다.

합자회사
2인 혹은 그 이상의 사람들에 의해서 소유되는 기업

개인기업과 합자회사는 소유자에게 무한책임이 부여된다. 무한책임은 회사 소유자의 개인자산과 회사의 자산이 법적으로 구별되지 않는다는 것을 의미한다. 기업이 도산하면 개인이 무한책임을 지게 된다. 기업의 부채에 대해서 그 소유자가 책임을 지는 것은 당연하다고 생각할 수 있지만, 이러한 부담이 투자자로부터 자금을 끌어들이는 데 큰 장애가 된다. 왜냐하면 개인의 자산을 잃을 위험을 감수하면서 투자하기를 꺼리기 때문이다.

◈ 유한책임과 주식회사의 등장

19세기에는 주식회사의 설립을 허용하는 법안이 통과되어 기업의 소유자들은 투자금에 대한 유한책임만 지고 자신이 투자한 이상의 손실을 피할 수 있게 되었다. 법적으로 **주식회사**는 소유자들과 분리되기 때문에, 주식 발행을 통해서 자금을 조달하는 것이 가능하다. 만일 내가 구글(Google)의 주식을 매입했다면 그 주식을 소유한 비율만큼 소유권을 가지게 되고 구글이 파산을 하더라도 그 주식을 구입한 금액 이상의 손해를 보지 않는다. 따라서 주식회사는 대규모의 자금을 조달할 수 있지만, 회사의 조직과 운영이 쉽지 않다는 단점이 있다.

주식회사
소유와 경영이 분리되어 주식 발행을 통해서 자금을 조달하는 기업

표 4-1 기업의 유형에 따른 차이점

	개인기업	합자회사	주식회사
장점	소유자에 의한 경영	일의 분담	유한책임
	경영진 불필요	위험부담 분담	자금조달능력
단점	무한책임	무한책임	조직운영비용
	자금조달능력 제한	제한된 자금조달능력	

(4) 기업의 지배구조

◈ 기업의 지배구조

기업지배구조(corporate governance)는 주식회사가 어떻게 소유·조직되어 있느냐는 것으로, 기업구조는 기업의 행위와 성과에 영향을 미치게 된다. 주식회사는 법적으로 주식을 보유하고 있는 주주(shareholder)가 소유한다. 가족기업(family business)과 달리 주주들은 기업을 직접 경영하지 않는다. 대신 이사회(board of directors)를 통해서 자신의 견해를 밝히고, 최고경영자(CEO: Chief Executive Officer)와 최고재무관리자(CFO: Chief Financial Officer)를 임명한다. 최고경영진 중 일부가 이사회의 일원인 경우 내부이사(inside director)라고 하고, 이사회의 일원이지만 경영에 관여하지 않는 경우를 사외이사(outside director)라고 한다.

기업지배구조
주식회사가 어떻게 조직되어 있느냐는 것으로, 기업의 행위와 성과에 영향을 줌

◈ 소유와 경영의 분리와 주인-대리인 문제

주식회사의 최고경영진은 일반적으로 주식을 많이 보유하고 있지 않다. 주주들이 기업을 소유하고 회사의 경영은 전문경영진을 선출하여 맡기는 경우가 대부분이다. 주식회사의 주주는 주인으로서 대리인인 최고경영진을 구성하지만, 주인과 대리인의 목표가 다르기 때문에 문제가 발생할 수 있다. 주인은 이윤을 많이 거두어 큰 배당을 기대하지만, 대리인인 경영진은 보다 큰 사무실, 값비싼 휴양지에서의 회의 개최, 전용 자동차의 구입 등 기업 이윤 측면에서는 바람직하지 않은 행동을 할 유인이 있다. 이렇게 기업의 소유(ownership)와 경영(management)이 분리되어 발생하는 경영자의 이익과 소유자의 이익이 상충하는 문제를 '주인-대리인 문제(principal-agent problem)'라고 한다.

(5) 기업의 자금 조달과 재무제표

◈ 직접금융과 간접금융

기업은 외부의 투자자로부터 자금을 공급받아야 한다. 보통 금융시장을 통해서 직접적으로 혹은 은행과 같은 금융중개기관을 통해서 간접적으로 자금을 공급받는다. 직접 자금을 조달하는 방법을 직접금융(direct finance)이라고 하는데, 유가증권을 이용한 채권(bond)과 주식(stock)이 있다. 그리고 은행을 통해서 자금이 풍부한 사람으로부터 자금이 부족한 기업으로 간접적으로 이전되는 것을 간접금융(indirect finance)이라고 한다.

◈ 채권

채권
일정한 금액을 상환하겠다는 약속을 나타내는 유가증권 (financial security)

기업은 외부의 자금을 조달하기 위해서 증권거래소를 통해 채권이나 주식을 발행할 수도 있다. **채권**(bond)이란 일정한 금액을 상환하겠다는 약속을 나타내는 유가증권(financial security)이다. 채권에 만기일을 두어 만기일에는 원금을 상환하고, 만기일까지는 매년 일정한 이자를 지불하겠다는 것을 약속한다. 채권의 이자율은 보통 차입금에 대한 비율로서 자금차입에 대한 비용이다. 연간 이자지불액(coupon)을 채권 액면가에 대한 비율로 나타내면 이것이 채권에 대한 이자율 다시 말해 '표면이자율(coupon rate)'이 된다. 예를 들어 삼성전자가 액면가 100만원 하는 채권을 발행해 매년 이자를 6만원씩

참고 **채권가격과 현재가치**

오늘의 1,000원은 1년 후의 1,000원과 가치가 같지 않다. 오늘의 1,000원이 내년의 1,100원과 동일한 가치를 가진다고 하면, 오늘 1,000원을 빌려주었을 때 내년에는 10%의 이자율을 추가하여 돌려받게 된다. 미래에 받게 될 화폐의 가치는 현재의 화폐가치에 (1+이자율)을 곱한 것과 같다. 즉 1,100=1,000(1+0.1)이다. 이 식을 정리하면 $1,000 = \frac{1,100}{(1+0.1)}$ 로, 결국 다음의 공식이 성립할 수 있다.

$$현재가치 = \frac{미래가치}{(1+r)}$$

만일 1,000원을 2년간 10%의 이자율로 빌려주었다고 했을 때 2년 후에 받게 될 금액은 1년 후에 1,000(1+0.1)=1,100원이 되고, 2년 후에는 1,100원에 다시 이자율 10%가 붙기 때문에 $1,000(1+0.1)(1+0.1)=1,000(1+0.1)^2=1,210$원이 된다. 이러한 논리를 활용하면 현재의 1,000원과 동등한 가치를 가지는 2년 후의 금액은 1,210원이다. 정리를 해보면,

$$1,210 = 1,000(1+0.1)^2$$

$$1,000 = \frac{1,210}{(1+0.1)^2}$$

이 식을 일반화하면,

$$현재가치 = \frac{n년\ 후\ 받을\ 미래가치}{(1+r)^n}$$

현재가치의 접근법을 채권에 적용해보자. 가령 삼성전자가 2021년이 만기이고 이자현금흐름이 8만원인 100만원짜리 채권을 발행했다고 하자. 2019년 현재 이 채권을 매입하면, 2년 후인 2021년에 원금 100만원과 2년간 이자액을 합한 금액을 받게 된다. 이자율이 10%라고 할 때 이 채권의 이자현금흐름은 8만원이므로 보유채권의 현재가치는 다음과 같다.

$$현재가치 = \frac{8}{(1+0.1)} + \frac{8}{(1+0.1)^2} + \frac{100}{(1+0.1)^2} = 96.592(만원)$$

지급한다고 하면 이때 채권에 대한 이자율은 6/100=0.06(6%)이다. 삼성전자가 30년 만기의 채권을 발행한다고 할 때 이 채권을 구입하면 매년 6만원씩 이자를 받고 만기인 30년째 되는 해에 100만원의 원금을 받게 되는 것이다.

◈ 주식

채권과 달리 **주식**을 구입한다는 것은 기업의 소유권을 액면 가치대로 구입한다는 의미이다. 주식이 소유권의 일부를 나타내는 유가증권이기 때문에, 구입 시 기업의 이윤을 나누어 가질 수 있는 권한을 지니게 된다. 주식회사는 보통 사업 확장을 위해서 이윤의 일부를 사내유보금(다음 번 투자를 위해 회사 내에 남겨두는 자금)으로 남겨두고, 나머지는 배당금(dividends)으로 주주에게 지불하게 된다.

주식
기업의 소유권을 일부 구입하는 유가증권

주식은 채권과 달리 만기가 없고 기업도 특정일이 되었을 때 투자자의 자금을 상환해

참고 주식가격과 현재가치

주주가 기업에게 받는 이윤을 배당이라고 한다. 주식을 보유한다는 것은 법적으로 기업의 이윤 중 일부에 대한 권리를 획득하는 것이다. 주식 한 주의 가격은 투자자가 그 주식을 소유함에 따라서 받을 것이라고 예상하는 현재가치와 동일해야 한다. 이를 일반적인 식으로 나타내면 다음과 같다.

$$주식가격 = \frac{배당금_1}{(1+i)} + \frac{배당금_2}{(1+i)^2} + \cdots$$

주식과 채권의 차이를 살펴보면, 먼저 주식은 채권과 달리 만기가 없기 때문에 무한한 횟수에 걸쳐 배당지급금의 현재가치를 계산해야 한다. 그러나 그 금액은 매우 작을 수밖에 없다. 40년 후에 받게 될 1만원의 배당은 이자율이 10%일 때 현재가치상 약 200원밖에 되지 않는다. 또한 채권은 이자현금흐름이 확실성을 가지고 있지만, 주식은 보유에 따른 배당금이 기업의 미래수익성에 달려 있기 때문에 얼마가 될지 확실히 알 수 없다.

야 할 의무를 지니고 있지 않다.

◈ 기업정보와 재무상태표

기업이 자금을 조달하기 위해서는 수익성을 지닌 건전한 기업이라는 것을 공중에 알려야 한다. 따라서 기업은 재무정보를 투자자들에게 직접 제공하기도 하고, 관련 중개기관을 이용해 간접적으로 자신의 정보를 제공하기도 한다.

투자자들에게는 기업의 수익과 비용 그리고 기업이 소유한 자산의 가치와 타인이나 다른 기업에 지고 있는 부채에 대한 정보가 필요하다. 이러한 정보의 획득에는 대차대조표나 손익계산서와 같은 재무상태표(financial statement)를 활용할 수 있다.

손익계산서
일정기간 동안 기업의 성과와 관련한 수익, 비용, 이윤에 대한 정보가 요약된 보고서

손익계산서(Income Statement)는 일정기간 동안 기업의 성과와 관련한 수익, 비용, 이윤에 대한 정보가 요약되어 있는 보고서이다. 손익계산서를 작성하는 목적 중의 하나는 기업이 일정기간 동안에 얼마나 이익을 남겼는지 또는 손해를 보았는지를 정확하게 계산하는 데 있다(〈표 4-2〉 참조).

대차대조표
일정시점에서 기업이 재무상태 즉 자산, 부채 및 자본 내용을 기록한 표

대차대조표(Balance Sheet)는 일정시점에서 기업이 재무상태 즉 자산, 부채 및 자본 내용을 기록한 표이다. 기업은 주주가 출자한 자본금과 금융기관 등으로부터 차입한 부채를 재원으로 하여 건물과 기계장치 등의 설비를 구입하거나 현금이나 예금 등 유동자산의 형태로 보유하면서 기업의 운영자금으로 사용한다. 자본과 부채는 대차대조표의 오른쪽인 대변에 기록하여 자금조달의 원천을 나타내고, 자산은 대차대조표의 왼쪽인 차변에 기록

해 조달된 자금의 상태를 보여준다(〈표 4-3〉 참조).

표 4-2 손익계산서(I/S)

ㅇㅇ기업 2024. 현재 (단위 : 억원)

매출액(수익) (-) 매출원가	420 332
매출 총이익 (-) 판매비및 관리비	88 52
영업이익 (+) 영업외 수익 (-) 영업외 비용	36 33 37
법인세 비용차감전 순이익 (-) 법인세비용	32 3
당기순손익	30

표 4-3 대차대조표(B/S)

ㅇㅇ 기업 2024. 현재 (단위 : 억원)

차변		대변	
유동자산	**196**	**유동부채**	**218**
현금및현금성자산	147	금융부채	48
대여금및수취채권	34	충당부채	123
기타금융자산	75	기타부채	47
재고자산	38	**비유동부채**	**171**
기타자산	49	금융부채	75
비유동자산	**323**	퇴직급여부채	66
대여금및수취채권	80	기타부채	17
기타금융자산	226	**자본**	**130**
투자부동산	56	납입자본	46
유형자산	110	이익잉여금	60
무형자산	58	기타자본요소	3
영업권	2	매각예정비유동자산과 관련된 자산항목	2
기타자산	13		
비유동자산	4		
자산총계	**519**	**부채와 자본총계**	**519**

참고 **사베인스-옥슬리법**

2002년에는 회계부정사건이 많았다. 에너지회사 엔론(Enron)은 부채를 제휴기업에 이전시켜 대차대조표상의 부채를 줄이고 기업의 순가치를 부풀렸다는 이유로 기소되었다. CFO인 앤드류 패스토우(Andrew Fastow)는 2004년 회계부정 혐의로 10년형을 선고받았다. 통신회사인 월드컴(World Com)은 실제비용을 축소하여 수익이 증가한 것처럼 장부를 조작한 혐의로 기소되었다. 엔론과 월드컴의 회계부정은 미국 기업 역사상 가장 큰 규모의 회계부정 사건이었다. 이러한 사태를 방지하기 위해서 2002년 미국은 사베인스-옥슬리법(Sarbanes-Oxley Act)을 제정하였다. 정부가 재무제표를 작성하는 데 규제를 하고 있지만 정확성을 완전히 보장하는 것은 아니다. 기업공개를 한 모든 기업은 회계사로부터 감사를 받아야 한다. 또한 이사들이 재무정보에 대해 일정수준 이상의 전문지식을 지니고, 재무분석가들과 회계감사들은 기업의 재무 상태를 평가할 때 독립성을 보장받아야 한다. 이 법안의 목적은 주주의 이익을 최대한 보장하는 것이다. 경영진의 책임을 명시하고, 이를 이행하지 않는 경영자들에게는 형을 강화하였다.

1.2. 생산함수

(1) 생산기술과 생산함수

기업은 노동자, 기계, 천연자원과 같은 투입물(input)을 사용해서 재화나 서비스와 같은 산출물(output)을 생산한다. **기술**이란 생산요소를 재화와 서비스로 전환하기 위해서 사용하는 여러 가지 방법을 일컫는다. 피자가게의 경우 피자 소스와 반죽, 요리사, 오븐과 같은 투입요소를 사용하여 맛있는 피자를 생산한다. 이때 피자를 생산하는 기술은 피자의 오븐 성능과 더불어 얼마나 적당한 온도에서 빠르게 피자를 구워낼 수 있는가의 능력에 달려 있다. 여기에 요리사들이 더 열심히 일할 수 있도록 격려해주고 일에 보람을 느낄 수 있도록 분위기를 조성해주고, 필요한 설비와 자재를 잘 조정하는 경영도 생산에 꼭 필요한 요소라고 할 수 있다.

기술
생산요소를 재화와 서비스로 전환하기 위해서 사용하는 여러 가지 방법

기업의 입장에서 기술수준은 주어져 있다고 가정한다. 경제학에서는 기술적인 제약을 생산함수에 반영한다. **생산함수**란 일정기간 동안 주어진 기술수준에 직면한 기업이 여러 투입요소를 이용해서 생산할 수 있는 최대한의 생산량을 말한다. 즉 투입요소와 생산물 간의 수학적인 함수관계(인과관계)를 보여준다.

생산함수
일정기간 동안 여러 투입요소를 이용해서 생산 가능한 최대한의 생산량

일반적으로 경제학에서는 단순화를 위해서 투입물인 생산요소에는 노동과 자본만이 존재한다고 가정한다.

그림 4-2

기업의 생산함수

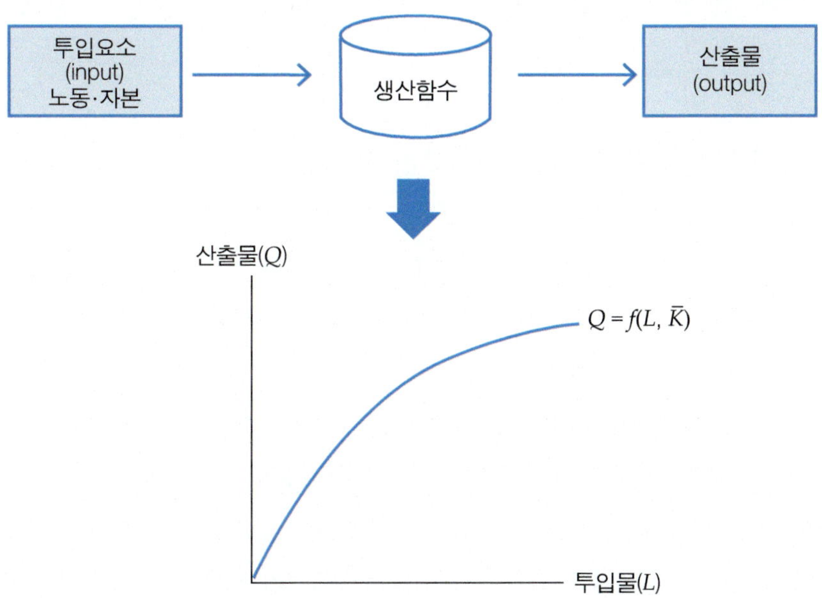

(2) 생산기간: 단기와 장기

생산요소 중에서 기계 등 공장설비와 같은 자본은 늘리거나 줄이거나 하는 데 시간이 걸리지만, 노동은 자본에 비해서 쉽게 늘리거나 줄일 수 있다. 경제학에서는 기간을 단기(short run)와 장기(long run)로 나누어 분석한다.

단기란 기업의 투입요소 중에서 적어도 하나의 투입요소가 고정되어 있는 기간을 말한다. 기업의 물리적인 생산설비인 공장, 사무실 등의 자본이 고정되어 있는 기간을 예로 들 수 있다. 이때 자본을 고정된 것으로 보는 이유는 노동이 자본(생산설비)에 비해서 상대적으로 늘렸다 줄였다 하기 쉽기 때문이다. 물론 반대로 애플의 스티브 잡스나 GE의 잭 웰치 같은 유능한 전문경영자는 상대적으로 쉽게 구하기 어려울 수도 있다. 그렇지만 일반적으로 노동은 신축적 운용이 가능하여 자본에 비해서 상대적으로 가변적이다. 반면에 **장기**는 기업이 모든 투입요소를 변화시킬 수 있을 만큼 충분히 긴 기간을 말한다. 새로운 기술을 수용하거나 물리적 생산설비의 규모를 조정할 수도 있다.

> **단기**
> 기업의 투입요소 중에서 적어도 하나가, 예를 들면 기업의 기술, 물리적인 생산설비인 공장, 사무실 등의 규모가 고정되어 있는 기간

> **장기**
> 기업이 모든 투입요소를 변화시킬 수 있는 기간

따라서 단기와 장기의 기간문제는 산업마다 다를 수밖에 없다. 예를 들어 피자를 생산

하는 경우는 상점을 마련하고 종업원을 뽑고 재료를 준비하는 데 몇 달이면 충분하지만, 자동차를 생산하는 경우는 수많은 부품 계약을 체결하고 공장설비를 마련하는 데 최소한 몇 년은 걸릴 것이기 때문에 피자 생산과 자동차 생산의 장기와 단기의 길이는 다를 것이다.

1.3. 단기생산함수와 장기생산함수

기업이 단기에 생산을 할 때는 고정투입요소가 존재하는 경우이다. 앞의 피자 생산의 경우 설비와 가게의 규모는 피자를 얼마나 생산하는가의 문제와 상관없이 일정한 상태로 고정되어 있다. 그러나 피자의 재료량과 종업원의 수는 쉽게 늘리거나 줄이거나 할 수 있는 가변생산요소이다. 〈그림 4-3〉은 자본량이 2로 고정되어 있는 경우 종업원인 노동자의 수를 늘려감에 따라 얻게 되는 총생산량을 나타낸 것이다. 총생산량이란 노동과 자본을 배합하여 생산할 수 있는 최대한의 산출량을 나타낸다.

경제학에서는 이와 같이 단기와 장기를 고정투입요소가 존재하는가의 여부로 구별한다. 단기에는 자본(K)이 고정되어 있어 노동(L)만 가변적으로 조절할 수 있는 투입요소가 된다. 그러나 장기에는 자본도 늘렸다 줄였다 할 수 있는 가변투입요소가 된다. 이러한 특성을 생산함수로 나타내면 다음과 같다.

그림 4-3

노동과 자본 투입량과 피자 생산량

노동량	자본량	하루 피자 총생산량
0	2	0
1	2	30
2	2	90
3	2	140
4	2	180
5	2	210
6	2	220
7	2	225
8	2	228
9	2	230
10	2	231

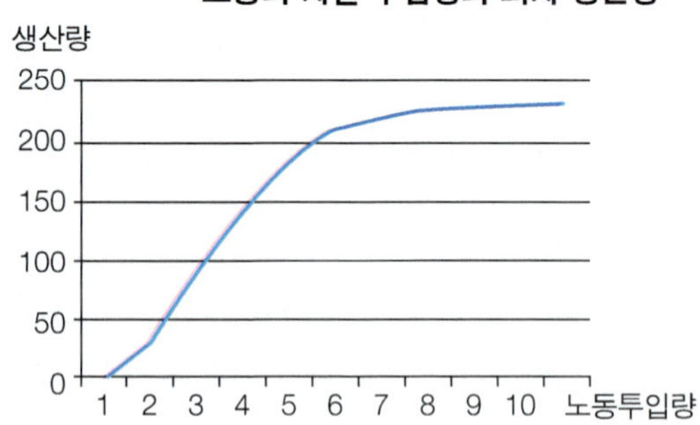

$$단기생산함수: Q = f(L, \bar{K})$$

$$장기생산함수: Q = f(L, K)$$

1.4. 한계수익체감의 법칙

앞에서는 피자 생산의 경우에 자본은 고정되어 있는 단기에서 노동의 투입량을 증가시킴에 따라 총생산량이 변화하는 관계를 보여주는 총생산곡선을 살펴보았다.

(1) 평균생산

학교에서 평점이라고 하면 전체적으로 받은 총점수를 수강한 학점수로 나눈 값을 말한다. 마찬가지로 '**노동의 평균생산**(AP_L: Average Product of Labor)'은 총생산량을 투입한 노동의 수로 나눈 값이다.

노동의 평균생산
총생산량을 투입한 노동의 수로 나눈 값

$$노동의\ 평균생산(AP_L) = \frac{Q}{L}$$

〈그림 4-4〉는 피자를 생산하는 데 있어서 노동의 평균생산량을 보여준다. 만일 노동

그림 4-4

피자를 만드는 데 있어 노동의 평균생산

노동량	하루 피자 총생산량	평균생산량
0	0	0.0
1	30	30.0
2	90	45.0
3	140	46.7
4	180	45.0
5	210	42.0
6	220	36.7
7	225	32.1
8	228	28.5
9	230	25.6
10	231	23.1

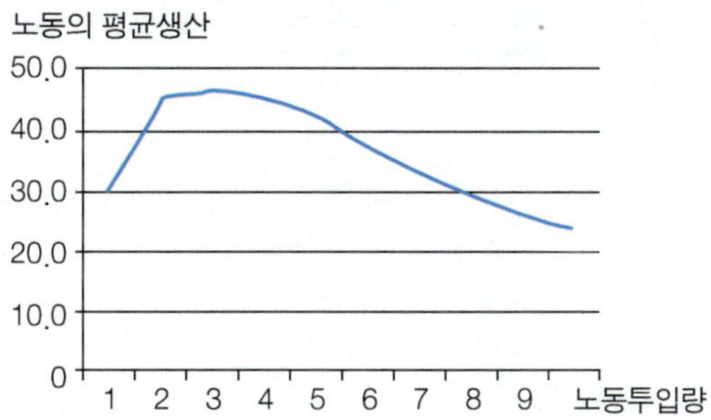

투입량이 3일 때의 평균생산량을 구한다면 총생산량 140을 투입노동량 3으로 나눈 값이 된다(46.7).

(2) 한계생산

노동의 한계생산
노동자 1명을 추가적으로 고용할 때마다 생산량은 변화하는데, 추가적으로 1명 고용할 때 증가하는 생산량

생산량은 노동자 1명을 추가적으로 고용할 때마다 변화하는데, 추가적으로 1명 고용할 때 증가하는 생산량을 '**노동의 한계생산**(MP_L: Marginal Product of Labor)'이라고 한다. 거듭 설명하지만 '한계(marginal)'는 한 단위를 추가로 증가시켰을 때를 의미한다. 이것은 수리적으로는 '미분'의 개념이고, 그래프상으로는 '접선의 기울기'로 나타낼 수 있다.

$$노동의\ 한계생산(MP_L) = \frac{\Delta Q}{\Delta L}$$

위의 피자 생산의 경우 노동의 증가분에 따른 한계생산량을 구하면 〈그림 4-5〉와 같다. 그림에서 알 수 있는 것처럼, 노동의 한계생산은 처음에는 증가하다가 노동의 투입량이 2명을 넘어서는 순간부터 체감하기 시작한다. 이렇게 노동의 투입량이 증가함에 따라서 노동의 한계생산이 증가하는 경우를 '**노동의 한계수익 체증**(increasing marginal

노동의 한계수익 체증
노동의 투입량이 증가함에 따라서 노동의 한계생산이 증가하는 경우

그림 4-5

피자를 만드는 데 있어 노동의 한계생산

노동량	하루 피자 총생산량	피자 한계생산량
0	0	0
1	30	30
2	90	60
3	140	50
4	180	40
5	210	30
6	220	10
7	225	5
8	228	3
9	230	2
10	231	1

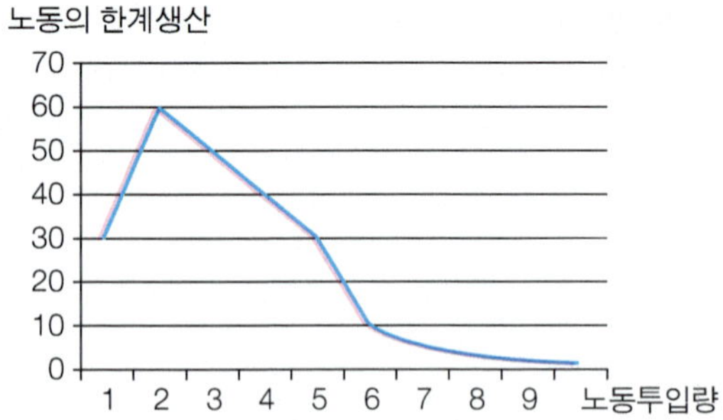

returns to labor)'이라고 하고, 반대로 감소하는 경우를 '**노동의 한계수익 체감**(diminishing marginal returns to labor)'이라고 한다.

노동의 한계수익 체감
노동의 투입량이 증가함에 따라서 노동의 한계생산이 감소하는 경우

〈그림 4-5〉와 같이 처음에 한계수익이 체증하는 이유는 노동의 분업(division of labor)과 전문화(specialization)로 인한 이득이 생기기 때문이다. 혼자 피자를 생산하다가 노동자 한두 명이 추가되면 서로 잘하는 부분을 나누어 협력할 수도 있고, 어느 하나의 일만 하다보면 전문성이 생기기 때문이다. 그러나 피자가게라고 할 수 있는 자본이 주어져 있기 때문에 노동력을 계속 증가시키면 놀고 있는 사람이 생길 수도 있고 서로 다툼이 생길 수도 있는 등 좁은 장소에서 효율적으로 일을 할 수 없게 되어 노동자 한 명의 생산량은 감소하게 될 것이다. 이처럼 한계생산 체감의 법칙은 보편적으로 우리 주변에서 확인할 수 있다.

1.5. 장기생산함수와 등량곡선

(1) 장기생산함수의 형태

장기생산함수는 가변적인 모든 생산요소들의 결합으로 생산할 수 있는 최대의 산출량 수준을 나타낸다.

$$Q = f(L, K)$$

장기에서는 다양한 노동과 자본의 결합 중에서 어떠한 생산요소를 결합할 것인가의 문제에 직면하게 되는데, 이에 대한 정보를 제공하는 것이 바로 등량곡선이다.

(2) 등량곡선 개념

등량곡선이란 어떤 상품을 생산하는 데 있어서 동일한 수준의 산출량을 효율적으로 생산해낼 수 있는 여러 가지 서로 다른 생산요소의 조합을 연결한 곡선을 말한다. 등량곡선은 무차별곡선과 그 형태가 유사하고 특성도 비슷하다. 단, 무차별곡선이 효용의 서수성[순위]을 가정하지만, 등량곡선은 산출량의 기수성을 가정한다는 점에서 차이가 있다.

그림 4-6

등량곡선

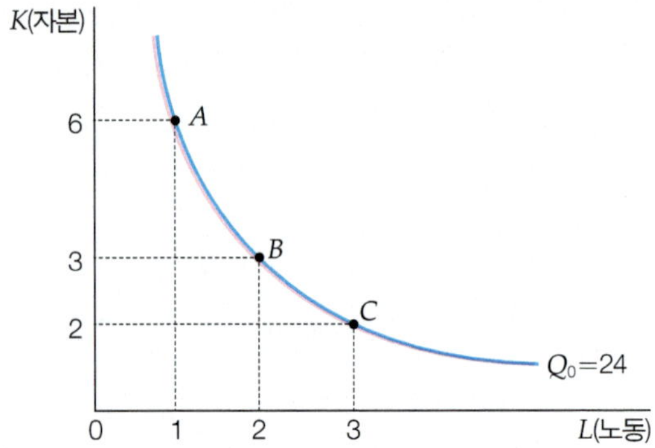

(3) 등량곡선의 특성

등량곡선은 다음과 같은 특성을 지니고 있다.

① 가로축(*L*축)과 세로축(*K*축) 사이에 존재하는 모든 점들에는 그 점을 지나는 하나의 등량곡선이 지나간다.

② 두 생산요소의 한계생산물이 양(+)인 경우에는 원점에서 멀리 떨어진 등량곡선일수록 산출량이 높아진다.

③ 두 생산요소의 한계생산물이 양(+)이면서 생산요소 사이에 연속적인 대체가 가능할 때 등량곡선은 우하향한다.

④ 기술적 왜곡이 없는 한 등량곡선은 서로 교차하지 않는다.

⑤ 등량곡선은 원점에 대해서 볼록한 형태를 지니는데, 한계기술대체율이 체감하기 때문이다.

1.6. 한계기술대체율

(1) 한계기술대체율 개념

노동과 자본 간의 한계기술대체율($MRTS_{LK}$: marginal rate of technical substitution)이란 동일한 생산수준을 유지하면서 노동을 추가로 한 단위 더 고용할 때 포기해야 하는 자본량을 말한다.

$$MRTS_{LK} = -\frac{\Delta K}{\Delta L}\Big|_{\bar{Q}} = \frac{MP_L}{MP_K}$$ [1]

등량곡선상의 한 점에서의 $MRPS_{LK}$는 그 점에서 그은 접선의 기울기의 절대값으로 표시된다. $MRTS_{LK}$는 노동의 한계생산물과 자본의 한계생산물의 비율로 표현할 수도 있다.

그림 4-7

등량곡선의 형태와 한계기술대체율

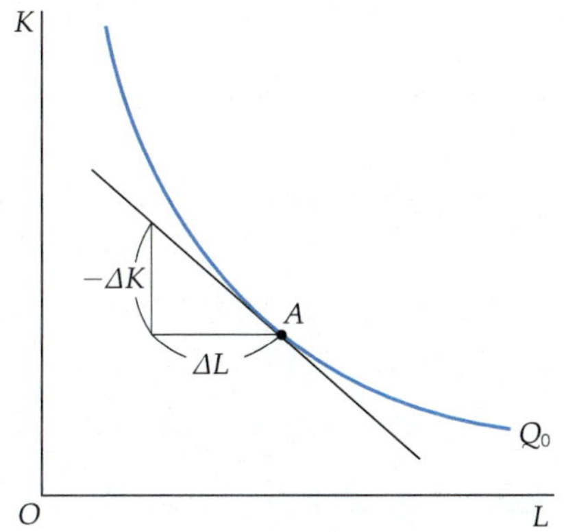

(2) 한계기술대체율체감의 법칙

한계기술대체율체감의 법칙이란 동일한 생산수준을 유지하면서 자본을 노동으로 대체해 나가면 노동의 자본에 대한 $MRTS_{LK}$는 점점 감소하게 되는 것을 말한다. 한계기술대체율체감의 법칙이 성립하게 되면 등량곡선은 원점에 대해서 볼록한 형태를 취하게 된다. 〈그림 4-8〉에서 노동을 한 단위 고용하다가 추가로 한 단위 더 고용할 때 포기해야 하는 자본량은 3단위인데, 노동을 두 단위에서 추가로 더 고용하게 되면 자본은 1단위만 포기해도 된다.

한계기술대체율체감의 법칙은 매 기당 일정한 산출량을 생산함에 있어서 생산요소간 대체가 점점 어려워진다는 것을 의미한다.[2]

1 동일한 등량곡선상에서는 다음의 조건이 성립한다: $\Delta Q = \Delta L \times MP_L + \Delta K \times MP_K = 0$

그림 4-8

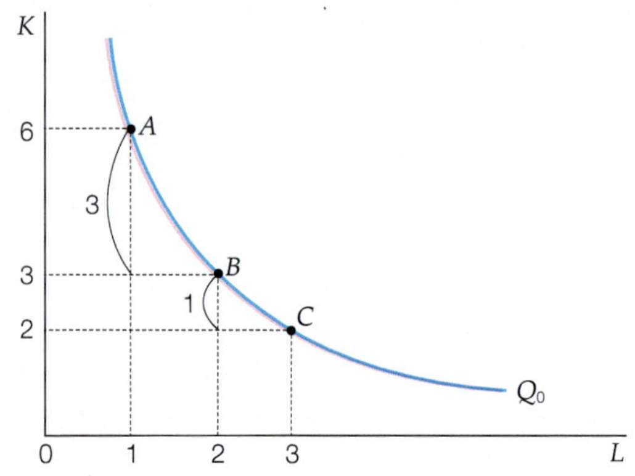

한계기술대체율의 체감

(3) 특수한 형태의 등량곡선

◈ 완전대체재 관계 생산함수: $Q=\alpha L+\beta K$

두 생산요소 간에 완전대체가 이루어지면 등량곡선은 우하향하는 직선의 형태를 지닌다. $MRTS_{LK}=\frac{MP_L}{MP_K}=\frac{\alpha}{\beta}$는 일정한 상수가 된다.

◈ 레온티에프 생산함수: $Q=min(\frac{L}{\alpha}, \frac{K}{\beta})$

두 생산요소 간에 대체가 전혀 이루어지지 않으면서 생산요소의 결합비율이 항상 고정되어 있는 경우 등량곡선은 L자 형태가 된다. 노동과 자본의 결합비율은 A점과 B점에서 $\alpha : \beta$로 일정하다.

L자형 등량곡선의 수직선 부분에서는 $MRTS_{LK}=\frac{MP_L>0}{MP_K=0}=\infty$가 되고, 수평선의 부분에서는 $MRTS_{LK}=\frac{MP_L=0}{MP_K>0}=0$이 된다.

2 세 개의 생산요소가 존재하는 경우에 어느 한 생산요소가 고정되어 있는 단기에도 나머지 두 개의 가변요소 간에 한계기술대체율체감의 법칙이 성립할 수 있다.

그림 4-9

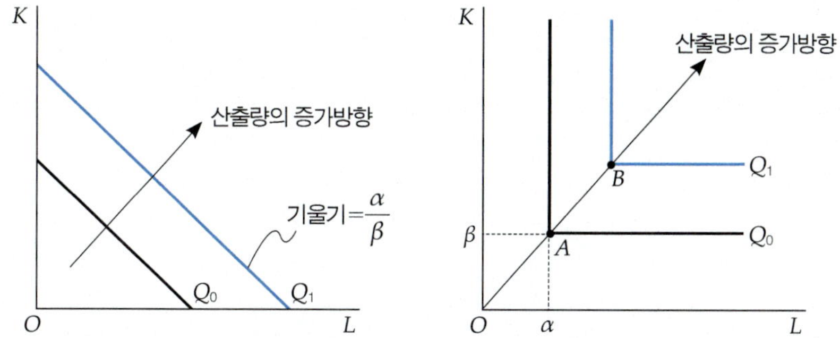

(a) (b)

완전대체재와 완전보완재의 등량곡선

(a) 완전대체재 등량곡선
(b) 완전보완재 등량곡선

표 4-4 특수한 형태의 등량곡선

특수한 형태	등량곡선	특징
수평선	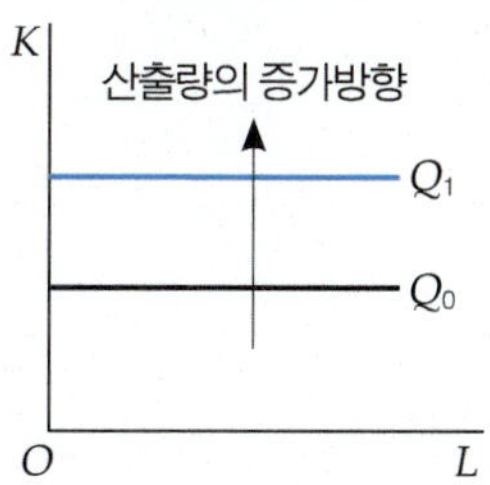	$MP_L=0$ $MP_K>0$ $MRTS_{LK}=0$
수직선	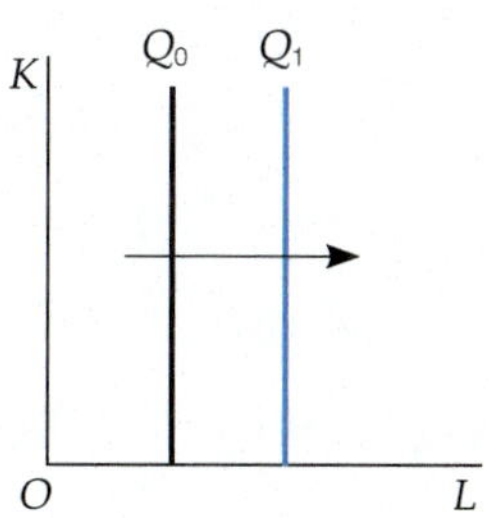	$MP_L>0$ $MP_K=0$ $MRTS_{LK}=\infty$

특수한 형태	등량곡선	특징
우상향하는 곡선	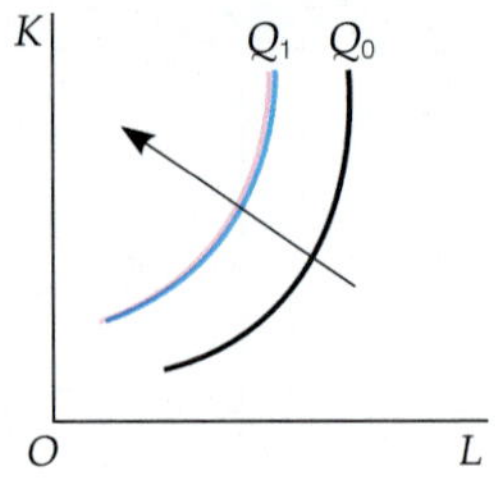	$MP_L<0$ $MP_K>0$ $MRTS_{LK}<0$
우하향하는 곡선	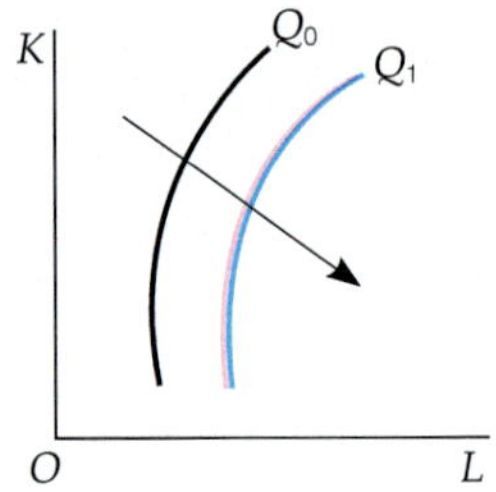	$MP_L>0$ $MP_K<0$ $MRTS_{LK}<0$
원점에 대해 오목한 곡선	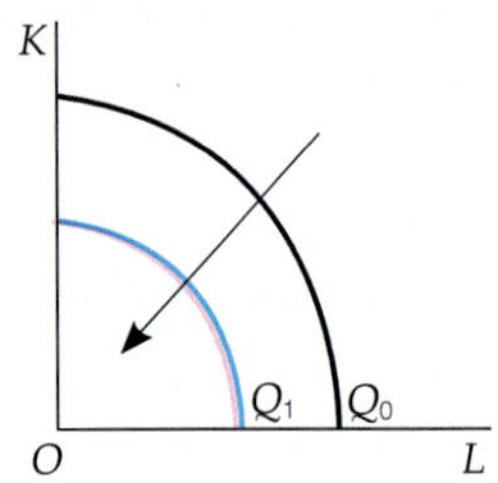	$MP_L<0$ $MP_K<0$ $MRTS_{LK}$ 체증

1.7. 규모에 대한 보수

(1) 규모에 대한 보수 개념

규모에 대한 보수(returns to scale)란 모든 생산요소를 똑같은[3] 비율로 변동시켰을 때 산출량이 어떤 비율로 변화하는가를 나타낸다. 모든 생산요소의 투입량을 λ배로 증가시켰을 때 생산량이 λ배보다 크게 증가하면 규모에 대한 보수 증가라고 하고, λ배로 증가하면 규모에 대한 보수 불변, λ배보다 작게 증가하면 규모에 대한 보수 감소라고 한다.

3 만일 생산요소의 투입량을 각 생산요소마다 다르게 변동시키게 되면 규모에 대한 보수의 개념은 성립하지 않는다. 따라서 규모에 대한 보수는 장기생산함수의 성질 가운데 일부만 설명해준다.

일반적으로 기업의 생산규모가 커짐에 따라서 규모에 대한 보수 증가[4] → 규모에 대한 보수 불변 → 규모에 대한 보수 감소[5]가 나타난다.

(2) 규모에 대한 보수와 등량곡선

규모에 대한 보수를 등량곡선에 표현하면 다음과 같다. 규모에 대한 보수 증가는 노동과 자본을 똑같이 2배, 3배 증가시킬 때 생산량은 각각 3배, 6배로 증가하는 경우를 들 수

그림 4-10

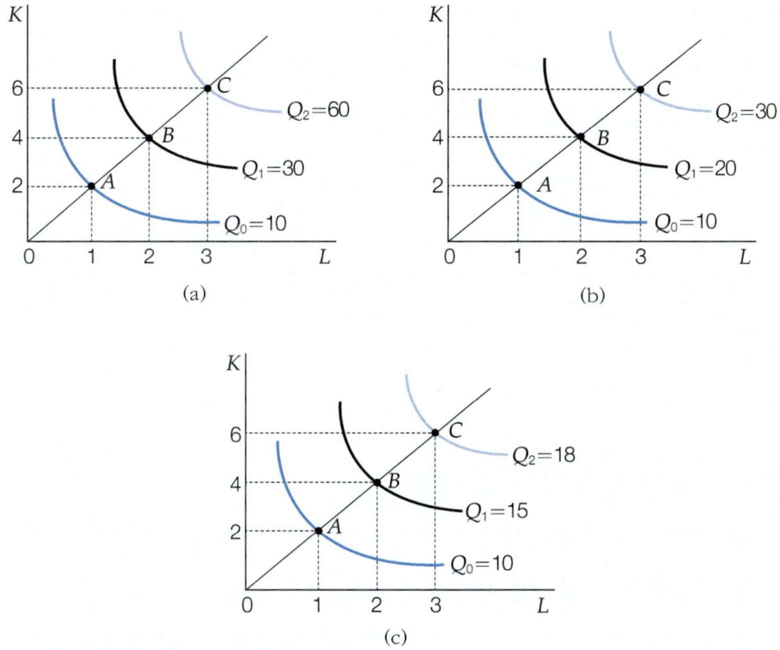

규모에 대한 보수와 등량곡선 형태

(a) 규모에 대한 보수 증가
(b) 규모에 대한 보수 불변
(c) 규모에 대한 보수 감소

4 처음에 규모에 대한 보수 증가가 나타나는 이유는 분업에 따른 전문화, 경영의 효율성, 금전상의 이득 때문이다.

5 나중에 규모에 대한 보수 감소가 일어나는 이유는 생산규모가 지나치게 커지면서 분업과 전문화에 따른 부작용과 경영의 비효율성이 커져 금전상의 이득을 압도하기 때문이다.

있다. 마찬가지로 규모에 대한 보수 불변과 규모에 대한 보수 감소를 등량곡선의 형태로 나타내면 〈그림 4-10〉과 같다.

(3) 규모에 대한 보수와 규모의 경제

규모에 대한 보수는 생산비의 개념과 연관 지을 수 있다. 만일 임금(w), 자본임대료(r)가 일정하게 주어진 경우 모든 생산요소의 투입량을 λ배 증가시킨다면 장기총생산비는 λ배만큼 증가하게 된다. 장기총생산비를 λ배로 증가시키는데 생산량이 λ배보다 크게 증가하면 장기평균비용이 감소하고, 이를 규모에 대한 보수 증가 또는 규모의 경제(economies of scale)라고 한다. 마찬가지로 규모에 대한 보수 불변은 장기평균비용이 일정한 상태를 의미하고, 규모에 대한 보수 감소는 장기평균비용이 증가하는 상태 또는 규모의 비경제(diseconomies of scale)라고 한다.

주의해야 할 점은 규모에 대한 보수 증가(감소)가 존재하면 규모의 경제(비경제)가 성립하지만 반드시 그 역이 성립하는 것은 아니다. 왜냐하면 규모에 대한 보수 증가(감소)는 모든 생산요소의 투입량을 동일한 비율로 변동시킬 때 적용되는 개념이지만 규모의 경제(비경제)는 이러한 조건이 반드시 충족되지 않아도 성립할 수 있는 개념이기 때문이다.

(4) 규모에 대한 보수와 수확체감법칙

규모에 대한 보수는 장기의 개념이고, 수확체감법칙은 단기의 개념이다. 따라서 두 개념은 양립할 수 있다. 규모에 대한 보수는 장기에 모든 생산요소들을 동시에 같은 비율로 증가시킬 때 나타나는 현상이고, 수확체감법칙은 단기에 주어진 고정투입요소에 가변요소를 계속해서 변화시킬 때 나타나는 현상이다. 따라서 기본가정부터 다르기 때문에 두 개념은 양립 가능하다. 따라서 단기에 수확체감이 발생했다고 해서 장기에 규모에 대한 보수 감소가 나타나는 것은 아니다. 그러나 생산요소가 단 하나뿐인 경우라면 단기의 수확체감은 장기에 규모에 대한 보수 감소와 연결될 수 있다.

(5) 규모에 대한 보수와 동차생산함수

생산함수가 $Q=f(L, K)$로 주어진 경우에 L, K를 λ배 증가시키면 $\lambda^k Q=f(\lambda L, \lambda K)$가

된다. 이를 k차 동차 생산함수라고 한다. 이때 $k>1$이면 규모에 대한 보수 증가, $k=1$이면 규모에 대한 보수 불변, $k<1$이면 규모에 대한 보수 감소가 된다. 우리가 자주 사용하는 콥-더글라스 생산함수, 완전대체가능 생산함수, 레온티에프 생산함수는 모두 1차 동차 생산함수이다.

◈ 콥-더글라스 생산함수 :

$$Q=AL^{\alpha}K^{\beta} \;\Rightarrow\; \lambda^{\alpha+\beta}Q=A(\lambda L)^{\alpha}(\lambda K)^{\beta}=\lambda^{\alpha+\beta}AL^{\alpha}K^{\beta}$$

$\alpha+\beta>1$이면 규모에 대한 보수 증가

$\alpha+\beta=1$이면 규모에 대한 보수 불변

$\alpha+\beta<1$이면 규모에 대한 보수 감소

◈ 완전대체 생산함수

$$Q=\alpha L+\beta L \;\Rightarrow\; \lambda Q=\alpha(\lambda L)+\beta(\lambda K)=\lambda(\alpha L+\beta K)$$

규모에 대한 보수 불변이 나타나는 1차 동차 생산함수

◈ 레온티에프 생산함수

$$Q=min\left(\frac{L}{\alpha},\frac{K}{\beta}\right) \;\Rightarrow\; \lambda Q=min\left(\frac{\lambda L}{\alpha},\frac{\lambda K}{\beta}\right)=\lambda min\left(\frac{L}{\alpha},\frac{K}{\beta}\right)$$

레온티에프 생산함수는 노동과 자본을 각각 λ배 만큼 증가시키면 산출량도 λ배만큼 증가하므로 규모에 대한 보수 불변이 나타나는 1차 동차 생산함수이다.

2. 비용

2.1. 명시적 비용과 암묵적 비용

기회비용
어떤 것을 선택하기 위해서 포기해야 하는 대안 중 가장 가치가 높은 대안의 가치

경제학자들은 어떤 상품생산의 진정한 비용으로 기회비용을 제안한다. **기회비용**이란 어떤 것을 선택하기 위해서 포기해야 하는 대안 중 가장 가치가 높은 대안(next best alternative)의 가치이다. 비용에는 명시적 비용과 암묵적 비용이 존재하는데, 기업이 돈

참고 알프레드 마샬

◈ 신고전파 경제학의 창시자

경제학의 창시자인 애덤 스미스(Adam Smith, 1723~1790)가 분업과 경쟁에 기초한 고전학파 정치경제학을 정초한 인물이라면, 알프레드 마샬(Alfred Marshall)은 19세기 말 경제학상의 '한계(효용)혁명'을 주도하고 신고전파 경제학을 개막한 학자이다. 그는 초기에 가졌던 성직자로서의 꿈을 포기하고 인간행동(패턴) 및 사회조직의 규범적 원리에 대한 연구에 몰두했다. 1890년에 첫 출간된 『경제학 원리(*Principles of Economics*)』는 리카도(David Ricardo, 1772~1823)의 『정치경제학과 과세의 원리』(1817) 및 밀(John Stuart Mill, 1806~1873)의 『정치경제학 원리』(1848)를 대체하면서, 학계에 상당한 반향을 불러일으켰다. 이 책은 초판이 출간된 지 30년간 제8판(1920년)까지 간행되었는데, 그의 나이 78세였다.

◈ A. 마샬의 『경제학 원리(*Principles of Economics*)』

마샬의 저서는 경제학의 원론서로서 그 후속작인 『산업과 상업(*Industry and Trade*)』이 1919년[77세], 『화폐, 신용, 그리고 통상(*Money, Credit and Commerce*)』이 1923년[81세]에 출판되었다. 『경제학 원리』(1890)는 총 6편 55장과 부록으로 구성되어 있다. 그 내용을 간추리면, ① 방법(positivism)과 개념, ② 욕구(충족)·효용·소비론, ③ 생산요소론, ④ 수요·공급 법칙, ⑤ 소득분배론으로 구성되는데, 현재의 기준으로는 미시경제학에 해당한다. 특히, ⑥ 생산요소론[제4편 생산요소: 토지, 노동, 자본과 조직]에서 "산업조직"(공장·기업경영)을 제4의 생산요소로 강조한 바 있는데, 이는 마샬의 초기 저작인 『산업경제학』(1879)을 완결하는 의미를 갖고 있었다.

◈ 사후 평가와 재조명

조셉 슘페터(J. Schumpeter, 1883~1950)는 마샬의 『경제학 원리』에 대해 호의적으로 평가하면서도, 한편으로 한계효용 원리는 제본스(W.S. Jevons), 일반균형이론은 왈라스(L. Walras), 대체원리는 튀넨(J.H. von Thunen), 수요공급곡선과 정태적 독점이론은 쿠르노(A.A. Cournot), 소비자잉여는 뒤퓌(A.J.E. Dupuit)의 몫이며, 따라서 마샬의 이론은 독창성을 주장할 만한 부분이 거의 없다는 평가를 내렸다. 특히, 마샬은 수요곡선의 도출 과정에서 엄밀한 의미의 소비자 선택이론을 정립하지 못했으며, 시장의 상호의존성에 대한 분석에서도 부분균형분석의 틀에 머물러 일반균형이론에 이르지 못했다.

을 지출할 때 명시적 비용(explicit cost)이 발생한다. 반면에 실제로는 지급하지 않았지만 사실상 지급한 것과 같은 비용으로 간주하는 것이 암묵적 비용(implicit cost)이다.

만일 자신이 소유하고 있는 빌딩에 피자가게를 개업한다고 하자. 그렇다면 어떤 임대료도 지불할 필요가 없을 것이다. 그러나 과연 공짜로 빌딩을 사용한다고 할 수 있을까? 회계사의 입장에서는 "그렇다"라고 말할 테지만 경제학자의 입장에서는 "그렇지 않다"라고 대답할 것이다. 왜냐하면 자신이 소유한 빌딩을 자신이 사용하게 되면 대신 다른 사람에게 임대를 주어 얻을 수 있는 임대수입의 기회를 포기하는 것이기 때문이다. 이처럼 포기된 임대료는 암묵적 비용이 되고 그 비용의 크기는 다른 사람에게 빌딩을 임대해주었다면 받았을 임대료이다. 피자를 만드는 데 필요한 오븐, 의자, 접시를 내가 가지고 있는 것으로 사용했다고 해도 마찬가지로 암묵적 비용이 든 것이다. 은행에서 빌리지 않고 내가 모아둔 자금을 사용해 개업한 경우라 해도 동일한 맥락에서 생각할 수 있다. 이러한 내용은 뒤에서 다룰 이윤과 밀접한 관계가 있어 다시 설명하게 될 것이다.

2.2. 의사결정과 관련 없는 매몰비용

이미 엎지른 물은 후회해도 소용이 없다. '이미 엎지른', '이미 가라앉은'과 같은 말로 매몰(sunk)이 있는데, 앞으로의 의사결정에는 고려할 필요가 없다는 의미로 쓰인다. **매몰비용**(sunk cost)은 이미 투자했지만 회수할 수 없는 비용이다.

매몰비용
이미 투자했지만 회수할 수 없는 비용

간단한 예를 들어보면, 이번 주 주말에 여자 친구와 '바람과 함께 사라지다'라는 영화를 보기 위해 아르바이트로 얻은 수입의 일부를 비용으로 지불하고 미리 표를 구입해두었다. 주말을 기대하면서 표를 볼 때마다 입가에 웃음을 머금곤 했는데, '아뿔싸! 그만 소중한 표를 분실해버렸다.' 과연 이때 어떤 선택을 하는 것이 바람직할 것인가? 이미 영화표를 구입했으니까 본 것으로 생각하고 넘어갈 것인가, 아니면 안타깝지만 잃어버린 표는 잊어버리고 표를 다시 사는 것이 바람직할 것인가? 아마도 여자 친구와 영화를 보는 것이 나에게 많은 만족과 효용을 가져다준다면 이미 분실한 표는 엎지른 물이나 마찬가지이니 선택의 대상에서 제외하는 것이 합리적일 것이다. 그러나 현실에서는 이러한 매몰비용을 의사결정의 고려 대상에서 배제하지 못하는 경우가 많다. 예를 들어 변호사 시험을 비롯한 각종 시험을 준비하는 사람들이 그만두지 못하는 것은 매몰비용을 무시

참고 **피자헛, MS, IBM의 비용 분석**

〈변동비용〉이 대부분

- 수백만 대의 개인용 PC를 생산하는 데 있어 생산하는 컴퓨터가 매우 유사하여 경쟁이 심하고, 수익성은 비용을 줄이는 것에 크게 의존
- 마이크로프로세서, 메모리칩, 하드디스크 드라이브, 사운드 카드 등의 부품비용이 대부분을 차지

〈매몰비용〉이 대부분

- 소프트웨어 산업의 특성으로서 새로운 운영프로그램을 만들기 위한 많은 돈의 지출은 회수 불가능한 매몰비용 성격
- 개발 후 프로그램을 복제하는 비용(변동비용)은 매우 작음(디스켓이나 CD에 복사하고 운송하는 비용만 부담)

〈고정비용〉이 대부분

- 피자 굽는 오븐, 의자, 메뉴표, 그릇 등은 다른 곳에 팔 수 있어 매몰비용이 작음
- 피자 원료비(밀가루, 토마토 소스, 치즈 등)와 서비스하는 종업원 등의 변동비용도 작음 (피자 한 판이 1만원이면 변동비용은 약 3,000원)

하지 못하기 때문이 아닐까 하는 생각이 든다.

2.3. 단기비용과 장기비용

(1) 단기에서의 비용

◈ 총비용, 고정비용, 가변비용

총비용(total cost)은 기업이 생산을 하는 데 들어가는 모든 투입요소의 비용이다. 앞에서 경제학에서는 생산과 관련하여 단기와 장기의 구분이 고정투입요소가 존재하는가의 여부에 따른다고 설명했다. 비용에서도 마찬가지이다. 단기비용은 노동과 같이 생산량에 따라 변하는 가변비용 이외에 고정투입요소가 존재하여 고정비용(*TFC*: Total Fixed Cost)이 발생하는 경우이고, 장기비용은 고정투입요소가 없기 때문에 가변비용(*TVC*: Total Variable Cost)만 발생하는 경우이다. 고정비용은 생산량과 관계없이 일정하게 들어가는 비용이다. 예를 들어 임대료 비용, 시설·기계 비용, 화재보험 비용, 신문과 TV 광고비용이 해당한다. 반면에 가변비용은 노동비용, 원자재 비용, 전기 등의 사용료와 같

이 생산량에 따라서 달라지는 비용이다.

총비용은 다음과 같이 나타낼 수 있다.

$$총비용(TC)=고정비용(TFC)+가변비용(TVC)$$

◈ 평균총비용, 평균가변비용, 평균고정비용

총비용이 고정비용과 가변비용으로 나뉜다는 것을 이용하면 평균 개념의 다양한 비용들을 구할 수 있다. 그 계산방법은 다음과 같다.

$$평균총비용 = AC = \frac{TC}{Q}$$
$$평균고정비용 = AFC = \frac{TFC}{Q}$$
$$평균가변비용 = AVC = \frac{TVC}{Q}$$

◈ 한계비용

한계(marginal)라는 용어에는 '한 단위 추가적인'의 의미가 담겨 있다. 따라서 계속 설명해왔듯이, 노동의 한계비용은 노동을 한 단위 추가했을 때의 비용을 의미한다. 단기일 경우 자본이 일정하게 고정되어 있기 때문에 총비용에서 고정비용은 한계비용에 아무런 영향을 주지 못하고, 가변비용의 증가로 인한 총비용의 증가분이 바로 한계비용이 된다. 구하는 식은 다음과 같다.

$$한계비용 = MC = \frac{\Delta TC}{\Delta Q}$$

◈ 피자가게의 사례

이상에서 설명한 단기에서의 비용은 어느 한 피자가게를 운영하는 데 들어가는 다양한 비용을 예를 들어 살펴보면 쉽게 이해할 수 있다. 다음의 〈표 4-5〉와 〈그림 4-11〉은 그 구체적인 사례를 제시한 것이다. 보다 자세한 비용곡선들의 형태와 특성에 대해서는 미시경제학 관련 책을 참고하도록 한다.

표 4-5 어느 피자가게의 연간 단기비용들

생산량 (Q)	고정비용 (TFC)	변동비용 (TVC)	총비용 (TC)	한계비용 (MC)	평균고정비용 (AFC)	평균가변비용 (AVC)	평균총비용 (AC)
0	50	0	50	·	·	·	·
1	50	50	100	50	50	50	100
2	50	78	128	28	25	39	64
3	50	98	148	20	16.7	32.7	49.3
4	50	112	162	14	12.5	28	40.5
5	50	130	180	18	10	26	36
6	50	150	200	20	8.3	25	33.3
7	50	175	225	25	7.1	25	32.1
8	50	204	254	29	6.3	25.5	31.8
9	50	242	292	38	5.6	26.9	32.4
10	50	300	350	58	5	30	35
11	50	385	432	85	4.5	35	39.5

그림 4-11

총비용(TC), 가변비용(VC), 고정비용(FC)

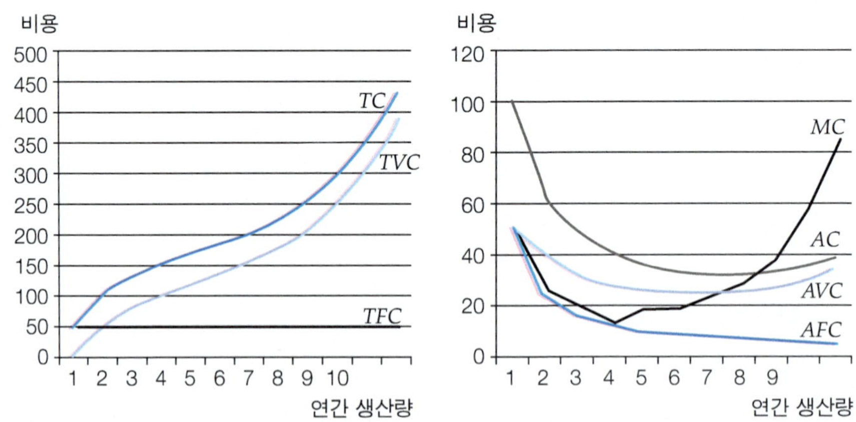

(2) 장기에서의 비용

◈ 장기에서의 합리적인 선택

장기에는 어떤 고정요소 혹은 고정비용이 존재하지 않는다. 따라서 모든 생산요소의 비용은 가변적이다. 기업의 입장에서는 노동과 자본 모두 가변적으로 늘렸다 줄였다를 할 수 있기 때문에 적절한 비율로 배합하여 최소의 비용으로 상품을 생산하는 방안을 고민해야 한다.

예를 들어 단기의 경우에는 피자를 생산하는 데 있어서 자본을 늘리거나 줄일 수 없기 때문에 노동을 제공하는 고용자들이 임금인상을 요구하면 비용을 인상하거나 생산량을 줄이는 불이익을 감수할 수밖에 없다. 그러나 장기에는 자본을 늘리거나 줄이는 것이 가능하기 때문에 노동자들의 임금인상 요구에 대하여 노동을 줄이고 자본을 늘리는 선택을 할 수 있다. 예를 들어 하루에 피자 100개를 생산하는 데 〈표 4-6〉과 같이 네 가지의 방법이 있다고 하자. 이때 피자가게 경영자는 가장 비용이 낮은 방법을 선택할 수 있다. 즉 C의 방법인 자본량 2와 노동량 4를 사용하여 최소의 비용으로 생산하는 합리적인 선택을 할 수 있는 것이다.

표 4-6 **하루에 피자 100개를 생산하는 방법**

방법	자본량	노동량	비용
A	0	10	530
B	1	6	425
C	2	4	390
D	3	2	400

◈ 장기평균총비용과 규모의 경제

장기에는 단기와 달리 모든 투입요소가 가변적이다. 따라서 총비용은 총가변비용과 같고, 고정비용은 존재하지 않는다. 이때 장기평균총비용(*LAC*)을 구하는 방법은 장기총비용을 생산량으로 나누는 것이다. 장기평균비용(*LAC*)은 기업가생산자이론에서는 사실상의 원가 즉, 생산비로서 그 의미가 여러모로 중요하다.

$$장기평균총비용(LAC) = \frac{장기총비용(LTC)}{Q}$$

규모의 경제
규모를 크게 하여 생산을 많이 하면 할수록 단위당 비용이 감소하는 현상

규모의 경제(economies of scale)란 산출량이 증가함에 따라서 장기평균비용(LAC)이 하락하는 경우를 말한다. 규모를 크게 하여 생산을 많이 하면 할수록 단위당 비용이 감소한다는 것이다. 산출량 Q가 2배 증가했는데 비용은 2배 미만으로 증가하는 경우를 말한다.

규모의 경제가 발생하는 이유는 앞에서 핀 공장의 예로 설명한 생산의 특화[분업]에서 발생하는 이득에 있다. 노동자 한 사람이 여러 가지 일을 해야 할 경우 속도도 느리고 산출량도 적지만, 더 많은 노동자가 투입되어 각자가 잘하는 분야에 몰두한다면 일의 효율성이 커져서 산출량이 증가한다.

반면 규모의 불경제(diseconomies of scale)란 산출량이 증가함에 따라서 산출물 단위당 평균비용이 증가하는 경우를 말한다. 그 이유는 기업의 규모와 조직이 커질수록 기업을 운영하는 데 어려움이 생기기 때문이다. 그리고 산출량과 장기평균비용이 동일한 비율로 증가하게 되면 생산은 규모에 대한 수익불변(constant returns to scale)이라고 한다.

그림 4-12

산출량	LTC	LAC
0	0	0
30	100	3.33
90	195	2.17
130	255	1.96
160	315	1.97
184	360	1.96
195	390	2.00
250	650	2.60
300	1200	4

장기평균총비용(LAC)

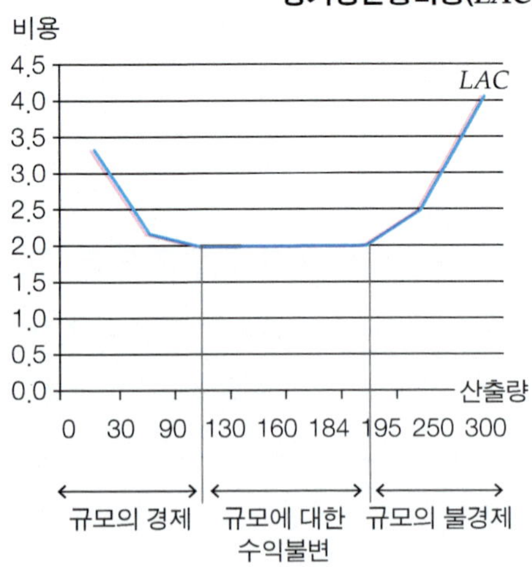

3. 이윤극대화

3.1. 이윤극대화란

(1) 기업의 목표, 이윤극대화

기업의 설립 목적은 무엇이며, 기업은 무엇을 위해서 최선을 다하는가라는 질문에 대해서 경제학은 이윤의 극대화라고 답한다. 이윤(profit)이란 기업의 판매수입에서 생산비용을 뺀 나머지를 의미한다. 현실에서 기업의 목표는 다양하다. 그러나 경제학은 기업의 가격설정과 생산규모, 새로운 시장의 진입과 퇴출 등의 의사결정을 내리는 데 있어서 판단기준으로 이윤극대화를 적용할 수 있다고 한다. 현실에서 경영자가 이윤극대화라는 목표를 무시하고 행동하면 경영실적이 나빠지고, 그 결과 경영자 교체 혹은 기업 자체가 다른 기업에 합병될 수 있다. 따라서 이윤을 추구하는 기업의 행동은 타당하다고 할 수 있다.

이윤
=기업의 판매수입－생산비용

(2) 이윤의 이해

◈ 회계적 이윤과 경제적 이윤

회계사들이 정의하는 회계적 이윤(accounting profit)과 경제학자들이 정의하는 경제적 이윤(economics profit)은 차이가 있다. 우리가 혼동하는 것은 경제적 이윤을 회계상 이윤으로 무심코 받아들이기 때문이다. 신문에서 제시하는 기업의 이윤은 회계사들이 정의하는 기준에 따른다. 경제학에서는 회계학에서 기업의 이윤을 계산할 때 사용하는 총비용에서 보다 광범위한 비용 개념인 기회비용을 고려한다는 차이점이 있다. 이러한 기회비용은 암묵적인 비용이다. 기업의 소유주는 제품을 생산하기 위해서 명시적 비용인 임금, 원자재 비용뿐만 아니라 눈에 보이지 않는 '포기함에 따른 비용'도 지불하게 된다. 자신의 시간이나 자금을 기업을 운영하는 데 사용했다면, 다른 데 사용하기를 포기한 자신의 시간과 자금은 기회비용이 되는 것이다.

이윤
회계적 이윤은 기회비용을 고려하지 않은 이윤이고, 경제적 이윤은 기회비용을 고려한 이윤

따라서 회계적 이윤과 경제적 이윤은 다음과 같이 정의할 수 있다.

회계적 이윤 = 총수입 - 회계적 비용

경제적 이윤 = 총수입 - (회계적 비용 + 암묵적 비용)

◈ 회계적 이윤과 경제적 이윤 사례

당신이 청바지를 생산하는 기업을 운영한다고 가정하고, 〈표 4-7〉과 〈표 4-8〉에 제시된 1년 동안의 재무정보를 활용해 이윤을 비교해보자. 〈표 4-7〉에서 현금의 유출입을 살펴보면 이 기업은 1년 동안 30억의 총수입에서 29억의 총비용을 뺀 1억의 이익을 얻고

표 4-7 **청바지 회사의 회계적 이윤**

티셔츠 판매를 통한 총수입		**300** (단위: 천만원)
원자재 비용	80	
임금	150	
전기와 통신요금	20	
광고비용	40	
총 명시적 비용		**290**
회계적 이윤		**10**

표 4-8 **청바지 회사의 경제적 이윤**

티셔츠 판매를 통한 총수입		**300** (단위: 천만원)
원자재 비용	80	
임금	150	
전기와 통신요금	20	
광고비용	40	
총 명시적 비용	290	
포기된 투자소득	6	
포기된 임대료	40	
포기된 임금	4	
총 암묵적 비용	50	
총비용		**340**
경제적 이윤		**-40**

있다.

그런데 당신이 사업을 시작하기 위해서 10억의 돈을 투자했다고 하자. 만일 이 돈을 은행에 예금했다면 이자율이 6%일 때 매년 6,000만원의 이자수익을 얻을 수 있다. 그리고 당신의 집에서 방 3개를 공장으로 사용한다고 하자. 이 방들도 임대를 하면 1년에 4억원의 임대수입을 얻을 수 있다. 또한 당신이 다른 직장에 취업한다면 4,000만원의 급료를 얻을 수 있다. 이때 예금이자(6,000만원), 임대료(4억원), 급료(4,000만원)는 암묵적인 비용이 된다. 그리고 이렇게 사업을 위해서 희생한 비용까지 고려한 것이 경제적 비용(기회비용)이다. 경제적 관점에서 볼 때 당신은 이 기업을 1년 동안 운영하여 전혀 이익을 내지 못하고 4억원의 손실을 보고 있다.

(3) 이윤과 기업가

기업에 노동을 제공한 사람은 임금을 받고, 자본설비를 구입하는 데 자금을 빌려준 사람은 이자를 받는다. 그리고 토지를 제공한 사람은 대가로 지대(rent)를 받고, 이윤은 기업을 경영한 사람에게 대가로 주어진다. 그렇다면 이윤이 발생하는 원천은 무엇일까? 앞서 예를 든 것처럼 청바지 회사를 설립하는 경우 토지, 노동 그리고 자본을 단순히 결합한다고 운영되는 것은 아니다. 기업의 소유주 혹은 경영자는 사업의 초기 실패의 위험을 감수하면서 잘 운영해야 한다. 또한 이윤은 새로운 혁신에 대한 보상이라고 할 수 있다. 테슬라(Tesla) 의 일론머스크(Elon Musk)는 페이팔의 전신이 된 온라인 결제 서비스 회사인 X.com, 민간 우주기업인 스페이스X를 창립했고, 전기자동차기업인 테슬라의 회장이 대표적인 사례로 들 수 있다.

3.2. 이윤극대화 산출량 수준

(1) 이윤추구 선택의 제약

기업은 이윤의 수준을 자유롭게 조절할 수 있다면 더 많은 이윤을 추구하려고 할 것이다. 그런데 기업은 이윤을 무한정 늘릴 수 없고 공급 측면과 수요 측면에서 제약에 직면하게 된다.

◈ 공급 측면의 제약

기업이 생산을 하는 데 있어서 기술적인 측면과 비용적인 측면에 대한 정보를 담고 있는 것이 생산함수이다. 생산함수(production function)란 주어진 산출량 수준을 생산하기 위한 투입물과의 관계를 나타낸 것이다. 여기에는 기술적인 측면이 포함된다고 생각할 수 있다. 앞서 설명한 바와 같이, 단기에는 노동만 쉽게 조정할 수 있을 뿐이고 자본은 조정하기 쉽지 않다. 그러나 장기에는 노동과 자본을 모두 신축적으로 조정할 수 있다. 또한 기업은 노동과 자본을 얻기 위해 비용을 지불해야 하는데, 이러한 생산요소의 가격이 어떻게 변화하는가에 따라 기업의 이윤극대화 수준은 달라진다. 임금인상으로 인해서 노동의 가격이 오르면 노동 대신 자본을 사용하는 것이 이윤을 극대화하는 선택이 된다.

◈ 수요 측면의 제약

수요곡선은 두 가지 의미를 담고 있다. 하나는 주어진 가격에 대해서 구입하려는 상품의 양을 나타낸다. 가격이 하락하면 할수록 구입하려는 수요량은 증가한다. 따라서 가격이 달라지면 판매되는 상품의 양도 달라진다. 다른 하나는 수요곡선의 높이로 이미 구입한 상품수량에서 한 개 추가구입을 할 때 지불하고자 하는 최대한의 금액을 의미한다. 수요곡선은 우하향하는 함수로서 가격과 생산량 간의 인과관계를 나타내기 때문에, 생산량이 결정되면 이에 대응하는 가격을 알 수 있고, 반대로 가격이 결정되면 대응되는 생산량을 알 수 있다. 일반적으로 경제학에서는 시장에서 가격이 주어지면 자신의 입장에서 최적생산량을 결정한다고 본다.

이러한 점을 고려한 기업의 총수입은 얼마의 가격에 어느 정도의 상품을 판매했는가에 의해 결정된다. 따라서 가격과 생산량의 곱으로 나타낼 수 있다. 〈그림 4-13〉은 가격과 산출량이 변동할 때 총수입의 변화를 보여준다. 상품에 대한 가격이 650이면 수요량은 2가 되고 이때의 총수입은 두 값의 곱인 1,300이 된다는 것을 알 수 있다. 여기서 우하향하는 수요곡선상에서 총수입은 가격과 산출량이 변동함에 따라 달라진다는 것을 알 수 있다. 그리고 기업의 이윤은 총수입에서 총비용을 뺀 값이 된다.

그림 4-13

기업이 직면하는 수요곡선과 총수입

가격	산출량	총수입
700	0	0
700	1	700
650	2	1300
600	3	1800
550	4	2200
500	5	2500
450	6	2700
400	7	2800
350	8	2800
300	9	2700
250	10	2500

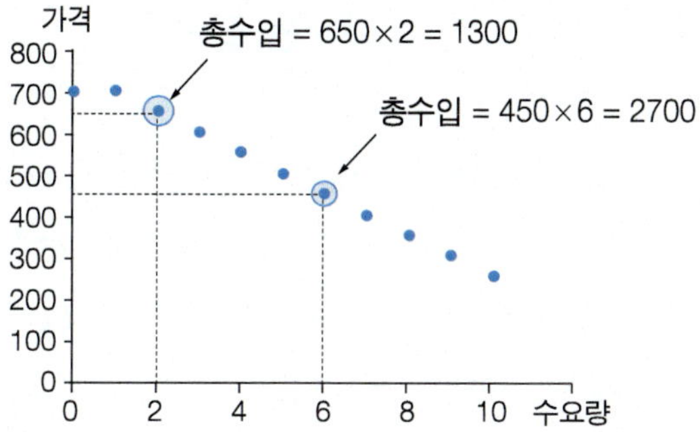

(2) 총수입-총비용 접근법

앞에서 간단히 살펴본 것처럼 기업의 이윤은 총수입에서 총비용을 뺀 나머지이다. 따라서 총수입과 총비용의 차이가 가장 클 때 이윤이 극대화된다. 앞의 예에서 이윤이 극대화되는 산출량 수준은 4, 5개일 때로, 이때 가격은 500이고 이윤은 1,100으로 가장 큰

그림 4-14

산출량	총수입	총비용	이윤
0	0	400	-400
1	700	670	30
2	1300	900	400
3	1800	1000	800
4	2250	1150	1100
5	2500	1400	1100
6	2700	1700	1000
7	2800	2200	600
8	2800	2800	0
9	2700	3600	-900
10	2500	4500	-2000

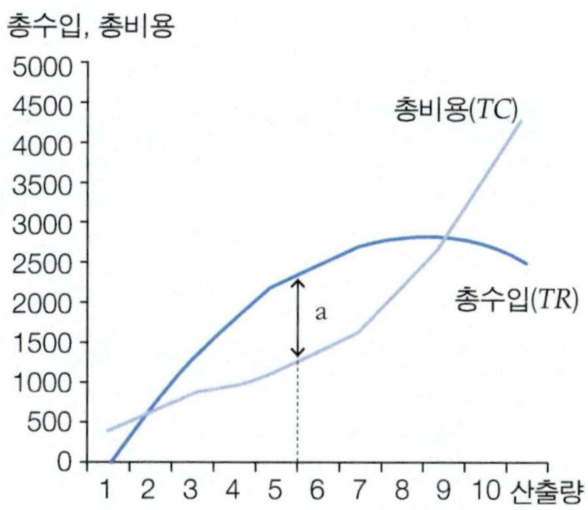

이윤극대화를 위한 총수입-총비용 접근법

a: 5단위일 때 이윤극대화가 실현됨. 이때 가격은 500, 이윤은 1,150

값이 된다. 이와 같이 총수입과 총비용의 차이를 이용해서 이윤극대화 산출량 수준을 선택하는 방법이 총수입-총비용 접근법이다.

(3) 한계수입과 한계비용 접근법

◈ 한계수입(*MR*)과 한계비용(*MC*)

경제학에서는 한계적인 접근을 많이 한다. 한계(marginal)란 '한 단위 추가적으로'의 의미로, 변화량의 개념이다. 따라서 수리적으로는 '미분'과 맥락이 닿는다. 앞의 사례를 통해 한계수입(*MR*: Marginal Revenue)과 한계비용(*MC*: Marginal Cost)의 값을 구해보고 설명을 이어나가도록 하자.

산출량이 5일 때의 한계수입은 산출량이 5일 때의 총수입 2,500에서 산출량이 4일 때의 총수입 2,250을 뺀 값인 250이다. 이처럼 산출량이 한 단위 증가할 때 총수입이 얼마나 증가했는가의 변화의 크기가 한계수입(*MR*)이 되는 것이다. 한계비용(*MC*)도 마찬가지이다. 산출량이 5일 때의 한계비용은 산출량이 5일 때의 총비용 1,400에서 산출량이 4일 때의 총비용 1,150을 뺀 값인 250이다. 우리는 한계수입과 한계비용의 관계를 통해서 다음과 같은 결론을 이끌어낼 수 있다.

그림 4-15

한계비용과 한계수입

산출량	총수입	한계수입	총비용	한계비용	이윤
0	0	0	400	400	-400
1	700	700	670	270	30
2	1300	600	900	230	400
3	1800	500	1000	100	800
4	2250	450	1150	150	1100
5	2500	250	1400	250	1100
6	2700	200	1700	300	1000
7	2800	100	2200	500	600
8	2800	0	2800	600	0
9	2700	-100	3600	800	-900
10	2500	-200	4500	900	-2000

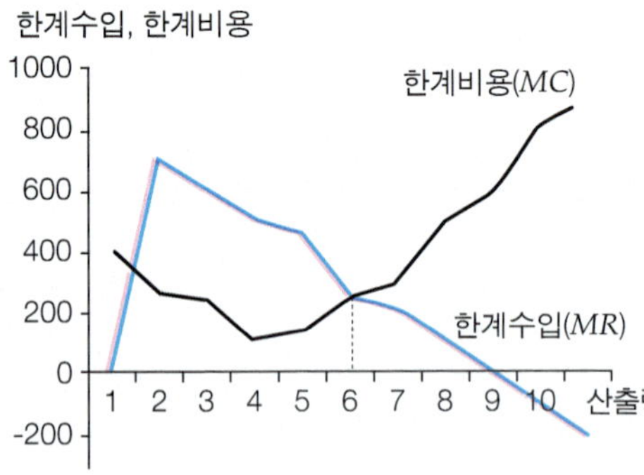

한계수입(MR) > 한계비용(MC) ⇨ 이윤이 점차 증가
한계수입(MR) = 한계비용(MC) ⇨ 이윤이 극대
한계수입(MR) < 한계비용(MC) ⇨ 이윤이 점차 감소

◈ $MR = MC$에서 이윤극대화

이 결론은 경제학의 가장 중요한 기본원리로 직관적으로도 쉽게 이해할 수 있다. 기업이 생산량을 한 단위(한 개) 더 생산했을 때 추가적으로 얻게 되는 수입(한계수입)이 추가적으로 발생하는 비용(한계비용)보다 크면, 기업은 당연히 생산량을 늘리는 것이 이윤을 높이는 선택이 된다. 산출량 5를 기준으로 할 때보다 적은 산출량의 경우에는 한계수입(MR)이 한계비용(MC)보다 크고 이윤은 생산량을 늘려갈수록 증가한다는 것을 확인할 수 있다.

참고 **학점을 통해 본 한계와 평균의 차이**

노동의 한계생산과 평균생산의 관계를 살펴보기 위해서 학점을 예로 들어 살펴보기로 한다. 평균학점은 전체 학기의 누적된 평균 성적을 의미하고, 한계학점은 특정한 한 학기 동안의 학점을 말한다. 한 학생의 대학교 전 학년 학점을 통해 한계와 평균의 차이를 살펴보자. 재미있는 사실은 어느 한 학기의 성적이 전체 평균보다 높기만 하면 이전 학기보다 비록 학점이 낮더라도 전체 평점을 끌어올린다는 것이다. 예를 들어 3학년 2학기는 이전의 3학년 1학기보다 낮은 학점을 받았지만 그때까지의 평점인 3.48보다 높기 때문에 전체 학점을 끌어올리게 되었다. 즉 '한계값'이 점차 하락하는 추세에 있더라도 '평균값'보다 위에 있기만 하면 평균값은 상승하는 추세를 보인다.

	매 학기 학점	누적 평균학점
1학년 1학기	2.5	2.5
1학년 2학기	3	2.75
2학년 1학기	3.2	2.9
2학년 2학기	4	3.18
3학년 1학기	4.2	3.38
3학년 2학기	4	3.48
4학년 1학기	3.4	3.47
4학년 2학기	3	3.41

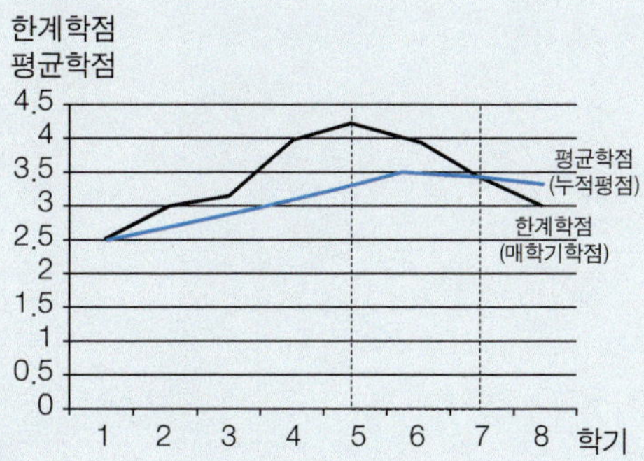

어느 졸업생의 매 학기별 학점과 전체 평점

3학년도 2학기 학점은 4로 3학년도 1학기의 4.2보다 낮아졌지만 누적평균학점이 높아져(3.38 →3.48) 전체 평점은 상승함

반대로 한계수입이 한계비용보다 작은 경우에는 한 단위 추가적으로 생산을 하면 할수록 비용이 수입보다 크기 때문에 기업 입장에서는 이윤이 감소하게 된다. 예를 들어 산출량의 수준이 5 이상인 경우는 한계수입보다 한계비용이 크기 때문에 생산을 하면 할수록 이윤을 감소시키게 된다. 따라서 이러한 경우는 생산량을 줄이는 것이 이윤을 높이는 데 합리적인 선택이 된다.

CHAPTER | 05

경쟁과 반독점정책

소비자와 생산자가 만나는 장소가 바로 시장이다. 시장은 이상적인 완전경쟁시장과 독점시장이 양극단에 위치하고 그 중간에 과점시장과 독점적 경쟁시장이 있다. 먼저 가장 단순하면서 분석의 기본이 되는 완전경쟁시장과 독점시장에 대해서 알아보고, 왜 경쟁(competition)이 바람직한 결과를 가져다주는지에 대해서 살펴본다.

1. 시장의 형태 구별기준과 특성

시장의 형태는 판매하는 기업의 수가 많은지의 여부, 개별기업이 가격에 영향을 미칠 수 있는지의 여부, 진입장벽이 존재하는지의 여부, 그리고 거래되는 상품이 동질적인지 혹은 이질적인지의 정도를 기준으로 크게 네 가지로 나눌 수 있다. 〈그림 5-1〉은 시장의 형태를 유형별로 구분하여 보여준다. 양극단인 완전경쟁시장과 독점시장과 달리, 중간에 위치한 과점시장은 TV나 세탁기 등의 전자제품시장과 같이 몇몇 소수의 기업이 시장을 장악하는 경우를 말하고, 독점적 경쟁시장은 독점시장과 완전경쟁시장의 성격이 결합되어 시장의 진입은 자유롭지만 독점적인 시장지배력을 보유한 경우로서 컴퓨터 소프트웨어시장을 예로 들 수 있다.

그림 5-1

시장의 특성에 따른 유형

시장형태	독점시장	과점시장	독점적 경쟁시장	완전경쟁시장
판매자 수	한 개의 기업	소수	다수	무수히 많은 기업
가격지배력	큼	상당수준	거의 없음	없음
진입장벽	큼	상당수준	거의 없음	없음
상품 동질성	동질적	차별적/동질적	차별적	동질적

◈ 판매자의 수

시장을 구분하는 가장 기본적인 기준은 판매자의 수가 얼마나 되는가이다. 구매자는 무수히 많이 존재한다고 전제를 하고, 판매자의 수가 무수히 많은 경우 경쟁이 치열할 수밖에 없기 때문에 완전경쟁시장(perfect competition market)이라고 한다. 반면에 판매자의 수가 하나밖에 없는 경우는 독점시장(monopoly market)이라고 한다. 그 중간에 위치한 과점(oligopoly)시장은 소수의 기업이 존재하고, 독점적 경쟁시장은 판매자의 수가 적당한 수준에서 많다고 할 수 있다.

◈ 개별기업이 가격에 미치는 영향

완전경쟁시장은 경쟁하는 기업의 수가 너무 많기 때문에 시장에서 가격을 올리거나 내리거나 할 수 없다. 즉 가격에 아무런 영향을 미칠 수 없고 시장에서 주어진 가격을 그대로 받아들인다. 이러한 경우를 가격수용자(price-taker)라고 한다. 반면에 독점기업은 시장에서 혼자 존재하고 있기 때문에 상품과 서비스에 대한 가격을 마음대로 설정할 수 있다. 이러한 경우를 시장지배력(market power)을 가지고 있다고 하며, 기업은 가격설정자(price-setter)로서 행동하게 된다. 중간에 위치한 과점시장과 독점적 경쟁시장은 시장지배력을 어느 정도 가지고 가격을 설정할 수 있다고 생각하면 된다.

◈ 상품의 동질성 여부

시장에서 거래되는 상품이 모두 동일한지 차별적인지에 따라서 시장을 구분할 수 있다. 완전경쟁시장은 거래되는 모든 상품이 완전히 동질적인 경우를 말하고, 독점적 경쟁시장의 경우에는 차별적이라고 할 수 있다. 과점시장에서는 모든 상품이 동질적인 경우도 있고 기업마다 조금씩 다른 차별적인 상품을 만들어 파는 경우도 있다. 독점시장은 어떨까? 시장에서 공급되는 상품이 하나밖에 없기 때문에 동질적이라고 볼 수 있다.

참고 완전경쟁시장과 독점시장의 가격 설정

완전경쟁시장에서 가격을 설정하는 방식을 한번 살펴보자. 먼저 내가 콜라를 만들어 파는 경영자라고 생각해보자.

만일 콜라시장이 완전경쟁시장이라고 한다면 콜라를 생산해서 판매하는 공급자가 무수히 많을 것이다. 내가 이번에 만든 콜라를 얼마 받아야 할 것인가 고민을 하면서 앞집 콜라 생산자에게 물어보았다. 콜라를 하나에 얼마에 팔고 있는지를. 앞집은 캔당 500원이라고 하였다. 옆집과 뒷집에도 물어보니 모두 500원에 판매를 하고 있었다. 완전경쟁시장은 구매자가 완전정보를 가지고 있다고 가정하기 때문에, 내가 만일 콜라를 500원보다 10원 높게 가격책정을 한다고 하면 사람들이 나에게 사지 않을 것이다. 바로 옆에서 10원 더 싼 똑같은 콜라를 살 수 있기 때문이다. 이번에는 시장에서 판매되는 500원보다 10원 낮게 490원에 판매를 하기로 했다고 하자. 그러면 손님이 구름같이 몰려들 것인데, 생산 담당 책임자는 콜라를 생산하는 데 들어가는 비용이 500원이기 때문에 490원에 판매를 하면 한 개를 팔 때마다 10원씩 손해를 본다고 할 것이다. 그렇기 때문에 나는 어쩔 수 없이 500원에 판매를 하게 되고 시장에서 결정된 가격을 받아들일 수밖에 없다.

반대로 독점시장의 경우를 생각해보자. 내가 이번에는 퓨전(fusion)음료를 하나 개발했다고 하자. 이 음료는 시장에 출시된 적이 없는 새로운 제품이다. 얼마의 가격을 책정할지 다시 앞집에 물어본 결과, 처음 본 제품이기 때문에 모르겠다고 한다. 옆집과 뒷집도 마찬가지로 대답했다. 누구도 전에 본 적이 없는 제품이기 때문에 시장에서 이 상품을 공급하는 사람은 나 혼자뿐이다. 따라서 내 맘대로 가격을 책정할 수 있다. 이러한 경우를 시장지배력을 가지고 있다고 한다. 그렇지만 내가 이 퓨전음료를 무턱대고 10만원으로 책정할 수는 없을 것이다. 너무 높은 가격에 구입을 원하는 사람이 없을 것이기 때문이다. 따라서 시장의 수요를 잘 파악하고 소비자가 최대한 지불하려고 하는 가격수준을 잘 조사해서 적절한 가격을 책정하게 될 것이다.

◈ 진입장벽의 존재

진입장벽이란 생산을 통한 이윤획득을 위해 시장에 진입하는 데 따르는 어려움을 말한다. 직관적으로 법률서비스시장을 생각해보면 고수입을 얻는 변호사가 되기 위해서는 변호사시험에 합격해야 한다. 이때 변호사시험 합격이란 조건이 바로 진입장벽이라고 할 수 있다. 변호사 자격이 없다면 법정에서 변호를 할 수 없고, 법률서비스를 제공하는 데 한계가 있을 수밖에 없다. 또한 다이아몬드반지를 생산하기 위해서 다이아몬드가 필요한데, 이를 쉽게 구한다면 진입장벽이 없는 것이고, 다이아몬드를 공급하는 사람을 구하지 못한다면 다이아몬드반지시장에 진입하기 어려울 것이다.

이처럼 시장에 진입하기 쉬운가 어려운가를 기준으로 시장의 형태를 구분할 수 있다. 완전경쟁시장은 진입장벽이 일절 존재하지 않고, 독점시장은 진입의 기회가 거의 완벽하게 봉쇄되어 있는 상태이다. 그 중간에 위치하는 과점시장은 진입장벽이 상당 정도 존재하고, 독점적 경쟁시장은 경쟁적인 요소가 있기 때문에 진입장벽이 거의 존재하지 않는 특징을 가지고 있다.

◈ 기타 요인

그 외에 정보의 완전성을 기준으로 하거나 비가격경쟁의 존재 여부를 기준으로 시장을 구분하기도 한다. 완전경쟁시장은 판매자들이 구매자들에 대한 정보를 완전하게 가지고 있다고 가정하고, 모든 상품이 동질적이기 때문에 가격경쟁도 의미가 없으며, 비가격경쟁이라고 할 수 있는 상품의 질, 서비스, 광고 등의 경쟁도 의미가 없다. 독점시장의 경우에도 시장에서 혼자 존재하고 있기 때문에 가격경쟁은 의미가 없고, 비가격경쟁도 의미가 없다. 그러나 중간에 위치한 과점시장이나 독점적 경쟁시장은 시장에서 기업의 수가 소수로 존재하고 있기 때문에, 컴퓨터시장, 전자제품시장에서 볼 수 있듯이 상품의 질, 서비스, 광고 등이 상품의 수요에 큰 영향을 미치고 이러한 비가격경쟁 수단을 어떻게 전략적으로 사용하는가의 여부가 기업의 성과에 큰 영향을 미친다.

2. 완전경쟁시장

2.1. 완전경쟁의 역설적 의미

완전경쟁시장에서 생산자 기업들은 공급자들이 너무 많아서 경쟁이 아주 치열한 상태에 직면한다. 그러나 경쟁이 너무 치열하다는 말은 역설적으로 경쟁을 하나도 느끼지 못한다는 의미이기도 하다. 예를 들어 대입 수능을 치르는 학생들의 경우를 생각해보자. 수십만명의 수험생들이 대학에 가려고 경쟁하다보니 옆에서 공부하는 친구는 분명 경쟁자이지만, 어떻게 보면 경쟁자가 너무 많아 오히려 동반자라는 생각이 드는 것과 같은 이치이다. 따라서 경쟁자가 너무 많다는 것은 역설적이지만 하나의 생산자가 공급을 독점하는 경우와 같이 경쟁을 느끼지 못한다는 의미이다. 극과 극은 통한다는 말이 이 경우에 어느 정도 들어맞는다.

2.2. 완전경쟁시장의 조건

앞서 간단히 살펴본 바와 같이 완전경쟁이 이루어지기 위한 조건은 다음과 같이 정리할 수 있다.

① 많은 수의 판매자와 구매자가 있어, 모두가 가격을 주어진 것으로 받아들여야 함
② 거래되는 모든 상품이 동질적이어야 함
③ 자원의 완전한 이동성(mobility)이 보장되어 시장의 진입과 퇴출이 자유로워야 함
④ 모든 경제주체가 완전한 정보를 공유해야 함

이상의 네 가지 조건을 모두 구비하고 있는 시장의 예를 현실에서 찾는다는 것은 거의 불가능에 가깝다. 그러나 이렇게 이상적인 완전경쟁시장 조건에 관심을 가지는 이유는 다른 시장과 현실을 평가하는 하나의 기준이 될 수 있기 때문이다. 예를 들어 시험을 90점 받았다고 하면 아무런 의미가 없다. 100점이 기준이면 잘 본 것이지만, 200점이 기준

이면 그리 잘 본 것은 아니기 때문이다. 물론 시험의 난이도를 고려해 평균이 얼마인지 그리고 평균에서 얼마나 벗어나 있는가를 알아야 보다 의미있는 평가가 가능할 것이다.

2.3. 완전경쟁시장의 총수입과 한계수입, 평균수입

완전경쟁시장에서 생산자와 구매자는 시장에서 형성된 가격을 받아들이는 가격수용자로서 행동할 수밖에 없다. 따라서 기업이 직면하는 수요곡선은 시장에서 주어진 가격수준에서 일정한 수평선의 형태를 지닌다. 수평선의 수요곡선이 의미하는 바를 살펴보면 다음과 같다.

기업의 총수입은 몇 개의 상품을 얼마의 가격에 판매했는가, 즉 $TR = \bar{P} \times Q$라고 나타낼 수 있다. 이때 가격은 시장에서 결정된 대로 받아들이기 때문에 $\bar{P}$로 고정된 것이라고 가정한다. 이 식에서 우리는 평균수입곡선과 한계수입곡선을 도출해볼 수 있다.

예를 들어 완전경쟁시장에서 1개에 400원 하는 상품이 있다고 가정하고, 생산량과 총수입의 관계를 〈표 5-1〉과 같이 제시한다. 표를 잘 보고 그림을 그려보면 〈그림 5-2〉를 쉽게 이해할 수 있을 것이다.

표 5-1 완전경쟁기업의 총수입, 평균수입, 한계수입

Q	$TR = \bar{P} \times Q$	$AR = TR/Q$	$MR = \Delta TR/\Delta Q$
1	400	400 (=400/1)	400
2	800	400 (=800/2)	400
3	1,200	400 (=1,200/3)	400
4	1,600	400 (=1,600/4)	400
5	2,000	400 (=2,000/5)	400
6	2,400	400 (=2,400/6)	400
7	2,800	400 (=2,800/7)	400
8	3,200	400 (=3,200/8)	400

그림 5-2

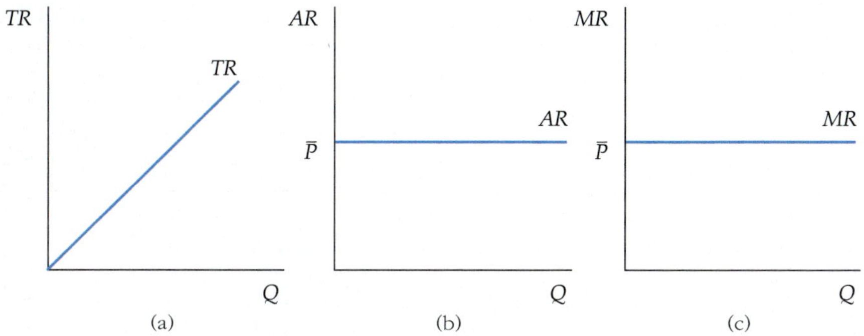

총수입곡선, 평균수입곡선, 한계수입곡선

(a) $TR=\bar{P}\times Q$ (b) $AR=\frac{TR}{Q}=\frac{\bar{P}\times Q}{Q}=\bar{P}$ (c) $MR=\frac{\Delta TR}{\Delta Q}=\frac{\Delta(\bar{P}\times Q)}{\Delta Q}=\bar{P}$

2.4. 완전경쟁시장의 단기균형

(1) 단기의 이윤극대화

완전경쟁시장에서는 가격이 어떤 수준에서 결정되면 개별기업은 그 가격을 받아들일 수밖에 없다. 앞에서 살펴본 것과 마찬가지로 기업이 직면하는 수요곡선은 그 가격 수준에서 그은 수평선이 된다. 이때 수평선의 높이는 시장에서 형성된 가격을 의미하는 동시

그림 5-3

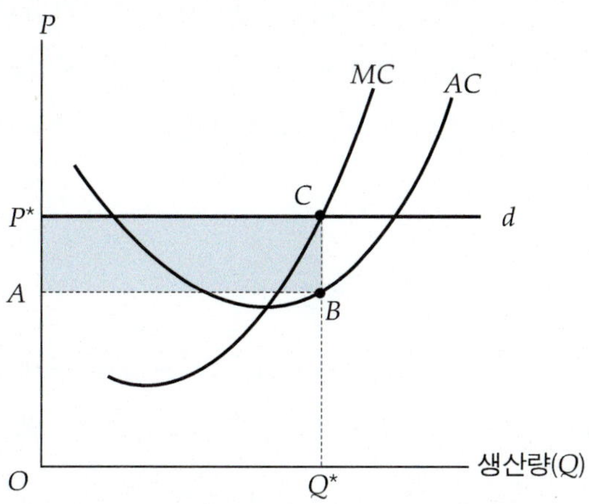

단기 이윤극대화 조건과 이윤 크기

MC: (단기)한계비용곡선
AC: (단기)평균비용곡선
d: 개별기업이 직면하는 수요곡선(=한계수입곡선)

그림 5-4

손실을 보는 경우

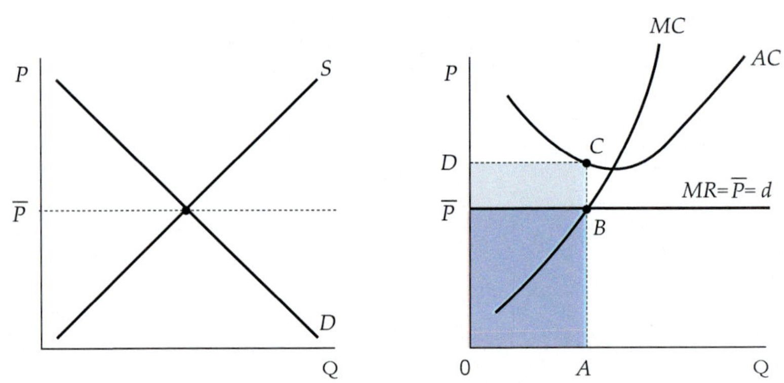

에 평균수입, 한계수입을 나타낸다(*P*=*MR*). 이윤극대화를 위해서는 한계수입과 한계비용이 같아야 한다는 조건(*MR*=*MC*)을 충족해야 한다. 〈그림 5-3〉에서 보는 것처럼, 기업은 한계수입곡선과 한계비용곡선이 교차하는 Q^*의 생산수준을 선택하는 것이 최선이고, 이때 기업이 얻는 이윤은 비용(*AC*)을 공제한 □P^*ABC의 면적이 된다.

기업의 생산기술은 단기에는 주어져 있기 때문에 변하지 않는다. 여기서 생산기술이 주어져 있다는 말은 상품을 생산하는 데 있어 비용곡선(≒원가)이 주어져 있다는 말과 같다. 즉 일시적으로는 기업의 생산수준이 변하여도 주어진 평균비용곡선과 한계비용곡선이 변하지 않는다는 의미가 된다. 이때 가격은 시장에서 결정된 대로 오르기도 하고 내리기도 한다. 만일 시장에서 형성되는 가격이 평균비용곡선보다 낮아지면 기업은 손실을 보게 된다. 〈그림 5-4〉는 기업이 이윤극대화 생산량인 *MR*=*MC* 조건을 충족한다고 할지라도 손실을 보는 경우를 보여준다.

(2) 생산중단점

영심이는 건물을 빌려 영어학원을 차리게 되었다. 건물을 빌리는 데 들어가는 임대료가 매달 50만원, 전기와 수도세가 10만원, 학원의 설비인 책걸상과 칠판을 마련하는 데 1년 동안 매달 10만원씩 할부로 구입했고, 학생들을 가르칠 선생님 5명에게 들어가는 강사비

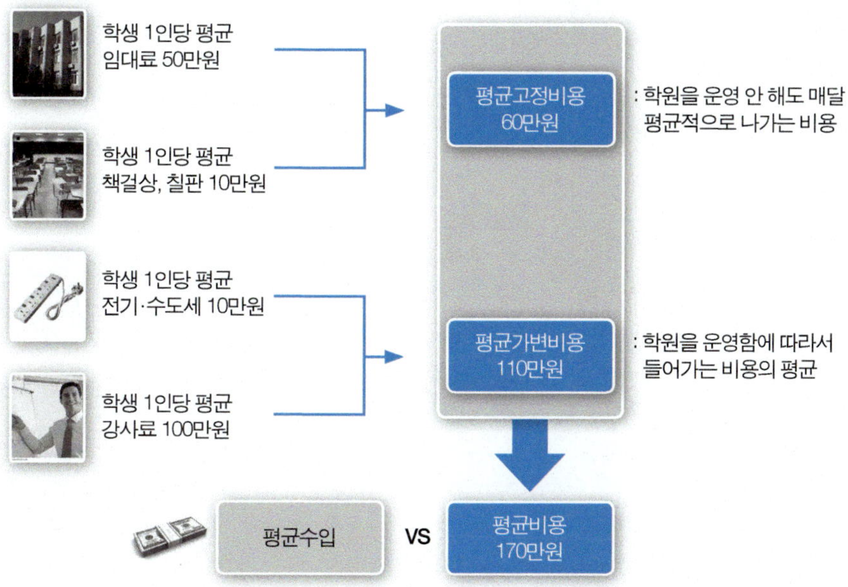

그림 5-5 학원운영의 평균비용과 평균수입

는 100만원이라고 하자. 이러한 학원의 운영비용을 정리해보면 〈그림 5-5〉와 같다.

만일 영심이가 운영하는 학원의 평균수입이 170만원을 넘으면 '평균비용 < 평균수입'이기 때문에 이윤(profit)이 생긴다. 일반적으로 생각하기에, 평균수입이 170만원보다 작다면 학원이 손실(loss)을 보고 있기 때문에 문을 닫아야 할 것이다. 이 말은 언뜻 맞는 것처럼 보이지만 정말 그럴까? 중요한 문제이니 잘 생각해보도록 하자. 학원문을 닫고 운영을 하지 않더라도 임대계약기간으로 인해서 당분간 임대료 50만원과 책걸상·칠판의 비용인 10만원은 고정적으로 지불해야 한다. 따라서 학원을 운영하든 하지 않든 60만원은 피할 수 없이 고정적으로 나가게 된다.

만일 학원의 평균수입이 150만원이라고 해보자. 이 경우 고정적으로 입게 되는 손실은 20만원(평균수입−평균비용=150−170=−20)이다. 그러나 경제학적인 기회비용 측면에서 평균수입 150만원으로 평균가변비용의 전부인 110만원과 평균고정비용의 일부인 40만원을 충당할 수 있기 때문에 아예 문을 닫는 것보다는 손실을 보더라도 운영을 하는 것이 매달 60

그림 5-6

학원 운영과 중단의 결정

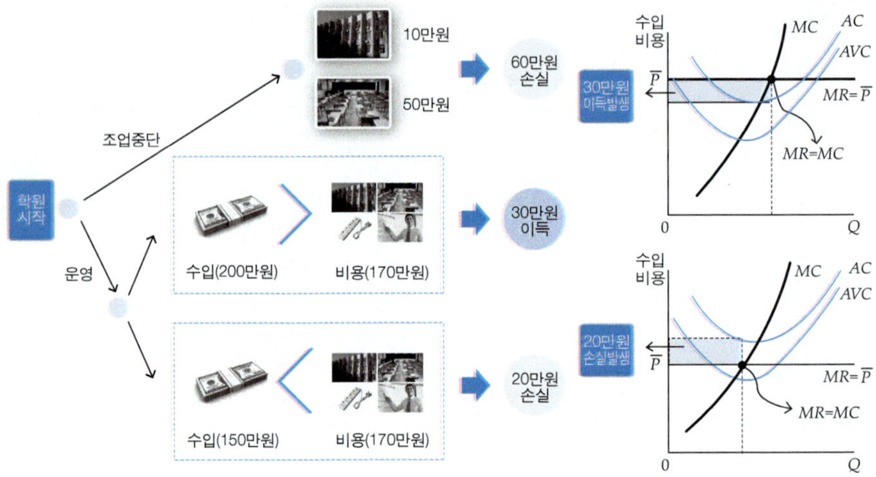

만원씩 발생하는 고정비용의 손실을 20만원으로 줄일 수 있다.

그렇다면 학원의 문을 닫는 선택은 어떤 경우에 하는가? 평균수입이 평균가변비용(*AVC*)을 충당하지 못해 강사료를 비롯한 전기세, 수도세마저 내지 못하는 경우는 문을 닫아야 할 것이다. 이렇게 완전경쟁시장에서의 가격인 평균수입이 평균가변비용의 최저점보다 더 낮은 경우 사업을 중단한다는 의미에서 이 가격 수준을 **조업중단점**(shut-down point) 또는 **생산중단점**이라고 한다. 〈그림 5-6〉은 학원 운영 시 이윤을 얻는 경우와 손실을 보는 경우를 보여준다.

영업(생산)중단점
평균수입(가격)이 평균가변비용의 최저점인 상태

2.5. 완전경쟁시장의 장기균형

(1) 장기조정과정

단기에서 완전경쟁시장 내의 기업들이 양(+)의 이윤을 얻는 경우 시장 밖에서 활동하고 있는 기업은 이윤에 이끌려 그 시장 안으로 진입하게 된다. 새로운 기업들이 시장에 진입하게 되면 공급이 증가해 가격은 내려가기 시작한다. 반대로 단기균형상태에서 그

그림 5-7

완전경쟁시장의 장기균형

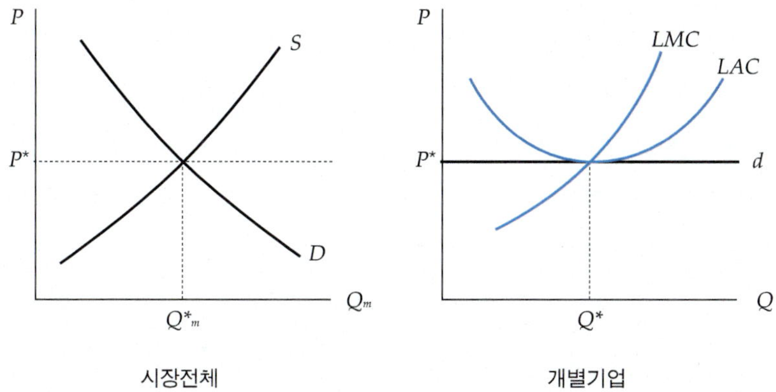

시장 안의 기업들이 이윤을 얻지 못하고 있다면 시간이 지나면서 시장 밖으로 이탈하는 기업도 생겨나기 시작한다.

(2) 장기균형

장기균형(long-run equilibrium)이란 시장 안의 모든 기업이 0의 이윤만을 얻고 있어 더 이상 진입이나 탈퇴가 일어나지 않는 상태를 말한다. 〈그림 5-7〉에서 보여주는 바와 같이 시장에서 결정된 가격이 장기평균비용곡선(*LAC*)의 최저점에 위치해 있기 때문에 기업은 더 이상 양(+)의 이윤을 얻지 못하게 된다. 즉, 상품의 가격이 그 원가와 같은 경우이다.

여기서 주의해야 할 점은 완전경쟁시장의 장기균형상태에서 기업들이 얻고 있는 0의 이윤은 수입에서 기회비용을 뺀 경제적 이윤(economic profit)이라는 것이다. 따라서 이윤이 0이라는 말은 투자된 자본에 대한 정상적인 수익(자가노동의 대가, 자기자본의 이자, 자가소유의 토지임대료와 같은 암묵적 비용)인 정상이윤(normal profit)만을 얻고 그 이상의 추가적인 이윤은 얻지 못한다는 의미를 내포한다.

2.6. 완전경쟁시장의 평가

여러 가지 시장 형태 중에서 완전경쟁시장이 가장 바람직하다는 것은 자원을 효율적으로 배분해준다는 측면에서 가장 우월하다는 의미이다. 완전경쟁시장의 치열한 경쟁의 압력이 기업들이 효율성을 추구하지 않으면 시장에서 퇴출될 수 있다는 분위기를 조성해주기 때문이다. 그리고 $P=MC$의 관계가 성립하는 것에서 자원이 효율적으로 배분되는 이유를 찾을 수 있다. 수요자는 상품의 소비에서 나오는 한계편익(MB: marginal benefit)이 그 상품의 가격과 일치하는 수준에서 상품의 수요량을 결정하게 된다. 따라서 $MB=P$가 성립하는데, 완전경쟁시장에서는 $P=MC$의 관계가 성립하므로 결국 $MB=MC$가 된다. 경제학의 기본원리 중의 하나인 한계편익과 한계비용이 서로 같다는 것은 가장 효율적인 최적의 자원배분 상태라는 것을 의미한다.

그러나 완전경쟁시장이라 해서 모든 측면에서 이상적이라고는 말할 수 없다. 완전경쟁시장이 갖추어야 할 전제조건이 너무 까다롭기 때문에 현실에서는 이를 충족시키기 어렵다. 또한 완전경쟁시장은 경제적 효율성 측면만 강조하고 공평한 분배 측면은 고려하지 않기 때문에 불공평한 분배가 존재해도 자원이 낭비 없이 효율적으로 활용되면 바람직한 상황으로 판단되는 문제가 상존한다.

3. 독점시장

독점시장은 완전경쟁시장의 이상적인 성과와 비교해봤을 때 사회의 자원을 효율적으로 배분하지 못한다. 따라서 정부는 독점을 규제하는 조치를 통해 시장의 기능을 개선하게 된다.

3.1. 독점의 정의와 원천

(1) 독점시장의 정의와 특성

순수한 독점은 현실세계에서 찾아보기 어렵다. 독점시장(monopoly market)이란 시장

참고 **소프트웨어산업에서의 독점**

소프트웨어산업의 경우는 독점으로 이행할 가능성이 높다. 먼저 비용체감효과로 인해서 소프트웨어 하나를 개발하는 데는 막대한 연구개발 비용이 투입되지만, 완성된 소프트웨어 프로그램을 복사하는 데 드는 비용은 거의 0에 가깝기 때문이다. 또한 소프트웨어산업은 네트워크 효과(network effect)의 특성을 가지고 있어 사용자와 응용소프트웨어 개발자의 수가 증가함에 따라서 소프트웨어의 가치가 체증적으로 증가하기 때문이다. 그리고 사용자들은 현재 사용하는 제품에 익숙해져 새로운 소프트웨어가 개발되어도 이전 것을 선호하는 경로의존(path-dependent) 현상을 보이는 경우가 많기 때문이다. 새로운 제품에 적응하는 데 발생하는 전환비용은 사용자를 고착시키는 효과(lock-in effect)를 불러일으킨다. 이러한 현상은 워드프로세서와 자판기의 경쟁, 핸드폰 번호, 메일주소 등에서 쉽게 찾아볼 수 있다.

의 진입장벽이 존재해서 하나의 기업만이 존재하고, 밀접한 대체재가 없는 상품을 공급하는 시장을 말한다.

먼저 독점의 정의에서 가장 중요한 핵심 개념은 대체재의 존재 가능성이다. 대체할 다른 상품이 존재한다는 것은 경쟁이 있다는 것을 의미한다. 예를 들어 어느 작은 시골에 하나의 치과만이 존재한다고 하자. 다른 먼 도시로 가서 치료를 받을 수도 있고 자신이 직접 썩은 이를 뽑을 수도 있지만, 이 두 가지 방법이 적당한 대체적 수단이라고 보기는 어렵다. 따라서 이 작은 마을에서 치과는 독점적이라고 봐도 무방하다. 이러한 독점적 지위가 유지되기 위해서는 잠재적인 경쟁자가 시장에 진입하기 어려워야 한다. 만일 쉽게 진입할 수 있다면, 독점기업이 누리는 경제적 이윤은 사라질 것이기 때문이다.

(2) 독점의 원천

시장에서 경쟁이 불완전한 이유는 결국 진입장벽(barriers to entry)이 존재하기 때문이다. 독점은 진입장벽을 통해서 시장에서 기존 경쟁자를 몰아내거나 잠재적인 경쟁자가 진입하지 못하도록 저지함으로써, 혹은 자연독점에 의해서 발생하게 된다. 그런데, 자연독점의 경우 규모의 경제로 인해 비용이 낮은 대기업을 소규모의 기업으로 분할하는 것은 바람직하지 않다. 또한 진입장벽의 설정도 무조건 공공의 이익에 반하는 것은 아니다. 기술개발을 촉진하기 위한 특허권(≒독점권)의 경우는 오히려 사회적으로 바람직할 수 있기 때문이다.

◈ 법적 제한

정부가 직접적으로 어느 한 기업에게 독점적 지위를 부여해 다른 기업이 그 시장에 진입하지 못하게 막기도 한다. 시립체육관 내에 식품매점 운영권을 부여하거나 하나의 유선TV 공급자에게만 인허가를 하는 경우가 대표적이다. 또한 어떤 제품을 발명한 대가로 배타적인 특허권을 통해 일정기간 동안 다른 어느 누구도 특허권자의 허락 없이는 발명품의 생산이나 사용을 금지하는 권리 부여도 이에 해당한다.

◈ 희소투입물의 통제

어떤 상품을 생산하는 데 필요한 자원이 매우 희소하다면, 이 자원을 획득한 기업은 자연스럽게 독점적 지위를 얻게 된다.

◈ 기술적 우위

월등한 기술로 인해서 일정기간 동안 독점적 지위를 유지할 수도 있다. 운영체제 분야에서 Microsoft는 연구개발과 더불어 마케팅의 노력으로 전 세계 시장에서 독점적인 지위를 확보하고 있다.

◈ 규모의 경제로 인한 자연독점

대량생산의 이득으로 인해 많은 기업이 작은 양을 생산하기보다 단일기업이 시장 전

그림 5-8

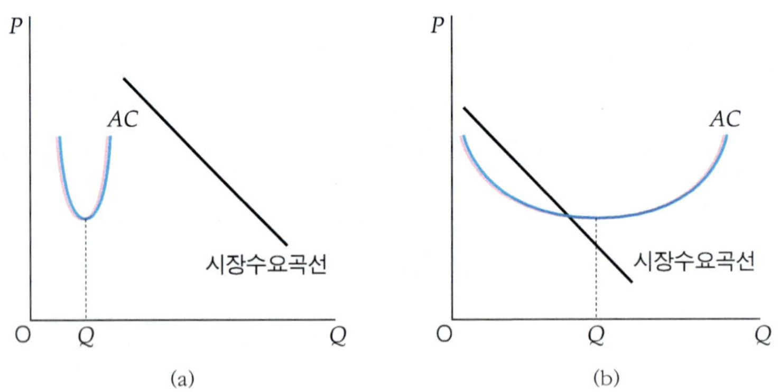

자연독점이 성립하는 경우

(a) 경쟁체제 성립이 가능한 경우
(b) 경쟁체제 성립이 어려운 경우

체의 공급을 담당하면 보다 저렴하게 생산할 수 있는 경우를 자연독점(natural monopoly)이라고 한다. 시골의 작은 마을이나 통행량이 별로 없는 거리는 은행과 주유소가 하나씩 있으면 충분한 것과 같은 이치이다.

기업의 기술적 특성과 이에 따른 비용구조의 특성은 그 산업에 얼마나 많은 수의 기업이 활동할 수 있는가를 결정한다. 경쟁체제가 성립되기 위해서는 〈그림 5-8(a)〉에서 보는 것처럼 최소효율규모(minimum efficient scale)가 시장의 크기에 비해 아주 작아야 한다. 그리고 〈그림 5-8(b)〉에서 보는 것처럼 상당히 높은 생산수준에서 최소효율규모가 나타나는 경우에는 독과점체제가 불가피하다.

3.2. 독점기업의 이윤극대화

(1) 독점기업의 한계수입곡선

완전경쟁시장에서 기업은 수평의 수요곡선에 직면하게 되고, 시장에서 결정된 가격을 받아들이는 '가격수용자(price taker)'이다. 그러나 독점시장에서 기업은 가격을 마음대로 정할 수 있는 '가격설정자(price setter)'이다. 만약에 가격설정자가 가격을 올리면 소비자의 일부는 떨어져 나가게 된다. 따라서 수요곡선은 우하향의 형태를 띠게 되고, 한계수입곡선도 마찬가지로 우하향하게 된다.

그림 5-9

수요곡선과 한계수입곡선

생산량 (Q)	가격 (P)	총수입 (TR=PQ)	평균수입 (AR=TR/Q)	한계수입 (MR)
0	60	0	·	·
1	57	57	57	57
2	54	108	54	51
3	51	153	51	45
4	48	192	48	39
5	45	225	45	33
6	42	252	42	27
7	39	273	39	21
8	36	288	36	15
9	33	297	33	9
10	30	300	30	3

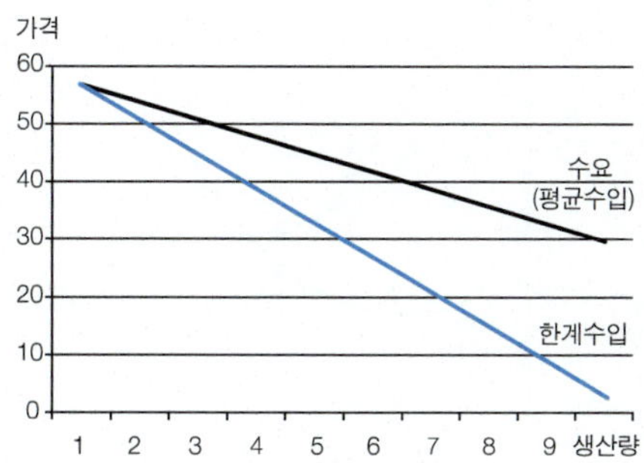

〈그림 5-9〉는 가상적인 독점기업의 수요곡선을 보여준다. 만약 가격을 60으로 설정하면 너무 높아 한 개의 상품도 판매할 수 없을 것이고, 가격을 57로 낮추면 1개의 상품을 판매할 수 있을 것이다. 이렇게 가격(P)이 하락하면서 판매수량은 증가하게 된다. 이때 기업의 총수입(TR)은 가격과 판매량의 곱으로 나타낼 수 있다. 그리고 평균수입(AR)은 생산량 한 단위의 수입으로, 총수입을 판매량으로 나눈 값이다. 한계수입(MR)은 상품을 한 단위 더 증가시키기 위해서 가격을 인하할 때 총수입이 얼마나 증가하는가를 보여준다.

(2) 독점가격과 독점생산량 결정

〈그림 5-10〉을 보면 수요곡선이 우하향하는 모양으로 그려져 있다. 이때 한계수입곡선은 수요곡선보다 2배 가파른 기울기로 우하향하는 형태를 띠고 있다. 그리고 독점시장은 공급곡선이 존재하지 않는다. 따라서 한계비용곡선이 독점시장의 공급곡선 역할을 대신한다고 볼 수 있다. 독점시장에서 기업이 이윤을 극대화하는 과정은 다음과 같다.

① $MR=MC$에서 최적산출량 선택
독점기업도 경제학의 기본원리를 벗어날 수 없다. 한계수입(MR)과 한계비용(MC)이 일치하는 수준에서 최적산출량(Q_m)을 결정
② 최적산출량(Q_m)에서 소비자들이 최대한 지불하고자 하는 가격(P_m)을 결정

그림 5-10

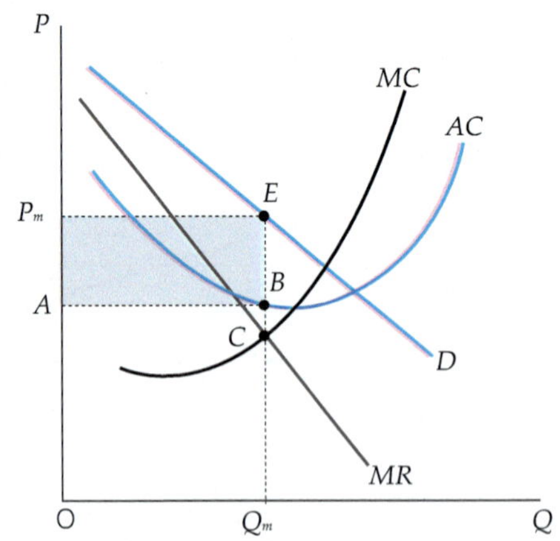

독점가격과 독점생산량 결정

MC: 한계비용곡선. 독점시장의 공급곡선 역할을 대신함
AC: 평균비용곡선
D: 수요곡선(≒평균수입곡선). 우하향 형태
MR: 한계수입곡선. 수요곡선보다 2배 가파른 기울기로 우하향하는 형태

독점기업은 다른 공급자가 없기 때문에 가격을 통제할 수 있는 힘을 가지고 있다. 그렇지만 소비자가 지불하고자 하는 최대한의 가격을 넘어서는, 즉 상식을 벗어난 가격을 설정하면 하나도 안 팔릴 것이다. 어느 기업이 세상에 처음으로 홀로그램 화상전화기를 출시했다면 다른 기업이 시장에 진입할 때까지는 독점적 지위를 가지게 된다. 그런데 이 홀로그램 화상전화기를 1억원에 판매한다면 구입하려는 소비자는 거의 없을 것이다. 따라서 독점가격은 수요곡선상에서 결정되어야 한다.

(3) 독점적 이윤

독점기업은 한계비용(MC)보다 높은 독점가격을 설정할 수 있고, 그 결과 초과이윤을 $(P_m - AC) \times Q_m$만큼 얻을 수 있다. 이 크기는 〈그림 5-10〉에서 □ P_mABE의 면적과 같다. 이 경우 최적산출량과 평균비용(AC)으로부터 산출된 □ AOQ_mB의 면적은 독점기업이 직면하게 되는 생산원가에 해당한다. 여기서 산출된 독점이윤(의 존재)은 전술한 완전경쟁시장과의 가장 큰 차이점이라고 할 수 있다.

3.3. 독점시장의 성과와 평가

독점시장에 대한 평가는 이상적인 상황이라고 할 수 있는 완전경쟁시장을 기준으로 한다. 먼저 자원배분의 비효율성을 산출량의 감소와 높은 가격의 측면에서, 그리고 진입장벽을 통한 지속적인 이윤 획득의 측면에서 살펴본다.

(1) 비효율적인 자원배분

◈ 높은 가격과 낮은 산출량

독점의 경제적 효과는 가장 효율적이고 이상적인 완전경쟁시장과 비교해보면 쉽게 알 수 있다. 독점시장에서는 공급곡선이 없기 때문에 한계비용곡선이 공급곡선을 대신한다고 앞에서 언급하였다. 〈그림 5-11〉을 보면, 완전경쟁시장의 경우에는 공급곡선(한계비용곡선)과 수요곡선이 만나는 점 F에서 균형가격(P_c)과 균형수요량(Q_c)이 결정된다. 따라서 독점시장과 완전경쟁시장의 균형점을 비교해보면, 독점시장에서는 산출량이 줄

그림 5-11

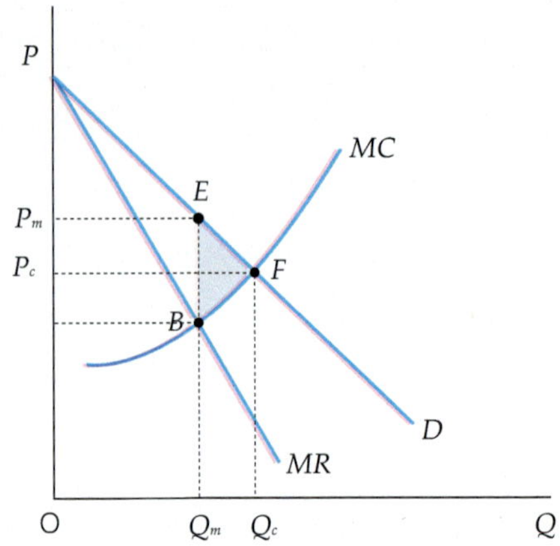

독점시장과 완전경쟁시장의 비교

E: 독점시장의 균형
F: 완전경쟁시장의 균형
P_m: 독점가격
P_c: 경쟁가격

어들고($Q_m < Q_c$) 가격은 더 높아진다($P_m > P_c$)는 사실을 알 수 있다.

◈ 후생삼각형과 자중손실

독점기업은 한계비용보다 높은 가격을 설정하기 때문에 산출량이 더 적다. 완전경쟁시장에 비해서 비효율적인 자원배분이 된다는 것을 의미한다. 독점산출량 수준보다 생산을 더 늘리면 독점이윤은 줄지만 사회적 잉여가 증가하게 된다. 보다 바람직한 상황이 될 수 있는데도 불구하고 그러한 선택을 하지 않았다는 점에서 발생하는 비효율성의 크기는 $\triangle EBF$의 면적으로 나타낼 수 있다. 이렇게 측정된 독점의 비효율성의 크기를 **후생삼각형**(welfare triangle) 또는 자중손실(deadweight loss)이라고 한다.

후생삼각형
비효율적 자원배분에 의한 후생손실

그렇다면 실제로 후생삼각형의 크기는 어느 정도일까? 후생삼각형을 최초로 측정하려고 시도했던 경제학자는 시카고대학의 아놀드 하버거(A. Harberger)이다. 따라서 그의 이름을 따서 '하버거 삼각형'이라고도 한다. 그는 추정 결과로 비효율성의 크기가 미국의 총생산액의 1%에도 미치지 않는다고 했지만, 그 후에 많은 다른 학자들이 계산을 해보니 오히려 비효율성이 매우 크다는 결과가 나왔다.

(2) 진입장벽 구축과 지대추구행위

◈ 진입장벽의 구축을 통한 초과이윤의 지속성

완전경쟁시장의 경우는 양(+)의 이윤이 존재한다면, 신규경쟁자들이 진입하여 경제적 이윤은 장기적으로 0이 되어야 한다. 그러나 독점하에서는 진입장벽을 통해 높은 이윤이 지속될 수 있다. 완전경쟁적인 상황에서 기업이 획득할 수 있는 정상 이윤을 초과해 독점기업이 획득하는 이윤을 초과이윤이라고 한다. 그러나 경쟁에서 살아남는다는 것 자체가 어려운 완전경쟁시장과 달리, 자발적으로 최대한의 효율성을 추구하지 않아도 이윤이 보장된 독점기업의 경우에는 경영자나 노동자 어느 누구도 열심히 일해야 할 필요를 느끼지 못할 것이다.

◈ 지대추구행위

독점기업은 자신의 독점력를 유지하기 위해 진입장벽을 계속 높이고자 노력한다. 그 일환으로 막대한 자금을 투입하는데 이것은 경제전체적으로 볼 때 비효율적이라고 할 수 있다. 이렇게 독점기업들이 자신의 진입장벽을 구축하기 위해 로비와 광고에 투입하는 행동을 '**지대추구행위**(rent seeking behavior)'라고 한다. 예를 들어 변호사협회가 로스쿨(Law School)의 정원을 제한하려 한 행동이 자신의 독점적인 지위를 유지하기 위해서였음은 널리 알려진 사실이다. 상대적으로 많은 변호사의 양성은 법률서비스의 품질 저하를 가져오고 그 결과 소비자들에게 피해를 준다는 논리였지만, 여성 가방에도 명품을 비롯해 다양한 가격대가 존재하듯이 법률서비스도 간단한 법률상담부터 복잡한 소송에 이르기까지 다양한 상품이 존재할수록 소비자의 선택폭이 넓어져 더 큰 혜택을 주게 될 것이다.

지대추구행위
독점기업들이 자신의 진입장벽을 구축하기 위해서 로비와 광고에 투입하는 행동

(3) 독점이윤과 슘페터의 창조적 파괴

독점시장이 무조건 나쁜 것만은 아니다. 조셉 슘페터(J. Schumpeter)와 같은 학자는 어느 한 시점에서 정태적으로 독점과 완전경쟁시장을 비교하는 것을 비판하면서, 동태적으로 판단해볼 것을 제안하였다. 슘페터는 경제적 진보는 기술혁신에 따른 새로운 상품의 등장에 달려 있다고 주장했다. 말이 끄는 마차 대신 자동차, 아이스박스 대신 냉장

고와 같이 새로운 상품은 우리의 생활수준을 향상시킨다. 그는 새로운 상품의 출현으로 기존의 낡은 상품을 생산하던 기업들이 시장에서 퇴출되어 사라져야 한다는 '창조적 파괴(creative destruction)'의 필요성을 강조한다. 슘페터의 견해를 지지하는 경제학자들은 새로운 상품을 출시하기 위해서는 연구개발을 위한 기업의 투자자금이 필요하다고 생각한다. 완전경쟁시장에 있는 기업보다 시장지배력을 지닌 독점기업은 더 많은 경제적 이윤을 획득할 가능성이 많기 때문에, 더 많이 연구개발을 할 여력이 있고, 더 많은 신상품을 개발할 가능성도 높다.

창조적 파괴
기존의 상품이 기술혁신을 통해 신상품으로 대체되는 과정 또는 현상

그러나 이에 대한 반대의 의견도 만만치 않다. 이들은 많은 새로운 상품이 작은 기업에 의해서 개발되었다는 점을 근거로 반박한다. 스티브 잡스(Steve Jobs)와 스티브 워즈니악(Steve Wozniak)은 작은 창고에서 애플 컴퓨터를 만들었고, 래리 페이지(Larry Page)와 세르게이 브린(Sergey Brin)은 스탠포드대학교에서 대학원생일 때 구글(Google) 검색 엔진을 만들었다.

4. 반독점정책(공정거래법)

4.1. 미국의 반독점정책 변화

(1) 반독점법

독점은 경제적 비효율성을 초래하기 때문에 대부분의 정부가 독점기업을 통제하고 경쟁을 촉진시키기 위해서 다양한 정책을 시행한다. 담합(collusion)이란 동일한 가격을 부과하기로 하거나 다른 방법으로 경쟁을 하지 않기로 기업들 간에 합의를 하는 것이다. 결국 여러 기업이 합의하여 독점기업같이 행동하게 된다. 미국에서 독점과 담합을 규제하기 위해 마련된 법이 '반독점법(antitrust)'이다. 이 법은 독점을 형성하려거나 담합을 하려는 어떤 시도도 불법으로 규정한다.

담합
동일한 가격을 부과하기로 하거나 다른 방법으로 경쟁을 하지 않기로 약속한 기업들 간의 합의

반독점법
독점과 담합을 규제하기 위한 법률

(2) 미국의 반독점법 역사

19세기는 민간에 막대한 부가 축적된 시기였다. 대표적인 자본가로 멜론(Mellon), 록

참고 **양초가 안 팔리니 햇살을 규제하라: 햇살규제법과 포획이론**

19세기 중반 프랑스 경제학자 바스티아(F. Bastiat)는 규제로 인한 다양한 해악을 제시하였는데, 대표적인 것이 '햇살규제법'이다. 프랑스의 양초 제조업자들은 막강한 경쟁자로부터 자신을 보호해달라는 탄원서를 국회에 제출하였다. 그들의 경쟁자는 바로 태양이었다. 태양은 무상으로 빛을 제공하기 때문에 프랑스 양초산업이 어려움을 겪고 있으니 태양빛을 규제해달라는 것이었다. 즉 햇살이 집 안으로 들어오지 못하도록 건물의 모든 창문을 막도록 요청한 것이다. 이처럼 규제가 자칫 악용되면 소수의 이익집단만 혜택을 보고 다수 국민은 피해를 입기도 한다.

또한 소비자를 위해 설립된 규제기관이 규제대상인 소수 기업의 이익을 보호하는 정책을 펴는 것을 '규제포획(regulation capture)'이라고 한다. 규제를 담당하는 정부관료와 규제대상 기업관계자는 불법적인 금품수수가 아니더라도, 관련 안건을 위해 자주 회의하고 공청회 등에서 만나다보니 인간적으로 친밀해져서 불특정 다수의 얼굴도 모르는 소비자보다 규제대상이 원하는 바에 맞추어 규제 방향을 선회하기도 한다. 대표적인 예로 1887년 미국에서 철도회사의 독점적 횡포로부터 국민을 보호하기 위해서 주간통상위원회가 설치됐는데, 이후 항공기의 등장과 도로의 발달로 철도산업의 독점적 지위가 사라지자 오히려 항공기와 자동차 등의 다른 대체 운송수단으로부터 철도산업을 보호하는 기관으로 전락하였다. 우리나라처럼 한 다리만 건너면 서로 잘 아는 좁은 사회에서는 규제포획현상이 더욱 쉽게 나타날 수 있다.

펠러(Rockefeller), 카네기(Carnegie) 등이 있는데, 당시 일반사람들은 악덕 자본가에 대해서 별로 좋지 않은 감정을 가지고 있었다. 그러한 분위기에 힘을 얻어 독점의 비효율성을 억제하기 위한 법률을 제정하려는 움직임이 있었다. 독점을 규제하기 위한 최초의 법은 경쟁을 촉진하고 독점의 형성을 억제하기 위해 1890년 의회가 제정한 '셔먼법(Sherman Act)'이다.

셔먼법 제1조는 트러스트(trust)나 모든 계약과 연합 혹은 거래를 제한하기 위한 공모를 불법으로 규정하고 있다. 제2조는 시장을 ㅅ독점하거나 독점을 시도하거나 혹은 거래의 일정부분을 독점하기 위해서 다른 사람들과 연합하거나 공모하는 사람은 중죄에 처한다고 규정하고 있다. 1870년대와 1880년대에는 트러스트를 통하여 동일한 가격을 형성하고 고객을 대상으로 서로 경쟁하지 않기 위해서 공모하는 경우가 많았다. 가장 대표적인 트러스트로 스탠더드 오일(Standard Oil)을 들 수 있는데, 셔먼법 제정으로 경쟁에 저해되었던 트러스트는 사라졌지만 그때의 영향을 받아 반독점법을 여전히 '반트러스트법(antitrust law)'이라고도 한다. 그 후 미국에서는 셔먼법을 보완하기 위해서 1914년 클레이튼법(Clayton Act)과 연방거래위원회법(Federal Trade Commission Act)이 등장하였다. 〈표 5-2〉에는 미국의 중요한 반독점법의 제정 시기와 목적을 열거해놓았다.

표 5-2 미국의 중요한 반독점법

법	제정시기	목적
셔먼법 (Sherman Act)	1890년	가격담합(price fixing)과 담합(collusion)을 포함한 거래를 금지하고, 독점을 불법화
클레이튼법 (Clayton Act)	1914년	경쟁기업의 주식매입과 이사를 경쟁기업의 이사회에 근무하도록 하는 것을 불법화
연방거래위원회법 (FTC Act)	1914년	반독점법의 집행을 돕기 위한 연방거래위원회(FTC)를 창설
로빈슨-패트만법 (Robinson-Patman Act)	1936년	소비자들에게 상이한 가격을 부과하는 것이 경쟁을 감소시키는 경우 불법화
셀러-케포버법 (Cellar-Kefauver Act)	1950년	경쟁을 감소시키는 합병을 금지하여 합병에 대한 제한을 강화

4.2. 우리나라의 공정거래법

미국의 반독점법을 우리나라에서는 공정거래법이라고 한다. 공정거래법에서 규정하고 있는 경쟁의 규칙은 시장의 구조 자체를 경쟁 촉진에 도움이 되도록 개선하기 위한 것과, 시장의 경쟁과정에서 실제로 나타나는 경쟁제한적 기업행동을 시정하기 위한 것의 두 가지 유형으로 크게 분류할 수 있다.

표 5-3 공정거래법의 규제대상행위

시장구조의 규제	경쟁제한적 기업행동의 규제	기타
• 독과점적 시장구조의 개선 • 기업결합(수평결합·수직결합·복합결합)의 제한	• 시장지배적 지위의 남용 금지 • 부당한 공동행위의 금지 • 사업자단체의 경쟁제한적 행위의 금지 • 불공정거래행위의 금지	• 경제력 집중의 억제 • 지주회사의 행위 제한 • 부당한 국제계약의 체결 제한

한국의 공정거래법은 1980년 시장경제의 기본법으로 제정되었다. 우리나라가 대부분의 개도국이나 일부 선진국조차 경쟁법을 채택하지 않았던 1980년에 공정거래법을 도입했다는 것은 주목할 만한 점이다. 제정 당시 공정거래법의 주된 내용을 살펴보면 시장지배적 지위의 남용 금지, 경쟁제한적 기업결합의 제한, 부당한 공동행위의 제한, 불공정거래행위의 금지, 사업자단체의 경쟁제한행위의 금지, 재판매가격유지의 제한, 경쟁제한적 국제계약의 체결 제한 등으로 일본과 독일의 경쟁법을 많이 참고하였다.

부록 독점기업의 가격차별

1. 가격차별

(1) 가격차별 개념과 성립조건

가격차별(price discrimination)이란 독점기업이 동일한 상품에 대해서 생산비가 같음에도 불구하고 상이한 고객에 대해서 상이한 가격을 부과하는 것을 말한다. 예를 들어 극장에서 어른과 청소년 영화표 가격을 다르게 책정하거나, 시간에 따라서 조조영화는 저녁 시간대 상영되는 영화보다 더 싸게 할인하는 것을 들 수 있다. 독점기업의 가격차별을 실시하는 이윤을 더 크게 증가시킬 수 있기 때문이다.

가격차별은 독점기업이 시장 지배력을 가지고 있어 가격을 조정할 수 있는 힘이 있기 때문이다. 구체적으로 가격차별이 성립하기 위해서는 다음과 같은 조건이 성립해야만 한다.

첫째, 판매자가 시장지배력을 가지고 있어야 한다.

둘째, 서로 다른 고객 또는 시장을 쉽게 구분할 수 있어야 한다. 즉, 시장을 구분하여 분리할 수 있고, 구분하는 데 큰 어려움이 없어야 한다는 것을 말한다.

셋째, 상이한 시장 사이에 상품의 재판매가 불가능해야만 한다. 이 말은 매매차익을 노리는 재정(arbitrage) 거래가 없어야 한다는 것을 말한다.

넷째, 상이한 시장 사이에서 수요의 가격탄력도가 달라야 한다.

(2) 제1급 가격차별

제1급 가격차별이란 완전가격차별로서 각 단위의 재화에 대해서 소비자가 지불하고자 하는 최대한의 가격(유보가격)을 설정하는 것을 말한다. 물 한 잔에 대해서 소비자들마다 지불하려고 하는 가격이 다르고, 같은 소비자라고 할지라도 구입하는 양에 따라서 지불하려는 금액이 달라진다. 제1급 가격차별은 독점기업은 상품의 각 단위에 대해서 소비자에게 최대한 지불하려는 금액을 완벽하게 파악하고 있다는 가정이 깔려 있다. 그 결과 소비자잉여는 전부 독점기업이 가져가 하나도 남지 않게 된다. 그러한 의미에서 완전가격차별(perfect price discrimination)이라고도 한다.

그러나 제1급 가격차별하에서는 수요곡선과 한계비용이 일치하는 수준까지 생산량이 증가하게 되고, 이 생산량 수준은 완전경쟁시장의 경우와 동일하게 되므로 사회후생손실도 발생하지 않게 되어 자원배분의 효율성이 달성된다고 할 수 있다.

(3) 제2급 가격차별

제2급 가격차별이란 소비자들의 구입량에 따라서 몇 개의 구간으로 나누고 수요량이 큰 소비자일수록 다량할인(quantity discount)을 통해 상대적으로 더 낮은 가격을 부과하는 것을 말한다. 예로 들면 전기나 수도요금의 경우 사용량이 많아지게 되면 더 낮은 요금으로 할인해주는 것이 해당한다. 제2급 가격차별을 이루어지면 독점기업의 경우보다 생산량이 증가하게 되어 자원배분의 효율성이 증가하게 된다. 이때 소비자잉여의 상당 부분은 독점기업이 가져가게 된다. 현실에서는 제1급 가격차별과 같이 물을 한 방울씩 파는 것처럼 아주 세세하게 나누어 각각 다른 가격을 책정하는 것을 거의 불가능하기 때문에 제2급 가격차별을 더 쉽게 찾아볼 수 있다. 제2급 가격차별은 수요량의 구간마다 각각 다른 가격을 매긴다는 측면에서 구간가격설정(block pricing)이라고도 한다.

그림 5-12

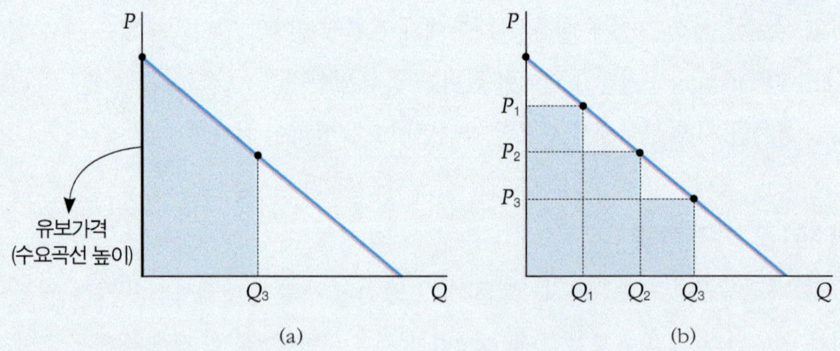

제1급과 제2급 가격차별

(a) 제1급 가격차별: 상품을 잘게 잘라서 최대한 지불의사가격을 모두 받아냄

(b) 제2급 가격차별: 상품 수요량을 구간별로 나누어 Q_1까지는 P_1의 가격을, Q_1에서 Q_2 구입량은 P_2의 가격을, Q_2에서 Q_3 구입량은 P_3의 가격을 차별적으로 부과함

(4) 제3급 가격차별과 역탄력성 법칙

제3급 가격차별이란 소비자들을 가격에 얼마나 민감한가의 정도에 따라서 분할하여 시장마다 서로 다른 가격을 설정하는 것을 말한다. 동일한 성능의 자동차를 국내시장에서 판매하는 경우와 해외시장에 판매하는 경우에 해외시장의 고객들이 좀 더 가격에 민감하다는 점을 이용해서 국내시장의 판매가격보다 더 낮은 가격을 책정하는 것을 말한다. 기차나 버스의 가격을 노인과 어린이에게는 성인어른보다 싸게 가격을 부과하는 것을 예로 들 수 있다.

시장을 둘로 구분했을 경우에(예: 국내 vs. 해외, 어른 vs. 어린이) 가격에 얼마나 민감한가의 정도는 탄력성으로 설명할 수 있다. 가격에 민감한 경우는 가격에 대한 탄력성이 매우 크다는 것을 의미하게 되고, 그 결과 독점기업은 가격을 매우 높게 책정할 수 없게 된다. 예를 들어 자동차시장에서 국내 소비자들은 현대자동차를 대체할 만한 대안이 없지만, 해외 소비자들은 대체재가 많다고 가정하면, 국내 소비자들보다 해외 소비자들이 가격에 민감하게 된다. 이를 이용하게 되면 국내 소비자에게는 높은 가격을 해외 소비자들에게는 낮은 가격을 차별적으로 부과하게 된다. 이렇게 가격탄력성에 반비례해서 가격을 부과하는 것을 역탄력성 법칙이라고 한다.

2. 이부가격설정과 최대부하가격설정

(1) 이부가격설정 방식

이부가격설정(two-part tariff pricing) 방식이란 일정한 금액을 지불하고 특정한 상품을 사용할 수 있는 권리를 구입하게 한 다음 그것을 구입하는 양에 따라서 추가적으로 가격을 부과하는 것을 말한다. 에버랜드와 같은 놀이공원에서는 입장료를 내야 공원 안으로 들어갈 수 있게 되고, 입장한 후에 놀이시설을 이용하기 위해서는 추가적인 사용료를 내야 한다. 또한 골프장의 회원가입비와 이용료, 전화의 가입비와 사용료가 같은 사례라고 할 수 있다.

〈그림 5-13〉(a)에서 볼 수 있듯이 수요곡선은 우하향하는 형태이고, 한계비용곡선(MC)이 수평선으로 주어진 경우에 독점기업은 사용료를 한계비용에 일치시키고, 소비자잉여에 해당하는 ΔPP^*Q^*만큼을 가입비로 부과하게 된다. 그렇게 되면 소비자잉여를

모두 독점기업이 가져가는 제1급 가격차별의 결과가 된다. 이때 독점기업이 부과할 수 있는 최대한의 가입비는 소비자잉여의 크기가 된다.

(2) 최대부하가격설정 방식

최대부하가격설정(peak load pricing) 방식이란 전기사용료나 도로통행료와 같이 시설용량(capacity)이 주어진 경우에 어느 시점에 이용하는가에 따라서 다른 가격을 부과하는 것을 말한다. 도로의 경우에 출퇴근의 러시아워에 이용하는 사람들에게는 보통의 경우보다 더 높은 가격을 부과하는 경우를 예로 들 수 있다. 성수기와 비수기로 나누어 성수기에는 더 높은 가격을 지불할 의사를 지니고 있다는 점을 반영한다는 점에서는 제3급 가격차별과 매우 유사하다. 그러나 주어진 시설용량으로 인해서 전기와 인터넷망, 도로, 수도의 서비스와 같이 시설용량의 한계에 거의 도달하는 경우에는 한계비용이 급격하게 상승하게 되고, 그 결과 비수기보다 더 높은 가격을 부과하게 된다.

그림 5-13

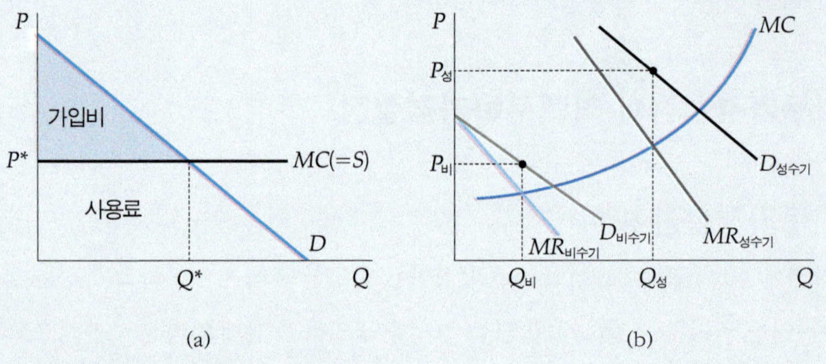

이부가격설정과 최대부하가격설정

(a) 이부가격설정
(b) 최대부하가격설정

CHAPTER | 06

독점적 경쟁시장과 과점시장

- 제품차별화와 게임이론 -

완전경쟁시장과 독점시장은 현실에서 쉽게 찾아볼 수 있는 형태라기보다는 경제적인 측면에서 현실의 시장을 평가하는 하나의 판단기준으로서 의미가 크다고 할 수 있다. 좀 더 현실적인 시장 형태는 비디오가게, 레스토랑, 영화관, 슈퍼마켓, 남성복과 여성복 의류업체 등을 예로 들 수 있는데, 진입장벽이 낮지만 수많은 소비자와 판매자가 있어서 제공하는 상품과 서비스가 모두 같은 품질이라기보다는 차별화되어 있다는 것을 알 수 있다. 어디서나 쉽게 볼 수 있는 스타벅스 커피숍의 경우 2022년 4월 기준 한국에서만 1,639개의 매장을 운영하고 있고(중국, 일본에 이어 세계4위), 앞으로도 계속 매장을 오픈할 계획을 가지고 있다고 한다. 스타벅스는 다른 기업들처럼 처음에는 소규모로 시작했지만 기존에 운영되던 다른 업체와의 차별화를 통해서 성공하고 있는 대표적인 사례이다. 이 장에서는 제품의 차별화를 통해 어느 정도 마니아층을 확보하면서 치열한 경쟁을 펼치고 있는 독점적 경쟁시장 모형을 분석한다. 또한 마지막 시장 유형으로 소수의 기업들이 경쟁하는 과점시장을 흥미로운 게임이론을 통해 살펴볼 것이다.

1. 독점적 경쟁시장과 제품차별화

1.1. 독점적 경쟁시장의 특성

독점적 경쟁시장
독점적인 요소와 경쟁적인 요소의 특성이 혼합

독점적 경쟁시장(monopolistic competition)은 1933년 챔벌린(Edwad Chamberlin)과 로빈슨(Joan Robinson)이 제품차별화와 관련해서 연구하면서 등장한 용어이다. 두 사람은 완전경쟁시장과 비교하여 제품차별화가 기업의 성과에 미친 영향을 살펴보고자 했다. 기업들이 차별적인 제품을 판매하면 가격을 조정할 수 있게 된다. 왜냐하면 차별화된 제품의 영역 내에서 기업은 독점적인 지위(≒가격지배력)를 가지므로, 자신의 고객의 수요곡선이 우하향하기 때문이다.

독점적 경쟁시장은 독점적인 요소와 경쟁적인 요소의 특성이 혼합되어 있다. 독점적인 요소가 의미하는 바는 코카콜라, 카카오톡, 갤럭시 스마트폰과 같이 특정 수요자에 대해서 제품의 차별화를 통해 충성도를 확보할 수 있고, 독점시장처럼 가격을 올리고 내릴 수 있는 가격지배력을 가지고 있다는 것이다. 반면에 경쟁적인 요소가 의미하는 바는 스타벅스 커피숍과 같이 이윤이 창출되는 곳에 쉽게 진입을 할 수 있다는 점에서 진입장벽이 낮고 따라서 경쟁 수준이 높다는 것을 의미한다.

독점적 경쟁은 산업 내에 새로운 기업의 진입과 퇴출이 자유롭고, 개별기업의 제품들이 각각 약간씩 차별화되어 있는 경우에 발생한다.

1.2. 독점적 경쟁시장의 단기균형

독점적 경쟁시장의 경우 가격 설정에 있어서 독점적인 지위를 가지고 있기 때문에, 각 기업의 수요곡선은 우하향하는 형태를 취한다. 따라서 독점적 경쟁시장에서 기업은 독점기업의 경우와 마찬가지로 한계수입과 한계비용이 일치하는 수준에서 생산량을 결정하고, 수요곡선상에서 가격을 책정하게 된다.

〈그림 6-1〉은 독점적 경쟁시장에서의 단기균형을 보여준다. 〈그림 6-1(a)〉에서 기업은 가격이 평균총비용(*AC*)보다 크기 때문에 단기적으로 이윤을 보고, 〈그림 6-1(b)〉에서 기업은 가격이 평균총비용(≒원가)보다 낮기 때문에 단기적으로 손실을 입는다.

그림 6-1

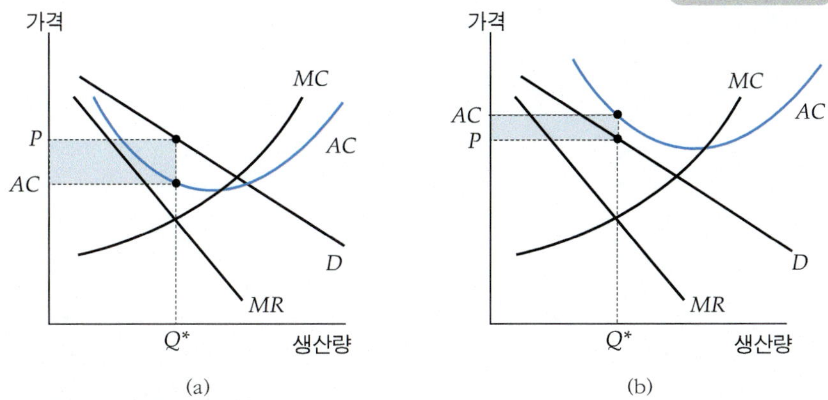

독점적 경쟁시장의 단기균형

(a) 기업이 이윤을 얻는 경우
(b) 기업이 손실을 입는 경우

1.3. 독점적 경쟁시장의 장기균형

(1) 기업의 진입과 퇴출로 인한 개별기업 수요곡선의 이동

독점적 경쟁시장은 단기에는 '독점적'이란 단어가 암시하듯이 독점시장의 특성을 내포하고 있고, 장기에는 '경쟁적'이란 단어가 암시하듯이 완전경쟁시장의 특성을 반영하고 있다. 따라서 단기에는 시장을 지배하는 독점력을 발휘하고 있지만, 장기에는 시장의 이윤과 손실에 따라 신규기업이 진입하기도 하고 기존기업이 퇴출하기도 한다.

만일 독점적 경쟁시장에서 이윤이 존재하면 이러한 이윤은 신규기업들이 시장에 진입하는 유인을 제공하고, 그 결과 시장에 차별화된 상품의 종류가 늘어 소비자들은 선택의 폭이 넓어진다. 그러나 기존기업들의 입장에서는 수요가 감소하게 된다. 즉 〈그림 6-2(a)〉처럼 개별기업이 직면하는 수요곡선이 좌측으로 이동하게 된다. 반대로 시장에서 손실이 발생하면 경쟁기업들이 퇴출하게 되고, 기업의 수가 감소하면 소비자들이 선택할 수 있는 상품의 종류도 줄어들어 〈그림 6-2(b)〉처럼 기존기업이 직면하는 수요는 증가하게 된다.

그림 6-2

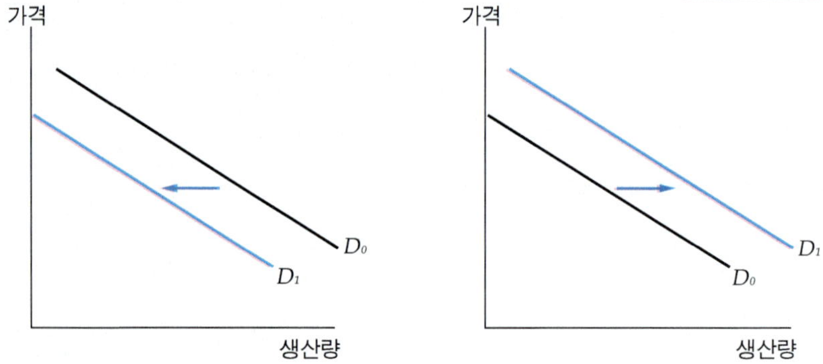

(a) (b)

진입과 퇴출에 따른 개별기업의 수요곡선 이동

(a) 신규기업의 진입
기업이 이윤을 얻는 경우 개별기업이 직면하는 수요곡선(D_0)이 신규기업의 진입으로 좌측(D_1) 이동

(b) 기존기업의 퇴출
기업이 손실을 입는 경우 개별기업이 직면하는 수요곡선(D_0)이 기존기업 퇴출로 우측(D_1) 이동

(2) 독점적 경쟁시장의 장기균형과 경제적 이윤

독점적 경쟁시장에서는 단기에 기업이 이윤을 얻는지 손실을 입고 있는지에 따라서 기업의 수가 늘기도 하고 줄기도 한다. 이러한 과정이 어느 수준에서 멈추게 되는가 하면, 시장에 있는 기업들의 경제적 이윤이 0이 되는 때이다. 이때에는 경제적 이윤이 0이기 때문에 잠재적인 신규기업들이 진입할 유인이 없고, 기존의 기업들도 정상이윤을 누리고 있기 때문에 퇴출할 유인도 없다. 〈그림 6-3〉에서 보여주는 바와 같이, 수요곡선이 장기평균총비용곡선과 접하고 있는 점에서 독점적 경쟁시장의 장기균형이 달성된다.

독점적 경쟁시장의 장기균형을 살펴보면, 독점시장과 유사한 특징으로서 가격이 한계비용보다 높다. 이윤극대화 산출량은 한계수입과 한계비용이 일치하는 수준에서 결정되지만, 결정된 산출량 수준하에서 수요곡선이 우하향하고 있기 때문에 한계수입은 가격보다 작다. 반면, 완전경쟁시장과 유사한 특징으로서 가격이 평균총비용과 일치하고 있기 때문에 기업의 경제적 이윤은 0이 된다.

그림 6-3

독점적 경쟁시장의 장기균형

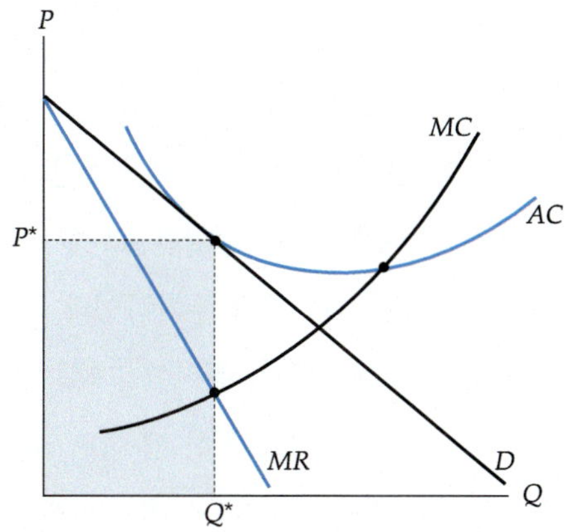

1.4. 독점적 경쟁기업의 제품차별화

(1) 제품차별화로 인한 상품의 다양성

제품차별화(product differentiation)란 기업들이 자신의 제품에 대해 소비자들이 더 높은 가치를 가질 수 있도록 다른 기업들의 제품과 차별화시켜 경쟁우위를 획득하려는 노력을 말한다. 대표적인 예로 로렉스는 카시오 등의 시계들과 차별화를 위해 금으로 시계 외관을 제작하고, 메르세데스벤츠는 현대 등 다른 자동차와 차별화하기 위해 정교한 엔지니어링과 높은 출력을 갖추고 있다.

제품차별화
기업들이 자신의 제품에 대해서 소비자들이 더 높은 가치를 가질 수 있도록 다른 기업들의 제품과 다른 차별화를 통해 경쟁우위를 획득하려는 노력

우리는 시장에서 다양한 상품이 존재하는 것을 쉽게 목격할 수 있다. 미국에는 아침에 먹는 시리얼이 340가지의 다양한 종류로 출시되고, 리바이스(Levis) 청바지는 70여 종의 각기 다른 스타일을 가지고 있다. 자본주의 시장경제가 사회주의 국가의 계획경제와 가장 큰 차이점은, 모스코바의 상점에는 중앙계획(정부의 명령)에 따라 한 가지 유형의 제품만 진열되어 있지만 시장경제 내의 상점에는 매우 다양한 제품이 존재한다는 것이다.

하버드대학의 마이클 포터(M. Porter)는 기업이 경쟁에서 우위를 확보하는 방법으로 비용의 절감과 제품의 차별화를 제시했다. 새롭게 사업을 시작하는 기업은 기존시장에 진입하기 위해 다른 제품보다 저렴하게 생산하는 방법을 개발하거나, 소비자들에게 어필할 수 있도록 제품을 차별화해야 한다는 것이다.

(2) 제품차별화 방법

◈ 물리적 특성

제품차별화라고 해서 완전히 새로운 제품을 발명할 필요는 없다. 아스피린(Aspirin)은 발명되어 생산되었을 때는 처음 등장한 완전히 새로운 제품이었지만, 그 후 단지 목 넘김을 좋게 하기 위해서 코팅 처리하는 등 약간의 개량과정만을 추가하였다. 이것 역시 제품차별화라고 할 수 있다. 또한 1886년에 코카콜라(Coke)가 등장했을 때는 음료시장에서 완전히 새로운 제품이었지만, 그 이후에 맛을 약간 다르게 한 펩시(Pepsi), 콤비콜라, 8.15콜라 등 차별화된 제품이 등장하였다. 기계와 장비에서도 제품차별화를 찾아볼 수 있다. 일례로 삼성중공업은 미국의 카터필라(Caterpillar)가 생산한 건설용 중장비와 달리 불도저나 땅을 다지는 기계가 자주 고장이 난다는 점에 착안하여, 제품의 수리 서비스와 저렴한 설치비용, 빠른 배달, 풍부한 부품재고 보유, 불만족 시 전액환불제도를 통한 서비스를 차별화했다. 〈표 6-1〉은 자동차산업의 제품차별화 전략을 보여준다.

표 6-1 자동차산업의 제품차별화

차종	제품차별화
크라이슬러	캡포워드(cab forward)라는 자동차 전체 실내 공간이 앞 방향으로 이동된 상태의 특이한 디자인
아우디	보다 과감한 곡선 형태의 디자인
제너럴모터스	운전자가 유사시라도 GM에서 직접 도움을 받을 수 있는 'on star' 시스템 개발과 'uni-body' 구조라 불리는 공법으로 차제가 하나의 틀로 이루어지지 않고 대신 차체의 각 부분이 용접되도록 함
메르세데스벤츠	'crumple zone' 시스템을 통해 사고 시 탑승객의 부상을 최소화함
마즈다	스포티한 Miata 모델의 동력장치와 서스펜션 장치에 끊임없는 변화를 줌

◈ 입지

동일한 편의점이라고 할지라도 집에서 가까이 위치한 점포와 1킬로미터 멀리 떨어진 점포는 완전히 다른 제품이라고 할 수 있다. 즉 어디에 위치하는가 하는 것만으로도 제품은 차별화될 수 있다. 또한 지역적인 기반을 통해 제품을 차별화할 수 있다. 대표적인 예가 미국 플로리다 올랜도의 디즈니랜드이다. 마법왕국(Magic Kingdom)과 엡콕센터(Epcot Center)를 시작으로 점차 MGM 스튜디오, 1만 개 이상의 방을 갖춘 호텔, 1억달러 규모의 스포츠 센터, 자동차 경주시설, 야간 휴양단지 등의 시설들을 갖춤으로써 세계적인 놀이공원과 휴양지로서의 기능을 완비하였다. 최근에는 동물왕국(The Animal Kingdom)을 추가하여, 올랜도를 방문하는 전 세계 관광객들에게 한 번에 모든 오락시설을 즐길 수 있는 공간을 제공하고 있다.

◈ 시간

서울과 부산을 하루에 한 번 운행하는 고속버스 서비스와 하루에 열 번 운행하는 서비스는, 시간 차이를 통해 상품을 차별화할 수 있다. 같은 노선일지라도 단순하게 운행횟수를 늘리는 것도 시간의 측면을 고려한 제품차별화라고 할 수 있는 것이다. 마찬가지로 같은 김밥집이라고 할지라도, 24시간 영업하는 가게와 낮에만 영업하는 가게는 분명 차별화된 서비스를 제공한다고 할 수 있다.

(3) 제품차별화의 최적수준

제품차별화는 기업에게는 추가적인 수입을 가져다주고 소비자에게는 다른 사람과 차별화된 제품을 구입했다는 만족감을 선사한다. 위치[입지]를 통한 제품차별화의 예로서, 가까운 곳에 새로운 안경점이 생기면 그 지역의 주민들이 더 멀리 갈 필요가 없기 때문에 주민들의 수요를 충족시키게 되고 그 결과 더 많이 판매될 것이다. 그러나 제품을 차별화하는 데는 추가적인 비용이 발생한다. 새로운 상점을 내거나 안경 장비와 안경 재고

참고 **제품차별화로 인한 품질의 가치**

제품차별화로 인한 품질의 가치는 얼마나 될까? 경제학과 마케팅에서는 다중회귀분석을 통해 제품차별화의 최대가치를 구할 수 있는 기법을 제시하고 있는데 이것을 '헤도닉 가격(hedonic prices)'이라고 한다. 만약 소비자들이 어떤 특성을 지닌 제품에 대해서 그 특성이 없는 제품보다 더 높은 가격을 지불할 용의가 있다면 그 제품은 차별화되었다고 할 수 있다. 중고차를 예로 들면, 기본적인 사양인 라디오, 엔진, 히터와 열선을 갖춘 중고차에 비해서 추가적인 사양인 FM 스테레오 시스템이나 대형 엔진, 에어컨 등을 갖춘 중고차의 가격은 더 높다. 각각의 기능을 따져볼 때 FM 스테레오 시스템에 대해서 30만원, 대형 엔진에 대해서 50만원, 에어컨에 대해서 20만원을 추가 지불할 의향이 있다고 하면 이 정도의 차이가 제품의 차별화 정도라고 판단할 수 있다. 이러한 특성을 다음 회귀함수식으로 나타낼 수 있다.

$$\begin{aligned}\text{중고차 가격} &= a+b(\text{FM 스테레오 시스템})+c(\text{대형 엔진})+d(\text{에어컨})\\ &= 500+30(\text{FM 스테레오 시스템})+50(\text{대형 엔진})+20(\text{에어컨})\end{aligned}$$

만일 다른 추가 기능이 없다면 중고차의 가격은 a에만 해당하는 500만원이 될 것이고, 추가적인 기능이 있다면 가격은 올라가게 된다.

그림 6-4

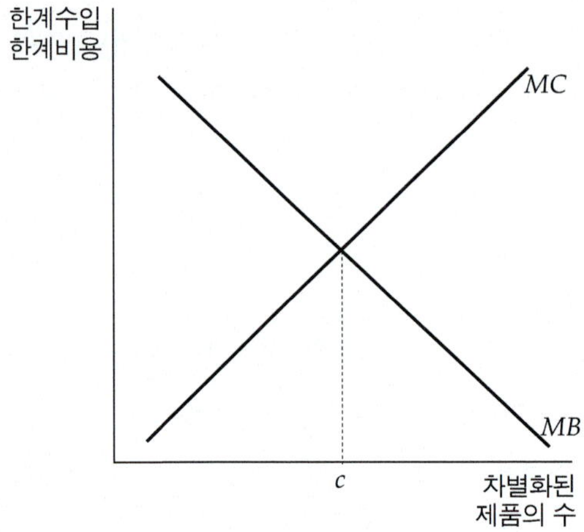

제품차별화의 적정 수준

MC: 제품차별화로 인한 추가적 비용 (한계비용)
MB: 제품차별화로 인한 추가적 수입 (한계수입)
c: 차별화된 제품의 최적수준

의 구축, 서비스 직원의 고용 등이 제품차별화에 필수적이기 때문이다.

기업의 이윤극대화 측면에서 볼 때 제품차별화의 최적수준은 차별화에서 발생하는 추가적인 수입이 추가적인 비용보다 클 때까지 선택하는 것이다. 다시 말해 제품차별화로 인해서 얻게 되는 추가적인 수입이 그로 인해 발생하는 추가적인 비용보다 큰 경우 제품차별화를 시행하게 된다.

〈그림 6-4〉는 제품차별화와 관련한 기업의 최적수준을 보여준다. 수평축은 기업이 선택할 수 있는 차별화된 제품수를 나타낸다. 만일 피자시장의 문제라면 수평축에 피자가게의 수가 표시될 것이고, 대한항공이 서울에서 부산까지의 노선을 하루 몇 번 운항해야 하는가의 서비스문제라면 하루 동안의 운항횟수, 자동차시장의 문제라면 자동차 모델의 개수 등으로 나타낼 수 있다.

〈그림 6-4〉에서 제품차별화로 인해서 발생하는 추가적인 수입은 우하향하는 직선으로 나타나 있다($MB \fallingdotseq MR$). 피자 체인점의 경우 한 지역에 더 많은 가게가 설치될수록 추가적인 피자가게로 인해 얻게 되는 추가수입(한계수입)은 점점 더 줄어들 것이기 때문이다. 반면에 차별화된 제품을 추가적으로 생산하는 데 들어가는 추가적인 비용(한계비용)은 우상향하는 *MC*선으로 나타나 있다. 피자 체인점의 경우 새로운 가게를 하나 더 여는 데 있어서 좋은 위치가 한정되어 있고, 필요한 요리사를 구하는 데 있어서도 어려울 수 있기 때문에, 기존의 피자가게가 많을수록 비용은 증가할 수밖에 없다. 이때 적

절한 제품차별화 수준은 추가적인 피자가게가 벌어들인 추가적인 수입과 추가적인 비용이 일치하는 점에서 결정된다($MB=MC$).

(4) 제품차별화 방안

독점경쟁기업은 이윤을 창출하고 경쟁자보다 계속 앞서기 위해서 제품을 지속적으로 차별화해야 한다. 기업이 소비자에게 제품을 팔기 위한 모든 활동을 '마케팅(marketing)'이라고 한다. 마케팅은 소비자에게 판매를 위해 제품을 디자인하고, 선전하고, 소매점이나 인터넷을 통해 유통시키는 모든 행동을 포함한다. 제품을 경쟁기업과 차별화하는 대표적인 방법으로 광고와 브랜드 관리가 있다.

◈ 광고

혁신적인 광고는 제품에 대한 수요를 증가시키면서, 가격에 대한 탄력성을 좀 더 비탄력적으로 만들 수 있다. 광고를 통한 정보제공은 소비자들에게 구매하고 싶은 충동을 불러일으키고, 그 결과 주어진 가격 수준에서 수요를 증가시켜 수요곡선을 우측으로 이동시키게 된다. 이렇게 특정 제품에 대해 마니아층이 형성되면, 기업은 가격을 올려도 그 상품의 판매를 계속 유지할 수 있다. 예를 들면, 코카콜라 가격이 100원 정도 오르더라도 코카콜라만 고집하는 소비자는 펩시콜라나 콤비콜라를 구입하려고 하지 않는다.

그림 6-5

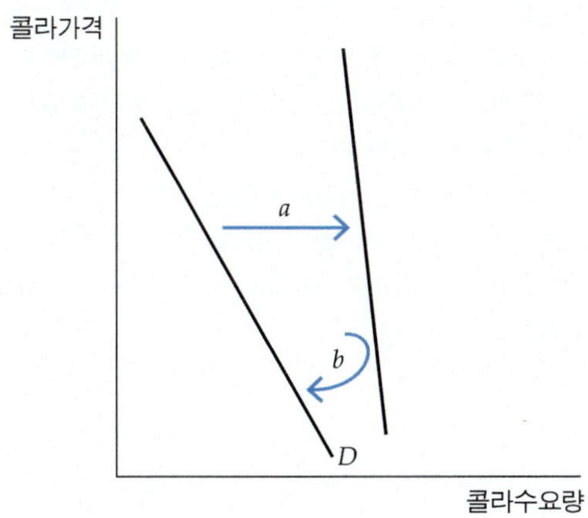

광고로 인한 효과

a: 광고로 인한 수요 증가(수요곡선의 우측 이동)

b: 광고로 인한 가격 비탄력적 수요(가파른 수요곡선)

◈ 브랜드

당신이 낯선 곳을 방문했다고 하자. 점심으로 햄버거가 먹고 싶어졌다. 얼마 안 가 맥도날드와 동네 햄버거가게를 발견했을 때 당신은 어느 곳을 선택할까? 동네 햄버거가게가 더 값싸고 맛도 좋을 수 있지만 외부에서 온 당신은 그런 정보를 알기 어렵다. 맥도날드는 어느 곳이든 거의 같은 품질을 유지하고 있기 때문에, 맥도날드 브랜드만 보고도 품질과 가격을 대충 알 수 있다. 이와 같이 브랜드는 소비자들이 구매를 하기 전에 상품의 품질을 짐작할 수 있게 정보를 제공한다. 맥도날드 본사는 맥도날드라는 브랜드를 유지하기 위해 품질유지에 최대한 신경을 쓰게 된다.

기업은 제품을 차별화한 다음에 그 차별성을 지속적으로 유지해야만 경쟁자들을 이길 수 있다. 신제품을 출시한 경우 일시적으로 큰 이윤을 얻을 수 있지만, 다른 경쟁기업들이 그 제품을 모방할 수 있다. 이러한 경우 경쟁우위(competitive advantage)를 상실할 수 있기 때문에 브랜드를 통해 경쟁우위를 계속 유지하는 것이 중요하다. 브랜드의 성공적인 시장안착을 이루어낸 대표적인 기업의 예로는 '코크(Coke)', '제록스(Zerox)', '에스컬레이터(escalator)', '아스피린(aspirin)' 등이 있다.

참고 광고는 과연 자원의 낭비인가?

경제학자들은 수십 년 동안 광고가 자원의 효율적 사용과 관련해서 경제에 미치는 영향에 대해서 논쟁을 하고 있다. 먼저 광고의 정보제공 역할의 긍정성을 꼽는 사람들이 있다. 광고는 상품가격, 새로운 신상품의 출현, 소매점의 위치와 같은 유용한 정보를 전달한다. 따라서 광고가 없었다면 결코 사용해보지 못할 상품에 대한 정보를 제공해주어 오히려 긍정적인 역할을 한다고 주장한다. 왜냐하면 상품의 품질이 낮으면 아무리 광고를 해도 소비자들은 외면을 하기 때문이다.

반면에 광고의 낭비성을 지적하는 사람들은 광고는 상품 간의 실질적인 차이를 알려주는 것이 아니라 소비자들이 제품들을 다르게 생각하도록 한다고 주장한다. 광고가 정보를 전달하기보다 소비자들의 심리적 변화를 목적으로 한다는 것이다. 예를 들어 코카콜라와 펩시가 실제로는 동일하다고 하더라도 광고를 통해서 각각 다른 것으로 인식하도록 유도한다는 것이다.

참고 **세계적인 브랜드의 가치**

기업이 가지고 있는 좋은 이미지나 명성은 쉽게 획득하기 어렵다. 코카콜라의 브랜드 가치는 얼마가 될까? 워렌 버핏(Warren Buffett)은 다음과 같이 농담조로 말한 적이 있다. "만일 어떤 사람이 나에게 1,000억달러를 주고 코카콜라가 가지고 있는 전 세계적인 경쟁력을 빼앗아달라고 한다면, 나는 그 돈을 되돌려주며 거절할 수밖에 없다. 그것은 불가능한 일이다라고 말할 것이다." 이와 같이 기업이 가지고 있는 기술이나 특허권, 저작권과 더불어 보이지 않는 브랜드를 무형의 자산이라고 하는데, 이것은 경쟁기업에 대해서 우위를 유지하기 위해서 필수적이라고 할 수 있다. 다음 표는 2006년 세계 20대 브랜드와 가치를 보여준다.

순위	브랜드명	2006년 가치 (백만달러)	출신국	순위	브랜드명	2006년 가치 (백만달러)	출신국
1	COCA-COLA	67,000	미국	11	CITI	21,458	미국
2	MICROSOFT	56,926	미국	12	MARLORO	21,350	미국
3	IBM	56,201	미국	13	HP	20,458	미국
4	GE	48,907	미국	14	AMERICAN EXPRESS	19,641	미국
5	INTEL	32,319	미국	15	BMW	19,617	독일
6	NOKIA	30,131	핀란드	16	GILLETTE	19,579	미국
7	TOYOTA	27,941	일본	17	LOUIS VUITTON	17,606	프랑스
8	DISNEY	27,848	미국	18	CISCO	17,532	미국
9	McDONALD'S	27,501	미국	19	HONDA	17,049	일본
10	MERCEDES	21,759	독일	20	SAMSUNG	16,169	한국

2. 과점시장과 게임이론

2.1. 과점시장과 전략적 행동

과점(oligopoly)시장에는 소수의 기업이 존재한다. 적은 수의 기업이 있기 때문에 각 기업은 어느 정도 시장지배력을 지니고 있지만, 소수의 몇몇 기업이 공존하고 있기 때문에 이윤을 극대화하는 데 다른 기업의 눈치도 보아야 한다. 즉 기업 간 의존도가 높기 때문에 어느 한 기업이 어떻게 행동하는가는 시장가격에 중요한 영향을 미치는 것이다. 따라서 과점시장의 기업들은 상대기업이 어떻게 행동할 것인가를 예측하고 그에 따라서 반응할 전략을 가지고 있어야 하는데, 이런 의미에서 과점기업들의 행동은 '전략적'이라고 할 수 있다. '전략적(strategic)'이란 한 사람이 어떤 행동을 하기 위해 상대방이 그 행동에 대해서 어떻게 반응할 것인가를 미리 예측해야 하는 기대 상황을 말한다.

과점시장
소수의 기업이 존재하여 어느 정도 시장지배력을 가지고 있지만 다른 기업의 반응을 감안하여 전략적으로 행동하게 되는 시장

완전경쟁시장과 독점시장에서는 상대기업의 행동을 고려할 필요가 없다. 완전경쟁시

장에서는 각 기업이 시장 전체 규모에 비해 너무 작기 때문에 기업 간의 상호작용은 큰 의미가 없다. 독점시장의 경우는 기업이 하나만 존재하기 때문에 상호작용이 발생하지 않는다.

반면에 과점시장은 기업의 수가 적기 때문에 개별기업들의 이윤은 다른 기업의 행동에 의해서 영향을 받고, 자신의 행동 역시 다른 기업의 이윤에 영향을 준다. 상호 의존적인 행동이 이윤에 영향을 주기 때문에, 기업들은 상대기업의 행동을 예의주시하게 된다. 이렇게 다른 기업들의 반응을 고려하면서 자신에게 맞는 최적의 전략을 선택하는 행위를 '**전략적 행위**(strategic behavior)'라고 한다.

전략적 행위
다른 기업들의 반응을 고려하면서 자신에게 맞는 최적전략을 선택하는 행위

2.2. 게임이론의 기본요소와 내쉬균형

(1) 게임이론 개념과 구성요소

게임이론
의사결정자가 어떻게 상호 의존적인 선택을 하는가를 연구하는 것

게임이론(game theory)은 1940년대 수학자인 폰 노이만(Johann von Neumann)과 경제학자인 모르겐슈테른(Oskar Morgenstern)에 의해서 개발된 것으로, 처음에는 포커나 장기와 같은 전략게임을 연구하는 응용수학의 일종이었는데 최근에는 경제학이나 기타 행동과학 분야에서 널리 사용되고 있다. 특히, 경제학에서는 과점시장의 전략적 행동을 분석하는 데 많은 기여를 해왔다. 게임이론이란 의사결정자가 어떻게 상호 의존적인 선택을 하는가를 연구하는 것이다. 투표와 같은 정치적 의사결정에서부터 테니스 선수가 서브를 어느 방향으로 넣을지를 결정하는 문제에 이르기까지 의사결정과 관련한 다양한 게임이론의 유형을 찾아볼 수 있다.

최근 40여 년에 걸쳐 게임이론은 경제적 상호행동과 관련한 광범위한 영역을 분석하기 위한 매우 유용한 도구로 사용되었다. 축구와 같은 운동경기를 비롯해 포커나 바둑의 경우를 생각해보면, 게임을 하는 데 필요한 기본적인 요소가 무엇인가를 쉽게 이해할 수 있다. 먼저 게임에 참여하는 경기자(player)와 게임의 성격에 따라서 지켜야 할 게임의 규칙(rules)이 있어야 한다. 정해진 규칙에 따라서 개별경기자들은 선택 가능한 여러 가지 전략 중에서 가장 적절한 조건부 계획(contingency plan) 즉, 전략(strategy)을 세우고, 그에 따라서 결과(outcomes)를 선택하게 되면 정해진 규칙에 맞는 보수(payoffs)를 얻게 된다.

참고 **노벨 경제학상과 게임이론**

게임이론은 천재 수학자이자 물리학자인 폰 노이만과 경제학자인 모르겐슈테른이 1944년에 출간한 『게임이론과 경제적 행동』에서 시작되었다. 히틀러의 유대인 박해를 피해 미국 프린스턴대학교로 망명한 폰 노이만은 당시 아인슈타인을 비롯한 많은 학자들과 더불어 프린스턴대학교의 수학, 물리학, 경제학이 크게 발전하는 데 기여했다. 당시 존 내쉬(J. Nash)는 게임이론의 발전에 가장 큰 기여를 했다. 그가 쓴 1950년대의 박사 논문과 몇 개의 논문은 게임이론의 기틀을 마련했으며 그러한 공로를 인정받아 1994년 젤튼과 하사니와 함께 노벨경제학상을 수상했다. 내쉬는 1959년 이후 수학자로서 명성을 얻던 무렵 정신분열증에 시달렸는데 지난 2001년 그의 파란만장한 인생은 '뷰티플마인드'로 영화화되기도 했다. 그 후 노벨경제학상은 많은 게임이론가들의 무대가 되었다. 2005년에는 게임이론의 기본원리를 정치, 외교, 경제 등의 현실생활에 적용하려는 시도를 높이 인정받아 아우만(Robert J. Auman)과 셸링(Thomas C.Schelling)이 노벨상을 받았다. 그 밖에 게임이론을 활용한 경매이론의 분석으로 1996년 비크리(William Vickery)가 이미 노벨상을 받았고, 2004년에는 정부의 거시정책의 비일관성과 신뢰문제를 게임이론으로 분석한 키들랜드(Finn E. Kydland)와 프레스컷(Edward C. Prescott)이 노벨상을 받았다. 이처럼 게임이론은 경제학의 응용분야를 넘어서서 경영학, 정치외교, 심리학, 진화생물학에 이르기까지 그 영역의 폭을 확대하고 있는 추세이다.

(2) 비협조적 게임과 죄인(용의자)의 딜레마

◈ 죄인의 딜레마 상황

신미모와 나미남은 경찰에 체포되어 서로 격리된 방에서 심문을 받고 있다. 경찰은 이미 각각 1년씩 감옥살이를 할 만한 증거를 확보한 상태이다. 그러나 경찰은 이들에 대해 훨씬 심각한 공금횡령에 대한 심증은 있지만 확실한 물증은 없다. 이러한 상황에서 경찰은 다음과 같은 제안을 한다.

죄인의 딜레마
더 나은 결과가 있지만 죄인들이 서로를 믿지 못하기 때문에 비협조적인 결과를 선택하게 된다는 상황에 봉착

> "너를 1년간 감옥에 보낼 수 있다. 그런데 너희 둘이 공금을 횡령했다는 사실을 자백하면 너는 수사에 협조한 대가로 석방을 시켜주고, 네 친구는 대신 너의 벌까지 덤으로 10년형을 살게 될 것이다. 그러나 너희 둘이 모두 공범으로 자백하면 할 수 없이 5년형을 살게 될 것이다."

◈ 죄인의 딜레마 상황에서 게임형태 표현

경찰의 제안에 대해서 신미모와 나미남이 어떤 선택을 할 것인가를 살펴보자. 위의 상황을 행렬 형태로 간단하게 표현해보았다. 〈그림 6-6〉에는 신미모와 나미남이 가능한 선택과 그에 따른 보수 즉, 형량을 제시하였다. 나씨와 신씨는 자신이 저지른 범죄에 대

그림 6-6

죄인의 딜레마에 빠진 두 용의자

나미남 \ 신미모	침묵	자백
침묵	1 1	0 10
자백	10 0	5 5

해서 자백할 수 있는 선택권을 가지고 있다.

만일 신씨와 나씨가 모두 의리를 지켜 침묵으로 일관한다면 1년형을 받게 된다. 그러나 본인은 자백하지 않고 침묵으로 의리를 지켰으나 상대방이 자백을 하게 되면, 자백을 하지 않은 사람은 괘씸죄에 걸려 10년이란 긴 형량을 받게 된다. 대신 자백을 한 사람은 수사에 기여한 보상으로 무죄로 석방된다. 이때 신씨가 자백하고 나씨가 침묵을 지키게 되면, 신씨는 보상을 받아 무죄로 석방될 것이다. 반대로 나씨가 자백하고 신씨가 자백하지 않는다면, 나씨가 무죄로 석방될 것이다. 이 보상은 둘이 침묵을 했을 때 받게 될 형량인 5년과 비교하면 매우 큰 보상이다. 이러한 상황을 행렬 형식의 게임으로 나타낸 것이 〈그림 6-6〉이다.

◈ 비협조적 게임과 협조적 게임

이러한 상황에서 신씨와 나씨는 어떤 선택을 할 것인가? 이에 대한 답은 상대방이 어떠한 선택을 할 것인가에 대한 각자의 예측[기대]에 따라서 달라진다. 신씨는 침묵을 하거나 자백을 할 수 있다. 그녀의 선택 결과는 나씨가 어떻게 하는가에 달려 있다.

나씨의 선택을 고려한 신씨의 최적선택

① 나씨 침묵 예상 → 신씨 자백

먼저 나씨가 침묵한다고 가정하면 신씨의 입장에서는 어떤 선택을 하는 것이 최선일까? 신씨도 침묵을 하면 1년형을 받지만, 자백을 하면 보상으로 무죄를 선고받는다. 따라서 자백을 하는 것이 최선의 선택이 된다. 선택한 결과를 ●로 표시를 했다.

② 나씨 자백 예상 → 신씨 자백

만일 나씨가 자백을 하면 신씨는 어떤 선택을 하는 것이 보다 나은 선택일까? 신씨가 침묵으로 일관하면 혼자 덤으로 10년형을 선고받게 되고, 자백하면 5년형을 받는다. 따라서 더 적은 형량인 자백을 선택하게 된다.

신씨의 선택을 고려한 나씨의 최적선택

① 신씨 침묵 예상 → 나씨 자백

나씨의 경우도 신씨가 어떤 선택을 할 것인가를 따져보면서 자신의 행동을 선택할 것이다. 신씨가 의리를 지켜 침묵을 할 것이라고 예측된다면 나씨의 입장에서는 침묵(1년형)보다 자백(무죄)의 보수가 더 크므로 자백을 선택할 것이다. 선택한 결과를 ■로 표시를 했다.

② 신씨 자백 예상 → 나씨 자백

이번에는 신씨가 자백을 할 것이라고 예측하면, 나씨는 침묵(10년형)보다 자백(5년형)의 보수가 더 크므로 자백을 선택하는 것이 최선이 된다.

그림 6-7

나미남 \ 신미모	침묵	자백
침묵	1 / 1	0 / 10
자백	10 / 0	5 / 5

비협조적 게임의 결과

최적선택은 ●(신미모)와 ■(나미남)가 모두 들어 있는 선택임 죄인의 딜레마 모형에 의하면, 신씨와 나씨는 모두 '자백'이라는 선택을 하게 된다. 만일 둘 다 의리를 지켜 침묵을 지킨다면 1년이란 더 나은 결과를 얻을 수 있다. 이러한 결과를 협조적 결과(cooperative outcome)라고 한다. 협조적인 결과는 둘 다 의리를 지켜 자백하지 않기로 사전에 약속하고 이를 지킬 때 나타나는 결과이다. 반면에 둘 다 자백하는 결과는 게임의 비협조적인 결과(noncooperative outcome)라고 한다. 왜냐하면 자기 자신만을 위한 선택을 따랐기 때문이다. 그 결과, 더 나은 결과가 있었지만 서로를 믿지 못하기 때문에, 비협조적인 결과를 선택하게 된다는 일종의 '딜레마(dilemma)' 상황을 경험하게 된다. 결국, 두 사람이 끝까지 범행을 부인하자고 사전에 약속을 했다는 점보다는, 약속을 지켰을 때와 지키지 않았을 때의 이해득실이 약속을 계속 지킬지에 좀 더 큰 영향을 미친 케이스라고 할 수 있다.

◈ 반복게임과 협조 가능성

이렇게 서로가 약속을 지키지 않고 신뢰를 하지 않는 이유는, 게임의 횟수가 한 번에 그치고 있기 때문이다. 현실에서 신씨는 침묵을 했는데 나씨가 자백을 하면 신씨는 혼자만 덤으로 10년형을 살게 되고 나씨는 무죄 석방된다. 그러나 10년형을 살고 나온 후 신

참고 **승자의 불행과 이혼**

미국에서는 결혼한 커플 중에서 약 45%가 이혼을 한다. 왜 이혼을 할까? 아마도 자신의 인생에서 최고의 파트너를 선택하기 위해서 모든 수단과 방법을 사용했지만 지금의 파트너에 대해서 다른 사람보다 과대평가를 했다고 생각해서일 것이다. 이렇게 나중에 평가가 잘못되었다고 생각하는 경우에 이혼할 확률도 높아질 것이다. 옥션이나 이베이(eBay)에서 노트북을 중고로 구입했다고 할 때, 그 노트북이 고장도 별로 없고, 경매과정에서 설명한 것과 성능이 같으면 별 문제가 없겠지만, 그렇지 않고 과대평가를 한 경우 오히려 경매 물건을 얻어 승자가 되었지만 불행해질 수 있다. 이처럼 경매과정에서 승자가 되어 낙찰받았지만 오히려 불행해지는 경우를 '승자의 불행(winner's curse)'이라고 한다. 1950년대와 1960년대에 석유회사들이 알래스카의 북쪽지역과 멕시코의 걸프지역을 경매로 구입했을 때, 그들은 기대했던 것만큼 큰 수익을 올리지 못했다. 운이 나빠서라기보다 너무 높은 가격으로 입찰을 했기 때문에 그러한 결과가 발생한 것이다. 경매에 참여한 회사 중에서 어떤 회사는 석유 매장량을 과소평가했을 것이고, 일부 회사는 과대평가를 했을 것이다. 아마도 평균적인 값이 가장 정확한 가격이었을 것이다. 그러나 경매에서 낙찰받는 기업은 가장 높게 평가한 기업이 되기 때문에 기대가 큰 만큼 실망도 클 수밖에 없다.

씨는 나씨를 가만두지 않을 것이다.

현실에서는 게임이 반복된다. 그렇게 되면 보복이 두렵기 때문에 상호 협력의 선택으로 나아갈 가능성이 클 수 있다. 이렇게 게임이 매번 반복되는 경우를 반복게임(repeated game)이라고 한다. 실험경제학자들은 실제로 사람들을 대상으로 동일한 상황을 상정하여 실험을 해본 결과, 사람들이 서로 협조적인 전략을 선택하는 경우가 많다는 것을 발견했다. 그러나 가장 최적의 전략은 다름 아닌 '**눈에는 눈, 이에는 이**(tit-for-tat)'라는 전략이었다. 상대방이 이번에 보인 행동과 동일한 전략을 다음 번 게임에 적용하는 것이다. 즉 신씨의 경우 만일 이번 게임에 나씨가 자백을 하면 자신도 다음 게임에서 자백을 선택하고, 침묵을 선택하면 그에 따라 대응하는 전략이다.

눈에는 눈, 이에는 이
상대방이 이번에 보인 행동과 동일한 행동을 다음에 선택하는 전략

◈ 우월전략균형과 내쉬균형

신씨의 입장에서는 나씨가 어떤 전략을 사용하든 간에 '자백'이라는 선택이 자신에게 유리한 결과를 낳는다. 나씨의 경우도 마찬가지이다. 이처럼 상대방의 전략에 상관없이 언제나 자신에게 더 유리한 결과를 가져다주는 전략을 **우월전략**(dominant strategy)이라고 한다. 그러나 모든 게임에서 항상 우월전략이 존재하는 것은 아니다.

우월전략
상대방의 전략에 상관없이 언제나 자신에게 더 유리한 결과를 가져다주는 전략

〈그림 6-8〉에 제시된 아시아나항공사와 대한항공사의 광고 게임을 통해 분석해보자. 아시아나항공의 선택과 무관하게 대한항공은 광고비를 증가시키는 것이 항상 더 유리한 전략이다. 따라서 광고비 지출을 늘리는 것이 대한항공의 입장에서는 우월전략이 된

그림 6-8

아시아나항공이 우월전략을 갖지 못한 경우의 내쉬균형

대한항공 \ 아시아나항공	광고지출 증대	광고지출 현상유지
광고지출 증대	4 3	3 8
광고지출 현상유지	5 4	2 5

다. 그러나 아시아나항공은 우월전략이 없다. 대한항공이 광고비를 늘리면 현상유지를 하는 것이 아시아나항공의 입장에서는 더 유리한 선택이다. 그러나 대한항공이 현상유지 전략을 선택하면 아시아나항공은 광고비 지출을 늘리는 것이 더 나은 전략이 된다.

이와 같이 아시아나항공은 "광고지출 현상유지" 전략을, 대한항공은 "광고지출 증대" 전략을 선택하게 되고, 그 결과 왼쪽-아래 셀이 균형이 된다. '균형'이란 다른 외부적인 요인이 없으면 그 상태를 계속 유지하려는 성질이라고 설명한 바 있다. 만일 아시아나항공이 균형에서 이탈해서 광고비 지출을 늘리게 되면, 이익이 4에서 3으로 감소하게 된다. 마찬가지로 대한항공이 광고비 지출 증대에서 현행수준 유지로 선택을 바꾸게 되면, 이익은 5에서 2로 감소하게 된다. 그러므로 대한항공도 왼쪽-아래 셀에서 이탈할 유인이 없게 된다.

내쉬균형
상대 경기자가 선택한 전략들에 대해서 자신이 선택할 수 있는 전략 가운데 최선의 전략

상대 경기자가 선택한 전략들에 대해서 자신이 선택할 수 있는 전략 가운데 최선의 전략을 '내쉬균형(Nash equilibrium)'이라고 한다. 1950년대 이 균형의 개념을 제시한 수학자인 존 내쉬(John Nash)의 이름을 딴 것으로, 그는 1994년에 게임이론에 기여한 공로로 젤튼(Selten)과 하사니(Harsanyi)와 공동으로 노벨경제학상을 수상했다. 게임이 내쉬균형에 있게 되면, 모든 경기자가 자신이 선택한 전략에서 이탈할 유인이 없게 된다.

2.3. 게임이론과 과점모형

(1) 꾸르노 경쟁과 수량경쟁

꾸르노 모형
각 기업은 상대 기업이 생산량을 그대로 유지할 것이라는 가정하에 자신의 행동을 선택한다는 과점모형

베르뜨랑 모형
각 기업은 상대 기업의 생산량을 보고 자신의 생산량을 결정하는 방식으로 경쟁하는 것(꾸르노 모형)이 아니라, 상대 기업이 책정한 가격을 보고 자신의 가격을 책정하는 방식으로 경쟁한다는 과점모형

◈ 꾸르노 모형과 베르뜨랑 모형

과점시장 모형에서는 몇 개의 소수 기업이 자신의 이익을 위해 전략적인 행동을 하게 된다. 기본적인 과점모형에서는 기업들이 수량경쟁과 가격경쟁을 한다. 게임이론의 방법이 등장하기 전인 1838년에 프랑스의 경제학자 꾸르노(A. Cournot)는 과점기업들의 수량경쟁을 모형화했는데, 그의 이름을 붙여 '꾸르노 경쟁(Cournot competition)'이라고 한다. 한편 과점기업의 경쟁수단으로 상품의 수량이 아닌 가격에 초점을 맞추어 분석한 모형이 1883년에 등장했는데, 프랑스 수학자인 베르뜨랑의 이름을 따서 '베르뜨랑 경쟁(Bertland competition)'이라고 한다. 여기서는 기본적인 수량경쟁 모형만 먼저 살펴보기

참고 **네덜란드식 경매와 영국식 경매: 게임의 응용**

예술작품이 경매의 방식에 의해 판매되는 경우를 종종 볼 수 있다. 경매란 농수산물, 주식, 예술작품 등 거래되는 대상의 표준적인 가치를 잘 모르는 경우에 가격을 설정하는 방식이다. 그날 아침에 들여온 생선이나 농산물 같은 경우는 당시의 수급상황에 따라서 가격이 결정될 수밖에 없기 때문에, 가장 높은 가격을 부르는 사람에게 판매가 된다. 따라서 다른 사람과 비교하여 어떤 가격을 부르는가에 따라 자신에게 이득이 되기도 한다.

경매는 자신이 생각하는 가격을 점차 높게 부르는 사람에게 낙찰되는 방식 외에 반대로 가격이 내려가는 방식을 사용하기도 한다. 네덜란드의 튤립이나 생선의 경우는 신선도가 매우 중요하기 때문에 경매과정에서 시간이 많이 소비되면 안 된다. 따라서 시계처럼 생긴 기계를 이용해 짧은 시간에 경매를 끝낸다. 예를 들어 아침에 잡은 청어가 있다고 하자. 가격이 50만원에서 시계바늘이 점점 1만원 단위로 떨어질 때, 먼저 손을 들고 사겠다고 구매하는 사람에게 낙찰되는 경우인데, 이렇게 가격이 하락하는 경매방식을 네덜란드식 경매(Dutch auction)라고 한다. 반면에 부르는 가격이 오르면서 진행하는 방식을 영국식 경매(English auction)라고 한다.

로 하자.

◈ 꾸르노 모형의 사례

수량경쟁의 기본 모형이라고 할 수 있는 꾸르노 모형을 간단한 예를 들어 살펴보자.

강화도에서는 8월 18일에 대형인삼을 구입할 수 있는 '인삼시장'이 열린다고 한다. 모형을 단순화하기 위해서, 강화도에서 인삼을 재배하는 농가는 나미남과 신미모 두 사람밖에 없다. 나씨와 신씨는 동등한 규모의 농장을 가지고 최대 60개의 대형인삼을 수확하였다. 인삼을 생산하는 데 들어가는 비용인 종자, 비료, 물, 노동력 등은 이미 회수가 불가능한 매몰비용(sunk cost)이다. 따라서 관련된 유일한 비용은 수확한 인삼을 시장까지 운반하는 데 들어가는 1만원이라고 하자.

이때 대형인삼에 대한 시장의 수요함수는 $P = 241 - 2Q$로 주어져 있다. 그리고 시장의 수요량은 $Q = q_{나} + q_{신}$로 나씨와 신씨가 각각 시장으로 가져오는 대형인삼의 합이다. 모형을 단순화하기 위해 나씨와 신씨가 시장에 가져올 수 있는 대형인삼의 수량을 30개, 40개, 60개의 세 가지 전략밖에 없다고 하자.

① 시장가격의 결정

만일 나씨가 60개의 대형인삼을 수확해 수송하기로 결정하고, 신씨는 30개만 수확해 수송하기로 한다면, 시장에 공급되는 대형인삼의 총량은 90개가 될 것이다. 이때 시장에서의 가격은 61만원(=241−2×90)이다. 즉 신씨와 나씨의 선택은 서로 시장가격에 영향을 미치기 때문에 게임이론을 적용할 수 있는 좋은 사례이다.

② 보수행렬 작성

〈그림 6-9〉에서 1은 나씨와 신씨 모두 30개의 대형인삼을 수확해 시장에 가져오는 경우이다. 이때 나씨의 보수를 계산해보면 총수입은 인삼의 시장가격과 신씨가 가져온 인삼의 수량을 곱한 값이다. 즉 얼마 하는 인삼을 몇 개 팔았는가로 계산하면 된다.

1에서 나씨는 30개의 대형인삼을 판다. 이때 시장에서의 가격은 신씨의 것까지 합친 60개가 총수량이 되기 때문에 121만원(=241−2× 60)이고, 나씨의 총수입은 3,630만원(=121×30)이 된다. 그러나 나씨가 시장으로 가져오는 데 들어가는 비용이 개당 1만원이기 때문에 총 30만원을 총수입에서 빼야 한다. 그 결과 총수입 3,630만원에서 30만원의 비용을 뺀 3,600만원이 나씨의 보수가 된다.

신씨의 경우도 마찬가지로 구하면 되고, 다른 박스도 같은 방식으로 쉽게 구할 수 있

그림 6-9

대형인삼 수확에 따른 나씨와 신씨의 보수행렬

나씨 \ 신씨	30개	40개	60개
30개	1 3,600 (나씨) / 3,600 (신씨)	2 3,000 / 4,000	3 1,800 / 3,600
40개	4 4,000 / 3,000	5 3,200 / 3,200	6 1,600 / 2,400
60개	7 3,600 / 1,800	8 2,400 / 1,600	9 0 / 0

다. 그 결과가 〈그림 6-9〉에 제시되어 있다.

③ 내쉬균형

내쉬균형은 나씨와 신씨 어느 누구도 일방적으로 이탈하기를 원하지 않는 전략 조합이라고 할 수 있다. 〈그림 6-10〉의 5 는 나씨와 신씨 어느 누구도 경쟁자의 생산량이 주어진 경우에 대형인삼을 더 많거나 더 적게 출하하기를 원치 않는 상황이다. 따라서 각각 40개를 수확해 시장에 가져와 팔 때 각각 3,200만원의 이득을 얻게 되는 것이 내쉬균형이다.

내쉬균형을 찾는 방법을 간단히 확인해보면 다음과 같다.

그림 6-10

대형인삼 꾸르노 경쟁의 내쉬균형

신씨 나씨	30개	40개	60개
30개	1 3,600 3,600	2 4,000 3,000	3 3,600 1,800
40개	4 3,000 4,000	5 3,200 3,200	6 2,400 1,600
60개	7 1,800 3,600	8 1,600 2,400	9 0 0

나씨의 선택을 고려한 신씨의 최적선택

① 나씨 30개 예상 → 신씨 40개

먼저 나씨가 30개를 수확해 가져온다면, 신씨는 40개를 선택하는 것이 가장 큰 보수 4,000만원을 얻게 된다. 선택한 결과를 ● 로 표시했다.

② 나씨 40개 예상 → 신씨 40개

만일 나씨가 40개를 수확해 가져온다면, 신씨는 역시 40개를 선택하는 것이 가장 높은 3,200만원의 보수를 얻게 된다.

③ 나씨 60개 예상 → 신씨 30개

만일 나씨가 60개를 수확해 가져온다면, 신씨는 30개를 선택하는 것이 가장 높은 1,800만원의 보수를 얻게 된다.

신씨의 선택을 고려한 나씨의 최적선택

① 신씨 30개 예상 → 나씨 40개

먼저 신씨가 30개를 수확해 온다면, 나씨는 40개를 선택하는 것이 가장 큰 보수 4,000만원을 얻게 된다. 선택한 결과를 ■ 로 표시했다.

② 신씨 40개 예상 → 나씨 40개

만일 신씨가 40개를 수확해 온다면, 나씨는 역시 40개를 선택하는 것이 가장 높은 3,200만원의 보수를 얻게 된다.

③ 신씨 60개 예상 → 나씨 30개

만일 신씨가 60개를 수확해 온다면, 나씨는 30개를 선택하는 것이 가장 높은 1,800만원의 보수를 얻게 된다.

(2) 완전경쟁, 독점과 꾸르노 모형의 비교

과점시장의 꾸르노 모형을 완전경쟁시장 및 독점시장과 비교하기 위해 〈그림 6-11〉에 제시한 수요곡선과 한계비용곡선을 통해 살펴보자.

◈ 완전경쟁시장

수요곡선과 한계비용(공급곡선 역할)이 교차하는 점이 완전경쟁시장의 균형점이 된

그림 6-11

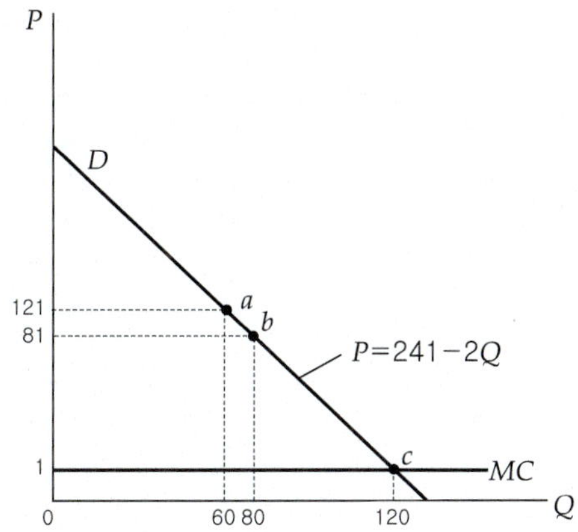

완전경쟁시장, 독점시장, 과점시장의 균형 비교

a: 독점시장
b: 과점시장(꾸르노)
c: 완전경쟁시장

다. 나씨와 신씨는 각각 1만원의 가격에 60개씩의 대형인삼을 공급하고 0의 이윤을 얻게 된다.

◈ 독점시장

독점시장 균형은 나씨와 신씨가 대형인삼을 각각 30개씩 개당 121만원에 판매할 때 발생한다.

◈ 꾸르노 경쟁시장

꾸르노 경쟁을 하는 경우 균형은 앞에서 살펴본 바와 같이 나씨와 신씨가 각각 40개씩의 대형인삼을 생산하고 개당 81만원에 판매할 때 발생한다.

(3) 담합과 협력

앞에서 살펴본 바와 같이 나씨와 신씨는 하나의 독점기업처럼 서로 협력적으로 행동해 각각 40개씩 수확·판매하면 보다 큰 이윤을 얻을 수 있다. 그러나 죄인의 딜레마와 유사한 맥락에서, 나씨와 신씨는 상대방이 30개를 수확할 때 자신의 생산량을 늘리면 더 큰 개인적인 이익을 얻을 수 있기 때문에 협력을 하기가 쉽지 않다.

현실에서는 협력을 통해 하나의 독점기업과 같이 행동하여 이윤의 합을 극대화하려는 시도가 많이 이루어진다. 대표적인 예로 석유를 생산하는 국가들이 석유 생산량을 줄이고 가격을 올리는 담합(collusion)의 경우를 들 수 있다. 이처럼 가격이나 생산량의 결정에 있어서 서로 협조하는 생산자집단을 카르텔(cartel)이라고 한다. 반독점법(공정거래법)에서는 명시적 담합행위(explicit collusion)를 불법으로 규정하고 있기 때문에, 상호 묵시적으로 은밀하게 가격과 생산량을 통제하는 암묵적 담합(tacit collusion)이 많이 행해지고 있다.

담합
협조를 통해 하나의 독점기업 같이 행동하여 이윤의 합을 극대화하려는 행동

CHAPTER | 07

생산요소시장과 소득분배

1. 생산요소시장

생산요소시장이란 생산을 하는 데 필요한 노동과 자본 같은 생산요소들을 다루는 시장이다. 경제학에서는 토지, 노동, 자본, 기술, 경영방식 등 다양한 생산요소들 중에서 노동과 자본을 가장 기본적인 요소로서 간주한다. 먼저 노동시장에 대해서 살펴보고, 자본시장 그리고 이러한 생산요소의 분배라고 할 수 있는 소득분배의 문제에 대해서 살펴보기로 한다.

생산요소시장
생산을 하는 데 필요한 노동과 자본과 같은 생산요소들을 다루는 시장

시장에서 결정된 임금은 노동의 한계생산가치와 같으므로, 임금은 노동력의 생산성과 매우 밀접한 상관관계를 가진다. 개별근로자들의 생산성이 얼마나 높은가의 여부와 학력과 경력이 임금의 차이에 영향을 주게 된다. 학력과 경력은 생산성이 높을 것이라는 기대감을 갖게 하는 신호의 역할을 한다. 우리나라의 노동시장은 현재 여성에 대한 처우가 점차 개선되고 있는, 선진국으로의 도상에 있다.

2. 노동시장

2.1. 숙련노동시장과 이중노동시장

(1) 숙련노동과 미숙련노동

숙련노동(skilled labor)이란 기술력이 있는 노동을 의미하고, 기술이 없는 노동을 미숙련노동(unskilled labor)이라고 한다. 기업은 노동자가 기술을 갖추도록 인적 투자(human investment)를 강화하고 있는데, 교육과 현장실습을 통해 근로자는 보다 숙련된 노동력을 갖출 수 있다는 견해가 존재한다. 일반적으로 투자라고 하면 물적 투자를 떠올리는데, 물건이 아닌 사람에게 투자하는 경우를 인적 투자라고 한다. 경제가 성장하는 데 있어서 인적 자본의 축적이 물적 자본의 축적에 못지않게 중요하다는 주장이 **인적자본이론**(human capital theory)이다.

인적자본이론
물건이 아닌 사람에게 투자하는 경우 생산성 향상에 영향을 준다는 이론

(2) 숙련에 따른 임금격차

일반적으로 기술을 보유한 숙련노동자의 경우는 보다 높은 임금을 받게 된다. 이것을 경제학의 기본 원리인 수요공급곡선을 통해서 간단히 설명하면 다음과 같다.

그림 7-1

숙련노동시장과 미숙련노동시장

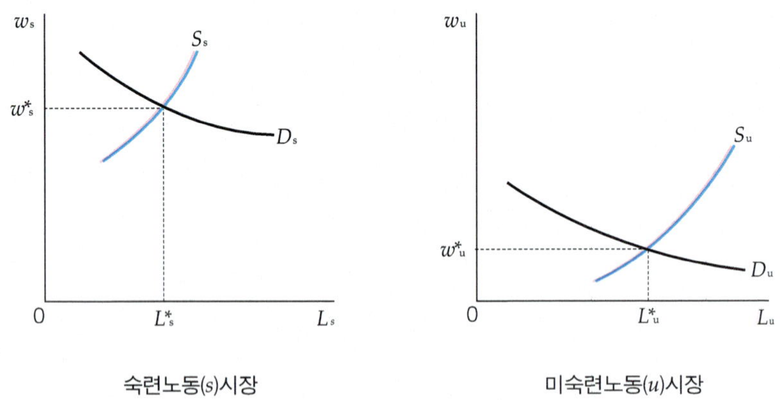

숙련노동에 대한 수요곡선은 미숙련노동의 경우보다 한계생산가치가 더 높기 때문에 보다 위쪽에 위치하게 된다. 숙련노동에 대한 공급곡선의 경우, 기술을 체득하기까지 많은 시간과 비용을 투자해야 하기 때문에 더 높은 비용이 들어가게 되고, 그 결과 비용곡선의 의미를 지닌 공급곡선이 더 높은 위치에 그려지게 된다.

〈그림 7-1〉을 통해서 보면, 숙련노동시장은 비숙련노동시장보다 상대적으로 낮은 고용량과 높은 임금을 받게 된다. 이러한 격차는 수요공급곡선의 위치에 따라 벌어지기도 하고 좁혀지기도 한다.

(3) 이중노동시장

이중노동시장(dual labor market)이란 경제에 질적으로 다른 두 가지 노동시장이 함께 공존하는 것을 말하는데, 경영직과 전문직 그리고 숙련기술직과 같이 일반적으로 좋은 일자리가 있는 시장을 일차노동시장(primary labor market)이라고 하고, 일용직 근로자나 파출부와 같이 기술이 없는 사람들이 고용된 시장을 이차노동시장(secondary labor market)이라고 한다.

이중노동시장
경영직과 전문직, 숙련기능직의 일차노동시장과 기술이 없는 이차노동시장처럼 질적으로 다른 두 노동시장이 함께 공존한다는 가정

일반적으로 교육수준에 따라 어느 시장에 속하는지 결정이 되는데, 이중노동시장의 성격이 강할수록 일부 계층의 사람들은 빈곤의 악순환에서 헤어나기 어렵고 빈곤이 심화되는 경우도 빈번하다.

2.2. 노동시장과 차별

(1) 차별 발생의 원인과 영향

어느 사회나 집단에서든 특정 그룹에 속한 사람들에게 상대적으로 열악한 대우를 하는 차별이 존재한다. 노동시장의 대표적인 차별은 동등한 능력을 보유했음에도 낮은 임금을 주거나 좋은 직장을 얻을 기회를 원천적으로 제약하는 방식으로 행해진다. 이러한 차별이 일어나는 원인은 개인적인 편견과 선입견이 가장 클 것이다. 또한 학연과 지연, 혈연과 같이 사적인 요인으로 인해 차별이 발생하는 경우도 있고, 정보의 부족과 비대칭성이 그 원인인 경우도 있다.

노동시장에서 차별로 인해 어떤 문제가 발생하는가를 알아보기 위해서 여성에 대한

차별이 임금수준에 어떤 영향을 미치는지 살펴보자. 만일 남성과 여성의 능력이 동등하다면 고급인력시장과 더 나아가 보통인력시장에 취업하는 비율이 동일할 것이다. 그러나 차별이 일어나 고급인력시장에서 남성을 선호하게 되면 여성은 고급인력시장에서 보통인력시장으로 옮겨가야 한다. 그 결과 고급인력시장에는 여성이 빠진 만큼 공급이 감소하게 되고 임금률은 더 올라가게 된다. 반면에 여성들이 이동해 온 보통인력시장은 공급 증가로 인해 임금률이 더 낮아지게 된다. 결국 차별을 받는 여성의 경제적 지위는 낮아지고, 보통인력시장에 취업하고 있는 남성도 낮은 임금을 감수해야 한다. 이러한 쏠림현상이 계속되면 정보의 비대칭성으로 인해 고급인력시장은 점차 보다 많은 남성으로, 보통인력시장은 보다 많은 여성으로 그 비중이 높아질 것이다. 그리고 이러한 차별이 지속되다보면 여성들은 생산성을 높이기 위한 교육이나 노력을 게을리하게 되고, 그 결과 차별을 없앤 이후에도 계속 그 상태에서 빠져나오기 어렵게 되는, 계층 고착화가 진행되는 문제점이 상존한다.

(2) 차별철폐의 방안

임금의 측면에서 차별의 영향을 제거하기 위한 방안은 같은 직종에 종사하는 동등한 직급에 대해 동일한 임금을 지급해야 한다는 원칙을 확립하는 것이다. 그러나 임금의 측면에서 차별의 영향을 완화하는 것도 중요하지만, 취업의 기회를 제약하는 차별을 먼저 제거하는 것이 보다 중요하다. 모두에게 출발의 기회를 동등하게 주어야 한다는 것이다.

기업들은 시장에서 다른 기업들과 경쟁해야 하기 때문에, 좀 더 높은 생산성을 지닌 우수한 인재를 선발하려고 하기 때문에 현실에서는 차별이 쉽게 없어지지 않는다. 아마도 차별을 받는 사람들이 현실적으로 낮은 생산성을 가지고 있을 수도 있고, 사회에 만연된 편견으로 인해 공평한 고용정책을 행동으로 옮기기 어렵기 때문일 수도 있다. 그러나 차별로 인한 사회적인 손해는 차별을 받는 당사자에게만 그치는 것이 아니라, 차별로 인해 근로의욕과 성취동기를 저해하여 결국 경제발전에 부정적인 요인으로 작용할 수 있다는 사실이다.

3. 자본시장

3.1. 자본재와 투자

자본재는 내구성이 있기 때문에 오랜 기간 사용될 수 있고, 때로는 그 자체가 산출물이지만 때로는 다른 산출물을 생산하기 위한 투입물로서도 사용될 수 있다. '자본을 축적한다'고 하면 미래를 위해 현재의 소비를 희생한다는 것을 의미하고 이를 저축이라고 한다. 따라서 저축은 자본재 생산을 위해 그 양을 축적해간다는 의미에서 투자라고도 할 수 있다.

한 나라 안에 존재하는 자본재의 총량을 자본스톡(capital stock)이라고 한다. 자본재는 금융부문의 자본과 달리 실물적인 개념으로 공장, 기계, 공구, 자동차, 도로 등 구조물이나 설비를 의미한다. 재고(inventory)는 기업의 입장에서는 남은 산출물을 의미하는데, 이것 역시 자본재의 일종이다. 자본재의 특징은 오래 사용하다 보면 성능이 떨어져 가치가 하락하기도 한다. 이를 **감가상각**(depreciation)이 일어났다고 한다.

감가상각
자본재를 사용하면서 성능 하락으로 가치가 감소하는 것

3.2. 투자의 결정기준

기업은 자본재의 구입을 결정하기 전에 미래에 얻을 수 있는 수익과 비교한다. 미래에 예상되는 수익은 일련의 유량(flow) 개념의 형태로 발생하기 때문에 할인(discount)을 통해 현재가치로 환산해야 한다.

참고 **조삼모사의 원숭이 과연 어리석은가?**

중국 송나라의 저공은 원숭이를 많이 기르고 있었는데, 어느 날 먹이가 부족하자 원숭이들에게 이렇게 말했다. "앞으로 도토리를 아침에 3개, 저녁에 4개로 제한하겠다." 원숭이들은 아침에 3개로는 부족해 배가 고프다며 화를 내었다. 그러자 저공은 "그렇다면 아침에 4개, 저녁에 3개를 주겠다"고 했고, 원숭이들은 너무 좋아했다. 이 고사는 우리에게 조삼모사(朝三暮四)라는 말로 잘 알려져 있다. 대개는 간사한 말로 남을 희롱함을 이르는 말이다. 그런데 현재가치의 개념을 적용하면 과연 원숭이가 어리석다고만 할 수 있을까?

(1) 할인과 현재가치

예를 들어 10억원 하는 어떤 기계가 있는데, 생산과정에 사용되면 3년 동안 5억원씩의 수익을 가져다준다고 하자. 미래에 생기는 수익은 할인과정을 거쳐서 현재가치로 환산해야 한다. 현재가치로 할인하는 방법을 간단히 설명하면 다음과 같다. 연간이자율이 10%라면 3년 후의 5억원은 현재의 가치로 계산하면 $\frac{5억원}{(1+0.1)^3}$ 이다. 따라서 10억원짜리 기계가 창출하는 3년간의 가치를 모두 합한 이 기계의 현재가치는 $\frac{5억원}{(1+0.1)} + \frac{5억원}{(1+0.1)^2} + \frac{5억원}{(1+0.1)^3}$ 이 된다.

(2) 투자 여부의 결정기준

가격이 10억원인 기계가 있는데 이를 생산과정에 투입하면 다음과 같은 수익의 흐름을 얻을 수 있다고 하자. 1년 후에는 2억원, 2년 후에는 3억원, 3년 후에는 3억원, 4년 후에는 3억원, 5년 후에는 2억원을 얻고 그 후에는 아무런 쓸모가 없다. 만일 연간할인율을 10%(=0.1)로 가정했을 때, 이와 같은 수익의 흐름을 현재가치(PV)로 환산하면 다음과 같다.

$$PV = \frac{2억원}{(1+0.1)} + \frac{3억원}{(1+0.1)^2} + \frac{3억원}{(1+0.1)^3} + \frac{3억원}{(1+0.1)^4} + \frac{2억원}{(1+0.1)^5}$$
$$= 9.84$$

결국 이 기계가 가져다주는 수익의 흐름은 현재가치로 9억8,400만원밖에 되지 않기 때문에 10억원의 비용을 지불하고 기계를 구입하는 것은 바람직한 선택이 되지 않는다.

어떤 자본재의 구입 가격이 C원이고 수익의 현재가치가 PV로 판명되었을 때, 일반적으로 투자 여부는 다음과 같은 기준에 의해 결정할 수 있다.

$PV > C$: 투자함

$PV < C$: 투자하지 않음

3.3. 이자율의 결정

이자율(interest rate)은 자금을 빌려주고 빌리는 것과 관련된 가격을 말한다. 가격, 임금, 이자율, 환율과 같은 가격변수들은 시장에서 보이지 않는 손의 역할을 담당하는 수요와 공급의 상호작용에 의해 균형 수준이 결정된다. 다른 사람에게 빌려줄 수 있는 돈을 대부가능자금(loanable funds)이라고 하는데, 자금의 공급에 해당한다. 자금의 수요란 자금이 필요한 사람들이 빌릴 수 있는 돈으로서 기업의 투자가 여기에 해당한다.

이자율
자금을 빌려주고 빌리는 것과 관련한 가격으로 돈을 빌리는 대가

따라서 투자의 수요는 이자율과 음(−)의 관계에 있기 때문에, 자금에 대한 수요 역시 이자율과 음(−)의 관계에 있다고 할 수 있다. 왜냐하면 이자율이 높아지면 기업을 비롯한 소비자와 정부는 빌리고자 하는 의사가 작아지기 때문에 자금에 대한 수요는 작아진다. 이처럼 자금에 대한 수요는 우하향하는 형태를 띠게 되지만, 자금에 대한 공급은 이자율이 올라감에 따라서 자금을 더 공급하려고 하기 때문에 우상향하는 형태를 띠게 된다.

일반적으로 대부가능자금의 공급은 소비자들이 자신의 소득을 소비하고 남은 저축에서 나온다. 현재의 소비를 억제하고 미래의 소비를 위한 저축은 기다림의 대가로 이자를 받게 된다. 물론 기업이 이윤의 일부를 남겨두거나 금융기관이 중개기능을 통해서 자금의 공급에 영향을 미칠 수 있다. 〈그림 7-2〉에서 보여주는 바와 같이 대부가능자금에 대한 수요와 공급에 의해 균형이자율이 결정된다.

그림 7-2

자금시장과 이자율의 결정

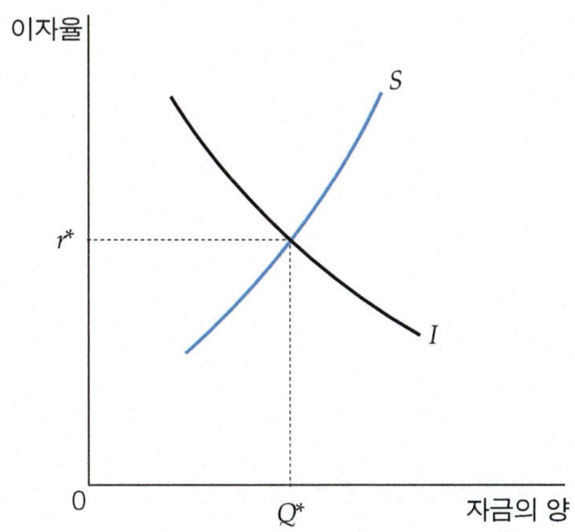

4. 소득분배와 빈곤

지금까지 경제학의 논의는 효율성의 측면에서 주로 이루어졌다. 효율성이란 자원배분에서 낭비가 없다는 것을 의미한다. 그러나 효율성이 충족되었다고 하더라도 그 사회가 바람직한지, 삶의 질이 높은지를 평가하기는 힘들다. 어느 한 사람이 모두 독식하는 경우에도 효율성은 충족될 수 있기 때문이다. 따라서 규범적 차원에서 별도의 기준이 필요한데 다름 아닌 공평성(equity)이 그것이다. 얼마나 사회구성원이 공평하게 나누어 가졌는가의 문제가 바로 소득분배의 문제이다.

4.1. 기능별 소득분배와 계층별 소득분배

기능별 소득분배
생산요소 사이에서 소득이 어떻게 나뉘는가의 관점에서 분배를 파악하여 임금, 이자, 지대, 이윤으로 나누는 것

계층별 소득분배
사람을 중심으로 소득계층별로 소득의 분배를 파악하는 것

소득분배는 기능별 소득분배(functional distribution of income)와 계층별 소득분배(size distribution of income)로 나눌 수 있다. **기능별 소득분배**는 각 생산요소 사이에서 소득이 어떻게 나뉘는가의 관점에서 분배를 파악하여, 근로자는 임금, 자본가는 이자, 지주는 지대, 그리고 기업경영인은 이윤의 형태로, 각각의 역할별로 소득을 분배하는 것이다. **계층별 소득분배**는 생산요소가 아닌 사람을 중심으로 분배상태를 파악하는 것으로, 소득이 가장 높은 사람부터 낮은 사람의 순서로 배열했을 때 저소득층, 중산층, 고소득층에 소득이 얼마나 배분되고 있는가에 관심을 둔다.

4.2. 소득분배의 불평등도 측정

(1) 불평등도의 측정

공평성[형평성]은 여러 가지 측면이 모두 감안되어야 하는 복합적이고 주관적인 개념이기 때문에 한마디로 정의를 내릴 수 없다. 그러나 평등성이란 개념으로 이해를 하면 보다 쉽게 접근할 수 있다는 장점이 있다. 이러한 가정하에 얼마나 사회가 평등한가를 측정할 수 있는데, 그 방법이 불평등도지수(inequality index)로 표현된다.

(2) 10분위분배율과 5분위배율

소득10분위(income decile)란 가장 부유한 사람부터 가장 가난한 사람까지 각각 10%의 구간으로 구성된 소득계층을 의미한다. 이 경우 제1분위는 가장 가난한 10%의 사람들을 의미하게 된다.

통상적으로 소득수준이 낮은 가구 40%를 저소득층, 높은 가구 20%를 고소득층, 그 사이 40%를 중산층이라고 한다.

'10분위분배율(decile distribution ratio)'이란 하위 40%의 사람들이 차지하는 소득의 비율을 상위 20%의 사람들이 차지하는 소득의 비율로 나눈 값을 말한다.

$$10\text{분위분배율} = \frac{\text{하위 40\% 소득비율}}{\text{상위 20\% 소득비율}}$$

결국 못사는 사람 40%가 잘사는 사람 20%에 비해서 얼마나 못사는가를 나타낸 지수이다. 10분위분배율의 값이 클수록 하위 40%의 소득 비율이 커지기 때문에, 균등한 분배라고 할 수 있다. 10분위분배율의 값이 0.45보다 크면 고균등분배, 0.35~0.45 사이이면 저균등분배, 0.35보다 작은 경우 불균등분배라고 한다. 즉 이 값이 더 작을수록 더욱 불평등한 분배상태를 나타낸다.

한편 5분위분배율을 사용하기도 하는데, 제1분위 계층인 최상위 20%의 평균소득을 제5분위 계층인 최하위 20%의 평균소득으로 나눈 값으로서 계층 간 소득격차를 보여준다. 5분위배율은 이론상 1부터 무한대까지의 수치를 가질 수 있는데, 이 수치가 높아질수록 소득분배의 불균등 정도는 커지게 된다. 소득분배가 완전히 균등한 경우는 값이 1이 되고, 반대로 소득계층이 상위 20%에만 집중되어 있는 경우에는 무한대의 값을 갖는다.

참고 **소득분배가 균등한 빈곤국가 에티오피아**

에티오피아는 아프리카에 위치한 국가로서 1인당 국민소득이 160달러밖에 되지 않는다. 그러나 10분위분배율을 계산해보면 예상과 달리 균등한 분배에 가까운 결과를 얻을 수 있다. 그러나 이러한 균등은 우리가 바라는 바와 다르다. 국민들 대부분이 최저생계소득선상에 있다는 점에서 우선적으로 추진해야 할 과제는 빈곤선의 탈피이다. 세계은행은 전 세계를 대상으로 빈곤선을 제시했는데 하루 소득이 1달러와 2달러를 기준으로, 하루에 2달러가 되지 않는 인구 비중이 제일 높은 나라는 나이지리아로 90.8%, 다음이 부룬디로 89.2%이다. 이들 국가는 균등한 소득분배보다 경제적인 성장에 보다 관심을 가져야 한다.

(3) 로렌츠 곡선

어떤 사회의 분배 상태를 나타내는 수단으로 가장 흔하게 사용되는 것이 로렌츠 곡선(Lorenz curve)이다. 만일 모든 사람의 소득이 똑같으면 로렌츠 곡선은 대각선과 일치하지만, 어느 한 사람이 모든 소득을 독점하고 나머지 사람들은 하나도 얻지 못한다면 로

그림 7-3

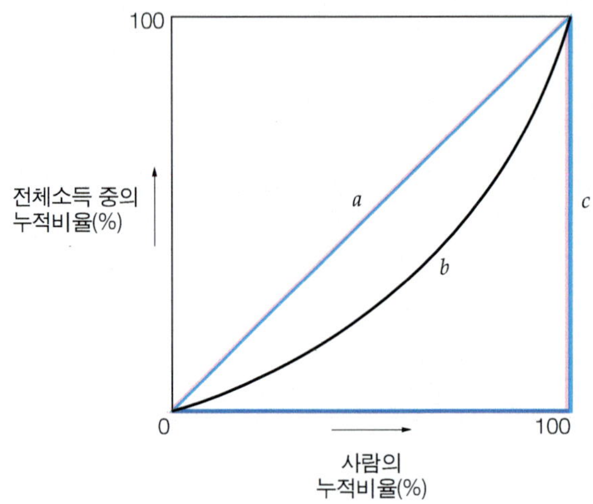

로렌츠 곡선

a: 완전히 평등한 분배상태
b: 로렌츠곡선
c: 극단적으로 불평등한 분배상태

그림 7-4

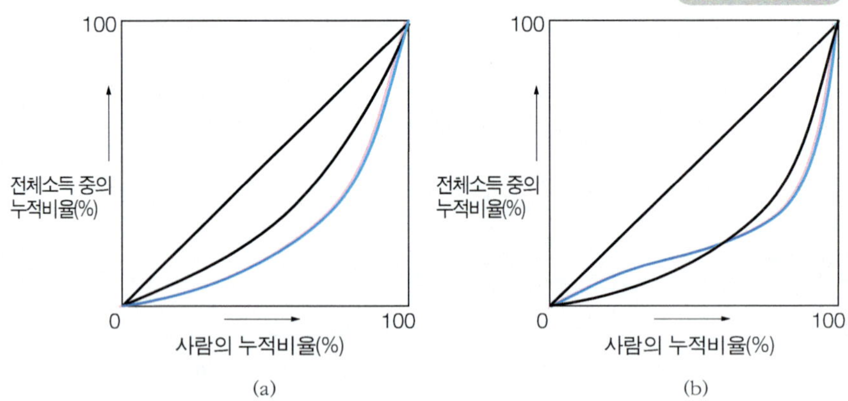

로렌츠 곡선의 불평등 판별방법과 한계

(a) 평등한 분배 (b) 교차하는 경우에는 판단할 수 없음

렌츠 곡선은 대각선에 대하여 크게 꺾인 선분의 형태를 취하고 극단적인 불평등 상태를 나타내게 된다. 결국 로렌츠 곡선이 대각선에 얼마나 가까이 위치하는가를 기준으로 시대별로 혹은 국가별로 얼마나 소득분배가 평등하게 이루어지는가를 판단할 수 있다. 그러나 로렌츠 곡선이 교차하는 경우 교차 이전과 이후에는 평등성에 대한 판단 결과가 달라지기 때문에 문제가 발생한다.

(4) 지니계수

로렌츠 곡선의 한계를 극복하고자 나온 방식이 지니계수(Gini coefficient)로, 불평등도를 측정하기 위한 방법으로 가장 많이 사용되고 있다. 로렌츠 곡선에서 대각선 아래의 삼각형은 α 와 β 의 두 구역으로 나뉘는데(〈그림 7-5〉 참조), 지니계수는 α 의 면적을 α 와 β 를 합친 면적으로 나눈 비율이며 다음과 같이 나타낼 수 있다.

$$\text{지니계수}(G) = \frac{\alpha}{\alpha + \beta}$$

그림 7-5

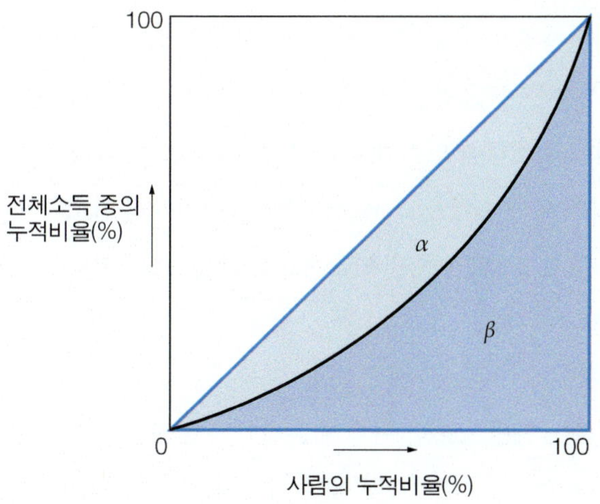

지니계수 측정방법

$$G = \frac{\alpha}{\alpha + \beta}$$

지니계수는 0에서 1 사이의 값을 가지며, 그 값이 클수록 보다 불평등한 분배상태를 나타낸다. 완전히 불평등한 경우, α값은 점점 커지고 β값은 0이 되어 지니계수가 1이 될 것이다. 반대로 완전히 평등한 경우, α값은 0에 가까워지고 β값은 커지면서 지니계수가 0에 가까워질 것이다.

물론 지니계수도 현실에 존재하는 불평등의 정도를 측정하는 지표로서는 명백한 한계가 있다. 공평한 분배라는 것은 재산이나 부(富) 등의 여러 가치 측면을 동시에 고려해야 하는데, 지니계수는 소득이 얼마나 균등하게 분배되었는가라는 하나의 차원에서만 공평성을 평가하는 단점이 있다.

4.3. 빈곤의 문제

(1) 빈곤의 정의

빈곤이란 인간다운 생활을 하기에 충분한 소득을 얻지 못하는 상황을 포괄적으로 말한다. 그러나 빈곤이 무엇인지에 대해 사람마다 생각이 다를 수 있고, 사회에 따라 빈곤에 대한 인식이 상이하기 때문에 정확한 정의는 더욱 어렵다. 빈곤한 사람을 정의하는 방법으로 최저한의 생활을 하기 위해 필요한 소득을 계산한 다음, 소득이 이보다 더 낮은 사람을 빈곤한 계층으로 보는데, 이 기준을 빈곤선(poverty line)이라고 한다. 빈곤선을 측정하는 방법으로 최저한의 생활을 영위하기 위해 필요한 소득 수준이 얼마인지를 객관적으로 조사하는 방식을 사용할 수도 있고, 사람들에게 설문조사를 한 결과에 의거해 기초생활을 위해 최소한 얼마의 소득이 있어야 하는지를 주관적으로 파악할 수도 있다. 또한 이러한 직접적인 조사가 아닌 평균소득(average income)이나 중위소득(median income)의 일정한 비율로 50% 혹은 2/3의 수준을 빈곤선으로 잡을 수도 있다.

(2) 빈곤도의 측정

한 사회의 빈곤 정도를 측정하는 방법으로 한 사회에 존재하는 빈곤한 사람의 수를 전체 인구로 나눈 비율이 있다. 여기에는 절대적 빈곤율과 상대적 빈곤율이 있다. 절대적 빈곤율은 매년 정부에서 발표하는 최저생계비 이하의 수준이 전체 인구의 몇 %인가를 측정하는 것이고, 상대적 빈곤율은 인구를 소득 순으로 나열했을 때 한가운데 있는 사람의 소득인 중위소득의 50%도 안 되는 빈곤층이 전체 인구에서 차지하는 비율이 어느 정도인가를 측정하는 것이다. 상대적 빈곤율이 높다는 것은 그만큼 가난한 국민이 많다는 것을 의미한다.

이 방법은 얼마나 더 가난하고 덜 가난한지와 상관없이 빈곤한 사람을 모두 똑같이 하나의 숫자로 취급한다는 단점이 있다. 그래서 빈곤한 사람들의 실제 소득이 빈곤선보다 얼마나 적은지 계산해 이를 모두 더한 것을 지표로 사용하기도 하는데, **빈곤격차**(poverty gap)라고 한다. 빈곤격차 지표는 빈곤한 사람들이 과연 얼마나 빈곤한 상태에 있는지를 보여준다는 장점이 있다.

빈곤격차
빈곤한 사람들의 실제소득과 빈곤선의 차이를 합한 것

4.4. 양극화

(1) 소득양극화와 소득불균등

소득양극화(income polarization)는 중산층(중간소득계층)이 줄어들면서 소득분포가 양극단으로 분산되는 현상을 의미한다. 중산층을 어떻게 정의하는가에 따라서 결과는 약간 차이가 나지만, 소득의 양극화는 소득불균등과 다른 개념이다. 소득불균등은 소득 분위별로 분배상황이 균형분포(uniform distribution)를 이루지 못하는 현상으로 원래 소득분배의 격차와 수준, 상태에 대한 개념이지만, 소득양극화는 중산층이 감소하여 소득 상위계층과 하위계층의 소득분포에 상호 이질적인 계층그룹이 형성되는 현상에 초점을 둔 것이다. 결국 소득양극화는 소득분포의 편차[격차]가 확대되는 추세를 나타낸다.

소득의 양극화가 바로 소득의 불균등 심화를 의미하는 것은 아니다. 양극화현상은 악화되었지만 소득불균등은 완화될 수 있고, 반대로 양극화현상이 완화되었지만 소득불균등은 심화될 수 있다.

(2) 동아시아의 소득양극화

한국의 경우 IMF경제위기 이후 소득양극화는 사회문제의 주요 관심사로 등장했다. 일본의 경우도 금세기 들어 장기불황으로 인해 양극화가 심화되어 일명 '격차사회' 현상이라 불리운다. 한편, 중국과 같은 고도 성장 경제의 경우 중산층이 감소하는 양극화 현상은 심각한 사회문제인데, 대체로 인구밀도가 높은 동아시아 사회에서 양극화 문제에 대한 관심은 보다 높아지고 있다고 할 수 있다.

5. 재분배정책

5.1. 누진세와 부의 소득세

재분배정책은 불평등한 소득의 분배를 개선하기 위한 정부의 개입이다. 부유한 사람일수록 소득의 더 큰 비율을 세금으로 납부하는 누진세를 적용할 수 있다. 그러나 가난한 사람들의 소득을 올려주는 것이 아닌 부유한 사람의 소득을 일부 제한하는 것일 뿐이고, 현실의 조세제도에서 그 누진성의 정도에 대한 비판도 제기되고 있다.

부의 소득세
일정소득수준에 이를때까지 보조금(부의 소득세)을 받지만 비율이 점차 줄어드는 방식의 조세제도

누진세제의 연장으로 '**부의 소득세**(negative income tax)'제도를 도입할 수 있는데, 명백하게 재분배효과를 강화시킨 것이라고 할 수 있다. 정부가 가난한 사람들에게 보장하고자 하는 최소한의 소득이 월 20만원이라고 하면, 어느 한 개인이 벌어들인 소득이 하나도 없는 경우에는 20만원의 보조금을 지급하지만, 소득이 증가함에 따라 보조금의 비율을 점차 줄여나가는 방식이다. 예를 들어 1만원을 더 벌 때마다 보조금을 4,000원씩 줄여간다고 하면 스스로 번 소득이 10만원인 사람은 정부로부터 16만원을 받게 되기 때문

참고 **자선이나 세금으로 가난을 해결할 수 있을까?**

카네기는 1901년 자신의 회사를 JP모건에 3억달러(현재가치로 따지면 약 100조원)에 매각해 세계 최고의 부자가 되었다. 그가 전 재산을 사회에 기부하기 1년 전에 한 사회주의자가 방문해 "당신 같은 부자들은 재산을 가난한 사람들에게 똑같이 나누어 주어야 한다"고 고함을 질렀다. 카네기는 별 대꾸 없이 비서에게 자신이 가지고 있는 재산 규모와 전 세계 인구자료를 가져오라고 한 후, 잠시 계산을 하고 나서 다음과 같이 말했다. "이 신사분께 16센트를 드리시오. 똑같이 나눈 몫입니다."
카네기를 찾아간 사회주의자와 같은 방식이 부의 불평등을 해결하는 최선의 방법은 아니다. 현재 미국 400대 부자들을 대상으로 빌 게이츠와 워렌 버핏이 주도하고 있는 '재산 50% 기부하기 운동'의 경우에 적용하면, 미국 400대 부자들이 재산의 절반을 기부할 때 총액은 약 6,000억달러가 되는데, 이것을 전체 인구수로 나누면 개인별로 일인당 100달러 정도만 손에 쥐게 될 것이다.

그림 7-6

부의 소득세

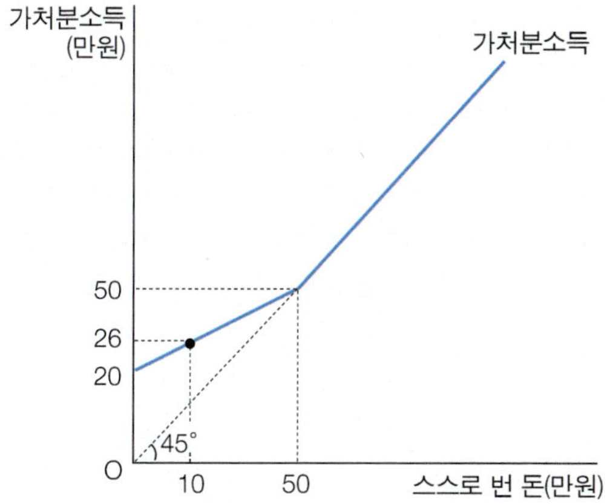

에 그의 가처분소득은 월 26만원이 된다. 따라서 스스로 번 소득이 월 50만원에 이르면 정부의 보조는 중단되는 것이다. 가처분소득과 스스로 벌어들인 세전 소득 간의 관계를 그림으로 나타내면 〈그림 7-6〉과 같이 꺾인 직선이 된다.

부의 소득세제는 정부의 보조를 받는 사람이 스스로 일할 유인을 제공하기 때문에 떳떳하게 이를 받을 수 있게 만든다는 장점이 있지만, 이 제도를 본격적으로 시행하려면 많은 재원이 소요된다는 점과 단순히 빈곤의 증상만을 완화하는 데 그칠 뿐이라는 점이 문제로 제기된다.

5.2. 사회복지제도

사회복지제도는 광의의 개념으로 국민연금제도, 의료보험제도, 고용보험제도 등 사회보험(social insurance)제도와 빈곤한 사람들에 대한 도움을 의미하는 공공부조(public assistance)정책을 모두 포함한다. 사회보험제도의 경우는 이름에서 알 수 있듯이 자신이 적립한 것 중 일부를 다시 돌려받는다는 저축의 성격이 강하기 때문에, 재분배효과는 그다지 크지 않다. 반면에 국민기초생활보장제도와 같은 공공부조정책은 저소득 계층의 생계를 돕기 위해 보조금을 지급하는 것이기 때문에, 뚜렷한 재분배효과가 있다. 그러나

참고 **기부 경제학**

고대 그리스에서는 부유한 시민의 의무에 '공공복지를 위한 부유한 시민의 기부금'이 있었다. 기부자는 재산규모에 비례하여 3달란트 이상의 재산을 가진 사람으로 정했는데, 1달란트는 6,000데나리온이었고, 1데나리온은 대략 근로자의 하루 품삯에 해당했다. 공공서비스 부담액은 규모가 매우 커서 부자들은 대가를 바라지 않았다. 단지 기부를 행한 사람의 이름이 기념비에 기록되었고, 기부자는 자신이 행한 공적 의무에 대해 자랑하고, 아테네 법원에서 자신의 경쟁자가 의무를 회피했다는 점을 들어 비난할 수 있을 뿐이었다. 공적 의무 중에서 축제에 대한 기부금은 가장 중요했다. 아테네의 축제는 자주 벌어졌고, 비용도 많이 들었다. 플루트 연주, 무용수, 합창단, 지위자 등의 연습과 관리 비용을 분담해야 했고, 가수와 음악가도 초청해야 했기 때문이다. 아테네의 기부의무는 선한 동기에서 출발했지만 시간이 지나면서 낭비와 자기과시 등의 양상으로 변질되었고, 부유계층의 지속적인 부담으로도 작용하였다. 부유세와 같은 세금을 적용해도 되었을 텐데 당시 아테네는 그러한 세금 항목이 없었기 때문에 부자들을 국가 공영에 참여시킬 대안으로 찾은 것이 기부였던 셈이다.

가난한 사람들이 지나치게 정부의 도움에만 의존하여 근로의욕을 떨어뜨릴 가능성이 있다는 문제점도 있다.

5.3. 재분배정책의 문제점

공평성의 측면을 보완하기 위한 재분배정책은 경제의 전반적인 측면에서 효율성[생산성]을 떨어뜨린다는 문제가 있다. 일반적으로 효율성과 공평성은 서로 상충관계가 존재하기 때문이다. 또한 빈곤의 근본적인 해결책이 될 수 있을지에 대한 의문도 제기된다. 사회복지제도에 많이 의존하는 선진국의 경우, 이른바 복지병(welfare disease)이 생겨 일하고자 하는 의욕이 상실되는 경우가 있다. 결국 고기를 잡아주기보다 고기 잡는 법을 가르쳐주는 것이 진정한 재분배의 목적을 달성할 수 있다. 일하고자 하는 노동 의욕을 저해하지 않으면서, 교육이나 훈련을 통한 평생학습을 통해 스스로의 힘으로 빈곤에서 탈피하게끔 도움을 주는 것이 중요하다.

CHAPTER | 08

정보경제와 디지털경제

1. 정보와 경제학

1.1. 정보의 비대칭적 분포

(1) 비대칭적 정보(Asymmetric Information)

비대칭적 정보
정보를 더 많이 가진 사람과 적게 가진 사람들 간의 문제

경제학에서 최근 관심 분야 중의 하나가 정보경제학이다. 말 그대로 정보에 대해서 경제학적으로 접근하면서 정보가 경제적 행동에 어떤 영향을 미치는가를 연구하는 것이다. 여기서 경제주체의 행동 패턴에 초점을 두는 것은 미시적인 접근이라고 할 수 있고, 정보가 지식으로 축적되면서 경제 전체의 기술과 생산성, 산업조직 전반에 어떤 영향을 미치게 되었는가를 살피는 것은 거시적인 접근이라고 할 수 있다.

경제학에서 관심을 갖는 정보문제는 정보가 있나 없나 하는 문제라기보다, 정보를 더 많이 가진 사람과 적게 가진 사람 간의 문제이다. 친구를 약 올릴 때 "난 지금 네가 모르는 걸 알고 있지"라고들 하는데, 이 말은 상대가 모르는 정보를 가지고 있다는 것이 얼마나 중요한지를 보여준다. 또한 중요한 계약과 관련해서 정보의 비대칭적인 분포는 매우 중요하다. 거래 당사자의 한쪽은 정보를 가지고 있는데, 다른 한쪽은 정보가 없는 경우

참고 **여행지 음식점과 기사식당**

피서철에 여행지를 방문하면 맛있는 음식을 골라 먹고자 하지만 그러한 음식점을 찾기가 생각만큼 쉽지 않다. 음식점 입장에서는 한 번 방문한 손님이 언제 또 올까 하는 생각이 들어 말 그대로 한탕 장사를 할 유인이 높다. 그러나 관광객 입장에서 볼 때 낯선 장소에서 좋은 음식점을 찾아다니면 그만큼 관광할 시간이 줄어들기 때문에 상대적으로 비용이 크게 들어간다고 생각할 수 있다. 따라서 평판이 높은 일부 음식점을 제외하고는 관광지 주변에는 값은 비싸고 음식의 질은 떨어지는 곳이 많다. 반면에 기사식당은 일반적으로 값에 비해서 음식이 좋은 경우가 많다. 왜냐하면 운전기사들은 언제나 움직이기 때문에 좋은 음식점을 찾아다니는 데 비용이 많이 들지 않고 그런만큼 음식점은 한탕 장사를 할 유인이 낮기 때문이다.

의 예로서, 상품을 판매하는 사람이 그 상품의 품질이 얼마나 좋은지에 대한 정보를 가지고 있지만 소비자는 잘 모르는 경우를 들 수 있다.

최적 정보량
정보획득의 한계비용곡선과 한계편익곡선이 일치하는 수준의 정보량

(2) 최적 정보량

정보는 많이 가질수록 좋다. 그러나 정보를 획득하는 데는 비용이 들기 마련이다. 일례로 노트북을 구입하는 경우, 인터넷을 활용하거나 발품을 팔아서 브랜드와 모델을 확인하고 가격을 알아보는데 정보를 많이 모으면 모을수록 좋지만 시간이 많이 들어간다는 측면에서 기회비용이 발생한다. 이처럼 한 단위 정보를 추가적으로 획득하는 데 있어서 한계편익은 감소하고 한계비용은 증가하게 된다. 따라서 최적 정보량은 〈그림 8-1〉에서 보듯이 한계비용곡선과 한계편익곡선이 일치하는 수준에서의 정보량이 된다. 만

그림 8-1

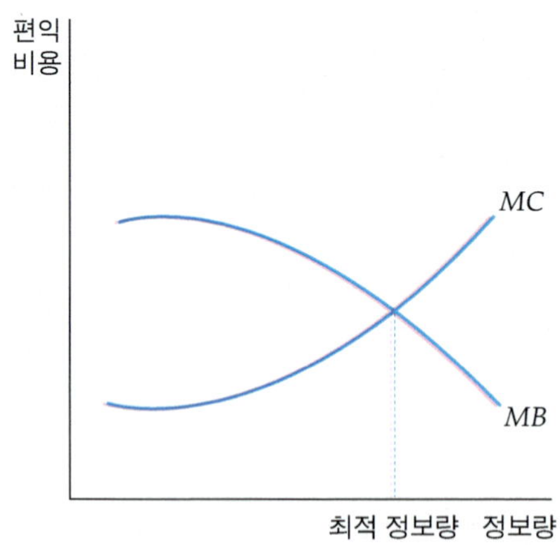

최적 정보량

추가적인 정보수집에 따른 한계비용곡선(*MC*)과 한계편익곡선(*MB*)이 일치하는 수준의 정보량을 말함

일 정보획득 비용이 편익을 초과하게 되면, 정보를 얻기 위해 들어간 시간과 노력에 비해서 얻게 되는 정보가 적기 때문에 그 정보수준을 줄이는 것이 더 유리한 선택이 된다.

1.2. 역선택과 도덕적 해이

(1) 역선택과 감추어진 정보

정보의 비대칭성 중에서 감추어진 특성(hidden characteristics)으로 인해 발생하는 문제가 **역선택**(adverse selection)이다. 즉, 정보를 덜 가진 사람이 정보를 더 많이 가진 사람과 거래를 할 때 바람직하지 못한 선택을 하게 된다는 것이다. 여기서 '역(adverse)'이란 '바람직하지 못한' 또는 '부적절한'의 의미이다. 그리고 이렇게 발생한 문제의 근원은 정보가 제대로 알려지지 않고 감추어져 있는 데 있다. 신입사원을 선발하려는 기업의 입장에서 모두 최선을 다하겠다고 말하는 지원자들 중에서 옥석을 가려내야 하는 문제가 여기에 해당한다. 모든 지원자는 자신이 어떤 사람인지 알고 있지만 기업들은 제대로

역선택
감추어진 특성으로 인해 발생하는 문제로, 정보를 덜 가진 사람이 정보를 더 많이 가진 사람과 거래를 할 때 바람직하지 못한 선택을 하게 된다는 것

참고 춘향의 마음을 얻기 위한 방자의 전략

춘향의 그네 뛰는 모습에 반한 이몽룡은 하루하루 춘향을 향한 사랑이 깊어져 앉으나 서나 춘향 생각뿐이었다. 물론 춘향도 멋있는 꽃미남의 외모를 가진 이몽룡에게 한눈에 반했다. 이몽룡은 안 되겠다 싶어 자신의 마음을 전달하고자 하나 직접 나설 용기도 없었고 당시의 시대상에서 직접 말하는 것은 그리 아름다워 보이지 않았기에 자신의 충복인 방자를 대리인으로 삼았고, 방자를 시켜 매일같이 그녀를 생각하면서 편지와 꽃을 전달했다. 10번 찍어 안 넘어가는 나무가 없다고 했지만 안전함을 추구하는 이몽룡은 1년 동안 계속 꽃과 편지를 보내기로 했다. 미침내 잠을 이루지 못하고 1년이란 세월이 흘렀다. 그런데 이게 어찌된 일인가. 아침 신문에 '절세미모 춘향, 방자와 야반도주'라는 기사가 헤드라인으로 떴다. 사건의 전말을 확인해본 결과, 이몽룡의 대리인으로 꽃과 편지를 전해주던 방자가 춘향의 미모에 빠져 자신이 꽃과 편지를 보낸 것으로 위조했던 것이었다. 처음에 춘향도 이몽룡에 마음이 있었기에 쉽게 흔들리지 않았지만 1년간 구애해온 방자의 노력에 급기야는 감동한 것이었다. 이몽룡은 방자가 설마 그런 짓을 하리라고 꿈에도 생각하지 못했지만 방자는 자신이 어떤 사람인지를 스스로 잘 알고 있었다. 방자에 대한 감추어진 정보로 인해 이몽룡은 믿는 도끼에 발등이 찍힌 꼴이 되었다. 이몽룡은 방자를 모르는데 방자는 자신을 잘 알았던 것이다.

이몽룡은 방자를 시켜 춘향에게 편지와 꽃으로 자신의 사랑을 전달하고자 함

춘향에게 반한 방자는 이몽룡의 꽃과 편지를 자신의 사랑이라고 속여 전달함

모르기 때문이다. 따라서 이러한 문제를 해결하기 위해서 기업은 학점과 영어 점수, 시험, 면접 등의 다양한 방법을 동원하게 된다.

(2) 도덕적 해이 문제와 감추어진 행동

도덕적 해이
주인과 대리인 관계에서, 주인이 대리인의 행동을 완전하게 감시하고 파악할 수 없다는 점을 이용한 대리인이 도덕적으로 해이해져서 주인이 시킨 대로 하는 것이 아니라 부적절하거나 비도덕적인 행동을 하는 것

정보의 비대칭성으로 발생하는 또 다른 문제는 **도덕적 해이**(moral hazard)이다. 이것은 숨겨진 행동(hidden action)에 의해서 발생한다. 주인과 대리인 관계에서 주인이 대리인의 행동을 완전하게 감시하고 파악할 수 없다는 점을 이용해 대리인이 근무상태가 해이해져 태만하거나 부적절한 행동을 하는 것을 말한다. 예를 들어 사람들은 보험에 가입한 후 자신의 행동패턴을 바꾸는 경향을 보이기도 한다. 한 회사가 창고의 화재보험에 가입했다면 가입 이전보다 화재 위험에 좀 더 부주의한 경향을 보일 수 있다. 의료보험에 가입한 사람은 감기나 사소한 질병에 대해서도 병원을 찾아가려고 할 것이다.

1.3. 신호와 선별을 통한 해결

정보의 비대칭성 문제를 해결하기 위해 일반적으로 정보를 가지지 못한 측에서는 선별을 통해서, 그리고 정보를 가진 측에서는 신호발송을 통해서 합리적인 선택을 하려고 노력한다. 회사에 취업하려는 지망생들과 우수한 사원을 뽑고자 하는 기업 사이에서 회사는 어떤 지망생이 가장 능력 있는 최적의 사원이 될지를 눈을 크게 뜨고 선별(screening)

그림 8-2
신호와 선별

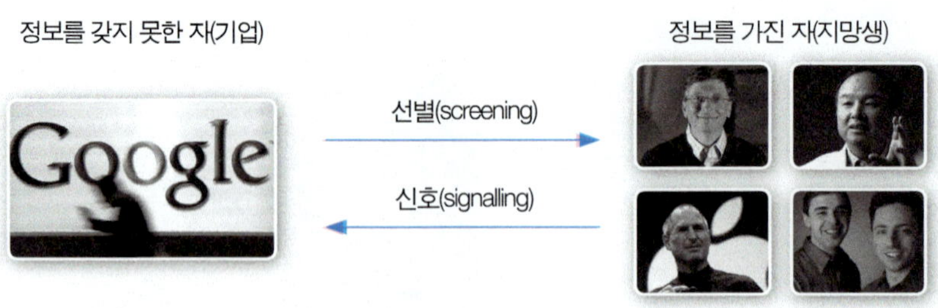

하려 하고, 취업지원자들은 자신이 가장 우수한 적임자라는 신호발송(signalling)을 지속하게 된다.

(1) 선별

선별(screening)이란 정보를 갖고 있지 못한 경제주체가 먼저 나서서 간접적인 방법을 통해서라도 상대방에 관한 정보를 얻으려고 노력하는 것을 말한다. 싼 게 비지떡이란 말과 같이 가격이 낮으면 어떤 측면에서는 품질도 그만큼 나쁘다고 생각할 수 있다. 따라서 상품의 가격을 보고 물건에 대해 간접적으로 판단하기도 한다. 가끔은 가격을 내리거나 백화점이 아닌 할인매장에서 판매되면 품질이 나쁜 것이라고 생각해 소비자들이 등을 돌리는 현상을 본 적이 있을 것이다. 노동시장에서는 교육이 선별수단으로 사용되기도 한다. 어느 학교의 어느 학과를 나왔고, 어떤 과목을 이수했는가로 그 사람의 능력을 판단하는 것이 그런 예이다. 보험시장의 경우 자동차보험회사의 입장에서는 좀 더 조심스럽게 안전운전을 하는 사람들이 많이 가입하기를 바라므로, 성별, 나이, 결혼 여부, 부양가족의 수 등이 중요한 판단 기준이 된다.

선별
정보를 갖고 있지 못한 경제주체가 먼저 나서서 간접적인 방법을 통해서라도 상대방에 관한 정보를 얻으려고 하는 노력

(2) 신호발송

신호발송(signaling)이란 정보를 갖고 있는 측에서도 자신에게 이익이 된다면 어떤 방법으로든 정보를 전달하려고 노력하는 것을 말한다. 상품시장에서 기업은 품질보증이나 광고를 통해서 자사 상품의 품질이 우수하다는 것을 알리기도 한다. 그리고 취업시장에서는 교육을 많이 받았다는 것이 능력이 있다는 신호로 작용한다. 물론 능력이 없어 이를 보충하고자 교육을 많이 받았다고 볼 수도 있겠지만 교육을 받는 기간 동안 돈을 벌지 못한다는 기회비용을 감수해야 하기 때문에 오히려 교육을 받은 사람이 능력이 있다고 할 수도 있다. 그 밖에 오랜 시간 쌓아올린 평판(reputation)도 하나의 신호로 작용하고,

신호발송
정보를 갖고 있는 측이 자신의 이익에 도움이 된다면 어떤 방법으로든 정보를 전달하려고 하는 노력

참고 **왜 많은 기업들이 대학교 학점을 요구하는가?**

기업들은 대부분 새로운 초급 관리직을 선발하기 위해서 성실하고 능력 있는 사람을 찾는다. 지금 두 후보자로 나성실 학생과 나태해 학생이 있다고 하자. 나성실은 유명 대학교를 최우등으로 졸업한 반면에, 나태해는 덜 유명한 학교를 다녔고 평균 학점은 C+이었다. 과연 누구를 선택할 것인가? 기업의 입장에서는 유명 대학교를 최우등으로 졸업하기는 쉽지 않다고 생각하기 때문에, 덜 유명한 학교에서 좋지 않은 학점으로 졸업을 한 사실은 확률적으로 채용에 불리하게 작용할 수밖에 없다.

어떻게 보면 앞의 품질보증, 광고 역시 브랜드 가치를 올리기 위한 수단이 될 수도 있다.

1.4. 비대칭적 정보의 적용

중고차시장을 대상으로 비대칭 정보에 관한 연구를 시작한 미국 버클리대학의 경제학자 조지 애컬로프(George Akerlof), 이를 발전시킨 스텐포드대학교의 마이클 스펜서(Michael Spencer), 그리고 컬럼비아대학교의 조셉 스티글리츠(Joseph Stiglitz)는 2001년 노벨경제학상을 수상하였다. 이들이 제기한 비대칭적 정보에 관한 연구결과를 중고차시장과 보험시장, 금융시장에 각각 적용해보도록 하자.

(1) 중고차시장의 사례

◈ 중고차시장의 역선택 문제

만일 2020년산 현대 소나타 중고차가 거래되고 있다고 하자. 절반은 잘 관리된 차이고 나머지 절반은 제대로 관리되지 않은 불량차이다. 2020년산 소나타 중고차를 구입하려는 사람은 잘 관리된 차라면 기꺼이 1,000만원을 지불할 의향이 있고, 제대로 관리되지 않은 차는 500만원까지 지불할 의향이 있다고 하자. 판매자들은 자신의 차가 제대로 믿을 수 있는지 없는지를 잘 알고 있다. 즉 정보를 가지고 있는 사람들이다. 그러나 겉으로 보기에는 우량차와 불량차 모두 윤기 있게 잘 닦여 있기 때문에 구매자들이 구분하기 어렵다. 따라서 구매자들은 평균가격인 750만원을 제시하게 된다.

참고 **왜 고급양복을 입은 변호사를 선호할까?**

로스쿨이 출범한 우리나라도 이제 전문 변호사가 증가할 것이고, (로스쿨 학생 수를 늘리면) 법률시장도 개방되어 사람들은 보다 쉽게 질 좋은 법률 서비스를 받게 될 것이다. 결국 능력 있는 변호사는 수요도 많아지고 수임료도 높아져, 수임료는 변호사의 능력을 반영하게 될 것이다. 여러분이 부당하게 범죄 혐의로 고소되어 변호사를 구한다고 하자. 이때 두 변호사가 모든 면에서 동일한데 한 변호사는 싸구려 양복에 넥타이도 흐트러지고 먼지 묻은 구두를 신고 있고, 다른 한 변호사는 깔끔하게 갖춘 양복에 신형 고급차를 몰고 나타났다고 하면 누구에게 더 신뢰가 가겠는가? 비싼 양복과 고급차는 당사자의 능력을 반영하는 신호로서 일상생활에서도 많이 작용하고 있음을 발견할 수 있는 좋은 사례이다.

이러한 평균에 의한 가격결정은 중요한 문제를 야기한다. 구매자 입장에서는 합리적인 가격결정이라고 생각하지만, 판매자의 입장에서는 불량인지 우량인지 알고 있기 때문에 우량차를 준비했다면 기대한 가격보다 250만원이나 낮은 셈이다. 반대로 불량차를 준비했다면 실제 가치보다 250만원 더 이득을 보게 된다. 따라서 우량차를 소유한 사람들은 시장에 내다 팔려는 생각을 그만둘 가능성이 높아지고, 점점 불량차만 거래하는 경향을 보이게 된다. 이와 같이 정보의 비대칭적 분포는 경제적 효율성을 낮추는 문제를 초래한다.

◈ 중고차시장의 역선택 해결방안

중고차시장의 역선택을 줄이기 위한 방안으로 자동차 판매자가 차를 판매할 때 품질보증서를 지급하는 경우가 있다. 2년간 무상으로 수리를 해준다고 하면, 결함이 발견될 경우에 무상으로 수리를 해주어야 하기 때문에 최소한 2년 내에는 결함이 생기지 않을 것이라는 신호를 보내주는 셈이다. 이러한 신뢰를 통해 구매자들은 750만원 대신에 1,000만원을 지불하고 우량차를 구입하게 된다.

(2) 보험시장 사례

◈ 보험시장의 역선택 문제

비대칭적 정보 현상은 보험시장에서 많이 발생한다. 보험가입자들은 보험회사에 비해서 자신의 건강상태와 운전 성향, 화재 발생 가능성 등에 대해서 더 많은 정보를 가지고 있다. 보험회사는 보험료를 보험가입자들의 청구액에 정확히 반영·책정해야 투자한 기금에 대한 기회비용을 포함한 적절한 비용을 충당할 수 있다.

그러나 보험회사는 정보가 상대적으로 부족하기 때문에 누가 건강한지 약한지, 누가 부주의한 운전자인지 안전한 운전자인지 등에 대해서 정확히 파악하기 어렵다. 예를 들어 강호동과 소녀시대 윤아가 자동차 보험에 가입할 때 누가 더 과격하게 운전을 하는지 실제로 확인하기 어렵기 때문에 연약해 보이는 윤아를 강호동보다 더 우대할 가능성이 있다. 만약에 실제로는 윤아가 더욱 과격하게 운전하는 성향을 지니고 있다면, 보험가입자와 보험회사 간의 정보의 비대칭성으로 인해 역선택이 발생한 것이다.

◈ 보험시장의 역선택 해결방안

보험회사는 역선택 문제를 줄이기 위해서 많은 노력을 한다. 보험회사 자체적으로 혈액검사를 실시하거나 그동안의 의료기록이나 운전기록을 제출하도록 해서 과거에 사고나 과속 벌금의 기록이 있는 경우 더 높은 보험료를 책정하는 것이다. 예를 들면, 25세 이하의 남자의 경우, 중년의 결혼한 남자나 모든 연령층의 여자보다 사고확률이 상대적으로 높다고 한다. 이와 같이 보험가입자의 현재 상황도 중요한 정보가 된다.

보험회사의 경우 의료보험이나 생명보험을 중소기업이나 대기업 또는 학교 등의 단체에 판매하여 역선택의 문제를 완화시킬 수 있다. 단체에 포함되어 있는 사람들은 모두 자동적으로 가입하기 때문에 단체의 규모가 크면 클수록 건강한 사람과 그렇지 않은 사람 간의 비율이 비슷해져서 비대칭적 정보로 인해 발생하는 문제를 어느 정도 상쇄할 수 있을 것이다.

(3) 금융시장 사례

◈ 금융시장의 역선택과 도덕적 해이

대부분의 기업은 은행을 통해 간접적으로 자금을 조달할 수 있고, 혹은 주식과 채권을 통해서 직접적으로 자금을 조달할 수도 있다. 투자자들은 건실한 기업과 부실한 기업을 구분하기 어렵기 때문에, 대외적으로 거래규모가 크지 않은 기업의 주식과 채권을 구입하는 것을 꺼린다. 이러한 측면도 정보의 비대칭성으로 설명할 수 있다. 왜 큰 기업들만 주식과 채권을 통해서 자금을 조달할 수 있는가? 중개회사와 투자회사에서 일하는 투자분석가는 기업에 대한 정보를 면밀히 분석하는데, 이때 대외적으로 영향력이 큰 기업들에게는 투자전문가들이 접근하기도 쉽다. 대기업은 그만큼 정보도 풍부한 편이다. 이처럼 규모가 큰 기업과 그렇지 않은 기업들 간에는 정보의 비대칭성으로 인해 역선택이 발생할 수 있다.

투자자들은 또한 기업들이 조달한 자금을 어떻게 운용할지에 대해 관심을 가진다. 자금을 잘 활용하면 큰 이윤을 얻게 되지만 그렇지 않은 경우는 기대와 달리 손실을 입을 수 있다. 이와 같이 자금을 투자가들이 원하는 방향대로 사용하지 않게 될 가능성을 바로 도덕적 해이라고 할 수 있다.

◈ 금융시장의 역선택과 도덕적 해이 해결방안

1929년 대공황 때 미국에서 주식시장이 붕괴하면서 많은 투자자들이 손실을 보았다. 당시 일부 투자자들은 정확한 금융정보를 제공하지 않은 기업들을 비난했다. 그 결과 주식시장과 채권시장을 규제하는 제도가 마련되었다. 그렇지만 2000년과 2002년 사이에 급격한 주식 폭락이 발생했다는 점에 비추어 볼 때, 정보의 불충분과 비대칭성 문제는 여전히 미해결의 문제로 남아 있음을 알 수 있다. 회사의 기본적인 재정·금융 정보는 손익계산서나 대차대조표를 통해서 제공된다. 손익계산서는 일정기간 동안의 수익(또는 손실)을, 대차대조표는 부채와 자산을 고려한 기업의 가치를 보여준다. 그러나 2002년 월드컴(World Com)의 파산신청과 엔론(Enron)과 아델피아통신(Adelphia Communication)의 회계 스캔들은 도덕적 해이의 전형을 보여주었다. 그 결과 재무제표에 대한 신뢰를 회복하기 위해서 미국 의회와 조지 부시 행정부는 '사베인스-옥슬리법(Sarbanes Oxley Act)'을 2002년에 통과시켰다. 이 법은 증권법을 강화한 것으로 고의로 회계규칙을 어긴 감사자는 5년간 감옥에 가고, 증권법을 위반할 때 최소한의 형량을 25년으로 높여 놓았다. 그리고 최고경영자(CEO)와 기업의 최고재무관리자(CFO)는 재무제표의 정확성을 개인적으로 증명해야만 한다(이전에는 회사·법인이 증명).

참고 도덕적 해이로 문제된 2002년 회계 스캔들

2002년 7월 미국의 두 번째로 큰 장거리전화서비스회사인 월드컴은 파산신청을 했다. 6월에 월드컴의 경영자들은 38억달러가 넘는 돈을 분식회계로 허위 기재하여 2001년과 2002년 분기에 수익이 난 것으로 보고했다. 그러나 실제로는 12억달러의 손실을 보았다. 에너지무역회사인 엔론(Entorn)은 부채의 많은 부분을 재무제표에 포함시키지 않았다. 미국에서 가장 큰 케이블회사인 아델피아통신을 경영하는 리가스(Rigas) 일가는 2억5,000만달러 이상의 회사 돈을 개인지출로 사용한 혐의를 받고 구속되었다. 분식회계와 회사의 돈을 개인적으로 사용한 것은 도덕적 해이의 전형적인 사례라고 할 수 있다.

(4) 노동시장 사례

◈ 노동시장의 역선택과 도덕적 해이

노동시장에서 개인에 대한 정보를 얻기 어려울 때 능력을 평가하는 간접적인 방법은 교육수준을 이용하는 것이다. 교육의 특성상 능력 있는 사람일수록 보다 수준 높은 교육을 많이 받는 경향이 있기 때문이다. 높은 수준의 교육을 받기 위해서는 인내심과 근면성도 아울러 지니고 있어야 한다. 이처럼 기업과 직장을 구하는 사람들 간에도 비대칭적인 정보로 인해 역선택이 발생할 수 있다.

또한 도덕적 해이 문제도 발생한다. 기업의 주인인 주주가 대리인으로 고용한 경영자가 주주의 이익을 위해서 노력하는 것이 아니라 자신의 이익을 추구할 수도 있다. 이와 같이 주인과 대리인 간의 문제가 발생하는 경우를 **주인-대리인 문제**(principal-agent problem)라고 한다. 고용주들은 노동자들이 얼마나 열심히 일하는가를 감시하기 쉽지 않다. 근무시간에 메신저를 주고받는지, 인터넷 서핑을 하는지 일일이 감시를 하려면 많은 시간과 비용이 들어가기 때문이다.

주인-대리인 문제
주인과 대리인 간에 정보의 비대칭성으로 인해 발생하는 문제

참고 **체리피킹과 인센티브의 역설**

현대사회는 각종 양적 지표를 기준으로 평가하다 보니 경쟁을 인위적으로 조장하여 역효과를 유발하기도 한다. 특정 업무에서 좋은 평가를 얻기 위해서 쉬운 일만 많이 처리하고 어려운 문제는 뒤로 미루는 일명 '체리피킹(cherry picking)' 현상이 나타나기도 한다.

1960년대 예일대에서 개발된 포괄수가제는 병원의 진료를 측정, 평가해서 병원에 관계없이 같은 질병의 환자는 같은 액수의 의료수가가 지급되는 것이다. 결국 어느 의사가 치료하든, 어느 병원에서 치료하든 치료비는 동일하다. 그 결과 의사들은 진료가 표준화된 간단한 질병만을 다루고 치료가 복잡하고 어려운 질병은 가급적 기피하는 현상이 나타나게 되었다. 이런 현상은 양적 지표를 기준으로 한 평가와 인센티브를 기반으로 두고 있는 시장원리의 문제라고 할 수 있다. 시장은 필요에 의해서 만들어지지만 경쟁을 인위적으로 조장할 수 있고 때로는 불필요한 부작용만 양산할 수 있다. 베트남과 중국에서 있었던 사례를 보자.

베트남을 지배하던 프랑스는 쥐 때문에 고생을 하던 중 인센티브를 통해 이 문제를 해결하려는 아이디어를 냈다. 쥐의 개체수를 줄이기 위해서 쥐 가죽을 가져오면 한 마리당 일정금액을 지불하는 것이었다. 그러자 베트남 사람들은 쥐를 사육하기 시작했고, 결국 조장된 경쟁으로 문제는 더욱 악화되었다. 쥐의 개체수 감소라는 목표에 쥐의 가죽수라는 양적인 지표를 통한 인센티브는 별 도움이 되지 못했음을 알 수 있다. 중국에서는 19세기에 공룡의 뼈 발굴이 한창 진행되고 있었다. 고고학자들은 공룡 뼈를 찾는 데 농부들을 동원하기 위해서 뼈를 가져오는 사람에게 한 개당 일정금액을 지불하기로 했다. 그러자 농부들이 많이 몰려들었는데, 문제는 비교적 큰 뼈를 발견할 때도 돈을 많이 벌기 위해서 그 뼈를 여러 작은 조각으로 쪼갰다는 것이다. 결국 비교의 기준이 되는 양적 지표, 즉 갖고 온 뼈의 수는 공룡을 복구하려는 최종목표에 역행하는 결과를 초래하였다.

◈ 노동시장의 역선택과 도덕적 해이 해결

노동시장에서 기업은 노동자 채용 시 역선택 문제를 회피하기 위해 다양한 측면에서 노동자를 평가한다. 또한 계약을 할 때에도 정규직으로 한 번에 채용하는 것이 아니라 인턴이나 비정규직 혹은 조건부 계약을 통해 역선택의 위험을 줄이려고 한다.

기업은 감추어진 정보의 비대칭성으로 인해 발생하는 역선택의 문제뿐만 아니라 감추어진 행동에 의해 발생하는 도덕적 해이를 줄이기 위해서도 많은 노력을 한다. 핵심은 노동자들이 보다 열심히 일할 의욕과 동기부여를 갖는 것이다. 먼저 연공서열제를 실시할 수 있다. 기업에서 오랜 기간 일을 한 노동자들에게 더 높은 임금과 기타 복지 혜택을 제공해 회사일에 보다 애착을 갖게 하는 것이다. 만일 일찍 해고되면 연공서열의 이익을 받지 못하게 된다. 다른 방법으로는 효율적 임금(efficiency wage)을 적용할 수 있다. 일반적으로 생산성이 높은 노동자에게는 높은 임금을 제공한다. 이 경우 임금이 생산성 향상의 대가 역할을 하는 것이다. 이러한 발상에 착안한 것이 효율적 임금이다. 즉 임금을 좀 더 높여주면 더 일할 의욕도 생기고 다른 곳으로 옮겨가봤자 이 정도의 임금을 받기 어려울 것이라고 생각하면서 더 열심히 일하기 때문에 생산성도 높아진다는 주장이다.

2. 디지털경제

2.1. 디지털경제와 정보재

(1) 디지털경제

◈ 디지털혁명

디지털(digital)이란 아날로그(analog)에 대비되는 용어로, 이진법의 숫자인 0과 1을 통해 정보를 표현할 수 있기 때문에, 먼 거리까지 정보의 왜곡 없이 정확한 전달이 가능하다. 또한 반복적인 사용이 가능하고 복사를 해도 원래의 정보를 그대로 유지할 수 있다는 장점이 있다. 비록 디지털정보는 초기에 생산비용이 많이 들지만, 한 번 생산되면 낮은 비용으로 재생산이 가능하다.

디지털
아날로그(analog)에 대비되는 용어로, 이진법의 수치인 0과 1을 통해서 정보를 표현하는 것

디지털혁명(digital revolution)은 전통적인 산업경제와 달리 정보라는 새로운 생산 동인이 보다 중시되고 인터넷과 같은 네트워크의 중요성이 부각되면서 사회·문화적으로도 디지털정보의 부가가치가 극대화된 것을 말한다. 1980년대 이후 개인용 컴퓨터의 급격한 향상, 인터넷의 등장과 더불어 일어난 정보통신혁명, 기술혁신을 통한 융합화(convergence)가 정보의 디지털화와 네트워크화의 원동력이다.

◈ 디지털 경제의 특성

디지털혁명은 다음과 같은 경제적인 환경변화를 가져왔다.

첫째, 수확체증의 법칙이 지배하게 되었다. 전통적인 경제학에서는 가스, 철도, 전화와 같이 자연독점의 예외적인 경우에만 수확체증현상을 볼 수 있었는데, 인터넷상에서는 필요한 디지털 상품을 거의 무한대로 복제하고 다운로드를 할 수 있어 단위당 생산비용은 감소하게 된다.

둘째, 재화와 서비스의 경계가 모호하게 되었다. 일례로 디지털로 전송되는 음악파일이 과연 재화인지 서비스인지 구별이 어려워진 것을 들 수 있다. 유통과정에서도 중간자(intermediary)의 역할이 없이 생산자와 소비자의 직접거래가 가능하게 되었다. 또한 시·공간의 제약을 넘어 생산자와 소비자, 유통업자의 구별도 애매하게 되었다.

셋째, 시장의 확대로 소비자와 생산자가 모두 이득을 얻게 되었다. 디지털경제에서는 공급 측면에서 낮은 거래비용으로 인해 공급곡선은 우측으로 이동하고, 수요 측면에서 정보의 탐색비용과 정보의 확대, 그리고 맞춤상품의 증가로 수요가 확대되었다. 이러한 시장의 확대는 소비자와 생산자 모두에게 이득을 가져오게 되었다.

(2) 정보재의 특성

정보통신산업이 경제의 새로운 이슈로 떠오르면서 거래상에 있어 관심의 초점은 정보재(information goods)에 맞추어졌다. 예를 들면, 한 권의 책이나 한 장의 신문, 한 곡의 음악, 한 통의 전화에서부터 특정한 데이터베이스에 이르기까지 디지털화가 가능한 모든 것은 정보재가 될 수 있다. 정보재는 경험재이며 비용체감과 공공재의 특성을 지니고 있다. 또한 개별욕구를 반영하는 맞춤화된 상품을 제공할 수 있는데, 이러한 특성들을 좀 더 구체적으로 살펴보면 다음과 같다.

◈ 경험재

정보재는 사용을 해보기 전까지는 그 재화의 특성이 어떤 것인지 알기 어렵기 때문에, 경험을 하고 난 이후에 거래가 이루어지는 특성이 있다. 이러한 문제를 해결하기 위해 정보재의 공급자는 제품이 어떤 것인지를 알 수 있는 기회를 잠재적인 고객들에게 선전하게 된다. 영화의 예고편이나 시사회, 라디오나 인터넷을 통한 샘플 음악의 제공과 같이 맛보기(previewing, browsing)를 통해 한번 사용해볼 기회를 제공하는 경우를 주변에서 쉽게 보았을 것이다. 그리고 컴퓨터 프로그램의 일부 기능을 제한하는 대신에 먼저 시험판을 사용해볼 기회를 제공하는 셰어웨어(shareware)도 이에 해당한다.

맛보기
한번 사용해볼 기회를 제공하는 것

셰어웨어
정식 제품 구매 전에 먼저 체험해볼 수 있도록 사용기간이나 특정기능에 제한을 둔 소프트웨어

◈ 수확체증법칙

일반적으로 정보재를 처음 생산하는 데 드는 비용은 높은 편이지만, 이후 재생산하는 비용은 상대적으로 매우 낮다. 예를 들어 한 편의 영화를 제작하는 데는 많은 시간과 비용이 들지만, 이 영화를 복제하는 데는 상대적으로 적은 비용이 들어가는 경우가 이에 해당한다. 이와 같이 정보재의 비용구조는 높은 고정비용(fixed costs)과 낮은 한계비용(marginal costs)이 특징적이다. 특히 정보재를 생산하기 위한 고정비용은 제품이 출시되기 전에 투입되는 비용으로, 시장에서 판매가 되지 않으면 다시 회복할 수 없는 매몰비용(sunk costs)의 성격을 지니고 있다. 하지만 비용 전체적으로 볼 때는 한계비용이 매우 작기 때문에 생산량이 증가할수록 단위당 평균비용은 계속 하락하게 된다. 이는 단위당 투자비용에 대해 얻게 되는 수확이 체증한다는 것을 의미한다.

수확체증법칙
단위당 투자비용에 대비해 얻게 되는 수확이 체증하는 현상

◈ 공공재의 성격

공공재(public goods)란 비경합성과 비배제성의 성격을 동시에 지닌 재화를 말한다. 비경합성이란 재화나 서비스를 여러 소비자가 함께 소비할 수 있는 경우를 말하는데, 일례로 라디오 방송을 청취하는 경우 어떤 한 사람이 추가로 방송을 듣는다고 해도 기존의 다른 이용자는 어떠한 불이익도 받지 않는다. 비배제성이란 한 소비자가 재화를 소비할 때, 다른 사람이 소비하는 것을 배제할 수 없는 특성을 말한다. 방위세를 부담하지 않더라도 무임승차로 국방서비스를 받을 수 있는 것을 또다른 예로 들 수 있다. 정보재는 그 특성상 재생산에 극히 적은 비용이 들어간다는 점에서 비경합성의 특성을 지니고 있으

공공재
비경합성과 비재제성의 성격을 같이 지닌 재화

며, 인터넷을 통한 무한 복제와 유통이 가능하다는 점에서 비배제성의 특성도 지니고 있다. 또한 정보재의 복사 및 배포의 비용이 거의 0에 가깝다는 사실은, 정보재의 공급을 억제할 유인을 갖기 때문에 사회적 효율성을 증가시킬 수 있다는 점과 배치된다. 이러한 문제 때문에 대부분의 국가에서는 지적재산권을 통해서 정보재의 비배제성을 통제하고 있다.

◈ 개별화(personalization)와 맞춤화(customization)

인터넷을 기반으로 한 사이버시장의 등장으로 기업들은 소비자들의 개별적인 욕구를 반영하는 다양한 제품을 판매하는 것이 가능해졌다. 최근에는 인구통계적 자료의 활용, 소비자에 관한 프로필이나 소비자 간의 선호도 비교 같은 데이터 관리 기법을 통해 특정 소비자들의 선호를 파악하는 것이 가능해졌다. 또한 디지털화된 신문은 모든 구독자에게 동일한 기사를 일괄적으로 제공할 뿐만 아니라, 개별독자가 필요로 하는 기사만 맞춤식으로 공급할 수 있게 되었다. 따라서 정보재의 등장은 그 재화의 비용절감과 개별소비자의 취향을 바탕으로 한 개별(일대일)마케팅을 가능하게 한다.

(3) 정보재의 가격설정과 판매방법

◈ 정보재의 가격설정 방법

제품의 가격책정은 기업의 수익에 직접적이고 즉각적인 영향을 미치기 때문에 중요하다. 그런데 제품이 업그레이드된 새로운 버전과 모델이 출시될 때마다 가격변동이 자주 일어나고 변화의 폭도 크기 때문에 시간에 따라 동태적으로 어떻게 관리하는가가 중요하다.

마케팅의 거장이라고 할 수 있는 코틀러(P. Kotler)는 가격결정의 방법으로 원가 기반, 경쟁자 기반, 고객 기반의 세 가지 방안을 제시했다. 원가 기반 가격설정(cost-based pricing)은 말 그대로 상품을 생산하는 데 투입된 원가를 기반으로 가격을 설정하는 것이고, 경쟁자 기반 가격설정(competitor-based pricing)은 경쟁제품과의 상대적 시장지위를 고려하여 가격을 설정하는 것이다. 자신은 원가를 기반으로 가격을 적절하게 책정했는데 경쟁기업이 더 싼 가격으로 출시하면 잘 팔리지 않기 때문이다. 마지막으로 고객 기반 가격설정(customer-based pricing)은 가치 기반 가격책정(value-based pricing)이라고 도 하며, 고객이 제품으로부터 얼마나 만족과 가치를 느끼는가에 따라서 다른 가격을 설정하는 것이다.

◈ 버저닝

버저닝(versioning)은 제품차별화(product differentiation)를 통해 범용화를 회피하는 동시에 가격차별화(price discrimination)를 통해 이익을 극대화할 수 있어 공급자 측면에서 상당히 매력적이다. 구체적인 방법으로 시간의 활용, 기능의 제약, 추가 기능, 사용자별 맞춤판매 등이 있다.

버저닝
시간의 활용, 기능의 제약, 추가 기능, 사용자별 맞춤판매 등의 방식을 통해 다른 버전을 제공함으로써 이득을 얻는 기업의 판매방식

① 시간을 이용한 버저닝

소설류나 비즈니스 서적 등 오랜 기간에 걸쳐 판매가 지속되는 책들은 처음에 양장본인 하드커버로 발행했다가 나중에 보급화를 위해서 종이커버로 발행하는 것을 대표적 예로 들 수 있다. 또한 온라인 주식정보 서비스 같은 경우 특정소비자는 30분 먼저 실시간으로 정보를 제공받기 위해서 기꺼이 추가적인 비용을 지불하려고 할 것이다.

② 사용의 제약을 이용한 버저닝

언론매체들이 무료독자들에게는 당일의 기사를 읽어볼 수 있도록 하면서, 전문적인 이유로 깊이 있는 정보를 검색, 분류하고자 하는 고객에 대해서는 유료로 제공하는 것이다.

③ 성능에 의한 버저닝

제품의 기능, 속도 등 특정성능에 대한 고객들의 인식이 다양할 경우에 이는 매우 효과적인 버저닝 기준이 된다. 예를 들어 개인용 회계 프로그램인 퀴큰(Quicken)은 뮤추얼 펀드 찾기, 모기지(mortgage) 계산기, 보험사 검색 등의 추가기능을 포함한 퀴큰 디럭스 버전을 추가로 출시하여 판매하고 있다.

④ 사용자 인터페이스에 의한 버저닝

사용자의 능력과 전문성에 따라 여러 종류의 사용자 인터페이스(user interface)를 제

공하는 것도 효과적인 방법이다. 학생용과 기업용, 일반용과 전문가용으로 나누어 고객을 세분화하는 것이다. 흔히 사용하는 워드프로세스나 오피스 관련 프로그램도 전문가용과 일반용을 나누어 판매하는 것을 보면 쉽게 이해할 수 있을 것이다.

◈ 번들링

번들링
둘 이상의 상품을 하나로 묶어서 패키지로 제공하는 것

번들링(bundling)이란 둘 이상의 상품을 하나로 묶어서 패키지로 제공하는 것이다. 흔히 볼 수 있는 것으로 오페라 시즌 티켓, 대중음식점의 세트 메뉴가 있다. 정보재는 그 특성상 보완성 때문에 하나의 시스템으로 결합되어 사용되는 경우가 많다. 컴퓨터의 경우 하드웨어와 소프트웨어는 물론 프린터, 키보드, 모뎀, 마우스와 같은 각각의 상품을 통합해야 제품으로서 기능하기 때문에, 기업은 이들을 패키지로 판매하는 것이 일반적이다.

번들링을 사용하는 이유에 대해서 다음의 간단한 예를 통해서 살펴보고자 한다. 〈표 8-1〉에서 철수와 영수는 워드프로세서와 엑셀 프로그램을 구입하려고 한다. 철수는 워드프로세서 프로그램은 12만원에, 엑셀 프로그램은 10만원에 구입할 의사를 가지고 있고, 영수는 워드프로세서 프로그램은 10만원에, 그리고 엑셀 프로그램은 12만원에 구입할 의사를 가지고 있다.

표 8-1 두 사람의 워드프로세서와 엑셀 프로그램 구입의사

	워드프로세서 프로그램	엑셀 프로그램
철수	12만원	10만원
영수	10만원	12만원

우선 번들링을 고려하지 않고, 개별 제품의 가격을 책정하는 경우를 보자.

① 워드프로세서와 엑셀 프로그램을 각각 12만원에 책정하는 경우, 철수는 워드프로세서 프로그램만 구입하고 영수는 엑셀 프로그램만 구입하기 때문에 매출액은 24만원이 된다.

② 만일 워드프로세서와 엑셀 프로그램을 각각 10만원으로 책정하는 경우, 철수와 영수는 워드프로세서와 엑셀 프로그램을 모두 구입하기 때문에 매출액은 40만원이 된다.

만일 번들링을 고려하여 판매를 한다면, 워드프로세서와 엑셀 프로그램을 묶어서 22만원에 제시함으로써 철수와 영수 모두 구매하게 하여 4만원이 더 많은 총 44만원의 매출액을 얻게 된다. 이처럼 번들링을 사용하면 기업은 더 높은 수익을 얻을 수 있다. 마이크로소프트사가 워드프로세서, 엑셀, 파워포인트, 엑세스 등 여러 응용소프트웨어를 하나로 묶어 '오피스'라는 제품으로 판매하는 것이 대표적인 예이다. 번들링은 개별적으로 잘 선택되지 않는 제품들을 번들에 포함시킴으로써 고객의 사용을 유도하는 판매전략이라고 할 수 있다.

◈ 끼워팔기

번들링과 유사한 개념으로 **끼워팔기**(tie-in sale)가 있는데, 마이크로소프트사의 윈도우2000에 대한 인터넷 익스플로러의 사례처럼 주된 상품을 판매하면서 개별적으로 판매되어야 할 상품을 지정해 구입하도록 하는 행위이다. 끼워팔기는 구입할 의사가 없음에도 불구하고 반강압적으로 판매를 강요하는 것으로 불공정한 경쟁으로 문제가 된다.

끼워팔기
MS 윈도우2000과 인터넷익스플로러처럼 MS 윈도우 구입 시 인터넷익스플로러에 대해서는 소비자가 구입할 의사가 없음에도 불구하고 반강압적으로 구입을 강요하는 판매 행위

2.2. 네트워크 외부성과 시스템 경쟁

네트워크 외부성(network externalities)은 한 사람이 특정 재화나 서비스를 소비함으로써 얻는 혜택과 효용이 동일 재화나 서비스를 소비하는 다른 사람의 수에 영향을 받는 경우에 발생한다.

네트워크 외부성
한 사람이 특정 재화나 서비스를 소비함으로써 얻는 혜택과 효용이 동일 재화나 서비스를 소비하는 다른 사람의 수에 영향을 받는 경우

(1) 직접 네트워크와 간접 네트워크의 외부성

◈ **직접 네트워크 외부성**(direct network externalities)

어떤 제품이나 서비스를 소비하는 사람들의 수가 그것을 사용하는 소비자 개인이 느끼는 품질 수준[만족도]에 직접적인 영향을 미치는 경우를 말한다. 그 예로는 전화, 팩스, e-메일과 같이 신규가입자의 수가 증가할수록, 기존가입자들은 추가적인 비용이 없이도 더 많은 정보교환이 가능해 혜택이 증가하는 경우를 들 수 있다. 총가입자의 수가 증가함에 따라 개별가입자들은 해당 서비스에서 느끼는 가치를 더 높게 평가하게 된다.

직접 네트워크 외부성
어떤 제품이나 서비스를 소비하는 사람들의 수가 사용하는 소비자 개인이 느끼는 품질 수준에 직접적인 영향을 미치는 경우

간접 네트워크 외부성
동일 네트워크에 속한 사람들의 수가 많을수록 보완적인 제품이나 서비스도 증가하여 간접적으로 부가적인 혜택이 증가하는 경우

◈ **간접 네트워크 외부성**(indirect network externalities)

동일 네트워크에 속한 사람들의 수가 많을수록 보완적인 제품이나 서비스도 증가하여 간접적으로 부가적인 혜택이 증가하는 경우를 말한다. 주로 컴퓨터 하드웨어나 소프트웨어처럼 상호 보완성이 존재하는 제품들이 여기에 해당한다. 특정한 운영체제를 사용하는 사람들이 많을수록 저렴한 가격에 다양한 응용소프트웨어가 제공될 수 있고, 가전제품이나 자동차 등 오래 사용하는 내구재시장에서 특정기업 제품의 시장점유율이 높을수록 보다 만족스러운 애프터서비스를 제공하게 되는 경우를 들 수 있다.

(2) 생산 측면과 소비 측면 네트워크 외부성

◈ **생산 측면의 네트워크 외부성**

특정 재화나 서비스는 생산이 증가할수록 평균생산비가 하락하는 수확체증현상(규모의 경제)을 보인다. 네트워크산업은 초기 고정비용의 규모는 매우 크지만 상대적으로 한계비용이 작기 때문에, 생산규모가 증가함에 따라 평균비용이 감소하는 비용구조를 가지고 있다. 특히 소프트웨어, 디지털 컨텐츠 등과 같은 정보재의 경우 처음 개발비용은 매우 크지만 일단 개발이 완료되면 이후에는 복제하는 데 비용이 거의 들지 않기 때문에 한계비용은 0에 가까워진다. 그 결과 평균비용은 점차 하락한다. 하드웨어나 전화·통신망의 경우에도 일단 물리적인 네트워크를 구축하고 난 이후 서비스 사용에 따른 한계비용은 상대적으로 매우 낮다.

◈ **소비 측면의 네트워크 외부성**

특정 재화나 서비스의 이용으로 개별소비자가 얻는 효용은 동일 재화나 서비스를 사용하는 소비자들의 수에 의해 영향을 받는다. 예를 들어 전화의 가입자가 많을수록 기존 가입자들도 이 서비스에서 더 많은 혜택을 보게 되고, 더 높은 가격을 지불할 의사를 지니게 된다. 5명의 회원 중에서 다른 4명의 회원과 네트워크를 형성하고 있는 경우에 네트워크의 가치는 20(=4×5)이다. 만일 1명이 추가된다면 30(=5×6)이 된다. 결국 n명이 네트워크를 형성하게 되면 그 가치는 $(n-1)n$이 될 것이다. 따라서 n이 무한하게 커지면 그 가치는 n^2에 수렴하게 될 것이다. 이와 같이 네트워크 가치는 가입한 사람의 수

에 따라 급격하게 증가하게 되는데, 이를 '메칼프의 법칙(the law of Metcalf)'이라고 한다. 이 법칙은 동일 네트워크에 속한 사람수의 증가가 어떻게 가치를 급격하게 증가시키는지를 보여준다.

(3) 선발자 이점과 승자독식 현상

네트워크시장은 기존의 전통적 시장과 다른 특성을 가지고 있다. 먼저 수확체증(increasing returns)의 효과에 의해 선발기업(first-mover)은 계속 앞서 나가고 후발기업은 계속해서 뒤처지는 결과가 초래될 수 있다. 특정기업이 일정규모 이상의 네트워크를 형성하면 소비자들은 이왕이면 큰 네트워크에 편승하려는 경향을 보이게 되고, 규모가 커진 네트워크를 소유한 기업은 보다 다양한 보완재를 개발·공급하여 간접네트워크 외부효과를 더욱 증폭시킬 수 있다. 이러한 과정을 '네트워크의 긍정적인 피드백(positive feedback)'이라고 한다. 이렇게 한 번 구축된 네트워크는 눈덩이처럼 더욱 커질 뿐만 아니라 한 번 중독되면 다른 제품으로 전환하기 어려운 고착효과(lock-in effect) 때문에 다른 새로운 기업과의 경쟁에서도 그 지위는 흔들리지 않고 보다 견고해질 수 있다. 그 결과 승자는 시장지배력이 눈덩이처럼 계속 커져 모든 것을 차지하는 승자독식 현상(winner-take-all market)을 형성할 수 있다. 〈그림 8-3〉에서 처음 출발선상은 거의 비슷한 두 기업이 시간이 지남에 따라서 그 격차가 벌어져 결국 승자가 시장점유율의 대부분을 차지하는 것을 확인할 수 있다.

이와 같이 네트워크시장에서 먼저 선두에 나선 기업은 계속해서 보다 많은 이윤을 얻을 수 있다. 일반적인 시장에서는 이윤이 존재하는 경우에 새로운 기업이 진입하면 시장과 이윤은 분할되기 마련이다. 그러나 네트워크시장에서는 네트워크 효과와 더불어 한 번 사용하면 다른 제품의 네트워크로 이동 시 전환비용이 크기 때문에 고착효과가 발생하게 된다. 따라서 누가 먼저 시장에 진입하여 네트워크를 구축하는가의 문제가 매우 중요한데, 이렇게 먼저 진입한 기업이 다른 기업에 비해서 경쟁우위를 가지는 것을 '선발자의 이점(first mover's advantage)'이라고 한다.

선발자 이점
수확체증 현상에 의해 선발기업은 계속 앞서 나가게 되고 후발기업은 계속해서 뒤처지는 결과가 초래되는데, 일례로 먼저 진입한 기업이 다른 기업에 비해서 경쟁우위를 가지게 되는 것

고착효과
한 번 중독되면 다른 제품으로 전환하기 어렵거나 비용을 많이 지불해야 하는 현상

승자독식 현상
승자의 힘이 눈덩이처럼 계속 커져 모든 것을 차지하는 현상

그림 8-3

네트워크의 긍정적 피드백과 부정적 피드백 효과

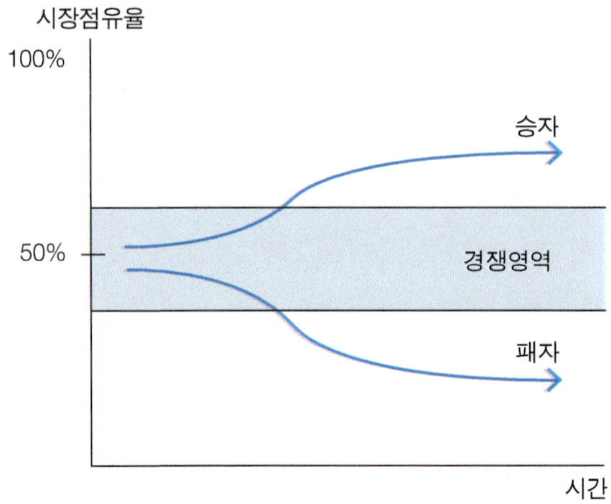

2.3. 표준화와 시스템 경쟁

표준화
버스와 지하철을 이용하는 데 하나의 교통카드를 통합하여 사용하는 것처럼 호환성을 통해 규격과 사용기술을 범용화하는 것

(1) 표준화와 호환성

네트워크시장에서는 개별제품 간 경쟁이 아닌 시스템 간 경쟁이 이루어진다. 여기서의 시스템이란 면도기와 면도날, 카메라와 필름의 보완재에서부터 컴퓨터와 소프트웨어, 이동전화와 부가서비스에 이르기까지 제품이 서로 결합되어야 가치를 지니게 되는 제품과 서비스를 말한다. 최근에는 정보기술 시스템의 중요성이 더해지면서 보완재의 공급이 중요해졌다. 특히 시스템 내의 어느 한 부품을 판매하는 경우 시스템의 나머지 다른 부분과의 호환 가능성은 더욱 중요하다. 네트워크 외부성의 크기는 표준화의 정도와 어댑터(adapter)를 이용한 상품 간 호환가능성(compatibility)의 정도에 따라서 결정된다. 표준화는 버스와 지하철을 이용하는 데 하나의 교통카드를 통합하여 사용하는 것을 예로 들 수 있다. 만일 버스와 지하철 교통카드가 표준화되지 않아서 서로 호환되지 않는다면 얼마나 불편할 것인가?

호환성
어떤 네트워크 상품이 다른 네트워크 시스템에서 사용 가능한 경우

호환성이란 어떤 네트워크 상품이 다른 네트워크 시스템에서 사용 가능한 경우를 말한다. 한글 프로그램에서 작성한 그림과 표를 MS 워드 프로그램에서 제대로 불러올 수 없다면 이것은 호환성이 없는 것이다. 상품 간의 호환 가능성은 소비자들이 서로 다른

상품을 구입하는 데 따른 부담감이나 불확실성을 제거해주고 동일한 네트워크에 계속 머무를 수 있게 해준다. 또한 호환성을 통한 네트워크 외부성의 확장은 동일한 표준의 채택을 가능케 하여 다른 새로운 상품으로 전환하기 어렵게 만드는 고착효과를 완화시킨다. 한편, 표준화의 정착으로 그만큼 선택 가능한 제품의 종류가 줄어들고 그로 인해 소비자들은 다양성을 누릴 수 없게 되기도 한다. 그리고 또 다른 새로운 표준이 등장하는 것을 방해하여, 그 결과 시장에서 표준으로 채택된 독점기업은 신규기업의 진입장벽으로서 독점적 지위를 유지할 가능성도 내포하고 있다.

(2) 공동표준과 독자표준의 선택

기업은 공동으로 기술개발에 참여할 수도 있고, 자신이 개발한 표준기술을 공개할 수도 있다. 반면에 독자적인 기술개발 투자와 특허권을 통해 표준 기술을 통제할 수도 있다. 공동으로 표준 설정에 참여하는 경우에는 네트워크의 크기가 확대되고 시장의 크기도 증대된다. 이때 공동이윤 역시 증가한다. 반면에 독자적인 표준을 채택하는 경우는 특허를 통해 네트워크에 진입하는 것을 억제하여 독점적 지위를 확보할 수 있다. 시스템 간 기술적 표준을 확보하기 위한 경쟁은 더욱 치열해지는데 이러한 상황을 **시스템 경쟁**(system competition)이라고 한다.

시스템 경쟁
시스템 간 기술적 표준을 확보하기 위한 경쟁

(3) 기술 내 경쟁과 기술 간 경쟁

동일한 기술표준에 속한 제품은 완전히 상호 호환이 가능하다. 따라서 동일 표준 속에서 제품들은 상호 밀접한 대체재 관계에 있기 때문에 제품 간 가격경쟁은 치열해진다. 반면에 서로 다른 기술표준 속에서는 제품차별화 효과와 네트워크 효과의 가능성은 없지만 대신에 가격경쟁이 줄어드는 이득이 있다. 다시 말해 동일 기술표준 채택은 직접적으로 기술 내(intra-technology) 경쟁을 일으키지만, 서로 다른 기술표준 채택은 기술 간(inter-technology) 경쟁을 초래한다. 자신의 기술을 시장의 표준으로 확립할 수 있는 기업은 매우 큰 이득을 얻을 것이나, 그렇지 못한 경우는 '시장 내에서의(within the market)' 기술 내 경쟁하에서 얻는 이득이 더 유리할지, 아니면 '시장을 차지하려는(for the market)' 기술 간 경쟁하에서 얻는 이득이 더 클지, 미리 알 수 없다.

(4) 고착현상과 경로의존성

◈ 고착현상과 전환비용

어떤 특정제품을 사용하고 있던 소비자가 월등한 기능을 지닌 새로운 제품이 등장했음에도 불구하고 기존에 사용하던 제품에 "고착"되어 새로운 제품으로 전환하지 않는 경우가 있다. 새로운 시스템을 구입하게 되면 이전의 시스템에서 다른 시스템으로 전환하는 데 비용이 발생한다. 예를 들면 시스템에 익숙해지기 위해서 투입해야 하는 학습비용과 기존 시스템에서 작성된 파일이나 데이터가 새로운 시스템에서 완전하게 호환되지 않을 위험성(또는 추가비용)이 존재한다. 이렇게 다른 시스템으로 전환하면서 발생하는 비용을 **전환비용**(switching cost)이라고 한다.

전환비용
다른 시스템으로 전환하면서 발생하는 비용

실제 생활에서 보면, 보다 많은 용량과 빠르고 다양한 기능을 갖춘 전자메일이 등장하고 있지만 이용자는 자신의 바뀐 전자메일 주소를 새로이 알려야 한다는 부담이 비용으로 작용하여 기존의 전자메일 주소를 그대로 이용하는 경우를 들 수 있다. 이동통신시장의 핸드폰의 경우도 마찬가지이다. 이러한 현상을 **고착현상**(lock-in effect)이라고 한다. 이러한 현상은 소비자들의 자유로운 선택을 억제하여 기업들의 경쟁을 저해할 가능성이 있다. 따라서 이를 방지하고 기업 간 경쟁을 촉진하기 위해서 이동통신시장에서는 번호이동성(numbering portability)을 도입하였다. 왜냐하면 번호이동성이 없다면 이동통신 이용자는 사업자를 변경할 의향이 있어도 기존 전화번호를 변경하면서 겪는 불편 때문에 사업자 변경을 꺼리는 현상이 발생할 가능성이 크기 때문이다. 이 경우 시장에서 기업 간 경쟁이 저해될 것이다.

고착현상
높은 전환비용으로 인해 새로운 시스템이 출현해도 현재의 것을 계속 사용할 수밖에 없는 상황

◈ 경로의존성

네트워크시장에서는 성능이 좀 떨어지더라도 기존에 사용하던 모델을 계속 선택하는 경우가 있다. 예를 들어 문서편집기로 다른 나라 사람들은 'MS워드'를 많이 사용하나 한국에서는 '한글'을 많이 사용하고 있는 것을 볼 수 있다. 비록 '한글'의 성능이 떨어진다고 하더라도 호환성과 고착현상으로 계속 '한글'을 선택하게 되는 경향이 있는데, 이를 **경로의존성**(path-dependency)이라고 한다. 대표적인 사례가 컴퓨터 자판 경쟁이다. 영문 자판의 표준화인 쿼티(QWERTY)보다 성능이 우수한 드보락(Dvorak) 자판이 시장

경로의존성
호환성과 고착현상으로 계속 과거의 경로를 따르는 것

에 등장했지만, 시장에서는 기존의 쿼티 자판을 선택하는 경우이다. 또한 1975년 출시된 소니의 베타맥스(Betamax)가 JVC의 VHS보다 성능이 뛰어났지만, 경쟁에서 이기지 못한 경우를 들 수 있다.

(5) 표준화 경쟁 사례

◈ 철도 선로: 4피트 8.5인치 vs. 5피트

19세기 초에 미국은 본격적으로 철로를 가설했는데 1860년경에는 지역별, 회사별로 각각 다른 너비의 궤도가 채택되어 7종류가 사용되었다. 남부지역은 우연히 5피트의 선로를 가설하였고, 북부지역은 영국의 탄광지역의 전통을 이어받아 4피트 8.5인치가 표준선로로 채택되었다. 북부지역 기준은 원래 로마시대부터 이용하던 마차의 바퀴 너비였는데, 이것은 기차가 아닌 말의 효율성을 높이기 위한 것이었다. 당시 선로를 표준화하는 것이 어려웠던 이유는 새로 교체하는 데 들어가는 막대한 비용 때문에 상대방이 자신의 규격에 맞추기를 요구했고, 선로 너비 차이로 인해 중간에 바퀴를 바꾸는 작업과 짐을 하역하는 일을 했던 노동자들이 일자리를 잃게 될 것이라는 우려로 반대가 심했기 때문이다. 그러나 서부 개척과 남북전쟁의 과정에서 수송의 효율성을 높이기 위해서 1862년 미국 하원은 4피트 8.5인치를 대륙횡단철도의 표준 선로로 채택하였다. 결국 1만1,000마일에 이르는 남부의 5피트 선로는 4피트 8.5인치 선로로 교체되어 선로의 표준화 경쟁은 막을 내리게 되었다.

◈ 타자기 자판: 쿼티 vs. 드보락

현재의 컴퓨터 '쿼티(QWERTY) 자판'은 1870년대 타자기가 사용되던 시기에 생긴 것으로 자판을 너무 빨리 치면 타자손이 서로 엉켜버리는 문제를 막기 위해서 일부러 천천히 치도록 고안되었다. 그러나 타자기는 사라지고 컴퓨터의 시대로 접어들어 이러한 엉킴현상은 문제가 되지 않았다. 따라서 1932년 자주 사용하는 '모음'을 가운데로 모아 'AOEUIDHTNS' 순서로 배열한 보다 효율성이 높은 '드보락(Dvorak) 자판'이 등장하였다. '드보락 자판'은 '쿼티 자판'보다 효율적인 배열이었지만 기존 자판배열에 이미 익숙해진 사용자들은 드보락 자판을 새로 익히는 데 귀찮아해서 계속 '쿼티 자판'을 고집하였다. 이러한 전환부담으로 인해 결국에는 좀 더 효율적인 '드보락 자판'이 세상에서 사라지게 되었다.

◈ 전력시스템: 교류 vs. 직류

토머스 에디슨(T. Edison)은 1882년 직류방식(DC: Direct Current)을 통해서 뉴욕을 시작으로 미국의 전력 시스템을 구축하였다. 그런데 변압기가 개발되자 웨스팅하우스(George Westinghouse)는 새로이 개발한 교류방식(AC: Alternative Current)을 가지고 도전장을 내밀었다. 교류방식은 직류방식에 비해서 송전과 배전 시 전기의 손실을 줄이면서 더 멀리 보낼 수 있었다. 하지만 발전에서는 직류방식이 유리했다. 철도 선로와는 달리 전력 시스템은 표준화의 필요성이 크지 않아서 같이 두 방식이 공존하고 있었는데, 에디슨 쪽에서 웨스팅하우스가 발명특허권을 침해했다고 문제를 제기하면서 치열한 표준화 전쟁이 시작되었다. 결국 경쟁은 1893년 웨스팅하우스의 승리로 막을 내렸는데, 그 이유는 새로운 기술발전과 회전식 변압기 방식의 어댑터의 도입, 그리고 에디슨그룹이 주축이 되어 설립한 제너럴일렉트릭(GE)이 오히려 교류방식을 채택했기 때문이다.

CHAPTER | 09

행동경제학

1. 행동경제학의 유래

경제학에서 인간은 합리적이라고 가정한다. 합리적 인간은 다양한 의사결정을 내릴 때 모든 정보를 꼼꼼히 수집해 분석한 후 자신에게 가장 유리한 선택을 한다. 이러한 인간상을 경제적 합리성을 기반으로 한 이성적이고 일관성 있는 사람이란 의미에서 호모 에코노미쿠스(Homo economicus)라고 한다.

그러나 현실에서 인간은 어떤 일을 할 때 모든 사항을 꼼꼼히 따지고 가장 적합한 선택을 하는 것은 아니다. 자신만의 일정한 기준을 충족시키면 만족하기도 하고, 때로는 정보의 부족, 인지능력의 한계, 시간적인 제약 등으로 제한된 상황에서만 합리적으로 행동하기도 한다. 이처럼 인간의 제한된 합리성을 기반으로 인간의 경제활동을 파악하려는 시도를 **행동경제학**(Behavior Economics)이라고 한다. 그리고 비합리적인 인간의 행동패턴을 경제학에 반영하기 위해 심리학과 접목하려는 시도에서 행동경제학을 경제심리학(Economic Psychology)이라고도 한다.

행동경제학
인간의 제한된 합리성을 기반으로 인간의 경제활동을 파악하려는 시도

행동경제학의 역사는 그리 길지 않다. 대니엘 카너먼과 아모스 트버스키(Amos Tversky)가 1979년 프로스펙트 이론(prospect theory)을 발표하면서 발전하기 시작했고, 2002

년 카너먼은 행동경제학의 발전에 공헌한 업적으로 노벨경제학상을 수상하게 된다. 함께 수상했어야 할 트버스키는 6년 전에 세상을 떠난 뒤였다.

행동경제학은 전통 경제학을 완전히 부정하는 것은 아니고, 전통 경제학 모델을 기초로 인간의 행동패턴을 어느 정도 설득력 있게 보완할 수 있다는 점에서 그 의미가 있다.

2. 단순화의 편리성과 오류: 휴리스틱

2.1. 대표성 휴리스틱

사람들은 무언가를 선택할 때 100% 실험을 통한 파악이 어려운 경우 최선의 선택은 아닐지라도 경험적으로 터득한 쉬운 방법을 이용해 만족할 만한 대안을 선택하려는 경향이 있다. 일상생활에서 흔히 볼 수 있는 예로 '손님이 줄을 서서 기다리는 음식점은 정말 맛있을 것이다' 혹은 '주인이 고집스러운 식당은 음식 맛이 좋을 것이다'라고 쉽고 빠르게 판단하는 경우를 들 수 있다. 이처럼 애매하고 복잡한 문제를 간단하고 쉬운 방법으로 해결할 수 있도록 도와주는 주먹구구식 기법을 **휴리스틱**(Heuristic)이라고 한다.

휴리스틱
복잡한 문제를 간단하고 쉬운 방법으로 해결할 수 있도록 도와주는 주먹구구식 기법

휴리스틱은 대표성 휴리스틱과 가용성 휴리스틱으로 크게 나눌 수 있다. 다음은 카너먼과 트버스키가 사용한 가공의 인물인 린다라는 여성의 프로필이다. 과연 린다의 직업은 무엇일까?

[실험1]
린다는 31세의 독신 여성으로, 혼자 살고 있으며 지적이고 개방적인 성격을 지녔다. 대학에서 철학을 전공했고, 학생 시절 약자와 사회 정의를 위해서 활동했으며, 반원자력 운동에도 참여한 적이 있다.
제시된 프로필을 보고 과연 린다는 어떤 일을 하리라고 짐작하는가?
① 린다는 여성운동을 하고 있는 은행 직원이다.
② 린다는 은행 직원이다.

그림 9-1

대표성 휴리스틱과 결합의 오류

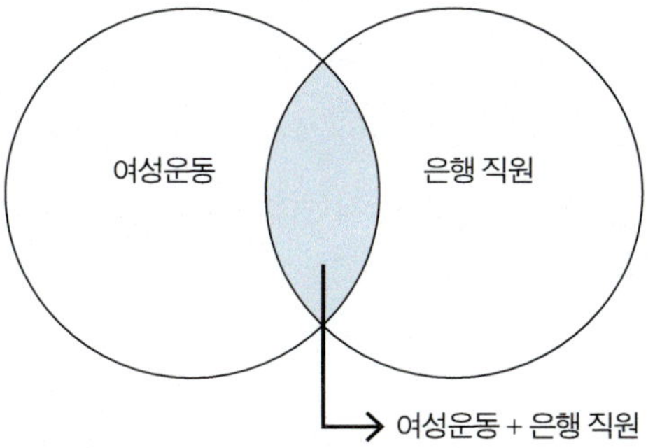

실험결과, 많은 사람들이 ②보다 ①을 선택했다. 그러나 린다가 은행 직원일 확률은 린다가 여성운동을 하면서 은행 직원일 확률보다 언제나 크다. 이처럼 사람들이 오류를 범하는 이유는 린다에 대한 프로필을 처음 봤을 때 앞부분의 내용을 읽고 린다는 페미니스트일 것이라고 미리 단정하기 때문이다. 이렇게 하나의 조건보다는 여러 개의 조건을 동시에 만족시키는 선택에 보다 큰 심리적 안정감을 느끼는 것을 결합의 오류(conjunction fallacy)라고 한다.

사람들은 어떤 현상에서 생기는 대표적인 특성에 각인되어 이를 근거로 판단하는 경향을 보인다. 여성에 대해서 부드럽다거나 힘이 없다거나 집안일을 잘한다고 판단하는 선입견이 그 예이다. 사람은 고정관념에 빠져 판단에 혼동을 일으킬 수 있는데, 이를 **대표성 휴리스틱**(representativeness Heuristic)이라고 한다.

사람들이 고정관념에 사로잡혀 오류에 빠지는 다른 사례를 살펴보자.

대표성 휴리스틱
어떤 현상에 생기는 대표적인 특성이 각인되어 이를 근거로 판단하는 경향

[실험2]
어린 시절에 아버지를 여읜 철수는 어머니와 단둘이서 살고 있다. 어느 날 철수는 자전거를 타고 가다가 교통사고를 당했다. 병원에 옮겨 치료를 받던 중, 연락을 받은 유명한 교향악단의 수석지휘자가 병실로 뛰어들면서 "오! 내 아들, 무사해서 정말 다행이다!"라고 말했다. 대체 이 지휘자는 누구일까?

이 문제를 제시하면 많은 사람들은 잠시 당황하면서 고민한다. '철수의 어머니와 재혼한 새아버지, 아니면 어머니의 새로운 남자친구?'라고 답하기도 한다. 정답은 철수의 어머니이다. 대부분의 사람들은 교향악단의 수석지휘자는 남자라는 고정관념에 사로잡혀 있기 때문에 엉뚱한 답을 생각하게 된다. 이와 같이 자신이 상식이라고 믿었던 것이 때로는 판단력을 흐리게 하고 문제해결에 별로 도움이 되지 않는 경우를 볼 수 있다.

2.2. 가용성 휴리스틱

사람들은 이용 가능한 그리고 이미 알고 있는 정보를 가지고 가능성이나 빈도수를 유도하는 경향이 있다. 예를 들어 중년기에 접어든 사람들이 심근경색에 걸릴 위험에 대해서 질문을 받는다면, 우리는 먼저 주변에 그런 사례가 있는지를 생각해보고 그것을 기준으로 판단하게 된다. 주변에 줄담배를 피우면서 일중독에 빠진 사람이 있다고 하면, 건강한 사람보다 중년의 심근경색을 더 심각하게 걱정할 것이다. 결국 어떤 사건의 빈도나 가능성은 얼마나 쉽게 그 사건과 비슷한 사건이 연상되는가, 얼마나 빨리 머릿속에 떠오르는가에 의해 영향을 받는다. 다음의 질문에 답해보자.

[질문]
영어 단어에서 r로 시작하는 단어와 단어의 세 번째 자리에 r이 들어가는 단어 중에서 어느 것이 더 많을까?

이 질문에 대해서 당신은 먼저 생각나는 단어들을 몇 개 떠올릴 것이다. r로 시작하는 단어는 쉽게 찾을 수 있는데, 세번째 자리에 r이 들어가는 단어는 쉽게 떠오르지 않는다. 그래서 r로 시작하는 단어가 더 많을 것이라고 답한다. 그렇지만 세 번째 자리에 r이 들어 있는 단어가 더 많다. 왜냐하면 어떤 알파벳으로 시작하든 세번째 자리에 r이 들어갈 가능성이 높기 때문이다.

사람들은 성공한 기업들에 대한 이야기를 많이 들을수록 자신도 성공할 것이라는 생각을 많이 가지게 된다. 수많은 사람들이 음악가, 배우, 예술가가 되는 것을 매우 쉽게 생각하는 경향이 있는데, 대중매체나 TV에서 예술가나 연예인이 되어 부와 명예를 얻어 성공한 사람들의 이야기를 많이 들었기 때문이다. 재능과 열망 그리고 끈기를 가지고 있음에도 불구하고 실패한 사례는 대중매체에 별로 등장하지 않는다. 우리는 어두운 실패 사례를 자주 접하지 못하기 때문에, 자신에게 주어진 기회에 대해서 왜곡된 판단을 내리는 경향이 빈번하다. 예술가나 연예인으로 성공할 가능성을 매우 높게 평가하는 것도 바로 이런 연유에 기인한다.

얼마 전까지도 전 세계를 강타한 코로나(Covid-19) 소동은 신문, 잡지, 방송에서 거의 매일 많은 시간과 상당한 지면을 할애해 다루었기 때문에, 보다 더 심각한 문제로 인식하는 측면이 있다. 매스컴의 영향으로 코로나에 대한 관심이 집중되면서 그로 인해 사망할 확률이 예상보다 높다고 인식해 사람들은 더 큰 불안에 떨게 되었다. 실제 사망 확률은 코로나로 인해 사망할 확률보다 자동차사고로 인한 사망 확률이 더 큼에도 불구하고, 그 당시 많은 사람들은 코로나의 공포로 마스크를 착용하면서 오히려 안전벨트를 매는 데는 소홀했던 것이다. 결론적으로 사람들은 상대적으로 낮은 확률이지만 아주 강한 인상을 남기는 사건을 훨씬 심각한 문제로 인식하는 경향성을 보인다.

3. 준거점과 오류

3.1. 실패의 두려움

다음과 같은 실험을 해보자. 오른손은 뜨거운 물속에, 왼손은 차가운 물속에 한동안 담갔다가 뺀 후, 두 손을 동시에 미지근한 물에 집어넣을 때, 오른손은 물이 너무 차게 느껴질 것이지만 왼손은 따뜻하게 느껴질 것이다. 마찬가지로 어떤 시험에서 당신은 틀림없이 A학점을 받을 것이라고 믿고 있었는데 C학점을 받았다면 엄청난 실망을 하게 될 것이고, 처음부터 F학점을 예상했다면 크게 실망하지 않고 오히려 다행이라고 생각할 것이다. 실제 받은 학점에 대해서 마음속으로 느끼는 가치는 애초에 어떤 기대를 하고 있었는가에 따라서 달라진다. 카너먼과 트버스키는 우리가 의사결정을 내릴 때 준거점에 따라서 그 결과를 다르게 평가한다고 보았다. 준거점보다 높은 결과는 이득으로 간주하고, 준거점 아래에 나타난 결과는 손실로 간주한다는 것이다. 다음과 같은 실험을 생각해보자.

당신은 어떤 퀴즈 프로그램에 참가했다. 그리고 결승까지 진출했고, 이제 최종 도전만을 남겨두고 있다. 이때 사회자가 다음과 같은 선택을 제시한다.

[실험 1]
당신이 지금까지 획득한 상금은 3,000만원입니다. 이제 마지막 단계인 최종문제를 남겨두고 있는데 만일 도전을 포기한다면 지금까지 확보한 3,000만원을 가지고 집으로 갈 수 있습니다. 그렇지 않고 도전을 하게 되면 5개의 제비 중에서 하나를 뽑아 4,000만원을 받을 수 있습니다. 그런데 5개의 제비 중에서 단 하나만 '꽝'입니다. 꽝을 뽑게 되면 지금까지 획득한 3,000만원도 받지 못합니다. 자, 어떻게 하시겠습니까? 도전하시겠나요?

똑같은 상황에서 사회자가 제안을 바꿔 다음과 같이 제시한다고 가정하자.

[실험 2]
당신은 여기서 게임을 포기하게 되면 게임 진행자에게 3,000만원을 지불하게 됩니다. 그런데 도전을 하게 된다면 5개의 제비 중에서 하나를 뽑을 수 있습니다. 만일 행운의 클로버를 뽑으시면 아무것도 잃지 않습니다. 그러나 클로버가 아닌 꽝이 걸리면 당신은 4,000만원을 지불해야 합니다. 당신은 확실하게 3,000만원을 손해 보시겠습니까, 아니면 80%의 확률로 4,000만원의 손실을 보거나 20%의 확률로 손해를 보지 않을 도전을 선택하시겠습니까?

위의 두 실험을 정리하면 〈표 9-1〉과 같다.

표 9-1

	[실험 1]	[실험 2]
그만두기	확실히 3,000만원 이득	확실히 3,000만원 손실
마지막 문제 도전	80% 확률로 4,000만원 획득 20% 확률로 모든 것을 잃음	80% 확률로 4,000만원 손실 20% 확률로 손실 없음

실제 사람들을 대상으로 이 실험을 시행한 결과, 대체로 [실험 1]에서는 도전을 포기하고 확실하게 획득한 3,000만원을 가져가겠다고 선택했다. 그런데 [실험 2]에서는 확실한 손실 대신에 마지막 문제에 도전하는 성향을 보였다.

[실험 1]에서 80%의 확률로 1,000만원을 추가로 얻을 수 있다는 것은 그리 매력적이지 않았다는 것을 의미한다. 따라서 확실한 3,000만원을 선택했다. 그러나 [실험 2]에서는 확률은 똑같지만 확실한 손실을 피하기 위해서 1,000만원을 걸 마음의 준비가 된 것이다. 결론적으로 사람들은 손실과 관련된 일이면 위험을 추구하여 제비뽑기를 선택하지만 이득이 생기는 일이면 확실한 금액을 선택하기 위해 제비뽑기를 피하는 경향성을 보인다.

3.2. 소유효과

사람들은 자신이 소유한 물건에 대해 더 높은 가치를 둔다. 한번 어떤 대상을 소유하게 되면 다시 되돌려주기 쉽지 않다는 점을 이용해 판매자는 자동차 시승, 환불보장 등의 판매 방법을 사용한다. 다음의 실험을 살펴보자.

[실험]
학생들을 두 그룹으로 나누고, 한 그룹에만 대학의 로고가 새겨진 머그잔을 선물한다. 그리고 두 그룹 사이에 자연스럽게 경매가 이루어지도록 한다. 머그잔을 소유한 그룹이 팔려는 가격과 머그잔을 소유하지 않은 그룹이 사려는 가격은 얼마나 차이가 날까?

실제로 카너먼이 코넬대학교 학생들을 대상으로 실험을 한 결과, 머그잔의 소유자가 팔려고 한 금액은 평균 5.25달러였는데, 머그잔을 소유하지 않은 학생들이 사려고 제시한 금액은 평균 2.5달러에 그쳤다. 이와 같이 인간은 어떤 것을 보유했을 때 그것을 보유하지 않았을 때보다 더 높게 평가하는 경향이 있는데, 이를 '**소유효과**(endowment effect)'라고 한다. 무엇인가를 보유했을 때 생기는 특별한 효과이다. 이러한 효과를 비즈니스에 적용한 예가 인터넷이나 홈쇼핑에서 '반품보증'을 약속한다거나, '일주일 무료 사용 체험기간'을 시행하는 것이다.

소유효과
어떤 것을 보유했을 때 그것을 보유하지 않았을 때보다 더 높게 평가하는 경향

3.3. 심적 회계장부

인간의 머릿속에는 이득과 손실을 다른 계정에 두고 각기 따로 관리한다. 다음의 실험을 이용해 설명해보자.

[실험 1]

어느 날 뮤지컬을 보기 위해 5만원을 주고 티켓을 미리 사두었다. 그런데 극장 입구에서 티켓을 분실했다는 사실을 뒤늦게 알았다. 만약 당신이라면 이때 새 티켓을 다시 구입하겠는가, 아니면 뮤지컬 관람을 포기하겠는가?

[실험 2]

뮤지컬 티켓을 구입하기 위해 매표소에 갔는데 줄이 길게 늘어서 있었다. 행렬에 참여하여 티켓을 구입할 차례가 되었는데 5만원짜리 현금을 분실했다는 것을 알았다. 하지만 카드로 구입할 수 있어 티켓을 구입하는 데 큰 어려움은 없다. 만약 당신이라면 이때 티켓을 구입하겠는가, 아니면 티켓을 구입하지 않고 관람을 포기하겠는가?

실제 실험한 결과, [실험 1]에서 대부분의 사람들은 다시 티켓을 구입하지 않았다. 그러나 [실험 2]에서는 티켓을 구입하는 선택을 했다.

사실 잘 살펴보면 두 실험은 똑같은 상황이다. 5만원짜리 티켓을 잃어버렸든지 아니면 5만원짜리 지폐를 잃어버렸든지 이 사람의 총자산에는 변함이 없다. 따라서 같은 상황이므로 같은 선택을 해야 하는데 그렇지 않았다. 이와 같이 인간의 마음속에는 돈을 분류하는 계정이 나뉘어 있고 어떻게 분류하는가에 따라서 동일한 것에 대한 가치평가가 달라지는데, 이러한 현상을 **심적 회계장부**(mental accounting)가 작동한다고 한다. 땀 흘려서 번 돈과 공짜로 생긴 돈의 쓰임새가 다른 것도 이 경우에 해당된다. 분실한 뮤지컬 티켓 비용 5만원과 현금 5만원을 마음속의 다른 계정에 각각 별도로 회계 처리했다는 것이다. 분실한 티켓은 이미 뮤지컬 관람계정에 기재되어 이미 5만원이 지출된 것으로 처리되었는데, 만일 티켓을 다시 구입한다면 뮤지컬을 관람하는 데 10만원을 추가 지출한 것으로 인식하

심적 회계장부
인간의 마음속에는 돈을 분류하는 계정이 나뉘어 있고 어떻게 분류하는가에 따라서 동일한 것에 대한 가치평가가 달라지는 현상

게 된다. 반면, 5만원짜리 지폐를 분실한 경우는 뮤지컬 관람 계정이 아닌 전혀 다른 계정인 손해나 짜증나는 일들로 회계처리를 했기 때문에, 뮤지컬 관람에는 여전히 5만원만 지출한 것으로 간주한다는 것이다.

3.4. 앵커링 효과(닻내리기 효과)

해안가에 정박하기 위해 배가 닻을 내리는 것을 **앵커링**(anchoring)이라고 한다. 사람들이 선택할 때는 무엇인가 적당한 기준을 정하고, 그 기준을 토대로 판단을 하는 경우가 많다. 다음의 실험을 통해 살펴보자.

앵커링
선택할 때 무엇인가 적당한 기준을 정하고 그 기준을 토대로 판단하는 것

[실험]
다음의 곱셈을 계산하지 않고 직감적으로 5초 안에 답해보자.
(선택1) 8×7×6×5×4×3×2×1
(선택2) 1×2×3×4×5×6×7×8

실험을 통해서 두 고교생 그룹 중 한 그룹에게는 (선택1)의 문제를, 다른 그룹에는 (선택2)의 문제를 제시해 풀라고 했다. 두 선택의 답은 같은데, (선택1)의 문제를 푼 학생들은 평균적으로 2,250이라고 답했고, (선택2)의 문제를 푼 학생들은 평균적으로 512라고 답했다. 이렇게 차이가 나는 이유는 (선택1)은 처음 앞자리가 8부터 시작하고, (선택2)는 1부터 시작하기 때문이다. 결국 맨 앞자리에 오는 숫자가 기준점이 되어 영향을 미친 것으로 볼 수 있다.

첫인상과 마찬가지로 사람들은 가장 먼저 접한 정보에 각인되어, 추가적인 새로운 정보를 접할 때는 주관적인 편견이 강하게 작용한다.

3.5. 프레이밍 효과

무엇을 바라보는 틀, 시각, 관점을 프레임(frame)이라고 한다. 동일한 내용도 프레임이 다르면 받아들이는 사람의 판단이 달라지기도 하는데, 이를 **프레이밍 효과**(framing

프레이밍 효과
동일한 내용이라도 프레임이 다르면 받아들이는 사람의 판단이 달라지는 효과

effect)라고 한다. 점괘를 보러 간다고 할 때 40%의 확률로 맞추는 A와 30%밖에 맞히지 못하는 B가 있다고 하면, 누구를 찾아갈까? 이 문제를 다르게 표현하여, A는 60%의 확률로 틀리고, B는 70% 확률로 틀린다고 하면, 누구를 찾아가는 것이 좋을까? 동일한 내용인데 이상하게도 와닿는 느낌은 다르다는 것을 알 수 있다. 다음의 실험을 한번 살펴보자.

[실험]

어느 지역에 전염병이 발생해 600명이 죽을 것으로 예측이 된다. 이에 대한 대책이 두 가지가 있을 때 어느 쪽을 선택할 것인가?

〈프레임 A〉
(선택1) 200명을 살릴 수 있다.
(선택2) 1/3의 확률로 600명을 살리고, 2/3의 확률로 1명도 살리지 못한다.

이를 다르게 표현해 보자.
〈프레임 B〉
(선택1) 400명이 죽는다.
(선택2) 1/3의 확률로 1명도 죽지 않고, 2/3의 확률로 600명이 죽는다.

카너먼 연구팀이 실제로 행한 실험결과는 〈프레임 A〉의 경우 (선택1)을 선택한 사람은 72%, (선택2)는 28%였고, 〈프레임 B〉의 경우 (선택1)이 22%, (선택2)가 78%로 정반대의 결과가 나왔다. 두 쌍의 문장은 표현방법인 프레임이 다를 뿐 의미는 완전히 동일하다. 〈프레임 A〉는 '살아난다'라는 긍정적인 표현에 초점을 맞추었고, 〈프레임 B〉는 '죽는다'라는 부정적인 표현을 강조하고 있을 뿐이다. 이러한 프레이밍 효과는 현실에서 많이 활용되기도 한다. 다음 실험을 살펴보자.

[실험]

정부는 에너지 절약 대책을 세우려고 다음과 같은 광고 문구를 준비했다. 어느 쪽 문구가 더 효과가 있을까?
(선택1) 절전하면 연간 350억원 절약할 수 있습니다!
(선택2) 절전하지 않으면 연간 350억원 손해를 봅니다!

(선택1)은 긍정적인 표현의 프레임이고, (선택2)는 부정적인 표현의 프레임이다. 일반적으로 사람들은 손해를 더 싫어하기 때문에, 에너지를 절약하기 위해서는 (선택2)가 더 효과적이라고 할 수 있다.

리처드 탈러(Richard Thaler)는 다른 사람의 옆구리를 가볍게 미는 행위를 통해서 더 나은 선택을 독려할 수 있다고 주장한다. 경제적인 인센티브를 제공하거나 선택을 제한하는 대신에, 주의를 환기시키거나 약간의 신호를 보냄으로써 소기의 목적을 달성할 수 있는데, 이러한 모든 방법을 '넛지(nudge)'라고 한다.

넛지
주의를 환기시키거나 약간의 신호를 보냄으로써 소기의 목적을 달성하는 행위

4. 시간과 오류

4.1. 근시안적 선택과 현상유지편향

다이어트를 통해 살을 빼겠다고 다짐하는 사람을 주변에서 무수히 많이 봤을 것이다. 그러나 성공한 사람은 그리 많지 않다. 먼 미래보다는 현재나 가까운 장래를 더 중시하기 때문인데, 이러한 사람들의 성향을 근시안적(short-sighted) 또는 현시선호적이라고 한다. 유사한 경우를 다음의 실험을 통해서 알아보자.

[상황]
피부과 의사는 젊은 여성들에게 자외선에 지나치게 노출되면 나이 들어 피부암에 걸릴 위험이 매우 높다고 경고한다. 그러나 여성들은 그다지 귀담아 듣지 않는다. 어떻게 설득하면 효과적일까?

피부암은 너무 먼 미래의 일이라고 생각하기 때문에 젊은 여성들에게는 당장 큰 문제로 와닿지 않는다. 따라서 자외선 노출은 당장 걱정거리가 될 수 있는 피부 트러블을 야기한다거나 40대가 되기 전에 검버섯이 생긴다고 경고하면 좀 더 효과적일 수 있다.

한편 요즘 사람들은 귀찮은 것을 싫어하는 경향이 있다. 이러한 '귀차니즘'은 상황이 바뀌어도 현재의 상태에서 벗어나기 위해 행동하는 것을 좀처럼 거부한다. 이처럼 변화

에 빨리 적응하지 못하고 게으름을 피우는 습성을 현상유지편향(status quo bias)이라고 한다.

4.2. 선호의 역전 현상과 쌍곡선형 할인

사람들은 동일한 현상일지라도 당장 일어나는가 아니면 먼 미래에 일어나는가에 따라서 다르게 느낀다. 이러한 느낌은 선호에도 반영된다. 다음의 실험을 통해서 살펴보자.

[실험]
생크림가게의 1만 번째 손님이 된 기념으로 생크림 케이크를 무료로 받게 되었다. 그런데 두 가지 중 하나를 선택할 수 있다.
(상황1) 오늘 1개 받기 vs. 내일까지 기다리고 2개 받기

둘 중 하나를 고르라고 한다면 일반적으로 사람들은 어떤 것을 선택할까?

상황을 달리해서 받는 시기를 먼 미래라고 가정해보자.

(상황2) 50일 이후에 1개 받기 vs. 51일 이후에 2개 받기

위의 실험에서 사람들은 어떤 선택을 했을까?

(상황1)에서는 오늘 1개 받는 것을 선택했는데, (상황2)에서는 51일 후에 2개 받기를 선택했다. 이처럼 시간이 지남에 따라서 선호도가 바뀌는 것을 **선호의 역전**(preference reversal)이라고 한다. 이러한 현상은 사람들이 단기의 일에 대해서는 인내심을 발휘하지 않지만, 먼 미래의 일에 대해서는 인내심이 강해지기 때문이다. 같은 대상이지만 시간적으로 멀리 있을 때와 가까이 있을 때 대상을 보는 시각이 달라지는 것이다. 몇 달 전 여행 계획을 세울 때는 무척 설레었지만 막상 출발하는 날이 다가오면 왠지 가기 싫어지는 것과 유사하다.

선호의 역전
시간이 지남에 따라서 선호도가 바뀌는 것

전통적 경제학에서는 시간의 길고 짧음에 상관없이 할인율은 일정하다고 간주하여 시간이 지날수록 가치는 일정한 비율로 감소한다고 가정한다. 이를 지수형 할인이라고 하

그림 9-2

선호의 역전 현상

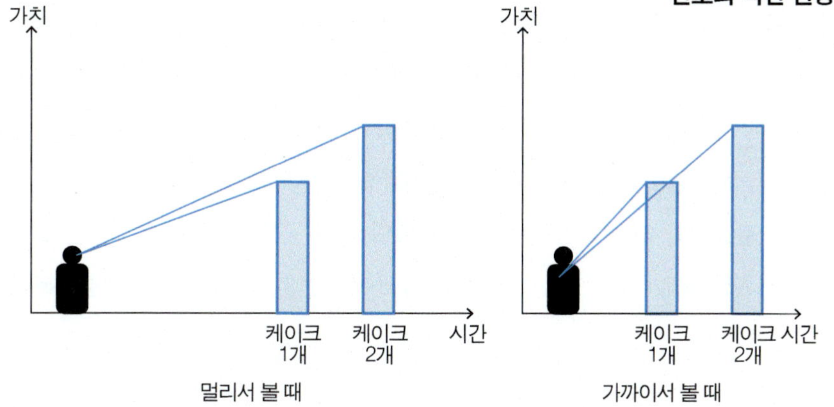

는데, 선호의 역전의 경우는 짧은 기간에는 높은 할인율을 적용하고, 긴 기간에는 낮은 할인율을 적용하는 **쌍곡선형 할인**(hyperbolic discounting)이 적용된다.

쌍곡선형 할인
짧은 기간에는 높은 할인율을 적용하고, 긴 기간에는 낮은 할인율을 적용하는 경향

4.3. 피크엔드 법칙

어떤 일이든지 사람들은 내림세보다는 오름세를 더 좋아하는 경향이 있다. 점점 감소하거나 약해지는 쪽보다는, 증가하거나 강해지는 쪽의 추세를 더 선호한다.

[실험]

향후 5년간의 연봉으로 두 가지 중에서 하나를 선택해야 한다. 일반적으로 사람들은 어느 쪽을 선택할까?

	1년차	2년차	3년차	4년차	5년차
A안	6	6.5	7	7.5	8
B안	8	7.5	7	6.5	6

5년간 얻을 수 있는 연봉의 총수입은 동일하지만 사람들은 A안을 더 선호했다. 현재 가치를 고려한다면 B안을 선택하는 것이 더 낫지만, 사람들은 상승 지향적이기 때문에 A안을 선택한 것이다. 반면에 사람들은 B안에 대해서는 첫해를 기준으로 손해를 점점 더 크게 본다고 느꼈다. 이러한 현상을 **피크엔드 법칙**(peak-end rule)이라고 한다. 카너먼 연구팀은 실험을 통해서 처음에 50분간 소음을 듣다가 마지막 10분간 클래식을 듣는 경우가 처음에 클래식을 50분간 듣다가 마지막 10분간 소음을 듣는 경우보다 소음을 듣는 시간은 길었지만 더 선호한다는 것을 알았다. 어떤 경험과 관련해 느끼는 인상은 절정(peak)에 달했을 때의 감정과 마지막(end)에 느끼는 감정의 조합으로 결정된다는 것을 알 수 있다.

피크엔드 법칙
어떤 일에 대해서든지 내림세보다는 오름세를 더 좋아하는 사람들의 경향

참고 정체성 경제학

어빙 고프만(Erving Goffman)은 회전목마를 타는 아이들을 관찰하여 미국인들의 일상생활 속에서 정체성과 규범이 작동하는 사례들을 발견하였다.

회전목마 앞에 서 있는 아이들은 "몇 살이냐?"라는 질문에 몇 살이라는 것을 자랑스럽게 이야기하고, 또 그 나이에 따른 행동 규범을 제대로 이해하고 있다. 이제 막 걷기 시작한 아이들은 부모와 같이 회전목마를 타고, 4~5세의 아이들은 혼자서도 기분 좋게 우쭐대며 잘 탄다. 그런데 나이가 어느 정도 있는 아이들은 자신의 들뜬 기분을 숨기려고 하고, 타지 않고 오히려 멀뚱멀뚱 바라보기만 한다. 일부는 아예 다른 놀이기구 쪽으로 가버리기도 한다. 회전목마를 좋아하면서도 다가서지 못하는 것이다. 아이들이 이렇게 다르게 행동하는 이유는 무엇일까? 회전목마를 싫어해서가 아니라 나이 든 아이들도 회전목마를 타고 싶지만 회전목마를 타기에 자기 나이가 많다고 생각해 갈등하는 것이다. 이처럼 개인의 취향과 규범은 상호작용해 행동에 영향을 줄 수 있다. 사람들은 마땅히 해야 한다고 생각하는 일을 할 때는 행복해하지만, 자신 혹은 타인이 정한 규범을 지키지 못할 때는 회전목마 앞의 나이 든 아이들처럼 불행해하거나 아예 규범의 기준을 맞추기 위해서 행동을 바꾸기도 한다.

2001년 노벨경제학상 수상자인 조지 애커로프(George Akerlof)와 레이첼 크랜튼(Rachel E. Kranton)은 정체성 경제학(identity economics)이라는 분야를 개척하였다. 정체성, 규범 등은 추상적인 개념이지만 실체가 강력해 쉽게 감지될 수 있고, 규범은 자신이 어떤 사람이고, 어떻게 행동해야 하는지에 대한 이상이 있을 경우 분명하게 드러난다고 보았다. 정체성과 규범은 회전목마 앞의 아이들이 하듯이 사람들의 행동에 영향을 준다는 것이다. 이 분야도 경제학의 외연이 확대되어 심리학, 사회학과 접목되는 흐름의 연장선에 있다고 할 수 있다.

CHAPTER | 10

후생경제학과 시장실패

1. 일반균형이론

1.1. 이론의 개요

일반균형이란 경제 내의 모든 생산물시장(상품시장) 및 생산요소시장(노동, 금융 시장)이 동시에 균형을 이루고 있는 상태를 의미한다.

일반균형이론(General equilibrium theory)은 수요와 공급의 상호 작용(가격)이 전체적인 '일반적 평형'(균형)에 도달하는 것을 증명함으로써, 여러 상호 작용하는 시장을 가진 전체 경제에서 수요, 공급, 가격의 움직임을 설명하려고 한다. 일반균형이론은 단일 시장만 분석하는 부분균형이론과 대비되는데, 일반균형이론의 역사는 1870년대 프랑스 경제학자 왈라스(L. Walras, 1834~1910)의 시대로 거슬러 올라간다. J.슘페터는 왈라스에 대해 당대 모든 경제학자 중에서 가장 위대한 인물이라고 평한 바 있다.

1.2. 일반경쟁균형과 효율성

단순순수교환경제에서 일반경쟁균형은 반드시 효율적인 자원배분을 뜻하는 '계약곡선' 상에서 나타나게 된다. 여기서는 좀 더 일반화된 상황에서 일반경쟁균형과 자원배분의 효율성 사이의 관계에 분석의 초점을 맞춘다.

◈ 후생경제학의 제1정리

모든 소비자의 선호체계가 '강단조성'(=일관성)을 갖고 경제 안에 외부성이 존재하지 않으면, 일반경쟁균형의 배분은 파레토 효율적이다. 파레토 효율성에 대해서는 후술한다.

일반경쟁균형이 이루어진다면 이 상태에서의 자원배분은 효율적이라는 이 정리는, A.스미스가 제시한 '보이지 않는 손'이라는 명제의 현대적 해석이라고 할 수 있다. 이는 시장의 힘(=자유로운 가격)에 대한 신뢰를 이론적으로 정당화하는 즉, 시장은 혼돈(chaos) 상태에 균형이라는 질서를 부여한다는 의미이다.

◈ 후생경제학의 제2정리

초기 부존자원이 적절하게 배분된 상태에서 모든 경제주체가 편중되지 않은 합리적 선호체계(=볼록성)를 가지면, 파레토 효율적인 배분은 일반경쟁균형이 된다.

제2정리는 후생경제학 제1정리의 역이 성립하는지를 묻고 있는 명제이다. 만약 우리에게 어떤 파레토 효율적인 배분이 주어졌을 때 이로 하여금 일반경쟁균형이 되게 만드는 가격체계가 존재하는지의 여부를 타진하고 있다.

2. 후생경제학

2.1. 사회후생을 평가하는 기준

다양한 사람들로 구성된 사회전체의 경제적 복지수준을 평가하기는 어려운 일이다. 사회후생(social welfare)이란 공리주의(utilitarianism)의 맥락에서 사회구성원들의 총체적인 복지를 의미한다. 이러한 사회후생을 어떻게 하면 극대화할 것인가를 연구하는 분야를 **후생경제학**(welfare economics)이라고 한다.

후생경제학
사회구성원들의 총제적인 복지의 극대화를 연구하는 분야

사회후생을 평가하는 기준으로는 효율성과 공평성을 들 수 있다. 희소한 자원이 얼마나 효율적으로 배분되는가는 가장 중요한 문제 중의 하나이다. 여기서 효율성은 한 경제에서 존재하는 희소한 생산적 자원이 낭비 없이 최적으로 활용된다는 것을 의미한다. 또 하나의 평가기준으로는 분배 측면에서 공평성을 들 수 있다. 이것은 경제에서 존재하는 자원인 소득이나 재산이 사람들 사이에 얼마나 공평하게 분배되는가의 문제이다. 자원이 효율적으로 배분되어 있을지라도 공평한 분배가 이루어지지 못한다면, 그 사회는 그다지 바람직하다고 할 수 없을 것이다.

효율성은 낭비가 없는지의 여부만 판단하면 되기 때문에 객관적이라고 할 수 있지만, 공평성은 어떤 것이 공평한지 사람마다 다를 수 있기 때문에 주관적이다. 따라서 사회후생을 증가시키려는 정부의 여러 가지 정책에 적절한 가치평가를 내리기는 쉬운 일이 아니다. 여기서는 먼저 효율성의 판단기준인 파레토 효율성에 대해서 살펴보고, 공평성의 측면을 고려한 사회후생함수를 소개한다.

2.2. 파레토 효율성

경제학에서 사용하는 효율성이란 일반적으로 파레토 효율성을 말한다. **파레토 효율성**(Pareto efficiency)이란 어떤 자원배분 상태가 있을 때, 어느 누구에게도 손해가 가지 않으면서 어떤 사람에게는 이득이 되도록 하는 것이 어려운 상태를 말한다.

파레토 효율성
어떤 자원배분 상태가 있을 때, 어느 누구에게도 손해가 가지 않으면서 어떤 사람에게는 이득이 되도록 하는 것이 어려운 상태

만일 S라는 자원배분 상태가 있을 때 다른 상태로 변화된 경우 S'로 바뀌었을 때, 사

그림 10-1

파레토 효율성과 파레토 개선

회의 구성원 모두가 이득을 보거나 혹은 손해를 보는 사람은 하나도 없음에도 불구하고, 어떤 사람들은 이득을 볼 수 있다면, 이러한 변화를 **파레토 개선**(Pareto improvement)이 이루어졌다고 한다.

파레토 개선
하나의 자원배분 상태에서 다른 사람에게 손해가 가지 않게 하면서 최소한 한 사람에게 이득을 가져다주는 것

예를 들어 한국과 미국이 FTA 협상을 체결한다고 생각해보자(2012년). 이 협상으로 인해 온 국민이 모두 행복해진다거나 최소한 불행해지는 사람은 없으면서 일부의 행복을 증진시킨다면, 이러한 협상을 체결하는 것은 파레토 개선이라고 할 수 있을 것이다. 파레토 개선이 가능한 상황은 더 나은 상태로 나갈 수 있다는 것을 의미하기 때문에, 현재 상태는 파레토 효율적이라고 할 수 없다. 뒤집어서 설명하면 파레토 효율적인 상태는 파레토 개선이 불가능한 상황을 의미한다. 비근한 예로, 어떤 사람이 얼굴 성형을 하였는데 성형 전과 성형 후를 비교해보니 성형 후가 더 나아졌다면(파레토 개선), 이전(before)의 얼굴은 가장 만족스러운 효율적인 상태가 아닌 셈이다.

3. 시장실패

지금까지의 경제학에서는 시장을 신뢰하고 시장의 가격이 신호 역할을 수행해 희소한 자원이 효율적으로 낭비 없이 배분될 것이라고 설명하였다. 그러나 현실에서는 시장에서 가격이 제기능을 수행하지 못하는 경우가 발생할 수 있는데, 이를 시장실패(market failure)라고 한다. 시장실패는 좁은 의미로 볼 때 불완전경쟁시장, 외부효과, 공공재, 비대칭정보를 포함하며, 넓은 의미로 볼 때 경기변동[불황, 공황]이나 소득의 불공평한 분배까지 포함한다. 여기서는 효율성의 측면에 초점을 둔 협의의 개념에 국한해서 설명하기로 한다. 또한 불완전경쟁시장으로 인해 발생하는 독점이나 과점시장의 비효율성은 시장이론에서 이미 다루었고, 비대칭적 정보로 인한 역선택과 도덕적 해이 문제는 '정보경제과 디지털경제'에서 다루었기 때문에 여기서는 설명을 생략한다.

3.1. 외부효과

(1) 외부성의 개념

외부성(externalities)이란 어떤 행위가 제3자에게 의도하지 않은 혜택이나 손해를 야기했는데 이에 대한 대가를 치르지 않는 경우를 말한다. 외부성의 외부(ex-)란 시장 테두리 밖을 의미하는 것으로, 시장 범주 안에서 거래가 이루지면 정당한 대가를 지불하거나 받게 되는데, 시장 범주 밖에서 거래가 이루어지면 시장은 적절한 대응을 하지 못하게 된다. 또한 주의해야 할 것은 '의도하지 않아야 한다'는 것이다. 강 상류에 위치한 공장에서 방류되는 오염물질로 인해 하류에 위치한 양식장이 피해를 보았을 때, 상류의 공장이 일부러 의도했다면 이는 외부성이라고 할 수 없다. 과수원 옆에 양봉장이 들어서서 과일의 수확이 의도하지 않게 늘었다면 이것은 외부성이 된다. 한편 미국 워싱턴 주에서는 과수원 주인들이 양봉장의 소유자들에게 대가를 지불하는 것이 목격되었는데, 이러한 행위는 외부성 문제를 시장 내부로 끌어들여 해결한 케이스이다. 이를 외부성의 내부화(internalization)라고 한다.

외부성
어떤 행위가 제3자에게 의도하지 않은 혜택이나 손해를 야기했는데 이에 대한 대가를 치르지 않는 것

(2) 외부성의 유형

외부성은 먼저 부정적인 외부성과 긍정적인 외부성으로 나눌 수 있다. 환경오염과 같은 경우는 부정적인 외부성에 속하고, 기초학문 분야나 근로자들에게 기술훈련을 시키는 것은 사회전체적인 측면에서 긍정적인 외부성에 속한다고 할 수 있다.

또한 외부성은 생산과정에서 발생하는 외부성과 소비과정에서 발생하는 외부성으로 나눌 수 있다. 생산과정에서 발생하는 외부성으로는 공장에서 자동차를 생산하면서 배

출하는 오염물질과 폐수가 주변의 환경을 오염시키는 경우가 이에 해당하고, 소비과정에서 발생하는 외부성으로는 집에서 세탁하는 과정에서 사용한 합성세제가 하수도로 흘러가 하천을 오염시키는 경우가 있다.

도서관에서 이어폰으로 음악을 들으면서 공부하는 사람이 있다고 하자. 다시 말해 이 사람은 음악을 소비하고 있는 상황이다. 그런데 음악에 너무 심취한 나머지 자기도 모르게 크게 따라 불렀다. 이때 이 사람은 자신이 의도한 것이 아닌데 다른 제3자의 공부를 방해한 셈이다. 그렇다면 이때의 외부성은 긍정적인가 아니면 부정적인가? 이 사람의 노랫소리가 공부하는 데 짜증을 불러일으켰다면 부정적인(해로운) 외부성이 될 것이다. 그러나 한참 졸릴 만한 시간대라서 도서관 분위기를 쇄신하는 계기가 되었다면, 이 경우는 긍정적인(유익한) 외부성이 될 것이다.

(3) 외부성과 자원배분

외부성도 희소한 자원이 효율적으로 배분되지 못하게 만드는 시장실패의 한 요인이다. 이를 간단한 그림을 통해서 설명해보자.

화학약품을 생산하는 어느 공장에서 오염물질이 하천으로 방류된다고 하자. 이러한 해로운 외부성은 기업 입장에서는 비용으로 처리하지 않을 수도 있다. 그러나 사회 전체적으로 보면 이것은 비용으로 당연히 인식해야만 한다. 여기서 생산량이 1단위 추가적으로 증가될 때 사회적 한계피해액(*SMD:* Social Marginal Damage)도 증가한다고 가정하자.

〈그림 10-2〉에서 오염물질이 야기하는 외부비용을 고려하지 않은 기업의 사적 한계비용(*PMC*: Private Marginal Cost)은 우상향하는 형태로 나타나 있고, 생산과정에서 발생하는 오염물질로 인한 사회적 한계피해액인 *SMD*도 우상향하는 형태로 나타나 있다. 만일 오염물질을 고려하지 않은 경우에 사적 최적수준은 수요곡선(*D*)와 사적 한계비용(*PMC*)이 만나는 *F*점이 되어 생산량은 Q_F가 된다. 그러나 외부비용을 고려한 사회적 최적수준은 *D*와 *SMC*(=*PMC*+*SMD*)가 만나는 *E*점이 되어 생산량은 Q_E가 된다. 따라서 부정적 외부성이 발생하게 되면, 시장에서는 사회적 최적수준보다 과소공급되는 경향을 보이게 된다.

그림 10-2

부정적 외부성과 자원배분

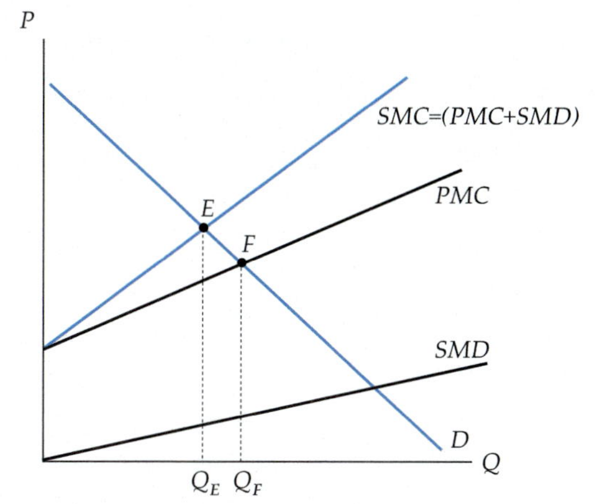

(4) 외부성 문제의 해결방법

외부성과 관련해서 주의해야 할 것은 바람직한 오염물질 배출수준이 0이 아니라는 점이다. 왜냐하면 오염물질을 정화하는 데 엄청난 비용이 들 뿐만 아니라 오염물질을 완전히 제거한다는 것은 지금까지 인간의 문명을 모두 제거하고 완전히 원시시대 생활로 되돌아가야 한다는 것을 의미하기 때문이다. 따라서 지구가 자기 정화능력을 발휘할 수 있는 사회적 최적수준을 유지하는 것이 차선책이며, 바로 〈그림 10-2〉에서 Q_E가 그 수준이다.

환경오염 문제를 해결하기 위해서는 직접적인 통제방식(command and control)과 시장을 활용하는 방식(market-based approach)을 적용할 수 있다. 직접통제방식은 오염물질의 배출량의 허용기준을 정해서 이 기준을 준수하도록 만드는 방식으로, 정화시설 설치를 의무화하는 것을 예로 들 수 있다. 직접통제방식은 원하는 기준을 빠르게 달성할 수 있다는 장점이 있지만, 신축성이 떨어지며 오염물질 방출자들을 일일이 감시하기가 현실적으로 어렵다는 문제가 있다. 실증연구에 의하면 직접적인 통제방식은 시장을 활용하는 방식보다 경제적 비용이 거의 10배 이상 더 소요된다고 알려져 있어, 경제학자들은 후자의 방식을 더 선호한다. 따라서 여기서는 시장을 활용하는 방식을 주로 소개하고자 한다.

그림 10-3

환경세 부과를 통한 외부성 해결

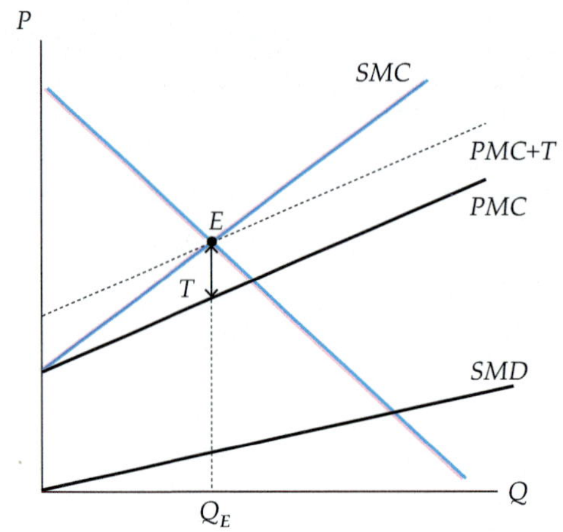

◈ 환경세의 부과

일반적으로 오염물질을 배출하는 기업은 본의 아니게 사회에 끼치는 부정적 영향을 자신이 부담해야 하는 비용으로 인식하지 않는다. 따라서 오염물질을 배출하는 행위에 대해서 추가적인 비용을 지불하도록 만들어야 한다. 다시 말해서 기업이 인식하는 사적 생산비용을 사회적 생산비용 수준으로 끌어올리는 것이다. 피구(A. C. Pigou)는 조세를 부과하여 오염물질의 배출을 사회적 최적수준으로 낮출 수 있다고 주장하였다. 이를 **환경세** 혹은 **피구세**(Pigouvian tax)라고 한다. 〈그림 10-3〉에서 보여주듯이 사적 한계비용(*PMC*)에 조세(*T*)를 부과하여 사회적 최적수준인 *E*점에 일치시키는 방법이다.

환경세(피구세)
외부불경제가 발생했을 때 조세를 부과하여 스스로 조세를 줄이기 위한 노력을 이끌어내는 것

그러나 현실에서 최적세율을 정확하게 찾아내기가 쉽지 않고, 환경세를 누구에게 어떤 방식으로 부담시켜야 하는가의 문제도 고려해야 한다. 실제로 유럽의 많은 나라들은 이산화탄소 저감대책의 하나로 탄소세(carbon tax)를 부과하고 있다.

◈ 오염허가서의 발급

오염허가서(pollution permit)란 자신이 보유한 배출권 수준만큼 오염물질을 배출할 수 있도록 허용하는 방식을 말한다. 정부는 사회적으로 바람직한 수준만큼 오염허가서를 발급한 후, 이를 시장에서 자유로이 교환할 수 있도록 만드는 것이다. 오염허가서의 장점은 시장의 거래를 통해서 자신이 환경에 대한 진정한 선호를 드러낼 수 있도록 유도

한다는 점이다. 시장을 활용한 방법 중에서 환경세는 인플레이션과 같은 문제가 발생하면 세율을 다시 산정하는 문제에 봉착하게 되지만, 오염허가서는 시장에서 자발적인 교환을 통해 정부가 의식적인 노력을 기울이지 않아도 자동적으로 조정될 수 있다. 1993년 미국의 시카고선물거래소를 통해서 오염허가서가 거래되기 시작해 1995년부터는 산성비 문제를 해결하기 위해서 오염허가서를 보유하는 경우에만 아황산가스(SO_2)를 배출할 수 있도록 했다. 최근에는 지구온난화와 온실가스 감축을 위한 교토의정서(Kyoto Protocol)가 채택되어 국제적인 차원에서 공조체제를 유지하고 있다(2005년 발효).

◈ 소유권의 확립과 코우즈 정리

환경오염의 문제는 주인[책임소재]이 명확하게 규정되어 있지 않다는 점에서 시작된다. 강 상류에 공장이 있고, 하류에는 양식장이 있다고 하자. 공장 가동 시 흘러나온 폐수로 인해서 양식장의 물고기의 수가 줄어들고 개체 크기도 작아진다면, 상류에 위치한 공장은 아무런 비용도 부담하지 않은 채 양식장에 피해를 끼친 셈이다. 이러한 경우 소유권을 어느 한쪽에 통합시킨다면 오염물질의 배출로 인한 외부성을 해결할 수 있다. 공장과 양식장 모두 한 사람이 소유하고 있다면 폐수의 배출은 곧바로 자신에게도 손해를 끼치기 때문에 폐수를 배출하는 것과 줄이는 것 중에서 어느 것이 이득인지 고려해 결정할 것이다. 이러한 아이디어를 바탕으로 코우즈(R. Coase)는 외부성의 문제가 소유권만 명백하게 정의된다면 관련 당사자들이 자발적인 협상을 통해 문제를 해결할 수 있다는 주장을 펼쳤는데, 이를 **코우즈 정리**(Coase Theorem)라고 한다. 정부가 직접 개입하지 않더라도 당사자들이 서로 협상하는 데 필요한 비용이 그리 크지 않아서 외부성의 문제를 내부화시킬 수 있다는 주장이다.

코우즈 정리
정부가 직접 개입하지 않더라도 당사자들이 서로 협상하는 데 필요한 비용이 그리 크지 않다면 외부성의 문제를 내부화시킬 수 있다는 주장

그러나 현실에서는 지구온난화와 같이 범세계적인 환경문제와 관련된 이해당사자가 누구인지를 명확히 할 수 없고, 또한 협상비용이 커져서 자발적인 협상을 통해 문제를 해결할 수 있을지 의문이다. 환경오염의 피해자는 불특정 다수의 힘없는 서민들이 대부분이지만, 가해자는 힘이 센 기업인 경우가 많기 때문이다.

3.2. 공공재

(1) 공공재의 개념

공공재
일단 한 번 공급되면 모두가 그 혜택을 누릴 수 있는 재화

공공재(public goods)란 공동으로 소비할 수 있는 재화를 말한다. 대표적인 공공재로 국방서비스와 치안, 등대서비스 등을 들 수 있다. 여기서 주의해야 할 점은 공공재라고 해서 정부가 생산하는 것이라고만 생각하면 안 된다는 것이다. 정부가 공급하는 것 중에서도 민간재화가 많고, 공공재가 민간부문에 의해 생산되는 경우도 있기 때문이다. 공공재란 일단 한 번 공급되면 모두가 그 혜택을 누릴 수 있는 재화를 말하기 때문에, 주체를 기준으로 판단해서는 안 된다. 정부가 생산하는 것 중에서 공공재가 아닌 것도 있고, 민간부문에서 공공재를 생산할 수도 있기 때문이다.

공공재는 비배제성(non-excludability)과 비경합성(non-rivalry)을 특성으로 한다.

◈ 비배제성

비배제성이란 국방서비스나 등대서비스와 같이 일단 한번 공급되면 누구나 대가를 지불하지 않고서도 소비할 수 있는 재화를 말한다. 사과나 구두와 같은 민간의 사적재(private goods)의 경우에는 대가를 지불하지 않고서는 소비할 수 없다. 그러나 국방서비스의 주목적은 자국민을 다른 나라의 침입으로부터 안전하게 보호하는 것인데, 비록 관련 서비스 비용을 지불하지 않은 사람일지라도 국내에 자유롭게 거주하고 있다면, 대가를 지불한 사람과 동등한 서비스를 제공받을 수 있다. 등대서비스도 마찬가지이다. 등대 이용료를 지불하지 않았다고 해서 등대 불빛을 보지 못하게 막을 수 없기 때문이다. 이러한 것을 무임승차자 문제(free-rider problem)라고 한다. 아무런 대가를 지불하지 않고 공공재를 이용하는 행위가 가능하기 때문에 시장에서는 양(+)의 가격을 부과하는 것이 불가능하게 된다.

무임승차자 문제
아무런 대가를 치르지 않고 공공재를 이용하는 행위가 가능하기 때문에 자신이 부담해야 하는 비용을 줄이려고 하는 유인이 발생함

◈ 비경합성

비경합성이란 한 사람의 소비가 다른 사람의 소비를 줄이지 않는다는 말이다. 사적재인 사과는 어느 한 사람이 사과를 먹게 되면 다른 사람이 먹을 수 있는 양은 그만큼 줄어든다. 그러나 국방서비스나 등대서비스와 같은 공공재는 일단 한 번 공급되면 추가적으

로 한 명 더 이용할 수 있도록 허용해도 기존의 사용자에게 전혀 영향을 미치지 않는다. 따라서 한 명 더 추가적으로 이용하도록 하는 데 필요한 한계비용은 0이 된다. 결국 비경합성으로 인해 시장에서는 한계비용만큼 가격을 설정할 때 효율적이라고 보면, 양(+)의 가격을 부과하는 것이 바람직하지 않게 된다.

(2) 공공재의 유형

공공재는 경합성과 배제성을 기준으로 네 가지로 나눌 수 있다. 비경합성과 비배제성을 모두 갖춘 경우 순수(pure) 공공재라 하고, 경합성과 배제성을 모두 갖춘 경우를 순수 사적재라 한다. 한편 어느 한 가지 기준을 충족하지 못한 공공재를 불완전한 공공재라고 한다.

표 10-1 공공재의 유형

	배제성	비배제성
경합성	순수사적재 (맥주, 치킨, 피자)	공유자원 (공동어장, 공해상 유전, 국유림)
비경합성	비순수공공재 (고속도로, 공원)	순수공공재 (국방서비스, 치안서비스)

◈ 비순수 공공재

비순수 공공재(impure public goods)란 비경합성과 배제성을 지닌 재화를 말한다. 고속도로와 공원은 비용을 지불하지 않으면 이용할 수 없게 만들 수 있어서 배제는 가능하지만, 한 명 더 추가로 사용할지라도 다른 사람의 소비에 영향을 미치지 않는 비경합성이 존재하는 재화이다. 고속도로나 공원은 추석과 같은 명절이나 공원행사로 인해서 너무 많은 사람들이 붐비게 되면 혼잡(congestion)이 발생하게 된다. 왜냐하면 사용면적이 제한되어 있기 때문이다.

◈ 공유자원

공유자원(common resources)이란 배제는 불가능하지만 소비에 경합성이 발생하는 재화를 말한다. 바다 속의 물고기를 예로 들 수 있는데 주인이 없고 공동으로 소유하고 있기 때문에 물고기를 많이 잡더라도 이를 배제할 수 없다. 그렇지만 바다 속의 물고기는 한정되어 있으므로 내가 잡지 않으면 남이 잡을 것이라는 생각으로 남획하게 되면 결국은 잡을 물고기가 부족한 파국적 상황을 맞을 수 있다. 이러한 현상을 **공유지의 비극**(tragedy of commons)이라고 한다.

공유지의 비극
개인과 공공의 이익이 서로 맞지 않을 때 개인의 이익만을 극대화한 결과 경제주체 모두가 파국에 이른다는 현상

(3) 사적재와 공공재의 시장수요곡선 비교

◈ 사적재의 시장수요곡선

시장에 두 사람 A와 B만 존재한다고 가정하자. 사과와 같은 사적재화는 주어진 동일한 가격에 대해서 개별소비자마다 구입하는 양이 다르다. 완전경쟁시장을 상정해보면 사과의 가격이 개당 500원에 거래된다면 누가 구입하든 같은 가격을 지불한다. 그렇지만 주어진 500원의 가격에 대해서 구입하려는 수요량은 다르다. 따라서 두 사람 A와 B가 지불하는 가격은 시장에서 결정된 가격 P_{A+B}와 같게 된다. 시장전체 수요량은 두 사람이 구입하려는 사과의 양의 합과 같게 되어 다음과 같은 결과를 얻을 수 있다.

$$P_A = P_B = P_{A+B}$$
$$Q_A + Q_B = Q_{A+B}$$

위 식은 〈그림 10-4(a)〉에서와 같이 사적재의 시장수요곡선은 주어진 가격에 대해서 수평으로 합한다는 것을 의미한다.

◈ 공공재의 시장수요곡선

공공재의 경우는 사적재와 달리 비경합성의 특성으로 인해 시장에 일단 공급되면 두 사람 A와 B가 소비하는 양은 동일하다. 한강에 다리가 3개 건설되었다고 하면 강남에 사는 사람(A)이나 강북에 사는 사람(B)이나 이용하는 다리의 양은 3개로 동일할 것이다. 그렇지만 두 사람의 직장이 강남에 있다고 한다면 강북에서 사는 B는 이용하는 횟수가 많겠지만 강남에 사는 A는 주말에만 가끔 이용할 것이다. 결국 다리를 추가적으로 하나 더 건설한다고 하면 B는 혜택을 더 많이 보기 때문에 높은 금액을 지불하려고 할 것이고, A는 혜

그림 10-4

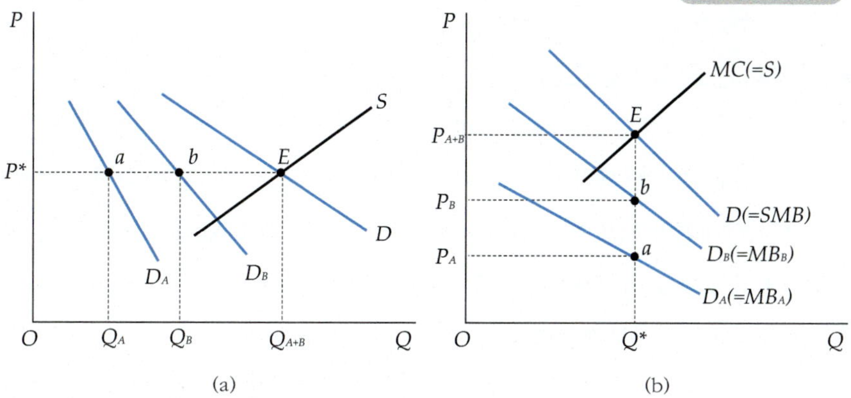

사적재와 공공재의 시장수요곡선

(a) 사용재의 시장수요곡선
(b) 공공재의 시장수요곡선

택을 별로 보지 않기 때문에 낮은 금액을 지불하려고 할 것이다. 결국 공공재의 시장수요곡선은 개별수요의 수직의 합이 된다. 수요곡선의 높이는 한계편익(MB)을 의미한다는 점을 상기하면, 동일하게 소비하는 공공재의 양에 대해 소비자는 각자의 편익의 정도에 따라 다른 가격을 지불하게 된다. 따라서 공공재의 개별수요곡선과 시장수요곡선은 다음과 같은 관계를 지닌다.

$$P_A + P_B = P_{A+B}$$
$$Q_A = Q_B = Q_{A+B}$$

여기서 가격은 한계편익(MB: Marginal Benefit)을 의미한다는 점을 잘 생각하길 바란다. 이 식은 공공재의 시장수요곡선은 주어진 수량에 대해서 수직으로 합한다는 것을 의미한다.

(4) 공공재의 최적공급수준

◈ 공공재의 최적공급조건

공공재의 최적공급량은 공공재의 사회적 한계편익과 공공재의 한계비용이 일치하는 수준에서 결정된다. 등대서비스의 경우 두 사람이 공동으로 소비하게 되면 사회전체의 등대에 대한 한계편익(MB)인 사회적 한계편익(SMB: Social Marginal Benefit)은 두 사람의 한계편익의 합을 의미하는 수요곡선의 수직합이 된다. 따라서 공공재의 최적공급수준(부분균형에서의 사무엘슨조건)은 다음과 같이 나타낼 수 있다.

$$SMB = MB_A + MB_B = P_A + P_B = MC$$

◈ 공공재와 무임승차

공공재는 비배제성과 비경합성으로 인해서 시장기구에 의해 공급될 경우, 필요한 사회적 최적수준보다 과소 공급되거나 아니면 아예 공급되지 않을 수 있다. 이에 대해서 간단한 예를 들어 설명해 보자. 어느 마을에 큰 논을 소유하고 있는 A와 작은 논을 소유하고 있는 B가 있다고 하자. 둘은 모두 가뭄에 대비한 저수지가 필요한데 추가적인 저수지 건설에 따른 한계비용은 C로 일정하다고 하자. 큰 논을 소유한 농부의 저수지에 대한 수요곡선은 D_A이고, 작은 논을 소유한 농부의 저수지에 대한 수요곡선은 D_B라고 하자. 이때 수요곡선의 높이는 추가적인 저수지 건설로 인해 얻게 되는 한계편익(MB)이 된다. B는 자신이 저수지 건설비용을 부담하지 않아도 저수지를 더 필요로 하는 A가 알아서 건설할 것이라고 생각하고 있다. 이 말은 B의 입장에서는 저수지에 대한 한계편익을 0으로 나타내고 A가 비용을 전부 부담하면 공짜로 이용하려는 태도라고 할 수 있다. 이와 같이 공공재의 공급비용을 지불하지 않고 무료로 이용하려는 행동패턴을 무임승차자(free-rider)의 문제라고 한다.

◈ 그림을 이용한 설명

B가 무임승차를 하는 경우 공공재의 최적공급수준이 어떻게 결정되는지 살펴보자.

그림 10-5

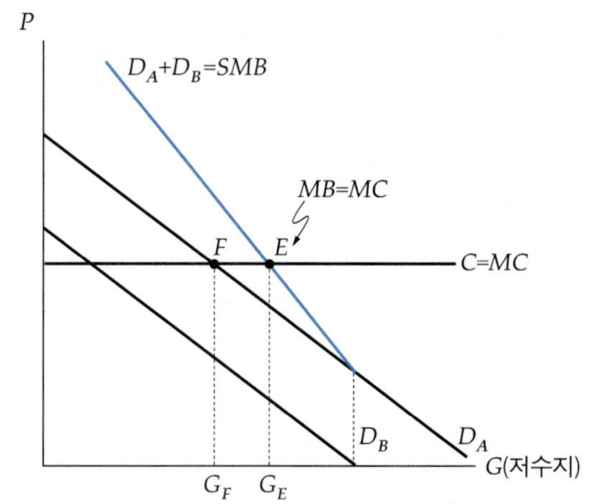

만일 B가 저수지 건설에 대한 자신의 선호를 표출하게 되면, 저수지라는 공공재에 대한 시장수요곡선은 A와 B의 수요곡선을 수직으로 더한 D_{A+B}가 된다. 바로 사회적 한계편익곡선(*SMB*)이 되는 것이다. 이것이 한계비용과 같아지는 점에서 생산량이 결정된다. 만일 B가 무임승차를 하지 않는다면 〈그림 10-5〉에서 균형점은 E가 되어 저수지 공급량은 G_E가 될 것이다. 그러나 B가 무임승차 행위를 하게 되면 시장전체 수요곡선은 A의 수요곡선과 같게 되어 이것이 한계비용과 만나는 F점에서 균형점이 결정되고 저수지 공급량은 G_F가 된다. 따라서 무임승차가 존재하면 사회적 관점에서 최적수준보다 공급량이 작다.

◈ 게임이론을 이용한 설명

공공재의 공급과 관련한 무임승차자 문제를 게임이론을 이용해서 설명할 수도 있다. 논의를 단순화하기 위해서 앞의 예와 달리 동일한 크기의 논을 가지고 있는 두 사람 A와 B가 있다고 하자. 둘은 저수지 건설을 논의하고 있다. 각자는 저수지 건설을 위한 비용인 1천만원을 부담하거나 전혀 부담하지 않는 전략을 선택할 수 있다. 두 사람 모두 1천만원씩 부담해 저수시설을 완벽하게 갖추면 각자 얻게 되는 편익은 1천500만원이 된다. 그러나 둘 중 한 사람만 1천만원을 부담하면 불완전한 저수시설로 750만원씩만 혜택을 보게 된다. 만일 둘 다 비용을 부담하지 않으면 저수시설을 갖추지 못해 아무런 이득을 얻을 수 없다. 이를 게임의 보수행렬로 표현하면 〈표 10-2〉와 같다. 여기서 보수는 순편익에 해당하며, 저수시설로 인한 편익에서 설치비용을 뺀 값이다. 괄호 속에 첫 번째 숫자는 A가 얻는 순편익이고, 두 번째 숫자는 B가 얻는 순편익이다. 저수지 건설비용을 둘 다 부담하지 않으면 순편익으로 표현된 보수는 모두 0이 된다.

표 10-2 공공재 공급과 게임이론

A \ B	부담	부담 안 함
부담	(500, 500)	(-250, 750)
부담 안 함	(750, -250)	(0, 0)

이 예에서 내쉬균형은 둘 다 아무런 비용을 부담하지 않는 경우이고 이때 얻게 되는 보수는 (0, 0)이 된다. 만일 A와 B가 1천만원씩 부담해서 저수시설을 갖추면 둘 다 더 큰 순편익을 얻게 되는데, 이와 같이 서로 이득을 얻을 수 있는 기회를 상실하는 상황을 죄인의 딜레마(prisoner's dillemma)라고 한다.

CHAPTER | 11

거시경제학 개관

1. 거시경제학 입문

1.1. 거시경제학과 미시경제학

거시경제학과 미시경제학은 독립된 별개의 것이 아니라 상호 보완성을 지닌 학문으로 경제현상을 바라보는 시각의 차이가 다를 뿐이다. 다시 말해 한 번에 모든 것을 명확하게 설명하기 어렵기 때문에 편의상 분류한 경제학 개념이다. **미시경제학**의 주된 관심은 의사결정단위인 개별경제주체가 어떻게 행동하는가에 관심을 두고 소비자, 생산자, 정부의 합리적인 행동을 나무를 들여다보듯이 현미경으로 살펴보는 것이다.

미시경제학
의사결정단위인 개별경제주체가 어떻게 행동하는가를 분석하는 경제학 분야

반면에 **거시경제학**은 경제 전체의 움직임을 연구대상으로 하여, 실업과 인플레이션 등의 문제를 숲을 보듯이 망원경으로 살펴보는 것이다. 거시경제학은 경제 전체의 '파이' 크기를 분석하는 데 관심을 두는 것으로, 그 파이 속에 무엇이 들었는지 그리고 어떻게 사람들에게 나누어 줄 것인지의 문제에는 관심이 없지만 미시경제학은 파이의 크기와 모양이 적절하다고 상정하고, 어떤 재료를 누가 사용하고, 누가 먹는가에 관심을 두는 것이라고 할 수 있다.

거시경제학
경제 전체의 움직임을 연구대상으로 하여, 실업과, 인플레이션 등의 문제를 숲을 보듯이 망원경으로 살펴보는 경제학 분야

1.2. 거시경제학의 총수요와 총공급

거시경제학은, 어느 하나의 시장만을 대상으로 분석을 하는 미시경제학과 달리, 모든 재화와 서비스를 통합하여(aggregate) 총체적인 시장을 분석하는 것이다. 따라서 미시경제학적인 분석에서는 사과시장과 같이 어느 한 시장을 대상으로 가격과 수요량을 축으로 해서 수요곡선과 공급곡선을 가지고 설명한다. 그러나 거시경제학에서는 시장에 존재하는 모든 재화와 서비스의 총합을 통해 시장경제현상을 살펴본다. 따라서 개별시장의 가격이 아닌 대상품목을 평균한 물가와의 관계를 살펴보는 것이다. 〈표 11-1〉을 참고하여 한국과 미국 중에서 어느 나라가 잘사는가를 간단히 비교한다고 생각해보자.

표 11-1 한국과 미국의 사과와 자동차 생산량

	한국	미국
사과	100개	20개
자동차	5대	10대

한국에서 생산되는 자동차는 5대, 사과는 100개인데, 미국은 자동차 10대, 사과 20개를 생산한다고 가정하자. 한국과 미국의 경제수준을 비교할 때 단순히 생산량을 합산하면 한국은 총 105개(자동차 5대+사과 100개), 미국은 30개(자동차 10대+사과 20개)가 되어 한국이 미국보다 3.5배 정도 잘사는 것으로 나온다. 문제는 과연 자동차와 사과를 1:1로 비교할 수 있는가이다. 당연히 합산을 할 때 어느 정도 다른 가중치를 두어야 한다는 것을 알 수 있다.

그렇다면 얼마의 가중치를 부여할 것인가? 하나의 방법으로 시장에서 평가되는 가격에 따라 다른 가중치를 부여하는 것이다. 만일 사과가 1개당 100원 하고 자동차가 1대당 1만원 한다면, 한국이 생산한 총가치는 6만원(=5×1만원+100×100원)이고, 미국의 경우는 10만2,000원(=10×1만원+20×100원)이다. 따라서 미국이 한국보다 1.7배의 가치를 생산했다고 할 수 있다. 즉 상품의 수량에 시장에서 결정된 가치인 가격을 곱하면 가중치의 문제도 해결되고, 불가능한 상품 간의 합산도 가능해진다. 이렇게 산출된 가치가 바로 GDP 개념인 국내총생산($\Sigma P_i Q_i$)이다. 뒤에서 자세히 살펴보겠지만 국내총생산이 물가에 따라 변동하기 때문에 순수한 의미의 총생산량을 보기 위해 물가상승(하락)효과를 제거한 실질

그림 11-1

미시경제학과 거시경제학의 차이점

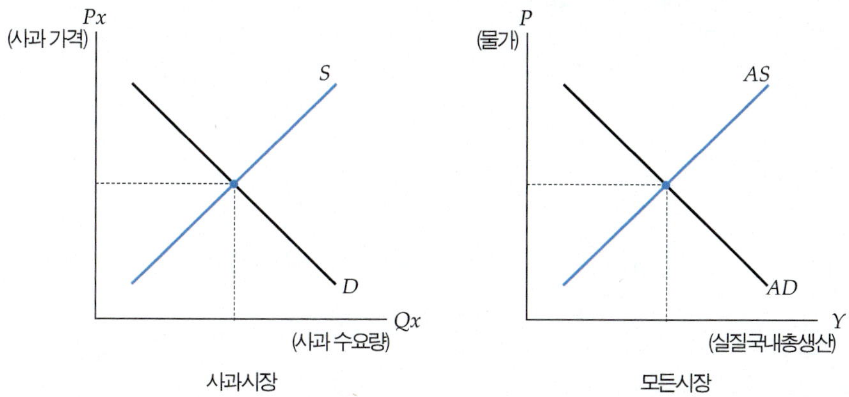

국내총생산을 일반적으로 사용한다.

〈그림 11-1〉에서 보듯이, 수요곡선과 공급곡선의 경우에도 미시경제학은 사과시장 하나만을 대상으로 하기 때문에 사과의 수요와 사과의 공급을 나타내지만, 거시경제학의 경우는 모든 재화의 가치를 합쳤다는 의미에서 total, aggregate의 개념을 담고 있는 '총'을 붙여 총공급곡선(*AS*: Aggregate Supply curve), 총수요곡선(*AD*: Aggregate Demand curve)이라고 한다.

2. 거시경제학의 관심사항

거시경제학의 관심사항은 경제성장, 물가안정, 국제수지의 균형이다. 이것을 우리는 '달성해야 할 세 마리 토끼'라고 한다. 이러한 경제목표를 이해하기 위해 먼저 우리가 알아야 할 기초개념들과 국내 경제지표들을 살펴보자.

표 11-2 국내 경제지표

(단위: 전기대비, %)

	비중	15~19년 평균	2022			2023					
			연간	3/4	4/4	1/4	2/4	3/4	8월	9월	10월
GDP 성장률		2.8	2.6	0.2	−0.3	0.3	0.6	0.6	−	−	−
민간소비(국민계정)		2.6	4.1	1.6	−0.5	0.6	−0.1	0.3	−	−	−
소매판매액		3.3	−0.3	0.6	−1.4	1.1	−0.3	−2.6	−0.3	0.1	−0.8
(전년동기대비)				−0.9	−2.3	−0.4	−0.2	−2.8	−4.7	−2.0	−4.4
설비투자(국민계정)		3.1	−0.9	7.0	2.4	−5.0	0.5	−2.7	−	−	−
설비투자지수	〈100.0〉	2.7	3.3	8.6	−0.2	−8.8	1.3	−3.5	4.1	8.7	−3.3
(전년동기대비)				7.5	9.6	−0.5	−1.2	−10.5	−14.6	−5.6	−9.7
기계류	〈75.3〉	1.6	2.9	9.6	−0.3	−10.7	0.2	−1.8	1.0	7.2	−4.1
운송장비	〈24.6〉	6.2	4.3	5.5	0.4	−3.1	4.2	−8.0	14.1	13.0	−1.2
건설투자(국민계정)		3.6	−2.8	−0.1	1.3	1.3	−0.8	2.2	−	−	−
건설기성액	〈100.0〉	5.2	2.7	1.0	4.9	4.6	−0.8	1.0	2.5	0.2	0.7
건물	〈74.7〉	9.0	4.2	2.8	4.7	7.0	−1.3	0.7	0.8	−3.9	1.3
토목	〈25.3〉	−2.0	−1.4	−4.1	5.5	−2.8	1.0	2.2	8.8	14.1	−1.0
전산업생산											
전산업	〈100.0〉	2.0	4.6	0.4	−1.4	0.7	0.3	1.1	1.9	1.0	−1.6
(전년동기대비)				5.5	1.9	1.2	−0.5	0.8	1.2	2.7	1.0
제조업	〈28.5〉	1.2	1.4	−2.8	−6.4	−0.9	3.3	1.8	5.3	1.9	−3.5
서비스업	〈57.2〉	2.2	6.7	1.7	0.2	1.2	−0.3	0.7	0.2	0.5	−0.9
경상수지(억달러)		831	298	9	41	−46	70	141	50	54	..
수출입금액(억달러)											
수출금액		457	570	580	530	504	519	524	520	547	551
(전년동기대비)			6.1	5.8	−10.0	−12.8	−12.0	−9.7	−8.1	−4.4	5.1
수입금액		393	609	641	592	580	531	502	510	510	535
(전년동기대비)			18.9	22.6	3.1	−2.2	−13.2	−21.6	−22.8	−16.5	−9.7
소비자물가지수	〈100.0〉	1.1	5.1	5.9	5.3	4.7	3.2	3.1	3.4	3.7	3.8
근원인플레이션 (식료품·에너지제외)	〈77.7〉	1.5	3.6	4.0	4.2	4.0	3.8	3.3	3.3	3.3	3.2
기대인플레이션 일반인(향후1년)		2.4	3.7	4.4	4.1	3.9	3.6	3.3	3.3	3.3	3.4
부동산가격											
주택매매가격[1]		1.3	−4.7	−0.8	−4.1	−3.4	−0.7	0.4	0.2	0.3	0.2
주택전세가격[1]		0.7	−5.6	−0.9	−4.8	−5.1	−1.1	0.4	0.1	0.3	0.4
매매수급지수[2]		95.4	89.5	89.7	78.8	77.7	84.9	89.5	89.6	90.9	90.7
고용											
취업자수 증감(전년동기대비)		24.5	81.6	78.0	60.4	39.7	34.6	26.3	26.8	30.9	34.6
고용률(S.A.)		60.7	62.1	62.2	62.1	62.4	62.7	62.6	62.6	62.7	62.7
실업률(S.A.)		3.7	2.9	2.8	2.9	2.7	2.6	2.6	2.4	2.6	2.5
경제활동참가율(S.A.)		63.1	63.9	64.0	64.0	64.2	64.4	64.3	64.2	64.4	64.3
명목임금 상승률(전년동기대비)		3.7	4.9	4.0	4.1	2.0	2.9	2.7	1.1	5.7	..

주: 1) 전월대비, 분기 및 연간은 전기말월대비 2) 기준치=100, 분기 및 연간은 당기평균

자료: 한국은행, 「경제전망보고서」(23.11월)

그림 11-2

우리나라의 국내총생산과 경제성장

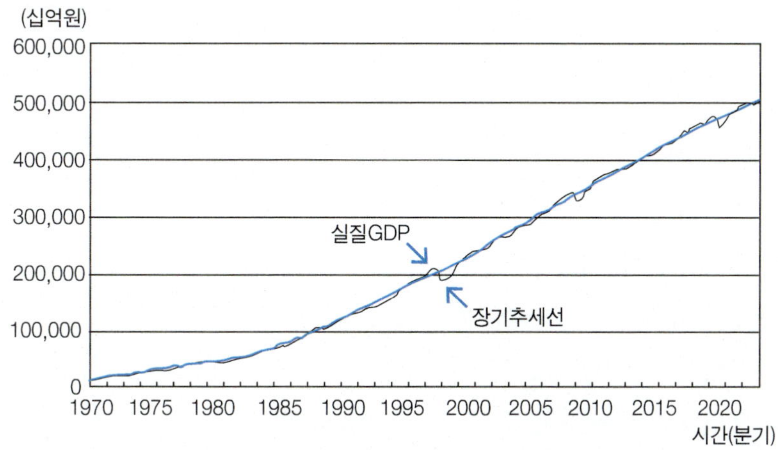

자료: 한국은행 경제통계시스템(ECOS), HP필터

참고 미국 경제의 실질GDP 성장률과 인플레이션율

미국 경제는 거의 매년 성장을 거듭하면서 경제규모가 계속 커지고 있다. 2004년의 명목GDP는 약 117조 7,000억이었는데 1955년의 20배가 넘는다. GDP 성장의 한 이유는 인구증가이다. 인구가 빨리 증가하면 보다 부유해지기 때문에 미국이 실제로 얼마나 부유하게 되었는가는 실질GDP를 인구수로 나눈 1인당 실질GDP를 살펴보아야 한다. 경기침체와 실업률의 증가는 미국 경제사에서 지속된 특징 중의 하나이다. 1983년부터 1984년까지 실질GDP가 7% 이상 성장했다는 사실은 로널드 레이건이 압도적으로 재선되는 데 도움이 되었고, 1990년부터 1991년까지는 실질GDP가 1% 감소했는데 빌 클린턴이 조지 부시를 누르고 대통령이 되는 데 도움이 되었다.

〈1870년 이후 미국 실질GDP 성장률〉

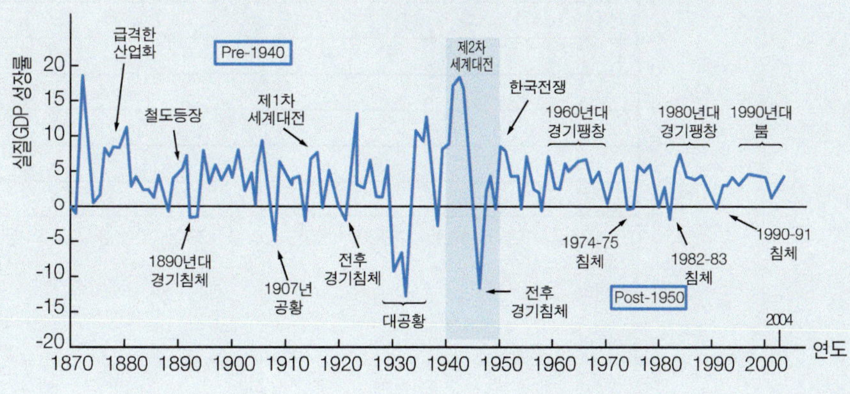

2.1. 경제성장

경제성장
실질국내총생산의 장기적인 증가추세

경제성장(economic growth)은 실질국내총생산의 장기적 추세를 나타내는 것으로 〈그림 11-2〉에서와 같이 일반적으로 시간이 지남에 따라서 지속적으로 상승한다.

2.2. 경기변동

경기변동
실질국내총생산이 장기의 추세치보다 더 높아지거나 낮아지는 반복적 현상

경기변동(business fluctuations) 또는 경기순환(business cycle)은 실질국내총생산이 장기의 추세치보다 더 높아지거나 낮아지는 반복적 현상을 말한다. 여기서 실질국내총생산의 크기가 장기의 추세치보다 더 큰 경우를 호황(boom)이라고 하고, 낮은 경우를 불황(recession)이라고 한다. 현실에서는 호황과 불황이 반복되지만 규칙적인 것이 아니고 불규칙성을 보인다. 한 저점에서 다른 저점까지의 기간인 주기(cycle)는 긴 경우에 67개월인데, 짧은 경우는 39개월 정도라고 한다(〈그림 11-3〉 참조).

그림 11-3

우리나라의 경기변동

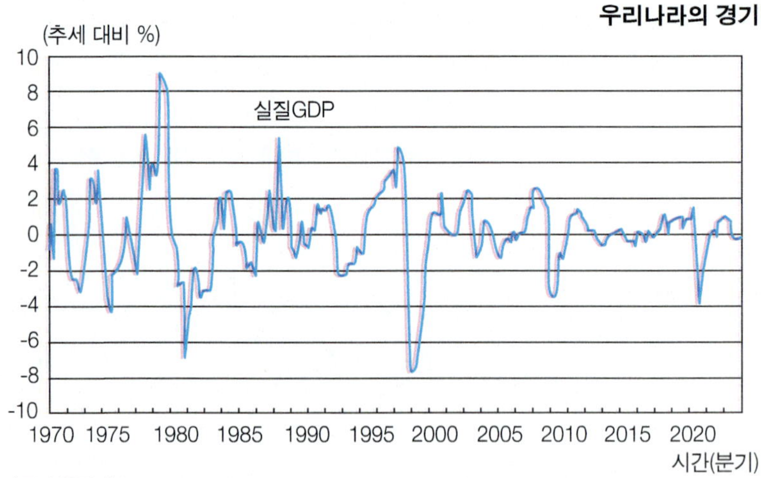

자료: HP필터

참고 **비공식 경기지표**

경제의 상황을 나타내는 공식적인 통계지표 이외에 경제상황의 신호 역할을 하는 비공식적인 경기지표를 주위에서 많이 찾아볼 수 있다. 경제는 사람의 심리상태를 반영하는 것인 만큼 경제의 상황도 그런 심리적인 상태가 행동으로 옮겨지는 것이다. 경기가 좋아지면 사람들은 보다 밝은 색의 옷을 입는 경향이 많고, 경기가 나빠지면 어두운 색상의 옷을 많이 선호한다. 또한 고가의 양주나 맥주보다는 값싼 소주의 소비량이 많아지고, 길거리에 버려진 담배꽁초의 길이가 경기가 나빠질수록 보다 짧아지는 것을 많이 볼 수 있다. 심지어 불황이 오면 초콜릿과 사탕 같은 단것을 더 선호하고, 소화불량과 스트레스로 병원을 찾는 사람의 수는 증가한다고 한다. 러브호텔도 주요한 경기지표가 된다. 러브호텔 장사는 영업이익과 부동산 가격 상승을 통해서 돈을 번다. 경기가 좋은 시절 러브호텔은 은행 대출에서 0순위였다. 1999년부터 5년 동안은 은행에서 러브호텔에 빌려준 돈이 무려 10조원에 이른다. 그러나 경기가 나쁜 경우 대출이자도 내지 못하는 곳이 또 러브호텔이다. 2002년을 정점으로 하향곡선을 그리면서 은행마다 빌려준 자금을 회수하기 위해서 비상이 걸렸다. 러브호텔의 연체율은 직접적인 경기의 바로미터가 된다.

2.3. 실업

실업(unemployment)은 일할 의사가 있음에도 불구하고 일자리를 얻지 못하는 상태를 말한다. 실업률을 측정하는 방법은 먼저 만 15세 이상의 노동가능인구 중에서 경제활동에 참여할 의사가 있는 사람인 경제활동인구와 참여할 의사가 없는 사람인 비경제활동인구로 나눈다.

경제활동인구는 취업자와 실업자로 구분되는데, 취업자는 매월 15일이 속한 1주일 동안에 수입을 목적으로 1시간 이상 일한 사람을 기준으로 한다. 단, 자기 가구에서 경영하는 농장이나 사업체를 위하여 주당 18시간 이상 일하는 무급 가족종사자는 수입을 목적으로 하지 않더라도 포함하고, 원래 직장이나 사업체를 가지고 있으나 일시적인 질병, 일기불순, 휴가, 노동쟁의 등의 사유로 조사대상 기간 중에 일을 하지 못한 일시 휴무자를 포함한다. 반면에 실업자는 매월 15일이 속한 1주일 동안에 적극적으로 일자리를 구해보았으나 수입이 있는 일에 전혀 종사하지 못한 사람으로, 일이 있으면 즉시 취업이 가능한 사람, 과거에 구직활동을 계속하였으나 일시적인 질병, 일기불순, 구직 결과 대기, 자영업 준비 등 특별한 사유로 조사기간 중에 구직활동을 하지 못한 사람을 포함한다. 비경제활동인구로는 가정주부, 학생, 일을 할 수 없는 연로자·심신장애자, 구직 단념자가 있다.

실업
일할 의사가 있음에도 불구하고 일자리를 얻지 못하는 상태

경제활동인구
만 15세 이상의 인구인 노동가능인구 중에서 경제활동에 참여할 의사가 있는 사람

그림 11-4

실업률(계절조정)

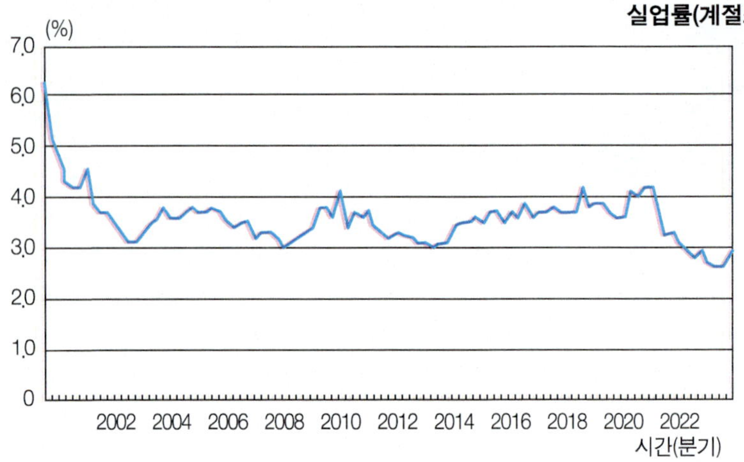

실업률(원계열)

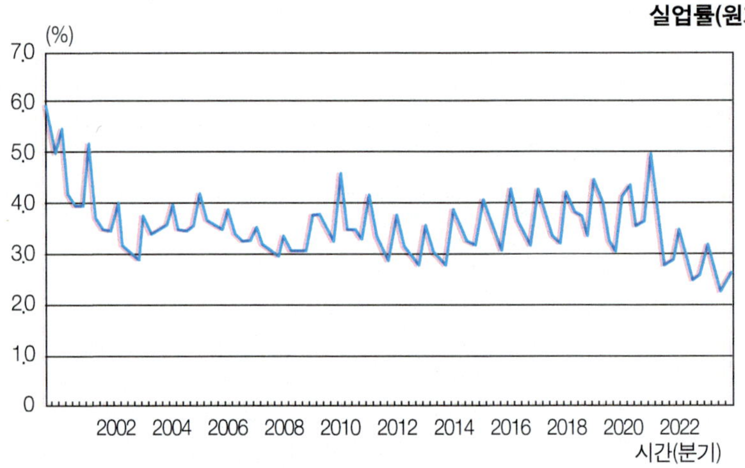

자료: 한국은행 경제통계시스템(ECOS)

참고 경제고통지수와 70의 법칙

경제고통지수(misery index)는 국민이 느끼는 경제적 고통의 정도를 측정하기 위해 미국의 경제학자인 아서 오쿤(Arther Okun)이 고안한 지표이다. 실업률과 소비자물가 상승률을 더해 산출한다. 물가가 오르거나 실업률이 높아지면 이 지수가 상승해 국민이 피부로 느끼는 삶의 고통이 커졌음을 나타낸다. 대통령의 재선과 집권당의 재신임을 묻는 선거에 있어서 국민들의 입장에서 경제정책의 성과를 파악하는 방법으로 경제고통지수가 많이 활용되고 있다. 한편 현재 경제수준의 2배가 되는 기간을 추정하는 간단한 방법이 있는데 이를 '70의 법칙(rule of 70)'이라고 한다. 한국의 경제성장률이 연평균 4%라면 지금의 경제수준보다 2배가 되는 기간은 70을 4로 나누어 17년 정도 걸린다고 예측할 수 있다.

그림 11-5

우리나라의 물가상승률 변화추이

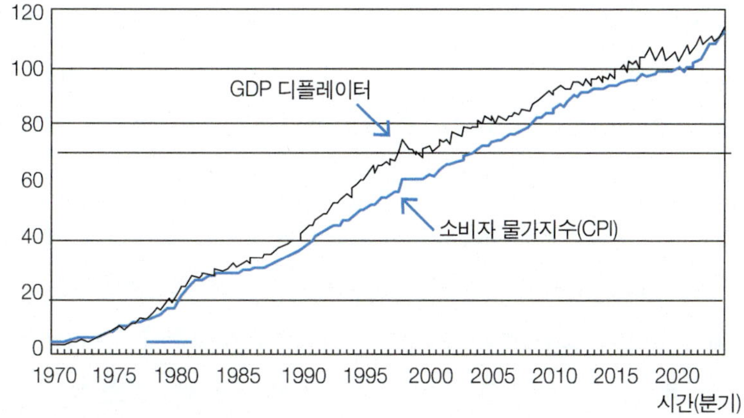

CPI와 GDP 디플레이터

지수(index) 형태의 자료인 분기별 소비자물가지수(CPI)와 GDP 디플레이터를 2005년을 기준으로 100으로 표준화하여 시간에 따른 변화를 보면, 장기적으로 우리나라의 물가수준이 지속적인 상승을 해왔음을 알 수 있다.

전년 동기 대비 증감률

물가지수의 전년 동기 대비 상승률은 다른 기간에 비해 1차 및 2차 오일쇼크 기간 동안 매우 크게 나타났다.

2.4. 인플레이션

인플레이션
물가가 지속적으로 상승하는 현상

인플레이션(inflation)이란 물가가 지속적으로 상승하는 현상을 말한다. 미시경제학의 개별상품시장에서의 가격이 아니라 모든 상품의 가격을 평균치로 산정한 것을 물가(price level)라고 한다. 〈그림 11-5〉에서 우리나라의 평균 물가상승률은 연간 9% 정도 되는데, 1980년대를 기점으로 하여 이전에는 그 변동폭이 상당히 컸지만, 이후에는 어느 정도 안정성을 찾아서 6% 정도로 하락한 것을 알 수 있다.

인플레이션이 발생하면 사회적으로 비용을 초래하게 된다. 먼저 모든 재화의 가격이 일시에 동일한 비율로 상승하는 것이 아니기 때문에 부동산, 골동품과 같은 상품에 투기현상이 심해질 수 있다. 또한 예상하지 못한 인플레이션의 경우에 채무자는 유리해지고 채권자는 불리해지는 경향이 있다. 특히 고정된 명목임금을 받고 있는 노동자는 채권자이고, 기업들은 채무자라고 할 때 채권자로부터 채무자에게로 소득이 이전되는 소득재분배의 문제가 발생하게 된다. 계약에 있어서도 인플레이션으로 인해서 미래의 불확실성이 보다 커지기 때문에 장기계약을 맺기보다는 단기계약을 선호하게 되므로 금융기관은 기업에게 단기대출만 허용하게 되어 장기적인 투자전략이 어려워질 수 있다.

2.5. 국제수지와 환율

국제수지
일정기간 동안에 한 나라에서 발생하는 화폐의 유·출입을 정리한 것

국제수지(balance of payments)란 일정기간 동안에 한 나라에서 발생하는 화폐의 유·출입을 정리한 것이다. 대외거래의 결과 발생하는 흑자와 적자를 쉽게 파악하기 위해서 만든 것으로, 들어오는 돈이 나가는 돈보다 많은 경우를 흑자(surplus)라고 하고, 반대의 경우를 적자(deficit)라고 한다. 대외거래의 수취와 지급이 일치하는 경우를 국제수지가 균형을 이루었다고 한다.

환율
두 나라 화폐 사이의 교환비율

환율(exchange rate)이란 두 나라 화폐 사이의 교환비율을 의미하는 것으로, 우리나라 돈 1,000원과 미국의 1달러가 교환될 수 있다고 하면 '환율이 1달러당 1,000원' 혹은 '1원당 1/1,000달러'라고 표현한다. 환율이 1달러당 1,000원에서 1,100원으로 오르면 1달러를 얻기 위해 더 많은 원화를 지불해야 하기 때문에 달러화에 비해서 원화의 가치가 상대적으로 떨어진 셈인데, 이를 '원화가 평가절하되었다'고 한다. 일반적으로 고정환

그림 11-6

달러화 대비 원화 환율 추이(연평균)

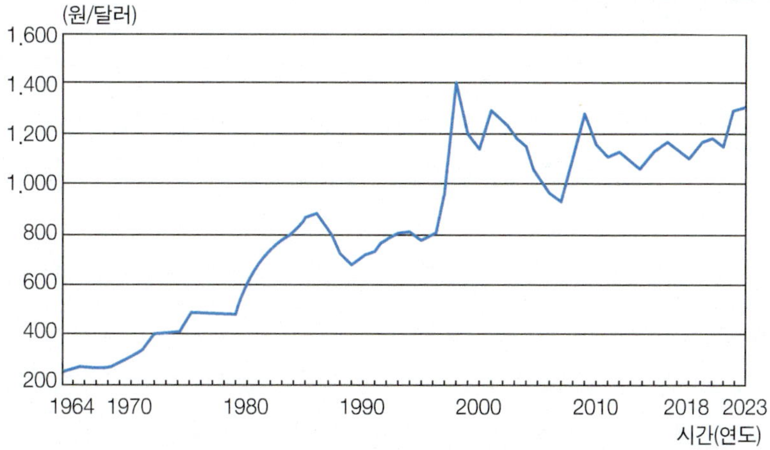

자료: 한국은행 경제통계시스템(ECOS)

율제도하에서는 '평가절하(devaluation)'와 '평가절상(revaluation)'이란 표현을 사용하고, 변동환율제도하에서는 '환율인상' 혹은 '환율인하'라는 표현을 사용한다.

환율이라는 것을 외국 화폐를 기준으로 표시하는 경우 외국 돈(달러)의 가치라고 생각하면 이해하기 쉽다. 즉 환율이 인상되면 외국 돈(달러)의 가치가 상승하기 때문에 외국에서 생산된 상품은 가격이 상승하고, 상대적으로 우리나라에서 생산된 상품은 가격이 하락하여 수출에 긍정적인 영향을 미치게 된다.

3. 국내총생산

3.1. 국내총생산이란

(1) 개념

국내총생산
일정기간 동안에 한 나라 안에서 생산된 모든 최종 재화와 서비스의 시장가치

국내총생산(GDP ; Gross Domestic Product)이란 일정기간 동안에 한 나라 안에서 생산된 모든 최종재화와 서비스의 시장가치를 말한다. 구체적으로 살펴보면 다음과 같이

정리할 수 있다.

① 일정기간 동안: 1년, 1분기(3개월) 등과 같이 그 기간 생산량을 계절조정(seasonal adjustment)한 유량의 개념이다.

② 한 나라 안에서: 한 국가의 영토 내에 일어난 생산활동의 가치로서 외국인이 국내에서 생산한 것은 포함하고, 내국인이 외국에서 생산한 것은 제외하는 속지주의에 기반을 둔 개념이다. 한편 속인주의에 기반을 둔 개념으로 GNP(Gross National Product)가 있다.

③ 생산된: 일정기간 동안 생산된 재화와 서비스만 포함하고, 그 이외 기간에 생산된 중고차와 같은 것은 포함하지 않는다.

④ 모든: 일반적으로 합법적으로 판매된 모든 상품이 포함된다. 종전 주택에서의 주거서비스와 자가주택 임대료 가치까지도 포함한다. 그러나 시장에서 거래된 것만 대상으로 하기 때문에 집에서 재배하는 야채 같은 것은 배제한다.

⑤ 최종: 중간재는 이중계상의 문제가 있기 때문에 최종 생산된 재화와 서비스만 대상으로 한다. 단 예외로 사용이 보류된 중간재의 경우는 차후에 계상될 수 있기 때문에 포함한다.

⑥ 시장가치: 서로 다른 재화를 시장가격 기준으로 합하여 재화의 가치를 반영하게 된다. 따라서 시장거래를 하지 않는 것은 제외한다. 특히 주부의 가사노동은 시장에서 거래되는 것이 아니기 때문에 제외하지만 파출부의 가사노동은 포함한다.

(2) 측정방법

국민계정에서 총산출에 대한 측정치를 국내총생산(GDP)이라고 한다. GDP를 측정하는 방법에 대해서 다음의 가상적인 사례를 통하여 살펴보기로 하자.

기업A는 철강을 생산하는 회사로 근로자를 고용하고 기계를 사용하여 철을 만들어내고, 이것을 자동차를 만드는 기업B에게 100만원에 판매를 한다. 기업A는 근로자에게 80만원을 지불하고 20만원은 기업의 이윤으로 남긴다.

기업B는 기업A에게서 철강을 구입하여 근로자와 기계를 가지고 자동차를 생산한다. 자동차 판매로부터의 수입은 200만원인데 이 중 100만원은 철강 구입대금으로 사용하고, 70만원은 근로자에게, 그리고 30만원은 기업의 이윤으로 남긴다.

표 11-3 생산가치의 흐름 정리

기업A(철강회사)		
매출		100
비용		80
임금	80	
이윤		20

기업B(자동차회사)		
매출		200
비용		170
임금	70	
철강구입	100	
이윤		30

이처럼 두 기업만이 존재하는 경제에서 총산출은 어떻게 정의할 수 있을까? 생산된 모든 상품의 가치를 합할 것인가, 아니면 철강 생산으로부터의 100만원과 자동차 생산으로부터의 200만원을 합한 300만원으로 할 것인가, 아니면 자동차의 가치만으로 총산출을 정의할 것인가?

이 경우는 철강이 중간재로 사용되었기 때문에 자동차의 생산규모를 계산할 때 자동차를 생산하는 데 투입된 재화의 생산규모는 계산할 필요가 없다. 따라서 200만원이 최종산출물의 시장가치가 된다. 이 측정치는 구체적으로 최종재의 생산 측면과, 부가가치의 측면, 그리고 소득분배의 측면으로 나누어 살펴볼 수 있다.

◈ 주어진 기간 동안 경제 내에서 생산된 최종재의 생산가치 측면

먼저 중간재가 아닌 최종재만의 생산을 고려한다는 점에 주목하자. 만일 두 기업이 합병을 한다면 철강의 매출액은 새로운 기업의 내부에서 발생하기 때문에 계정에 기록되지 않는다.

표 11-4 두 기업 합병 이후

기업A+B(철강+자동차회사)합병	
매출	200
비용(임금)	150
이윤	50

이 계정에서 기업은 자동차를 200만원에 판매하여 근로자에게 150(=80+70)만원을 지불하고, 50(=20+30)만원을 이윤으로 얻는다. 다시 말해 200만원의 측정치는 변함이 없다. 따라서 총산출물의 시장가치는 기업의 합병 여부에 의해서 달라지지 않아야 한다.

◈ 주어진 기간 동안 경제 내에서 생산된 부가가치의 합계 측면

부가가치는 말 그대로 기업에 의해서 부가된 가치로, 생산물의 가치에서 생산에 투입된 중간재의 가치를 뺀 것을 말한다. 철강회사인 기업A는 중간재를 생산하지 않는다. 이 기업의 부가가치는 단순히 자신이 생산한 철강의 가치인 100만원과 일치한다. 그러나 자동차회사인 기업B는 철강을 중간재로 사용한다. 따라서 자동차의 가치에서 철강의 가치를 뺀 100(=200−100)만원이 부가가치가 된다. 경제 전체적으로 보면 부가가치의 총합계는 100+100=200만원이다. 총부가가치는 철강회사와 자동차회사가 합병해서 하나의 기업이 될지라도 동일하다. 단지 합병의 경우는 하나의 기업 내에서 철강이 생산되고 그대로 자동차 생산에 투입될 것이므로 중간재의 흐름이 파악되지 않을 뿐이다.

◈ 주어진 기간 동안의 경제 내에서 소득의 합계

앞의 두 가지 방법은 생산 측면에서 살펴본 것으로, 분배 측면의 소득의 흐름을 통해서도 국내총생산을 살펴볼 수 있다. 일반적으로 수입은 근로자에게 근로소득(labor income)의 형태로, 자본가와 기업가에게 자본소득(capital income) 또는 이윤소득(profit income)의 형태로 분배가 된다. 철강회사 A에 의해서 부가된 가치인 100만원 중에서 80만원은 근로자에게 근로소득으로 분배되고, 20만원은 기업에게 자본소득으로 분배된다. 그리고 자동차회사 B의 부가가치인 100만원 중에서 70만원은 근로소득으로, 30만원은 자본소득으로 돌아간다. 이때 경제 전체에서 근로소득은 150(=80+70)만원이고, 자본소득은 50(=20+30)만원이다. 부가가치는 근로소득과 자본소득의 합인 200(=150+50)만원이 된다. 이처럼 생산 측면, 부가가치 측면, 소득분배 측면의 세가지의 측면에서 바라본 국내총생산의 측정치가 동일하다는 것을 '**삼면 등가의 법칙**'이라고 한다.

> **삼면 등가의 법칙**
> 생산 측면, 부가가치 측면, 소득분배 측면의 3가지 측면에서 바라본 국내총생산의 측정치가 동일하다는 것

(3) GDP 측정의 한계

국내총생산은 한 나라의 전반적인 생산수준을 의미하지만 삶의 질을 정확히 반영한다고 할 수 없다. 즉 복지수준을 나타내는 지표로 사용하기에는 미흡한 점이 있다.

먼저 시장에서 거래되는 상품의 가치만을 대상으로 한다는 점이다. 주부의 가사노동은 시장에서 거래되지 않기 때문에 국내총생산에 포함되지 않는다. 직장에 다니던 주부가 전업주부가 된다면 동일한 시간의 노동을 하더라도 국내총생산은 감소하게 된다. 또

한 세금을 회피하기 위한 지하경제 부분도 계상되지 못한다는 점이 있다. 그 밖에 여가와 노동의 선택 문제를 반영하지 못한다는 점도 들 수 있다. 어떤 개인이 노동 대신 여가를 선택하면 생산에 기여하지 못하지만(국내총생산이 감소) 삶의 질은 높아지게 된다. 하루에 8시간 노동을 하는 사람과 3시간 노동하는 사람의 소득수준이 같다면, 3시간 노동하는 사람이 더 많은 여가를 통해서 보다 높은 삶의 질을 영위한다고 할 수 있다. 여기서 더 나아가 국내총생산이 기회비용의 측면을 반영하지 못한다는 점도 있다. 생산하는 과정에서 발생하는 폐기물로 인한 환경오염의 문제와 교통의 혼잡, 범죄의 증가와 같은 부정적인 측면도 감안해야 할 것이다.

이러한 GDP 측정의 한계를 보완하기 위해서 나온 지표 중의 하나가 NEW(Net Economic Welfare)로, 국내총생산에 여가와 지하경제의 가치를 더하고, 환경오염 관련 경비를 제거한다. 이 지표는 너무 포괄적이라는 지적을 받고 있어 단지 환경 부분만을 고려한 '녹색(green) GDP'를 제안하는 사람들도 있는데, 깨끗한 공기와 환경은 미래세대의 복지향상에 기여하고 삼림자원의 파괴와 같은 환경오염은 미래의 삶의 질의 수준은 낮추게 된다는 점을 감안한 것이다.

NEW
기존 GDP에 여가와 지하경제의 가치를 더하고, 환경오염 관련 경비를 제거한 새로운 국민소득 지표

3.2. 국민소득의 순환과정

국민소득 순환과정이란 국민소득이 우리 몸을 흐르는 혈액과 같이 경제 내에서 순환하는 과정에 빗댄 표현이다. 가장 기본이 되는 경제주체인 가계와 기업을 중심으로 생산물시장과 생산요소시장이 네 개의 축을 이루고 있다. 가계가 생산요소시장에서 노동을 공급하면 기업은 이를 통해 소비재를 생산하고, 이것을 생산물시장에 판매하여 다시 소비자에게 돌아가게 된다.

국민소득 순환과정
국민소득이 우리 몸을 흐르는 혈액과 같이 경제 내에서 순환하는 과정

〈그림 11-7〉에서 실선의 화살표는 생산물의 흐름을, 점선의 화살표는 화폐(돈)의 흐름을 나타낸다. 그림의 한가운데에 위치한 자본재기업은 자동차의 유리, 타이어, 철강 등을 생산하여 자동차를 생산하는 소비재기업에 납품한다.

그림 11-7

국민소득 순환과정

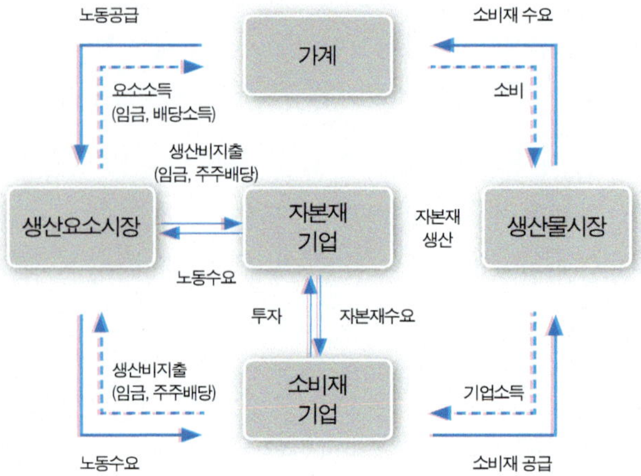

3.3. 명목GDP와 실질GDP

명목GDP
당해연도의 최종생산물의 수량에 당해연도 시장가격을 곱해서 산출한 생산물 가치 개념

명목GDP는 당해연도의 최종생산물의 수량(Q_t)에 당해연도 시장가격(P_t)을 곱하여 산출한 생산물가치 개념이다.

$$명목GDP = P_t \times Q_t$$

실질GDP
당해연도의 생산물에 물가의 상승분을 제외한 생산물의 실질가치

보통 산업구조의 변화 등을 분석할 때 사용하는 명목GDP는 물가가 상승하면 증가하게 된다. 반면에 **실질GDP**는 당해연도의 생산물가치에 물가의 상승분을 제외한 생산물의 실질가치에 초점을 맞추기 위해서 기준연도의 가격으로 서비스와 재화의 가격을 계산한 값이다.

$$실질GDP = P_0 \times Q_t$$

실질GDP는 물가의 영향을 받지 않기 때문에 경제성장과 경기변동 등 국민경제가 시간에 따라 어떻게 변하고 있는지 살피는 데 많이 사용된다. 명목GDP와 실질GDP의 관

참고 지하경제

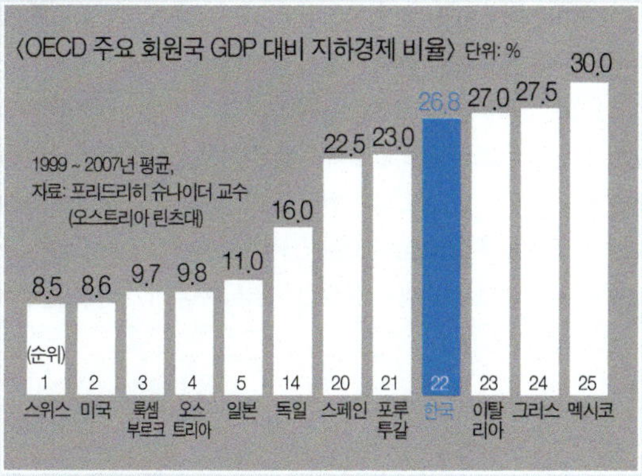

국민소득 같은 공식적인 소득과 실업률의 데이터에는 지하경제활동이 포함되지 않는다. 지하경제란 법에 어긋나는 경제활동일 뿐만 아니라 정부의 공식통계에 나타나지 않는 여러 가지 경제활동까지 광범위하게 포함하는 개념이다. 즉 과세대상이나 정부규제를 피하기 위해 합법적, 비합법적 수단을 동원하는 숨은 경제로 정의한다. 지하경제를 지칭하는 표현으로는 underground economy, black economy, shadow economy, informal economy, unofficial economy 등이 있다.

마약밀매업자나 매춘업자들은 그들의 수입을 신고하지 않고, 실업수당을 받으면서 파트타임으로 일하는 사람들과 식당 종업원들은 팁으로 받은 수입을 신고하지 않는다. 또한 신용카드 대신 현금으로 거래하기를 원하는 경우도 지하경제의 일부라고 할 수 있다. 상인과 변호사 등의 부유층이 현금결제를 선호하는 것은 조세부담을 피하고자 하는 탈세의 목적에서일 수 있다. 지하경제활동은 보고되지 않기 때문에 그 규모를 정확히 알 수 없는 경우가 많다.

	금전거래		비금전거래	
불법적 활동	- 장물거래 - 마약 생산 및 거래 - 매춘, 밀수, 사기		- 마약, 장물, 밀수품 현물거래 - 직접 사용하기 위한 약물재배 - 직접 사용하기 위한 절도	
	탈세	조세회피	탈세	조세회피
합법적 활동	- 자영업자 소득 탈루 - 합법적 업무 중 미신고로 발생한 임금, 급여, 자산 등	- 종업원에 대한 할인 및 부가 혜택	- 합법적인 재화 및 용역의 현물거래	- 자가생산 - 이웃 간의 도움

지하경제를 추정하는 방법으로는, 직접적인 추정방법으로서 설문조사를 하거나 혹은 납세자들 중에 일부를 무작위로 추출한 후 밝혀진 소득과 신고한 소득을 비교해서 전체 규모를 파악하는 방법이 있고, 간접적인 추정방법으로서 지하경제가 주로 현금으로 결제된다는 점을 이용해서 지하경제의 규모가 커지면 현금 수요의 증가를 가져올 것으로 보고 일반적인 화폐수요를 초과하는 부분이 지하경제와 관련이 있다고 파악하는 것이다.

이러한 지하경제를 감안하면 정부의 통계를 해석할 때 다음과 같은 점을 고려해야 한다. 정부의 공식 소득통계는 실제 국민소득을 과소평가하고, 공식 실업률은 실제 실업률을 과대평가한다. 또한 지하경제가 일반경제보다 더 빠르게 성장하면 실제 경제성장률은 공식적인 수치보다 더 빠르다.

지하경제는 경제가 저성장하는 경우에 세수확보의 중요한 수단이 된다. 특히 남유럽 국가들의 경우 저성장이 지속되는 가운데 지하경제 발굴을 통한 세원확보는 재정건전성을 달성하는 중요한 수단이 된다. 또한 최근에는 EU를 중심으로 절세 전략을 통해 막대한 이익을 남기려는 다국적기업을 본격적으로 조사하려고 시도하고 있다. 스타벅스는 14년간 영국에서 매출액이 31억파운드에 달했지만 법인세 납부액은 860만파운드에 불과했고, 구글은 전 세계에서 거둔 수익 중에서 98억달러를 버뮤다로 이전해 약 20억달러를 절세한 것으로 밝혀졌다.

슈나이더 교수의 분석에 따르면, 한국의 국내총생산(GDP) 대비 지하경제 규모는 26.8%(1999~2007년 평균)로 경제협력개발기구(OECD) 34개 회원국 중 멕시코, 그리스, 이탈리아에 이어 네 번째로 크다. 지하경제 규모가 가장 작은 나라는 스위스(8.5%), 미국(8.6%) 등으로 한국의 3분의 1 수준이다.

참고 **실질GDP와 기술진보**

실질GDP를 계산하는 데 있어서 문제는 기존의 상품의 품질 변화를 고려하기 어렵다는 점이다. 컴퓨터의 경우는 기술혁신의 속도가 매우 빠르기 때문에 특히 문제가 된다. 1981년 처음 등장한 IBM의 PC와 지금 출시되는 컴퓨터의 품질이 동일하다고 생각하는 사람은 없을 것이다. 이러한 문제를 개선하기 위해서 특정 연도에 상이한 특성을 가진 컴퓨터의 가치를 감안하는 방법이 있다. 컴퓨터의 처리속도뿐만 아니라 내부속도, RAM, 인터넷의 접속 가능성 등 이전에 비해서 향상된 컴퓨터의 성능도 반영해야 할 것이다. 시장에서 3GHz 속도의 컴퓨터에 비해서 4GHz 속도를 지닌 컴퓨터에 사람들이 가격의 10% 정도를 더 지불할 용의가 있다고 상정해보자. 만일 전년도에 3GHz 속도였던 컴퓨터가 올해 들어 4GHz 속도로 바뀌었는데 동일한 가격에 판매된다고 하면, 새로운 컴퓨터는 사실상 전년도의 컴퓨터 가격보다 10% 하락했다고 할 수 있다. 이처럼 상품의 특성(컴퓨터의 속도, 메모리 등) 각각에 암묵적인 가격을 부과하는 방법을 통한 가격측정 방식을 '헤도닉 가격모형(hedonic pricing)'이라고 한다.

계를 이용한 물가지수를 'GDP 디플레이터(GDP deflator)'라고 한다.

3.4. 실제GDP와 잠재GDP

실제GDP
한 나라의 국경 안에서 '실제로' 생산된 모든 최종생산물의 시장가치
잠재GDP
한 나라에서 존재하는 노동과 자본 등의 모든 생산요소가 정상적으로 고용될 경우 '달성할 수 있는 최대의' GDP

실제GDP(actual GDP)는 한 나라의 국경 안에서 '실제로' 생산된 모든 최종생산물의 시장가치를 나타낸 개념이고, 잠재GDP(potential GDP)는 한 나라에서 존재하는 노동과 자본 등의 모든 생산요소가 정상적으로 고용될 경우 '달성할 수 있는 최대의' GDP를 나타내는 개념이다. 일반적으로 실제GDP가 잠재GDP에 미달하는 경우가 많은데, 생산요소가 정상적으로 고용되지 못하고 있음을 의미하므로 경기는 침체한 상태이다. 이러한 경우는 잠재GDP와 실제GDP의 차이를 나타내는 GDP 갭이 0보다 크다. 반대로 실제GDP가 잠재GDP를 초과하는 경우는 GDP 갭이 0보다 작고, 생산요소가 과잉으로 고용되어 있음을 의미하므로 경기과열 상태라고 할 수 있다.

4. 물가지수

물가
시장에서 거래되는 모든 재화와 서비스의 가격을 일정한 기준으로 가중 평균한 종합적인 가격수준
물가지수
물가의 움직임을 쉽게 알아볼 수 있도록 하기 위해서 기준 시점을 100으로 한 지수

물가란 시장에서 거래되는 모든 재화와 서비스의 가격을 일정한 기준으로 가중평균한 종합적인 가격수준을 말하고, 물가지수란 물가의 움직임을 쉽게 알아볼 수 있도록 하기 위해서 기준 시점을 100으로 한 지수를 말한다. 만일 물가지수가 120이라고 하면 기준

참고 우리나라 국민계정

국민경제 전체의 관점에서 재화와 서비스의 거래는 물론 자금의 흐름을 체계적으로 연결한 것을 국민계정(national account)이라고 한다. 아래의 간단한 표를 살펴보면, 피용자보수는 근로자의 임금소득을 의미하고, 영업잉여는 기업이 가계에서 지불한 이자, 지대, 이윤을 나타낸다. 피용자의 보수와 영업잉여를 합한 임금+이자+지대+이윤은 가계로 분배된 소득을 의미한다. 여기에는 외국인의 소득까지 포함되어 있는 것으로 고정자본소모인 감가상각을 더하고 간접세를 더하면 국내총생산(GDP)이 된다. 표에서 국외순수취요소소득이 음(−)의 값을 보이는 것은 한국인이 외국에서 번 소득이 외국인이 한국에서 번 소득보다 작다는 의미로, 결국 국민총생산(GNP)이 국내총생산(GDP)보다 작다는 것을 의미한다.

〈한국의 국민계정〉

(단위: 10억원, %)

구분	2021		2022		증감률	
	금 액	구성비	금 액	구성비	2021	2022
피용자보수	982,801.1	47.2	1,029,710.2	47.6	5.0	4.8
영업잉여	449,211.0	21.6	434,689.6	20.1	8.7	−3.2
고정자본소모	433,580.4	20.8	477,675.3	22.1	8.5	10.2
생산 및 수입세	230,691.6	11.1	234,061.3	10.8	11.2	1.5
(공제)보조금	16,085.6	0.8	14,362.5	0.7	5.2	−10.7
국내총생산(GDP)	2,080,198.5	100.0	2,161,773.9	100.0	7.2	3.9
민간최종소비지출	956,017.6	46.0	1,039,397.8	48.1	6.2	8.7
정부최종소비지출	377,759.9	18.2	405,704.6	18.8	7.9	7.4
총고정자본형성	658,352.6	31.6	695,428.4	32.2	8.4	5.6
재고증감 및 귀중품 순취득	14,117.2	0.7	21,877.5	1.0	–	–
재화와 서비스의 수출	871,129.5	41.9	1,043,526.4	48.3	23.5	19.8
(공제)재화와 서비스의 수입	797,178.4	38.3	1,043,372.5	48.3	25.7	30.9
통계상 불일치	0.0	0.0	788.3	0.0	–	–
국내총생산에 대한 지출	2,080,198.5	100.0	2,161,773.9	100.0	7.2	3.9
국외순수취요소소득	23,413.6	1.1	31,753.7	1.5	–	–
국민총소득(GNI)	2,103,612.0	101.1	2,193,527.5	101.5	7.5	4.3

자료: 한국은행 보도자료 '2021년 국민계정(확정) 및 2022년 국민계정(잠정)'(23.6월) 첨부엑셀자료 내 종합계정1 SHEET

시점과 비교해보았을 때 물가수준이 20% 상승한 것을 의미한다.

일반적으로 물가가 상승하면 구매력은 감소하게 된다. 즉 화폐의 구매력은 물가지수와 반비례관계에 있다. 또한 물가는 경기와도 밀접한 관계에 있는데, 경기가 좋으면 물가는 상승하는 경향을 지닌다. 왜냐하면 수요가 증가하기 때문이다. 반대로 경기가 침체되면 물가는 하락하는 현상을 보인다. 따라서 물가지수는 구매력 측정과 동시에 경기의 상황을 파악하는 신호 역할을 하는 것이다.

4.1. 물가지수 측정 방법

(1) 라스파이레스 물가지수

라스파이레스 물가지수
기준연도의 거래량을 가중치로 활용하여 계산한 물가지수

라스파이레스 물가지수는 기준연도의 거래량을 가중치로 활용하여 물가지수를 계산하는 방법으로, 기준연도의 상품 구입량이 가중치로 고정되어 있기 때문에 비교연도에서 구입하는 상품들이 변화하는 경우 물가의 움직임을 잘 반영하지 못하는 문제가 있다. 그 결과 물가변화를 과대평가하는 경향이 존재한다.

(2) 파셰 물가지수

파셰 물가지수
비교연도의 거래량을 가중치로 사용하여 계산한 물가지수

파셰 물가지수는 비교연도의 거래량을 가중치로 사용하여 물가지수를 계산하는 방식으로, 가중치가 매년 바뀌어 현실의 물가동향을 정확하게 반영할 수 있는 장점이 있는 반면에 비교연도의 대상품목과 가중치를 매번 조사해야 하는 번거로움이 있다. 현재의 거래량을 기준으로 하기 때문에 물가변화를 과소평가하는 경향이 존재한다.

참고 물가지수 산정 방식의 예

2020년과 2024년의 사과와 자동차의 가격이 다음 표와 같이 주어져 있다고 하자. 2020년을 기준으로 할 때 2024년의 물가지수를 라스파이레스 방식(L)과 파셰 방식(P)으로 구해보자.

	2020년		2024년	
	가격	구입량	가격	구입량
사과	100원	10개	120원	15개
자동차	1,000원	5개	2,000원	4개

$$\text{라스파이레스 물가지수: } L_P = \frac{\Sigma P_t \cdot Q_0}{\Sigma P_0 \cdot Q_0} \times 100$$

$$\text{파셰 물가지수: } P_P = \frac{\Sigma P_t \cdot Q_t}{\Sigma P_0 \cdot Q_t} \times 100$$

위의 표에서 제시한 가격으로 라스파이레스 물가지수와 파셰 물가지수를 구하면 다음과 같다.

$$L_P = \frac{(120 \times 10)+(2000 \times 5)}{(100 \times 10)+(1000 \times 5)} \times 100$$

$$P_P = \frac{(120 \times 15)+(2000 \times 4)}{(100 \times 15)+(1000 \times 4)} \times 100$$

4.2. 물가지수의 종류

(1) 소비자물가지수

소비자물가지수(CPI: Consumer Price Index)는 도시가계의 소비자가 일상 소비생활에서 구입하는 재화와 서비스의 가격변동을 측정하기 위한 물가지수이다. 가계소비의 지출에서 차지하는 비중이 1/10,000 이상인 516의 품목을 선정하여 도시 가계의 평균적인 생계비나 화폐의 구매력을 측정하기 위한 것으로 통계청에서는 라스파이레스 방식을 사용하여 작성한다(〈표 11-5〉).

소비자물가지수
도시가계의 소비자가 일상 소비생활에서 구입하는 재화와 서비스의 가격변동을 측정하기 위한 물가지수로 라스파이레스 방식을 적용

표 11-5 소비자물가 조사품목 및 2022년 가중치 개편

소비자물가지수는 소비지출구조의 현실반영도를 높이기 위해 5년 주기의 정기 개편(품목 등 변경) 사이에 끝자리가 2, 7자인 해를 기준으로 품목 변경 없이 가중치만 변경하는 가중치 개편을 2013년부터 실시하고 있다.

분류		가중치(기준연도)			차이	
		2017년	2020년	2022년	'20년-'17년	'22년-'20년
지출 목적별 분류	〈총지수〉	1,000.0	1,000.0	1,000.0	0.0	0.0
	식료품 및 비주류음료	137.6	154.5	142.0	16.9	−12.5
	주류 및 담배	15.8	16.5	15.8	0.7	−0.7
	의류 및 신발	61.1	48.6	49.6	−12.5	1.0
	주택, 수도, 전기 및 연료	165.9	171.6	171.6	5.7	0.0
	가정용품 및 가사서비스	44.2	53.9	45.6	9.7	−8.3
	보건	69.8	87.2	84.0	17.4	−3.2
	교통	112.6	106.0	110.6	−6.6	4.6
	통신	53.5	48.4	46.6	−5.1	−1.8
	오락 및 문화	61.2	57.5	62.9	−3.7	5.4
	교육	89.6	70.3	73.9	−19.3	3.6
	음식 및 숙박	131.8	131.3	144.7	−0.5	13.4
	기타상품 및 서비스	56.9	54.2	52.7	−2.7	−1.5
품목 성질별 분류	〈총지수〉	1,000.0	1,000.0	1,000.0	0.0	0.0
	상품	448.5	466.6	447.6	18.1	−19.0
	농축수산물	77.1	83.8	75.6	6.7	−8.2
	공업제품	333.1	348.4	338.3	15.3	−10.1
	전기·가스·수도	38.3	34.4	33.7	−3.9	−0.7
	서비스	551.5	533.4	552.4	−18.1	19.0
	집세	93.7	98.3	99.1	4.6	0.8
	공공서비스	142.5	127.3	120.0	−15.2	−7.3
	개인서비스	315.3	307.8	333.3	−7.5	25.5

자료: 한국은행 경제통계시스템(ECOS)

(2) 생산자물가지수

생산자물가지수
국내시장의 제1차 거래단계에 있는 기업들 간에 거래되는 모든 재화와 서비스의 평균적인 가격변동을 측정하기 위한 것으로 라스파이레스 방식으로 계산한 물가지수

생산자물가지수(PPI: Producer Price Index)는 국내시장의 제1차 거래단계에 있는 기업들 간에 거래되는 모든 재화와 서비스의 평균적인 가격변동을 측정하기 위한 것으로, 소비자물가지수보다는 대상품목이 많아 전반적인 상품의 수급동향이 반영된다. 거래액이 국내시장에서 거래되는 상품거래 총액의 1/10,000(서비스는 1/2,000) 이상인 품목인 923개로 구성된다. 한국은행에서 라스파이레스 방식을 사용하여 생산자출하가격인 공장도가격을 조사하여 작성하고 있다.

(3) GDP 디플레이터

GDP 디플레이터
명목GDP를 실질GDP로 나누어 사후적으로 산출하는 물가지수

GDP 디플레이터는 국민소득 추계 시 명목GDP를 실질GDP로 나누어 사후적으로 산출된다. 재화와 서비스의 국내거래가격뿐만 아니라 수출입가격의 변동까지 포함하고 있어 가장 포괄적인 물가지수이다. GDP라는 이름에서 알 수 있듯이 GDP 추계에 포함되는 모든 재화와 서비스의 가격을 반영하는 것으로 한국은행에서 파셰 방식으로 산출한다(〈표 11-6〉).

표 11-6 우리나라의 GDP 디플레이터(2010~2022)

연도	명목GDP(10억원)	실질GDP(10억원)	GDP 디플레이터
2010	1,322,611.2	1,426,618.0	92.7
2011	1,388,937.2	1,479,198.4	93.9
2012	1,440,111.4	1,514,736.6	95.1
2013	1,500,819.1	1,562,673.6	96.0
2014	1,562,928.9	1,612,717.5	96.9
2015	1,658,020.4	1,658,020.4	100.0
2016	1,740,779.6	1,706,880.3	102.0
2017	1,835,698.2	1,760,811.5	104.3
2018	1,898,192.6	1,812,005.4	104.8
2019	1,924,498.1	1,852,666.4	103.9
2020	1,940,726.2	1,839,523.3	105.5
2021	2,080,198.5	1,918,709.9	108.4
2022	2,161,773.9	1,968,839.5	109.8

자료: 한국은행 경제통계시스템(ECOS)

참고 소비자물가지수와 주요 생필품가격

〈광복 이후 주요 생활필수품 등의 가격변동[1)2)]〉

품목	1945년(圓)[3] 6(A)	1975년(원) (B)	B/A[5]	2005.6월 (원) (C)	C/B	C/A[5]
소비자물가지수[4]	0.00107	15.0	14,019	117.3	7.8	109,626
서울시내 버스(전차)요금	0.16	34	212,500	800	23.5	5,000,000
서울↔부산 기차요금	113.0	4,210	37,257	62,700	14.9	554,867
쇠고기(500g)	15.8	798	50,506	30,302	38.0	1,917,848
돼지고기(500g)	21.7	545	25,115	7,967	14.6	367,143
달걀 1개	2.1	27	12,857	183	6.8	87,143
북어	0.8	98	122,500	4,980	50.8	6,225,000
소주	10.4	123	11,827	901	7.3	86,635
담배	6.0	200	33,333	3,000	15.0	500,000
설렁탕	..	239	..	5,267	22.0	..
자장면	..	141	..	3,222	22.9	..
쌀(80kg)[6]	286.5	18,367	64,108	158,138	8.6	551,965
금(1g)[6]	117.1	2,659	22,707	14,708	5.5	125,602
휘발유(리터)	24.0	168.07	7,003	1,332.5	7.9	55,521
연탄(3.6kg)	9.0	27.03	3,003	184.0	6.8	20,444
밀가루 가격지수	..	23.0	..	143.0	6.2	..
냉장고 가격지수	..	126.8	..	94.3	0.7	..
선풍기 가격지수	..	52.5	..	86.9	1.7	..
형광등 가격지수	..	22.5	..	95.2	4.2	..
대학 납입금	..	116,706	..	2,642,100	22.6	..
서울지역 지가지수[7]	..	100	..	2,928	29.3	..

주: 1) 서울지역 기준, 각 상품의 구체적 조사대상은 시기별로 다소 차이가 있음(기차요금: 당시 최우등석 기준, 소주: 360ml, 담배: 최상품 20개비, 대학납입금: 사립대학 인문계열 기준) 2) 위 비교는 상품가격의 상승 및 상대가격변동의 추세를 대략적으로 살펴보기 위한 것으로, 일부 상품의 경우 가격비교의 필수조건인 상품의 동질성이 보장되지 않아 이를 절대적인 통계자료로 이용하는 데는 한계가 있음 3) 8~12월 평균 4) 2000년=100 5) 두 차례의 화폐개혁(1953년 1/100, 1962년 1/10)에 따른 화폐가치 변동을 반영하여 산출 6) 도매가격 기준 7) 1975년=100을 기준으로 지가변동률을 지수화

참고 **우리나라 주요 물가지수 비교**

구분	소비자물가지수	생산자물가지수	수출입물가지수
작성 기관	통계청	한국은행	한국은행
작성 목적	가계가 소비하는 상품 및 서비스의 가격변동 측정	국내생산자가 국내시장에 출하하는 상품 및 서비스의 가격변동 측정	수출 및 수입 상품의 가격변동 측정
대상 품목[1]	가계소비지출 비중이 큰 소비재와 개인서비스 458개 품목	국내 거래규모가 큰 상품 및 서비스 894개 품목	수출 및 수입 규모가 큰 수출 213개, 수입 237개 품목
대상 품목 선정 기준	가계동향조사 소비지출액이 총소비 지출액의 1/10,000 이상인 품목	국내출하액의 1/10,000 이상인 상품 및 1/2,000 이상인 서비스 품목	전체 수출액 및 수입액의 1/2,000 이상인 품목
지수 기준연도	2020년	2015년	2015년
조사가격	소비자 구입가격	기초가격	수출입 계약가격
지수 산식	라스파이레스식[2]	연쇄가중로우식	연쇄가중로우식
이용 범위	생계비 또는 화폐가치 비교, 국민연금 수령액 및 노사 간 임금조정을 위한 기초자료 등	상품 및 서비스의 전반적인 수급 파악, 실질국내총생산 산출 등	수출 채산성 및 수입원가 변동 측정, 교역조건 계산, 실질국내총생산 산출 등

주: 1) 소비자물가지수는 2020=100 기준지수에 사용되는 품목 수 기준이며, 생산자물가지수와 수출입물가지수는 2023년 연환지수 산출에 사용된 품목 기준임

2) 기준 시점 가중치 고정방식으로 작성하고 보조지표로서 가중치를 매년 변경하는 연쇄방식 소비자물가지수를 작성하고 있음

자료: 한국은행, 「알기 쉬운 경제지표해설」(23.12월), p. 273

참고 **경제자유도지수**

헤리티지재단이 매년 발표하는 국가별 경제자유도지수(Index of Economic Freedom)가 있다. 경제자유도지수를 산출하는 방법은 사유재산권의 보장, 사법효율성, 반부패 정도, GDP 대비 정부지출 비중, 재정건전성, 조세부담, 기업활동의 자유, 노동시장의 유연성, 통화정책의 독립성, 무역의 자유, 투자의 자유, 금융의 자유 등 총 12개의 기준을 정해 점수를 합산한다.

2023년 176개국의 국가별 경제자유도지수를 순위별로 보면 상위권 대부분 국가는 선진국에 해당된다. 우리나라는 세계 15위로 비교적 자유로운 국가로 평가되고 있고 인도와 중국 등은 하위권으로 기업하기 어려운 나라로 선정되었다. 부문별로 보면 한국은 사유재산권의 보장, 사법효율성, 반부패 정도, GDP 대비 정부지출 비중, 재정건전성, 기업활동의 자유, 금융의 자유 항목인 7개에서 양호한 수준이었고, 노동시장의 유연성, 통화정책의 독립성, 무역의 자유, 투자의 자유 4개 부문에서는 다른 국가들에 비해서 뒤지지 않았다. 특히, 노동시장의 유연성은 과거에는 다른 국가들에게 많이 뒤떨어진 부문이었으나 최근 크게 개선되었다. 한편, 조세부담의 경우에는 세계 평균보다 낮은 것으로 나타났다.

순위	국가	순위	국가
1	싱가포르	11	핀란드
2	스위스	12	노르웨이
3	아일랜드	13	호주
4	대만	14	독일
5	뉴질랜드	15	한국
6	에스토니아	25	미국
7	룩셈부르크	31	일본
8	네덜란드	127	브라질
9	덴마크	131	인도
10	스웨덴	154	중국

구성요소		한국 점수	세계 평균점수
법의 지배	사유재산권	88.5	54.9
	사법효율성	76.8	49.8
	반부패	68.7	45.5
정부의 역할	조세부담	60.1	78.2
	정부지출	82.0	64.1
	재정건전성	94.1	54.8
규제 효율성	기업의 자유	84.8	60.8
	노동유연성	56.2	56.1
	통화정책 독립성	81.4	72.5
시장 개방성	무역의 자유	72.2	69.6
	투자의 자유	60.0	56.8
	금융의 자유	60.0	48.8

자료: heritage.org, 2023년도 수치

5. 거시경제학의 철학과 정책

5.1. 고전학파와 보이지 않는 손

고전학파의 태두인 애덤 스미스(A. Smith)는 시장의 자동조절기구를 신봉하여, 보이지 않는 손의 역할 즉 시장의 가격체계를 통해 수요와 공급이 자동적으로 조절되어 균형으로 이행된다고 했다. 따라서 정부는 시장에 개입할 필요가 없고 단지 외부의 침입 방지나 국가의 질서를 위한 최소한의 개입만 허용된다. 또한 그는 개인의 이기심이 보이지 않는 손, 즉 시장 메커니즘을 통해 공익으로 전환될 수 있다고 보았다. 시장에서 분필을 만드는 사람은 이 분필을 특정학교의 선생님이 수업하는 데 도움을 주고자 하는 이타적인 마음에서가 아니라 시장에 팔아 돈을 많이 벌고자 하는 이기심에서 생산하는데, 이런 인간의 이기심이 시장의 메커니즘을 작동시키는 원동력이라고 한 것이다.

그 당시에는 공급보다 수요가 많았기 때문에 상품이 언제나 부족했고, 만들면 모두 팔렸기 때문에 재고를 걱정할 필요가 없었다. 그러나 산업혁명과 대량생산으로 인해 필요로 하는 수요보다 공급이 크게 초과하자 기업은 재고가 쌓이기 시작했고, 그 결과 공장 가동의 중단, 해고 등의 악순환이 일어났다. 1929년에 발생한 대공황은 고전학파 경제학자들에게서 해답을 찾을 수 없었다. 시장의 보이지 않는 손의 기능이 언젠가 되살아날 것을 기대할 뿐이었다.

5.2. 대공황과 거시경제학의 태동

1929년 대공황은 경제사상의 혁명을 가져왔고 거시경제학의 등장을 촉발했다. 1929~1936년 사이에 미국을 비롯한 세계경제의 침체는 매우 이례적인 현상이었다. 당시의 재화와 서비스의 생산은 무려 30%나 감소하였고, 실업률은 1929년 3%에서 1933년 25%로 크게 상승하여 네 사람 가운데 한 사람은 실업자였다(〈그림 11-8〉). 대공황으로 인해 독일은 히틀러의 나치가 정권을 장악했고, 미국에서도 루즈벨트(Franklin Roosevelt) 대통령은 새로운 처방책을 사용하지 않을 수 없었다. 기존의 고전학파 시각에 따르면, 시장기구에 대한 신뢰를 지니고 있기 때문에 보이지 않는 손이 작동하게 되면 경

그림 11-8

대공황 당시 거시경제변수들

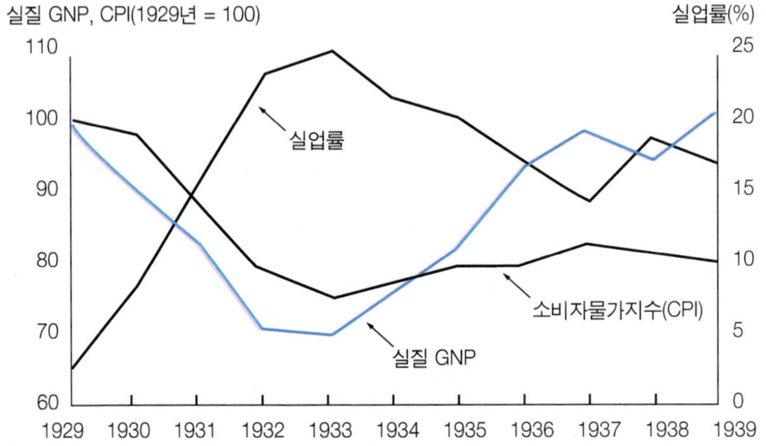

기침체와 인플레이션은 충분히 치유 가능하다는 입장이었다. 그러나 당시 사람들의 입장에서는 커다란 파도로 침몰되어가는 타이타닉에 탑승한 것과 같아 오랜 시간을 기다릴 수 없었다. 오히려 시장의 자기조정능력에 대하여 회의를 품었으며, 영국의 케인즈(John M. Keynes)의 등장과 거시경제학의 태동을 불러왔다.

5.3. 케인즈 혁명과 총수요관리정책

케인즈는 1936년 경제학에서 가장 혁명적인 메시지를 담고 있다고 평가할 『고용, 이자, 그리고 화폐에 관한 일반이론(The General Theory of Enployment, Interest, and Money』을 발표한다. 여기서 그는 경제의 자율적인 조정능력을 통한 성장과 고용의 보장을 부정하고, 당시의 비관적인 상황하에서 기업과 소비자들이 투자와 소비를 줄이는 유효수요의 감소는 지속적인 경기침체로 이어질 것이라고 밝혔다. 덧붙여, 이를 탈피하기 위해서는 유효수요를 끌어올리는 정부의 유수정책(펌프를 통한 물의 공급)을 사용하여 침체상태에 깊이 빠진 경제를 회생시킬 수 있을 것이라고 보았다. 이러한 케인즈의 혁명적 사고에서 루즈벨트 대통령의 뉴딜정책과 같이 총수요 진작을 위해서 정부의 시장개입을 통한 재정정책을 총수요관리정책이라고 한다.

5.4. 고전학파의 부활

케인즈경제학의 사상이 전 세계를 뒤덮고 있던 당시 오일쇼크가 발생했다. 1973년과 1978년 두 차례에 걸쳐 발생한 오일쇼크는 정부의 총수요관리정책으로 해결할 수 없는 것이었다. 뒤에서 자세히 다루겠지만 경기침체(국민소득의 감소)와 물가인상이라는 스태그플레이션에 직면하게 된 것이다. 케인즈의 총수요관리정책을 사용하게 되면 경기침체나 인플레이션 중에서 어느 하나는 치명적인 희생을 부담해야 했다. 이때 다시 고전학파의 사상을 이어받은 통화주의학파가 수요 측면만 고려하는 방법의 한계를 지적하면서 공급 측면을 강조하게 되었다.

그 후 케인즈의 사상의 계보를 잇는 케인즈학파와 고전학파의 계보를 잇는 통화주의학파를 비롯한 새고전학파는 시장을 바라보는 상반된 견해로 치열한 논쟁을 벌이게 된다. 치열한 논쟁 끝에 결국 경제학은 인간에 대한 탐구이기 때문에 심리와 기대가 중요하다는 점을 강조하면서, 장기에는 고전학파의 시장기구에 의한 접근방식이 타당하고, 단기에는 일시적으로 가격이라는 보이지 않는 손이 제 기능을 하지 못할 수 있기 때문에 정부가 개입할 수 있다는 입장으로 어느 정도 합의를 보고 있다.

CHAPTER | 12

경제성장과 생활수준

1. 세계 여러 나라의 경제성장

미국이나 일본과 같은 선진국은 인도나 나이지리아와 같은 후진국과 비교했을 때 평균소득이 10배 이상 높다. 이러한 소득격차는 삶의 질이라고 할 수 있는 생활수준의 차이로 나타난다. 생활수준이 높다는 말은 더 좋은 음식을 먹어 영양상태도 좋고, TV를 비롯한 자동차, 휴대폰 등 다양한 상품과 품질도 좋은 상품을 소비한다는 의미이기도 하다.

세계경제사를 살펴보면 대부분의 시기에 경제성장은 별로 없었고, 대규모의 부는 정복과 착취를 통해 축적되었다. 피라미드, 만리장성, 그리고 콜로세움과 같이 부를 상징하는 건축물들은 수백만 명의 노예들을 동원한 결과이다. 위대한 예술품은 재능 있는 개인들 몇몇이 생산한 것이고, 근로시간당 생산량은 수천년간 거의 변함이 없었다. 또한 한 사회의 지배계급을 제외하고는 극심한 빈곤에 허덕였다. 그러나 이러한 상황은 18세기를 전후하여 급격하게 변했다. 1700년대 후반과 1800년대 초반의 산업혁명을 통해 경제성장은 가속화되었고 이후 20세기에 들어와 역사적으로 전례 없이 경제가 성장하였다. 연평균 500달러 수준으로 변화가 없었던 1인당 국민소득은 산업혁명을 전후로 급격하게 상승하기 시작했다. 또한 산업혁명의 혜택을 누린 국가와 그렇지 못한 국가 간의 소득격차는 크게 벌어지기 시작했다.

표 12-1 국가별 경제성장률의 차이

국가	기간	개시연도 1인당 실질GDP (2003년 불변가격 기준 달러)	종료연도 1인당 실질GDP(달러)	연평균성장률(%)
일본	1890~2003	1,280	28,620	2.79
브라질	1900~2003	663	7,480	2.38
멕시코	1900~2003	987	8,950	2.16
중국	1900~2003	610	4,990	2.06
독일	1870~2003	1,859	27,460	2.05
캐나다	1870~2003	2,022	29,740	2.04
미국	1870~2003	3,412	37,500	1.82
아르헨티나	1900~2003	1,952	10,920	1.69
인도	1900~2003	575	2,880	1.58
영국	1870~2003	4,094	27,650	1.45
인도네시아	1900~2003	759	3,210	1.41
파키스탄	1900~2003	628	2,060	1.16
방글라데시	1900~2003	531	1,870	1.16

참고 세계경제사 기적의 계보

산업혁명 이후 서유럽 국가들은 기술혁신, 생산성, 1인당 국민소득이 크게 증가하였다. 다음 표는 1인당 국민소득이 1,800달러를 넘어선 연도와 2011년 현재 1인당 국민소득을 보여준다. 1820년 세계에서 가장 부유한 국가는 네덜란드였고, 영국과 미국이 부자나라에 합류하였다. 서유럽 국가들을 제외하고는 일본이 처음으로 1921년 1,800달러를 넘어서게 되었다. 이후 한국은 인구 5,000만밖에 안 되지만 1969년이 되었을 때 선진국에 진입한 시기를 불과 42년 만인 일본의 절반의 시간으로 줄였다. 한국은 세계 경제 역사상 유래를 찾아보기 힘든 기적을 이룩한 국가이다.

〈기적을 이룬 국가 계보〉

국가	$1,800을 처음 넘어선 연도	2011년 1인당 국민소득	배수(기간)
네덜란드	1820년($1,838)	42,330	23배(190년)
영국	1834년($1,828)	35,974	20배(178년)
미국	1850년($1,806)	48,147	27배(160년)
일본	1921년($1,860)	34,362	19배(90년)
한국	1969년($1,839)	31,753	17배(42년)
중국	1988년($1,816)	8,394	4.6배(23년)

〈표 12-1〉은 국가별 경제성장률의 차이를 보여준다. 세계 몇몇 나라의 1인당 실질GDP를 살펴보면 2003년 기준 미국은 1인당 실질GDP 수준이 중국의 7.5배, 인도의 13배나 된다는 것을 알 수 있다. 2003년 인도의 1인당 실질GDP는 1870년 영국의 1인당 실질GDP의 0.7배에 해당하는 수준이다. 연평균성장률을 기준으로 볼 때 일본이 2.79%로 가장 높다는 것을 알 수 있다.

1.1. 수확체감현상의 생산함수

(1) 생산함수와 수확체감 현상

맬서스(T. R. Malthus)는 1798년『인구론』에서 경제성장에 대해서 비관적인 예측을 하였다. 그의 비관적인 견해를 살펴보기 위해서 생산함수를 간단하게 살펴보도록 하자. 사과농장에서 사과를 심어 가꾸고 수확하는 데 투입되는 유일한 생산요소는 노동뿐이라고 가정하자. 이때 더 많은 노동자들이 일을 할수록 더 많은 사과를 재배할 수 있게 된다. 생산함수로 나타내면 다음과 같다.

$$Y=F(L)$$

그림 12-1

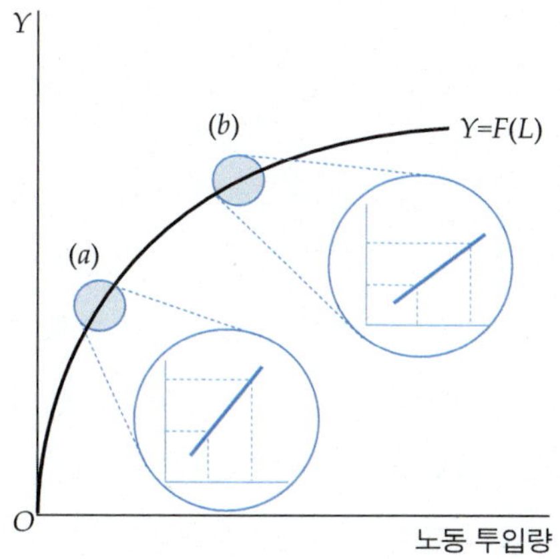

수확체감현상의 생산함수

생산함수의 기울기가 점차 완만해진다는 것은 노동에 대한 수확체감현상을 반영한다는 의미임

(a) 곡선의 기울기가 가파르다는 것은 노동의 투입량에 대해 생산량의 증가가 크다는 것을 의미함

(b) 곡선이 평평한 부분은 노동의 투입량이 증가할 때 생산량의 증가가 작다는 것을 의미함

여기서 Y는 생산량을 나타내고, L은 노동의 투입량(근로시간)을 나타낸다. F는 노동과 생산량 간의 함수관계를 보여주는 생산함수이다. 일반적인 수확체감현상을 반영한 생산함수를 그래프로 나타내면 〈그림 12-1〉와 같다.

여기서 수확체감현상이란 노동의 투입량을 증가시킬 때 생산량이 증가하지만 그 증가율은 점차 감소한다는 것이다. 노동자의 수를 계속 증가시키면 사람들끼리 방해가 되기도 하고, 노동자 일부는 할일이 없어져 빈둥거리기도 할 것이다. 〈그림 12-1〉에서 알 수 있듯이 노동의 투입량이 늘어나면서 생산량의 증가(기울기)는 완만해진다.

(2) 경제성장회계: 경제성장 요인분해

경제성장은 한 경제 내에 이용 가능한 노동과 자본의 양이 증가하거나 기술의 진보로 달성될 수 있다. 따라서 경제성장의 원천을 노동과 자본의 증가라는 양적인 측면과 기술진보와 같은 질적인 측면으로 나눌 수 있다. **경제성장회계**(economic growth accounting)란 현실에서 달성된 경제성장 부분을 각 요인별로 분해하는 작업을 말한다.

경제성장회계
경제성장 부분을 각 요인별로 분해하는 방법

앞에서 사용한 생산함수를 노동, 자본, 기술을 반영해 다음과 같이 변형시켜 나타낼 수 있다.

$$Y=AF(L, K)$$

여기서 L은 노동, K는 자본, A는 기술진보를 나타낸다. 이 생산함수를 그림으로 나타내면 〈그림 12-2〉와 같다.

〈그림 12-2〉에서 국민소득이 Y_0에서 Y_3로 높아진 것을 볼 수 있는데 이를 3단계로 나눌 수 있다. A에서 B점으로 이동하는 단계는 기술수준과 자본 모두 고정된 상태에서 노동을 증가시키는 경우이고, B에서 C로 이동하는 단계는 자본을 K_0에서 K_1으로 증가시킨 경우이다. 수평축이 노동으로 표현되어 있으므로 자본의 증가는 주어진 노동에 대해서 더 높은 국민소득으로 연결되어 곡선 자체가 위로 이동한다. C에서 D로 국민소득이 증가한 단계는 주어진 노동 L_1과 자본 K_1에 대해서 기술진보로 인해 경제가 성장한 것을 보여준다.

그림 12-2

경제성장 요인

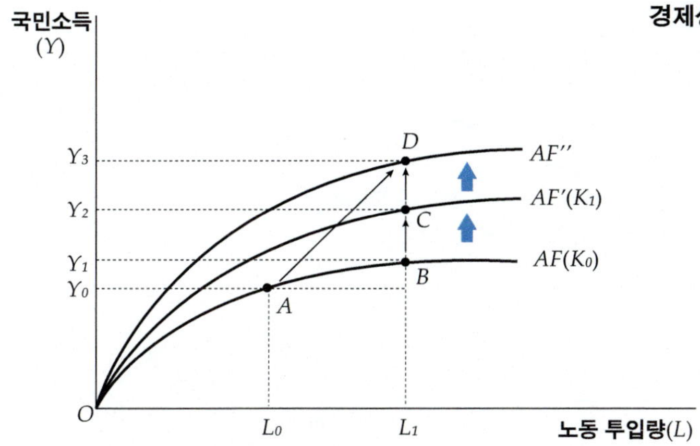

기술수준의 변화가 없이 노동과 자본의 투입량이 증가한 경우를 양적(qunatitative) 성장이라고 하며, 기술수준의 변화를 통한 성장을 질적(qualitative) 성장이라고 한다. 따라서 질적 경제성장이 이루어진 경우 성장회계는 다음과 같은 식을 말한다.

경제성장률=노동증가율+자본증가율+기술진보

(3) 수렴가설과 추격현상

수렴가설(convergence hypothesis)이란 부유한 나라보다는 가난한 나라의 생산성 증가율이 높기 때문에 가난한 나라는 부유한 나라와의 격차를 좁혀 추격하게 된다는 가설이다(〈그림 12-3〉). 일반적으로 이 가설은 가난한 나라의 생산성 증가율은 부유한 나라의 생산성 증가율보다 높은 경향이 있다는 전제하에서 주장된다. 학급에서 5등 하는 학생의 성적이 향상되는 가능성과 정도보다 30등 하는 학생의 성적이 향상될 가능성과 정도가 더 크다는 점을 생각해보면 이해할 수 있을 것이다.

수렴가설
부유한 나라보다는 가난한 나라의 생산성 증가율이 높기 때문에 점차 가난한 나라와 부유한 나라의 격차가 좁혀진다는 가설

이러한 수렴현상이 발생하는 이유를 구체적으로 살펴보면 다음과 같다.

그림 12-3

수렴가설

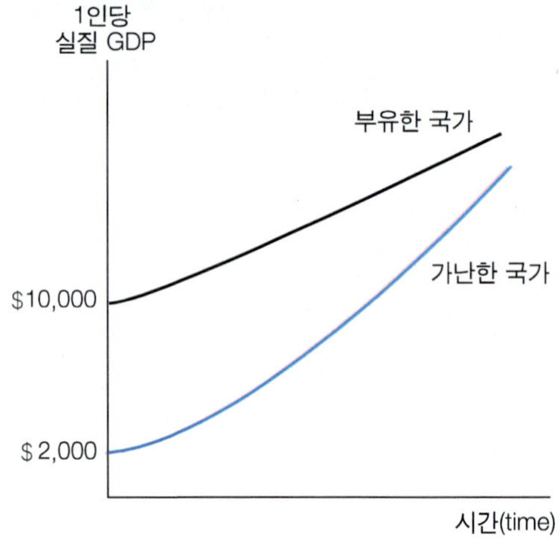

첫째, 가난한 나라에서는 낮은 교육수준이 매우 빠르게 높아질 수 있다. 장기적으로 수렴현상을 기대하는 이유는 생산성이 낮은 나라는 과학지식과 경영 노하우가 전 세계로 퍼져나가면서 쉽게 학습할 수 있기 때문이다.

둘째, 새로운 첨단기술을 개발하는 혁신보다 모방이나 채택을 통해서 기술이 앞선 선진국의 기술을 채택하는 것만으로 생산성을 높일 수 있다. 창조보다 모방의 경우에 따라잡는 것이 보다 쉽다.

마지막으로 인터넷과 같은 커뮤니케이션 수단이 정보의 확산을 보다 빠르게 하고 있다. 최근에 인간 유전자 및 줄기세포 연구성과나 경제학 관련 최신 논문도 실시간으로 전 세계 연구자들에게 빠르게 전달되고 있다.

참고 **복리의 마법**

1870~2003년 기간 동안 일본은 2.6%의 경제성장률을 나타낸 반면 오스트레일리아는 1.2%의 낮은 경제성장률을 보였다. 얼핏 보기에는 매우 작아 보이는 연평균 경제성장률의 차이가 장기적으로는 매우 큰 차이를 가져오는 것을 알 수 있다. 1870년에는 오스트레일리아의 1인당 GDP가 일본보다 거의 6배 이상 높은 수준이었지만 2003년에 이르자 일본이 오스트레일리아를 따라잡았다. 이러한 경제적인 부의 순위 바뀜은 133년 동안 1.2%와 2.6%의 성장률의 작은 차이가 지속되면서 발생한 결과이다. 경제성장률의 작은 차이가 장기적으로는 매우 큰 효과를 지닌다는 측면에서 '복리(compound interest)의 마법'이라고 한다. 현재 이자율이 4%일 때 10만원을 은행에 입금했다고 하면 1년 후에는 10×1.04=10.40만원, 2년 후에는 10×1.04×1.04=10.82만원이 될 것이다. 이렇게 205년이 흐른다면 계좌의 금액은 $10\times(1.04)^{205}$=31,033.77만원이 된다. 10만원밖에 되지 않는 돈이 200년 후에는 3억원이 넘는다는 이야기다.

참고 **인구증가와 경제성장**

인구의 증가가 사회에 미치는 영향에 대해서는 많은 논란이 있다. 그중에는 인구가 증가하게 되면 직접적으로 노동인구가 증가하여, 상품과 서비스를 생산하고 공급할 생산요소가 많아진다는 주장도 있다.

맬서스는 그의 저서 『인구론』에서 인구의 지속적인 증가는 사회에 부담을 주기 때문에 인류는 빈곤에서 영원히 빠져나오지 못할 것이라고 주장했다. 그러나 이러한 예측은 빗나갔고, 오히려 인구성장이 경제적 번영과 기술진보로 연결되었다고 주장하는 학자들도 있다. 크레머(M.Kremer)는 1993년 『인구성장과 기술변화: B.C. 100~1990』이란 논문에서 오랜 인류 역사를 통해서 살펴본 결과 세계인구가 증가함에 따라서 세계경제성장률도 높아졌다고 주장했다. 사람이 많을수록 기술진보가 더욱 활발해진다는 것이다. 그의 연구에 의하면, 1500년경 콜럼버스가 탐험하던 당시 가장 문명국은 유라시아와 아프리카 지역이었고, 다음은 아메리카의 아즈텍과 마야문명이었다. 그러나 오스트레일리아의 테즈메니아 원주민들은 인구도 적었고 가장 고립되어 있었는데, 불, 돌, 뼈 등의 도구도 사용하지 못하는 수준이었다고 한다.

1.2. 추격현상의 확인

지난 수십 년 동안 한국의 경제성장 속도는 미국에 비해서 급격하게 증가하였다. 1960년부터 1990년까지 30년 동안 미국과 한국의 GDP 대비 투자율은 비슷했다. 그러나 미국은 연평균 1인당 GDP 성장률이 2%였지만 한국은 6% 이상을 달성하였다. 이러한 차이도 추격현상으로 설명할 수 있다. 1960년 한국의 1인당 GDP는 미국의 1/10 수준이었는데 과거에 투자가 없었고 전쟁 이후였기 때문에 초기 출발 시점의 자본축적은 작았다. 그 결과 미국에 비해서 상대적으로 높은 성장률을 달성할 수 있게 된 것이다. 이러한 현상은 산업국가에 한정해서 본다면 쉽게 관찰할 수 있다.

표 12-2 가난한 국가의 1인당 GDP와 GDP 성장률

국가	1인당 GDP (2002년)	GDP 성장률(1990~2002년)
벨로루시	$ 1,360	−0.1%
러시아	2,140	−2.7
우크라이나	770	−6.6
베네수엘라	4,090	1.1
아이티	464	−1.0
부룬디	100	−1.8
시에라리온	140	−3.8

그림 12-4

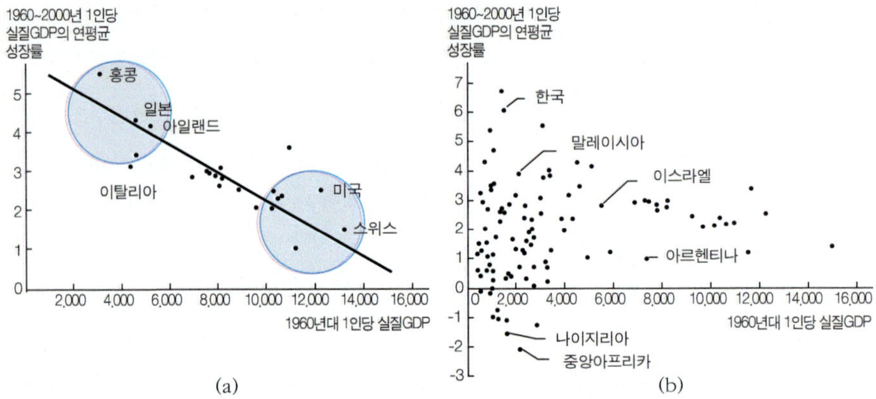

추격현상의 실증분석

(a) 가난하지만 보다 빠르게 성장한 국가들 (b) 부유하지만 보다 느리게 성장한 국가들

〈그림 12-4〉는 추격현상이 이루어지는 경우와 그렇지 않은 경우를 보여준다. 〈그림 12-4 (a)〉에서 국가별 위치가 우하향하는 직선에 가까울수록 추격현상이 존재한다는 것을 의미하는데, 산업국가 내에서는 1960년대 1인당 실질GDP가 낮은 국가는 1960~2000년 동안 연평균 성장률이 상대적으로 높았다는 것을 알 수 있지만, 후진국을 포함한 모든 국가를 대상으로 할 때는 그렇지 않은 것을 알 수 있다(〈표 12-2〉 참조). 〈그림 12-4 (b)〉에서 나이지리아, 중앙아프리카와 같이 1960년대에 낮은 1인당 실질GDP를 보인 일부 국가는 실제로 마이너스(−) 경제성장을 경험하였다.

2. 경제성장 속도 결정요인

경제성장은 일상적인 삶의 수준의 향상을 나타낸다고 할 수 있다. 삶의 수준의 향상은 바로 생산성에 달려 있다. 무인도에 표류한 로빈슨 크루소의 상황을 생각해보자. 단순화를 위해 로빈슨 크루소가 생활수준을 향상시키는 방법은 맛있는 물고기를 많이 잡는 것과 관련이 있다고 하자. 어떻게 물고기를 많이 잡는가의 문제는 생산성과 관련된 문제이다. 생산성을 높이는 문제는 근력을 키우는 방법, 낚싯대의 수를 늘리는 방법, 물고기를

그림 12-5

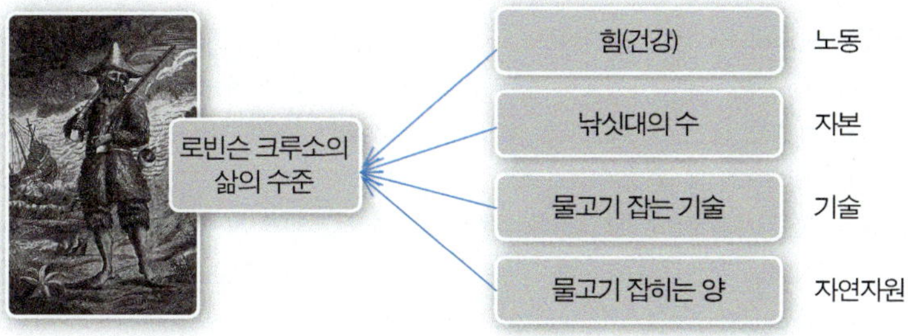

로빈슨 크루소의 삶의 수준과 생산성

무인도에 표류한 로빈슨 크루소의 삶의 수준은 얼마나 질 좋은 물고기를 많이 잡는가에 달렸다. 즉 생산성에 의존한다.

잡는 기술을 익히는 방법, 물고기가 어디에 많이 있는가를 아는 지식과 물고기가 많이 몰리는 자연환경 등이 영향을 미친다고 할 수 있다.

2.1. 근로자 1인당 물적자본

목수가 가구를 만들 때 톱, 선반기계 등의 연장을 사용하면 더 신속하고 정교하게 작업을 할 수 있다. 이와 같이 생산에 투입되는 장비와 건물을 '물적자본(physical capital)' 혹은 줄여서 '자본'이라고 한다. 자본은 과거의 최종산출물로서 그리고 다른 자본을 만드는 투입물로서의 역할을 하기 때문에 이중적인 역할을 한다고 할 수 있다. 예를 들어 타이어는 그 자체로 최종생산물(output)이 될 수도 있지만 자동차를 만드는 데 투입되면 생산요소(input)가 된다.

물적자본
생산에 투입되는 장비와 건물

2.2. 근로자 1인당 인적자본

우리는 평생 동안 교육을 받게 된다. 이러한 교육과 훈련, 경험의 축적을 통한 지식과 기술의 체득은 눈에 보이지 않지만 노동자들의 생산성을 높여주는 역할을 한다. 선반기계나 장비와 함께 생산성을 높이는 역할을 하지만 인간에 체화된다는 의미에서 '인적자본(human capital)'이라고 한다. 선진국의 경우 자산 중 인적자본이 차지하는 비중이 다

인적자본
교육과 훈련, 경험의 축적을 통한 지식과 기술의 체득은 눈에 보이지 않지만, 노동자들의 생산성을 높여준다는 의미의 자본

참고 **IQ가 경제성장을 높일까?**

심리학자 린(R. Lynn)과 정치학자 반하넨(T, Vanhanen)은 2002년 경제발전과 국민의 지적 능력은 상관관계가 있다는 연구결과를 발표했다. 각국의 지적 능력은 성인 국민의 평균지능지수(IQ)로 측정했고, 경제발전 정도는 1인당 국민소득을 기준으로 측정했다.

1998년 185개국의 해당자료를 통한 분석에서 평균 IQ는 59에서 107까지 다양하게 분포되어 있었고, IQ가 높은 국가일수록 1인당 국민소득도 높았다. 평균 IQ가 101을 넘어서는 국가는 홍콩(107), 한국(106), 일본(105), 북한(104), 대만(104), 싱가포르(103), 오스트리아(102), 독일(102), 이탈리아(102), 네덜란드(102), 룩셈부르크(101), 스웨덴(101), 스위스(101)로 북한을 제외하고는 선진국에 속한 국가였다. 그에 반해서 평균 IQ가 65 이하인 국가들은 콩고(65), 감비아(65), 라이베리아(65), 세네갈(65), 에티오피아(63), 적도기니(59), 상투메 프린시페(59)로 모두 아프리카에 위치한 세계 최빈국들이었다.

〈평균 지능지수와 1인당 국민소득의 관계〉

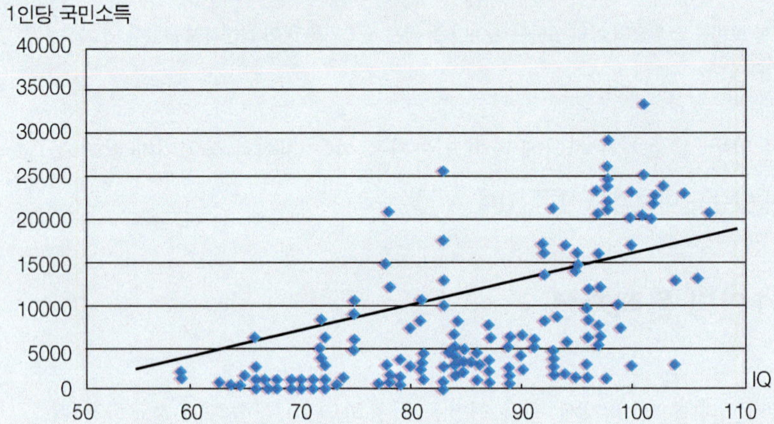

른 자본에 비해 매우 높다.

인적자본은 노동자의 재능, 교육, 훈련, 기술을 포함하는 개념으로 많은 인적자본을 가진 노동자는 생산성이 높아진다. 예를 들어 워드프로세스 프로그램을 사용할 줄 아는 사람은 모르는 사람보다 더 쉽게 문서를 만들 수 있을 것이고, 컴퓨터 장비에 익숙한 자동차 정비사는 그렇지 않은 정비사보다 더 전문적인 부분이라고 할 수 있는 엔진과 같은 문제를 해결할 수 있을 것이다.

2.3. 자연자원

미국이 경제적으로 성공할 수 있었던 이유 중의 하나는 농사짓기 좋은 토양이 많기 때문이고, 사우디아라비아를 비롯한 중동 국가들이 세계적으로 부를 획득한 이유는 원유가 풍부하게 매장되어 있기 때문이다. 이와 같이 생산성을 높이는 요인들 중에 토지, 산림, 강물 등 자연이 제공하는 생산요소를 '**자연자원**(natural resources)'이라고 한다. 자연자원은 산림과 같이 재생이 가능한 재생가능자원과, 석유와 같이 한 번 사용하면 재생이 되지 않는 재생불가능자원으로 나눌 수 있다.

자연자원
자연이 제공하는 생산요소

2.4. 기술지식

초기에 영농기술이 발전하기 전에는 노동의 투입량을 늘려 식량을 생산하였다. 그러나 농업 기술과 지식의 축적으로 인해서 과거보다 적은 노동을 투입해도 많은 양의 생산이 가능해졌다. 이렇게 투입물(input)을 산출물(output)로 전환하는 방법을 기술이라고 하고, 그러한 최선의 방법을 이해하는 것을 '기술지식(technological knowledge)'이라고 한다.

기술지식에는 파급과 확산이 가능한 공동의 지식이 있고, 어느 한 발명가에게만 국한되는 지식이 있다. 전자의 예에는 헨리 포드가 제조공정의 혁신을 위해 개발한 '포드 시스템'처럼 다른 기업들도 따라하게 된 것이 있고, 후자의 예에는 코카콜라의 제조비법과 같은 것이 있다. 일반적으로 기술지식은 공공재의 특성을 가지고 있어서 개인의 기술개발 의욕을 떨어뜨리기 때문에 신약개발과 같은 경우 특허권을 부여해 일정기간 기술개발에 투입한 비용을 회수할 기회를 부여한다.

참고 기술지식과 공공재

기술을 하나의 상품으로 간주하는 경우 기술은 다른 상품과 다른 특성이 있다. 사과의 경우는 내가 한입 먹으면 다른 사람이 먹을 수 있는 양은 줄어든다. 그러나 기술의 경우는 한 사람이 기술을 추가적으로 사용한다고 해도 다른 사람이 사용하는 기술의 양은 전혀 줄어들지 않는다. 예를 들어 어느 한 대학교가 다른 대학교의 서류관리 방법을 사용한다고 해서 다른 대학의 서류관리 방법의 질은 떨어지지 않는다. 이러한 특성을 서로 경쟁하지 않는다고 해서 '비경합성(nonrivalry)'이라고 한다.

또한 기술은 기술의 발명자나 소유자가 다른 사람들로 하여금 자신이 만든 기술을 사용하는 것을 막기가 어렵다. 마이크로소프트의 윈도우 운영체제는 애플의 운영체제를 비슷하게 모방한 것이지만 법원은 두 운영체제가 그렇게 유사하지 않다고 판결 내린 바 있다. 이러한 특성을 배제하기 어렵다는 측면에서 '비배제성(nonexcludability)'이라고 한다. 비배제성과 관련하여 대부분 국가는 지적재산권법(intellectual property laws)나 특허법, 상표권과 저작권을 통해서 발명자들에게 어느 정도 보상을 해주는 시스템을 가지고 있다.

3. 정부의 경제성장정책

3.1. 자본형성 촉진

자본
생산을 위해 생산된 상품으로서 공장이나 사무용 빌딩 등과 같은 건물, 컴퓨터와 같은 장비, 사용 가능한 소프트웨어의 규모

경제학에서 자본(capital)이란 생산을 위해 생산된 모든 재화와 서비스를 말하는데 공장이나 사무용 빌딩과 같은 건물, 컴퓨터와 같은 장비, 사용 가능한 소프트웨어의 규모 등을 의미한다. 기업이 새로운 공장, 장비, 소프트웨어의 구입으로 투자지출을 늘리면 기존의 자본공급은 증가한다. 자본스톡의 증가는 기업의 투자지출 크기에 의존한다. 자본형성을 촉진한다는 말은 새로운 자본을 만든다는 의미이다.

정부가 자본형성을 촉진하기 위해서는 민간기업이 보다 많은 투자를 하도록 유도해야 한다. 몇 가지 방법을 살펴보면, 먼저 실질이자율을 낮추는 것이다. 실질이자율이란 명목이자율에서 물가상승률을 뺀 것인데 기업의 입장에서 보면 자금을 빌리는 비용이 된다. 어떤 사업의 수익률이 8%인 경우 현재 실질이자율이 10%라면 기업은 투자를 꺼리겠지만, 실질이자율이 5%라면 충분히 투자에 참여할 것이다.

다음으로 정부가 사용할 수 있는 자본형성을 위한 투자 촉진 정책으로는 세법을 바꾸어 자본이익의 과세를 낮추는 방법이 있다. 여기서 어떤 자산을 구입금액보다 높게 판매를 할 경우에 발생하는 이익이 자본이익이다.

그 밖에 뒤에서 설명할 기술혁신을 유도할 인센티브를 활용한다거나 정치적인 안정과 재산권의 보호도 정부가 자본을 형성하는 방법이 될 수 있다.

3.2. 교육훈련 향상

인적자본을 형성하기 위한 가장 좋은 방법이 교육에 대한 투자이다. 정부가 좋은 학교를 만들어 국민들이 질 높은 공교육을 받을 수 있게 된다면 장기적인 측면에서 생산성을 높일 수 있다. 미국의 경우 학교교육을 1년 더 받으면 평균적으로 임금이 10% 상승한다는 연구결과가 있다. 교육훈련이 부족한 후진국의 경우는 교육의 혜택이 임금격차를 보다 크게 할 것이다.

교육을 통한 인적자본 형성은 긍정적인 외부효과(externalities)를 가지고 있다. **외부효과**란 어느 한 사람의 행동이 의도하지 않게 거래당사자가 아닌 다른 사람의 후생수준에 영향을 미치는 것으로, 널리 활용되면서 생활의 편리함을 높이는 데 기여하는 새롭게 개발된 아이디어나 수학 공식을 예로 들 수 있다.

외부효과
어느 한 사람의 행동이 의도하지 않게 거래당사자가 아닌 다른 사람의 후생수준에 영향을 미치는 것

〈표 12-3〉은 선진국과 개발도상국 간의 평균 학교교육 연수에 대한 비교를 보여준다. 미국이 12.3년으로 가장 많은데 인도는 5년 미만이고, 수단은 2년도 되지 않는다. 대부분의 선진국에서는 초등학교는 물론 고등학교 졸업률도 매우 높다. 그러나 가난한 후진국에서는 초등학교 졸업자도 많지 않아 읽기, 쓰기, 연산도 원시적인 수준에 그치고 있다.

표 12-3 평균 학교교육 연수(2000년 기준)

국가	평균 교육 연수(년)
미국	12.3
캐나다	11.4
한국	10.5
일본	9.7
영국	9.4
이탈리아	7.0
멕시코	6.7
인도	4.8
브라질	4.6
수단	1.9

3.3. 기술정책

생활수준 향상의 원천은 생산성 증가이다. 그리고 생산성 증가의 요인으로는 기술혁신을 꼽을 수 있다. 전화, 컴퓨터, 증기기관 등의 발명은 모두 기술혁신 사례의 하나이다. 이러한 발명품들은 어느 개인의 천재적인 영감이나 개별기업에 의해서 이루어진 경우가 많지만, 최근에 들어서는 기술지식의 고도화와 복잡화로 인해서 어느 한 개인에게 의존하기가 어렵게 되었고 학제 간 연구와 같은 여러 사람의 집단지성을 활용해야 할 필요성이 제기되고 있다.

기술혁신과 같은 아이디어는 모두가 공유할 수 있기 때문에 정부는 정책적으로 더욱

장려해야 할 필요성이 있다. 미국의 경우 국립과학재단과 국립보건원을 통해서 연구비를 지급하고, 연구·개발을 수행하고 있다. 일례로 우주항공국인 나사(NASA)를 통해서 로켓과 항공기 제조부문의 지원을 하고 있고, 최근에는 생명공학에도 많은 관심을 보이고 있다. 물론 우리나라도 IT, NT 등의 혁신산업을 선정해 민간이 기술혁신에 참여하도록 정책적인 인센티브와 지원을 아끼지 않고 있다.

3.4. 기업가정신과 창조적 파괴

창조적인 기업가정신은 자본재와 토지를 추가하여 생산성을 높이는 것과 마찬가지로 경제성장의 견인차 역할을 할 수 있다. 1975년 스티브 잡스(Steve Jobs)와 스티브 워즈니악(Steve Wozniak)은 비디오게임회사인 아타리(Atari)에게 컴퓨터 게임을 고안해주는 스무살짜리 젊은 청년들이었다. 그들은 부모의 차고에서 재산의 전부인 폭스바겐 중고자동차와 HP의 전자계산기를 판 1,300달러를 가지고 새로운 회사를 설립했고, 단지 좋아하는 과일의 이름을 따 '애플(Apple)'이라고 명명한 최초의 개인용 컴퓨터를 발명했다. 인류의 평균 노동생산성은 PC의 개발로 인해서 이전의 몇 배 이상 증가하였다. 이와 같이 새로운 경제적 사업을 창업하는 사람들을 '기업가(entrepreneurs)'라고 한다. 기업가는 새로운 생산물, 서비스, 기술공정, 생산방법을 개발하여 경제에 역동성과 발전적인 힘을 실어주는 역

참고 **신경제와 생산성 향상**

오늘날 PC 한 대는 1960년대에 달 착륙을 위한 아폴로 계획에 사용된 나사의 모든 메인 컴퓨터들을 합한 것보다 더 빠른 계산 능력을 가지고 있다. 더 빨라진 데이터와 정보의 전송은 산업구조뿐만 아니라 기업 전반에 걸쳐 큰 영향을 미치고 있다. 1990년대 인터넷의 등장은 소비자의 판매방식뿐만 아니라 기업 간 거래방식도 바꾸고 있고 휴대폰과 노트북, 무선 인터넷으로 인해 집에서도 업무를 볼 수 있게 되었다. 이처럼 정보통신 기술의 향상은 노동생산성을 크게 향상시켰다. 1995년에서 2004년에 걸친 미국을 중심으로 한 생산성의 향상은 정보통신을 기반으로 한 '신경제(New Economy)'의 등장을 의미한다고 많은 경제학자들은 주장한다. 컴퓨터와 반도체, 휴대폰, 소프트웨어 등의 정보통신산업은 실질GDP의 증가율에 1/3 정도 기여한 것으로 보인다. 특히 컴퓨터의 사용, 정보·통신기술은 가격의 하락과 함께 더욱 일반화될 것으로 기대된다. 최근 들어 좋은 노트북도 100만원 이하면 충분히 구입할 수 있는 것처럼, 지속적인 정보통신 발달은 더욱 높은 생산성 향상으로 이어질 것이다. 반면 2000년대 들어서면서 기업의 내부 정보처리에 기여한 인터넷, 윈도우 95, 컴퓨터 제어를 활용한 재고관리 등의 정보통신혁신보다는 휴대폰과 같은 소비성 제품으로 수요가 이동하고 있기 때문에 생산성 향상은 한계에 부딪힐 것이라고 비관적인 견해를 가진 사람들도 있다.

참고 **중세 최대의 부국 중국은 왜 경제적으로 정체되고 말았는가?**

중국 송나라(960~1279년)는 종이, 물레바퀴, 물시계, 화약, 나침반에 이르는 과학적 기술이 크게 발전하였다. 그러나 사회적인 폐쇄적 시스템으로 인해서 과학적 기술이 경제성장으로 연결되지 못했다. 윌리엄 보몰(William Baumol)에 따르면, 중국의 송나라 시대는 기업가 정신을 금지한 사회적 시스템이 산업화로의 이행에 걸림돌이 되었다. 사농공상의 사상에 사로잡혀 산업과 상업을 천시했고, 이러한 저급한 활동은 교육을 받는 사람에게는 적합하지 않다고 여겼다. 황제가 지닌 백성의 재산을 압류하고 사업을 통제할 수 있는 전능한 권한은 백성들이 벤처 사업에 뛰어들 유인을 감소시켰다. 따라서 유일하게 지위와 부를 획득할 수 있는 통로는 3년마다 열리는 과거시험에 합격하는 것뿐이었다. 장원급제는 평생의 직위와 부를 보장하였고, 많은 권력을 통해 일부는 부패의 길로 빠지기도 하였다. 이처럼 역동적인 기업가 계급이 형성되지 못한 사회적인 시스템의 한계는 과학적 기술이 경제성장으로 전환되는 데 장애물이었던 것이다.

15세기 말부터 명나라는 경제발전의 원동력인 기업가정신을 말살하는 정책을 펴기 시작했다. 당시 국왕은 왕권에 도전해 반역을 꽤하는 것을 두려워해서 상행위를 통해 부를 축적하고 이를 기초로 사병을 양성하는 것을 사전에 차단하였다. 모든 개인의 기업활동을 철저히 감시했고, 소금, 철 등 주요 산업을 모두 황제가 독점하였다. 특히 기업가정신을 발휘할 수 있는 최상의 무대인 해외 무역활동을 전면 금지하여 1500년에는 돛대가 2개 이상인 선박을 건조한 자는 사형에 처하는 법을 만들었고, 1525년에는 모든 원양 항해선박을 폐기하고 선주를 체포하였다. 이러한 명나라의 기업가정신을 말살하는 정책은 동서양의 운명이 바뀌는 계기가 되었다. 만일 중국이 이 시기에 백성에게 상업의 자유를 부여하면서 자국의 막강한 기술력을 활용했다면 중국에서 산업혁명이 일어났을 수도 있다.

할을 한다.

미국의 경우를 보면, 19세기 후반과 20세기 초반에 헨리 포드(Henry Ford)와 알프레드 슬로안(Alfred Sloan)은 자동차, 앤드류 카네기(Andrew Carnegie)는 철강, 존 록펠러(John Rockefeller)는 석유, 모건(P. Morgan)은 금융과 같은 산업분야에서 미국 경제발전의 중심 역할을 수행하였다. 최근에는 빌 게이츠(Bill Gates)와 구글(Google)의 공동 창업자인 래리 페이지(Larry Page)와 세르게이 브린(Sergey Brin)이 사회적인 도전정신을 일깨워주고, 기업가의 에너지를 경제에서 생산적인 방향으로 연결해주는 역할을 하고 있다.

같은 맥락에서 오스트리아의 유명한 경제학자인 슘페터(Schumpeter)는 기업가를 "새로운 아이디어나 발명을 통해 창의적인 제품을 출시할 수 있는 능력과 의지를 지닌 사람"이라고 정의하였다. 그리고 기업가의 기능은 신제품을 생산하거나 새로운 방식으로 기존제품을 생산하는 데 있어 발명을 비롯한 이전에 시도되지 않았던 기술적 가능성에 의해서 생산방식을 혁명적으로 바꾸는 '**창조적 파괴**(creative destruction)'임을 강조하였다. 20세기 초반에 사용되었던 마차는 소비자의 요구에 부응하여 질적으로 한 차원 다른 개인 운송수단인 자동차로 대체되었고, VHS 테이프와 VCR은 21세기 초반에 집에서 영화를 보고자 하는 소비자의 요구에 맞추어 DVD와 DVD 플레이어로 대체되었다.

창조적 파괴
신제품을 생산하거나 새로운 방식으로 기존제품을 생산하는 데 있어 발명을 비롯한 이전에 시도되지 않았던 기술적 가능성에 의해서 생산방식을 혁명적으로 바꾸는 것

3.5. 해외로부터의 직접투자

경제성장을 위한 신규자본의 축적을 위해서 국내 저축에만 의지하는 것은 한계가 있다. 이러한 경우 다양한 방법으로 해외의 투자를 끌어들이는 방법을 강구해볼 만하다. 해외로부터의 투자에는 외국계 기업이 직접 공장을 지어 소유와 운영까지 맡아서 하는 '직접투자(FDI: Foreign Direct Investment)'방식이 있고, 단지 자본만 투자하고 운영은 내국인에게 맡기는 '포트폴리오 투자(FPI: Foreign Portfolio Investment)'방식이 있다. FDI와 FPI를 구체적으로 구분해보면, 외국기업이 다른 나라의 한 기업에 대해 10% 이상 소유지분을 가지면서 투자하는 경우 FDI라고 하고, 10% 미만의 소유권을 가지는 경우 FPI라고 한다. 외국기업이 국내에 자본을 투자하면 투자의 성과 일부가 외국으로 넘어가지만 투자를 받은 국내기업은 자본량이 증가하여 생산이 증가하고, 실질임금의 향상과 더불어 최신기술 이전이라는 효과도 얻을 수 있다.

직접투자
외국계 기업이 직접 공장을 지어 소유와 운영까지 맡는 투자방식으로 10% 이상의 지분 소유

포트폴리오 투자
자본만 투자하고 운영은 내국인에게 맡기는 방식으로 10% 미만의 지분 소유

가난한 나라들에게 외국인의 자본투자를 장려하는 국제기구 중의 하나가 '세계은행(World Bank)'이다. 세계은행은 미국 등 선진국에서 마련한 자금을 개발도상국에 대출해주어 도로, 하수도, 학교와 같은 사회간접자본(SOC: Social Overhead Capital)을 형성하는 데 도움을 주고 있다.

3.6. 건강·영양 상태

일반적으로 건강·영양 상태와 부(wealth) 간에는 양의 상관관계가 존재한다. 가난한 나라의 국민은 건강상태가 나쁘기 때문에 더욱 가난해진다. 가난하기 때문에 음식물을 섭취하지 못하므로 노동의 질이 떨어지고 그러면 생산량이 적어져서 더욱 가난해지는 악순환이 발생하는 것이다.

1993년 노벨상을 수상한 경제사학자 포겔(Robert Vogel)은 영양상태의 개선을 통한 건강증진이 경제성장의 중요한 원천이라고 주장하였다. 그는 국민들의 영양섭취 개선이 1790~1980년 영국의 1인당 소득 증가의 약 30%를 설명한다는 연구결과를 발표했다. 또한 1780년대는 영국 국민 20%가 육체노동을 할 수 없을 정도로 영양상태가 나빠 일을 하고 싶어도 할 수 없었지만, 영양상태가 나아지면서 노동자들의 생산성이 증가했다고 주

장하였다. 특히 키에 관심을 보여 비록 키가 작다는 것이 유전적인 요인과 환경적인 요인이 클 수 있지만, 영양실조와 유아기의 영양섭취 부족을 나타내는 지표로 보아 경제가 발전함에 따라서 국민들의 영양상태도 좋아지고 키도 커진다고 하였다. 엄청난 경제성장을 이룬 한국의 경우 1962~1995년 남자들의 평균 신장이 2인치나 늘었다고 한다.

3.7. 재산권과 사회적 안정

재산권(property rights)은 자신이 보유한 자원에 대해서 권리를 행사할 수 있는 능력을 말한다. 여기서 능력이란 재산을 처분하거나, 보유기간 동안 임대나 배당과 같은 방법으로 이익을 얻는 가능성을 말한다. 예를 들어 철광채굴업체는 채굴한 철광석을 남에게 도둑 맞을 위험이 매우 크다면 애를 써가며 철광석을 캐려고 하지 않을 것이다. 후진국가의 경우는 정부의 임의적인 정책 변경, 정치적인 불안정, 자본주의에 역행하는 이념, 만연된 부패, 지하경제와 범죄에 의해서 법치주의와 사회적 안정성이 위협을 받게 된다. 이런 국가의 국민은 자신의 재산을 언제 몰수당하거나 약탈당할지 모른다는 두려움 때문에 낮은 이자율 수준에서도 대출받지 않거나 정부가 정책을 여러 가지 내놓아도 투자를 꺼려할 것이다.

재산권
사람들이 자신이 보유한 자원에 대해서 권리를 행사할 수 있는 능력

재산권의 보호 수준, 법규 준수 정도, 부패 정도를 측정한다는 것은 쉽지 않다. 주관적인 가치판단이 어느 정도 가미될 수밖에 없지만 〈표 12-4〉는 이러한 점을 감안한 상대적인 순위를 제시해준다.

표 12-4 재산권 보호 순위

국가	등급(1986~1995년 평균)
스위스	100
캐나다	98
미국	95
일본	93
이탈리아	82
영국	78
한국	74
브라질	68
멕시코	59
인도	59
수단	31

주: 지수는 법과 질서 유지정도, 관료의 질, 재산몰수 위험, 정부의 계약파기 위험 등으로 산정함

3.8. 자유무역

오늘날 경제학자들은 가난한 국가들은 자국의 경제를 세계시장에 개방하는 대외지향적인 정책(outward-oriented policies)을 선택하는 것이 경제성장을 위해서 바람직하다고 생각한다. 20세기 대부분의 기간 동안 내부지향적인 정책(inward-oriented policies)을 추구한 아르헨티나보다 한국, 싱가포르, 대만 등 외부지향적인 정책을 추구한 나라들이 급속한 경제성장을 이룬 것이 자유무역의 이익에 대한 증거이다.

참고 소련이 미국보다 경제성장에서 뒤진 이유

1917년 러시아 혁명에서 1991년 몰락에 이르기까지 소련은 중앙계획경제 시스템에 기반을 두고 70년 이상 시장경제 시스템을 위협하였다. 당시 소련은 고학력 노동자, 많은 자본재, 풍부한 지하자원, 우주선을 먼저 쏘아 올릴 정도의 높은 수준의 기술을 가지고 있었다. 그러나 서구의 경제적 생활수준과 비교해보면 소련을 비롯한 동구권 국가들은 생활수준이 낮았는데 이것이 바로 스스로 붕괴된 근원이었다. 이들 국가들의 생활수준이 낮아진 이유는 먼저 사유재산권의 보장과 자유시장 메커니즘의 부재에 있는 것으로 보인다. 소련 경영자들은 추가적인 수익이 경영자 자신이 아닌 정부에 귀속되기 때문에 비용을 절감하거나 품질이 더 좋은 상품과 서비스를 제공할 유인이 없었다. 또한 기업가정신을 바탕으로 새로운 사업을 시도하려고 하지도 않았다. 왜냐하면 사유재산권이 보장되지 않았기 때문이다. 또 다른 이유는 자유시장 메커니즘이 작동되지 않았기 때문이다. 시장체제에서 가격의 변화는 하나의 신호 역할을 하여 사람들이 원하는 수많은 상품과 서비스에 대한 정보전달 기능을 하고 소비자와 공급자는 행동하게 된다. 그러나 소련을 비롯한 동구권 국가들은 이렇게 복잡한 시스템을 중앙에서 통제할 능력이 없었다. 사회주의 몰락 후 시장 지향적인 체제로 전환을 시도하고 있는 많은 동구권 국가들은 정치적 불안정과 상거래의 확립과 법치주의 설립의 어려운 과정을 극복하면서 성공적으로 높은 경제성장을 달성하고 있다.

참고 **밀의 행복론과 행복의 역설**

장기에는 경제가 정체할 것이라는 면에서 경제학을 음울한 과학이라고 비관적으로 표현하는 사람도 있으나, 고전경제학을 완성한 존 스튜어트 밀(John Stuart Mill)은 반대로 경제성장이 없는 장기 정체 상태를 자본주의가 좀 더 완숙한 단계로 이행할 수 있는 좋은 기회라고 하였다. 밀은 '천재'라는 수식어가 항상 따라다녔던 학자였다. 3세에 그리스어를 공부했고, 8세에는 라틴어를, 13세에는 수학, 물리학, 화학에 통달하고 경제학을 공부하기 시작했다. 15세에는 당대의 모든 교육 과정을 마치고, 20세에 정신병자가 되었다. "나에게는 소년 시절이 없었다"라고 회고한 밀의 자서전을 보면 어머니에 대한 이야기는 거의 없고, 공부만 강요했던 아버지 밑에서 어찌 보면 정신병자가 될 수밖에 없는 상황이었던 것처럼 보인다. 괴짜가 되어버린 밀은 20대 중반에 이르자 아이까지 있는 어느 유부녀를 따라다니기 시작했다. 50세에 이르러 그녀의 남편이 죽자 밀은 그녀와 결혼을 한다. 밀의 자서전을 보면, 순수해서였는지 모르겠지만, 그녀에 대한 극찬만 나열되어 있는데 대단히 인간미 넘치고 인정이 많았던 그녀가 밀에게 큰 영향을 미친 것만은 분명해 보인다.

밀이 쓴 걸작인 『정치경제학 원리』에는 궁극적으로 가장 중요한 것은 국민의 행복이고, 경제성장은 행복을 위한 수단에 불과하다고 특히 강조한다. 그는 장기 정체 상태에 이르러 국민의 행복을 증진시키기 위해서는 무엇보다 중요한 것이 소득재분배라고 했다. 밀은 산업혁명의 물질적 혜택을 대다수의 사람들이 공유하지 못한다는 점을 안타깝게 생각했다. 밀의 행복론에 비춰보면 경제성장이 행복을 담보하지 못하는 것 같다. 미국 시카고대학교가 수행한 조사에 따르면, 결혼생활이 매우 행복하다고 응답한 사람들의 비율뿐만 아니라 직장생활이 매우 만족스럽다고 응답한 사람들의 비율, 주거환경에 매우 만족한다고 응답한 사람들의 비율 등이 모두 지난 수십 년간 전반적으로 하락하는 추세를 보였다고 한다. 1인당 국민소득은 거의 3배 이상 증가했음에도 불구하고 미국인들의 행복지수가 높아지지 않고 있는 것을 '행복의 역설'이라고 한다.

4. 개발도상국의 경제성장

경제가 성장하는 데에는 자본의 증가, 기술진보, 기술혁신과 같은 요소들이 중요하다는 것을 앞서 살펴보았다. 그러나 개발도상국들은 이러한 성장요소들이 아직 부족한 점이 특징이다.

◈ 자본의 측면

가난한 나라는 가지고 있는 자본의 양도 적은 것이 현실이다. 소득이 낮기 때문에 하루 벌어먹고 살기도 바쁘기 때문에 자본의 축적을 위한 저축은 기대하기 어렵다. 미국과 같은 부유한 나라는 노동자 1명이 10만달러 이상의 자본을 사용하지만 아프리카의 가난한 나라의 노동자는 1인당 500달러 이하의 자본을 사용할 뿐이다. 그 결과 생산성에서 차이가 나는 것은 당연하다. 이러한 현실을 극복하는 데 도움을 주기 위해서 1944년 설립된 세계은행은 경제발전을 촉진시키기 위한 개발원조(development assistance)를 통해 낮은 이자율로 개발자금을 빌려주기도 한다. 그러나 이러한 정책에 대해 지원금액도 너무 인색하고, 적절하게 사용할 능력도 없고 준비도 안 된 개발도상국에서 과연 실효성이 있을지 의문을 제기하는 비판도 있다.

◈ 기술 측면

수렴가설에서 제기한 바와 같이, 개발도상국들은 새롭게 창의적인 것을 개발할 필요가 없고 이미 개발된 기술을 도입하여 잘 활용하기만 해도 빠르게 성장할 수 있다. 한국전쟁 이후 급속한 경제성장에 성공한 우리나라의 경우가 좋은 예이다. 그러나 수렴가설을 이용한 추격현상도 경제성장을 하고자 하는 의지를 비롯하여 어느 정도의 기반이 갖추어져 있어야 나타난다. 현재의 최빈국들은 필수적인 과학적·공학적 지식이 부족하다. 교통통신 시스템과 같은 사회간접자본이 턱없이 부족하고, 경제를 일으키겠다는 국민과 정부의 의지를 찾아보기 어려운 경우가 많다. 이러한 문제를 해결하기 위해서 다국적기업(multinational corporation)의 해외직접투자(FDI)를 유치하는 방안이 제기되고 있다. 그러나 이윤추구 목적과 기반시설 미비로 인해서 부정적인 견해도 만만치 않은 실정이다.

◈ 두뇌 유출 위협

개발도상국과 같은 나라들은 인적자본을 형성하는 교육에서 두뇌유출(brain drain)현상이 발생하여 더욱 가난해질 수 있다. 많이 배운 사람들이 부유한 나라로 이민을 가거나, 선진국의 좋은 교육 시스템에서 훈련을 받은 사람들이 고국으로 돌아와 경제성장에 도움을 주지 않는다면 인적자본이 필요한 개발도상국의 입장에서 큰 문제일 수 있다.

◈ 지리, 보건, 정치 등 불안정한 시스템

개발도상국가는 부유한 선진국과 달리 특수한 상황에 처해 있다. 먼저 지리적인 측면에서 볼 때 미국을 비롯한 서구 선진국들은 온난한 기후대에 속해 있어 농업에 적합한 토지를 가지고 있는 경우가 많고, 좋은 항구 여건을 바탕으로 비옥한 해양을 활용할 여지도 많다. 그러나 사하라 사막과 같이 주변에 바다도 없고 경작할 만한 토지도 부족한 아프리카의 경우는 지리적인 측면에서 특수한 상황에 처해 있다고 할 수 있다. 또한 AIDS나 말라리아와 같은 풍토병은 가난한 나라에서 국민들의 건강을 악화시켜 경제성장에 장애가 된다. 따라서 열악한 보건환경을 개선하는 것도 특수한 상황으로 꼽을 수 있다. 무엇보다도 정치·사회 시스템이 제대로 구축되지 않아 뇌물과 부패, 국지전쟁 등으로 야기되는 불안한 상황은 경제성장에 가장 큰 장애물이라고 할 수 있다.

5. 성장의 한계와 내생적 성장이론

◈ 성장은 지속될 것인가

경제성장은 계속될 수 있는가, 아니면 한계에 부딪히게 될 것인가? 1972년에 출간된 『성장의 한계(The Limits to Growth)』에서는 경제성장을 즉시 멈추지 않는다면 전 세계는 조만간 자연자원, 식수, 쉴 만한 공기가 고갈될 것이라는 컴퓨터 시뮬레이션 결과를 발표했다. 이 발표는 몇 가지 문제점을 가지고 있는데, 첫째는 주장의 기본 전제로서 사람들은 항상 지금 가지고 있는 것보다 더 많이 가지고자 하여 더 많은 매연을 발산하는 공장, 더 많은 오염 차량, 더 많은 패스트푸드 음식점들이 생긴다는 것을 가정하고 있다. 만일 이러한 가정이 맞다면 경제성장에는 한계가 있을 수 있다. 그렇지만 새로운 대체 원료의 등장과 과학기술의 발전으로 인해서 오히려 실질GDP는 더욱 증가할 수 있다. 예를 들어 과거의 테니스 라켓은 나무로 만든 것이었지만 최근에는 더 좋은 재질의 합성물질로 대체되었다. 또한 새로운 의약품의 도입, 인터넷을 이용한 유통망의 확대로 경제성장은 지속될 수 있다.

둘째는 희소성을 중심으로 한 시장의 기능을 무시했다. 1970년대는 두 차례의 오일쇼크로 인해서 석유공급 중단 기간 동안 에너지 위기와 세계 석유자원 고갈에 대한 우려가 급증했다. 그러나 오늘날은 에너지시장이 잘 작동하여 과거에 예상했던 것보다는 우려가 완화되었다. 석유공급의 감소는 가격의 상승으로 이어지고, 수요자와 공급자는 행동을 변화시키게 된다. 소비자들은 집을 단열재를 이용해 만들고, 에너지 효율적인 전기제품과 자동차를 사용하게 되었다. 결국 시장의 힘은 세계가 에너지 위기에 대해 효과적으로 반응하도록 유도하고 있는 것이다.

◈ 내생적 성장이론

내생적 성장이론
기술진보율은 경제적인 동기와 유인에 영향을 많이 받으며, 시장의 외부에서 외생적으로 결정되기보다는 내생적으로 시스템 내에서 결정된다는 이론

스탠포드대학의 경제학자인 로머(Paul Romer)는 기술진보가 생산성 변화의 원천이라고 보고, 기술진보율은 경제적인 동기와 유인에 영향을 많이 받으며, 시장의 외부에서 외생적으로 결정되기보다는 내생적으로 시스템 내에서 결정된다고 주장하였다. 이러한 경제성장모델을 신성장이론 혹은 '내생적 성장이론(endogenous growth theory)'이라고 한다. 로머는 지식자본에 초점을 맞추어 한 기업의 측면에서 보면 지식자본은 물적자본과 마찬가지로 수확체감의 법칙이 적용되지만, 경제 전체적인 측면에서는 비경합성과 비배제성의 외부성이 존재하기 때문에 수확체증법칙이 적용될 수 있다고 보았다. 누군가가 한 번 발견한 지식은 모든 사람이 이용할 수 있다는 점을 생각해보면 쉽게 이해할 수 있을 것이다. 내생적 성장이론의 측면에서 볼 때 지식자본을 축적하고 확산시키기 위해서 정부는 특허권과 저작권을 통해 신제품 개발과 혁신을 위한 지적 재산권을 보호해 주어야 하고, 연구개발과 교육에 대한 지원을 아끼지 말아야 한다는 것이다.

CHAPTER | 13

경기변동

자본주의경제는 자체의 내생적인 불안정성 때문에 전반적인 경제활동이 활발한 시기와 그렇지 못한 시기가 상당히 규칙성을 가지고 되풀이되는 현상을 보인다. 이러한 현상을 경기변동 혹은 경기순환이라고 한다. 이 장에서는 경기변동에 대해서, 그리고 그 원인과 판단 지수에 대해서 살펴보기로 한다.

1. 경기변동 개념과 특징

1.1. 경기변동 개념

경기변동(business cycle)이란 총체적인 경제활동 수준이 주기적으로 상승과 하락을 반복하는 현상을 말하는데 일반적으로 호황, 후퇴, 불황, 회복의 네 단계의 국면을 가지고 있다. 때로는 회복과 호황을 확장국면, 후퇴와 불황을 수축국면으로 구분하기도 한다. 〈그림 13-1〉은 현실경제에서 흔히 발생하는 전형적인 경기변동을 보여준다. 경기변동이 없다면 경제는 정상적인 경제성장의 추세선을 따를 것이고, 이때 성장률이 크다면

경기변동
총체적인 경제활동 수준이 주기적으로 상승과 하락을 반복하는 현상

그림 13-1

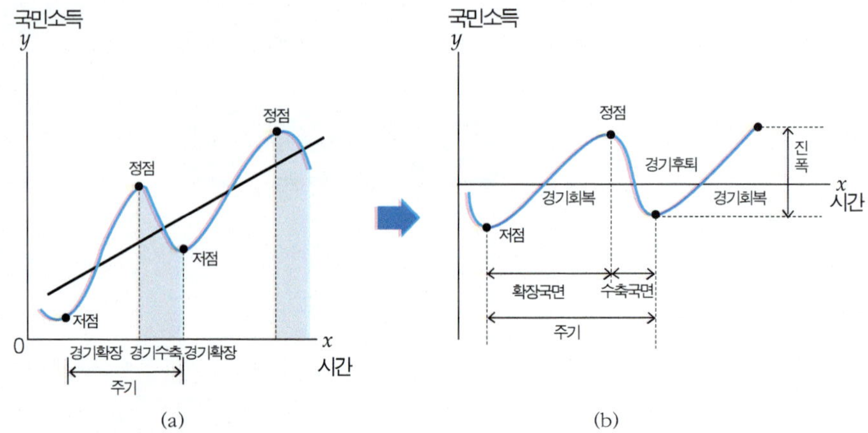

경제성장과 경기변동

경기변동분만 보기 위해 (a)에서 경제성장률을 제거하고 (b)와 같이 추세선을 x축으로 사용함

경제성장의 추세선은 더욱 가팔라질 것이다. 〈그림 13-1(b)〉는 성장추세를 제거하고 변동만 보고자 한 것이며, 다음 절에서 자세히 살펴본다.

1.2. 경기변동의 특징

경기변동과 관련한 특징을 간추려보면 다음과 같다.

(1) 총제적인 현상

경기변동은 GDP와 같은 특정경제변수에만 영향을 미치는 것이 아니고, 실업, 투자, 이자율, 통화량 등 경제 전반적인 측면에 영향을 미치는 총체적인 현상이다. 경제변수가 경기변동의 기준 지표라고 할 수 있는 실질GDP와 같은 방향으로 변하는 경우를 경기 순응적(pro-cyclical)이라고 하고, 실질GDP와 반대 방향으로 변하는 것을 경기 역행적(counter-cyclical)이라고 한다. 또한 실질GDP보다 먼저 변하는 경우 경기 선행적(leading)이라고 하고, 동시에 변하면 경기 동행적(concourrent), 나중에 변하는 경우 경기 후행적(lagging)이라고 한다.

(2) 반복성

경기변동은 주기(정점간 거리)와 진폭(정점과 저점간 격차), 그리고 경기확장 및 경기수축의 기간이 일정하지 않다. 일반적으로는 침체되는 국면보다는 확장되는 국면이 더 긴 비대칭적인 특징을 보인다. 특히 경기가 침체되는 경우에 그 정도가 완만하면 경기 연착륙(soft landing)이라고 말하고, 그 정도가 급하면 즉 경기가 빠른 속도로 침체되는 경기급랭을 경기 경착륙(hard landing)이라고 말한다. 경기변동의 주요 관심사는 경기의 전환점이 언제인가를 예측하는 것이다.

(3) 지속성

경기변동은 각 국면이 상당기간 지속된다. 일단 경기확장이 시작되면 상당기간 경기가 확장세를 타고, 경기수축이 시작되면 상당기간 경기가 침체되는 지속성을 보인다.

(4) 공행성

경기변동은 일부 산업부문이나 몇 개의 변수들에만 국한되지 않고 경제의 모든 변수들이 서로 관계를 가지고 동시에 변화하는 것이 특징이다.

2. 경기변동의 국면과 주기

2.1. 경기변동의 국면

일반적인 경기변동은 호황—후퇴—불황—회복의 네 개 국면으로 이루어져 있다. 앞에서도 말하였듯이 회복과 호황을 확장국면, 후퇴와 불황을 수축국면으로 부르기도 한

참고 **경기 순응적·역행적 변수**

실질GDP를 기준으로 거시경제변수와의 움직임을 살펴보면 다음과 같다. 산업생산과 소비, 투자, 고용, 실질임금, 수입은 경기 순응적이며, 경기와 동행한다. 특히 투자는 소비보다 훨씬 변동폭이 크다. 그리고 통화량, 주가, 노동의 평균생산성, 수출은 경기 역행적이며, 물가수준은 경기와 동행적이다. 경기가 호황이 되면 물가도 상승하는 경향을 보이고, 경기가 침체되면 물가는 하락하는 현상이 동시적으로 일어난다.

경기변동의 국면
호황-후퇴-불황-회복의 네 개 국면

다. **경기변동의 국면** 중에서 가장 좋은 상태를 정점(peak)이라고 하고, 가장 나쁜 상태를 저점(trough)이라고 한다.

보통 정점에서 정점 간의 거리 혹은 저점에서 저점 간의 거리를 주기(cycle)라고 하고, 저점에서 정점까지의 높이를 진폭(amplitude)이라고 한다. 저점에서 정점까지의 과정을 확장국면, 정점에서 저점까지의 과정을 수축국면이라고 한다.

2.2. 경기변동의 주기

경기변동은 발생 원인에 따라서 주기가 달라지고 다양한 경기변동이 나타나게 된다. 만일 시장에서 어떤 이유로 수요가 줄어들어 기업의 판매가 줄어든다면 소매상과 도매상 같은 판매자가 보유하는 재고가 늘어나게 된다. 그 결과 판매자는 주문을 줄이게 되고, 주문의 감소는 일시적이 아니고 지속되면서 생산자의 재고는 늘어나게 된다. 그 결과 생산자는 생산량을 줄이게 될 것이다. 결국 생산량의 감소는 고용의 감소와 소득의 감소를 불러오고, 다시 수요가 줄어드는 악순환을 발생시킨다. 이러한 순환적인 과정으로 인해서 경기는 더 악화될 수도 있다. 그러나 어느 정도 한계 상황에 접어들면 반등하려는 힘(예:

참고 경기가 어느 정도 하락해야 경기침체인가?

경제는 살아 있는 생명체와 같아 확장과 수축을 반복한다. 시장에 존재하는 수많은 상품을 포함하는 종합적인 경제지표를 활용해서 경제의 상황이 확장 국면인지 침체 국면인지를 판단하게 된다. 리세션(recession)은 경기후퇴를 말하는데 물가를 포함하지 않은 GDP의 움직임을 설명한다. 따라서 경기가 리세션에 진입해도 물가는 상승하거나 하락할 수 있다.
이웃집 사람이 직장을 잃으면 경기후퇴(economic slowdown)이고, 내가 실직을 당하면 불황(recession)이 온 것이며, 경제학자가 실직되면 공황(depression)이 닥친 것이라는 말이 있다. 우리는 흔히 불황이란 말을 많이 사용하고 있지만 경제가 어떤 상태로 침체된 것을 불황이라고 하는지 명확한 정의는 없다. 미국의 권위 있는 민간경제연구기관인 전미경제연구소(NBER: National Bureau of Economic Research)에서는 경기정점에서 경기저점까지의 수축국면을 리세션이라고 정의한다. 현재의 경제 상황은 현시점에서는 판단할 수 없고 어느 정도 시간이 지나야 알 수 있다. 보통 2분기 연속 GDP 성장률이 감소하는 경우 경기가 리세션에 진입했다고 한다. 그러나 불황의 여부를 판단하는 기준은 포괄적이다. 산업생산, 실업, 실질소득, 도소매물가 등의 월별 동향을 총체적으로 평가해 불황의 여부를 가지고 전반적인 경제활동의 절대적 수준이 하락하는 시기를 불황이라고 한다. 흔히 사용되는 경기침체는 불황과 공황을 포함한다. 불황은 경기 후퇴로, 미국에서는 2분기 연속 GDP가 전분기보다 하락할 때를 말한다. 공황은 명확한 정의는 없으나 불황보다 경기침체의 정도가 더 심하고 긴 기간을 표현할 때 사용한다. 영국의 경제주간지 The Economist는 공황을 판단하는 기준으로 실질GDP가 10% 이상 급락하는 침체가 일어나거나 경기침체가 3년 이상 지속되는 때라고 제시했다. 이 기준에 의하면, 30% 마이너스 성장을 기록한 1929년에서 1933년에 이르는 대공황 시기가 해당한다고 볼 수 있다.

이자율이나 물가가 충분히 낮다고 생각하여 오를 것으로 기대심리가 바뀌는 것)이 생기는데 이때 경기는 회복세를 보이게 된다. 몇 가지 경기변동의 종류를 살펴보면 다음과 같이 정리할 수 있다.

표 13-1 경기변동의 주기와 발생원인

	종류	주기	발생원인
단기파동	키친 파동	40개월	재고설비
중기파동	주글러 파동	10년	설비투자
	건축파동	15년	건축투자
	쿠즈네츠 파동	20년	경제성장률 변화
장기파동	콘트라티에프 파동	50년	기술혁신, 전쟁

기술혁신(technological innovation)은 새로운 상품이나 새로운 생산기술을 개발하는 것으로, 기술혁신을 하면 다른 경쟁기업들보다 경쟁력을 확보할 수 있게 된다. 국가적으로 보면 신기술의 개발과 모방에는 대규모의 투자가 불가피하기 때문에 실질GDP가 증가하게 되어 경제는 호황 국면으로 전환될 수 있다. 그러나 기술혁신이 완료된 시점부터는 오히려 투자가 필요하지 않기 때문에 자본재산업에서 생산은 감소하고 실업이 늘어나면서 경제가 후퇴 국면으로 진입하게 된다. 따라서 기술혁신은 장기적인 측면에서 볼 때 얼마나 지속성을 가지는지의 여부가 중요하다고 할 수 있다.

기술혁신
새로운 상품이나 새로운 생산기술을 개발하는 것

3. 경기변동지수

현재의 경기동향을 살펴보기 위해서 경기와 관련된 데이터에 의해 작성된 지수를 경기지수라고 한다. 가장 대표적인 지수로는 경기종합지수(CI), 그리고 기업경기실사지수

참고 장기순환의 사례

콘트라티에프는 1920년 이전에 나폴레옹전쟁(1810년 전후), 남북전쟁과 보불전쟁(1870년 전후), 제1차세계대전(1910년대)이 각각 장기순환의 정점이었다고 한다. 슘페터는 영국에서 시작된 산업혁명(1790년 전후), 철도의 건설(1840년 전후), 자동차, 전기의 발명(1890년 전후)이 장기순환을 특징짓는 주요 내용이었다고 한다. 그러고 보면 컴퓨터와 인터넷의 등장으로 인한 신경제도 장기순환의 사례가 아닐까.

(BSI)와 소비자체감지수(CSI)가 있다.

3.1. 경기종합지수

경기종합지수
경제활동이 앞으로 어떻게 변화할 것인가의 방향과 언제 얼마나 크게 변화를 할지에 대한 종합적인 경기지수

경기종합지수(CI: Composite Index)는 경제활동이 앞으로 어떻게 변화할 것인가의 방향과 언제 얼마나 크게 변화를 할지에 대한 종합적인 경기지수로서 통계청에서 매월 작성발표하고 있다.

표 13-2 경기종합지수 구성지표

선행종합지수(7개)	동행종합지수(7개)	후행종합지수(5개)
재고순환지표	광공업생산지수	생산자제품재고지수
경제심리지수	서비스업생산지수(도소매업제외)	소비자물가지수변화율(서비스)
기계류내수출하지수(선박제외)	건설기성액	소비재수입액
건설수주액	소매판매액지수	취업자수
수출입물가비율	내수출하지수	CP유통수익률
코스피지수	수입액	
장단기금리차	비농림어업취업자수	

자료: 통계청 통계설명자료(2021년)

경기종합지수는 여러 경제변수 중에서 경기와 밀접하게 관련이 있다고 생각되는 변수들을 선행·동행·후행지수로 나누어 종합적으로 판단하여 작성한다.

3.2. 기업경기실사지수

기업경기실사지수
기업활동의 실적과 계획, 경기동향 등에 대한 기업가 자신들의 의견을 직접 조사, 지수화하여 전반적인 경기의 동향을 파악하고 예측하는 지표

기업경기실사지수(BSI: Business Survey Index)란 기업활동의 실적과 계획, 경기동향 등에 대한 기업가 자신들의 의견을 직접 조사, 지수화하여 전반적인 경기의 동향을 파악하고 예측하는 지표이다. 앞으로의 경기동향에 대해서 설문으로 통해 다음과 같이 지수를 산정한다.

$$BSI = \frac{\text{상승업체수} - \text{하락업체수}}{\text{전체응답업체수}} \times 100 + 100$$

따라서 BSI의 값은 모든 기업이 악화되었다고 응답하면 0이 되고, 모든 기업이 호전되었다고 응답하면 200이 된다. 만약 100보다 크면 경기가 상승되는 국면이고, 100 이하면 하강하는 국면이라고 판단할 수 있다.

3.3. 소비자 기대지수

소비자 기대지수(CEI: Consumer Expectation Index)는 통계청이 매월 동시에 지역별 2,000가구를 대상으로 하여 14개의 문항별 응답 등급에 따라서 현재와 비교하여 6개월 후의 경기, 생활형편, 소비지출에 대한 기대를 조사하여 산출한다. 경제는 어떻게 보면 심리적인 측면이 상당히 강하게 작용하기 때문에 피부로 느끼는 경기와 객관적인 경기 지표는 차이가 날 수 있다는 점에서 큰 의미가 있는 지수라고 하겠다. 소비자 체감지수는 한국은행, 통계청 등에서 작성하고 발표하는데 한국은행은 소비자 동향지수, 통계청은 소비자 기대지수 또는 소비자 평가지수라고 한다.

소비자 기대지수
통계청이 매월 지역별 2,000가구를 대상으로 하여 6개월 후의 경기, 생활형편, 소비지출에 대한 기대를 조사·산출

4. 경기변동이론

4.1. 경기변동이론의 쟁점

자본주의 경제의 발전과정을 보면 경제활동이 활발하다가 침체를 겪고 다시 활발해지다가 침체를 겪는 모습이 되풀이된다. 경기변동의 원인을 규명하는 것이 19세기 후반부터 1950년대까지 경제학의 관심사였다. 그 후 1960년대부터 1970년대 초반에 이르기까지는 경제가 호황을 계속 유지했기 때문에 경기변동에 대한 중요성은 감소하였다. 그러나 1980년대 이후에 경기변동의 원인을 보는 시각이 달라지면서 경기변동의 원인은 다시 논의의 쟁점이 되었다.

경기변동이론은 매우 오랜 역사를 가지고 있기 때문에 이론도 매우 다양하다. 그렇지만 경기변동이론의 핵심은 왜 경기가 확장(상승) 또는 수축(하강)하는지의 문제와 왜 경

참고 마천루 지수(Skyscraper Index)

어떤 나라가 세계에서 가장 높은 건물을 건설하겠다고 큰소리치면서 첫 삽을 뜨면 최대한 빨리 그 나라의 주식시장에서 빠져나와야 한다. 모두 장밋빛 미래를 생각할 때가 바로 믿음의 기초가 되는 긍정적인 사회 분위기는 종말을 맞게 된다. 심리학자들은 평균보다 키가 작은 사람들은 주목을 받기 위해서 적극적인 행동이나 큰 목소리, 보스처럼 행동하는 특성을 보인다고 한다. 국가도 마찬가지이다. 마천루 건설 경쟁이라고 할 수 있는 가장 높은 건물 짓기의 경쟁도 자신의 미래가 밝다는 것을 과시하는 것이다.

(a) (b) (c) (d) (e)

2009년 말 현재 세계적인 초고층건물

(a) 아랍에미레이트 두바이, 부르즈 두바이, 818미터
(b) 사우디아라비아 메카, 알브라즈 알바이트 타워, 595미터
(c) 대만 타이페이, 타이페이 101, 508미터+48미터
(d) 러시아 모스크바, 연방타워, 506미터
(e) 중국 상하이, 상하이국제금융센터, 492미터

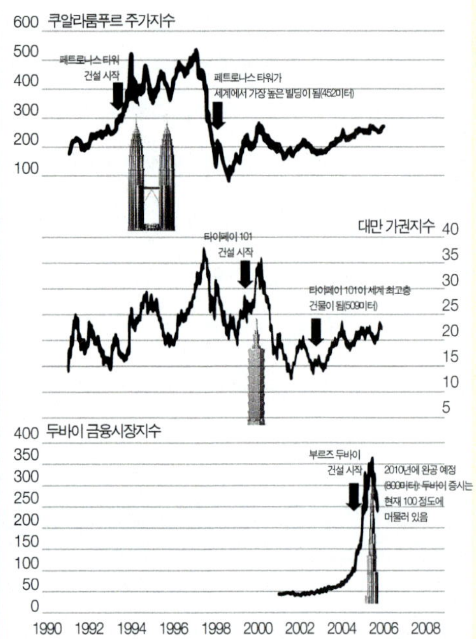

위의 그림에서 볼 수 있듯이, 세계 최고층 건물의 착공시점과 완공시점을 보면 각 건물의 공사가 시작될 무렵에는 '묻지 마'식으로 미래를 낙관했지만, 공사가 끝났을 시점에는 예외 없이 주가지수는 하락하고야 말았다. 1930년대 뉴욕의 엠파이어스테이트 빌딩을 비롯해서 2009년 말 현재 세계에서 가장 높은 건물들의 경우도 마찬가지다. 우리나라도 서울에 롯데월드타워123이라는 아시아에서 최고로, 세계에서 두 번째로 높은 건물을 세우겠다며 2015년을 목표로 2009년 부지굴착공사를 시작하였다.

참고 사회징표

경기지표를 판단할 수 있는 여러 사회적 징표가 있다. MIT대학의 폴 크루그만은 코믹광고가 많아진다는 것은 호황의 징표라고 했다. 반면에 TV 광고가 상품의 이름을 반복하는 것은 불황의 징조라고 했다. 코넬대학의 프랭크 교수는 버거킹의 점원 나이로 경기를 판단할 수 있다고 주장했는데, 남자 점원의 나이가 면도할 정도이면 경기가 침체했다고 보았다. 일자리를 구하기 어렵다는 증거를 반영한 것이다. 그 밖에 재미있는 지표로는 집을 수리하기 위해서 혹은 에어컨 설치를 위해서 인부를 호출했을 때 얼마나 빨리 오는지 하는 것과, 스타벅스의 커피가 얼마나 농도가 진한가 하는 것을 들 수 있다.

기변동이 주기적으로 반복성을 가지고 일어나는가의 문제로 나누어볼 수 있다. 이에 대하여 크게 전통적인 견해와 현대적인 견해로 나누어 살펴보기로 한다.

4.2. 전통적 경기변동론

(1) 태양흑점설

제본스(W. S. Jevons)는 태양흑점의 크기가 주기적으로 변화하는 것이 농산물 생산의 주기적인 변동을 낳는다고 했다. 당시는 농업이 주요 산업이었기 때문에 농산물의 생산 증가의 변화는 다른 산업에 미치는 영향이 클 수밖에 없었다. 이 이론은 '까마귀 날자 배 떨어진다'와 같은 논리로 보일 수 있지만 보이지 않는 연관관계를 착안한 통찰력이 엿보이는 이론이다.

(2) 은행의 신용창조

호트리(R. Hawtrey)는 은행의 여유자금으로 인해서 경기가 변동한다고 주장했다. 여유자금을 보유한 은행의 신용창조(저축자금이 여러 사람의 손을 거치면서 승수적으로 늘어나는 과정) 확대는 소비, 생산의 증가를 가져오고, 그 결과 경기가 확장한다는 것이다. 또한 경기가 확장하게 되면 자금에 대한 수요가 증가하게 되는데 점차 여유자금이 고갈되면서 신용창조는 축소되고 소비와 생산의 감소로 이어져 경기는 수축 국면으로 접어든다는 것이다.

(3) 과잉투자설

총수요 중에서 특히 투자의 불규칙한 변화가 경기변동의 원인이라고 본 것으로, 투자가 증가하면 경기가 확장했다는 점에 주목한 이론이다. 투자와 자본축적의 원인이 무엇인가에 따라서 견해가 달라지는데, 빅셀(Knut Wicksell)은 투자와 저축을 일치시키는 자연이자율(돼지를 기르면 새끼를 더 얻듯이 돈을 투자하면 더 많은 수익을 얻는 것에 빗댄 표현)에 비해서 시장이자율이 낮으면 투자가 증가하여 경기가 확장한다고 보았다. 하이에크(Friedrich Hayek)는 은행의 신용창조의 변화로 인해서, 슘페터(Joseph Shumpeter)는 기술혁신에 의해서 투자가 영향을 받게 되고 그 결과 자본축적이 변동한다고 주장했다.

(4) 과소소비설

과소소비설은 과잉투자설과 반대로 총수요 중에서 소비가 수요에 중요한 영향을 미친다고 주장한 견해로, 맬서스(Malthus), 마르크스(Marx), 케인즈(Keynes)는 주로 소비 수요의 감소에 따라서 경기 수축이 발생한다고 주장했다. 이러한 견해는 케인즈의 경기침체를 해결하는 방안에 기반이 된다.

4.3. 현대적 경기변동론

승수-가속도 원리
독립적인 투자가 증가하면 국민소득이 증가하게 되고(승수효과) 국민소득의 증가는 소비와 투자의 증가(가속도 원리)로 이어진다는 이론

(1) 승수-가속도 원리

컴퓨터와 수리적인 모형이 발전하면서 경제학 모형에도 이론을 바탕으로 시간을 고려한 동태적인 측면에서 경기변동을 설명하려는 시도가 이루어졌다. 노벨상 수상자인 사무엘슨(P. Samuelson)은 케인즈가 제시한 승수이론과 가속도원리를 결합해 경기변동을 설명하는 모형을 만들었다. 이 모형의 기본내용은 독립적인 투자가 증가하면 여러 사람의 손을 거치면서 국민소득이 승수적으로 증가하게 되고(승수효과), 국민소득의 증가는 투자를 가속적으로 유발하여 소비와 투자의 증가(가속도 원리)로 이어진다는 것이다. 이렇게 소비와 투자가 다시 증가하면 국민소득의 증가로 이어지고 반복해서 투자의 증

그림 13-2

승수-가속도 원리의 메커니즘

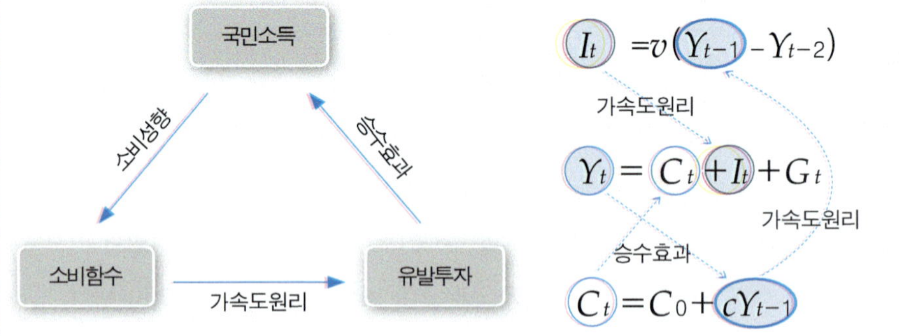

가로 연결되면서 경기변동이 이루어진다는 것이다 (〈그림 13-2〉에서 2번째식의 I가 증가하면, Y가 증가하고 다시 3번째식에서 C가 증가하면서 소득이 다시 증가하는 한편, 1번째식에서 소득증가가 유발투자를 증가시킨다).

(2) 균형 경기변동이론

전통적으로 경기변동은 불확실한 상황하에서 외부의 충격으로 인해서 발생하는 불균형적 상황이라고 보았다. 이러한 견해는 시장이 불완전해 실패한 증거로 경기변동을 바라본다. 그러나 반대로 생각할 수도 있다. 오히려 시장기구를 신뢰하는 입장에서 보면, 경기가 변동하는 상황은 경제활동을 하는 소비자, 생산자 등 경제주체들이 합리적으로 최적선택을 한 결과이다. 예를 들어 슈퍼마켓에서 줄을 서서 기다리다가 옆줄이 갑자기 빠르게 줄면 자연스럽게 옆줄로 이동하게 되는데 이 과정에서 발생하는 것이, 말하자면 경기변동이라는 것이다. 따라서 경기변동은 기존의 균형이 다른 균형으로 변하는 과정일 뿐이라고 주장하는데 이를 '**균형 경기변동이론**(Equilibrium Business Cycle)'이라고 한다.

균형 경기변동이론
경기변동은 기존의 균형이 다른 균형으로 변하는 과정이라는 이론

결국 임금과 가격은 신축적으로 잘 조정되고, 시장은 항상 청산되지만 합리적인 기대를 하는 경제주체들이 예측하지 못한 통화량의 변화나 갑작스럽게 등장한 새로운 기술

참고 가계부채

가계부채란 한 나라의 개인 또는 가계 전체가 금융회사로부터 빌린 빚을 의미한다. 한국은행에서 가계신용자료를 토대로 집계하는데, 가계신용은 은행 등 금융회사가 가계에 빌려준 돈인 가계대출과 신용카드나 할부판매 이용액인 판매신용의 합계이다. 우리나라의 가계부채는 2000년부터 2010년에 연평균 13%라는 빠른 속도로 증가했다. 같은 기간 명목GDP가 7%로 증가했다는 점에 비추어 보면 얼마나 빠른지를 알 수 있다.

2000년대 들어 저금리가 계속되면서 집값이 상승하자 앞으로도 계속 상승할 것으로 기대하여 사람들은 돈을 빌려 집을 사면서 주택담보대출이 크게 증가하였다. 금융기관들도 외환위기 이후에 기업대출보다 상대적으로 위험이 작은 가계대출을 확대했다. 문제는 저소득계층이 소득 대비 대출액이 상대적으로 높아 상환의 어려움에 봉착하였으며, 은행보다는 비은행 금융회사인 제2금융권 대출은 높은 금리를 적용받아 이자부담이 커졌다는 것이다. 특히 부동산 가격이 하락하면 상환의 어려움은 더욱 커지게 된다. 이처럼 소득에 비해서 과도한 대출을 받아 주택을 구매하여 빚은 갚는 것 이외에는 사용할 수 있는 소득이 거의 없는 가계를 '하우스푸어(house poor)'라고 한다.

(인터넷 등)로 경영기법이나 생산성의 충격에 빠지게 되면 경기변동이 유발된다는 것이다. 여기서 화폐적인 측면이 경기변동의 요인이라는 것을 '화폐적 균형 경기변동이론'이라고 하고, 실물적인 생산성 충격, 노동시장의 변화, 새로운 자원이나 에너지 개발 등이 경기변동의 요인이라고 보는 것을 '실물적 균형 경기변동이론'이라고 한다.

5. 우리나라의 경기변동

우리나라는 1970년대 이후부터 2000년 8월까지 7차례의 경기변동을 경험한 것으로 나타났다. 통계청에 의하면, 각 경기변동은 평균 52개월 정도를 지속하였고, 확장기간이 수축기간보다 길게 발생하여 평균 확장기간은 33개월, 평균 수축기간은 19개월의 비대칭성을 띠는 것으로 나타났다.

경기변동별로 성장의 패턴, 정부의 정책, 외생적 충격 여부에 따라 구별하면 주로 수출주도의 경제성장 속에서 내수가 주도한 성장 패턴이 간헐적으로 발생한 것으로 보인다. 5순환기(89.7~92.1~93.1)와 7순환기(98.8~00.8) 이후인 2001년부터 2002년 중반에 내수가 주도된 전형적인 성장패턴을 보였다. 7차례의 경기순환 동안 제1차 오일쇼크와 제2차 오일쇼크, 외환위기 등 세 차례의 외부 충격이 발생한 것으로 보이고, 제1차 오일쇼크는 초인플레이션을 유발했고, 제2차 오일쇼크는 국내정치의 불안을 초래하는 등 복합적인 요인으로 인해 마이너스 성장을 보였다. 특히 6순환기에 발생한 외환위기의 충격은 마이너스 성장과 더불어 가장 긴 경기수축 국면을 야기했다.

정부의 정책은 경기변동에 큰 영향을 미쳤다. 제1순환기에는 기업과 사채권자의 모든 채권·채무관계를 1972년 8월 2일 시점으로 무효로 하는 '8.3조치'가 있었고, 중화학공업 육성책으로 인해 투자와 수출이 경기를 주도했다. 제3순환기에는 강력한 긴축정책으로 경기변동폭을 작게 만들었다. 또한 제5순환기에는 주택 500만 호 건설 등의 정부정책으로 인해서 건설부문이 경기를 주도하였다. 그러나 2001년 내수경기 부양책의 실시는 소비 진작을 통한 해결책이었지만 가계 버블의 부작용을 유발하기도 했다. 〈그림 13-3〉과 〈표 13-3〉은 우리나라 경기변동의 상황을 그래프와 표로 나타내었고, 다음 참고 박스에서 우리나라 경기변동의 순환구간별로 요인과 특성을 간략하게 설명하였다.

그림 13-3

우리나라의 경기변동

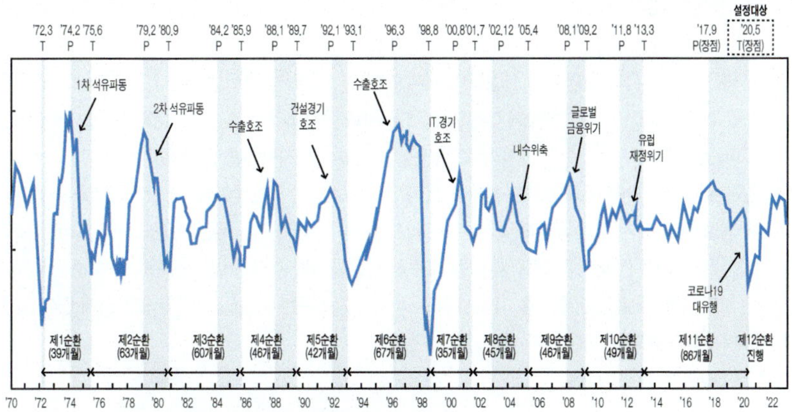

* P는 경기 정점(Peak), T는 경기 저점(Trough)을 의미
자료: 통계청 보도자료(최근 경기순환기의 기준순환일 설정)(23.3월)

표 13-3 **1970년대 이후 한국경제의 경기변동**

	기준순환일			지속기간(개월)		
	저점(T)	정점(P)	저점(T)	확장기	수축기	순환기
제1순환기	1972.3	1974.2	1975.6	23	16	39
제2순환기	1975.6	1979.2	1980.9	44	19	63
제3순환기	1980.9	1984.2	1985.9	41	19	60
제4순환기	1985.9	1988.1	1989.7	28	18	46
제5순환기	1989.7	1992.1	1993.1	30	12	42
제6순환기	1993.1	1996.3	1998.8	38	29	67
제7순환기	1998.8	2000.8	2001.7	24	11	35
제8순환기	2001.7	2002.12	2005.4	17	28	45
제9순환기	2005.4	2008.1	2009.2	33	13	46
제10순환기	2009.2	2011.8	2013.3	30	19	49
제11순환기	2013.3	2017.9	2020.5	54	32	86
제12순환기	2020.5					
평 균	-	-	-	33	20	53

자료: 통계청 보도자료(최근 경기순환기의 기준순환일 설정)(23.3월)

참고 경기변동의 정형화된 사실

어떤 나라에서나 발생하고 역사적으로 모든 시대에서 일어났던 경기변동은 공통된 특징이 있다. 이를 경기변동의 정형화된 사실이라고 하는데 일반적으로 세 가지를 들고 있다. 첫째, '경기변동은 불규칙적이고 예측하기 어렵다'는 것이다. 둘째, '대부분의 거시경제 수량변수들은 함께 변동한다'는 것이다. 이러한 변동형태를 공행성(comovement) 또는 동조성이라 부른다. 셋째, '생산이 감소하면 실업은 증가한다'는 것이다.

실증분석 결과 우리나라의 경기변동에서도 위 세 가지의 정형화된 사실들이 대체로 나타나고 있는 것으로 확인되고 있다. 그 밖에 경기변동의 지속성(persistence)도 관측되고 있다. 지속성이란 경기변동이 이전의 상태를 계속 유지하려는 특성을 말한다. 예를 들어 어떤 분기의 실질GDP가 추세선 위에 있을 때 그다음 분기에도 추세선 위에 머무르려는 경향이 있다면 지속성을 갖고 있다고 한다.

한편 앞서 살펴보았듯이 수년 단위로 경제활동의 성과를 비교하고 분석하는 것이 경기변동의 주요 관심이라고 할 수 있다. 동 관점에서는 경기수축 단계를 지나 경기침체의 저점을 찍고 다시 확장국면과 낙관론이 지배하는 등의 경기순환 국면이 중요하다. 그러나 우리가 시간의 단위를 수년에서 수십 년으로 확장하게 되면 전혀 다른 GDP 추이를 마주하게 된다. 즉, 수년 단위의 변동성의 모습은 약해지고 시간에 걸쳐서 1인당 GDP 또는 경제 전체의 GDP가 일정한 추세를 따라서 지속적으로 상승하는 모습이 보다 두드러지게 된다. 이처럼 보다 장기적인 시간의 관점에서 GDP의 지속적인 증가 추세를 경제성장이라고 한다.

* 한국은행 「알기 쉬운 경제지표해설(23.12월)」 p.116의 내용

CHAPTER | 14

총수요-총공급과 균형국민소득

1. 총수요

시장에서 기업들은 대부분 자신이 만든 상품을 판매할 수 있다고 생각하고 물건을 생산한다. 상품을 구입하려는 모든 소비자, 기업, 정부, 그리고 해외 경제주체들이 우리나라의 재화와 서비스를 구입하고자 지출하는 총금액을 **총수요**(Aggregate Demand)라고

총수요
소비자, 기업, 정부, 그리고 해외 경제주체가 필요한 상품구입에 지출한 총금액으로, 총수요의 구성요소는 $AD=C+I+G+(X-IM)$로 소비지출, 투자지출, 정부지출, 순수출로 이루어짐

그림 14-1

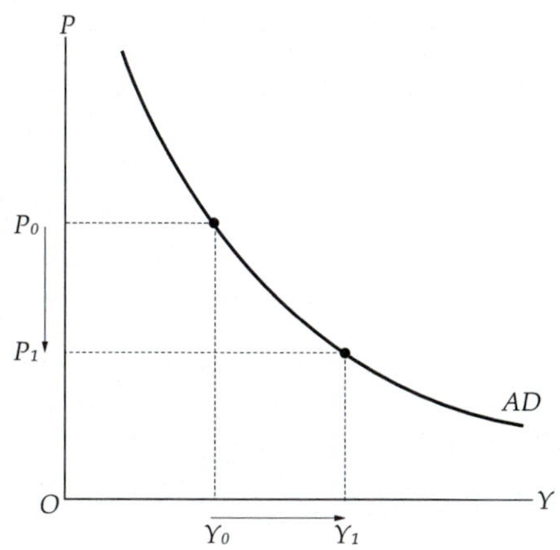

총수요곡선의 형태

P(물가)가 하락하면 Y(국민소득)이 증가하는 우하향하는 형태를 지님

한다. 총수요곡선은 다른 요인들에 변화가 없다고 가정할 때 각 물가수준에서 모든 경제 주체들이 구입하는 상품의 총수요량을 나타내는 곡선이며, 〈그림 14-1〉과 같이 물가수준에 따라서 우하향하는 형태를 지니고 있다. 그래프를 읽는 방법은 앞에서 살펴본 수요곡선과 유사하다고 생각해도 좋다.

1.1. 총수요의 구성요소

총수요의 크기는 다양한 요소들에 의해서 영향을 받는다. 따라서 총수요를 이해하는 가장 좋은 방법은 총수요를 구성하는 요소들을 살펴보는 것이다. 소비자의 소비지출 (*C*), 가계와 기업의 투자지출(*I*), 정부의 구매지출(*G*), 수출(*X*)과 수입(*IM*)이 총수요를 구성하는 요소들이다. 총수요(*AD*)를 나타내는 식은 다음과 같다.

$$AD=C+I+G+(X-IM)$$

이 식은 매우 중요하기 때문에 잘 기억해두어야 한다. 여기서는 총수요의 구성요소를 하나하나 살펴보기로 한다.

(1) 소비지출(C: Consumer expenditure)

일명 소비라고도 하는데 모든 소비재와 서비스 수요의 총가치이다. 소비지출은 소비습관에 의존하는 경향이 있어서 매우 안정적이지만 전체 총지출의 대략 2/3를 차지하기 때문에 중요하다.

(2) 투자지출(I: Investment spending)

투자지출은 기업이 공장, 기계와 같은 새로운 설비와 장비를 구입하기 위한 지출액과 가계가 새 집을 구입하기 위한 지출액을 합한 개념이다. 주의해야 할 것은 일상적으로 투자라는 단어는 주식시장이나 은행, 금융에 대한 투자로 사용되고 있는데 이러한 개념은 어느 한 형태의 금융자산인 현금을 다른 형태의 금융자산으로 바꾸는 데 불과하기 때문에, 경제학에서 투자라는 개념은 기계, 컴퓨터, 주택 같은 실물자산을 구입하는 것들만 포함한다는 점이다.

(3) 정부구매(G: Government purchase)

정부가 구입하는 종이, 컴퓨터, 비행기, 선박 그리고 공무원의 고용 등이 포함된다.

(4) 순수출(NX: Net eXports)

순수출은 우리나라의 수출(X: eXport)에서 수입(*IM*: IMport)을 뺀 것이다. 요즘같이 개방화된 경제에서는 다른 나라와의 교역이 중요한데, 외국이 우리나라의 상품을 구입하는 경우는 국내의 수요를 증가시키므로 포함시켜야 하지만, 우리나라가 해외에서 생산된 상품을 구입하는 경우는 우리나라의 소비지출과 투자지출에서 빠져나가는 것이기 때문에 이 부분은 빼야 한다.

1.2. 한계소비성향과 소비

(1) 가처분소득과 소비

소비는 일반적으로 소득에 의해 영향을 가장 크게 받는다. 소득 중에서 세금을 제외한 나머지 소득을 자기 마음대로 처분할 수 있다는 의미에서 '**가처분소득**(disposable income)'이라고 하는데, 가처분소득이 높은 사람일수록 소비 수준도 높다. 연봉 1억원인 사람과 2,000만원인 사람의 소비성향을 보면 쉽게 이해할 수 있을 것이다. 〈그림 14-2〉는 우리나라의 연간 가처분소득과 소비의 관계를 나타낸 산포도(scatter diagram)이다. 가처분소득이 증가하면서 소비도 같이 증가하는 것을 쉽게 확인할 수 있을 것이다. 이때의 기울기는 대략 0.65이다.

가처분소득
소득 중에서 세금을 제외한 나머지 소득으로 자기 마음대로 처분할 수 있는 소득

(2) 소비함수

소비함수란 소비에 영향을 미치는 많은 요소들 중에서 가처분소득이 소비에 어떤 영향을 미치는가를 나타낸 함수이다. 이때 다른 요소들은 일정하다는 가정을 두고 우리의 관심변수만을 살펴보는 것이다. 앞서 살펴본 바와 같이, 가처분소득이 증가할수록 소비가 증가하는데 이를 식으로 나타내면 다음과 같다.

소비함수
소비에 영향을 미치는 많은 요소들 중에서 가처분소득이 소비에 어떤 영향을 미치는가를 나타낸 함수

그림 14-2

가처분소득과 소비의 관계

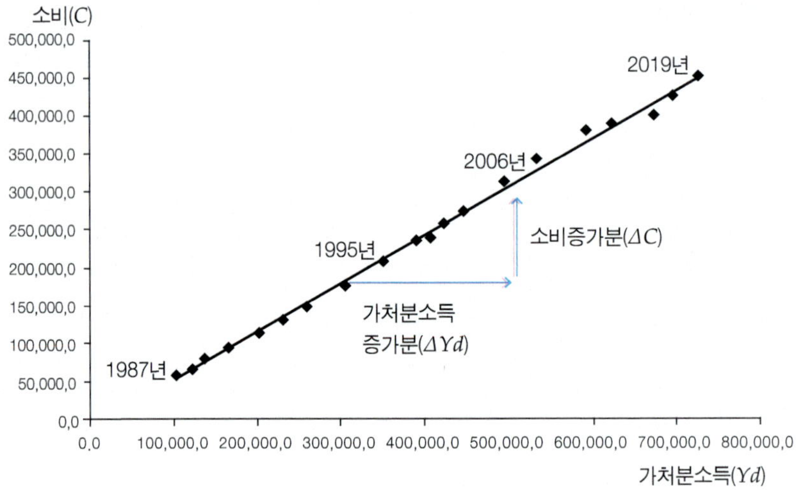

$$C = \alpha + \beta Y_d$$

여기서 C는 소비를 나타내고, Y_d는 소득에서 세금을 뺀 가처분소득이다. 그리고 α는 y축의 절편을 나타내고, β는 기울기를 나타낸다. 기울기는 가처분소득(Y_d)이 변할 때 소비(C)의 변화정도를 나타내고, $\beta = \dfrac{C\text{의 변화액}}{Y_d\text{의 변화액}} = \dfrac{\Delta C}{\Delta Y_d}$와 같이 쓸 수 있다. 우리는 이 소비함수의 기울기를 '**한계소비성향**(MPC: Marginal Propensity to Consume)'이라고 한다.

한계소비성향
가처분소득(Y_d)이 변할 때, 소비(C)의 변화정도

'한계(marginal)'란 말에는, 계속 강조하지만, 한 단위 추가적으로(additional)라는 개념이 들어 있다. 따라서 여기서는 소득이 한 단위 증가했을 때 소비가 얼마나 증가하는가를 나타낸 개념이다. 또한 '성향(propensity)'이란 사람들의 소비 습관을 나타낸다. 이 성향은 쉽게 바뀌지 않기 때문에 소비함수는 안정적이라고 할 수 있다. 유럽 사람들과 한국 사람들을 비교해보면 아마도 동아시아 가치관을 가진 한국인들이 자녀들과 먼 미래를 생각해 저축을 더 많이 하려 하기 때문에 소비하려는 성향이 더 낮다고 할 수 있을 것이다.

그림 14-3

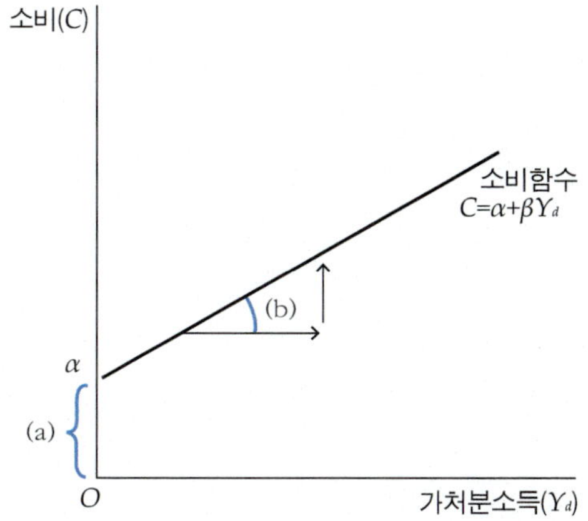

소비함수와 한계소비성향

(a) α : 절대소비
(b) β : 기울기=한계소비성향

소비함수 중에서 y절편인 α는 가처분소득이 0일 때 즉 소득이 하나도 없을 때의 소비를 말한다. 소득이 하나도 없더라도 살기 위해서는 대출을 받거나 다른 방법을 강구해야 하는데 이렇게 소득이 없을 때의 소비를 '절대소비'라고 한다.

소비함수에서 가장 논쟁이 되고 있는 것은 소비가 어떤 소득(항상소득, 절대소득, 상대소득 등)에 반응하는가 하는 점이다. 케인즈는 절대소득(일정기간에 취득한 소득)에, 프리드만은 항상소득(평생 벌 것으로 기대되는 장기적 평균소득)에, 안도-모딜리아니는 생애주기소득(나이에 따른 장기적 평균소득)에, 듀젠베리는 상대소득(자신의 과거최고 소득 혹은 타인의 소득에 비교한 자신의 현재소득)에 영향을 받는다고 본다. 일반적으로 단기에는 케인즈의 절대소득에, 장기에는 프리드만의 항상소득에 소비가 영향을 받는 경우가 많다. 이러한 가설들에 따라 소비함수의 반응이 크게 다를 수 있다.

(3) 소비곡선을 이동시키는 요인

소비함수의 x축과 y축의 값인 가처분소득과 소비수준이 변하면 소비곡선 자체는 이동하지 않고 소비곡선상의 이동만 있다. 그렇지만 그 밖의 다른 요인들이 변화하면 〈그림 14-4〉에서 보듯이 소비곡선 자체가 전체적으로 이동하게 된다. 소비곡선을 이동시키는 다른 요인들에 대해서 간단히 살펴보면 다음과 같다.

그림 14-4

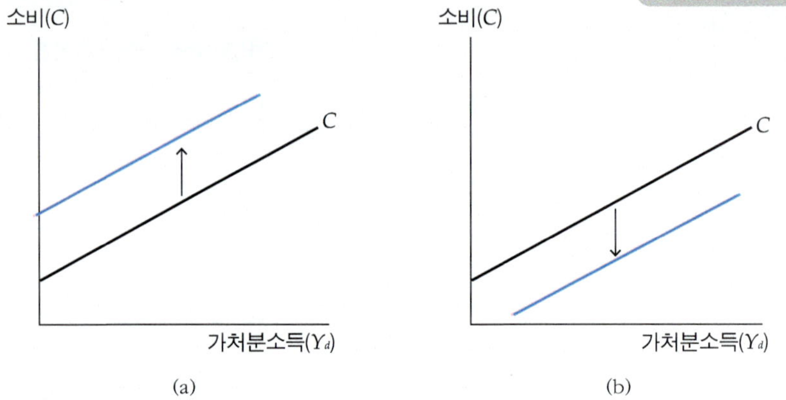

소비곡선을 이동시키는 요인

(a) 소비곡선 위로 이동: 부의 증가, 물가 하락, 실질이자율 하락, 미래기대소득 증가
(b) 소비곡선 아래로 이동: 부의 감소, 물가 상승, 실질이자율 증가, 미래기대소득 하락

◈ 부(wealth)

부는 소득과 다른 개념이다. 부는 저량 개념이고, 소득은 유량 개념이다. 그렇지만 소득과 함께 구매력을 형성한다. 매년 2,000만원의 소득을 올리는 두 사람이 있는데, 한 사람은 은행에 돈이 하나도 없고 다른 사람은 10억을 예금해두었다고 할 때 누가 소비를 많이 하는가는 자명할 것이다. 또는 주식을 그만큼 보유한 경우도 마찬가지이다. 물론 소심한 사람의 경우는 다를 수 있겠지만 여기서는 일반적인 경우를 상정하도록 하자.

◈ 물가

은행예금이나 국채나 회사채의 경우는 화폐가치로 평가된다. 따라서 물가수준이 상승하면 액면이 화폐단위로 고정되어 있는 고정된 자산의 구매력은 감소하게 된다.

◈ 실질이자율

실질이자율이 높으면 저축에 대한 대가가 크기 때문에 저축이 증가하고 소비는 감소할 것이다.

◈ 미래기대소득

사람들은 미래에 더 많은 소득을 얻을 것이라고 기대를 하면 기분이 좋아져서 더 큰 소비를 하게 되는 경향이 있다. 미래에 벌어들일 소득을 예상하면서 소비를 결정하기 때문이다.

1.3. 투자와 변동성

총수요 중에서 비중은 그렇게 크지 않지만 변동성이 가장 큰 구성요소가 투자이다. 앞서 언급한 바와 같이, 투자에는 금융거래와 더불어 기존의 공장, 장비, 주택, 주식은 포함되지 않는다. 단지 신축된 공장, 기계, 주택에 대한 기업과 개인의 지출이 포함될 뿐이다. 〈그림 14-5〉는 고정투자(대체투자와 신투자로 구성)와 재고투자로 구성되는 투자 중 1970년부터 2023년까지의 고정투자의 증감을 보여주는데 변동이 심하다는 것을 알 수 있다.

그림 14-5

투자의 변동

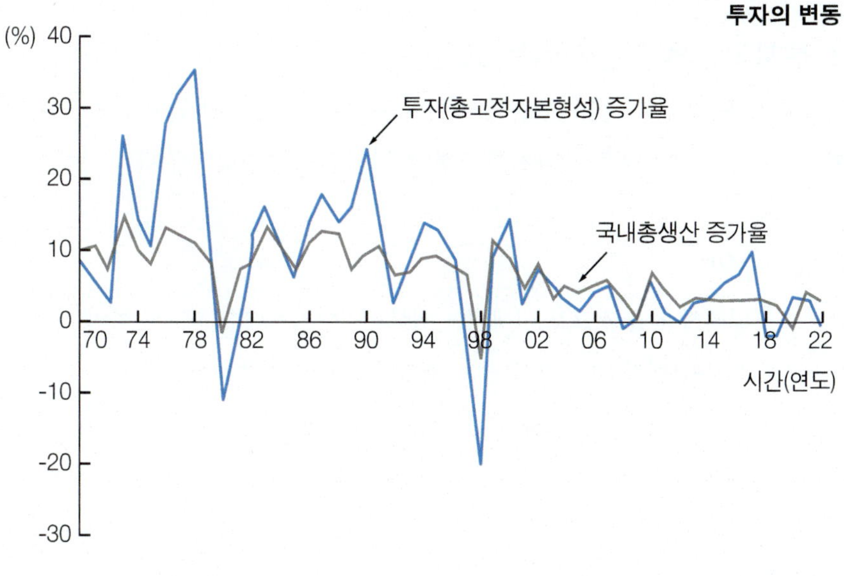

자료: 한국은행 경제통계시스템(ECOS)

(1) 투자함수

기업투자에 양향을 주는 요소로는 이자율, 예상수익, 자본재가격, 재원조달의 용이성, 정부의 정책, 세법, 소득, 기술발전, 경기변동, 기업의 확신상태 등을 들 수 있다. 이 중에서 투자에 영향을 주는 요인으로 이자율을 우선 꼽을 수 있다. 기계와 같은 자본재를 구입할 때 기업이 얻게 되는 예상수익의 현재가치가 구입비용보다 큰 경우 구입을 결정한다. 예를 들어 기계가 매년 R만큼 수익을 가져다준다면 예상수익의 현재가치는 다음과 같다.

$$\text{예상수익의 현재가치} = \frac{R}{r}$$

투자함수
투자가 이자율과 역의 관계에 있다는 것을 함수관계로 나타낸 것

따라서 이자율이 오르면 그 현재가치가 내려가므로 투자가 줄어든다. 이처럼 투자가 이자율과 역의 관계에 있다는 것을 함수관계로 나타낸 것이 **투자함수**이다. 이 함수관계를 그림으로 나타낸 것이 투자곡선이다. 이자율과 미래의 불확실성에 예상수익의 현재가치가 크게 변하기 때문에 투자의 변동성이 크고 불안정하다.

(2) 투자곡선을 이동시키는 요인

투자에 영향을 미치는 변수들 중에서 이자율이외의 다른 요인들이 변하면 투자곡선 자체가 이동하게 된다. 이들 중에서 중요한 몇 가지를 들면 다음과 같다.

◈ 예상수익

기계를 구입해서 얻을 것으로 기대되는 예상수익이 낮아지면 예상수익의 현재가치도 낮아지므로 이자율(수직축)-투자(수평축) 공간에 그려지는 투자곡선이 같은 이자율에서 왼쪽으로 이동하여 투자가 감소하게 된다. 그런데 예상수익은 경기상황에 따라 크게 변하기 때문에 투자 역시 심하게 변동할 가능성이 높다.

◈ 소득

소득이 증가하면 기업이 생산한 상품의 수요도 커지므로 생산시설을 늘리기 위해 투

자가 증가한다. 이와 같이 소득이 증가할 때 이루어지는 투자를 **유발투자**라고 한다. 소득의 증가가 소비의 증가를 통해 유발투자를 증가시키는 과정을 가속도원리라고 한다. 가속도원리에 따르면 한계소비성향이 클수록 유발투자가 커진다.

유발투자
소득이 증가할 때 이루어지는 투자

◈ 재원조달의 용이성

기업은 벌어들인 이윤을 주주에게 배당하거나 사내유보(주주에게 분배하지 않고 기업내 보유하는 이윤)를 하여 새로운 투자를 계획하게 된다. 그런데 사내유보한 자금이 충분하지 않을 때 다른 곳에서 투자재원을 조달해야 한다. 이때 주식발행이나 회사채발행, 금융대출을 받아야 하는데, 이러한 방법들이 용이하지 않다면 투자가 줄고, 재원조달이 용이하다면 투자가 증가할 것이다.

◈ 기업의 확신상태

케인즈에 의하면 투자에 가장 큰 영향을 미치는 요인은 '기업의 확신상태'라고 한다. 그는 이것을 '**동물적 본능**(animal spirit)'이라고 하였다. 많은 성공한 대기업의 경우를 보면 모험가정신이 얼마나 중요했는가를 알 수 있다. 일반적으로 투자를 하고자 하는 기업의 입장에서 볼 때 이자율은 지불해야하는 비용이기 때문에 큰 영향을 미친다고 보지만, 투자를 통해서 이자율보다 더 큰 수익률을 창출하려고 하는 기업가의 도전정신이 더 중요할 수 있다.

동물적 본능
기업가의 도전적인 모험가정신

1.4. 순수출의 결정요소

총수요 가운데 변동성이 큰 또 다른 요소가 수출에서 수입을 뺀 순수출이다. 순수출에 영향을 미치는 요인에 대해서 간단히 살펴보면 다음과 같다.

(1) 국민소득

우리나라의 국민소득이 증가하면 소비가 증가할 것이다. 이 소비 중에는 국산품도 있겠지만 소비수준이 높아지면서 외제품도 많이 소비하게 된다. 따라서 우리나라의 국민소득이 증가하면 수입이 증가하게 된다. 반대로 수출이 증가하는 경우는 다른 나라의 국민소득이 증가하는 경우이다. 우리나라에서 만든 자동차가 미국에서 더 많이 팔릴지 아니면 아프리카의 에티오피아에서 더 많이 팔릴지는 자명한 사실이다. 따라서 수출은 다른 나라 국민소득에 의해 영향을 받고, 수입은 우리나라 국민소득에 의해 영향을 받는다.

(2) 물가와 환율

우리나라의 물가는 올랐는데 미국의 물가는 하락했다고 하자. 그렇게 되면 우리나라에서 생산한 상품의 가격이 상대적으로 더 비싸졌다는 것을 의미하기 때문에 우리나라의 수입이 증가할 것이다. 또한 더 비싸진 우리나라 상품을 미국 사람들이 구매하기를 꺼린다면 우리나라의 수출은 감소하게 된다. 이처럼 물가의 상승은 순수출을 감소시킨다.

또한 환율이 수출과 수입에 영향을 줄 수 있는데, 기본적으로 환율은 다른 나라 화폐의 가치라고 생각할 수 있다. 따라서 환율이 상승하게 되면 미국 상품의 가격이 상승하게 되고, 그 결과 우리나라 상품에 대한 수출이 늘어나고 미국 상품에 대한 수입은 감소하게 될 것이다. 따라서 환율의 상승은 순수출을 증가시킨다.

2. 총수요곡선

2.1. 균형국민소득 결정

(1) 총지출곡선

앞에서 언급했듯이, 총수요는 $AD=C+I+G+(X-IM)$로 소비지출, 투자지출, 정부지출, 순수출로 이루어진다. 여기서 총수요는 총지출과 같은 의미로, 소득에 의존해서 개별지출수준이 어떻게 달라지는가를 보여준다. 이때 총지출과 총생산 수준이 일치하는 경우가 바로 균형국민소득이 된다. 균형(equilibrium)이란 소비자나 기업이 자신의 행동을 변화시킬 유인이 존재하지 않는 경우를 말한다.

〈표 14-1〉을 보면, 총지출은 소비지출, 투자지출, 정부지출, 순수출의 합이다. 단순화

표 14-1 **총지출의 결정**

GDP (Y)	소비 (C)	투자 (I)	정부지출 (G)	순수출 (X-IM)	총지출 (C+I+G+X-IM)
4,800	3,000	900	1,300	-100	5,100
5,200	3,300	900	1,300	-100	5,400
5,600	3,600	900	1,300	-100	5,700
6,000	3,900	900	1,300	-100	6,000
6,400	4,200	900	1,300	-100	6,300
6,800	4,500	900	1,300	-100	6,600
7,200	4,800	900	1,300	-100	6,900

를 위해서 소비지출은 소득의 증가함수라고 하고, 투자와 정부지출, 그리고 순수출은 900, 1300, -100으로 일정한 수준에서 정해져 있다고 가정한다. 특히 투자는 GDP가 증가하면서 증가할 수 있는데 이러한 경우를 '유발투자(induced investment)'라고 한다. 직관적으로 경제의 규모가 클수록 투자의 규모가 커지는 것과 같은 이치이다. 그러나 여기서는 단순하게 고정되어 있다고 본다. 이러한 경우는 '독립투자'라고 하여 소득과 독립적으로 투자수준이 이루어진다.

먼저 총지출을 나타낸 곡선을 그리기 위해서 수평축에 주어진 소득수준에서 소비지출, 투자지출, 정부지출, 순수출을 합하는데 주어진 소득수준에서 합하는 것이기 때문에 수직으로 합한다. 〈그림 14-6〉은 총지출곡선이 어떻게 도출되는지를 보여준다.

(2) 총공급곡선

총공급곡선은 x축이 실질국민소득을 나타내는 실질GDP이고, y축이 실질지출을 나타내는 평면에서 45도 우상향하는 직선의 형태를 취한다(〈그림 14-7〉 참조). 45도 직선이 의미하는 바는 실질GDP만큼 생산된 총공급량은 모두 지출에 사용할 수 있는 여력을 지니고 있다는 의미로 '암묵적인 총공급량'을 나타낸다. 또한 이것은 총지출이 실질GDP와 같을 때 국민경제가 균형을 이룬다는 균형조건식을 의미한다. 즉,

$$\text{실질GDP} = \text{총지출}$$

뒤에서 물가에 대한 총공급량을 나타내는 총공급곡선과 구별하기 위해 어떤 학자는

그림 14-6

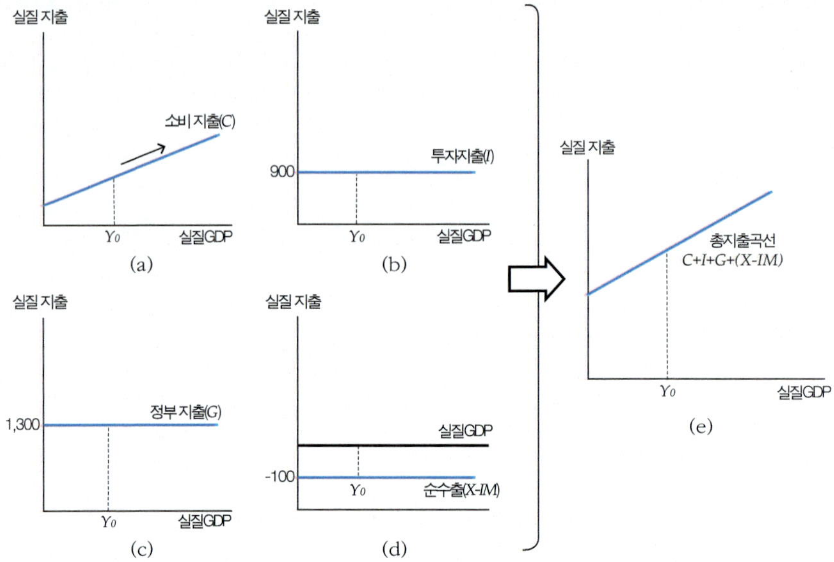

총지출곡선의 도출

(a) 실질GDP가 증가할수록 소비수준도 증가함 (b)·(c)·(d) 실질GDP가 일정함을 가정 (e) 총지출량은 주어진 소득수준하에서 *C*(소비지출), I(투자지출), *G*(정부지출), *X-IM*(순수출)을 수직으로 합한 것

그림 14-7

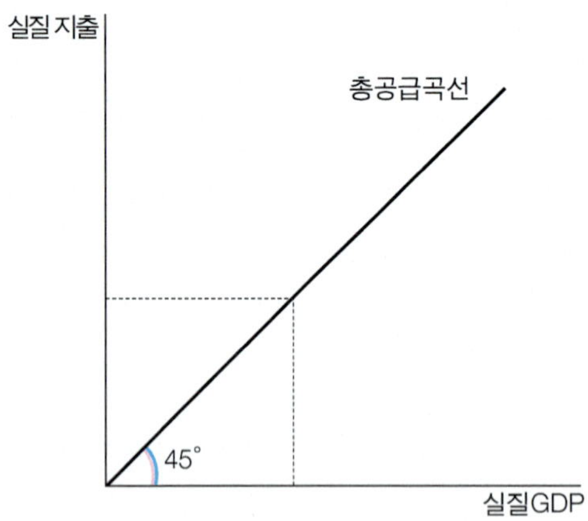

총공급곡선

주어진 실질소득이 모두 지출로 소비되는 경우이면 45도 우상향하는 직선이 됨

이 곡선을 국민소득균형선이라고도 부른다.

(3) 균형국민소득 결정

균형국민소득은 총공급곡선과 총지출곡선이 만나는 점에서 결정된다. 만일 Y_0 = 4,800인 경우를 생각해보자. 이 경우는 총지출이 총공급보다 크기 때문에 재고상태는 (−)가 되고, 그 결과 생산자들은 생산을 증가시키게 된다. 따라서 실질GDP는 점차 증가하여 균형수준인 6,000에 이르면 멈추게 된다. 균형공급량 수준인 6,000에서는 총공급과 총수요가 일치하기 때문에 더 이상 생산자가 반응할 유인이 없게 된다. 반대로 Y_1 = 7,200인 경우는 총지출보다 총공급이 많기 때문에 재고가 많이 쌓이게 되고, 생산자들은 생산의 감소로 대응할 유인을 가지게 된다. 따라서 생산량은 줄어 들다가 6,000인 수준에서 멈추게 된다.

결론적으로 균형국민소득을 나타내는 실질생산량은 총지출과 총공급이 일치하는 수준에서 결정된다. 이러한 그림은 소득이 변함에 따라서 지출수준이 어떻게 변하는지를 보여주기 때문에 '**소득-지출 모형**(income-expenditure model)' 혹은 45도선을 강조하여 '45도선 그림(45° cross diagram)'이라고 한다.

소득-지출 모형
총공급곡선과 총지출곡선을 이용한 모형

그림 14-8

GDP	총지출	Y와지출관계	재고상태	생산자 반응
4,800	5,100	Y〈총지출	-	생산증가
5,200	5,400	Y〈총지출	-	생산증가
5,600	5,700	Y〈총지출	-	생산증가
6,000	6,000	Y=총지출	0	생산불변
6,400	6,300	Y〉총지출	+	생산감소
6,800	6,600	Y〉총지출	+	생산감소
7,200	6,900	Y〉총지출	+	생산감소

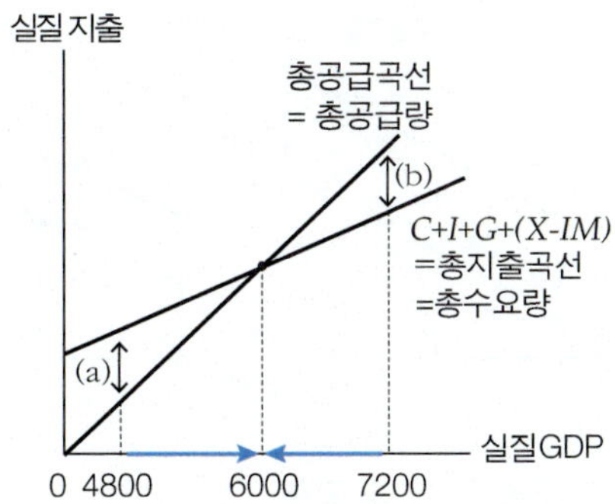

소득-지출 모형을 통한 균형국민소득 결정과정

(a) 총수요량이 총공급량보다 많아 재고 부족함
(b) 총공급량이 총수요량보다 많아 재고 발생함

2.2. 총수요곡선의 도출

총수요곡선
다른 조건이 일정할 때 각 물가수준에 대응하는 상품의 총수요량을 나타내는 곡선

총수요곡선은 다른 조건이 일정하다는 가정하에서 물가수준이 변할 때 총수요량이 어떻게 되는가의 관계를 보여주는 것이다. 물가수준이 변하면 총수요의 구성요소인 소비부분이 변화하게 된다. 소비의 경제주체인 가계는 액면이 화폐단위로 고정된 자산을 많이 가지고 있는데, 이 자산의 실질가치는 물가수준이 상승하면 하락하게 된다. 즉 물가가 오르면 예금액으로 살 수 있는 상품이 적어진다. 이것을 '자산효과'라고 한다. 이외에도 물가가 오르면 수출가격이 올라 수출이 감소하고 수입이 증가하는 무역수지효과가 발생한다. 이 효과도 총수요를 감소시켜 물가와 실질GDP의 역의 관계를 보여준다.

물가↑ ⇨ 실질자산가치(구매력)↓ ⇨ 소비 지출↓ ⇨ 소비함수 아래로 이동 ⇨
총지출곡선 아래로 이동 ⇨ 실질GDP↓

그림 14-9

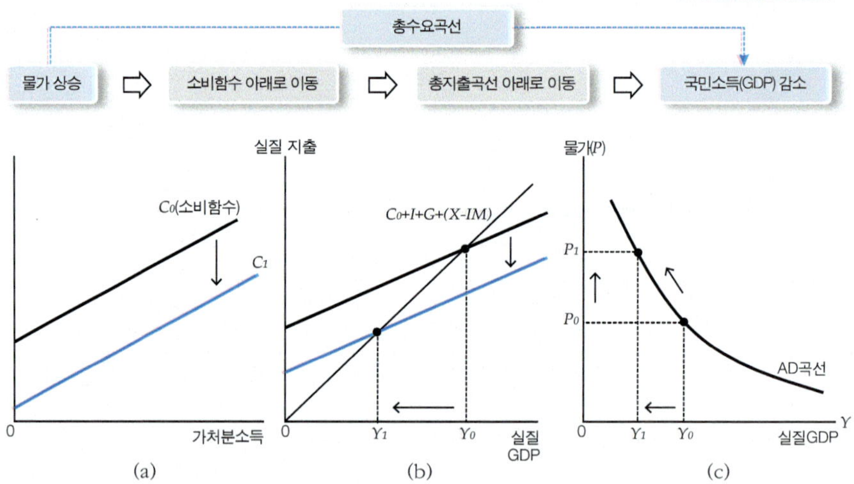

총수요곡선의 도출

(a) 소비곡선: C_0에서 C_1으로 이동. 가격인상, 소비지출 감소 (b) 소득-지출모형: 소비지출의 축소로 총수요량 $C_0+I+G+(X-IM)$은 아래(우측)로 이동 (c) 총수요곡선

2.3. 승수효과

(1) 승수란

어떤 외부적인 충격이 가해졌을 때 그 힘은 도미노처럼 파급효과를 내어 결국은 처음의 충격보다 몇 배 더 커질 수 있다. 승수(multiplier)란 말 그대로 '몇 배 곱해지는 수'를 말한다. 정부가 경기를 부양하기 위해서 100을 경제에 투입했는데 그 효과가 500이 된다면 5배의 효과가 생기게 되는데 이렇게 곱해지는 수 '5'가 승수이다. 이와 같이 약간만 개입하더라도 경제에 큰 파급효과를 미치게 된다면 시장이 침체되어 있을 때 정부가 개입할 수 있는 근거가 된다.

승수
몇 배 곱해지는 수로서 균형국민소득 증가분÷최초 총수요 증가분

(2) 승수효과의 원리

옛날에 물을 퍼 올리던 펌프를 생각해보면, 펌프에 물이 메말라 펌프질을 해도 아무런 소용이 없을 때 물 몇 바가지를 넣고 펌프질을 하면 땅속의 물을 끌어올려 물이 콸콸 잘 나오는 것을 볼 수 있다. 이처럼 처음에 투입하는 물 몇 바가지는 손실인 듯해도 더 많은 양의 물을 끌어올릴 수 있다는 측면에서 그 의미가 있는 것이다.

앞에서 배운 총지출과 총공급의 '소득-지출 모형'을 통해서 승수효과를 간단히 살펴보자. 앞에서 살펴본 예에서 균형국민소득수준이 6,000이었다. 이때 투자가 900으로 고정되어 있다고 했는데, 이 고정된 투자에 200이 증가하여 1,100으로 되었다고 상정해보자. 그러면 새로운 균형점은 〈표 14-2〉에서와 같이 6,800으로 800이 증가한다. 증가한 투자의 양은 200이었는데 국민소득은 800이 증가했으니 4배가 증가한 셈이다. 이때 '4'를 '승수'라고 한다.

승수효과의 원리에 숨은 비밀을 직관적으로 파헤쳐보기로 하자. 공을 바닥으로 떨어뜨렸을 때 탄력적으로 튀어오르는 원리와 용수철이 늘어났다 줄어들었다 하는 탄력성의 원리가 바로 그 비밀이다. 여기서 살펴볼 승수효과 원리의 핵심 비밀은 소비함수에 담겨 있다. 예를 들어 소비함수는 다음과 같은 형태를 지닌다.

$$C=\alpha+\beta Y=50+0.8Y$$

그림 14-10

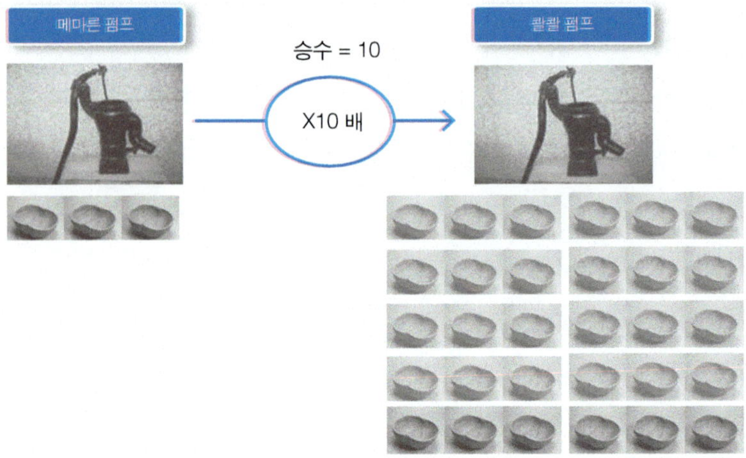

펌프와 승수효과

물 3바가지가 30바가지의 효과를 가져오는 경우 10배의 효과가 있음

표 14-2

소득-지출 모형과 승수

GDP (Y)	소비 (C)	투자 (I)	정부 (G)	순수출 (X-IM)	총지출
4,800	3,000	900	1,300	-100	5,100
5,200	3,300	900	1,300	-100	5,400
5,600	3,600	900	1,300	-100	5,700
6,000	3,900	900	1,300	-100	6,000
6,400	4,200	900	1,300	-100	6,300
6,800	4,500	900	1,300	-100	6,600
7,200	4,800	900	1,300	-100	6,900

GDP (Y)	소비 (C)	투자 (I)	정부 (G)	순수출 (X-IM)	총지출
4,800	3,000	1,100	1,300	-100	5,300
5,200	3,300	1,100	1,300	-100	5,600
5,600	3,600	1,100	1,300	-100	5,900
6,000	3,900	1,100	1,300	-100	6,200
6,400	4,200	1,100	1,300	-100	6,500
6,800	4,500	1,100	1,300	-100	6,800
7,200	4,800	1,100	1,300	-100	7,100

단, 여기서는 논의의 단순화를 위해서 세금이 없다고 가정하면(T=0) 자신이 벌어들인 소득이 바로 가처분소득이 된다(즉 $Y_d = Y - T = Y$). 소비함수에서 소득이 하나도 없더라도 소비를 해야 하는 기초소비수준이 50이고, 한계소비성향(MPC)이 0.8이다. 소득의 증가분의 80%를 소비하고 나머지 20%는 저축한다고 생각하면 된다. 바로 이 한계소비

성향이 승수효과의 중요한 결정요인이다. 경기가 부진할 때 피와 같은 돈이 잘 안 돌아간다는 말을 흔히 한다. 어떤 경우에 물건은 남아도는데 소비가 없어 재고가 쌓이고 공장가동률이 줄어드는 것도 같은 원리이다.

소득-지출 모형에서 균형국민소득은 총공급(Y)과 총지출(AE)이 일치하는 수준에서 결정된다. 다시 말해 $Y = AE = C+I+G+(X-IM)$이다. 이 식에 소비함수를 대입하면 다음과 같다.

$$Y=AE=50+0.8Y+I+G+(X-IM)$$

이때 정부가 정부지출을 100만큼 증가시켰는데 500의 효과를 거두었기 때문에 정부

그림 14-11

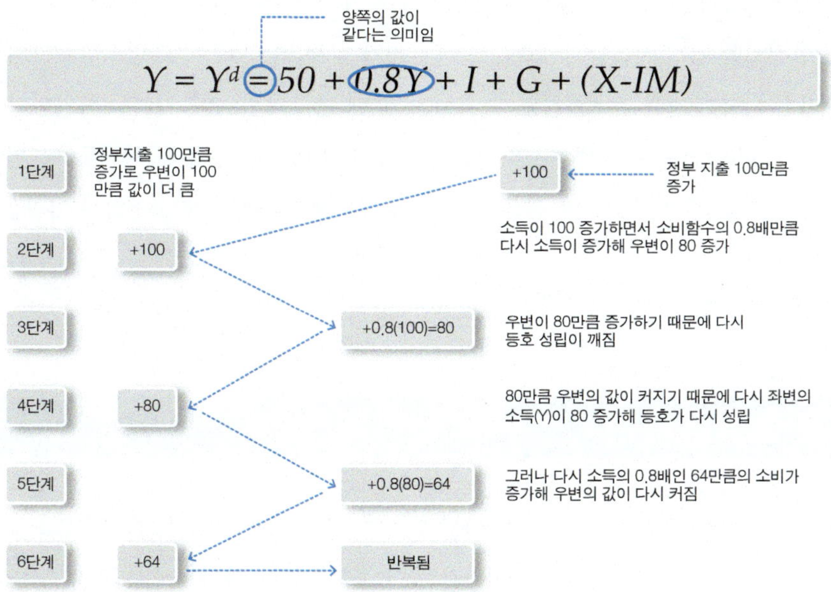

승수효과의 비밀

소득의 증가분은 점점 감소하게 되고, 그러다가 멈추게 되었을 때 증가한 소득의 합을 모두 더하면 100+80+64+………= 500이 된다. 여기서 처음 정부는 100을 증가시켰는데 국민소득이 최종적으로 500 증가했으니까 승수는 5가 된다.

지출 승수는 5가 된다. 어떻게 승수가 5가 되는가는 한계소비성향에 달려 있다. 좌변에 증가한 소득의 한계소비성향만큼 소득이 또다시 증가하기 때문이다. 여기서는 0.8배만큼 소득이 계속 증가하면서 증가의 크기는 점차 작아지기 때문에 나중에는 소득증가분이 0이 될 것이다. 이것을 무한등비급수를 이용해서 풀면 다음과 같다.

$$승수 = \frac{1}{1-MPC} = \frac{1}{1-0.8} = 5$$

(3) 승수효과의 정책적 의미

여기서 제시한 예제는 하나의 가상적인 경우에 불과하지만, 현실에서는 매일 이러한 일이 발생하고 있다. 새집을 짓는 건축 붐은 가전제품에서 가구, 카펫, 단열재, 창문 등의 다른 부분에 승수배로 파급효과를 유발한다. 현대자동차가 아프리카 케냐에 투자를 한다고 하면 수많은 자동차 부품을 생산하기 위해서 관련 하청산업에 미치는 파급효과는 대단할 것임을 쉽게 예상할 수 있다. 또한 경기가 침체되어 있거나 개발도상국가의 경우 정부가 나서서 투자를 활성화하면 그 효과가 몇 배 이상의 GDP 증가분을 야기한다는 점은 매우 매력적이다. 또한 한계소비성향만 구할 수 있다면 정부가 얼마를 투자하면 얼마의 파급효과를 가져올지 대략 예측할 수 있기 때문에 정부개입에 찬성하는 사람들에게는 의미가 있다.

3. 총공급곡선

총공급곡선
다른 조건이 일정할 때 일정기간 동안 물가수준에 따라서 한 나라의 모든 기업이 생산하고자 하는 재화와 서비스의 양

총공급곡선(Aggregate Supply curve)은 공급이라는 유량의 개념을 총체적으로 파악한 것으로, 다른 조건이 일정할 때 일정기간 동안 물가수준에 따라서 한 나라의 모든 기업이 생산하고자 하는 재화와 서비스의 양을 나타낸다. 〈그림 14-12〉는 총공급량에 영향을 미칠 수 있는 많은 요인들 중에서 물가만 변하고 다른 요인들은 일정하다는 가정하에서 총공급곡선을 그린 것이다.

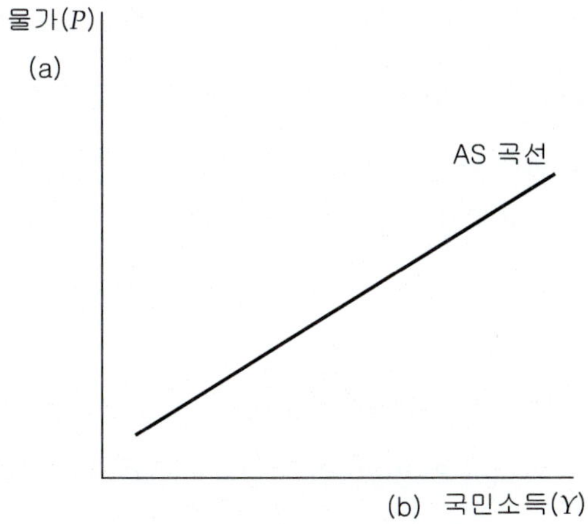

그림 14-12

총공급곡선의 형태

(a) 미시경제학에서의 가격이 아닌, 경제전체의 물가수준을 나타냄
(b) 미시경제학에서의 상품의 생산량이 아닌, 경제전체의 총생산가치를 나타냄

3.1. 총공급곡선의 형태

총공급곡선의 형태를 보면 물가가 오르면 공급량이 증가하기 때문에 우상향하는 기울기를 보이게 된다. 이윤을 추구하는 기업의 입장에서 볼 때 이윤은 총수입에서 총비용을 뺀 것이다.

$$\pi = TR\text{-}TC = P \cdot Q\text{-}TC$$

(π: 이윤, TR: 총수입, TC: 총비용)

따라서 공급량의 변화는 비용과 가격에 의해 영향을 받게 된다. 여기서는 비용이 고정되어 있다는 전제하에서 가격의 상승과 공급의 관계를 살펴볼 것이다. 기업의 입장에서는 가격이 상승하게 되면 이윤이 커지기 때문에 공급은 증가하게 된다.

그런데 물가가 오를 때 비용도 오르면 이윤의 변화가 없어서 총공급이 변하지 않는다(고전학파의 수직적 총공급곡선). 그러나 루카스(Lucas)는 이때에도 단기적으로 실제물가수준이 예상물가수준보다 높으면 총공급이 증가한다고 보았다. 따라서 예상물가수준이 주어져 있을 때 총공급은 물가의 증가함수이다(루카스의 총공급함수).

3.2. 총공급곡선의 이동

총공급곡선은 x축의 국민소득과 y축의 물가를 제외하고 고정되어 있다고 전제한 다른 요인들이 변화하면 이동하게 된다. 중요하기 때문에 거듭 강조하면, x축의 국민소득과 y축의 물가가 변하면 곡선 자체는 그대로 있고 곡선상에서 이동하게 된다.

◈ 명목임금

노동자들에게 주는 임금은 기업의 입장에서 전체 비용 가운데 약 70%를 차지한다. 임금상승은 비용상승을 의미하기 때문에 가격이 일정하다면 기업의 이윤을 감소시킨다. 따라서 임금이 상승하면 주어진 가격하에서 총공급곡선이 왼쪽으로 이동하게 된다.

◈ 다른 투입물가격의 변화

생산비용에는 임금만 있는 것이 아니다. 임금 이외의 다른 투입물의 가격이 상승하는 경우, 예를 들어 유가의 고공행진은 기업의 비용을 상승시켜 총공급곡선을 위(왼쪽)로 이동시킨다.

그림 14-13

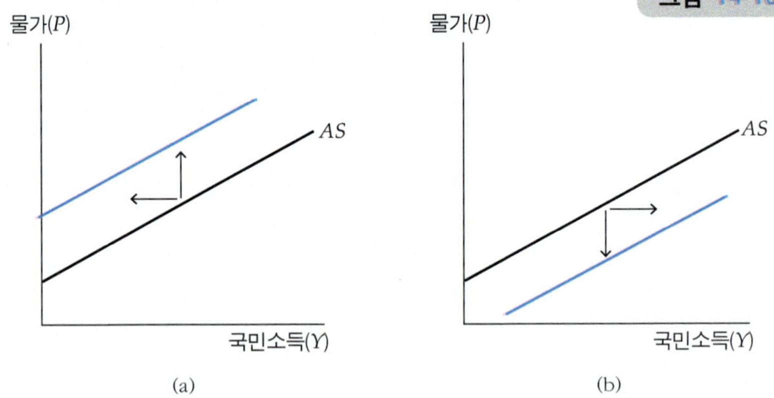

총공급곡선(AS)을 이동시키는 요인

(a) AS를 위(좌측)로 이동시키는 요인: 명목임금 증가, 다른 투입물 가격 상승, 기술과 생산성 감소
(b) AS를 아래(우측)로 이동시키는 요인: 명목임금 감소, 다른 투입물 가격 하락, 기술과 생산성 증가

◈ 기술과 생산성

기술이 발달하면 동일한 노동을 투입하고서도 생산량이 증가하게 된다. 따라서 노동 생산성이 증가하게 되고 단위당 비용이 감소하게 된다. 보다 더 큰 이윤을 얻을 수 있기 때문에 기업들은 생산을 증가시키게 되고, 총공급곡선은 아래(오른쪽)로 이동하게 된다.

4. 총수요-총공급 모형

4.1. 총수요곡선-총공급곡선의 균형

총수요곡선과 총공급곡선이 일치하는 경우에 균형국민소득과 균형물가수준이 결정된다. 〈그림 14-14〉에서 볼 수 있는 것처럼 물가수준이 균형수준보다 높은 120이면 총공급량이 총수요량을 초과하게 되고, 시장에서 초과공급이 발생하여 재고는 증가하게 되며, 기업들이 물건을 팔기 위해서 치열한 경쟁을 하면서 물가는 하락하게 된다. 결국 물가는 하락하고 생산은 감소하게 된다. 반대로 물가수준이 100보다 낮은 80의 경우에는 초과수요가 발생하여 시장에서 물건이 부족하게 된다. 소비자들은 상품을 구하기 위해

그림 14-14

AD-AS 균형

물가수준	총수요량	총공급량	상황	물가변화
80	5400	4600	초과수요	상승
90	5200	4800	초과수요	상승
100	5000	5000	균형	불변
110	4800	5200	초과공급	하락
120	4600	5400	초과공급	하락

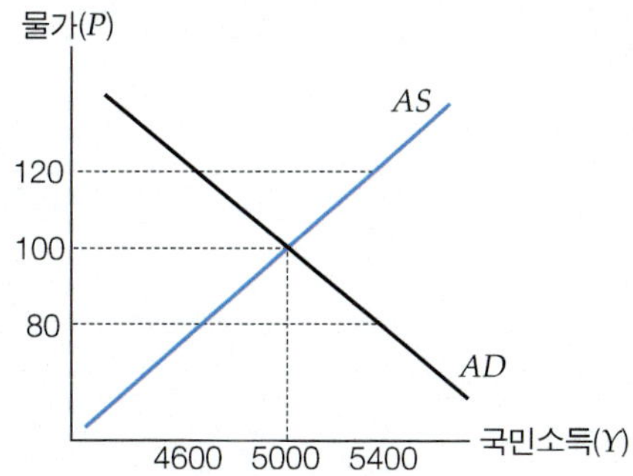

서 경쟁하게 되고, 재고가 감소하므로 기업들은 가격을 인상하게 되며, 생산은 증가하게 된다. 물가수준이 상승 혹은 하락하면서 균형수준에 이르게 되면 그때 변화는 멈춘다.

4.2. 총수요곡선의 이동

*AD*곡선과 *AS*곡선이 일치하는 균형상태하에서 정부가 경기를 진작시키기 위해서 정부지출을 증가시키게 되면, 총수요는 우측으로 이동하게 된다. 그 결과 국민소득은 증가하고 물가도 상승하게 된다. 국민소득과 물가의 증가정도는 총공급곡선의 기울기에 따라 달라진다.

◈ AS가 수평인 경우

만일 *AS*가 수평인 경우 총수요의 증가로 *AD*곡선이 우측으로 이동하게 되면 물가는 상승하지 않고 국민소득이 크게 증가하게 된다(케인즈는 불황일 때 총공급은 무한하다고 가정).

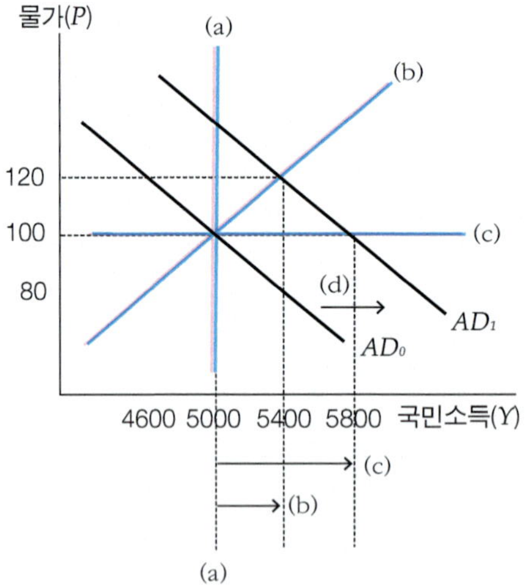

그림 14-15

총공급곡선(AS)의 기울기에 따른 총수요 증가 효과

(a) AS_3: 수직
(b) AS_1: 우상향
(c) AS_2: 수평
(d) 총수요 우측 이동

◈ AS가 우상향하는 경우

*AS*가 우상향하는 경우 총수요의 증가로 *AD*곡선이 우측으로 이동하면 국민소득은 물가가 상승하면서 약간 증가하게 된다. 그 이유는 물가가 상승하면 소비자의 구매력이 감소되어 소비지출이 감소하고(자산효과), 순수출을 줄이기(무역수지효과) 때문이다.

◈ AS가 수직인 경우

극단적인 경우에 *AS*가 수직인 경우 총수요곡선이 우측으로 이동하더라도 국민소득은 변함없고 단지 물가만 상승하게 될 것이다(고전학파는 화폐환상이 없어 총공급이 물가에 반응하지 않는다고 가정).

4.3. 총공급곡선의 이동

이번에는 *AD*곡선이 일반적인 우하향하는 형태로 고정되어 있는 상황하에서 *AS*곡선이 이동하면 어떻게 될 것인가를 살펴보자.

그림 14-16

총공급곡선 이동에 따른 균형의 변화

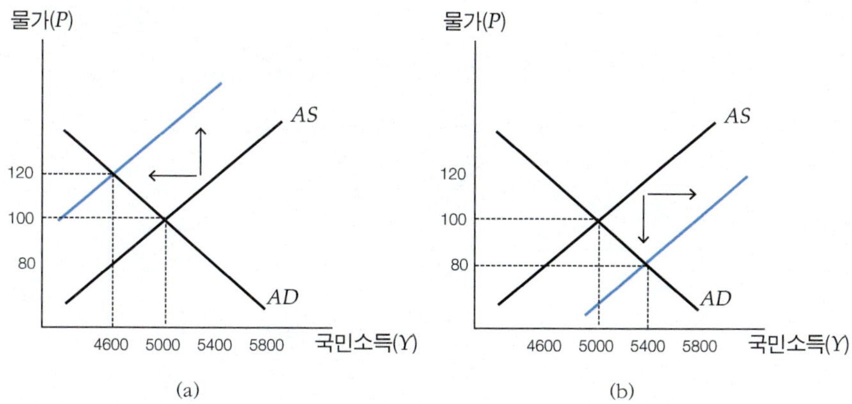

◈ 유가의 인상과 인건비의 증가

원유와 같은 생산요소의 가격이 인상되어 '오일쇼크(oil shocks)'가 발생하면 기업의 입장에서는 생산비용의 증가로 이어져 *AS*곡선이 위(왼쪽)로 이동하게 된다. 이 경우는 물가도 상승하고 국민소득도 감소하게 된다(〈그림 14-16(a)〉 참조). 여기서 물가가 상승한다는 말은 인플레이션이 유발되었다는 것을 의미하고, 국민소득이 감소했다는 것은 경기가 침체되었다는 의미인데 모두 경제에는 나쁜 결과를 가져다준다. 이처럼 인플레이션(inflation)과 경기침체(stagnation)가 동시에 발생하는 상태를 '스태그플레이션(stagflation)'이라고 한다.

◈ 정보통신 기술혁신을 통한 생산성 증가

앞의 경우와는 달리 인터넷과 디지털 경제의 등장으로 기업의 생산성이 증가하게 되면 동일한 상품을 생산하는 데 비용이 절감되어 기업은 생산을 늘리게 된다. 그 결과 *AS*곡선은 오른쪽(아래)으로 이동하게 된다(〈그림 14-16(b)〉 참조). 여기서 오른쪽으로 이동한다는 것은 동일한 가격하에서 더 많은 상품을 생산해 국민소득이 증가한다는 것을 의미하고, 아래로 이동한다는 것은 동일한 상품을 생산하는 데 비용이 절감된다는 것을 함축하고 있다. 이러한 경우는 물가가 하락하고 국민소득이 증가하여 생활수준이 향상되므로 바람직하다고 할 수 있다.

그림 14-17

디플레이션 갭과 인플레이션 갭

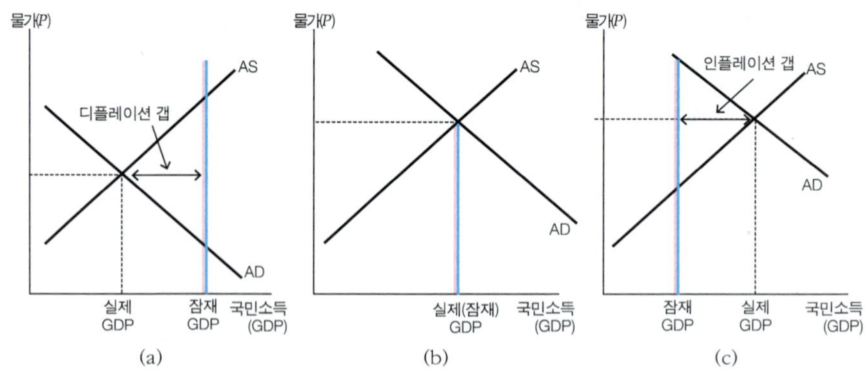

4.4. 인플레이션 갭과 디플레이션 갭

한 국가가 생산할 수 있는 최대한의 생산수준의 국민소득을 잠재적 GDP라고 한다. 현재의 실제GDP가 잠재적 GDP보다 작은 경우는 경기가 침체된 상황이라고 하고 그 차이를 **디플레이션 갭**이라고 한다(〈그림 14-17(a)〉 참조). 반대로 실제GDP가 잠재적 GDP를 넘어서는 경우는 경기호황이라고 하고 그 차이를 **인플레이션 갭**이라고 한다(〈그림 14-17(b)〉 참조). 자동차 엔진에 비유하면 최대한의 속력보다 낮은 경우가 디플레이션 갭, 최대한의 속력 이상으로 엔진이 과열된 상태를 인플레이션 갭이라고 생각할 수 있다.

디플레이션 갭
실제GDP가 잠재적 GDP에 못 미치는 총수요 부분

인플레이션 갭
실제GDP가 잠재적 GDP를 초과하는 총수요 부분

인플레이션 갭이 존재하면, 과다한 총수요로 노동시장에서 노동수요가 증가하게 되고 이에 따라 임금이 상승하게 된다. 임금상승은 AS를 왼쪽으로 이동시켜 장기균형에 이른다. 이 과정에서 물가는 상승하고 국민소득은 감소한다. 한편 디플레이션 갭이 존재하면, 총수요가 부족하여 임금이 하락하고 AS가 오른쪽으로 이동한다. 물가가 하락하고 국민소득이 증가하면서 장기균형에 이른다.

그림 14-18

한국의 물가수준과 GDP(1987-2022)

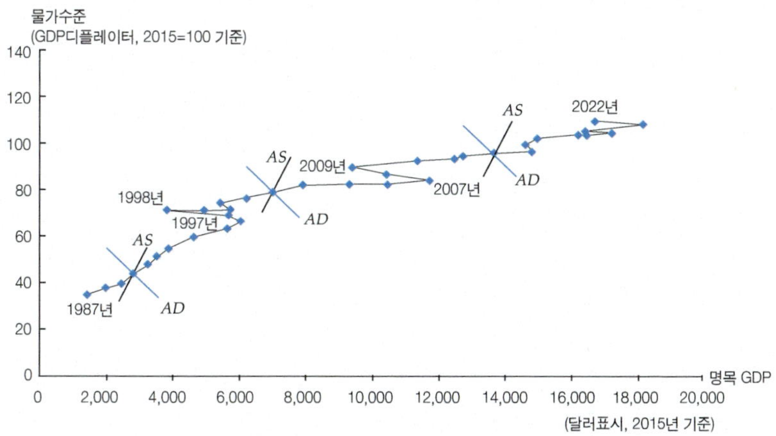

자료: 한국은행 경제통계시스템(ECOS)

참고 **월가를 점령하라**

2011년 9월 17일 뉴욕 월가 주변에서 점령 시위가 열렸다. 캐나다 소비자운동단체이자 비영리잡지인 애드버스터스는 금융기관의 부도덕성과 빈부격차의 심화, 무기력한 정부를 비판하면서 세계금융중심지인 월가에서 시위를 제안하였다. 이 시민운동은 소셜 네트워크를 통해 '월가를 점령하라(Occupy Wall Street)', '우리는 99%다(We are the 99%)'의 구호를 중심으로 전 세계 80여개국으로 확산되면서, 최상위 1% 부자를 위한 선진 자본주의가 지닌 근본적인 문제점을 적나라하게 파헤쳤다는 점에서 의미가 있다. 월가 점령 시위 포스터에는 월가의 상징물인 황소의 역동적이면서 불안정한 자세를 현재의 미국 경제상황으로 묘사하고 있으며, 황소 위의 발레리나는 미국 사회에 필요한 균형과 안정을 나타내고 있다. 포스터의 배경에는 월가의 탐욕에 맞서 싸우고 있는 군중의 모습이 보인다.

4.5. 총수요-총공급곡선의 이동과 경제성장

현실경제의 물가수준과 국민소득을 파악하기 위해서 *AD-AS*곡선을 사용하였다. 그러나 이 균형점은 일정하게 고정되어 있는 것이 아니고 경제적 상황이 변하면서 계속 변화하게 된다. 일반적으로 물가수준과 국민소득은 시간이 지나면서 증가하는 추세를 보인다. 〈그림 14-18〉은 1987년에서 2023년에 걸쳐 물가수준과 국민소득 수준을 나타낸 것으로, *AD*곡선과 *AS*곡선이 일반적으로 오른쪽으로 이동하면서 상승추세를 보이고 있다. 이러한 *AD*곡선과 *AS*곡선의 오른쪽이동이 경제성장을 가져온다.

CHAPTER | 15

실업과 인플레이션: 필립스 곡선

경제에서 해결해야 할 두 마리 토끼가 있다면 실업과 인플레이션이라고 할 수 있다. 실업은 개인적인 측면에서뿐만 아니라 가정문제, 더 나아가 사회문제를 야기하는 원인이 되고, 경제적인 중요한 생산자원의 낭비를 가져오는 결과를 초래한다. 인플레이션은 일반물가수준이 지속적으로 상승하여 화폐가치가 떨어지고 실질구매력이 하락해 삶의 질을 악화시키고, 소득분배를 왜곡시킨다. 결국 실업과 인플레이션은 단기적으로 경제를 불안정하게 만들고 장기적으로 경제성장을 저해시킨다. 이 장에서는 실업과 인플레이션이 무엇인지 그리고 경제에 어떤 영향을 미치는지 이해하고 이 둘의 관계를 보여주는 필립스 곡선에 대해서 살펴본다.

1. 실업의 정의와 측정

1.1. 실업의 정의

경제학에서 '실업자'라는 말은 단순히 직업이 없는 사람을 의미하는 것이 아니라, 일할 의사가 있는데도 직장을 얻지 못한 사람을 뜻한다. 실업을 엄밀하게 구분해보면, 보다 나은 직장을 얻기 위해서 계속 탐색하고 있는 경우와 같이 취업할 능력은 있지만 현재의 임금과 근로조건 아래에서 취업할 의사가 없어 자발적으로 취업하고 있지 않은 상태를 **자발적 실업**(voluntary unemployment)이라고 하고, 취업할 능력과 의사가 있으나 취업을 못하고 있는 상태를 **비자발적인 실업**(involuntary unemployment)이라고 한다. 일반적으로 우리의 관심이 되는 실업이란 비자발적인 실업을 의미한다.

자발적 실업
취업할 의사가 없어 자발적으로 취업하고 있지 않은 상태

비자발적인 실업
취업할 능력과 의사가 있으나 취업을 못하고 있는 상태

1.2. 실업의 측정

(1) 노동가능인구와 경제활동인구

한 나라 안의 사람들은 나이가 너무 어려 일할 능력이 없는 사람과 충분히 일할 수 있는 나이에 도달한 사람으로 구분할 수 있다. 우리나라에서는 15세 이상이 되면 일할 능력을 갖춘다고 보고 이들을 **노동가능인구**(생산가능인구)로 분류하고 있다. 노동가능인구는 일하려는 의사를 갖는 경제활동인구와 일할 의사가 없는 비경제활동인구로 다시 세분할 수 있다. 이때 경제활동인구란 노동가능인구 중에서 일할 의사와 능력이 있는 사람을 말한다.

노동가능인구
15세 이상의 일할 능력을 가진 인구

경제학에서 말하는 실업자란 경제활동인구 중 일자리를 찾지 못한 사람이다. 따라서 어떤 사람이 단지 일을 하지 않고 있다 해서 실업자로 분류하는 것은 아니며, 일례로 서울의 고층빌딩을 재산으로 물려받은 사람은 일할 의사가 없기 때문에 실업자에 포함되지 않는다. 나이가 15세를 넘고 분명히 일하려는 의사가 있는데도 일자리를 얻지 못한 사람만이 실업자로 분류된다.

취업자는 수입을 목적으로 주당 1시간 이상 일을 하는 사람을 말한다. 주부나 학생들은 원래 경제활동인구에 포함되지 않지만, 파출부와 같이 가사를 돌보며 부수입을 올리거나, 학생임에도 불구하고 우유배달을 하면 경제활동인구로 간주되어 취업자로 분류된다. 그리고 직접적인 수입이 없더라도 가구주의 사업을 도와주면서 주당 18시간 이상의 일을 하는 가족종사자는 취업자에 포함시킨다.

생산가능인구(P), 경제활동인구(L), 비경제활동인구(NL), 취업자(E), 그리고 실업자(U) 사이에 다음과 같은 관계가 성립한다.

그림 15-1

우리나라의 경제활동인구 현황 및 분류(2023)

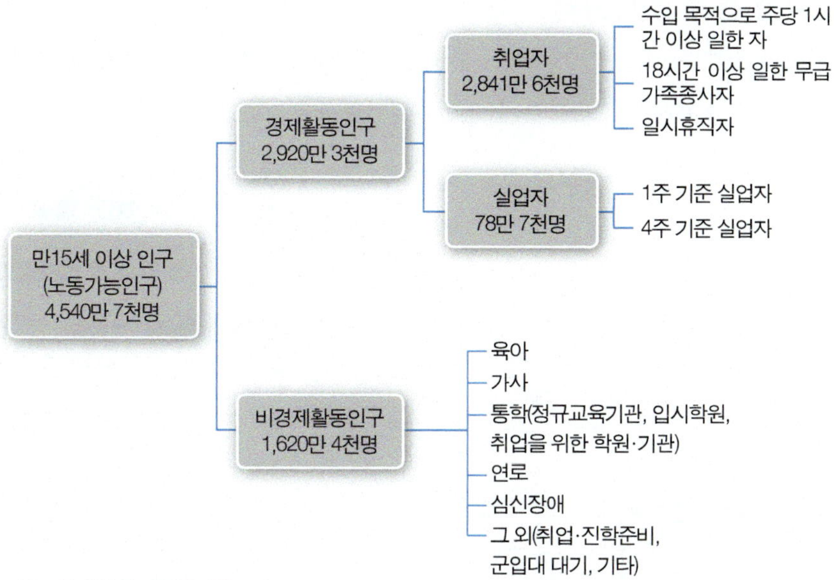

자료: 통계청 경제활동인구조사

$$\begin{aligned} \text{생산가능인구}(P) &= \text{경제활동인구}(L) + \text{비경제활동인구}(NL) \\ &= [\text{취업자}(E) + \text{실업자}(U)] + \text{비경제활동인구}(NL) \end{aligned}$$

(2) 실업률

실업률(unemployment rate)이란 실업자의 수를 경제활동인구로 나눈 비율을 말한다. 다음과 같은 식으로 측정이 가능하다.

실업률
실업자의 수를 경제활동인구로 나눈 비율

$$\text{실업률} = \frac{U}{L}$$

주의 깊게 살펴볼 것은 분모가 생산가능연령인구(P)가 아니고 취업할 의사가 있는 경제활동인구(L)라는 사실이다. 다시 말해 일하려는 의사가 없는 학생이나 주부는 실업률을 계산하는 과정에서 원천적으로 빠지게 된다.

(3) 실업 통계 조사방법

우리나라 정부는 매달 3만2,000가구를 대상으로 매월 15일 현재 만15세 이상인 자를 대상으로 실시한 표본조사의 결과에 기초해 실업률을 측정하고 있다.

그림 15-2

실업 통계 조사방법

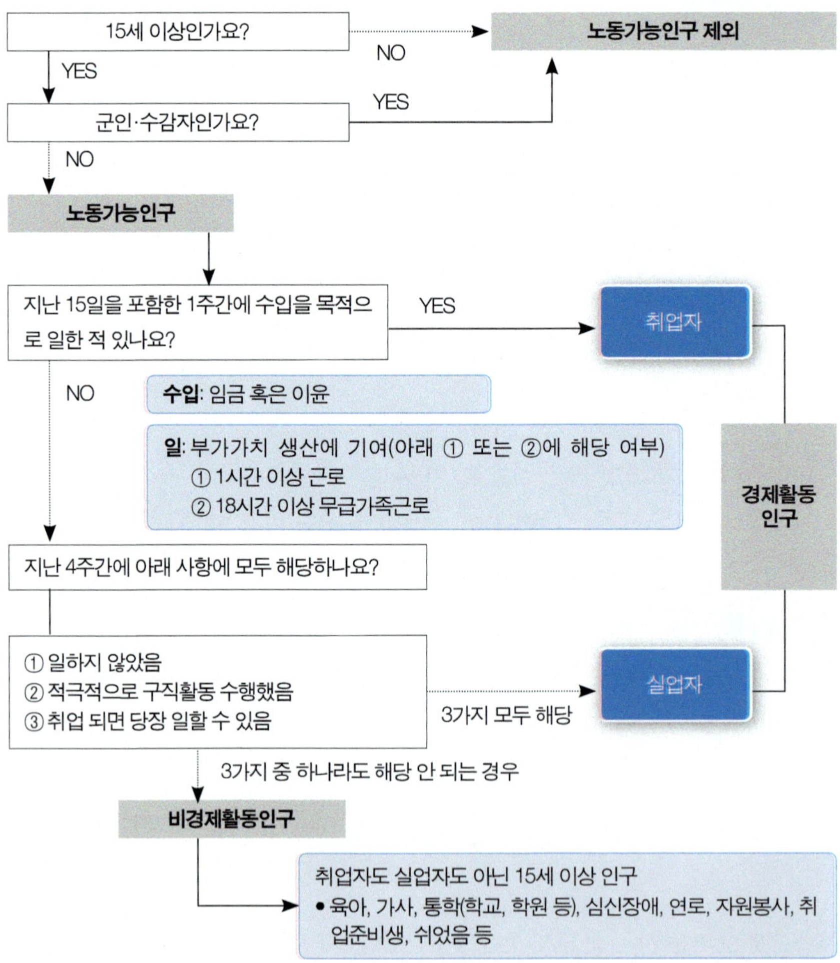

참고 **실업자와 취업자의 관계**

실업자와 취업자는 일반적으로 음(-)의 상관관계를 가지고 있다. 취업자가 증가하면 실업자는 감소하고, 취업자가 감소하면 실업자는 증가하는 현상을 보인다. 그런데 2004년도에는 취업자도 증가하고 실업자도 증가했다. 그 이유는 경제활동인구가 증가했고, 비경제활동인구가 감소했기 때문이다. 비경제활동인구의 상당수가 경제활동인구로 돌아서면서 실업자와 취업자가 모두 증가한 것으로 볼 수 있다.

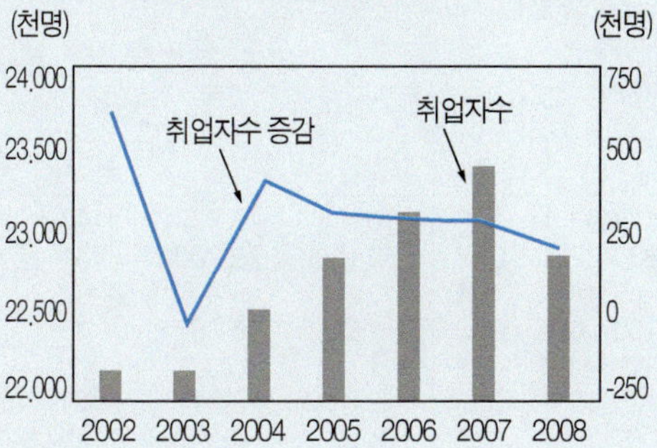

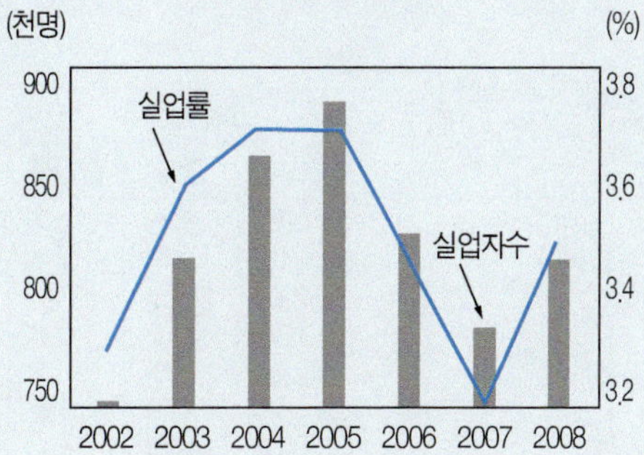

그러나 "조사대상 기간 동안 한 주일에 수입을 얻기 위해 1시간 넘게 일한 적이 있습니까?", "지난 한 주일 동안 일자리를 찾아본 적이 있습니까?"라는 질문을 통해서 실업에 대한 자료를 수집하고 있기 때문에 실업통계를 작성할 때 상당한 정도의 자의성이 끼어들 수 있다는 문제가 있다. 또한 일자리를 찾으려고 노력해오다가 결국 포기하고 만 사람들인 실망실업자(discouraged worker)는 실질적으로 실업의 상태에 있는데도 통계에서는 제외하여 처리되고 있는 점도 문제로 지적되고 있다.

실망실업자
일자리를 찾으려고 노력해오다가 결국 포기하고 만 사람

2. 실업의 형태

2.1. 경기적 실업

실업은 발생 원인에 따라서 몇 가지 유형으로 분류할 수 있다. 먼저 경기변동 때문에 발생하는 실업을 경기적 실업(cyclical unemployment)이라고 한다. 지금까지의 설명에서 등장했던 실업은 경기적 실업에 해당한다. 일반적으로 정부의 경제안정정책은 경기적 실업을 줄이는 데 주요 관심을 둔다.

경기적 실업
경기변동 때문에 발생하는 실업

참고 한국의 최근 고용동향

2023년 중 경제활동인구는 29,203천명이며, 그중 남성 경제활동인구는 16,386천명으로 10천명(0.1%) 증가했으며 여성은 12,817천명으로 271천명(2.2%) 증가했다. 또한 경제활동참가율은 64.3%로 매년 증가하고 있는 상황이다. 주목할 만한 것은 남성의 경제활동참가율은 0.2% 감소한 반면에 여성의 경제활동참가율은 1.0% 늘어나 증가세가 지속되고 있다.

(2023년 연간 고용동향)

(단위: 천명, %, %p, 전년대비)

	2021			2022			2023		
		증감	증감률		증감	증감률		증 감	증감률
◉ 15세이상인구	45,080	295	0.7	45,260	180	0.4	45,407	147	0.3
▣ 경제활동인구	28,310	298	1.1	28,922	612	2.2	29,203	281	1.0
(참가율)	(62.8)	(0.3)		(63.9)	(1.1)		(64.3)	(0.4)	
■ 남 자	16,124	119	0.7	16,376	252	1.6	16,386	10	0.1
(참가율)	(72.6)	(0.0)		(73.5)	(0.9)		(73.3)	(−0.2)	
■ 여 자	12,186	179	1.5	12,546	360	3.0	12,817	271	2.2
(참가율)	(53.3)	(0.5)		(54.6)	(1.3)		(55.6)	(1.0)	
○ (15세이상) 고용률	60.5	0.4		62.1	1.6		62.6	0.5	
■ 15~64세 고용률	66.5	0.6		68.5	2.0		69.2	0.7	
○ 취 업 자	27,273	369	1.4	28,089	816	3.0	28,416	327	1.2
■ 농림어업	1,458	13	0.9	1,526	67	4.6	1,513	−13	−0.8
■ 광공업	4,380	−9	−0.2	4,512	133	3.0	4,468	−44	−1.0
■ 제조업	4,368	−8	−0.2	4,503	135	3.1	4,461	−43	−0.9
■ 건설업	2,090	74	3.7	2,123	33	1.6	2,114	−9	−0.4
■ 도소매·숙박음식점업	5,451	−197	−3.5	5,495	44	0.8	5,572	77	1.4
■ 전기·운수·통신·금융	3,358	177	5.6	3,490	132	3.9	3,553	63	1.8
■ 사업·개인·공공서비스 등	10,536	310	3.0	10,944	407	3.9	11,197	253	2.3
■ 상용근로자	14,887	366	2.5	15,692	805	5.4	16,170	478	3.0
■ 임시근로자	4,634	152	3.4	4,678	43	0.9	4,617	−61	−1.3
■ 일용근로자	1,231	−96	−7.3	1,132	−100	−8.1	1,042	−90	−8.0
■ 고용원 있는 자영업자	1,307	−65	−4.7	1,365	58	4.5	1,420	54	4.0
■ 고용원 없는 자영업자	4,206	47	1.1	4,267	61	1.4	4,269	3	0.1
■ 무급가족종사자	1,007	−35	−3.3	955	−52	−5.1	899	−56	−5.9
○ 실 업 자	1,037	−71	−6.4	833	−205	−19.7	787	−46	−5.5
실 업 률	3.7	−0.3		2.9	−0.8		2.7	−0.2	
■ 남 자	576	−48	−7.7	447	−129	−22.4	434	−14	−3.0
실업률	3.6	−0.3		2.7	−0.9		2.6	−0.1	
■ 여 자	461	−23	−4.8	385	−76	−16.4	353	−32	−8.4
실업률	3.8	−0.2		3.1	−0.7		2.8	−0.3	
■ 중졸이하	160	−8	−4.9	120	−40	−25.0	110	−10	−8.5
(실업률)	(4.1)	(−0.1)		(3.1)	(−1.0)		(3.0)	(−0.1)	
■ 고 졸	423	−48	−10.3	336	−87	−20.5	299	−37	−11.1
(실업률)	(4.0)	(−0.5)		(3.1)	(−0.9)		(2.8)	(−0.3)	
■ 대졸이상	454	−14	−3.0	377	−78	−17.1	378	2	0.4
(실업률)	(3.3)	(−0.2)		(2.6)	(−0.7)		(2.6)	(0.0)	
▣ 비경제활동인구	16,770	−3	0.0	16,339	−432	−2.6	16,204	−134	−0.

자료: 통계청 보도자료(2023년 연간 고용동향)

2.2. 마찰적 실업

더 좋은 직장을 찾기 위해서 잠시 직장을 그만둔 경우나 졸업한 지 얼마 되지 않는 사람이 마음에 맞는 일자리를 찾기 위해서 여러 직장을 옮겨 다니는 과정에서 발생하는 실업을 **마찰적 실업**(frictional unemployment)이라고 한다. 마찰적 실업은 완전히 없애기 힘들 뿐 아니라 그렇게 하는 것이 바람직하지도 않다. 왜냐하면 개인의 선택에 의한 것이라는 자발적 실업의 성격을 지니고 있기 때문에, 어떤 경제에 마찰적 실업만이 존재하고 있다면 완전고용이 이루어진 상태라고 볼 수 있다. 여기서 말하는 완전고용은 실업자가 하나도 없는 상태를 의미하는 것이 아니고, 어느 정도의 자발적인 요인에 의한 마찰적 실업은 존재하는 상태이다.

마찰적 실업
마음에 맞는 일자리를 찾기 위해서 여러 직장을 옮겨 다니는 과정에서 발생하는 실업

2.3. 구조적 실업

경제발전, 소득증대에 따른 수요구조의 변화나 기술혁신, 산업구조의 고도화에 따른 공급구조의 변화로 인해서 어떤 산업에서 노동 수요가 줄어들거나 어떤 산업이 사양화되어 생기는 실업이 **구조적 실업**(structural unemployment)이다. 구조적 실업은 원인이 산업구조의 변화나 제도적 요인에 있기 때문에 경기와 무관하다. 경기가 아무리 좋더라도 사양산업이 없어질 수 없고 기술진보에 따라 어쩔 수 없는 측면이 있기 마련이다. 그러나 직업교육이나 재훈련을 통해서 구조적 실업은 어느 정도 해소될 수 있다.

구조적 실업
산업구조와 같은 경제구조의 변화로 인해서 발생하는 실업

참고 고용 없는 성장

최근에는 경제성장을 이루었으나 고용은 별로 늘지 않는 경우를 볼 수 있다. 이를 '고용 없는 성장(jobless growth)'이라고 한다. 이러한 현상이 나타난 이유에 대해서 기업들이 비용절감을 위해 생산시설을 해외로 이전하기 때문이라는 주장과, 정보통신기술을 중심으로 생산에 투입되는 인력이 오히려 감소하기 때문이라는 주장이 있다. 이를 측정하기 위해서 경제성장에 따른 취업자 증가율을 의미하는 고용탄력성을 사용하는데, 1997년까지 고용탄력성이 0.33을 유지했으나, 2001년에는 0.16으로 하락하였다. 즉 고용 없는 성장으로 진입했음을 의미한다. 고용 없는 성장의 원인은 다양하지만 산업구조나 생산방식의 변화가 가장 큰 원인이라고 할 수 있다.

3. 비자발적 실업과 노동시장

3.1. 임금의 경직성과 비자발적 실업

경기적 실업이나 구조적 실업 같은 비자발적 실업(involuntary unemployment)이 차지하는 비중은 무시하지 못할 정도로 크다. 〈그림 15-3〉을 보면 노동시장은 수요곡선과 공급곡선이 교차하는 E점에서 균형을 이루고, 그때의 균형임금은 w^*이다. 그런데 최저임금제도나 노동조합으로 인해 임금이 균형임금(w^*) 수준보다 높은 w'의 수준으로 결정되었다면 선분 L_1L_2의 길이에 해당하는 초과공급이 발생하게 되는데 바로 이 부분이 비자발적 실업을 의미한다.

3.2. 효율임금이론

효율임금이론
임금을 올려주면 노동자의 생산성이 향상된다는 이론

전통적인 경제이론은 임금의 크기는 근로자의 생산성이 높고 낮음에 따라 달라진다고 본다. 그러나 높은 임금을 주면 생산성이 높아질 수 있다는 반대의 과정을 제시한 것이 **효율임금이론**(efficiency wage theory)이다. 이 이론은 근로자의 생산성이 임금수준에 의해 영향을 받는다는 사실에 입각해 임금이 쉽게 하락하지 않는 현상을 일부 설명할 수

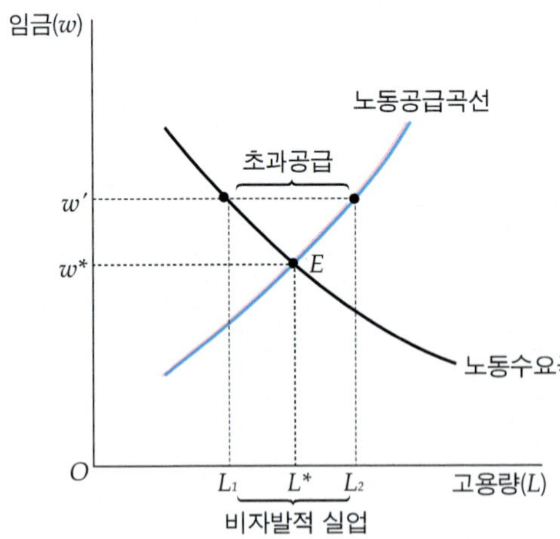

그림 15-3
비자발적 실업

있다.

임금이 생산성에 영향을 준다고 볼 수 있는 이유는, 기업의 입장에서 보면 높은 임금은 근로자들의 도덕적 해이(moral hazard)와 태만을 막는 기능을 함으로써 생산성을 높인다는 데 있다. 또한 기업이 임금을 낮추면 가장 능력 있는 근로자와 오랫동안 일한 경험근로자들부터 먼저 회사를 그만둘 가능성이 크기 때문이다.

참고 **취업에 관한 질문들**

Q1: 1주일에 1시간만 일해도 취업자인가?

국제노동기구(ILO: International Labour Organization)에서는 취업자의 정의를 "수입을 목적으로 조사대상 주간(1주) 동안 1시간 이상 일한 사람"이라고 밝히고 있다. 일반적으로 취업자라고 하면 대기업에 다니거나 자기 사업을 하면서 주 5일 이상 근무를 하는 사람을 떠올리기 쉬운데, ILO 기준에 따르면 근로형태를 가리지 않고 수입을 목적으로 1주 동안 1시간 이상 일했다면 모두 취업자이다.

Q2: 취업기준은 왜 1시간인가?

기본적으로 경제활동인구조사는 경제정책에 필요한 거시경제지표를 만들어내는 통계조사이기 때문이다. 한 나라의 총생산을 측정하기 위해서는 취업자수와 근로시간에 기초한 총노동투입량이 필요한데, 이를 계산하기 위해서는 수입을 목적으로 1시간 이상 수행된 모든 일이 파악되어야 한다. 특히 고용상황이 변하면서 단시간 근로, 부정기 근로, 교대 근로 등 다양한 취업형태가 나타나므로 이러한 형태의 취업을 모두 포함하기 위해서는 수입을 목적으로 1시간 이상 일한 모든 사람을 취업자로 파악할 필요가 있다.

Q3: 일을 하지 않는 사람은 모두 실업자인가?

ILO에서는 실업자를 지난 1주 동안 일을 하지 않았고(Without work), 일이 주어지면 일을 할 수 있고(Availability for work), 지난 4주간 적극적인 구직활동을 수행(Seeking work)한 사람이라고 정의하고 있다. 또한 일자리를 구하려는 의중(意中)만 있다고 해서 실업자가 되는 것이 아니라 반드시 실제 활동(Activity principle)이 뒷받침되어야 한다. 따라서 아무런 구직활동도 하지 않고 막연히 쉬고 있는 사람이라면 경제활동인구조사에서는 실업자로 파악되지 않는다. 따라서 주변에서 흔히 볼 수 있는 취업을 준비하는 사람이나, 아르바이트를 하는 사람, 은퇴 후 쉬고 있는 사람 등은 주관적으로 자신을 실업자라고 생각할 수 있으나, 이러한 사람들은 국제기준에 따른 실업자 요건 세 가지를 갖추지 못해 경제활동인구조사에서는 실업자로 분류되지 않는다. 통계청에서는 다양한 고용상황을 파악할 수 있도록 취업준비자와 단시간 취업자, 구직 단념자, 쉬었음 인구 등 다양한 보조지표를 생산하여 제공하고 있다.

Q4: 학생이 아르바이트를 하면서 입사원서도 냈다면 취업자인가, 실업자인가?

학교를 다니는 학생이므로 비경제활동인구이기도 하고, 아르바이트를 하고 있으므로 취업자의 정의에도 부합된다. 또한 입사원서도 제출한 것으로 볼 때 구직활동을 수행한 실업자라고도 볼 수 있다. ILO에서는 이렇게 복수의 활동상태를 가진 사람이 취업자, 실업자, 비경제활동인구 중 반드시 하나의 활동상태에만 배타적으로 귀속되도록 우선성 규칙(Priority rule)을 적용하도록 하고 있다. 우선성 규칙은 노동력조사에서 경제활동상태가 취업인 사람을 먼저 파악하고, 나머지 사람들 중에서 실업자를 파악한 뒤 마지막으로 남은 사람들을 비경제활동인구로 간주하는 규칙이다. 그 결과 항상 취업자를 실업자와 비경제활동인구보다 우선적으로 파악하고, 실업자는 비경제활동인구보다 우선적으로 파악하게 된다. 따라서 사례에서처럼 아르바이트를 하고 있다면 그 사람이 학교를 다니고 있든지 또는 구직활동을 하고 있든지 상관없이 취업자가 되는 것이다. 이 규칙 때문에 우리나라에 거주하는 15세 이상 모든 인구는 빠짐없이 취업자, 실업자, 비경제활동인구 중 하나의 활동상태를 가지게 된다.

Q5: 고용지표에 계절성이 있다는데 무슨 말인가?

취업자, 실업자, 비경제활동인구와 같은 고용지표들이 경기적 요인에 따라 변동하기도 하지만, 계절적 요인, 불규칙 요인 등 비경기적 요인에 따라서도 변동하므로 이를 해석할 때는 이러한 점을 모두 감안해야 한다. 경제활동인구조사에서는 매월 조사대상 주간 동안의 실제 활동상태를 측정하기 때문에 농번기(4~10월)에는 농림·어업 취업자수가 증가하고, 농한기(11~3월)에는 농림·어업 취업자수가 감소하는 경향이 있다. 전체 취업자수도 이러한 농림·어업 취업자수와 같이 계절적으로 변동하는 취업자수의 영향을 받아 변동하게 된다. 실업자수도 졸업과 각종 채용시험 등으로 인해 사람들의 구직활동이 활발해지는 1~3월에 크게 증가하는 경향을 보인다.

이처럼 우리나라 고용지표들은 계절에 따라 변동성이 크므로 단지 전월에 비해 취업자수나 실업자수가 증가 또는 감소했다고 해서 이를 경기상승 또는 경기둔화로 보는 것은 지표의 의미를 잘못 해석하는 것이다. 그러므로 고용지표는 전년동월 대비 지표의 변화를 보는 것이 일반적이다. 다만 전년동월 대비 지표의 변화는 전년동월의 지표수준에 영향을 받기 때문에 최근의 경기동향을 분석하는 데 한계가 있을 수 있다. 만약 최근의 경기동향을 분석하기 위해 지표를 전월과 비교할 필요가 있는 경우에는 원지표가 아닌 계절성을 제거한 계절조정지표를 통해 비교하는 것이 바람직하다. 물론 계절조정지표도 공통적인 계절성만이 제거된 것일 뿐 천재지변과 같은 불규칙 요인까지 제거된 것이 아니기 때문에 해석에는 역시 신중할 필요가 있다.

Q6: 기저효과란 무엇인가?

기저효과(Base effect)란 지표를 평가하는 데 있어 기준시점과 비교시점의 상대적 차이에 따라 그 결과값이 실제보다 왜곡되어 나타나는 현상을 말한다. 예를 들면, 2012년 1월에 농림·어업 취업자수가 전년동월에 비해 급증했는데, 이는 2011년 1월에 구제역과 추운 날씨로 인해 농림·어업 취업자수가 급감했던 것이 원인이 되어 2012년 1월에는 상대적으로 농림·어업 취업자수가 보다 많이 증가한 것처럼 나타난바, 이것은 기저효과의 영향으로 볼 수 있다. 따라서 현재의 고용지표가 기준시점의 지표에 비해 뚜렷한 요인 없이 급증하거나 급감한 경우에는 기저효과의 영향이 없었는지를 함께 고려해 지표를 해석하는 것이 바람직하다.

자료: 통계청 고용동향, 2013.6

4. 자연실업률

4.1. 자연실업률의 의미

자연실업
근로자들이 마음에 드는 일자리를 얻기 위해 옮겨 다니는 과정에서 발생하는 실업으로, 마찰적 실업이 대표적인 예

자연실업(natural unemployment)이란 근로자들이 마음에 드는 일자리를 얻기 위해 옮겨 다니는 과정에서 발생하는 실업이다. 사람들이 일자리를 얻고 잃는 과정이 반복되는 동태적(dynamic) 과정에서 발생하는 실업으로, 앞에서 언급한 마찰적 실업이 대표적인 예이다. 새로 직업을 얻거나 바꾸는 과정에서 일시적으로 생기는 실업이기도 하다. 학교를 졸업하여 새로 노동시장에 들어오는 신규노동자, 출산 후에 재취업을 희망하는 여성 등 재편입하는 노동자, 그리고 전직 노동자들이 아직 취업하지 못한 경우

가 여기에 속한다.

자연실업률은 식당 앞에 줄 서 있는 사람들에 비유할 수 있다. 줄의 길이는 실업자의 수를 의미한다. 새롭게 줄 서는 사람이 늘면 줄은 길어지고, 배식을 받는 속도가 빨라지면 줄은 짧아지게 된다. 이때 줄은 계속 존재하지만 줄을 서서 기다리는 사람의 수는 별로 달라지지 않는 것을 알 수 있다. 자연실업률이란 이처럼 줄에서 빠져나가는 사람과 새롭게 줄 서는 사람의 수가 동일해져 줄의 길이가 일정하게 유지되는 경우를 말한다. 줄이 아예 없어지지 않는 것처럼 자연실업률은 0%가 될 수 없다.

4.2. 실업보험과 자연실업률

자연실업률은 마찰적 실업만 존재하는 상태에서의 실업률을 뜻하므로, 마찰적 실업의 증감에 따라 자연실업률도 함께 높아지거나 낮아진다. 마찰적 실업은 여러 가지 제도적 요인에 의해 영향을 받는데, 그 대표적인 것이 바로 실업보험(unemployment insurance) 제도이다. 지난 20여 년 동안 유럽 여러 나라의 자연실업률이 크게 상승한 데 대해 실업보험제도의 확충이 주요한 원인으로 지적되고 있다. 보통 선진국은 자연실업률이 5% 수준이며 우리나라는 3% 수준이다. 우리나라의 자연실업률은 직업소개기관이 잘 발달되어 있지 못하기 때문에 다른 일자리를 구하기 쉽지 않다는 사실과 실업보험의 존재여부가 원인이다.

결국 자연실업률이 낮다는 사실은 근로자들이 처해 있는 제도 여건이 그만큼 나쁘다는 뜻으로 해석 가능하기 때문에, 자연실업률이 낮다는 사실이 반드시 바람직한 것만은 아니라고 지적하기도 한다.

4.3. 자연실업률의 차이

자연실업률은 국가마다 차이가 난다. 실증분석에 의하면, 일본의 자연실업률은 미국의 자연실업율의 1/3 정도로, 그 차이는 취업의 흐름과 관계가 있다. 24세 근로자의 경우 미국에서는 평균 4곳 이상의 직장을 경험하는 반면에 일본은 2곳뿐이다. 그리고 64세 근로자의 경우 미국은 평균 11곳, 일본은 5곳 미만의 직장을 경험한다. 근로자들을 직장에 머물게 하기 위한 방법으로 일본 기업은 근속연수에 따라 임금을 높여주고, 대규모의 일시불 퇴직금을 지급하고 있는데 상대적으로 노동시장의 흐름이 경직적이기 때문이다. 그러나 앞으로는 경쟁도 치열해지는 데다 평생고용은 과도한 비용을 희생해야 하므로 일본도 자연실업률이 증가할 것으로 보인다.

또한 자연실업률은 한 나라 안에서도 연령별, 성별, 교육수준별로 상당한 차이가 있다. 청소년의 자연실업률이 중·장년층에 비해 상대적으로 더 높고, 여성 근로자의 자연실업률은 남성의 경우보다 높지만 그래도 비교적 낮은 수준이다. 그 이유는 실망실업자로서 실업자 통계에서 빠져 있기 때문이다.

5. 인플레이션의 개념과 원인

인플레이션
물가 수준의 지속적 상승

인플레이션(inflation)이란 물가 수준의 지속적 상승을 말한다. 물가는 여러 상품의 가격들로 이루어져 있기 때문에 물가가 상승할 때 어떤 상품의 가격은 하락할 수도 있다. 인플레이션이 일어난다는 것은 화폐의 상품구매력이 떨어진다는 것을 의미한다. 소비자물가가 10% 상승하게 되면 평균적으로 말해 가격이 1,000원인 상품을 1,100원 주어야 구입할 수 있다는 것을 의미한다.

수요견인 인플레이션
수요 측면의 원인으로 인해 발생하는 인플레이션

비용인상 인플레이션
공급 측면의 원인으로 인해 발생하는 인플레이션

인플레이션은 어떤 원인에 의해 발생하는 것일까? 총수요-총공급 모형은 인플레이션이 발생하는 원인을 설명하는 데 매우 적합한 분석틀이 될 수 있다. 총수요가 증가하거나 총공급이 감소하는 것이 물가상승의 원인이 될 수 있는데, 수요 측면의 원인에 의해서 인플레이션이 발생하는 경우를 **수요견인 인플레이션**(demand-pull inflation)이라 하고, 생산비용이 반영된 공급 측면의 원인에 의해서 인플레이션이 발생하는 경우를 **비용인상 인플레이션**(cost-push inflation)이라고 한다. 그리고 두 가지 원인이 혼재되어 발생

참고 **디플레이션과 인플레이션**

인플레이션은 물가의 움직임을 설명하는 용어로 물가수준이 지속적으로 상승하는 현상이다. 물가의 지속적인 상승이란 물가변동률이 양(+)의 값을 가지면서 큰 폭으로 상승하는 경우를 말한다. 반면에 디플레이션은 물가가 지속적으로 하락하는 상황으로, 물가가 하락하기 위해서는 물가변동률이 음(−)의 값을 가져야 하므로 음의 인플레이션이라고도 한다. 한편 디스인플레이션(disinflation)은 물가변동률이 하락한다는 점에서 디플레이션과 유사하지만, 변동률은 여전히 양(+)의 값을 유지하고 있다는 점에서 디플레이션과 차이가 있다.

하는 경우를 혼합형 인플레이션이라고 한다.

혼합형 인플레이션
수요 측면과 공급 측면의 원인이 혼재되어 발생하는 인플레이션

5.1. 수요견인 인플레이션

(1) 과도한 통화증가

통화 공급이 증가하면 총수요곡선이 오른쪽으로 이동하여 물가는 상승하게 된다(〈그림 15-4〉 참조). 프리드만(M. Friedman)은 "인플레이션은 언제나 어디서나 화폐적인 현상이다"라고 지적하여 급격한 통화증가는 급격한 인플레이션을 야기한다고 했다. 각국의 역사적 경험에 비추어 볼 때 장기에 통화가 인플레이션과 밀접한 양(+)의 상관관계를 지니고 있기 때문에, 안정적인 통화공급이 인플레이션을 방지할 수 있는 적절한 정책이라고 하겠다.

(2) 재정확대정책

정부가 지출을 확대하거나 세율을 인하하는 재정확대정책은 총수요곡선을 오른쪽으로 이동시켜 수요견인 인플레이션을 일으킨다. 따라서 단기의 경기침체를 부양하기 위한 재정정책에는 정부의 지출을 늘리는 방법과 세금을 줄이는 방법이 있다. 단기의 인플레이션을 어느 정도 감수하면서 국민소득의 증대를 위해 사용되는 정책이기도 하다.

그림 15-4

수요견인 인플레이션

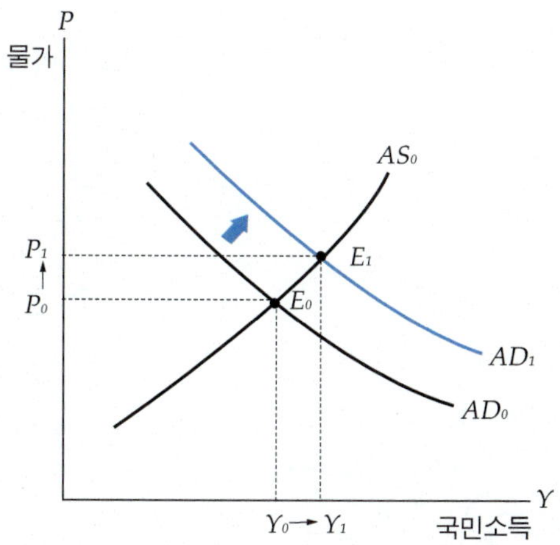

(3) 수요충격

수요충격
소비나 투자 혹은 정책의 변동으로 총수요가 예기치 않게 변동하는 것

수요충격(demand shock)이란 소비나 투자 혹은 정책의 변동으로 총수요가 예기치 않게 변동하는 것이다. 예를 들면 갑작스럽게 과소비현상이 발생하거나, 기업가의 동물적인 본능(animal spirit)으로 반도체와 같은 첨단산업에 대규모로 투자할 것을 결정하는 경우, 혹은 중앙은행이 통화공급을 10%만 증가시킨다고 공표를 하고 실제로는 20%로 갑작스럽게 증가시켜서 사람들이 앞으로 물가가 상승할 것이라는 기대심리를 형성해 가수요가 증가하는 경우 등을 말한다. 수요를 증가시키는 방향으로 수요충격이 일어나면 총수요곡선이 우측으로 이동하게 되고 예상치 못한 인플레이션이 발생한다.

5.2. 비용인상 인플레이션

총공급곡선은 모든 기업들의 한계비용곡선과 밀접한 관계를 지니고 있기 때문에 생산요소의 비용이 변하게 되면 곡선 자체가 이동하게 된다. 생산요소비용의 증가는 기업들의 공급가격을 높이게 되고, 총공급곡선(AS)은 상방으로 이동하여 물가가 상승하게 된다(〈그림 15-5〉 참조). 1973년과 1979년 두 차례에 걸친 오일쇼크로 원유 가격이 급격하게 오르자 전 세계는 높은 인플레이션을 경험하게 되었다. 이러한 예상치 못한 공급충격과 자동차, 철강 등의 기간산업에서의 노동조합의 임금인상 요구는 제품가격의 인상으

그림 15-5

비용인상 인플레이션

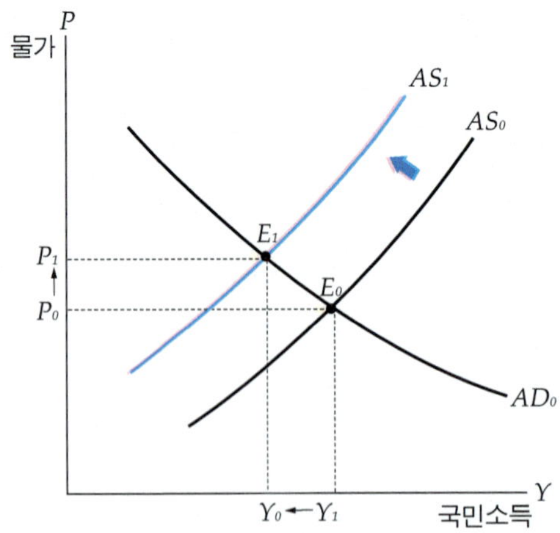

로 이어져 공급 측면의 인플레이션을 야기한다.

5.3. 혼합형 인플레이션

일반적으로 인플레이션은 수요 측면과 공급 측면이 같이 작용하는 경우가 많다. 자원파동으로 인한 비용인상과 노동조합의 과도한 임금인상의 요구는 비용 측면에 부담을 주어 비용인상 인플레이션을 야기한다. 앞서 살펴본 바와 같이 비용인상 인플레이션은 생산량의 감소, 실업률의 증가와 더불어 물가도 상승하는 **스태그플레이션**(stagflation)을 야기하게 된다. 이때 정부가 실업의 감소를 억제하기 위해서 확대재정정책을 실시하면, 그 결과 총수요를 우측으로 이동시키게 되어 물가는 더욱 상승하게 된다. 문제는 여기서 그치는 것이 아니라 물가의 인상은 다시 임금의 상승으로 이어져 또다시 물가가 인상되는 악순환이 발생하게 된다는 데 있다. 이렇게 인플레이션이 혼합적으로 발생하여 임금인상이 물가상승으로 이어지고 다시 더 높은 임금인상과 물가상승으로 연결되는 과정을 임금·물가 악순환(wage-price spiral)이라고 한다.

스태그플레이션
실업과 인플레이션이 동시에 발생하는 상황

참고 애그플레이션

영국의 경제주간지 The Economist는 "지난 30년간 지속된 '값싼 농산물 시대'는 종말을 고했다"며 전 세계적으로 애그플레이션(agflation)이 발생할 위험이 있다고 경고했다. 애그플레이션이란 농업(agriculture)과 인플레이션(inflation)을 합친 신조어로 농산물 가격 상승이 주도하는 물가상승을 말한다. 2007년 12월 밀 가격은 1톤당 400달러를 넘어서 사상 최고가 기록을 연일 갈아치웠고, 쌀값은 20년 만에 최고치에 근접했다. 옥수수 역시 2년 사이 두 배나 값이 오르면서 사상 최고가 경신을 눈앞에 두었다. 영국의 경제주간지 The Economist가 발표하는 세계식품가격지수는 2007년 12월 1년 사이 3분의 1이나 상승해 1845년 이 지수가 처음 도입된 이후 최고치를 기록했다.

최근 곡물가격의 상승을 촉발시킨 원인은 두 가지로 볼 수 있다. 첫 번째는 중국과 인도의 소득증가이다. 식용곡물의 소비량은 대체로 인구 증가에 비례하는데 지난 수십년간 별다른 변화가 없다가 중국과 인도의 경제붐이 계속되면서 육류 소비가 급증하기 시작했다. 평균적인 중국인의 연간 육류소비량은 1985년 연간 20㎏에서 최근에는 연간 50㎏으로 늘었다. 같은 열량(calorie)을 내는 데 육류는 빵이나 쌀에 비해 훨씬 많은 곡물이 필요하다. 1㎏을 생산하는 데 돼지고기는 3㎏, 쇠고기는 8㎏의 곡물이 들어간다. 육류 소비는 곡물의 3~8배와 동등한 수준이다. 두 번째는 미국의 바이오 에너지 정책이다. 미국 정부의 에탄올 지원에 힘입어 식용 및 사료용 옥수수가 대거 연료용으로 전환되었는데, 여기에 쌀이나 밀 등 다른 작물의 경작지마저 옥수수밭으로 바뀌고 있다. 여타 곡물까지 연쇄적인 품귀현상이 빚어진 이유다. 결국 미국의 바이오 에너지 정책이 애그플레이션의 직접적인 진원지인 셈이다. 이렇게 만든 에탄올은 비효율의 극치다. 레저용차량(SUV) 연료통을 에탄올로 가득 채우는 데 필요한 곡물은 성인 남자가 1년간 먹고도 남는 양이기 때문이다. 애그플레이션으로 인해 우리 식탁의 밀가루와 식용유 값이 급등하고 우유와 치즈 값이 오르게 된다.

6. 인플레이션의 영향

인플레이션이 문제가 되는 것은 이로 인해 소득의 실질구매력이 감소하기 때문이라고 생각하는 사람이 많이 있다. 그렇지만 상품들의 가격이 전반적으로 상승하는 과정에서 노동이라는 상품의 가격을 뜻하는 임금(wage) 역시 함께 오르는 것이 보통이다. 이때 인플레이션의 영향을 미리 예상을 했는지 혹은 하지 못했는지가 중요하다. 예상된 인플레이션과 예상치 못한 인플레이션의 사회적 비용이 다르기 때문이다.

6.1. 예상된 인플레이션의 경우

완벽하게 예상된 인플레이션의 경우에 발생하는 사회적 비용은 지극히 미미하다. 일반적으로 예상되는 충격에 대해서는 사람뿐만 아니라 경제도 미리 어느 정도 대비를 할 수 있기 때문이다.

(1) 피셔 방정식

완벽하게 예상된 인플레이션의 경우, 앞으로 물가가 오를 것을 예상하는 근로자들은 실질임금의 하락을 막기 위해 임금인상을 요구하고 기업도 이를 수용하게 된다. 가격을 똑같은 비율로 올려 전가할 수 있기 때문이다. 따라서 예상된 인플레이션은 기업이나 근로자 어느 누구에게도 별다른 비용을 초래하지 않는다. 채권자와 채무자의 관계에서도 마찬가지이다. 이때 명목이자율(nominal interest)은 실질이자율(real interest rate)에 예상된 물가상승률을 더한 값과 같아지는 경향이 있는데 이러한 관계를 **피셔 방정식**(Fisher equation)이라고 한다. 즉,

피셔 방정식
명목이자율 = 실질이자율 + 예상된 물가상승률

명목이자율=실질이자율+예상된 물가상승률

명목이자율이란 은행예금에 붙는 화폐단위로 측정한 이자율을 말한다. 은행에 100만원을 예금했는데 1년 뒤에 110만원을 되돌려 받았다고 하면 이때 10%가 명목이자율이

다. 한편 실질이자율은 실물재화를 단위로 측정한 이자율을 말한다. 컴퓨터를 100대 빌려주었는데 1년 후에 110대를 되돌려 받는다고 하면 이때 10%는 실질이자율이 된다.

만일 명목이자율이 21%이고 인플레이션율이 10%인 경우 현재 100만원을 가진 사람은 얼마의 이자를 실질적으로 얻게 될 것인가를 생각해보자. 현재 100만원을 가지고 100만원짜리 컴퓨터를 1대 구입할 수 있다. 100만원을 은행에 예금하면 명목이자율이 21%이므로 121만원을 얻게 된다. 인플레이션율(10%)을 적용하면 컴퓨터의 가격은 110만원으로 올랐기 때문에 121만원은 컴퓨터 1대와 11만원을 얻는 셈이 된다. 이때 11만원은 110만원으로 오른 컴퓨터 1대의 10%에 해당하므로 실질적 의미에서 이자율은 명목이자율에서 인플레이션율을 뺀 10%가 된다.

이와 같이 경제의 모든 부분에서 예상된 인플레이션에 대한 조정이 행해지고 있다면, 인플레이션은 경제에 아무런 실질적 변화를 가져다주지 않게 된다. 명목임금이나 명목이자율 같은 명목변수(nominal variables)에만 영향을 줄 뿐, 고용량, 실질소득, 실질이자율 등의 실물변수(real variables)에는 아무 영향을 미치지 않게 된다면 예상된 인플레이션의 사회적 비용이 별로 크지 않을 것이다.

그림 15-6

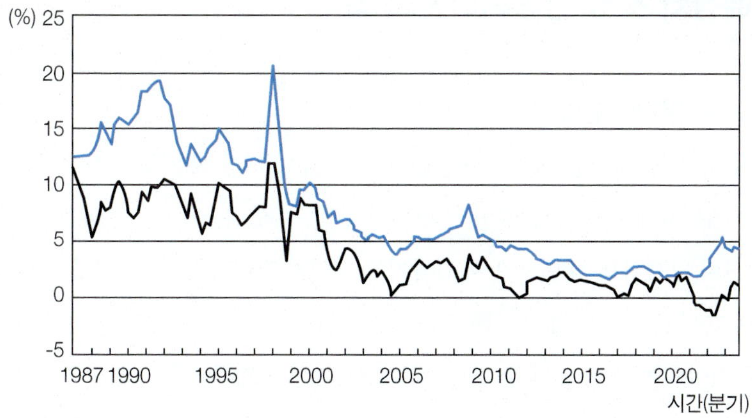

명목이자율과 실질이자율

주: 명목이자율=3년 만기 회사채 금리(AA− 등급),
실질이자율=명목이자율−소비자물가지수 상승률

(2) 메뉴비용과 구두창비용

완벽하게 예상된 인플레이션의 경우라 하더라도 여러 특성 때문에 어떤 사람에게는 비용을 초래할 수 있다. 예를 들어 누진적인 소득세의 경우를 살펴보자. 비록 인플레이션 때문에 명목소득이 증가했을 뿐 실질소득에는 아무 변화가 없는 경우에도 세금부과 구간이 상승하게 되어 더 많은 세금을 내야 하기 때문에 실질가처분소득은 줄어들 수 있다.

메뉴비용
가격변동으로 음식점의 메뉴판을 바꾸는 데 따른 비용
구두창비용
은행에 가는 과정에서 구두의 밑창이 닳아 발생하는 비용

예상된 인플레이션이 초래하는 또 다른 종류의 사회적 비용으로 '**메뉴비용**(menu cost)'이라고 불리는 것과 '**구두창비용**(shoe leather cost)'이라고 불리는 것을 들 수 있다. 물가가 뛸 것이라고 예상하는 사람들은 가능한 한 현금 보유를 줄이고 은행에 예금해두기 때문에 은행에 더욱 자주 찾아가야 한다. 이 과정에서 교통비와 보이지 않는 시간과 같은 거래비용이 발생하게 되는데 구두창이 닳아서 교체해야 하는 비용이 증가한다는 의미에서 구두창비용이라고 이름이 붙여졌다. 또한 음식점은 물가가 변함에 따라서 메뉴판의 음식 가격을 계속 바꾸어주어야 하는데 이러한 과정도 마찬가지로 비용이 들고 귀찮은 일이기 때문에 꺼리는 경향이 있다. 메뉴판을 갈아야 하는 비용을 은유적으로 메뉴비용이라고 한다. 그러나 이러한 비용들은 사소한 것들이라고 볼 수 있다.

6.2. 예상치 못한 인플레이션의 경우

(1) 소득재분배 효과

예상치 못한 인플레이션은 생산과정을 통하지 않고 여러 사람들 사이에서 뜻하지 않게 소득이 재분배되는 결과를 빚어 문제를 일으킬 수 있다. 채권자와 채무자 사이에서 인플레이션이 발생하면 채무자가 유리해지고 채권자가 불리해질 수 있다. 극단적인 예로 30년 전 10만원이라면 매우 큰돈이었는데, 그 돈을 지금 갚는다고 하면 갚아야 할 부담은 매우 작아지는 것을 쉽게 알 수 있다. 또한 고정된 명목임금을 받고 있는 노동자와 고정된 연금을 받아 생활하는 사람의 경우도 인플레이션이 예상치 못하게 높게 발생하면, 화폐가치의 구매력 하락으로 인해 상대적으로 손해를 보게 된다.

(2) 장기계약의 불확실성

예상하지 못한 인플레이션과 같은 불확실성은 채권자와 채무자 사이에 장기계약(long-term contract)이 체결되기 어렵게 만든다. 왜냐하면 장기계약의 불확실성이 증가하기 때문이다. 불확실성이 높다는 것은 위험(리스크)이 높아져 미래에 대한 예측이 보다 어렵다는 것을 의미하기 때문에 금융기관이나 기업 모두 단기계약을 선호해 단기대출만 이루어진다.

(3) 투기의 성행과 경상수지 적자

예상치 못한 인플레이션이 더 빠른 속도로 진행될수록 각 상품 사이의 가격상승률 격차가 더욱 커지는 경향이 있고, 그 결과 부동산, 골동품, 금 등에 대한 투기가 성행하는 경우를 경험적으로 많이 볼 수 있다. 이러한 투기적인 형태는 공장이나 기계설비를 구입하는 경우에 비해서 비생산적인 것이다. 따라서 생산적인 투자에서 비생산적인 투기로 자원이 이동하게 되면 경제의 생산능력은 줄어들고, 자원배분은 비효율적이 된다. 또한 인플레이션이 발생하면 외국 상품에 비해 국내 상품이 상대적으로 더 비싸지기 때문에 수출의 감소와 수입의 증가를 유발하여 단기적인 경상수지 적자가 발생할 수 있다.

6.3. 인플레이션 조세

정부가 재원조달을 위해 돈을 더 찍어낸다 해서 실제로 재정수입이 증가한다는 보장이 없고 실질가치로 평가한 재정수입은 오히려 감소할 수 있다. 그러나 화폐를 더 찍어내 인플레이션이 발생하면 민간이 보유하고 있는 명목자산의 실질가치가 떨어지기 때문에 정부는 그만큼 더 많은 재화와 서비스를 구입해 각종 사업에 사용할 수 있다. 따라서 정부가 화폐공급량을 늘리면 세금을 더 거둔 것이나 마찬가지 효과를 올릴 수 있다는 뜻에서 이러한 화폐증발에 의한 화폐가치의 하락을 '**인플레이션 조세**(inflation tax)'라고 한다. 경험적으로 볼 때 정부는 재원의 획득방안으로 세금을 이용하면 민간의 저항에 부딪히게 되기 때문에 인플레이션을 이용하는 경우가 많았다. 우리나라의 경우 1960년대 이후 고도의 경제성장은 높은 인플레이션을 기반으로 이루어졌는데 정부 주도의 개발에 필요한 재원의 조달은 인플레이션 조세의 형태로도 이루어졌다.

인플레이션 조세
화폐증발에 의한 화폐가치의 하락은 세금을 거두는 것과 동일한 효과를 가진다는 의미

참고 인플레이션과 물가연동제

인플레이션 중 예상치 못했던 부분을 사후적으로 보상함으로써 비용의 발생을 막을 수 있을 것이다. 가격이나 세율 등을 인플레이션에 따라 자동적으로 조정함으로써 실질가치의 변화를 막으려는 정책이 물가연동제(indexing)이다. 물가연동제는 장기계약을 맺기 힘들다는 문제를 어느 정도 해소시킬 수 있지만 실질임금을 동일한 수준으로 고정시킨다는 장점이 오히려 경제 전체의 신축성을 저하시키는 원인이 될 수 있고, 어느 물가지수에 기초하여 물가연동을 실시해야 하는가라는 구체적인 문제에 직면해 있다. 대도시에 사는 사람과 중소도시에 사는 사람, 농어촌 지역에 사는 사람의 소비패턴에 차이가 있기 때문에 물가상승에서 각기 다른 영향을 받고 있을 가능성이 높다. 또한 역으로 이 제도 자체가 인플레이션을 촉발하는 원인이 될 수 있다. 사람들은 사후적으로 임금을 물가의 상승분에 맞추어 올려주다 보면 앞으로 계속 인플레이션이 발생할 것이라는 우려와 함께 불안감을 가질 수 있는데, 그러한 불안한 기대는 스스로 실현되는 예측(self-fulfilling prophecy)으로 이어져 실제 인플레이션을 야기할 위험성을 안고 있다.

7. 인플레이션의 대책

7.1. 수요견인 인플레이션의 경우

인플레이션이 수요 측면에서 통화량의 과도한 공급이나 정부의 확대재정정책으로 인해서 야기된 경우라면, 반대로 인플레이션을 억제하기 위해서 과도한 통화량의 공급을 억제하고 정부의 재정확대를 줄이는 방안을 쉽게 제시할 수 있다. 이러한 방안들은 〈그림 15-7(a)〉에서 총수요곡선을 왼쪽으로 이동시키는 것이다. 안정적인 통화공급이 인플레이션을 방지할 수 있는 가장 좋은 수단이라고 프리드만(M. Friedman)은 강조하면서 'k% 준칙(k% rule)'을 주장했다.

k% 준칙
인플레이션을 억제하기 위한 조치로 통화공급량을 미리 주어진 준칙에 따라 공급하려는 원칙

이 준칙은 통화정책을 수시로 변경하면 실효성을 거두지 못하고 인플레이션만 야기하므로, 통화공급량을 매년 K% 증가시키는 준칙에 따라 공급하면 정책의 실효성과 신뢰를 얻어 인플레이션을 억제할 수 있다는 것이다(재량 vs 준칙). 각국의 역사적 경험을 통해서 볼 때 통화의 과도한 증가가 인플레이션의 주된 원인이라는 점은 안정적인 통화공급이 얼마나 중요한지를 알려준다.

7.2 비용인상 인플레이션과 물가관리정책

비용인상으로 인플레이션이 발생하는 경우에는 정부가 임금과 물가의 상승을 직접 규제하여 물가상승을 억제할 수 있는데, 이러한 정책을 **물가관리정책** 혹은 소득정책(income policy)이라고 한다. 임금협상과정에 정부가 개입하여 매년 임금상승률의 상한을 설정하는 임금가이드라인(wage guideline)이나 임금과 서비스 가격의 인상을 억제하거나 동결시키는 임금-물가통제(wage-price control)가 대표적인 예이다.

물가관리정책
정부가 임금과 물가의 상승을 직접 규제하여 물가상승을 억제하는 정책

〈그림 15-7(b)〉에서 보는 것처럼 총수요억제정책으로 총수요곡선을 왼쪽으로 이동시키면, 인플레이션은 억제되지만 국민소득이 대폭 감소하게 된다. 따라서 이 경우 총수요 억제가 바람직하다고 보기 어렵다. 이때에는 정부가 직접 임금과 물가를 통제하는 방안 밖에 없다. 장기적으로는 생산성의 향상을 통해 총공급을 증가시키는 것이다.

물가관리정책이 성공을 거두기 위해서는 민간부분에 대해서 정부가 어느 정도 행동의 통제력을 보유하고 있어야 한다. 그러나 예상하지 못한 민간부분의 행동으로 이어질 수 있다. 예를 들어 택시 요금의 인상을 억제하면 합승이 만연한다든지, 예식장 사용료를 통제하면

그림 15-7

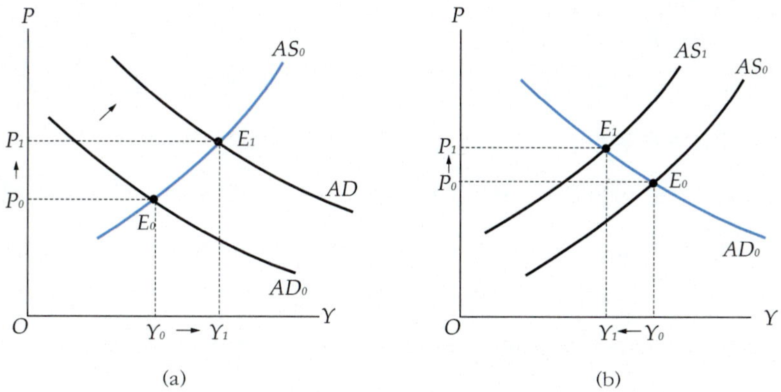

수요견인 인플레이션과 비용인상 인플레이션

(a) 수요견인 인플레이션의 경우
(b) 비용인상 인플레이션의 경우

드레스나 미용실, 사진 촬영을 끼워서 파는 경우가 대표적이다. 결국 정부의 시장에 대한 통제는 일시적인 효과를 거둘 수 있지만 장기적으로는 예상하지 못한 방향으로 흐를 수 있어 부작용을 초래할 수 있다는 점을 명심해야 한다.

8. 장기인플레이션과 초인플레이션 이론

8.1. 화폐수량설

화폐수량설
화폐의 소득유통속도와 실질산출량이 안정적일 때 일반물가수준이 통화량의 크기에 비례하여 변한다는 이론

화폐수량설은 화폐의 소득유통속도와 실질산출량이 안정적일 때 일반물가수준이 통화량의 크기에 비례하여 변한다는 기본적인 명제에서 출발한다. 미국의 경제학자 피셔(I. Fisher)는 다음과 같은 교환방정식을 세웠다.

$$MV=PY$$

화폐의 소득유통속도
일정기간 화폐가 거래를 최종생산물의 매듭짓기 위해서 평균적으로 몇 번씩 사용되었는가 하는 회전수

여기서 M은 통화량, P는 물가수준, V는 화폐의 소득유통속도, Y는 실질총생산량을 나타낸다. **화폐의 소득유통속도**는 일정기간 화폐가 최종생산물의 거래를 매듭짓기 위해서 평균적으로 몇 번씩 사용되었는가 하는 회전수를 의미한다. 왼쪽 부분은 화폐의 공급을 의미하는데, 통화량을 1,000원 발행했을 때 1번 유통되어 거래되는 경우는 100원이 10번 거래되는 경우와 같은 규모를 지니게 된다. 장기에는 실질국민소득이 매우 안정된 비율로 커나가고 있을 뿐 아니라 화폐의 유통속도도 상당히 안정적이다. 화폐유통속도는 결국 사람들의 소비 습관을 의미하는데 화폐사용의 습관은 쉽게 잘 변하지 않는다. 따라서 V인 유통속도와 Y인 실질산출량이 안정적이라면 물가수준은 통화량의 움직임과 밀접하게 관련 맺고 있음을 알 수 있다. 즉 장기에 물가상승률은 화폐공급의 증가율과 비례한다.

참고 빵 한 조각에 800억마르크

1923년 10월 말, 뉴욕타임즈에 다음과 같은 기사가 실렸다.

베를린의 어느 작은 식당에서 한 외국인이 1달러짜리 지폐를 흔들어 보이면서 식단표에 있는 음식들을 1달러만큼 달라고 했다. 식단표의 음식이 모두 나왔고 그는 너무 배가 불러 더 이상 먹을 수 없을 지경이 되자 자리에서 일어났다. 그런데 그때 웨이터가 스프 한 접시와 정식요리를 더 가져와서는 공손히 말했다. "방금 달러값이 이 음식값만큼 또 올랐습니다."

그해 11월에는 빵 1파운드를 800억마르크에 겨우 살 수 있었고, 고기 1파운드를 구하려면 9,000억마르크를 내야 했다. 또 맥주 한 잔에는 2,080억마르크를 내야 했다. 이런 상황에서 돈을 자기 손에 쥐고 있는 사람은 아무도 없었고 또 그럴 수도 없었다. 아무도 은행에 예금하지 않았다. 수표로 지불하기도 어려웠다. 왜냐하면 수표를 받아 현금으로 바꾸는 사이에 화폐의 구매력이 떨어질 것이기 때문이었다. 따라서 은행과 정부는 모든 대금을 현금으로 지불해야 했다. 12월에는 임금과 봉급을 일당으로 지불해야 했다. 누구라 할 것 없이 모든 사람들은 빨래바구니와 손수레 또는 유모차에 돈을 가득 담아 가지고 이 돈을 쓰기 위해 재빨리 가게로 달려갔다. 하루에 물가가 거의 두 배씩 뛰어올랐다. 인쇄기가 빠른 속도로 돌아갔다. 새로 찍은 화폐는 차로 수송되었다. 얼마 안 되는 가장 가난한 노동자조차 1조마르크를 소유하게 되었다. 그러나 그는 그 돈으로 아무것도 살 수 없었다.

8.2. 초인플레이션

초인플레이션(hyperinflation)이란 극심한 인플레이션을 말한다. 구체적으로 연간 물가상승률(annual inflation rate)이 보통 100% 이상의 높은 인플레이션을 말한다. 1923년 독일(바이마르공화국 시절)이 초인플레이션을 경험하였고, 소비자물가지수 기준으로 1990년에 브라질은 2,740%, 아르헨티나는 2,315%, 체코는 601%의 인플레이션을 경험하였다. 대부분의 초인플레이션은 상상하기 어려울 정도로 급격한 통화 증발을 수반하면서 사람들의 인플레이션에 대한 기대심리를 끌어올려 발생하는 것이다. 〈그림 15-8〉은 1923년 1월부터 독일에서 일어난 초인플레이션의 진행과정을 보여준다. 1920년 말과 비교할 때 물가가 무려 3조%나 상승했는데 결국 1923년 말의 통화개혁 조치를 통해 통화량이 안정을 되찾고 나서야 이 전대미문의 초인플레이션은 서서히 자취를 감추기 시작하였다.

초인플레이션
연간 물가상승률(annual inflation rate)이 보통 100% 이상의 높은 인플레이션

결국 이러한 현상을 통해서 프리드만은 장기 인플레이션과 초인플레이션의 원인이 통화증발에 있다고 결론을 내리면서 "인플레이션은 언제나 어디서나 화폐적인 현상이다(Inflation is always and everywhere a monetary phenomenon)"라는 유명한 말을 했다.

그림 15-8

바이마르공화국의 초인플레이션

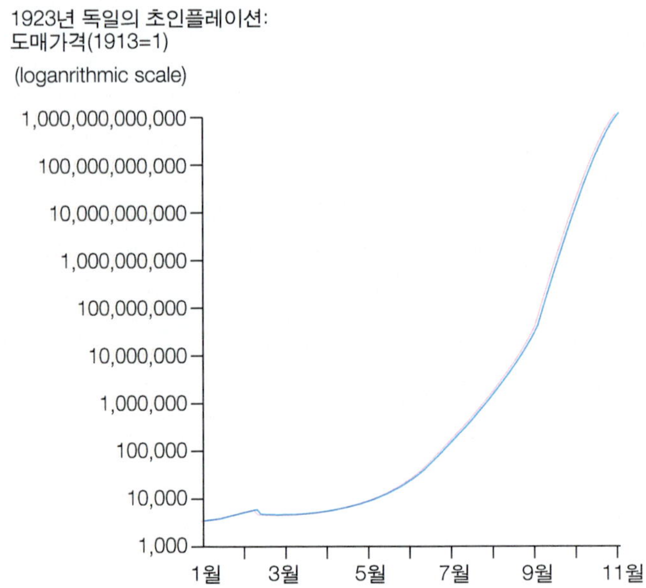

참고 초인플레이션의 사례

초인플레이션은 전쟁 중에 주로 발생했다. 제1차세계대전 때는 독일, 러시아, 오스트리아, 폴란드, 헝가리 등에서, 제2차세계대전 때는 그리스와 헝가리에서 초인플레이션이 발생한 적이 있다. 초인플레이션의 역사는 과거 3세기 로마시대부터 시작된다. 당시 로마 정부는 전쟁과 공공사업을 위해서 필요한 막대한 재정을 조세수입으로 충당할 수 없게 되자 돈을 엄청나게 찍어 재원을 조달했다. 218년부터 268년 사이에 주화에 함유된 은의 양이 5,000분의 1로 떨어졌다는 점이 당시의 상황을 잘 말해준다. 프랑스에서는 1789년 대혁명기에 의회에서 4억리브르의 지폐를 발행했는데 점차 1794년에는 70억리브르로 증가했고, 결국 400억리브르에 이르자 도저히 화폐가치 하락을 감당할 수 없어 새로운 화폐인 만다(mandat)를 발생했다. 그러나 이것도 2년 만에 가치가 97%나 하락하고 만다. 미국은 남북전쟁기간 중에 전쟁비용을 마련하기 위해서 돈을 찍어냈다. 너무 많은 돈을 찍다보니 종이나 인쇄공을 구하기도 어려워 나중에는 정부가 위조지폐에 유효(valid)라는 도장을 찍어서 사용을 허가하기도 했다고 한다. 최근에는 2000년대에 짐바브웨에서 일어났던 초인플레이션이 가장 유명하다. 2008년 연간 물가상승률은 89.7×1021%에 이르러서 오후에 맥주 한 병의 가격이 1,000억짐바브웨달러였는데, 1시간 후에는 1,500억짐바브웨달러로 상승하기도 했다. 짐바브웨 정부는 이를 타개하고자 화폐개혁(redenomination)을 단행했는데, 화폐단위에서 제거한 0의 숫자가 무려 25개나 되었다고 한다.

9. 필립스 곡선

9.1. 필립스 곡선의 개념과 진화

현실에서 실업과 인플레이션은 밀접한 관련이 있고 이를 잘 반영한 것이 필립스 곡선이다. 필립스 곡선은 필립스(A.W.Phillips)와 립시(R.G.Lipsey)가 실업과 인플레이션이 안정적인 역의 관계가 존재한다는 경험적인 사실을 밝혀내면서 처음 등장하였다. 이후에 프리드만(M.Friedman)과 펠프스(E.S.Phelps)는 단기와 장기로 필립스 곡선을 구별한 자연실업률 가설을 제시하게 된다. 가장 최근에는 이 가설에 합리적 기대를 접목시켜 실업과 인플레이션의 안정적인 역의 관계가 존재하지 않는다는 이론으로 진화되어 왔다.

9.2. 전통적 필립스 곡선

영국의 경제학자 필립스가 영국의 1861~1957년의 자료를 이용하여 명목임금의 변화율($\frac{\Delta W}{W}$)과 실업률(u) 사이에 안정적인 역의 관계가 존재한다는 것을 경험적으로 밝혀냈다. 이 경험적 사실을 전통적 **필립스 곡선**(Phillips curve)이라고 하는데, 실업률이 낮은 수준에 있을 때는 임금상승률이 커지고, 실업률이 높아지면서 임금상승률은 점점 작아진다는 것이다. 경험적인 사실에서 출발한 필립스 곡선은 립시에 의해서 노동시장의 초과공급과 초과수요를 이용해 이론적으로 발전되었다.

필립스 곡선
명목임금의 변화율과 실업률 사이에 안정적인 역의 관계가 존재한다는 것

명목임금의 변화율과 인플레이션율($\frac{\Delta P}{P}$)은 밀접한 관계를 지니고 있다는 점을 반영하여 전통적인 필립스 곡선은 다음과 같이 나타낼 수 있다.

$$\frac{\Delta W}{W} = \frac{\Delta P}{P} = -a(u-u^*) \quad (a > 0)$$

위 식에서 u^*는 자연실업률로 필립스 연구에서는 5.5%라고 보았으며 〈그림 15-9〉에 나타나 있다. 우하향하는 필립스 곡선이 의미하는 바는 실업률 감소라는 고용안정과 물가안정이 동시에 달성되기 어렵다는 점을 명시적으로 보여준다.

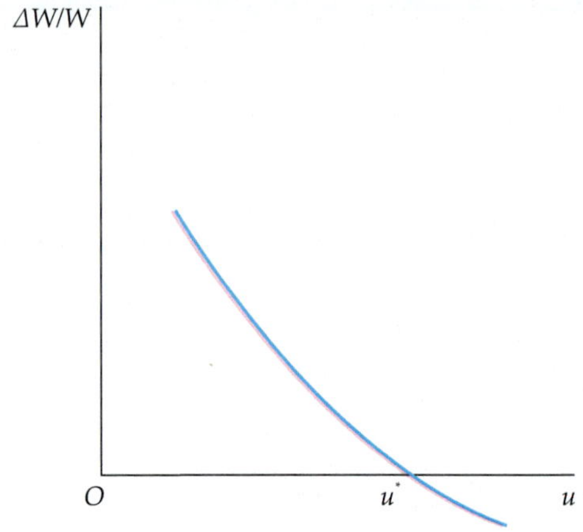

그림 15-9

전통적 필립스 곡선

10. 현대 필립스 곡선

10.1. 기대부가 필립스 곡선

필립스 곡선의 안정적인 음(−)의 관계가 장기적으로도 계속 유지될 수 있을까? 프리드만과 펠프스는 이러한 문제에 의문을 제기했다. 정부지출이나 통화량이 변해 경제상황이 변하게 되면 사람들도 시간이 지나면서 미래의 인플레이션이 변할 것으로 기대하게 되고 이러한 기대의 변화가 필립스 곡선에 어떤 영향을 미칠 수도 있을 것이라고 생각했다. 1970년대 이후에 미래의 물가상승률에 대한 사람들의 기대가 변하게 되면 필립스 곡선이 이동한다는 점을 반영하여 다음과 같은 **기대부가필립스 곡선**(expectation-augmented Philips curve)을 제시했다.

기대부가 필립스 곡선
예상치 못한 인플레이션율과 실업률 간에 역의 관계가 있다는 것

$$\frac{\Delta P}{P} = -a(u-u^*) + (\frac{\Delta P}{P})^e$$

전통적인 필립스 곡선의 형태에 기대인플레이션율($(\frac{\Delta P}{P})^e$)을 접목한 것으로 왼쪽의 실제인플레이션율에서 기대인플레이션율을 빼면 예상치 못한 인플레이션율이 된다. 따라서 기대부가 필립스 곡선은 예상치 못한 인플레이션율과 실업률 간에 역의 관계가 있다는 것이다.

한편, 기대인플레이션율이 상승하게 되면 필립스곡선은 상방으로 이동하게 되고, 하락하면 하방으로 이동하게 된다. 따라서 기대가 단기에 고정되어 있는 경우에는 우하향하는 필립스 곡선에 직면하게 되지만, 점차 인플레이션으로 인해서 물가 상승을 예측하게 되면 점차 필립스 곡선이 상방으로 이동하게 되어 장기에는 수직의 형태가 된다. 이러한 장기필립스곡선은 다음 항에서 상세히 살펴본다.

10.2. AD-AS곡선과 기대부가 필립스 곡선

〈그림 15-10〉에서 현재의 경제 상황이 자연실업률 상태(u^*)와 이에 상응하는 완전고용산출량 수준(Y^*)에 있고, 물가수준은 P_0인 a점과 a'점에 있다고 하자. 이때 기대인플레이션율은 0이다. 단기에는 물가에 대해 고정된 기대를 하고 있어 실업률과 인플레이션율 간에는 음(−)의 관계가 유지된다. 이때 정부가 실업률을 자연실업률 수준 이하로 낮추기 위해서 정부지출이나 통화량의 증대를 실시하게 되면 총수요는 증가하게 된다. 그러나 사람들은 이러한 정보를 제대로 반영하지 못하는 고정된 기대를 한다면 *AD-AS* 곡선상에서는 총수요증가로 인한 효과는 *AS*곡선을 따라서 a에서 b로 이동한다. 그 결과 실업률은 a'점에서 b'점으로 이동하여 자연실업률 이하로 하락하게 되고, 실제물가는 사후적으로 P_0'로 상승하게 된다. 이렇게 미래의 물가에 대한 예상이 고정되어 있는 경우 화폐의 실질가치는 변하지 않고 명목가치만 변한 것을 인식하지 못하는 **화폐환상**(money illusion)에 빠져 있다고 한다.

> **화폐환상**
> 미래의 물가에 대한 예상이 고정되어 있는 경우 화폐의 실질가치는 변하지 않고 명목가치만 변한 것을 인식하지 못하는 현상

그러나 시간이 지나면서 사람들은 총수요의 증가로 인해 실제물가가 상승했다는 것을 알게 되고, 기대인플레이션율에 이를 반영해 명목임금을 올리게 되고, 그 결과 생산비 증가로 총공급곡선은 AS_0에서 AS_1으로 상방 이동하게 된다(〈그림 15-10(a)〉의 b점에서 c점으로의 이동). 이를 필립스 곡선에 적용하면 단기 필립스 곡선이 SPC_0에서 SPC_1으로 상방 이동하는 것으로 나타난다. 그 결과 더 이상 화폐환상에 빠지지 않고 실질임금

그림 15-10

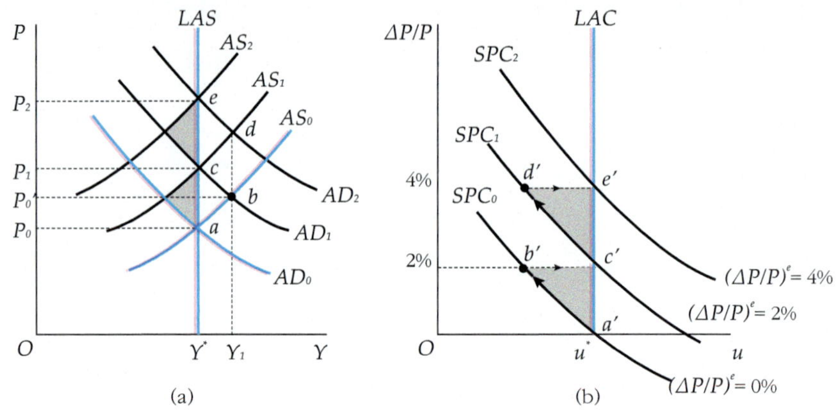

AD-AS모형과 필립스 곡선

(a) *AD - AS* 곡선
(b) 기대부가 필립스 곡선

은 총수요 증가 이전과 동일한 수준인 자연생산량(c점)과 자연실업률(c'점)로 되돌아오게 된다. 따라서 장기 필립스 곡선은 a점과 c점을 잇는 수직선의 형태를 가진다. 즉, 장기 필립스 곡선은 화폐가 장기적으로 중립적이라는 것을 의미한다. 또한 이것은 프리드만의 **자연실업률가설**의 핵심내용이다. 자연실업률가설은 장기 필립스 곡선이 수직이기 때문에 어떠한 정책도 장기에 실업률을 낮출 수 없다는 것이다.

자연실업률가설
어떠한 정책도 장기에 자연실업률 이하로 낮출 수 없다는 가설

10.3. 합리적 기대하의 필립스 곡선

합리적 기대
사람들이 이용 가능한 모든 정보를 통해서 미래를 합리적으로 예상한다는 가설

합리적 기대(rational expectation)란 사람들이 이용 가능한 모든(all available) 정보를 통해서 미래를 합리적으로 예상하려고 시도한다는 가설이다. 만일 정부가 총수요를 증가시켜 실업률을 자연실업률 수준 이하로 낮추려는 시도를 하게 되면, 합리적으로 기대하는 사람들은 미래의 물가가 상승할 것으로 신속하게 예상할 수 있고, 이를 기대인플레이션율에 즉시 반영하게 된다. 따라서 경제의 불확실성이 존재하지 않는다면 실업이 자연실업률 상태에 머무르게 되고, 단기와 장기에 상관없이 필립스 곡선은 수직이 된다.

참고 기대와 경제학

사람들은 경제활동을 할 때 자신이 보유하고 있는 경제정보를 활용해서 미래를 예측하게 된다. 기대경제학이란 사람들의 미래에 대한 예측과 기대심리가 현재와 미래의 경제활동뿐만 아니라 정부의 경제정책 효과에 어떤 영향을 미치는가를 고려한다. 미래에 대한 예측을 어떻게 하는가에 따라서 정태적(고정된) 기대, 적응적 기대, 합리적 기대로 크게 나눌 수 있다.

정태적(고정된)기대란 사람들이 현재의 상황이 미래에도 계속 유지될 것으로 생각하는 것을 말한다. 현재 ($t-1$)에로부터 미래(t)의 물가를 예측할 때(${}_{t-1}P_t^e$), 고정된 기대하에서 미래물가 예측은 현재물가수준(P_{t-1})이 된다. 적응적 기대는 사람들이 과거와 현재의 정보를 이용하지만, 미래 예측이 빗나갈 때 이를 반영하여 적응하는 과정에서 체계적인 오류를 범하게 된다. 합리적 기대란 사람들이 이용 가능한 포괄적인 모든 정보를 활용하여 합리적으로 최선의 미래 예측을 한다. 미래의 경제상황 변화까지 신속하게 예측에 반영하므로 미래 예측은 평균적으로 정확하게 된다. 정태적 기대와 적응적 기대, 합리적 기대를 다음과 같이 식으로 표현할 수 있다.

정태적 기대: ${}_{t-1}P_t^e = P_{t-1}$

적응적 기대: ${}_{t-1}P_t^e = \alpha P_{t-1} + \beta P_{t-2} + \gamma P_{t-3} + \cdots$ $(0 < \alpha < 1, \alpha < \beta < \gamma \cdots)$

합리적 기대: ${}_{t-1}P_t^e = E(P_t \mid I_{t-1}) = P_t + \varepsilon_t$ (ε_t는 예측상 오차로 평균은 0임)

CHAPTER | 16

재정정책과 정부부채

1. 재정의 구조와 기본골격

1.1. 재정의 의의

(1) 재정의 개념과 기본구조

정부는 국민의 생명과 재산을 지켜주는 국방, 치안, 소방 등의 공공서비스를 제공하거나 시장에서 체결된 계약이 잘 이행되도록 또는 거래와 경쟁이 공정하게 이루어지도록 뒷받침해주는 역할을 담당한다. 이때 공공욕구를 충족시키기 위해서 정부가 수행하는 재원조달 및 지출활동을 **재정**(public finance)이라 한다. 그러나 흔히 말하는 재정은 예산에 의한 정부의 활동을 가리킨다.

재정
공공욕구를 충족시키기 위해서 정부가 수행하는 재원조달 및 지출활동

〈그림 16-2〉는 우리나라 중앙정부의 재정구조를 보여준다. 2023년 기준 우리나라 중앙정부의 재정구조는 일반회계 1개를 비롯해서 21개의 특별회계, 그리고 68개의 기금으로 구성되어 있다. 그러나 최근 예산 외로 운용되는 각종 기금들에 대하여 그 수가 너무 많고 규모도 일반회계의 두 배 이상에 이르고 있어 기금의 통폐합의 필요성이 제기되고 있다.

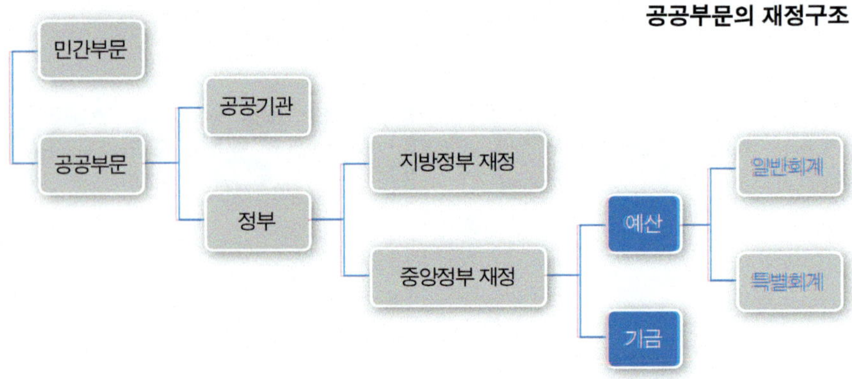

그림 16-1
공공부문의 재정구조

정부도 가계와 마찬가지로 재정을 꾸려나가기 위해서 매년 예산을 편성하고 세입과 세출계획을 세운다. 이때 회계연도 개시 전에 정상적인 절차에 입각해서 편성된 예산을 본예산이라고 하고, 회계연도가 진행되는 과정에서 갑작스러운 국내외의 경제상황 변화나 천재지변 같은 이유로 예산을 변경할 필요가 있을 때 편성하는 예산을 추가경정예산이라고 한다.

(2) 중앙정부의 재정

예산
매년 계획을 세우고 국회의 심의를 받아 의결된 이후에 집행

기금
특별한 목적을 수행하기 위해서 특정한 자금을 예산과 독립적으로 운용할 필요가 있을 때 설치

중앙정부의 재정은 크게 예산(budget)과 기금(fund)로 구성되어 있다. **예산**은 매년 계획을 세우고 국회의 심의를 받아 의결된 이후에 집행할 수 있는 것으로 일반회계와 특별회계로 구분된다. **기금**은 특별한 목적을 수행하기 위해서 특정한 자금을 예산과 독립적으로 운용할 필요가 있을 때 설치한다. 기금은 국회의 심의와 의결과정을 거칠 필요가 없어 경제상황에 유연하게 대처할 수 있다는 장점이 있다.

우리가 흔히 말하는 예산은 일반회계만을 뜻하며, 특별회계는 특정한 목적을 위한 사업을 위해 일반회계와 따로 분리해 설치 운영하는 별도의 회계를 말한다. 일반회계는 중앙정부 재정의 핵심을 차지하고 있기 때문에 특별회계에 비해서 비중이 크다. 예산통일의 원칙에 입각할 때는 일반회계의 예외가 되는 특별회계의 수는 적을수록 바람직하다. 또한 기금도 행정부가 마음대로 운용할 수 있는 재량의 여지가 커질 수 있기 때문에 불

그림 16-2

일반회계	기업특별회계(5개)	기타특별회계(16개)	기금(68개)
세입 • 내국세 • 관세 • 교통에너지환경세 • 교육세 • 종합부동산세 • 세외수입 **세출** • 일반/지방행정 • 공공질서 및 안전 • 통일/외교 • 국방 • 교육 • 문화 및 관광 • 환경 • 사회복지 • 보건 • 농림수산 • 산업/중소기업 및 에너지 • 교통및 물류 • 통신 • 국토 및 지역개발 • 과학기술 • 예비비	• 우편사업 • 우체국예금 • 양곡관리 • 조달 • 책임운영기관	• 교도작업 • 국가균형발전 • 농어촌구조개선 • 등기 • 행정중심복합도시건설 • 아시아문화중심도시조성 • 에너지 및 자원사업 • 우체국보험 • 주한미군기지이전 • 환경개선 • 국방군사시설이전 • 혁신도시건설 • 교통시설 • 유아교육지원 • 소재부품장비경쟁력강화 • 고등·평생교육지원	• 사업성기금 49개 • 사회보험성기금 6개 • 금융성기금 8개 • 계정성기금 5개

(단위: 조원, %)

		2014	2015	2016	2017	2018	2019	2020	2021	2022	2023
총지출	규모	347.9	372.0	384.9	406.6	434.1	485.1	549.9	601.0	679.5	638.7
	비중	100.0	100.0	100.0	100.0	100.0	100.0	100.0	100.0	100.0	100.0
일반회계	규모	198.2	206.0	217.1	225.6	246.5	277.6	320.8	339.7	388.2	369.4
	비중	57.0	55.4	56.4	55.5	56.8	57.2	58.3	56.5	57.1	57.8
특별회계	규모	45.5	50.9	47.6	49.6	47.2	51.3	53.6	59.1	61.6	71.6
	비중	13.1	13.7	12.4	12.2	10.9	10.6	9.7	9.8	9.1	11.2
기금	규모	104.0	115.0	119.9	127.3	133.8	144.9	175.2	199.6	229.7	197.7
	비중	29.9	30.9	31.2	31.3	30.8	29.9	31.9	33.2	33.8	30.9
세입세출외	규모	0.2	0.2	0.3	4.0	6.6	11.2	0.4	2.6	–	–
	비중	0.1	0.1	0.1	1.0	1.5	2.3	0.1	0.4	–	–

우리나라 중앙정부의 재정구조

주: 2021년까지는 결산 기준, 2022년 이후는 예산(추경) 기준
자료: 국회예산정책처, 「2023 대한민국 재정」, p. 7-9

필요한 기금의 양산은 바람직하지 않다.

〈표 16-1〉은 중앙정부의 일반회계 예산에 대한 세부적인 모습을 보여준다. 세입 측면에서 내국세수입이 대략 80%, 세외수입이 21% 정도 차지하고 있다. 그리고 국세 중에서는 소득세와 법인세 등 직접세가 전체 세입의 40%를 차지하고 있으며, 부가가치세와 개별소비세 등 간접세가 30% 정도 차지하고 있다. 세출 측면에서는 일반지방행정 비중이 전체 세출의 22%이상을 차지하고 있고, 다음으로 교육, 사회복지, 국방이 뒤를 따르고 있다.

표 16-1 중앙정부 일반회계예산

(단위: 조원, %)

세입(2022년)			세출(2022년)		
	금액	비중		금액	비중
합계	421.4	100.0	합계	421.4	100.0
내국세	296.1	70.3	일반·지방행정	93.3	22.1
소득세	105.8	25.1	공공질서및안전	21.3	5.0
법인세	74.9	17.8	통일·외교	3.2	0.8
상속세	13.1	3.1	국방	54.9	13.0
부가가치세	77.5	18.4	교육	83.5	19.8
개별소비세	10.1	2.4	문화및관광	4.3	1.0
증권거래세	7.5	1.8	환경	6.0	1.4
인지세	0.9	0.2	사회복지	74.2	17.6
기타내국세	6.2	1.5	보건	19.3	4.6
관세	8.7	2.1	농림수산	9.3	2.2
교통·에너지·환경세	15.4	3.6	산업·중소기업및에너지	15.1	3.6
교육세	5.3	1.3	교통및물류	17.1	4.1
종합부동산세	7.4	1.8	통신	1.0	0.2
세외수입	88.4	21.0	국토및지역개발	7.3	1.7
국채발행	76.2	18.1	과학기술	7.8	1.9
기타수입	12.3	2.9	예비비	3.9	0.9

자료: 기획재정부, 「2022년도 나라살림 예산개요」

1.2. 통합재정수지와 재정수입과 지출

통합재정수지
중앙은행 등 공공 금융기관을 제외한 비금융 공공부문의 재정수입과 지출의 내역

(1) 통합재정수지

통합재정수지란 중앙은행 등 공공 금융기관을 제외한 비금융 공공부문의 재정수입과

지출의 내역을 말한다. 통합재정수지는 재정이 건전하게 잘 운용되는지의 여부를 판단하는 지표가 되기도 하고, 재정활동이 국민경제에 어떤 영향을 미치는가를 분석하는 데 사용되기도 한다. IMF 회원국들은 통합재정수지를 반드시 작성해야 하기 때문에 국가 간 국제적인 비교를 하는 데도 사용할 수 있다. 〈표 16-2〉는 우리나라 통합재정수지의 기본적인 내역을 보여준다.

표 16-2 한국의 통합재정수지

(단위: 십억원, %)

구분	1999		2010		2022	
	금액	구성비	금액	구성비	금액	구성비
I. 경상지출	76,798	75.9	216,937	86.4	585,593	94.0
1. 재화 및 용역	19,772	19.5	49,821	19.8	89,759	14.4
2. 이자지급	5,884	5.8	13,387	5.3	18,481	3.0
3. 보조금 및 경상이전	49,333	48.7	151,030	60.1	473,661	76.0
4. 기업특별회계경상지출	1,809	1.8	2,699	1.1	3,692	0.6
II. 자본지출	24,438	24.1	34,209	13.6	37,404	6.0
1. 고정자산취득	10,656	10.5	12,584	5.0	11,083	1.8
2. 재고자산매입	295	0.3	0	0.0	0	0.0
3. 토지 및 무형자산매입	1,533	1.5	3,031	1.2	2,403	0.4
4. 기업특별회계자본지출	1,002	1.0	376	0.1	333	0.1
5. 자본이전	10,952	10.8	18,218	7.3	23,585	3.8
A. 총지출(I+II)	101,236	100.0	251,146	100.0	622,997	100.0
B. 순융자	19,752	–	3,084	–	29,905	–
C. 총지출 및 순융자(A+B)	120,988	–	254,231	–	652,902	–
I. 경상수입	106,537	98.7	268,540	99.1	585,325	99.5
1. 국세수입	75,658	70.1	177,718	65.6	395,939	67.3
• 소득세 및 이익세	25,220	23.4	74,730	27.6	232,319	39.5
• 재산세	3,272	3.0	7,772	2.9	27,696	4.7
• 재화 및 용역세	33,607	31.1	71,035	26.2	105,828	18.0
• 관세	4,687	4.3	10,666	3.9	10,324	1.8
• 기타	8,871	8.2	13,514	5.0	19,773	3.4
2. 사회보장기여금	12,008	11.1	35,601	13.1	83,444	14.2
3. 세외수입	18,870	17.5	55,221	20.4	105,941	18.0
II. 자본수입	1,386	1.3	2,383	0.9	3,007	0.5
D. 총수입(I+II)	107,923	100.0	270,923	100.0	588,332	100.0
통합재정수지(D−C)	−13,065	–	16,692	–	−64,571	–

자료: 기획재정부 '통합재정수지', 통계청 KOSIS에서 다운로드

(2) 재정수입

정부의 세입
= 경상수입+자본수입

정부의 세입은 경상수입과 자본수입으로 나눌 수 있다. 경상수입은 조세수입, 사회보장 기여금, 세외수입으로 구성되어 있는데 조세수입이 가장 큰 비중을 차지하고 있다. 사회보장 기여금은 국민연금, 산업재해보상보험, 고용보험 등에 대한 기여금을 말하며 최근 국민연금제도의 확대 실시, 고용보험제도 실시 등으로 증가하는 추세를 보이고 있다. 세외수입은 각종 수수료, 입장료, 각종 벌과금으로 구성된다. 자본수입은 정부가 소유한 토지나 건물을 팔아서 얻는 수입을 말한다.

(3) 재정지출

재정지출
= 경상지출+자본지출+순융자

재정지출이란 정부부문의 지출을 말한다. 재정지출은 경제적 성질에 따라서 경상지출과 자본지출, 그리고 순융자로 구분한다. 경상지출은 재화와 용역의 구입, 이자지출, 그리고 경상이전으로 구성되는데 이 중에서 경상이전이 가장 큰 비중을 차지한다. 경상이전은 가계부문에 대한 사회보장지출, 지방자치단체 지원교부금, 비영리기구에 대한 지원금 등 이전지출로 구성되어 있다. 자본지출은 사회간접자본 투자나 자산취득 등을 위한 투자지출을 말하고, 순융자는 국민주택기금의 융자, 제조업체 육성을 위한 융자, 농어민 융자, 에너지관리공단 융자 등을 말한다. 최근에는 자본지출이 증가하는 추세를 보이고 있다.

2. 정부지출의 수준과 구성

2.1. 정부지출의 수준

우리나라는 국내총생산에서 차지하는 총재정 규모가 상대적으로 빠르게 증가해왔다. 〈표 16-3〉을 보면 우리나라의 총재정 규모는 1970년대는 약 19%였는데, 계속 상승하여 2022년에는 29%까지 확대되었다. 이런 현상이 적정한지를 판단하는 객관적인 지표는 없지만 다른 선진국에 비해서는 아직 작은 편에 속한다. 그렇지만 그 구체적인 지출내용을 보고 판단해야 한다.

표 16-3 주요 선진국의 재정규모(재정지출/GDP)

(단위: %)

국가	2015	2020	2022	2025(전망)	2028(전망)
한 국	19.7	25.1	28.7	24.8	24.5
호 주	37.3	44.5	38.1	37.3	36.1
캐나다	40.0	52.7	41.4	41.2	41.1
덴마크	54.5	53.5	44.9	48.7	49.3
프랑스	56.8	61.3	58.3	55.6	54.9
독 일	44.1	50.5	49.5	47.3	47.2
그리스	51.2	60.1	52.5	47.3	44.7
이탈리아	50.3	57.0	56.7	50.9	49.1
일 본	37.3	44.5	44.1	39.1	39.9
스페인	44.0	51.9	47.1	45.8	44.6
스웨덴	48.4	51.0	47.3	48.5	48.1
영 국	40.3	49.9	44.3	43.1	43.3
미 국	35.2	44.8	36.3	38.2	38.8
유로국가 평균	48.4	53.5	50.6	48.5	47.9
G7 평균	39.3	47.7	41.4	41.4	41.7
OECD 평균	38.7	46.4	40.5	40.4	40.5

자료: IMF, 「Fiscal Monitor」 2023.10월

2.2. 정부지출의 구성

일반회계를 기능별로 분류해서 살펴보면 정부의 예산이 어떤 부분에 중점을 두고 편성되었는지를 알 수 있다. <표 16-4>에서 사회복지를 위한 지출이 대략 10%의 연평균증가율을 보이고 있으며, 정부는 국민의 삶의 질과 복지에 많은 관심을 가지고 있다는 것을 보여준다. 물론 이 수준이 아직도 충분하지 않다는 지적도 있다. 전체적으로 R&D에 차지하는 비중이 10% 이상이 되는 것을 알 수 있다. 이는 미래의 성장의 원천이 된다는 점에서 굉장히 중요하다고 할 수 있다. 교육비는 교육에 투입되는 정부지출의 성격을 지니지만, 장기적으로는 경제사회의 발전에 기여하는 투자의 성격도 지니고 있다.

표 16-4 12대 분야별 세출(재정지출) 재원배분

(단위: 조원, %)

구분	2018	2019	2020	2021	2022	2023	연평균 증가율
(1) 보건·복지·고용	144.7	161.0	180.5	199.7	217.7	226.0	9.3
(2) 교육	64.2	70.6	72.6	71.2	84.2	96.3	8.4
(3) 문화·체육·관광	6.5	7.2	8.0	8.5	9.1	8.6	5.8
(4) 환경	6.9	7.4	9.0	10.6	11.9	12.2	12.1
(5) R&D	19.7	20.5	24.2	27.4	29.8	31.1	9.6
(6) 산업·중소기업·에너지	16.3	18.8	23.7	28.6	31.3	26.0	9.8
(7) SOC	19.0	19.8	23.2	26.5	28.0	25.0	5.6
(8) 농림·수산·식품	19.7	20.0	21.5	22.7	23.7	24.4	4.4
(9) 국방	43.2	46.7	50.2	52.8	54.6	57.0	5.7
(10) 외교·통일	4.7	5.1	5.5	5.7	6.0	6.4	6.4
(11) 공공질서·안전	19.1	20.1	20.8	22.3	22.3	22.9	3.7
(12) 일반·지방행정	69.0	76.6	79.0	84.7	98.1	112.2	10.2

주: 1) 각 년도 추경예산 기준
2) 연평균 증가율은 단수차이를 처리하는 방식에 따라 상이한 결과가 도출될 수 있음
자료: 국회예산정책처, 「2023 대한민국 재정」 p. 85

3. 조세제도

3.1. 조세부담률

조세부담률
국내총생산에서 국세수입과 지방세수입, 그리고 사회보장 기여금이 차지하는 비율

조세부담률이란 국내총생산에서 국세수입과 지방세수입, 그리고 사회보장 기여금이 얼마나 차지하는가를 나타낸다. 〈표 16-5〉에서 우리나라의 조세부담률은 1970년에 대략 15%에서 2010년 즈음은 대략 20%로 꾸준히 증가하는 추세를 보이고 있다.

그러나 우리나라의 조세부담률은 다른 나라의 조세부담률과 비교해볼 때 미국과 일본과는 비슷한 수준이지만 스웨덴, 프랑스, 독일, 영국에 비해서는 낮은 수준이다(〈그림 16-3〉 참조). 선진국들의 조세부담률이 높은 이유는 정부가 사회복지와 같은 측면에서 적극적인 활동을 벌이고 있기 때문이다.

표 16-5 조세부담률의 변화 추세

(단위: 조원)

연도	명목 GDP [A]	국민조세부담[B]			조세부담률 [B/A, %]
		합계	국세	국세	
1990	200.6	33.2	26.8	6.4	16.6
1995	437.0	72.1	56.8	15.3	16.5
2000	652.0	113.5	92.9	20.6	17.4
2005	957.4	163.4	127.5	36.0	17.1
2010	1,322.6	226.9	177.7	49.2	17.2
2015	1,658.0	288.9	217.9	71.0	17.4
2020	1,940.7	387.6	285.5	102.0	20.0
2022	2,161.8	514.5	395.9	118.6	23.8

자료: e-나라지표

3.2. 직접세와 간접세

(1) 직접세와 간접세

직접세란 조세부담의 주체에게 직접 부과하는 과세로 납세자의 경제적 능력을 감안해서 세금의 크기를 조절할 수 있다. 따라서 직접세의 비중이 커지면 공평성을 좀 더 반영할 수 있게 된다. 반면에 간접세는 상품이나 경제활동을 대상으로 조세를 부과하는 것으로 실제로 누가 조세를 부담하게 될지 모르기 때문에 능력에 따른 과세가 어렵다.

직접세
조세부담의 주체에게 직접 부과하는 과세

간접세
상품이나 경제활동을 대상으로 조세를 부과하는 것

직접세는 소득세, 법인세, 상속·증여세로 이루어져 있으며 세수 비중은 대략 50% 정도에 달한다. 이 중에서 소득세와 법인세가 차지하는 비중은 매우 크며, 둘 다 대략 20%에서 25% 정도를 차지하고 있다. 이 둘을 제외한 기타 직접세가 차지하는 비중은 겨우 2%에도 미치지 못한다. 간접세는 부가가치세를 중심으로 다섯 가지가 존재하는데 간접세 중에서 부가가치세가 차지하는 비중이 거의 80% 이상이다. 그 다음으로 특정한 상품에만 선별적으로 부과되는 개별소비세가 전체 조세수입의 대략 3%를 차지하고 있다.

부가가치세는 거의 모든 상품을 과세대상으로 하기 때문에 세율을 1%만 올려도 조세수입은 크게 증가한다. 특히 부가가치세는 납세자가 세금을 내고 있는지를 잘 모르는 착각을 일으키기 때문에 정부수입을 증가시키기 쉬운 수단이다. 부가가치세는 소득수준에 상관없이 동일하게 10%를 부과하기 때문에 역진성이 발생한다. 이를 보완하기 위해

그림 16-3

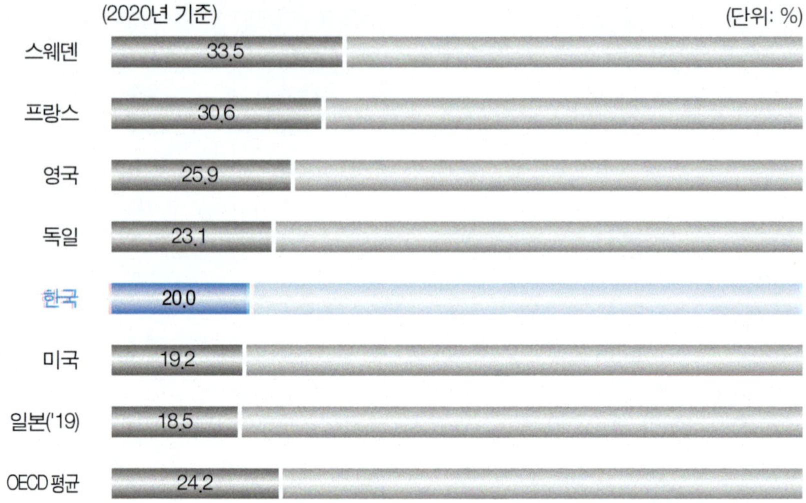

조세부담률의 국가 간 비교

주: 사회보장분담금은 포함되지 않음
자료: 국회예산정책처, '2023 대한민국 재정' p. 71

참고 준조세

기업이 비자발적으로 부담하는 조세 이외의 금전적 부담을 준조세라고 한다. 준조세에는 법에 부담의무가 규정되어 강제성을 지니는 4대 사회보험료와 각종 특별부담금, 행정제재금과 같은 법정준조세와, 법적으로 강제성은 없으나 거의 반강제성을 지닌 기부금이나 성금이 있다. 우리나라의 경우는 준조세의 종류도 많고 부담도 크기 때문에 선진국에 비해서 조세부담률은 낮더라도 이를 고려하면 부담의 크기가 선진국을 능가한다고 할 수도 있다.

서 개별소비세를 마련하여 귀금속, 고급 내구재, 고급 운동기구, 고급 자동차 등 비교적 사치재에 속하는 상품에 선별적으로 부과한다.

(2) 직접세와 간접세의 비중

〈그림 16-4〉를 보면 우리나라는 직접세가 차지하는 비중이 간접세보다 더 크고, 2005년 이후부터 현재까지 그 비중이 증가하고 있다는 것을 알 수 있다. 참고로 다른나라와 직접세와 간접세의 비중을 비교해 보면, 우리나라는 직접세가 차지하는 비중이 중간 정

그림 16-4

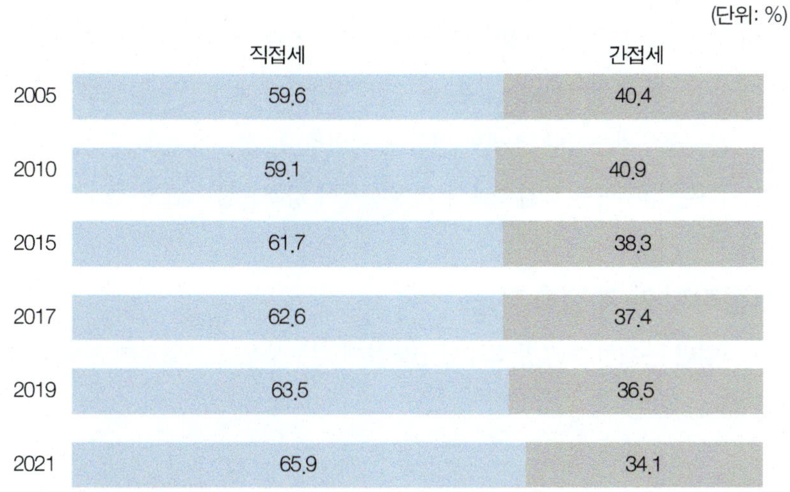

직접세와 간접세의 비중

자료: 국세청,「국세통계」

도 수준이며, 미국은 거의 95% 이상을 차지하고 있다. 실제로 조세부담이 공평하게 분배되어 있는지를 평가하기 위해서는 단순히 직접세와 간접세의 상대적인 비중에 초점을 두는 것은 아무런 의미가 없고 어떻게 조세제도가 운영되는가를 살펴보아야 한다.

4. 재정정책의 경제적 효과

4.1. 재정정책과 재정적자

(1) 순수한 재정정책과 정책혼합

순수한 **재정정책**(fiscal policy)이란 조세를 부과하거나 국·공채를 발행하고 지출은 변경시켜 국민경제의 안정과 성장을 추구하는 정책을 말한다. 정부는 세입과 세출에서 가장 큰 비중을 차지하는 조세수입과 정부지출을 조정하여 단기에 경제를 안정화시킬 수

재정정책
조세를 부과하거나 국·공채를 발행하고 지출을 변경시켜 국민경제의 안정과 성장을 추구하는 정책

있다. 정부도 예산제약에 직면하고 있으므로 주어진 세입 내에서 세출을 결정하게 된다. 만일 세입보다 더 큰 재정지출이 필요한 경우에 돈을 더 찍어내거나 국·공채를 발행해 재원을 추가적으로 조달할 수 있다. 또한 국내에서 조달이 어려운 경우에 해외에서 차입할 수도 있다. 이때 주의해야 할 점은, 순수한 의미에서 재정정책은 통화공급의 변화를 초래하지 않는 정부지출이나 조세의 변화를 의미한다. 정부가 통화공급을 이용한 재정정책을 실시하는 경우에는 통화정책과 재정정책의 정책혼합(policy mix)이라고 한다.

(2) 재정적자와 재정흑자

가계와 기업만 존재하는 케인즈의 단순모형에 정부부문을 도입하게 되면 다음과 같이 균형식을 쓸 수 있다.

$$Y^D = C + I^D + G = C + S + T = Y$$

여기서 소비가 공통으로 들어가 있으므로 이를 제거하면 의도된 주입($I+G$)과 누출($S+T$)이 같아지는 경우가 된다. 이때 정부의 지출이 조세수입보다 크면($G > T$) 재정적자가 되고 균형을 유지하기 위해서는 민간의 저축(S)이 투자수요(I)보다 커야만 한다.

4.2. 재량적 재정정책과 재정의 자동안정화 기능

(1) 케인즈의 재량적 재정정책

케인즈는 현실에서 국민소득이 일반적으로 완전고용국민소득보다 작다고 보고 이를 불완전고용 상태하에서의 균형국민소득이라고 한다. 경기침체가 발생하면 실업률은 높아지고, 민간의 소비가 줄고, 기업도 투자를 꺼려 유효수요가 부족하게 된다. 이때 정부는 정부지출을 늘리거나 조세수입을 줄이는 확장적 재정정책을 실시할 수 있다.

재량적 재정정책
정부가 의도적으로 정부지출이나 조세의 변동을 통해서 국민소득을 조정하여 경제안정을 달성하려는 정책

이와 같이 정부가 의도적으로 정부지출이나 조세의 변동을 통해서 국민소득을 조정하여 경제안정을 달성하려는 정책을 정부의 **재량적 재정정책**(discretionary fiscal policy)이라고 한다.

(2) 케인즈학파 승수효과와 고전학파 구축효과

케인즈는 정부지출을 증가시키면 승수효과에 의해서 몇 배 이상의 국민소득이 증가하는 효과가 있다고 주장한다. 정부의 적절한 총수요관리정책을 통해서 완전고용국민소득 수준을 달성할 수 있다고 본 것이다. 케인즈학파의 주장에 따르면 정부지출이 디플레이션 갭만큼 늘어나면 균형국민소득은 GDP 갭만큼 증가하므로 다음과 같은 관계가 성립한다.

디플레이션 갭×정부지출 승수=GDP 갭

그러나 고전학파는 상반된 주장을 펼친다. 그들은 정부의 총수요관리정책이 별로 효과가 없으며 극단적으로는 무력하다고 본다. 정부가 확대재정정책을 실시하기 위해서 국공채를 발행하면 시중에 국공채의 증가로 인해 국공채의 가격은 하락하게 되고, 국공채의 이자율은 상승한다. 이자율이 상승하게 되면 민간의 소비와 투자가 위축되어 정부지출의 총수요증가분을 상쇄시킨다. 고전학파는 이를 구축효과(crowding-out effect)라고 한다. 다시 말해 **구축효과**란 정부의 확장적 재정정책이 이자율을 상승시켜 민간의 소비와 투자활동을 위축시키는 효과를 말한다. 결국 구축효과의 존재여부가 고전학파와 케인즈 학파의 견해 차이를 반영한다.

구축효과
정부의 확장적 재정정책이 이자율을 상승시켜 민간의 소비와 투자활동을 위축시키는 효과

(3) 재정의 자동안정화 기능

재정의 자동안정화 장치(automatic stabilizers)란 정부가 인위적인 재량적 재정정책을 쓰지 않아도 자동적으로 경기변동 폭을 줄이고 경제를 안정화시키는 장치가 경제 내에 장착되어 있다는 것이다. 자동안정화 장치는 케인즈의 재량적인 재정정책과 대립되는 개념이다.

재정의 자동안정화 장치
정부가 인위적인 재량적 재정정책을 쓰지 않아도 자동적으로 경기변동폭을 줄이고 경제를 안정화시키는 장치가 경제 내에 장착되어 있다는 것

예를 들어 누진소득세와 실업보험, 사회복지제도가 작동하는 경우를 가지고 살펴보자. 누진소득세란 소득이 증가하는 경우 조세의 크기가 더욱 커지는 형태의 소득세를 말하고, 실업보험은 경기침체로 소비가 위축되는 것을 막기 위해 정부가 실업자들에게 보조해주는 장치이다. 경기가 지나치게 호황인 경우에는 소득수준이 높아지는데 누진소

득세가 작동한다면 조세 증가로 민간의 가처분소득을 감소시켜 소비가 줄어들고 총수요는 감소된다. 그 결과 경기호황을 어느 정도 누그러뜨릴 수 있다. 반면에 경기가 지나치게 침체된 경우에는 실업보험과 사회복지제도를 통해서 소비할 수 있는 여건을 마련해주어 경기침체 수준을 어느 정도 끌어올릴 수 있다.

누진소득세와 실업보험제도를 이용한 자동안정화장치는 경제적 상황에 맞춰 정책을 매번 변경해야 하는 번거로움을 벗어날 수 있도록 한다. 그러나 경기가 불황에서 벗어나 회복세로 돌아서는 데 오히려 방해가 되기도 한다. 불황에서 벗어나면서 소득이 증가하는 순간에 조세징수액도 같이 증가해 가처분소득을 줄이므로 총수요의 증가를 더디게 만드는 작용을 한다.

(4) 균형재정과 정책함정

재정적자가 좋은 것은 아니지만 그렇다고 반드시 균형재정이 좋은 것만도 아닐 수 있다. 경제상태가 불황인 경우에도 균형재정을 계속 밀고 나가게 되면 자칫 경기를 더욱 불황에

참고 일본의 잃어버린 10년과 유동성 함정

일본 경제는 1990년대 들어오면서 갑자기 불황에 직면하게 되었다. 일본의 높았던 땅값과 주식가격의 거품이 꺼지기 시작한 것이다. 이후 일본은 '잃어버린 10년(lost decade)'이라고 부르는 장기 불황상태에 빠진다. 이를 타개하기 위해서 일본 정부는 공공사업을 통해서 지출의 폭을 확대하려는 재정정책을 실시했다. 그러나 사람들은 증가한 소득을 소비로 연결하지 않았고 대부분 저축하는 바람에 별다른 효과를 보지 못했다. 금융정책에서도 이자율이 거의 0 수준으로 하락해 더 낮출 수 있는 여지가 없었다. 유동성 함정에 빠진 것이다. 유동성 함정에서는 정부가 화폐공급량을 아무리 늘린다고 해도 이자율은 더 낮아질 수 없게 되고 그 결과 투자가 증가하지 못해 통화정책을 통한 경기부양 효과는 미미해진다.

최근 금융위기로 인해 미국 중앙은행(Fed)도 정책금리를 3.5%에서 거의 0~0.25% 수준으로 낮췄고, 유럽 중앙은행(European Central Bank)도 4%에서 1%로 낮추었다. 이와 같이 유동성 함정에 빠진 경우 중앙은행이 할 수 있는 방법은 별로 없다. 물론 이자율을 0% 이하로 낮출 수 있다. 만일 이자율이 -5%라면 100만원을 빌린 사람은 95만원만 갚으면 되므로 차입자가 이득이 된다. 그렇게 되면 서로 빌리려고 할 것이다. 문제는 돈을 빌려주는 사람은 바보가 되기 때문에 아무도 돈을 빌려주지 않을 것이다. 그런데 맨큐(G. Mankiw)는 이때 이자율을 0% 이하로 하락시킬 수 있는 방안을 제시했다. 바로 현금을 가지고 있으면 손해를 보게 만드는 것이다. 예를 들어 1년 후에 지폐의 맨 끝자리가 5로 끝나는 것은 모두 휴지조각이 된다고 선언하는 것이다. 그렇게 되면 사람들은 너도나도 휴지조각이 되기 전에 돈을 대출해주려고 할 것이고 경제를 촉진하는 힘으로 미약하게나마 작동할 수 있게 된다고 설명하였다.

빠뜨리게 될 수 있다. 정책함정(policy trap)이란 경기가 불황 상태에 있는 경우에 균형재정을 추구하다가 오히려 경기를 더욱 침체에 빠뜨리는 상황을 말한다.

정책함정
경기가 불황 상태에 있는 경우에 균형재정을 추구하다가 오히려 경기를 더욱 침체에 빠뜨리는 상황

〈그림 16-5〉에서 현재 소득수준이 Y_1로 조세수입이 정부지출보다 작아 재정적자 상태에 직면해 있다. 이때 정부가 재정적자를 줄이기 위해서 세율을 인상하여 조세수입을 증가시키거나 정부지출을 줄여 균형재정을 달성하려고 하면 오히려 총수요가 줄어들어 소득은 더욱 낮아지게 되고 경기침체가 심화될 수 있다. 결국 경기침체가 심화되면 조세수입도 줄어 재정적자도 해소할 수 없게 된다.

4.3. 공급중시 경제학과 래퍼 곡선

(1) 공급중시 경제학

공급중시 경제학(supply-side economics)은 조세감면을 통한 공급능력의 확대로 총수요와 총공급을 모두 증가시킬 수 있다는 이론체계인데, 1980년대 레이건 행정부의 정책기조인 감세정책의 이론적 기반을 제공하였다. 공화당에 뿌리를 둔 레이건 행정부는 고전학파의 철학인 정부개입을 축소하는 작은 정부, 시장의 가격기능을 중시하는 신자유주의를 기반으로 하였다. 그들은 누진적인 조세와 직접세를 통한 소득재분배를 위해서

공급중시 경제학
조세감면을 통한 공급능력의 확대로 총수요와 총공급을 모두 증가시킬 수 있다는 이론체계

그림 16-5

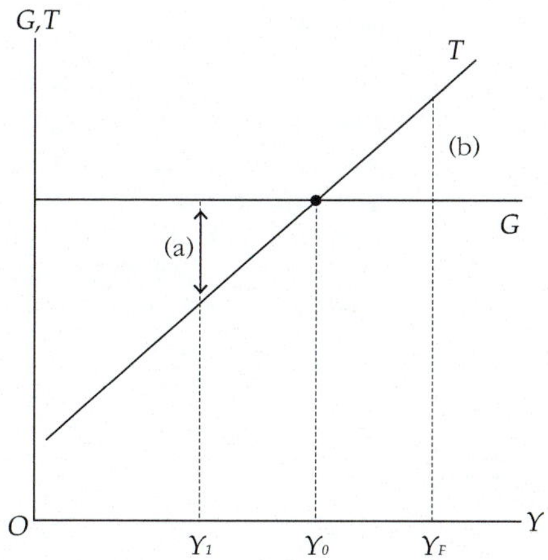

균형재정 유지와 정책함정

(a) 재정적자
(b) 완전고용 상태의 재정흑자

정부가 시장에 개입하는 것에 부정적이었다. 왜냐하면 지나친 누진성과 공평성을 강조하면 사람들의 의욕과 동기에 부정적인 영향을 주어, 근로의욕이나 투자의욕을 해칠 수 있다고 보았다. 따라서 정부지출을 축소하고, 시장개입을 줄이기 위해서 '야수 굶기기'라고 표현되는 세율인하를 실시해야 한다고 주장하였다. 오히려 세율을 인하하면 근로자들은 더 열심히 일을 하게 되고, 기업들도 투자의욕이 높아져 생산을 촉진시킬 수 있다고 보았다.

(2) 래퍼 곡선과 조세수입

공급중시 경제학자의 래퍼(A. Laffer)는 세율을 0에서 점차 올리게 되면 세수는 일정수준까지는 같이 증가하지만, 세율이 어느 수준인 t^*을 넘어서게 되면 오히려 근로의욕을 해치게 되어 사람들은 일을 열심히 하지 않게 되고 그 결과 세수의 기반이 되는 소득이 낮아져 경제 전체적으로 세수가 감소할 것이라고 주장하였다. 이러한 생각을 반영한 것이 바로 **래퍼 곡선**(Laffer curve)이다.

래퍼 곡선
세율과 세수의 관계를 나타낸 곡선

래퍼 곡선은 세율과 세수의 관계를 나타낸 곡선으로, 정부는 〈그림 16-6〉에서 보듯이 세율이 t^* 이상인 구간에서는 세율을 낮추는 것이 오히려 세수를 높일 수 있다고 한다. 이러한 원리는 애덤 스미스의 『국부론』에서도 언급하고 있다.

그림 16-6

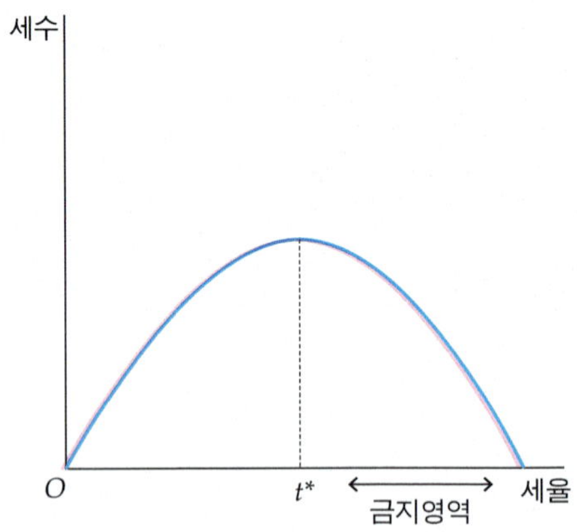

래퍼 곡선

세율이 0으로부터 점차 올라가면 일정 한도 내에서는 세수도 증가하지만, 세율이 t^* 이상으로 오르면 오히려 사람들의 근로의욕을 해쳐서 소득 자체가 줄어들기 때문에 소득의 함수인 세수도 줄어든다. 이 곡선을 주장한 사람의 이름을 따서 래퍼 곡선이라 부른다.

"높은 세율을 부과하는 경우 얻게 되는 세수는 소비감소와 밀수를 증가시켜 낮은 세율을 부과했을 때의 세수보다 크기가 작을 수 있다."

이러한 논리를 기반으로 1980년대 초 레이건 행정부와 2000년대 초 부시 행정부는 대규모의 감세정책을 실시한 바 있다. 그러나 세율인하가 조세수입의 감소로 연결되어 재정적자만 더 가중시킨 결과를 초래하였다.

5. 국가채무와 정부부채

5.1. 재정적자와 정부부채

(1) 재정적자의 측정과 경기민감성

정부의 재정수입과 재정지출이 일치하는 경우를 균형재정이라고 하고, 재정지출이 재정수입을 초과하는 경우를 **재정적자**(government budget deficit 혹은 fiscal deficit)라고 한다. 재정적자를 다음과 같이 정의할 수 있다.

재정적자
재정지출이 재정수입을 초과하는 경우

재정적자=재정지출−조세수입
=정부구매+이전지출+순지급이자−조세수입

순지급이자는 현재 수행 중인 업무와 관련된 것이 아닌 과거의 업무로 인해 발생한 차입이자이므로 본원적 재정적자에서는 제외한다.

〈그림 16-7〉은 우리나라의 GDP 대비 통합재정수지의 비율과 실업률이 음(−)의 관계에 있다는 것을 보여준다. 재정적자의 규모는 경기변동에 민감하게 영향을 받는다. 즉 경기가 호황인 경우는 재정적자의 규모가 작아지고, 불황인 경우는 재정적자의 규모가 커지는 것과 관련이 있다.

그림 16-7

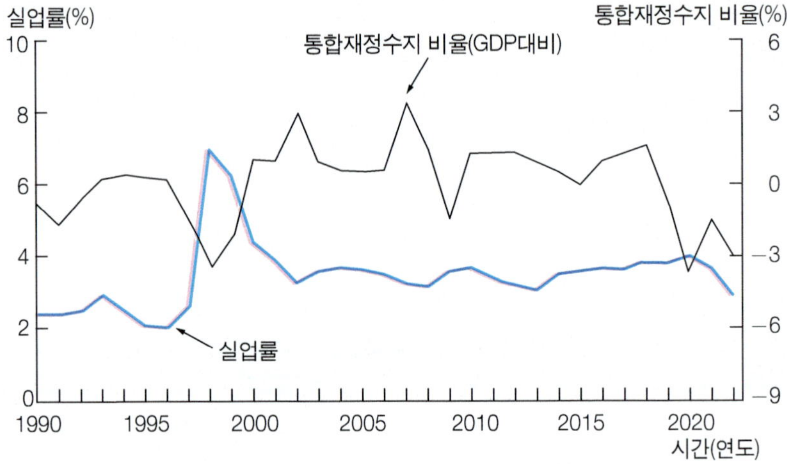

재정수지비율과 실업률의 관계

자료: 통계청 국가통계포털(KOSIS)

(2) 한국의 국가채무

우리나라의 국가채무 규모와 GDP 대비 국가채무의 비율을 살펴보면 1997년까지는 국가채무의 크기가 증가했지만, 그 비율은 오히려 감소하는 추세를 보였다. 그렇지만 외환위기를 지나면서 금융기관 구조조정과정에서 공적자금이 투입되고, 복지비용의 증가로 인해 국가채무와 국가채무비율은 모두 증가하게 되었다. 1997년까지는 우리나라의 국가채무비율이 11.9%에 불과했으나 2010년에는 36.1%를 기록했고, 최근에는 거의 50%를 넘어서고 있다.

(3) 정부부채

최근에는 재정건전성을 나타내는 지표로 국가채무 대신 정부부채를 사용하는 경우가 늘어나고 있다. 정부부채에는 국가채무뿐만 아니라 준정부기관의 부채까지 포함한다. 재정적자가 발생하게 되면 정부는 차입을 통해서 부족한 재원을 조달하게 되고 그 과정에서 정부부채는 증가하게 된다. 정부부채수준이 적정한지의 여부를 판단하기 위해서 GDP에서 차지하는 정부부채의 비율을 흔히 이용한다.

그림 16-8

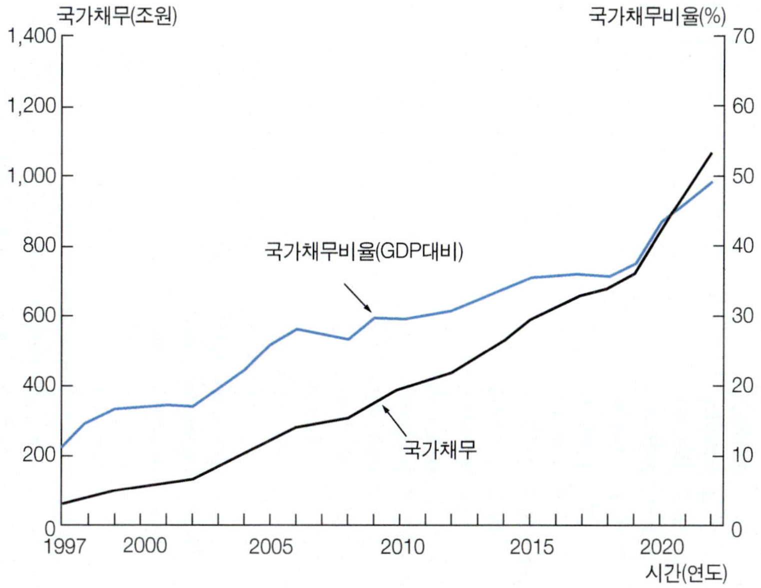

한국의 국가채무 추세

주: 국가채무(D1)=국채+차입금+국고채무부담행위
자료: 통계청 국가통계포털(KOSIS)

〈그림 16-9〉는 2022년 OECD 회원국의 GDP 대비 정부부채 비율을 보여준다. 회원국들의 평균은 76.4%인데 우리나라는 53.5%이다. 일본은 260%로 재정 상황이 가장 열악한 것으로 나타났고, 그리스(178.1%), 이탈리아(144.4%), 미국(121.3%)의 순으로 위험하다고 평가된다.

하버드대학의 로고프(K.Rogoff)는 세계경제가 이제 겨우 경기침체를 벗어나 회복국면으로 접어들고 있는 이 시점에서 정부부채가 걸림돌로 작용해 새로운 위기에 직면할 가능성을 경고하였다. 경기회복속도가 더디게 되면서 각국 정부의 세수가 감소하게 되고, 그 결과 정부의 채무상환능력은 줄어들어 국채 이자지급을 위해 새로운 국채를 발행하게 되면 국채가격 하락과 국채수익률 인상으로 이자지급 부담이 가중될 수 있다는 지적이다.

그림 16-9

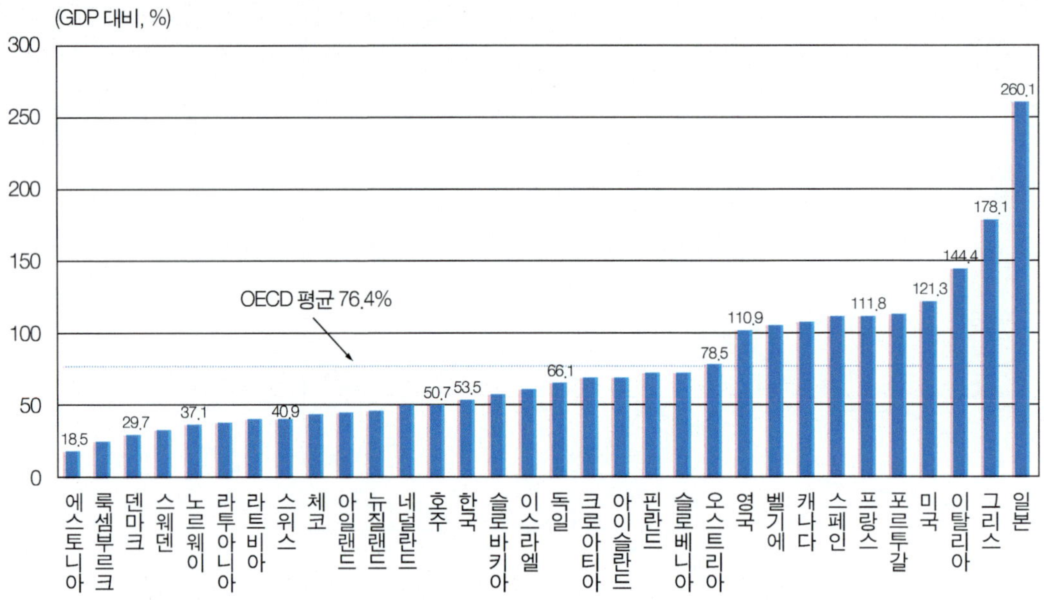

OECD 회원국의 정부부채 비율(2022년)

자료: IMF, 「Fiscal Monitor」(23.10월)

(4) 재정건전성 확보와 재정절벽

장기적으로 재정건전성을 확보하기 위해서는 재정적자 감축이 필요하다. 그러나 재정적자 감축을 위해서 갑자기 세금을 올리고 정부지출을 줄이면 경기를 급속하게 위축시키게 되어 경제회복이 어려워질 수 있다.

재정절벽
재정적자를 감축하기 위한 미국 국회의 법적 조치로 인해서 각종 감세정책이 종료되고 재정적자축소 방안이 시행되면서 정부의 투자와 소비가 급격하게 줄어들어 경기가 급속히 냉각되는 현상

재정절벽(fiscal cliff)이란 재정적자를 감축하기 위한 미국 국회의 법적 조치로 인해서 각종 감세정책이 종료되고 재정적자축소 방안이 시행되면서 정부의 투자와 소비가 급격하게 줄어들어 경기가 급속히 냉각되는 현상을 말한다. 2011년 미국 의회는 만성적인 재정적자를 해결하고 재정건전성을 유지하기 위해서 2013년에 시행되는 예산통제법(Budget Control Act)을 제정했다. 이 법에 따르면 2013년부터 2022년까지 총 1조2,000억달러를 매년 국방예산과 비국방예산에서 각각 5,500억달러씩 감축해야 한다. 미국 의회예산국(CBO: Congressional Budget Office)은 미국의 재정적자가 앞으로 5년 동안 1조달

참고 **이번엔 다른가?**

로고프(K. Rogoff)와 라인하트(C. Reinhart)가 쓴 『이번엔 다르다(This Time Is Different)』에 보면, 과거 200년 동안의 자료를 분석한 결과 선진국은 GDP 대비 국가채무비율이 90%를 초과하게 되면 경제에 중대한 영향을 미치고, 신흥개발도상국의 경우는 GDP 대비 국가채무비율이 60%를 넘어설 때 경제구조에 큰 변화가 발생하였다. 현대사회에서 국가채무가 증가하는 이유는 전쟁이나 재앙에 의해서라기보다 막대한 공적자금 지원과 과다한 복지정책의 결과 때문이다. 국가채무가 지나치게 높아지면 국채 투자자들은 더 높은 신용위험 할증을 요구하게 되고 그 결과 국채금리가 상승하게 되어 정부의 이자부담은 커진다. 최근에 재정위기에 직면한 유로존 국가는 국채금리가 갑자기 높아지게 되면서 향후 정부의 채무 부담이 더 증가하게 되고, 추가적인 위험할증으로 연결되어 국채금리가 추가적으로 상승하는 악순환에 빠질 수 있다.

〈유럽 과다채무국의 국채금리〉

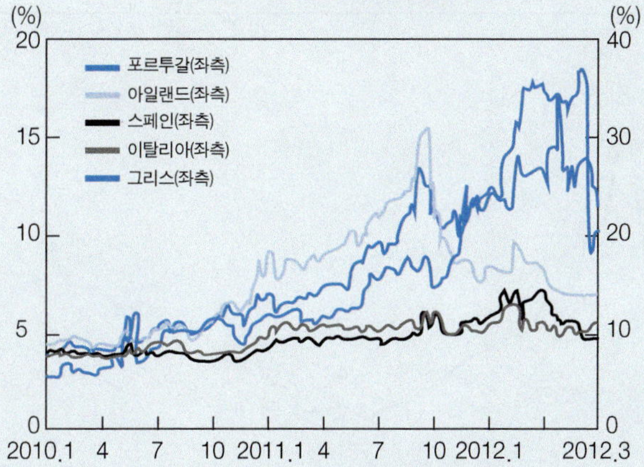

주: 아일랜드(9년물)를 제외하고 10년물 기준

자료: Bloomberg

유럽 과다채무국들의 국채금리는 세계경제의 불확실성 증대에 따라 높아지는 추세를 보이며 최근 들어 하락세를 나타내고 있다. 그러나 그리스와 이탈리아의 국채금리는 여전히 높은 수준을 유지하고 있다.

러를 초과할 것으로 예상하고 2012년 국내총생산에서 차지하는 재정적자 비율도 7% 수준으로 높아지는 것을 우려하고 있기 때문이다.

5.2. 유럽의 재정위기

글로벌 금융위기라는 외부충격이 발생한 상황에서 유로존이 최적통화지역으로서 요건을 구비하지 못해 유로존의 위기는 심각해지고 있다. 유로존의 근원적 문제는 각국의

참고 **미국의 정부부채 규모 추이**

미국의 경우에는 GDP 대비 연방정부의 부채 규모가 제2차세계대전 기간 중에 급격하게 증가했다. 전쟁비용을 충당하기 위해서 정부가 채권을 발행했기 때문에 정부부채 규모가 높아져 정부부채비율은 100%를 초과했다. 그러나 전쟁이 끝난 후 다시 회복되어 1980년대까지 지속적으로 감소했다. 게다가 심각한 인플레이션의 발생으로 인해 부채의 부담은 더 작아졌다. 그러나 1980년대 이후 레이건 행정부의 감세정책으로 인해 재정적자의 규모는 다시 증가하는 추세를 보였다. 특히 최근에는 2008년 서브프라임 사태로 인해서 금융기관을 구제하고 경기를 부양시키기 위한 막대한 재정지출을 감행한 결과 정부부채비율이 급격하게 상승하였다. 그 결과 2011년 8월에는 신용평가기관의 하나인 S&P가 미국의 국가신용등급을 최고수준인 AAA에서 AA+로 강등시켰으며, 2023년 8월에는 신용평가기관인 피치가 AAA에서 AA+로 등급을 내린 바 있다.

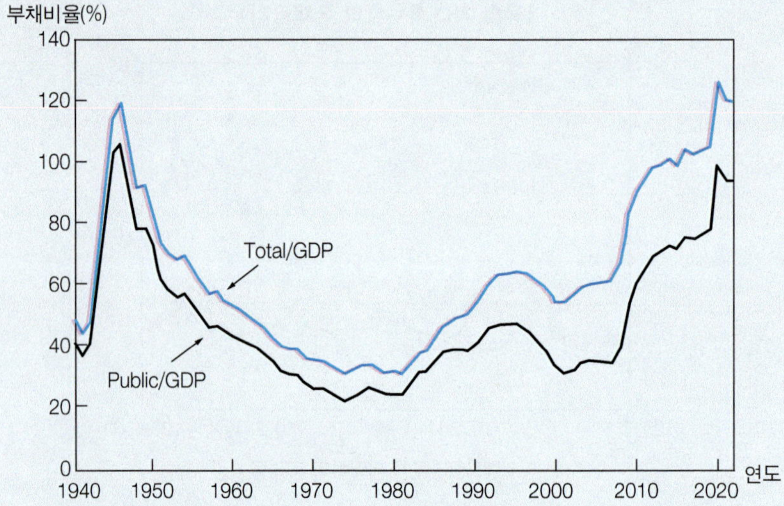

미국의 국내총생산 대비 연방정부 부채규모

주: Total/GDP는 연방정부부채 비율, Public/GDP는 민간부문이 보유한 연방정부부채 비율
자료: U.S. Office of Management and Budget, Federal Reserve Bank of St. Louis

국가경쟁력이 다른 상황에서 단일통화인 유로를 사용해 유럽중앙은행이 금융정책과 환율정책을 독점적으로 관리하고, 각국은 독립적인 재정정책을 운영한다는 점에 있다.

만일 유로존에 속한 국가들이 유사한 경제구조를 가졌다면 외부충격에 비슷하게 영향을 받을 것이고, 비슷한 통화정책으로 이에 대비해 문제를 해결할 수 있을 것이다. 다시 말해 유로존에 속한 국가들의 거시경제 상황이 아직 제대로 수렴되지 않은 상태에서 자연스럽게 수렴될 것이란 확신만 가지고 통화통합을 서둘러 실시한 점이 문제의 핵심이

그림 16-10

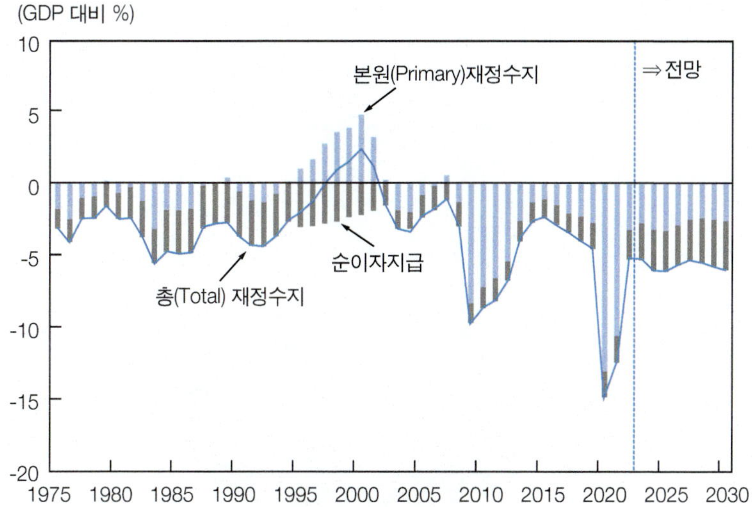

미국의 재정적자 현황과 예상 추세

자료: 미 의회예산국(CBO), 'The Budget and Economic Outlook: 2023 to 2033'(23.2월)

다. 만일 노동생산성이 다른 국가들의 임금상승률이 유로존 내에서 같아진다면, 생산성이 낮은 국가들은 경쟁력을 잃어버리게 되고 그 결과 국제수지 적자를 보게 된다. 이때 정부가 방만한 재정지출을 하게 되면 재정적자 문제 또한 추가적으로 발생한다. 이렇게 정부의 재정적자가 누적되면서 정부부채가 커지면 정부발행 채권의 위험 프리미엄도 높아지고, 위기가 발생할 가능성이 커진다.

2010년 초에 시작된 그리스의 재정위기는 유로존의 주변국들인 아일랜드, 포르투갈, 스페인, 벨기에 등으로 확산되었고, 2011년에는 이탈리아와 프랑스까지 포함되어 유로존 전체가 국가채무위기에 직면하게 되었다. 1999년 유로화가 도입된 이후에 개별국가들의 투자위험이 감소하게 되었고, 그 결과 독일과 프랑스는 공격적으로 대출을 확대하였다. 지나치게 풍부해진 자금은 갈 곳을 잃어버려 비생산적인 부문인 부동산 투자로 몰리게 되었고 물가와 임금 상승을 유발하였다. 물가와 임금 상승은 남유럽 국가들의 수출경쟁력을 떨어뜨리게 되었고, 지속적인 경상수지 적자의 원인이 되었다. 그러나 유로화 시스템은 아직 국가 간에 재정통합이 이루어지지 않아 회원국들의 재정통제에는 미흡

그림 16-11

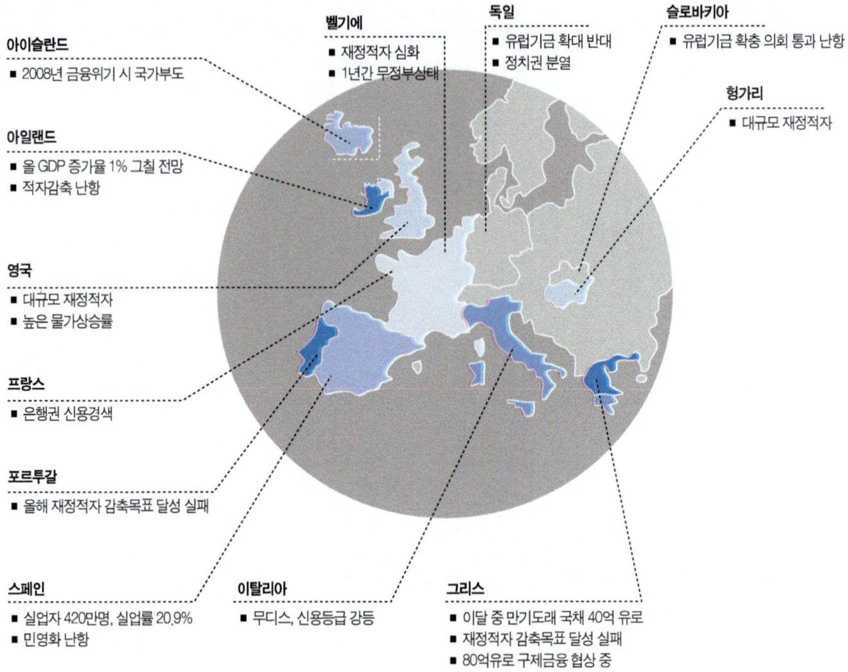

확산되는 유럽 재정위기

자료: 한국경제신문, 2010.10.5

한 점이 있었다. 최근에 이 문제를 타개하기 위해서 유럽재정안정기금을 확대하려고 시도하고 있으며, 대형은행의 자기자본비율을 9%로 높여 조정하고, 재정적자 규모를 GDP 대비 0.5% 이내로 한정하며, 국가채무상한선을 GDP 대비 60%로 설정하였다.

그러나 한 번 국가부채위기에 처한 상황에서 재정건전성을 확보하기는 쉽지 않다. 재정지출의 증가나 조세의 감면은 바로 현재세대가 이득을 보지만, 부채를 상환하는 부담은 미래세대에게 돌아간다. 근시안적인 정부와 정치인들은 선거에서 승리를 하기 위해서 투표권이 없는 미래세대까지 고려할 여유는 없기 때문에 이 문제는 해결이 쉽지 않을 듯하다. 〈그림 16-11〉은 확산되는 유럽의 재정위기에 대한 현실을 보여준다.

CHAPTER | 17

화폐와 금융정책

1. 화폐란 무엇인가

1.1. 화폐의 정의

화폐라는 말은 매우 다양한 의미로 사용된다. 따라서 경제학에서는 화폐가 어떤 기능을 하는가에 초점을 맞추어 그러한 기능을 수행하는 모든 것을 화폐라고 정의한다. 화폐의 범주에는 수표, 어음, 신용카드처럼 교환의 매개물이나 거래의 지불수단이 될 수 있는 것 모두가 속할 수 있다.

1.2. 화폐의 3가지 기능

(1) 교환매개의 기능

교환매개(medium of exchange)의 기능이란 거래과정에서 화폐가 일반적인 지불수단으로 사용된다는 것을 의미한다. 만일 화폐가 없을 경우 '욕망의 이중적 일치(double coincidence of wants: 물물교환을 위해 두 사람은 서로 상대방이 원하는 물건을 가져야 한

교환매개의 기능
거래과정에서 화폐를 일반적인 지불수단으로 사용하는 기능

다는 의미)'를 달성하기 어렵기 때문에 거래자는 원하는 물건을 갖고 있는 사람을 찾으려고 많은 시간과 노력을 들여야만 한다. 따라서 일반적 지불수단으로 사용되어 거래비용을 줄여주는 교환매개의 기능은 화폐의 가장 중요하고 본원적인 기능이라고 할 수 있다.

(2) 가치척도의 기능

가치척도의 기능
상품의 가치를 화폐로 측정하는 기능

가치척도(unit of account)**의 기능**은 상품의 가치가 화폐의 단위로 측정될 수 있다는 것을 의미한다. 경제학에서 흔히 상품의 상대가격을 사용하지만 실제 시장에서나 가게에서는 상품의 가격을 사용한다. 햄버거가 콜라의 3배 가치이면 햄버거 가격이 3,000원

참고 **비트코인은 미래 화폐가 될 것인가**

비트코인은 2009년 사토시 나카모토라는 소프트웨어 개발자가 만든 신종 전자화폐이다. 비트코인은 중앙은행과 같은 단일 기관에 의해 통제되지 않고 사용자들에 의해 분산된 형태로 생성된다. 사용자들은 비트코인 거래를 검증하고 소위 mining이란 과정을 진행하면서 컴퓨팅 파워를 사용할 때 새로운 비트코인이 생성된다. 비트코인은 미래 화폐의 기능을 대체할 수 있을까? 이 문제는 화폐의 3가지 기능을 충족할 수 있는가에 달려있다. 화폐의 3가지 기능은 교환의 매개수단, 계산단위, 가치 저장수단이다. 비트코인은 교환의 매개수단 기능은 잘 충족한다. 특히 거래의 수단으로 사용되는 수수료가 신용카드나 직불카드보다 낮고, 거래를 익명으로 할 수 있다는 점에서 프라이버시를 지키고 싶은 사람들에게는 매력적이다. 그러나 계산단위와 가치저장 수단의 기능은 잘 수행하지 못하는 것으로 보인다. 가격변동이 매우 심해서 비트코인의 가격 변동성은 금값의 7배 이상이다. 이러한 높은 변동성은 비트코인이 가치저장 수단으로써의 기능도 잘 수행하기 어렵다고 할 수 있다. 비트코인을 보유하는 것은 위험성이 너무 크기 때문에 상품 가격을 비트코인으로 표시하는 경우가 거의 없다. 불신은 모든 화폐의 근원이다(Evil is the root of all money)와 화폐는 기억이다(Money is memory)라는 것이 중요하다. 화폐의 기능 측면에서 볼 때 비트코인은 미래의 화폐가 되기 어렵고 전자 거래를 저렴하게 할 수 있다는 기술적인 측면은 미래 전자결제 시스템의 하나의 특색은 될 수 있다. 존스홉킨스대의 존 파우스트 교수는 "비트코인은 내재가치는 없지만, 보유자의 주관적 기호에 따라 가치를 갖는 수집품"이라고 평가한다.

참고 **화폐불임설과 사채업**

아리스토텔레스가 주장한 "화폐는 새끼를 치지 못한다"는 화폐불임설은 오랫동안 서구사회를 지배해왔다. 아리스토텔레스는 사채업에 대해서 부정적이었다. 서양에서는 중세까지만 해도 사채업이 사회의 악이라는 생각을 갖고 있었다. 기원전 2000년경에 편찬된 함무라비법전은 과도한 가격과 이자를 징수하는 사람을 죄인으로 처벌하는 법조문을 명문화하였다. 아리스토텔레스는 사람들이 돈을 빌리는 이유는 크게 사업자금의 마련과 일상생활에 지출하기 위해서라고 보았다. 사업자금을 마련하기 위한 경우는 빌린 돈을 사업으로 더 크게 부풀리게 되므로 이자를 지불하는 것이 마땅하다고 보았다. 그러나 개인의 일상생활비로 소비된 경우는 소득을 창출하지 못한다. 아리스토텔레스는 이러한 개인적인 필요를 위해서 빌린 돈에 대해서 이자를 요구하는 것은 건전하지 못하고 비윤리적이라고 주장하였다. 또한 개인적인 필요로 돈을 빌리는 사람은 가난하거나 불우한 상황에 처한 경우가 많기 때문에 경제적이 아닌 윤리적인 관점에서 바라보아야 한다고 주장하였다.

일 때 콜라 가격이 1,000이다. 따라서 모든 상품은 화폐를 공통의 회계단위로 사용해서 가치를 매긴다.

(3) 가치저장의 기능

화폐는 한 시점에서 다른 시점까지 구매력을 보관해주는 역할을 하는데 이를 가리켜 **가치저장(store of value)의 기능**이라고 한다. 그러나 화폐가 유일한 가치저장수단은 아니다. 때로는 귀금속이나 곡물 같은 상품이 가치저장 수단으로서 화폐보다 선호되기도 했지만, 다양한 금융자산이 등장하면서 가치저장 수단으로서의 화폐는 점차 경쟁력을 상실하게 되었다.

가치저장의 기능
한 시점에서 다른 시점까지 구매력을 보관해주는 화폐의 기능

2. 화폐의 역사

인류 역사에서 지폐나 주화를 사용하기 시작한 것은 그리 오래전의 일이 아니다. 일반적으로 어떤 물건이 상품화폐가 될 수 있기 위해서는 먼저 작고 가볍고 운반하기 편리해

참고 **섬나라 Yap의 화폐**

남태평양의 작은 섬 Yap에서는 삶은 단순하고 화폐는 단단하다. 세계 도처에서 말썽 많은 화폐제도가 삐걱대며 굴러가고 있다. Yap의 통화는 실제로 바위, 정확하게 말해 석회암이다. 거의 2,000년 동안 Yap 사람들은 토지나 카누 등 중요한 물건을 구입하거나 결혼 승낙을 얻기 위한 지참금으로 커다란 돌바퀴를 사용해왔다. Yap은 미국 영토이므로 식료품 가게나 주유소에서는 달러가 통용된다. 그러나 이 섬의 오래된 계급제도나 풀치마 같은 전통의상처럼 돌 화폐는 계속 사용되고 있다. Yap에서 돌 화폐를 사용하기 시작한 것은 1,500년 내지 2,000년 전 Anagumang이라는 전사가 이웃나라 Palau의 석회암 동굴에서 거대한 돌을 가져오면서부터이다. 그는 달에서 영감을 얻어 돌을 큰 원 모양으로 만들었다고 한다. 그 전통이 오늘날까지 계속되고 있는 것이다. Yap 사람들은 이 돌바퀴를 자기 집에 기대어 두거나 마을 '은행'에 줄맞춰 세워놓는다. 대부분의 돌은 지름이 2.5~5피트 정도이지만 12피트에 달하는 것도 있다. 각 돌의 중앙에는 구멍이 있어 빈랑나무 줄기로 꿰어서 운반할 수 있다. 어떤 돌은 20명이 매달려야 움직일 수 있다. 이곳의 관습에 의하면 깨진 돌은 가치가 없다. 그래서 Yap 사람들이 한 조각의 돌을 얻게 해 달라고 기도하는 경우는 없다. 커다란 돌을 운반하다가 깨뜨릴까 두려워서 사람들은 돌을 옮기지 않고 계산상으로만 소유권을 이전한다. 국제거래에 사용되는 금괴가 뉴욕연방준비은행 금고에 있으면서 소유권만 이전되는 것과 마찬가지 이치이다. 커다란 돌을 화폐로 사용하는 데에는 몇 가지 분명한 이점이 있다. 먼저 암시장 거래가 불가능하고 소매치기를 당할 염려도 없다. Yap에서는 통화제도를 어떻게 안정시켜야 하는가에 대한 지겨운 논쟁도 없다. 섬 안에 있는 돌바퀴가 6,600여 개밖에 없어서 통화량이 고정되어 있기 때문이다.

참고 왜 돈이라고 부르게 되었을까?

돈이라는 말의 어원에 대해서는 세 가지 설이 있다. 화폐가 여러 사람들의 손을 거치면서 세상을 돌고 도는 데서 나왔다는 설, 옛날 엽전 열 닢을 한 돈으로 부른 화폐단위에서 유래되었다는 설, 그리고 약이나 귀금속 등 값이 나가는 물건의 무게를 재는 중량단위인 돈중에서 나왔다는 설이 있다. 영어의 money는 그리스 신화에 나오는 여신 쥬노 모네타(Juno Moneta)의 칭호인 모네타(Moneta)에서 유래되었다고 한다. 이것은 기원전 269년 로마인들이 쥬노 사원에 최초의 주화 제조공장을 세웠기 때문이다. 이에 따라 주전소를 모네타(moneta) 또는 이 말에 해당하는 영어인 mint라고 했고, 그 이후 이 말에 해당하는 프랑스어 Monnaie의 영향으로 주전소뿐만 아니라 여기서 만들어진 모든 것을 통틀어 money라고 부르게 되었다.

자료: 노상태·김창범, 『화폐금융론』, 박영사, 2012

〈위조지폐 확인 방법〉

구분	방법	내용	그림
만져보고	볼록인쇄	인물 초상, 문자와 숫자 등을 만져보면 오돌토돌한 감촉이 느껴진다.	
기울여보고	홀로그램	보는 각도에 따라 '우리나라 지도, 태극과 액면숫자, 4괘'가 번갈아 나타난다.	만원권  오천원권 
	색변환잉크	1만원권과 5,000원권의 경우 지폐를 기울여보면 지폐 뒷면 액면숫자의 색상이 황금색에서 녹색으로 변한다.	
	요판잠상	눈높이에서 지폐를 비스듬히 기울여보면 무늬 속에 숨겨져 있는 문자 'WON'이 보인다.	
비추어봅시다	숨은그림 / 돌출은화	앞면 왼쪽의 그림 없는 부분을 빛에 비추어 보면 숨겨져 있는 초상이 보인다. 숨은그림 왼쪽에서는 액면숫자를 확인할 수 있다.	
	기타	1만원권과 5,000원권의 경우 앞면 초상 오른쪽에 숨겨져 있는 띠를 빛에 비추어 보면 작은 문자가 보이며(숨은 은선), 숨은그림 옆 위쪽의 동그라미 무늬를 빛에 비추어 보면 앞면과 뒷면의 무늬가 합쳐져 태극무늬가 보인다(앞뒷면 맞춤).	

야 하고, 작은 단위로 나누어 쓸 수 있어야 한다. 또한 내구성이 있어 오랜 기간 보관해도 변질되지 않는 성격을 지녀야 한다.

처음에 사람들이 교환의 매개물로 사용하기 시작한 것은 쌀, 베, 소금, 가축 등의 상품이었는데 이를 상품화폐(commodity money)라고 한다. 쌀이나 베 같은 상품화폐를 대신해 등장한 것이 바로 금, 은, 구리 등의 금속화폐이다. 무게로 달아 쓸 수 있는 금속은 다른 물건보다 화폐로 기능하기에 훨씬 더 유리한 조건을 갖추고 있어 빠른 속도로 상품화폐를 대체하였다. 그렇지만 금속화폐는 몇 가지 문제점을 내포하고 있었는데, 경제규모가 확대되면서 화폐에 대한 수요가 증가함에 따라 금속화폐는 그 공급이 한정되어 실물경제를 충분히 뒷받침할 수 없었고 시중에는 조악한 주화만이 유통되는 결과가 발생했다.

그 후 18세기에 들면서 본격적으로 지폐를 사용하기 시작하였다. 지폐가 그 자체로 아무 가치가 없는 종잇조각에 불과하다는 문제점은 정부가 태환성(convertibility)을 보장하면서 해결되었다. 이를 법화(legal tender)라고 한다. 금융제도가 점차 발전함에 따라 법화뿐 아니라 수표도 교환의 매개물로 널리 사용되었고, 최근에는 신용카드, 전자화폐(electronic money)가 등장하고 있다.

법화
정부가 태환성을 보장한 지폐

3. 통화량의 측정

화폐의 기능을 하는 것이 점차 다양해짐에 따라 이제는 어떤 것까지 화폐의 범주에 포함시켜야 할지 불분명해졌다. 이러한 문제는 화폐의 양을 나타내는 통화량을 조절하는 데 어려움을 안겨주고 있다. 현실에서 통화당국은 편의상 M1, M2 혹은 M3 등 여러 가지 통화지표(measures of money)를 설정해놓고, 이 중 하나로 통화량을 측정하고 있다.

3.1. 통화지표

통화지표란 한 경제에 유통되는 화폐의 양을 나타내는 지표를 말하는데, 어떤 것까지 화폐로 포함시키느냐에 따라 현금통화, M1, M2, 그리고 M3와 같은 여러 가지 통화지표

통화지표
한 경제에 유통되는 화폐의 양을 나타내는 지표

참고 **유동성**

유동성(liquidity)이란 어떤 자산이 교환의 매개수단으로 얼마나 쉽게 전환될 수 있는가를 나타낸다. 화폐는 유동성이 가장 높은 자산이기 때문에, 얼마나 화폐로 쉽게 전환 가능한가의 정도를 유동성이라고도 한다. 일반적으로 주식, 채권은 쉽게 화폐로 바꿀 수 있다는 점에서 주택, 미술품보다 유동성이 높다. 예를 들어 10만원짜리의 금과 10억원짜리의 주택을 비교해보면 금은 현금과 보다 쉽게 교환할 수 있다는 것을 알 수 있을 것이다. 주택이나 미술품은 화폐로 교환하여 거래에 사용하는 데 시간이 걸린다. 화폐의 보유를 어느 정도 하는 것이 최적일지의 문제는 화폐가 가져다주는 유동성과, 화폐의 보유로 인한 인플레이션의 경우 화폐가치의 하락을 적절히 고려해야 한다.

유동성
어떤 자산이 교환의 매개수단으로 얼마나 쉽게 전환될 수 있는가를 나타냄

가 만들어지고 있으며 유동성(liquidity)의 정도를 기준으로 분류하고 있다.

현금통화라는 통화지표는 민간이 보유하고 있는 지폐와 주화를 의미한다. 협의의 통화라고 불리는 M1은 현금통화에 당좌예금, 보통예금 같은 은행의 각종 요구불예금, 은행의 MMDA(money market demand account), 투신사의 MMF(money market mutual fund)의 합계를 말한다. 이러한 예금은 즉각 현금화할 수 있는 것이 보통이므로 실질적으로는 현금과 거의 같다는 점에 착안해 현금통화에 포함시키고 있다.

M2는 광의의 통화라고 불리는데, M1에 은행과 같은 통화금융기관의 정기예금이나 정기적금 같은 각종 저축성예금, 양도성 예금증서(CD)나 환매조건부채권매도(RP) 같은 시장형 금융상품, 그리고 수익증권과 금전신탁 같은 실적 배당형 금융상품의 합계를 말한다. 다만 만기 2년미만인 금융상품만 포함한다.

M3는 총유동성이라고 하는데 M2에 투자신탁회사 등의 제2금융권(비통화금융기관)의 예수금, 금융채, 환매채, 상업어음매출, 표지어음매출 등과 같이 유동성이 상대적으로 크게 떨어지는 금융자산까지 포함시켜 만든 통화지표이다. M3는 어느 정도의 유동성을 갖고 있어 실질적으로 화폐의 기능을 수행할 수 있는 모든 금융자산을 화폐의 범주에 포함시킨다는 점에서 가장 포괄적 통화이다.

3.2. 통화지표 선택의 기준

우리나라는 1979년까지 주로 M1을 목표치에 접근시키려는 방식으로 통화를 관리했다. M1은 한국은행이 통제하기 쉬울 뿐 아니라 실물경제와 밀접한 관계를 갖는다고 생

각했기 때문이다. 그러나 경제 규모가 커지고 다양한 금융기관이 출현하면서 M1이 실물경제의 동향을 제대로 반영하지 못한다는 생각에서 1979년부터는 M1 대신 M2를 통화관리의 중심지표로 사용하고 있다. 최근에는 금융자유화, 자본자유화의 진전으로 인해 금융자산이 무척 다양해지고 있을 뿐 아니라 금융시장 구조가 급격히 변화해가는 추세이다. 이런 환경에서는 M2도 더 이상 적절한 통화지표가 될 수 없어 한층 더 포괄적인 통화지표를 사용해야 한다는 주장이 제기되고 있다.

통화관리의 중심지표로 삼기에 바람직한 통화지표는, 먼저 통화지표와 실물경제 사이에 밀접한 관계가 존재해야 한다. 오늘날과 같은 상황에서는 현금통화는 실물경제와 그다지 밀접한 관계가 있다고 볼 수 없어 중심지표로 부적합하다고 할 수 있다. 또 다른 통화지표의 기준은 통제가 가능해야 한다는 것이다. 그래야 중앙은행이 통화량을 통해 경기를 조절할 수 있기 때문이다.

3.3. 유동성 지표

(1) 금융기관 유동성

한국은행은 기존의 유동성 지표인 총유동성(M3)을 2006년 6월부터 금융기관 유동성(Lf: Liquidity Aggregates of Financial Institution)이라는 새로운 명칭으로 계속 편제해오고 있다. 금융기관 유동성(Lf)은 금융기관이 공급하는 유동성만을 측정하는 지표로 광의의 통화(M2) 이외에 기타예금취급기관의 만기 2년 이상 정기예·적금 및 금융채와 기타 금융기관(생명보험회사 및 증권금융회사)의 보험계약준비금과 예수금 및 금융채, 환매조건부채권매도(환매채)가 포함된다.

(2) 광의의 유동성

광의의 유동성(L: Liquidity Aggregates)은 우리나라 경제에 풀려 있는 전체 유동성을 측정하는 지표이다. 여기에는 금융기관 유동성(Lf) 외에 기업과 정부 등이 발행하는 기업어음, 회사채, 국채, 지방채 등의 유가증권도 포함된다.

그림 17-1

(단위: 조원)

<table>
<tr><td>현금통화 (162.9)</td><td rowspan="3">M1(협의통화)
(1,237.0)</td><td rowspan="7">M2(광의통화)
(3,758.2)</td><td rowspan="9">Lf(금융기관
유동성)
(5,125.7)</td><td rowspan="12">L(광의유동성)
(6,587.8)</td></tr>
<tr><td>요구불예금 (374.8)</td></tr>
<tr><td>수시입출식예금 (699.3)</td></tr>
<tr><td>정기예적금 (1,594.6)</td><td rowspan="4"></td></tr>
<tr><td>시장형 금융상품1) (33.4)</td></tr>
<tr><td>실적배당형 금융상품2) (609.0)</td></tr>
<tr><td>기타 예금 및 금융채 (284.3)</td></tr>
<tr><td>2년 이상 장기금융상품 등 (536.2)</td><td colspan="2" rowspan="2"></td></tr>
<tr><td>생명보험계약준비금 및
증권금융예수금 (831.3)</td></tr>
<tr><td>기타금융기관상품 (589.5)</td><td colspan="3" rowspan="3"></td></tr>
<tr><td>국채, 지방채 (527.4)</td></tr>
<tr><td>회사채, CP (345.1)</td></tr>
</table>

통화 및 유동성 지표의 구성및 포괄범위

주: 1) 양도성예금증서(CD), 환매조건부채권(RP), 매출어음
2) 만기 2년 미만 금전신탁, 수익증권, 단기금융펀드(MMF), 어음관리계좌(CMA)
3) 반올림 등으로 인해 일부 수치 간 불일치가 있을 수 있음
자료: 한국은행, 「알기 쉬운 경제지표해설」(23.12월), p. 221

4. 화폐의 수요와 공급

화폐시장은 여러 가지 동기로 화폐에 대한 수요와 공급이 존재하고 균형에서 이자율(interest rate)이 결정된다.

4.1. 화폐에 대한 수요

화폐수요란 사람들이 여러 가지 자산 중 화폐의 형태로 보유하고자 하는 화폐의 총량

을 나타낸다. 사람들은 주식, 채권, 부동산, 예금 등 여러 형태의 자산을 섞어서 보유하는 경향이 있는데 이를 '포트폴리오 선택(portfolio choice)'이라고 한다. 그런데 화폐는 다른 자산과 달리 아무런 수익도 가져다주지 못한다. 그럼에도 불구하고 화폐를 보유하려는 동기는 무엇인가? 기본적으로 다음의 세 가지 동기가 있다.

(1) 거래적 동기

거래적 동기(transaction motive)의 화폐수요란 사람들이 재화와 서비스를 구입하고 그 대가로 지불하기 위한 동기로 화폐를 보유한다는 것이다. 가계의 소득은 한 달에 한 번씩 들어오는 급여뿐이라고 할 때, 매일 소비를 하기 위해서는 평소에 어느 정도의 화폐를 보유하고 있어야 한다. 통상 거래를 하기 위해서 화폐를 보유하는 경우, 소득이 많은 사람이 적은 사람보다 지갑에 돈을 많이 넣고 다닌다는 측면에서 볼 때 소득에 비례한다고 할 수 있다.

거래적 동기
상품과 서비스를 구입하고 그 대가로 지불하기 위하여 화폐를 보유하는 것

(2) 예비적 동기

예비적 동기(precautionary motive)의 화폐수요는 갑작스런 질병이나 예기치 못한 사고 같은 장래에 돌발적으로 발생할지 모르는 만일의 사태에 대비해서 화폐를 보유하는 것이다. 거래적 동기의 화폐수요와 마찬가지로 소득이 증가할수록 예비적 목적으로 더 많은 화폐를 보유하는 경향이 있다.

예비적 동기
장래에 돌발적으로 발생할지 모르는 만일의 사태에 대비하여 화폐를 보유하는 것

(3) 투기적 동기

사람들은 거래적 동기와 예비적 동기 이상으로 화폐를 보유하는 경우가 많은데, 화폐가 아닌 다른 금융자산들에 투자를 해서 자본이득을 얻기 위해 화폐를 보유하는 것을 **투기적 동기**(speculative motive)의 화폐수요라고 한다.

투기적 동기
금융자산들에 투자를 해서 자본이득을 얻기 위해 화폐를 보유하는 것

화폐를 대체할 만한 대표적인 금융자산으로서 채권은 유동성은 낮지만 수익성이 높다. 채권이 가져다주는 수익률은 이자율과 밀접한 관련을 갖고 있으므로 투기적 동기에 의한 화폐수요는 이자율의 변화에 민감하게 반응하는데 이자율과 반비례 관계에 있다. 이것은 이자율이 낮으면 채권의 가격이 높다는 의미로, 이자율이 상승할 때 즉 채권의 가격이 하락할 것을 기다리면서 채권 대신 화폐를 보유하게 된다.

그림 17-2

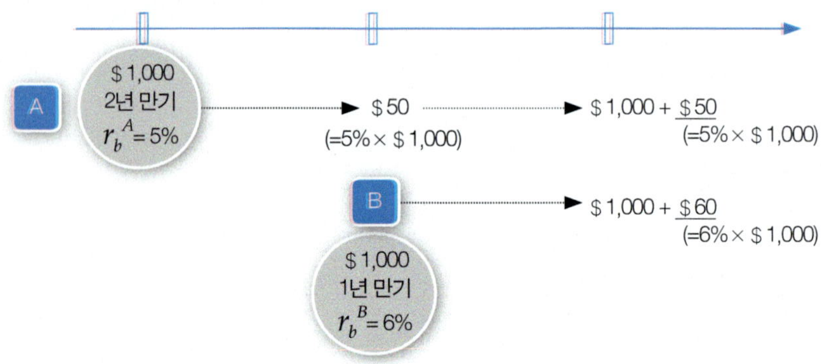

채권가격과 이자율

- 기발행된(중고) 채권은 액면이자가 이자율이 오를 때 같이 증가하지 않고 $50에 머물러 있어, 새로 발행된 1년 만기 채권에 대한 이자율이 6%로 올랐을 때 기발행된 채권을 팔기 위해서는 $1,000보다 낮은 가격으로 채권시장에 매도주문을 내야 함
  → 새로 발행된 채권에 대한 이자율이 상승할 때, 이미 발행된 채권에 대해서 금융투자자가 지불할 용의가 있는 가격은 하락
- 채권의 가격과 이자율은 역(-)의 관계

이렇게 접근하는 방법과 달리, 채권은 다양한 이자율과 만기로 구성되어 있다는 점을 활용해서 채권의 이자율과 채권의 가격이 역의 관계를 가지고 있다는 것을 설명할 수 있다. 〈그림 17-2〉와 같이 A라는 채권이 $1,000로 2년 만기의 이자율은 5%라고 하자. 이미 1년이 지난 상황이라 채권의 액면가인 $1,000의 5%인 $50을 이미 이자로 받는 상태이다. 이때 새로 B라는 채권이 발생되었다고 하자. 액면가격은 $1,000으로 동일한데 1년 만기에 이자율은 6%라고 한다. 따라서 이미 발생된 중고채권인 A는 만기가 1년 남았는데, 동일하게 만기가 1년 남은 B채권이 등장하였고, 동일한 시점에서 A채권과 B채권이 같이 존재하게 된다. B채권은 이자율이 올라 6%로 이자수익 $60을 제공한다고 하면 투자자들이 지불할 용의가 있는 기존 A채권의 시장거래 가격은 이전보다 하락하게 된다. 따라서 이자율과 채권가격은 하락한다.

4.2. 화폐수요곡선

화폐수요량은 물가수준, 물가상승률, 이자율, 국민소득 등의 여러 변수에 의해 결정되는데 주어진 이자율에 대해서 얼마의 화폐를 보유할 것인지를 나타낸 것이 화폐수요함수이다. 화폐수요함수는 앞에서 언급한 화폐를 보유하는 세 가지 동기의 합으로 나타낼 수 있다. 거래적 화폐수요와 예비적 화폐수요는 소득의 함수이고, 투기적 동기의 화폐수요는 이자율의 함수로, 이자율이 상승하면 투기적 동기에 의한 화폐수요가 감소하게 된다.

화폐수요에 영향을 주는 다른 요인들은 불변임을 가정하고 이자율(r)과 화폐 수요량(M^d) 사이의 관계를 그림으로 나타낸 것이 바로 화폐수요곡선(money demand curve)이다.

〈그림 17-3(a)〉에서 보듯이 일반적으로 화폐수요곡선은 우하향하는 모양을 갖는데, 이자율과 화폐수요량 사이에 역(−)의 관계가 있기 때문이다. 수요의 이동과 수요곡선상의 이동에서 설명한 것처럼 y축의 변수인 이자율이 변화하면 동일한 화폐수요곡선상 한 점에서 다른 점으로 이동한다. 그러나 불변이라고 가정한 다른 요인에 변화가 생기면 화

그림 17-3

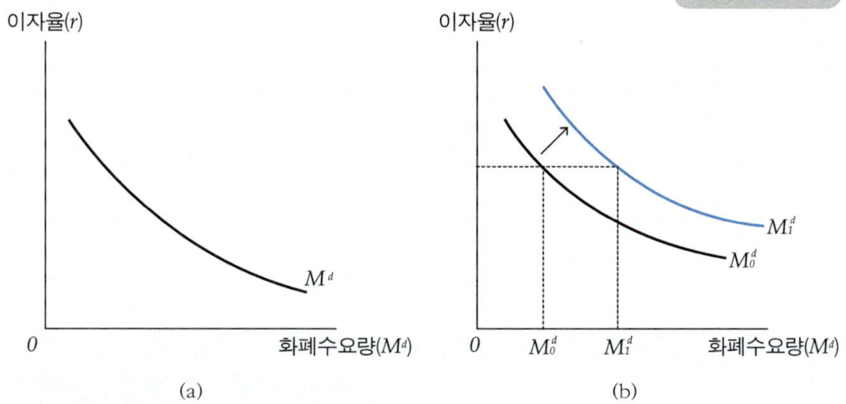

화폐수요곡선의 형태와 이동

(a) 화폐수요곡선
(b) 화폐수요곡선의 이동

폐수요곡선 자체가 이동하게 된다. 만일 소득수준이 상승하면 거래적 동기에 의한 화폐수요가 증가할 것이므로, 주어진 이자율에 대해서 더 많은 화폐를 보유할 수 있기 때문에 〈그림 17-3(b)〉에서 보듯이 화폐수요곡선은 오른쪽으로 이동해 MD_1이 된다.

4.3. 화폐공급곡선

중앙은행은 다양한 경로를 통해서 화폐공급을 조절한다. 이러한 화폐공급은 개인과 일반금융기관에 영향을 줄 수 있다. 〈그림 17-4(a)〉에서 중앙은행이 화폐공급량을 M_0로 결정했다면 화폐공급곡선(MS)은 M_0 위로 그은 수직선이 된다. 그리고 화폐공급량이

그림 17-4

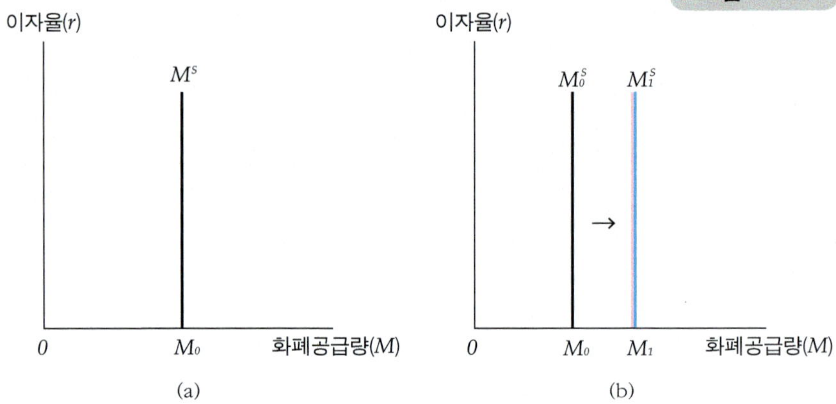

화폐공급곡선의 형태와 이동

(a) 화폐공급곡선
(b) 화폐공급곡선의 이동

참고 금리변동의 표현

시중금리가 5%에서 3%로 내렸을 때, '금리가 2% 내렸다'고 말하면 이는 엄격히 말해서 정확한 표현이 아니다. 5%의 2%는 0.1%이다. 5%에서 3%로 내렸다면 그것은 금리가 40%나 하락한 것이다. '2%하락했다'고 표현하기 위해서는 새로운 단위가 필요하다. 이것이 바로 '%포인트'이다. 즉 '2%포인트 하락했다'고 해야 맞는 표현이며, 때로는 '2%p 하락'이라고 표현하기도 한다. 한편, %포인트보다 작은 단위를 표시하기 위해서 bp(basis point)가 사용된다. 1%포인트는 100bp이다. 예를 들면 10bp는 0.1%포인트를, 1bp는 0.01%포인트를 말한다.

자료: 김의경, 『금리만 알아도 경제가 보인다』, 위너스북, 2009

그림 17-5

화폐시장의 균형

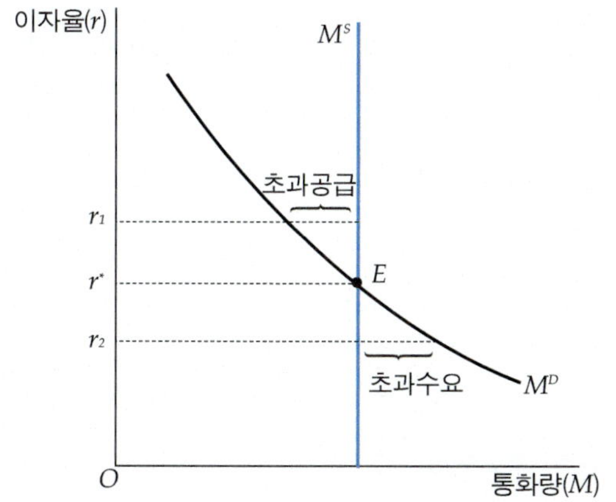

M_0에서 M_1으로 증가한다면 MS_0였던 화폐공급곡선은 〈그림 17-4(b)〉에서 보는 것처럼 오른쪽으로 이동해 MS_1이 된다.

4.4. 화폐시장의 균형

〈그림 17-5〉에서 화폐의 수요곡선과 화폐의 공급곡선이 교차하는 E점에서 화폐시장의 균형이 이루어지고 이때의 이자율 r^*가 균형이자율이다.

만약 이자율이 r^*보다 더 높아 r_1의 수준에 있다면 화폐의 초과공급이 발생하게 된다. 화폐수요보다 화폐공급이 크기 때문에 사람들은 화폐를 채권 등 다른 자산의 형태로 바꾸려고 하고, 채권 같은 금융자산의 가격이 상승하며, 이에 따라 채권의 이자율(채권의 시장이자율을 말하며, 액면이자율과 다르다)은 하락한다. 그 결과 이자율은 결국 균형이자율 수준으로 다시 하락한다.

4.5. 통화량 변화와 이자율

〈그림 17-6〉에서 중앙은행이 화폐의 공급을 M_0에서 M_1으로 늘리면 화폐공급곡선이 오른쪽으로 이동해 MS_1이 된다. 이에 따라 균형이자율은 r_0에서 r_1으로 하락한다. 이와

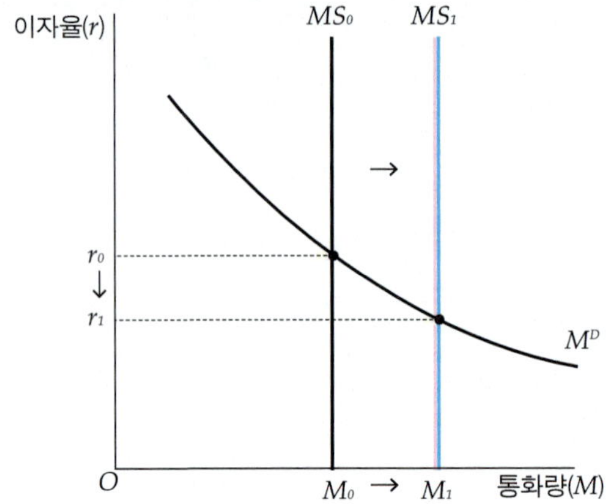

그림 17-6

통화량의 변화와 이자율

같이 중앙은행이 화폐공급을 늘리고 줄이는 통화정책(monetary policy)은 이자율에 영향을 미친다.

5. 화폐공급과 예금창조

5.1. 은행의 대차대조표

대차대조표는 일정시점에서 기업이 보유하고 있는 자산, 부채, 자본의 내역과 같은 기업의 총체적인 재무 상태를 나타낸 표이다. 은행의 대차대조표는 약간 차이가 있지만 원칙적으로는 동일한 맥락으로 작성된다. 오른쪽에는 자금의 조달원천인 예금을 기록하는데 이 예금은 언제든지 인출해 갈 수 있기 때문에 부채가 된다. 그러나 이러한 부채인 예금은 여러 가지 형태의 자산으로 운영되며 인출에 대비해 약간의 금액을 준비해두는데 이를 '지급준비금(reserve)'이라 한다.

지급준비금
은행이 인출에 대비해 예금의 일부를 준비해두는 것

5.2. 본원통화의 개념과 구성

본원통화란 중앙은행의 창구를 통해서 시중에 나온 현금으로, 예금은행의 예금창조

(deposit creation)의 근원이다. 통화량은 본원통화 공급량보다 몇 배 증가하기에 본원통화를 '**고성능화폐**(high-powered money)'라고도 한다. 본원통화의 구성을 간단히 살펴보면 〈표 17-1〉과 같다.

고성능화폐
본원통화는 통화량을 몇 배 이상 증가시키는 높은 성능을 지니기 때문에 붙여진 이름

표 17-1 본원통화의 구성

본원통화		
현금통화	지급준비금(예금은행)	
현금통화	시재금(예금은행)	지급준비예치금(중앙은행)
화폐발행액		지급준비예치금(중앙은행)

본원통화는 민간이 보유한 현금통화와 은행이 고객의 인출에 대비하여 보유하는 지급준비금으로 구성되는데, 은행은 지급준비금의 일부를 고객의 인출에 대비해 '시재금'으로 보유하고, 일부를 '지급준비예치금'으로 중앙은행에 예치한다.

참고 근대은행의 유래

고대 바빌로니아 시대에도 원시형태의 은행이 존재했고, 함무라비법전에도 재산의 기탁과 운용, 그리고 이자에 대한 기록이 남아 있다. 중세에 도시 간 교역이 확대되면 다양한 형태의 화폐가 통용되었다. 그러나 국가나 도시별로 다양한 화폐의 등장은 교역을 어렵게 만들었고, 화폐를 환전해주는 환전상이 등장하게 되었다. 환전상들은 뱅크(bank)라는 테이블 위에서 환전을 해주었는데, 뱅크라는 말은 여기서 유래되었다.

유럽의 경제규모는 십자군전쟁과 르네상스를 거치면서 확대되었고, 교역범위도 넓어졌다. 당시 화폐제도는 금본위제도였으므로 거래 대금을 결제하는 데는 금화가 필요했고, 이를 운송하는 데는 많은 비용과 위험이 따랐다. 그런데 당시 유럽에서는 상인들이 금세공업자(goldsmith)에게 금화나 귀금속을 맡기는 풍토가 있었다. 이들은 안전한 금고를 보유하고 있었고, 상인들은 금화나 귀금속을 금세공업자에게 맡기고 영수증으로 금보관증서(gold deposit certificates)인 골드스미스 노트(goldsmith's note)를 받았다. 증서의 발행자인 보관업자의 신용만 보장된다면 금화 대신에 거래의 지불수단으로 골드스미스 노트를 활용하면 비용도 절약되고 위험도 낮아진다. 이렇게 금세공업자가 금을 세공하는 본업 외에 수수료를 받고 금화를 보관해주는 부업으로 더 큰 수익을 얻게 되면서 근대은행이 시작되었다.

참고 예금인출사태(뱅크런)

뱅크런(bank run) 은 예금자들이 은행에서 예금을 인출하기 위해 몰려드는 현상을 말하는데, 은행에 무슨 문제가 생겨 파산할지도 모른다는 생각에 예금자들이 서로 먼저 돈을 찾으려고 은행으로 뛰어가는 모습에서 유래되었다고 한다. 예금자들은 은행의 경영 상태를 잘 알지 못하는 상황에서 은행이 부실해질지 모른다는 소문이 돌면 자신의 예금을 먼저 찾고자 은행으로 한꺼번에 몰려들 수 있다. 은행은 예금 중의 일정비율만 지급을 위해서 남겨둔 상태이므로 한꺼번에 돈을 찾으려고 몰려들면 건전한 은행이라도 파산할 수 있다. 특히 뱅크런은 전염성이 강해 다른 은행의 예금자들도 괜히 불안해져 많은 은행들이 한꺼번에 파산해 금융시장이 공황에 빠질 수도 있다. 1929~1933년 대공황 시기에 미국의 예금인출사태로 당시 약 2만5,000개의 은행 중에서 1만1,000여개가 문을 닫았다. 최근에도 영국의 노던록, 미국의 컨트리와이드, 아이슬란드의 은행들에서 이런 사태가 나타나기도 했다. 뱅크런을 막기 위해서는 일시적으로 예금인출을 중단하거나, 중앙은행이 인출자금을 지원해주어야 한다. 우리나라를 비롯한 많은 나라들은 예금보험제도를 통해서 은행이 파산해도 예금자가 일정금액의 예금을 돌려받을 수 있도록 하여 예금자들의 불안감을 누그러뜨리려고 한다. 우리나라는 예금보험공사가 예금자 1인당 5,000만원 한도로 예금보험금을 지급해준다.

5.3. 예금창조와 통화승수

(1) 지급준비금

S기업이 미국에 MP3을 수출하고 난 후 받는 달러화를 원화로 바꾸어달라고 요구했다고 가정하자. 한국은행이 새로이 100억원의 화폐를 발행하여 지급했고, S기업은 이 돈을 거래은행인 A은행에 입금했다. 그 결과 A은행의 보유현금은 100억원이 증가하게 되는데, 이 중의 일부를 지급준비금으로 남겨두고 나머지는 다른 곳에 대출을 한다. 예금인출 요구에 의한 은행의 파산을 막기 위해서 법으로 최소한의 지급준비금을 설정하는데 이를 **법정지급준비금**(legal reserve) 혹은 필요지급준비금(required reserve)이라고 한다. 그리고 예금액에서 법정지급준비금이 차지하는 비율을 법정지급준비율이라고 한다. 만일 요구불예금에 대한 법정지급준비율이 10%라고 하면, S기업에게 100억원을 받는 A은행의 대차대조표는 다음과 같이 정리된다.

법정지급준비금
법으로 지정한 최소한의 지급준비금

표 17-2 A은행의 대차대조표

자산	부채와 자본
지급준비금 20억원 대　　출 80억원	요구불예금 100억원

(2) 통화승수

통화승수(money multiplier)란 신용승수라고도 하며 1원의 지급준비금으로 은행제도가 창출하는 화폐의 양을 말한다. 앞의 예를 이용해보면 S기업에게 요구불예금을 받은 A은행은 지급준비금 10억원만을 남겨둔 채 90억원을 다른 B은행에 다시 예금을 하였다고 하자. 이때 제2은행인 B은행은 예금 90억원이 들어와 오른편(대변)에 90억원을 기재하고 지급준비금 9억원을 남겨둔 채 81억원을 다시 제3은행인 C은행에 대출해준다. 이렇게 대출을 계속해주면 처음 한국은행이 발행한 100억원은 시장에서 10배인 1,000억원의 통화량을 창출하며, 여기서의 10을 통화승수라고 한다.

통화승수
1원의 지급준비금으로 은행제도가 창출하는 화폐의 양

표 17-3 신용창출 과정

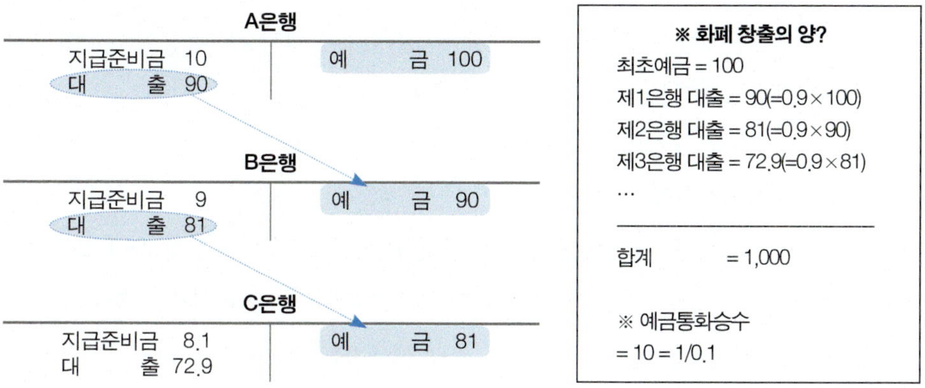

통화승수는 지급준비율이 얼마인가에 따라 결정된다. 앞서 살펴본 바와 같이 법정지급준비율이 10%인 경우 지급준비율(R)은 0.1이 되고 통화승수는 1/0.1인 10이며, 총통화량은 1,000($= 100 \times \frac{1}{0.1}$)이 된다. 따라서 예금창조액을 구하는 일반식은 다음과 같다.

$$\text{예금창조액} = \frac{\text{최초 예금액}}{\text{지급준비율}}$$

주의해야 할 점은 예금창조를 통해 예금액과 통화량이 증가한 것을 보고, 국민경제의 부(wealth)가 증가되었다고 생각하면 안 된다는 것이다. 단지 국민경제의 유동성을 증가시키는 역할만을 할 뿐이며, 부의 크기는 국민경제의 생산력에 달려 있기 때문이다.

6. 중앙은행의 통화관리방식

중앙은행은 본원통화의 공급량을 조절하거나 통화승수의 크기를 조절함으로써 통화량에 영향을 미칠 수 있다. 크게는 일반적 정책수단과 선별적 정책수단으로 나뉜다. 일반적 정책수단(general control)은 정책적 효과가 국민경제의 전반에 영향을 미칠 수 있도록 고안한 것이고, 선별적 정책수단(selective control)은 국민경제의 특정 부분에만 정책적 효과가 선별적으로 영향을 미치는 정책을 말한다.

6.1. 일반적 정책수단

일반적 정책수단에는 지급준비율정책, 재할인율정책, 공개시장조작 등이 있는데 중앙은행이 통화량을 조절하는 가장 기본적 수단이다.

(1) 지급준비율정책

중앙은행이 법정지급준비율(legal reserve ratio)을 올리면 통화승수의 값이 작아지기 때문에(통화승수 = $\frac{1}{R}$), 본원통화의 공급량이 그대로 있어도 통화량은 감소하게 된다. 예금자의 인출에 대비한 지급준비제도는 원래 예금자를 보호하려는 취지에서 도입된 제도인데, 이렇게 출발한 제도를 통화관리의 수단으로 사용하는 것이 **지급준비율정책**이다. 최근에 주요 선진국에서는 지급준비율을 크게 내리거나 아예 폐지하는 추세에 있어 실제로 통화관리정책으로서 지급준비율정책의 의미는 크게 상실되고 있다.

지급준비율정책
중앙은행이 법정지급준비율을 조절하여 본원통화의 양을 조절하는 정책

(2) 재할인율정책

중앙은행은 시중의 일반은행들의 은행 역할을 한다. 따라서 시중은행들에 자금을 빌려주는 역할도 하는데, 중앙은행이 고객의 상업어음을 제시받아 시중은행에 빌려주는 자금에 적용되는 이자율을 **재할인율**(rediscount rate)이라고 한다. 따라서 재할인율을 높이거나 낮춤으로써 통화량의 조절이 가능한데, 통화량을 늘릴 필요가 있을 때 중앙은행은 재할인율을 낮추어 시중은행이 중앙은행으로부터 더 많은 자금을 빌리도록 유도한다.

재할인율정책
중앙은행이 시중은행에 빌려주는 이자율을 조절하여 본원통화의 양을 조절하는 정책

예를 들어 시중은행이 고객에게 할인받은 10억원 상당의 약속어음을 중앙은행에 제시하고 중앙은행으로부터 돈을 빌리려고 한다. 이때 재할인율이 10%라면 시중은행이 중앙은행에게 차입받을 수 있는 금액은 9억원이 되고, 재할인율이 20%로 증가하면 동일한 약속어음을 재할인하여 빌릴 수 있는 금액은 8억원으로 감소하게 된다. 따라서 시중에 유통되는 통화량은 1억원이 줄어들게 된다.

(3) 공개시장조작

공개시장조작(open market operation)이란 중앙은행이 채권시장과 같은 공개시장에서 국채나 기타 유가증권을 매입하거나 매각함으로써 본원통화의 양을 조절하는 정책으로, 금융시장이 발달한 선진국에서는 여러 통화관리 수단 중 가장 많이 이용하고 있다. 중앙은행이 은행이나 민간으로부터 국채를 구입하면 본원통화의 양이 늘어나고 이에 따라 통화량도 증가하게 된다. 공개시장조작은 본원통화를 조절하는 효과뿐 아니라 이자율을 변화시키는 효과도 갖고 있다. 만일 중앙은행이 국채를 매입하기 시작하면 국채에 대한 수요가 증가해 국채 가격이 상승하고, 국채 이자율은 가격과 반대로 움직이기 때문에 하락하게 된다.

공개시장조작
중앙은행이 채권시장과 같은 공개시장에서 국채나 기타 유가증권을 매입하거나 매각함으로써 본원통화의 양을 조절하는 정책

6.2. 선별적 정책수단

선별적 정책수단은 직접규제(direct control)방식이라고도 하는데, 개발도상국에서 경제의 안정화나 국민경제의 특정부분에 대한 자금의 공급을 촉진하거나 억제하기 위해서 사용한다. 은행별로 대출의 여신한도를 정하거나 은행이 제공하는 대출의 양뿐 아니라 그 용도까지 직접 통제하는 방식을 대출한도제(ceiling system)라고 한다. 일명 '창구지도'라고도 하는데, 우리나라의 경우 1970년부터 1977년까지 주로 사용했다. 그 외에 통화당국이 직접 이자율의 상한을 설정하거나, 싼 이자율로 특정부분에 자금을 집중 배분하는 이자율규제정책이 있다.

7. 금융정책

7.1. 금융정책의 최종목표와 중간목표

경제정책의 최종목표는 완전고용과 물가안정을 달성하고, 경제성장을 높이며, 소득분배를 개선하는 것이다. 이를 달성하기 위해서 다양한 정책적 수단(policy instruments)이 사용된다. 그러나 최종목표에 도달하는 기간은 매우 길 수밖에 없기 때문에 현재 정책의 방향대로 잘 가고 있는지를 중간에 점검할 필요가 있다. 인생의 장기적인 최종목표를 달성하기 위해 중간중간 단기적인 목표를 세워 상황의 변화에 맞게 조금씩 수정하는 것과 마찬가지이다.

중간목표
장기적인 최종목표를 달성하기 위해 중간에 단기적으로 세운 목표

최종목표와 정책수단 사이에 중간목표(intermediate targets)를 설정하고 그 중간목표를 적절히 관리하면 좀 더 효율적으로 최종목표에 도달할 수 있다. 어떤 변수가 중간목표로 사용되기 위해서는 다음과 같은 조건들이 충족되어야 한다.

- 중간목표는 최종목표와 안정적이고 체계적인 관계가 있어야 하고, 정책수단을 사용해 쉽게 통제할 수 있어야 함
- 그 변수의 변화를 쉽게 파악하고 측정할 수 있어 상황을 판단하는 데 직접적인 도움을 주어야 함

7.2. 중간목표로서의 통화량과 이자율

금융정책의 중간목표를 위해 제시한 조건을 충족하는 것으로 통화량이나 이자율이 있다. 통화량과 이자율을 동시에 바람직한 수준으로 유지하는 것은 두 마리 토끼를 잡는 것과 같이 어렵기 때문에 둘 중 하나를 선택하여 기준으로 삼는 것이 보통이다.

중간목표로서 이자율이 더욱 적합하다고 믿는 사람들은 통화량에만 관심을 집중하다 보면 이자율에 급격한 변동이 일어나 실물부분이 불안정해질 위험이 있음을 제기하면서, 금융산업의 급속한 발달로 인해 다양한 금융상품이 등장하고 인터넷을 이용한 사이버머니, 신용카드 등이 보편화됨으로써 현실적으로 정책당국이 통화량을 조정할 수 없

참고 **금융시장과 통화정책의 파급경로**

기준금리 조정의 효과가 실물경제에 파급되기 위해서는 통화정책의 파급경로가 원활하게 작동되어야 하고, 이를 위해서는 금융시장이 효율적으로 형성되어 있어야 한다. 자금시장은 중앙은행의 통화정책이 수행되는 시장이고, 정책효과가 파급되는 시발점이다. 통화정책은 일차적으로 콜시장 등 자금시장에 영향을 미치고, 자금시장의 변화가 채권시장 및 주식시장에 파급되어 최종적으로 기업 투자 및 가계소비 등에 영향을 미쳐 실물경제활동과 물가의 변동을 초래한다. 한편 투자에 따른 위험회피를 위해 활용되어온 선물, 스왑, 옵션 등 파생금융상품도 금융시장에서 차지하는 비중이 커지고 있는데, 이로 인해 전통적인 통화정책 파급경로에 변화가 발생할 수 있다. 예를 들어 한국은행이 경기하락을 막기 위해서 기준금리를 인하하였는데 글로벌 금융위기 등에 따른 자산축소의 영향으로 외국인이 국채선물을 대규모로 매도할 경우에는 국채선물가격이 하락하고, 이것이 채권현물가격의 하락(금리상승)을 초래하여 오히려 시장금리 상승을 유발하는 등 기준금리의 인하효과가 제한될 수 있다. 이와 같이 현물시장의 거래를 보완하기 위해 만들어진 파생금융상품거래가 오히려 현물시장에 영향을 주는 현상을 'wag the dog(꼬리가 몸통을 흔든다) 현상'이라고 한다.

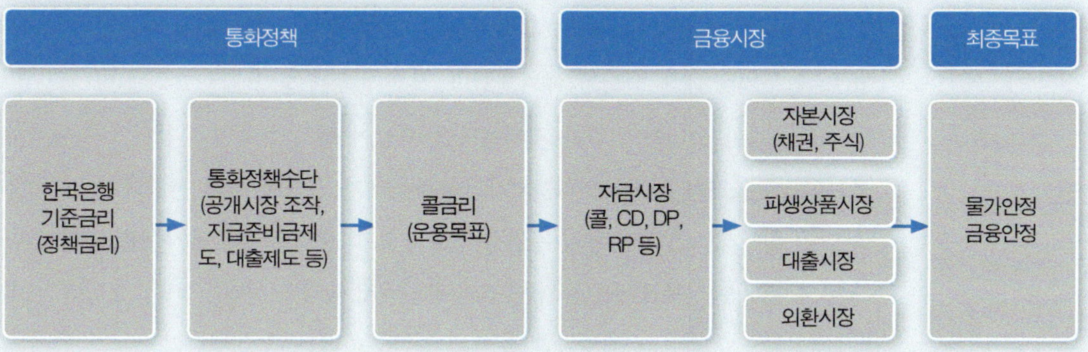

는 상황이 되었다고 강조한다(이자율목표관리제).

반면에 통화량을 중간목표로 선택해야 한다고 생각하는 사람들은 통화량을 안정적으로 유지하는 것이 경제안정에 큰 도움이 된다는 점을 지적하면서, 이자율 목표에 너무 집착하면 통화정책이 오히려 경기를 불안정하게 만들 위험이 있다고 지적 한다. 예를 들어 호황으로 인해 화폐수요가 증가하는 경우, 화폐공급량을 늘려야 이자율 상승을 막을 수 있는데 이로 인해 경기가 너무 과열되면 오히려 인플레이션이 유발될 가능성이 크다는 것이다(통화목표관리제).

금융산업이 발달하고, 국가 간 자본의 이동이 활성화되면서 통화량과 실물부문의 연계성이 줄어들고, 동시에 화폐공급의 내생성(화폐공급량이 경제여건의 변화에 영향을 받는다는 뜻)이 더 커짐에 따라 통화량을 중간목표로 사용하는 것은 점차 어려운 일이 되었다. 따라서 많은 나라들이 통화량보다 이자율에 더 큰 비중을 두는 쪽으로 통화정책을 운영하는 추세이다.

7.3. 최근에 등장한 물가안정목표제

물가안정목표제
통화량이나 이자율 같은 중간목표를 생략하고 물가상승률만을 통화정책의 유일한 목표로 채택하여 관리하는 제도

이자율과 통화량의 중간목표의 한계가 지적되면서 1990년대부터는 물가안정목표제(inflation targeting)를 채택하는 경향으로 나아가고 있다. **물가안정목표제**란 통화량이나 이자율 같은 중간목표를 생략하고 물가상승률만을 통화정책의 유일한 목표로 채택여 관리하는 제도로, 1990년 3월 뉴질랜드가 이 제도를 처음 도입한 이후 캐나다, 영국, 스웨덴 등이 잇달아 채택하고 있다. 우리나라도 1998년 4월부터 이 제도를 도입해 실시하고 있다.

통화정책이 물가뿐 아니라 고용이나 환율, 경제성장 같은 다양한 목표를 동시에 달성할 수 있는지에 대한 회의가 제기되었고, 통화정책이 장기에는 고용에 별 영향을 주지 못하고 물가만 올리는 결과를 가져온다는 주장이 점차 설득력을 얻어가기 시작하면서 물가안정목표제가 등장하였다. 물가안정목표제가 실제로 물가 안정에 효과를 발휘할 수 있기 위해서는 중앙은행의 독립성이 보장되고, 중앙은행의 물가예측 능력이 뛰어나야 한다. 물가안정목표제는 물가 안정의 측면에서 상당한 성과를 거둔 것으로 알려져 있다. 그러나 앞으로도 이 제도가 계속 효과를 발휘한다는 보장은 없다.

표 17-4 물가안정목표제와 중간목표관리제

운영체계	운영방식			
물가안정 목표제	정책수단 (Policy instruments) [재할인 및 대출정책, 지급준비율정책, 공개시장조작정책]	→ 운용목표 (Operating targets) [단기금리]	→ ↑ 정보변수 (Information variables) [통화량, 환율, 금리, 자산가격 등]	최종목표 (Policy goals or objectives) [물가안정, 금융안정, 경제성장, 완전고용, 국제수지 균형]
중간목표 관리제	정책수단 (Policy instruments) [재할인 및 대출정책, 지급준비율정책, 공개시장조작정책]	→ 운용목표 (Operating targets) [단기금리, 본원통화]	→ 중간목표 (Intermediate targets) [통화량, 이자율, 환율]	→ 최종목표 (Policy goals or objectives) [물가안정, 금융안정, 경제성장, 완전고용, 국제수지 균형]

참고 **통화목표관리방식의 변화**

한국은행은 2008년 9월 리먼 브러더스 파산보호 신청 이후 국제금융시장 불안 및 세계경제 정체 심화 등으로 국내 금융외환시장이 크게 동요하고 실물경기가 급속히 위축됨에 따라 다양한 정책수단을 활용하여 이에 적극 대응하였다. 간단하게 살펴보면 다음과 같다.

(1) 기준금리 인하
- 2008년 10월 이후 2009년 2월까지 한국은행은 기준금리 (Base Rate)를 연 5.25%에서 2.0%로 큰 폭 인하
- 시기별로 보면 2008년 10월 중 두 차례에 걸쳐 1.0%포인트, 11월 중 0.25%포인트, 12월 중 1.0%포인트 그리고 2009년 1, 2월 중 각각 0.5%포인트씩 여섯 차례에 걸쳐 총 3.25%포인트 인하하였다. 그 결과 기준금리는 정책금리 목표치를 공표하기 시작한 1999년 5월 이후 최저 수준인 연 2.0%로 낮아졌다.
- 이러한 단기간 급격한 기준금리 인하의 배경에는 2008년 9월 리먼 브러더스 파산보호 신청 이후 금융 · 외환시장이 크게 불안한 모습을 보이면서 실물경제가 급속히 위축되는 데 대한 적극적인 대처의 필요가 있었다. 특히 금융시장 불안이 경기하강으로 이어지고 이에 따라 금융시장 불안이 한층 더 증폭되는 악순환을 차단하기 위해서는 보다 확고하고 신속한 정책대응이 필요하였다.

(2) 신용경색 부문으로의 자금흐름 유도
- 공개시장조작 대상증권 및 대상기관 확대
- 채권시장안정펀드 출자기관 등 금융기관에 대한 유동성 공급

(3) 은행의 신용공급 여력확충
- 총액대출한도 증액
- 지준예치금에 대한 이자지급
- 은행의 자기자본 확충 노력 지원

(4) 외환시장 및 외화자금시장 안정대책 실시
- 미 · 중 · 일 중앙은행과 통화스왑계약 체결
- 은행 등을 대상으로 한 신속하고 충분한 외화유동성 공급
- 은행 외화대출 용도제한 완화 등

(5) 기타 관련 제도 개선 등
- 대출담보제도 개선
- 자금조정대출 · 예금제도 개선
- 한은금융망 운영시간 탄력 조정

◈ **위기대응 조치 일부 정상화**

한국은행의 적극적인 위기대응 정책과 국제금융시장 상황 개선 등에 힘입어 2009년 2/4분기 이후 금융 · 외환시장이 빠르게 안정되고 실물부문도 회복세가 점차 뚜렷해짐에 따라 위기대응 차원에서 확대 공급하였던 원화 및 외화 유동성에 대한 환수 노력을 지속하였다.

참고 **한국은행 기준금리 변동 추이**

한국은행 기준금리는 한국은행이 금융기관과 환매조건부증권(RP) 매매, 자금조정 예금 및 대출 등의 거래를 할 때 기준이 되는 정책금리(base rate)이다. 한국은행은 기준금리를 7일물 RP매각 시 고정입찰금리로, 7일물 RP매입 시 최저입찰금리로 사용한다. 자금조정예금 금리는 기준금리에서 50bp를 차감한 이율(최저이율은 0%)로, 자금조정대출 금리는 기준금리에서 50bp를 더한 이율(기준금리가 1% 미만일 경우 기준금리의 2배)로 운용한다. 한국은행 금융통화위원회는 물가 동향, 국내외 경제 상황, 금융시장 여건 등을 종합적으로 고려하여 연 8회 기준금리를 결정하고 있다. 이렇게 결정된 기준금리는 초단기금리인 콜금리에 즉시 영향을 미치고, 장단기 시장금리, 예금 및 대출 금리 등의 변동으로 이어져 궁극적으로는 실물경제 활동에 영향을 미치게 된다.

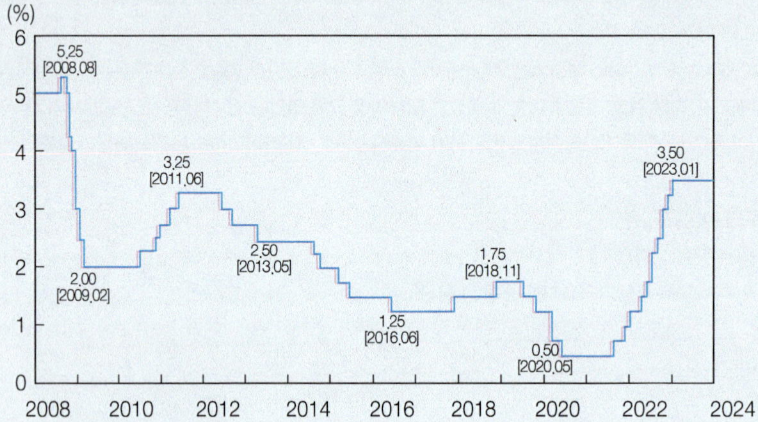

주: 1) 2008년 2월까지는 콜금리 목표
자료: 한국은행 경제통계시스템(ECOS)

8. 중앙은행의 기능과 독립성 논쟁

8.1. 중앙은행의 진화

중앙은행
한 나라의 통화금융제도의 중심이 되어 은행권을 독점적으로 발행하고 금융정책을 시행하는 특수은행

중앙은행(central bank)이란 한 나라의 통화금융제도의 중심이 되어 은행권을 독점적으로 발행하고 금융정책을 시행하는 특수은행을 말한다. 우리나라의 한국은행, 미국의 연방준비제도, 영국의 영란은행 등이 대표적인 예이다. 각국의 중앙은행은 독점적으로 은행권을 발권하고, 일반 시중은행의 지급준비금 관리, 국고의 출납을 담당한다. 그 외에도 금융정책을 수립하고 은행의 은행, 정부의 은행 역할을 담당한다.

참고 한국은행의 역사

韓國銀行
BANK OF KOREA.
Mr. Morihiro Ichihara, Governor of Bank of Korea.
BANK OF KOREA.

해방 이후, 중앙은행 설립 논의가 시도되었으나 대한민국 정부 수립 후에야 조선은행을 모체로 한 새로운 중앙은행 창설을 위한 본격적인 활동이 전개되었다. 정부는 1949년 뉴욕연방준비은행에서 파견된 국제수지 조사국장 블룸필드(A. Bloomfield) 박사와 감사국 차장 젠슨(J.Jensen)의 조언과, 이미 작성되어 있던 조선은행안과 정부안을 참고하여 '한국은행법(안)'과 함께 '한국 일반은행 개편에 관한 건의서'를 완성하여 정부에 건의하였다. 1950년 우리나라 최초의 근대적 중앙은행으로 출발한 한국은행은 통화가치의 안정은 물론, 은행·신용제도의 건전화와 국가 대외결제준비자금의 관리로 명시되었다. 이상적으로 만들어진 한국은행법은 개발금융시대에 이르러 본래 입법정신과는 동떨어진 방향으로 개정되면서, 한은법 제1차 개정(1962)에서는 한국은행이 성장금융체제확립을 위한 제도적 기반 마련에 충실하도록 이루어졌고, 한은에 대한 정부의 통제장치를 명시적으로 강화함으로써, 한은의 통화신용정책 및 내부경영의 독립성을 크게 위축시켰다. 제1차 개정 이후, 제6차 개정 이전의 한국은행은 '성장통화의 공급기관'이라는 성격을 가지게 되었는데 통화가치 안정보다는 경제성장을 추구하였으며, 여신관리에 치중하였다. 그 후 1997년 제6차 개정에서는 한국은행의 통화신용정책 수립 및 집행에 관한 자율성 크게 제고하였고, 기존의 은행감독기능은 크게 축소되었다. 또한 은행감독원을 분리했으며, 한국은행의 설립 목적을 '물가안정'으로 단일화했고, 물가안정목표제를 도입하였다.

각국의 중앙은행이 시작부터 공공기관의 성격을 지닌 것은 아니고, 처음에는 일반 상업은행으로 출발하였다. 영국의 잉글랜드은행(Bank of England)는 원래 막대한 전쟁비용에 시달리던 윌리암 3세 정부에 자금을 빌려준 대가로 정부가 지불을 보장하는 은행권을 발행할 수 있는 특권을 얻게 되었다. 이후 정부에 재정적 지원을 제공하는 과정에서 정부계좌를 관리하고, 특정지역에서 화폐를 독점적으로 발행할 수 있는 권리를 허가받는 등 여러가지 특혜를 누리게 되었다.

중앙은행은 자본주의의 성숙과 금융제도의 발달과정 속에서 자연스럽게 진화되어온 것으로 그 진화과정에서 여러 기능이 파생되었다. 중앙은행의 정당성과 필요성의 여부에 대해서는 논쟁이 여전히 계속되고 있지만 현실적으로는 거의 모든 국가에서 중앙은행제도를 받아들이고 있다. 1980년대 중반만 해도 전 세계에서 법적인 독립성을 지닌 중앙은행은 미국의 연방준비제도(Federal Reserve System), 독일의 분데스방크(Deutche Bundesbank), 스위스 국립은행(Swiss National Bank) 정도였는데 최근에는 신흥개도국도 화폐금융제도의 신뢰성 확보를 위해 중앙은행제도를 받아들이고 있다.

8.2. 중앙은행의 독립성과 효과

전 세계적으로 중앙은행은 독립성을 강화하는 방향으로 제도가 개편되고 있다. 중앙은행은 정치적으로 종속되어 행정부의 의지가 통화정책에 그대로 반영될 수도 있으며, 반대로 독립적이어서 정치적 간섭을 배제하고 중앙은행 나름대로의 정책적 소신을 가지고 자치적으로 운영될 수도 있다.

중앙은행 독립성의 장점은 중앙은행이 정치적 압력에 예속될 경우 선거 등 정치적 이유로 통화관리가 느슨해져 야기될 물가 불안을 막을 수 있다는 점이다. 반면에 중앙은행의 독립에 회의적인 사람들도 있다. 그들은 통화정책처럼 중요한 정책을 중앙은행이 단독으로 결정하는 것은 무리일 뿐만 아니라, 중앙은행이 독립적으로 움직이면 다른 기관과의 효율적인 협조가 불가능해져 경제정책의 전반적 효율성이 떨어진다는 점을 지적한다. 이 문제는 각 나라의 정치, 사회, 경제의 특성에 따라 달라질 것이다. 그러나 일반적으로 중앙은행의 독립성이 잘 보장된 나라일수록 물가상승률이 낮은 경향을 보인다는 연구결과가 있다.

참고 **중앙은행의 독립성과 연평균 거시경제 성과(1961-1990)**

중앙은행의 독립성과 관련해 많은 연구들이 있었는데, 블라인더(A. Blinder)는 중앙은행이 독립적인 나라일수록 평균성장률이 낮아지는 것을 막으면서 평균적으로 더 낮은 인플레이션을 경험한다고 주장하였다. 그림은 중앙은행의 독립성과 인플레이션·실질GDP 증가율 간의 관계를 보여주는 연구결과인데 비판도 만만치 않은 실정이다.

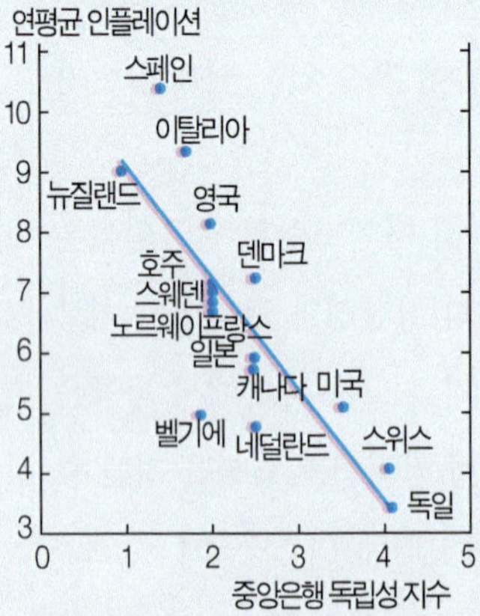

〈중앙은행의 독립성과 인플레이션〉

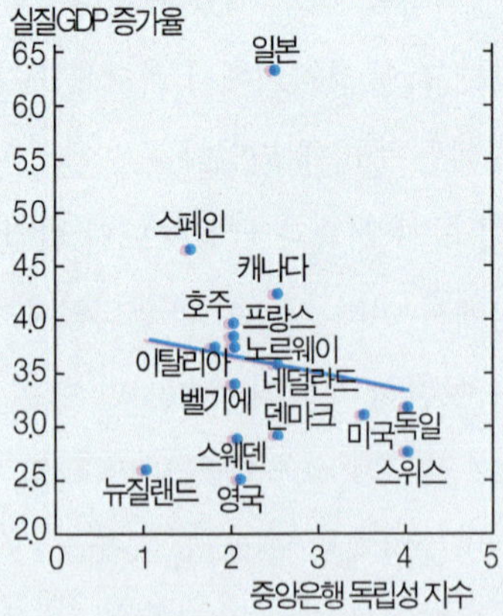

〈중앙은행의 독립성과 실질GDP 증가율〉

9. 금융시장

일반적으로 가계는 저축을 통해 여유자금을 남에게 빌려주는 흑자 경제주체인 반면, 기업과 정부는 이를 빌려 쓰는 적자 경제주체이다. 이들 사이에서 자금이 융통되는 과정을 **금융**이라 부르며, 그 거래가 이루어지는 시장을 금융시장(financial markets)이라고 한다. 일반적으로 금융시장에서는 예금, 보험증서, 주식, 채권 등과 같은 다양한 금융자산이 거래된다.

금융
자금이 융통되는 과정

9.1. 금융시장의 기능

금융시장은 자금의 수요자와 공급자를 효율적으로 연결시키는 기능을 수행하고, 또한 다양한 금융상품을 제공하여 금융자산과 관련된 위험을 분산시키는 기능을 수행한다. 뿐만 아니라 금융시장은 조성된 자금이 효율적으로 사용되도록 투자의 흐름을 조정하는 역할도 수행한다. 금융자산의 가격은 투자대상의 건전성에 대한 신호를 제공함으로써 투자자금이 효율적으로 활용되도록 유도하고 이러한 모든 금융행위에 수반되는 거래비용을 낮추어 금융시장을 보다 효율적이게 한다.

참고 우리나라 금융시장의 구조

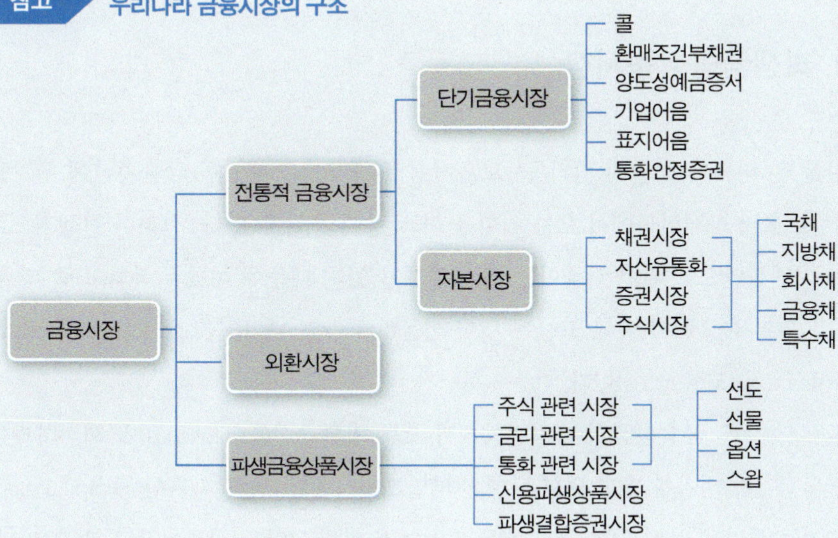

9.2. 금융시장의 분류

금융시장은 크게 보아 직접금융시장과 간접금융시장으로 구분 가능하다.

(1) 직접금융시장

직접금융시장은 자금을 필요로 하는 경제주체가 공급자로부터 자금을 직접 빌려 쓸 수 있는 시장으로, 자금 수요자가 발행한 주식이나 채권을 거래대상으로 하는 주식시장이나 채권시장이 대표적인 예이다. 직접금융시장은 다시 발행시장과 유통시장으로 구분 가능한데, **발행시장**이란 자금 수요자가 발행한 증권이 자금 공급자에게 처음으로 판매되는 시장으로서 1차적 시장(primary market)이라고도 한다. **유통시장**은 이미 발행된 증권이 투자자들 사이에서 교환되는 시장으로서 투자자들이 보유자산을 쉽게 현금화할 수 있는 방법을 제공한다.

발행시장
자금 수요자가 발행한 증권이 자금 공급자에게 처음으로 판매되는 시장
유통시장
이미 발행된 증권이 투자자들 사이에서 교환되는 시장

(2) 간접금융시장

간접금융시장은 은행이나 보험회사 같은 금융 중개기관을 매개로 하여 자금이 오가는 시장으로, 자금 수요자가 금융 중개기관을 통해 간접적으로 자금을 조달한다는 뜻에서 간접금융시장이라고 부른다. 이 시장에서는 예금증서나 보험증서가 거래대상이다.

9.3. 파생금융상품시장

'계란을 한 바구니에 담지 말라'는 교훈처럼 투자자들은 다양한 금융자산에 투자를 분산시킴으로써 가격변동에서 오는 위험을 어느 정도 줄일 수 있다. 그러나 현실적으로는 투자 다변화만으로 위험을 줄이는 데는 한계가 있기 때문에 이를 극복하고 좀 더 효율적으로 위험을 줄이기 위해 고안된 것이 선물(futures)이나 옵션(option) 같은 파생금융상품(financial derivatives)이다.

파생금융상품은 금융상품의 가격변동에서 오는 자본손실(capital loss)을 회피하려는 사람들과 적절한 대가를 받고 위험을 대신 떠맡으면서 이를 통해 자본이득(capital gain)을 얻으려는 사람들 간에 위험 그 자체를 거래하기 위해 고안된 상품이라고 볼 수 있다.

파생금융상품
금융상품의 가격변동에서 오는 자본손실(capital loss)을 회피하려는 사람들과 적절한 대가를 받고 위험을 대신 떠맡으면서 이를 통해 자본이득(capital gain)을 얻으려는 사람들 간에 위험 그 자체를 거래하기 위해 고안된 상품

파생금융상품은 금융상품의 가격변동에서 나오는 위험을 효과적으로 줄여준다는 점에서 금융시장의 안정성을 높여주는 기능을 한다. 그러나 위험을 사들여 높은 수익을 얻으려는 투기적 동기를 가진 사람들이 파생금융상품의 거래에 대거 참여함으로써 오히려 금융시장의 안정성이 흔들리는 결과가 발생하기도 한다. 대표적인 예로 1995년에 젊은 은행원이 선물환 투기로 은행돈 13억달러를 날려 200년 전통을 가진 한 영국 은행(Barings)이 파산한 것을 들 수 있다.

(1) 선물

선물계약(futures contract)이란 미래의 일정시점에 어떤 상품을 현재 합의된 가격으로 사거나 팔기로 한 약속이다. 일례로 배추를 경작하는 농민이 6개월 뒤 야채 중개인에게 수확한 배추를 1포기당 1,000원에 팔기로 미리 계약을 체결하는 것을 들 수 있다. 선물(futures)이란 이렇게 함으로써 미래에 거래될 상품의 가격을 미리 정해 가격변동으로 인한 자본손실을 회피하려는 과정에서 파생되어 나온 금융상품이다. 선물의 대상이 되는 것은 농산물이나 광물뿐만 아니라, 외환, 금리, 주가지수 등 다양하다.

선물계약
미래의 일정시점에 어떤 상품을 현재 합의된 가격으로 사거나 팔기로 한 약속

선물을 매입했다는 것은 미래의 일정시점에 정해진 가격으로 기초상품을 구입하기로 약속한 것을 의미한다. 이 가격을 선물가격(futures price)이라고 부르는데, 그 시점에 도달했을 때 그 상품의 시장가격이 선물가격보다 더 높은 수준으로 상승하면 선물을 매입한 사람이 이득을 보게 된다. 따라서 선물을 사는 사람은 기초상품의 가격 상승을 예상하는 사람들인 반면, 파는 사람은 가격 하락을 예상하는 사람들이 된다.

참고 **신문사 직원보다 성적이 낮은 투자전문가?**

월스트리트저널에서는 1990년 7월 이후 매달 4명의 투자 전문가를 모집해서 6개월 동안 최고의 수익률을 올린 것으로 보이는 주식을 고르게 하였다. 이와 경쟁할 상대는 신문사 직원이었다. 신문사 직원은 주식 시세표를 벽에 붙인 후에 4개의 다트를 던져 주식을 선정하였다. 투자 전문가의 종목과 다트로 선정한 종목의 실적을 비교했는데, 1997년 1월까지 총 79차례의 대회가 열렸고 전문가들 종목이 45승, 다트로 뽑은 종목이 34승을 거두었다. 월스트리트저널에 의하면, 1996년에는 다트로 뽑은 종목이 6개월 연승을 거두기도 했다. 평균적인 수익률에 있어서 투자전문가들의 성적이 10.6%로 다트로 결정한 종목의 5.6%보다 앞선 것으로 나타났다.

(2) 옵션

옵션
미래의 일정한 시점 또는 기간 동안 미리 정해진 가격으로 어떤 상품을 사거나 팔 수 있는 권리를 부여한 계약

옵션(option)이란 미래의 일정한 시점 또는 기간 동안 미리 정해진 가격으로 어떤 상품을 사거나 팔 수 있는 권리를 부여한 계약이다. 옵션거래에서 살 권리를 콜(call), 팔 권리를 풋(put)이라고 하며, 이러한 권리를 구입하기 위해 지불하는 대가를 옵션가격 혹은 옵션프리미엄이라고 한다.

그러나 상품을 사고팔 수 있는 권리만 가질 뿐 반드시 이행해야 할 의무까지는 없다는 점에서 선물과 차이가 있다. 예를 들어 50만원을 주고 6개월 후 20만원의 가격에 어떤 주식을 50주까지 살 수 있는 권리를 산 경우, 6개월 후 가격이 그 이상으로 오르면 차액만큼 이득을 보게 된다. 왜냐하면 옵션을 행사해 주당 20만원의 가격에 구입한 후 더 높은 가격에 되팔 수 있기 때문이다.

참고 **시장의 공진효과와 거품현상**

2002년 영국에서 최첨단 건축기술과 디자인으로 설계된 '밀레니엄 다리'가 이틀 만에 폐쇄되는 사고가 있었다. 당시 약 2,000만파운드를 투자한 프로젝트였는데 다리가 너무 흔들려 안정상 이유로 통행을 금지시킨 것이다. 다리가 흔들린 이유는 공진효과(resonance effect)때문이었다. 물리학에서는 두 물체의 주파수가 같아지는 경우를 공진(共振)이라고 하는데, 다리 위에서 2,000여명이 동시에 발을 맞춰 건너다 보니 행인과 다리의 흔들림의 주파수가 같아져 심각하게 흔들린 것이다. 1940년 미국 워싱턴 주의 타코마 교량도 공진효과로 인해 개통 4개월 만에 붕괴하는 참사를 겪기도 했다. 계속 불어오는 강풍으로 교각이 소리굽쇠처럼 울려 퍼졌고, 그 진동으로 인해 지속적으로 상당한 충격을 받아 붕괴된 것이다. 자연의 소리 없는 작은 파장이 공진현상을 불러일으켜 무서운 결과를 초래한 것이다. 이러한 문제는 예로부터 알려져 실제로 군인들이 단체로 발을 맞추는 행군으로 다리에 진동이 전해지지 않도록 다리를 건널 때는 걸음을 달리하는 훈련을 받기도 하였다. 이후 교량을 설계할 때는 풍동(wind tunnel)에 교량 모델을 마련해두고 교량의 공력특성을 실험하기도 한다.
경제에서도 모든 사람들이 같은 주파수에 맞춰 행동하는 경우가 있다. 시장에서 모든 사람들이 특정한 재화를 모두 구매하는 경우에 가격이 엄청나게 뛸 수 있고, 그러다 어느 순간 가격이 일정수준을 넘어서면서 한순간에 가격거품이 꺼져 붕괴되는 경우도 흔하다. 투기성 거품은 금융자산이 실질적으로 내재가치를 상회할 때 나타난다. 거품 속에서 구매자들은 더 높은 가격에라도 기꺼이 구매하려는 어리석은 구매자가 나타날 것이라는 희망을 가지고 웃돈을 얹어 주식을 구매한다. 우둔한 사람들의 공급이 더 이상 없게 되면 가격은 드디어 하락하기 시작하고, 때로는 이 현상이 매우 빠르게 일어나기도 한다. 한 시장의 거품 붕괴는 전염성을 가져서 다른 시장에 거품이 끼었는지 아닌지에 상관없이 급격한 붕괴를 야기한다.
거품에 대한 연구는 경제학자들에게도 매우 논쟁거리이다. 1990년 노벨경제학상 수상자이면서 시카고대학 교수인 머튼 밀러(Merton Miller)는 시장의 효율성이 투기적 거품을 제거한다고 생각했다. 네덜란드의 튤립투기 사건도 거품과 관련 없다고 보았다. 이와 반대로 시카고대학의 리처드 탈러(Richard Thaler)와 예일대학의 로버트 실러(Robert Shiller) 등은 그린스펀 의장의 비이성적 과열 발언에 대한 학문적인 증거를 지지하는 비이성적인 행동 측면에서 연구했다. 문제는 실제로 어떤 시장에 거품이 있는지 없는지를 판단하기 위한 기준인 자산의 내재가치를 정확히 판단할 수 없다는 데 있다. 그러나 최근에는 실험경제학(experimental economics)을 중심으로 통제된 실험실 여건에서 거품에 대한 연구를 시도하고 있다.

참고 **오즈의 마법사와 은본위제도**

돈을 지칭하는 단어는 금(金)자가 들어가 있다. 금액, 자본금, 금융기관 등이 대표적인 예인데, 은행은 왜 금행(金行)이라고 하지 않고 은행(銀行)이라고 하는가? 과거에는 금과 은을 같이 사용했고, 순수하게 금만을 사용하는 금본위제도는 그 역사가 길지 않다.
바움(F.Baum)이 쓴 『오즈의 마법사(The Wonderful Wizard of Oz)』는 금본위제도와 은본위제도를 우회적으로 다룬 소설이다.
남북전쟁 당시 미국은 금과 은을 같이 화폐로 사용했는데, 1873년 금만 화폐로 인정하는 금본위제도를 채택하게 되었다. 금이 바로 돈이 되는 것이다. 그러나 금본위제도를 법으로 채택한 후에 금의 공급이 부족해지면서 1880년부터 1896년까지 물가가 23%나 하락하는 디플레이션이 발생하였다. 디플레이션하에서는 채무자인 농민과 노동자들은 채무의 실질부담이 증가해 손해를 보게 되고, 은행가와 지주들은 많은 이득을 보게 된다. 농민과 노동자들의 생활이 궁핍해지자, 은도 금과 같이 화폐로 유통시키자는 복본위제도가 제기되었다. 은은 생산량이 상대적으로 많아 화폐의 공급량을 증가시켜 물가하락을 막을 수 있다고 생각한 것이다. 이러한 쟁점은 1896년 미국 대통령 선거에까지 연결되어 민주당 후보인 윌리엄 브라이언은 금과 은을 같이 화폐로 통용하자는 복본위제도를 주장하였고, 공화당 후보인 윌리엄 매킨리는 금본위제도를 계속 고수하는 입장을 취하였다. 『오즈의 마법사』는 이 대통령 선거 바로 직후에 출간된 작품으로 내용은 다음과 같다.

어느날 도로시는 회오리 바람에 휩쓸여 오즈 나라의 한 지방에 떨어진다. 도로시는 자신이 살던 캔자스 지방으로 되돌아가고 싶은데 방법은 딱 하나, 에메랄드성의 위대한 마법사인 오즈를 찾아가서 소원을 들어달라고 부탁하는 것이다. 도로시는 노란 벽돌길을 따라서 에메랄드성을 여행하는 과정에서 허수아비, 양철 나무꾼, 겁쟁이 사자를 만나게 된다. 이들은 일행이 되어 힘들게 에메랄드성에 도착했는데, 마법사 오즈는 엉터리로 도로시의 소원을 들어줄 능력이 없었다. 모두 낙담하고 있던 사이에 도로시가 신고 있던 은구두의 뒤꿈치를 땅에 튕기자 소원이 이루어진다.

주인공 도로시는 전통적인 가치관을 지닌 미국인을 의미하고, 허수아비는 농민을, 양철 나무꾼은 근로자를, 겁쟁이 사자는 선거에서 패배한 브라이언을 상징한다. 그들이 희망을 품고 따라가는 노란 벽돌길은 바로 금본위제도인 것이다. 마법사 오즈(Oz)의 이름은 금본위제도의 금의 단위인 온스(ounce)의 약자다. 마법사 오즈가 엉터리라는 것은 금본위제도가 가난에서 벗어나는 소원을 들어줄 수 없다는 의미이다. 결국 은본위제도를 뜻하는 도로시의 구두는 사람들을 가난에 빠뜨린 디플레이션에서 벗어날 수 있는 해결책인 것이다. 작가의 이러한 은유적인 암시가 이 우화 속에 담겨져 있었던 것이다. 그러나 당시 스코틀랜드에서 새로운 금제련기술이 개발되어 저렴한 비용으로 손쉽게 금을 뽑아내는 기술이 등장하였고, 새로운 금광이 계속 발견되면서 금의 양이 풍부하게 증가해 이 문제는 모두 해결되었다.
자료: 밀턴 프리드먼, 김병주 역, 『화폐경제학』, 한국경제신문사, 2009

10. 채권과 주식

10.1. 채권

채권(bond)은 채무자가 채권자에게 미래의 정해진 시점에서 일정한 이자와 원금을 지급하기로 약속한 증서로, 모든 채권에는 대차계약의 만기일, 만기일 내에 지급될 이자, 그리고 만기일에 지급되는 금액이 명시되어 있다. 만기일까지 매 기간 지급되는 이자를

채권
채무자가 채권자에게 미래의 정해진 시점에서 일정한 이자와 원금을 지급하기로 약속한 증서

액면이자 또는 표면이자(coupon rate)라고 하고, 만기일에 지급될 금액을 액면가(face value)라고 한다. 유통시장에서 채권의 가격과 수익률은 달라지지만, 채권의 유통가격이 하락할지라도 만기까지 기다리면 최소한 표면이자와 액면가는 확보 가능하기 때문에 채권투자의 수익률은 다른 금융상품의 경우에 비해 상대적으로 안정적인 경향이 있다고 한다.

10.2. 주식

주식
주식회사가 투자자에게 자금을 투자한 대가로 발행해주는 증서

주식(stock)은 주식회사가 투자자에게 자금을 투자한 대가로 발행해주는 증서로, 주식투자로부터 얻는 수익은 기업이 지급한 배당금과 주식가격 변화에 따른 자본이득을 더한 것이다. 채권의 소유자는 채무자가 파산하지 않는 한 일정한 이자를 받을 수 있지만, 주주가 받는 배당금은 영업실적에 따라 변동이 심하기 때문에 투자자의 입장에서 보면 채권이 주식보다 더욱 안정적인 수익률을 보장하는 금융상품이라고 할 수 있다.

그러나 기업의 입장에서 보면 주식을 발행하는 쪽이 보다 유리하다고 할 수 있다. 왜냐하면 주식 발행을 통해 자금을 조달하는 경우에는 원리금 상환의 부담 없이 오랫동안 안정적으로 자금을 사용할 수 있고, 만일 영업실적이 아주 나쁠 때는 주주에게 배당금을 전혀 지불하지 않아도 되기 때문이다.

CHAPTER | 18

세계화와 국제무역

1. 세계화

1.1. 세계화의 의미

(1) 세계화란 무엇인가

토머스 프리드먼(T. Friedman)은 『렉서스와 올리브나무』에서 냉전체제의 경제는 스모 경기와 유사하고, 세계화 체제는 반복되는 100미터 경주와 같다고 표현했다. 세계화된 시장은 주어진 시간 내에 한 번 만에 승패가 결정되는 스모 경기와 다르다. 끊임없이 반복되는 100미터 경주로 한 번의 승자가 영원한 승자가 될 수 없는 상황이다. 따라서 한 번 게임이 끝나면 다시 새로운 100미터 경주가 바로 시작된다. **세계화**(globalization)는 경제적으로 단일화된 지구촌 경제가 되는 과정이라고 볼 수 있으며 시장개방을 통해서 상품뿐만 아니라 자본, 노동, 기술 더 나아가서 지식까지 국경을 넘어 교류하는 현상이라고 할 수 있다.

세계화
경제적으로 단일화된 지구촌 경제가 되는 과정

〈그림 18-1〉에서 알 수 있듯이 세계 교역량의 증감률은 세계 GDP성장률과 밀접한 관련을 맺고 있다. 세계경제의 GDP가 1970년 이후에 10배 성장하는 동안 총수출은 같은

그림 18-1

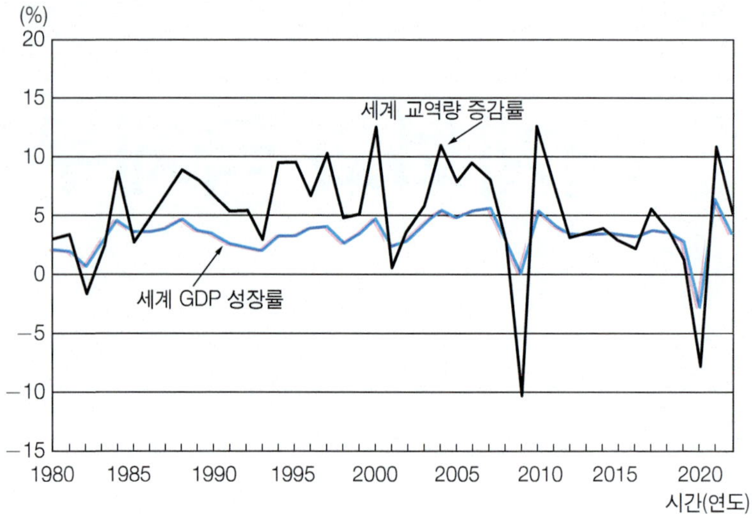

세계 경제의 교역과 GDP 추이

자료: IMF, World Economic Outlook database

기간 동안 30배나 증가하였다. 이러한 차이가 발생한 이유는 선진국에서도 중국, 멕시코와 같은 생산비용이 낮은 지역에서 생산된 제품을 많이 수입했기 때문이다.

(2) 세계화는 전 세계적인 현상인가

세계화는 국가 간 상품과 서비스 그리고 금융자산뿐만 아니라 기술과 노동까지 이동하는 것을 포함한다. 인간은 보다 풍요로운 삶을 위해서 교역을 통해 생활수준을 끌어올리려고 한다. 인간의 교역은 원시시대부터 시작되어 점차 그 범위가 확장되었다. 물론 제1차세계대전과 제2차세계대전이 일어난 당시에는 세계무역이 급격하게 감소한 경험도 있다. 그리고 세계 GDP에서 차지하는 세계무역의 비중은 19세기 말과 비교해 볼 때 거의 증가했다고 보기 어렵다. 이런 점을 지적하면서 세계화는 아직 수용하기 어렵다는 주장도 있다. 게다가 일부 국가는 아직도 폐쇄경제체제를 유지하고 있으며, 국가 간의 노동이동도 잘 이루어지고 있지 않다. 오히려 19세기에서 20세기 초에는 이민이 지금보다 훨씬 많았다. 1900년대는 미국의 인구 14%가 외국에서 태어난 사람이었지만, 오늘날 그 비중은 8%뿐이라는 점은 아직까지 세계화가 전 세계적인 현상이라고 보기 어렵게 한다.

(3) 기술 혁신과 세계화

세계화의 가속화는 기술의 변화와 밀접한 관계가 있다. 해상화물 운송의 실질비용은 1920년과 1990년 사이에 거의 70%나 하락했으며, 통신비의 경우도 크게 감소하였다. 특히 인터넷과 더불어 컴퓨터의 발전은 정보를 빛의 속도로 처리할 수 있게 해주었으며, 복잡한 거래도 매우 빠르게 해결할 수 있도록 하였다. 뉴욕에서 런던으로 3분간 통화하는 비용이 1960년대는 60.42달러였는데, 2000년에는 0.40달러로 하락하였다. 이 점을 감안하면 얼마나 전 세계가 가깝게 되었는가를 알 수 있다. 인터넷은 전 세계의 생활권과 경제권을 하나의 통합 권역으로 묶는 데 대단한 기여를 했다.

(4) 세계화의 측정지표

개별국가가 얼마나 세계화가 되었는가를 측정하는 기준은 다양하지만, 미국의 외교정책 전문지인 Foreign Policy가 발표하는 기준에 따르면 다음과 같다. 크게 경제통합, 개인연결, 기술연결, 정치참여로 나누어 살펴본다.

- 경제통합: 국제무역과 해외직접투자
- 개인연결: 개인 간을 연결하는 국제전화 통화, 국가 간 여행 및 관광, 국가 간 소득이전
- 기술연결: 인터넷 사용자의 수, 인터넷 호스트, 보안서버
- 정치참여: 해당 국가가 국제조직과 기구에 얼마나 참여하는가

이 기준은 세계화를 위한 완벽한 측정지표는 아니지만 추세를 가늠해보는 차선책으로서 의미가 있다. 〈표18-1〉은 2022년을 기준으로 세계화의 순위 결과를 보여준다. 여기에 포함된 40개국 중에서 스위스, 벨기에, 네덜란드가 세계화 순위에서 높은 위치를 차지하고 있다. 한국은 좀 낮은 편에 속한다.

표 18-1 세계화의 순위(Top 40)

순위	국가	점수	순위	국가	점수
1	스위스	90.75	21	슬로바키아	82.78
2	벨기에	90.38	22	싱가포르	82.48
3	네덜란드	90.32	23	에스토니아	82.15
4	스웨덴	89.01	24	리투아니아	81.33
5	독일	88.97	25	미국	81.32
6	오스트리아	88.50	26	크로아티아	81.18
7	영국	88.39	27	슬로베니아	81.14
8	덴마크	87.79	28	폴란드	80.96
9	핀란드	87.33	29	몰타	80.66
10	프랑스	87.19	30	말레이시아	80.48
11	룩셈부르크	85.74	31	호주	79.59
12	아일랜드	85.41	32	사이프러스	79.29
13	스페인	85.35	33	루마니아	79.20
14	노르웨이	84.90	34	불가리아	78.71
15	체코	84.70	35	세르비아	78.29
16	포르투갈	84.54	36	한국	78.27
17	그리스	83.68	37	라트비아	77.15
18	캐나다	83.62	38	아랍에미레이트	76.96
19	헝가리	83.45	39	이스라엘	76.45
20	이탈리아	83.03	40	칠레	75.64

자료: 2022 KOF index of Globalization(Statista.com 홈페이지)

1.2. 세계화의 논쟁

최근에 WTO(세계무역기구), IMF(국제통화기금), 세계은행 등 국제무역과 투자를 활성화하기 위해서 정부와 기업의 지도자들이 수많은 집회를 열고 있다. 그러나 세계화에 대한 시각이 달라 반대를 위한 집회도 많이 열리고 있다. 세계화에 반대하는 사람들은 상품과 금융자산의 자유로운 이동이 이익보다는 더 큰 손실을 가져다줄 것이라고 주장한다. 반면에 세계화를 지지하는 사람들은 세계화를 통해서 전 세계 모든 사람들의 생활수준을 향상시킬 수 있다고 주장한다.

(1) 세계화에 반대하는 주장의 근거

세계화에 반대하는 사람들은 세계화가 오히려 가난한 자를 더욱 가난하게 만들고 부자들을 더욱 부유하게 만든다고 주장한다. 또한 세계화를 위한 다양한 국제기구는 환경과 인간을 생각하기보다는 자신들의 집단이기주의를 위한 기구일 뿐이라고 평가절하한다. 세계화에 반대하는 사람들의 주장을 몇 가지 살펴보면 다음과 같다.

◈ 세계화로 인한 실업 증대

세계화는 국가 간 무역을 통해 양국이 이득을 누릴 수 있다는 가정하에서 논의가 진행된다. 그러나 비교우위에 있지 않는 산업의 노동자들은 오히려 일자리를 잃게 되어 고용의 기회를 박탈당할 수 있다는 점을 우려한다.

◈ 국제기구에 대한 불신

세계무역기구(WTO)를 통해 달성된 국제무역협정은 세계인들의 이익을 위한 기구라

참고 『렉서스와 올리브나무』의 세계화 버전 3단계

토머스 프리드먼(T.Friedman)이 쓴 『렉서스와 올리브나무』에서는 세계화에 대한 세 가지 버전을 제시하고 있다. 시대별 추진 동력으로서 세계화 1.0시대에는 국가, 세계화 2.0시대에는 기업이 주축이었다면, 세계화 3.0시대에는 바로 개인들이 세계화의 원동력이라고 보았다.

◈ 세계화 1.0시대

콜럼버스가 대서양 항해를 통해 구세계와 신세계 사이의 무역의 길을 연 1492년부터 1800년 전후를 말하며 국가와 힘이 지배하는 시대이다. 종교나 제국주의를 중심으로 이데올로기에 고무된 국가와 정부는 국가 간 장벽을 허물고 세계를 하나로 엮는 데 앞장섰다.

◈ 세계화 2.0시대

대략 1800년에서 2000년까지를 말하며, 1930년 무렵 대공황과 두 번의 세계대전으로 잠시 방해를 받기도 했다. 세계화 진전의 원동력은 국가가 아닌 다국적기업이다. 다국적기업이 산업혁명과 영국, 네덜란드 주식회사의 확장세로 시장과 노동력을 찾아 세계로 나아갔다. 초반 100년 동안에는 증기기관과 철도의 등장으로 운송비용이 하락함으로써 세계화 진전에 힘을 얻었지만, 후반 100년 동안은 전보, 전화, 위성통신, 광케이블 그리고 인터넷의 확산과 더불어 낮아진 통신비용이 주된 원동력으로 작용했다. 생산물과 노동력이 수익을 쫓아서 대륙에서 대륙으로 이동하면서 글로벌 시장경제가 탄생했고 성장했다. 초반의 화력선과 기차, 후반의 전화와 대용량 컴퓨터에 이르기까지 하드웨어의 혁신적인 발전에서 원동력을 찾을 수 있다.

◈ 세계화 3.0시대

개인이나 몇 명 안 되는 소집단이 세계화의 주역이 된 시대로 '평평한 세계의 플랫폼(flat-world platform)'이라고 한다. PC와 광섬유 케이블, 워크플로(workflow, 작업의 흐름) 소프트웨어가 한꺼번에 등장했고, 기술적으로 수렴되면서 나타난 결과이다. PC는 한순간에 각 개인이 자신들의 콘텐츠를 디지털로 제작할 수 있게 해주었다. 광섬유 케이블 네트워크는 그런 개인들이 전 세계의 더 많은 디지털 콘텐츠에 거의 공짜로 접근할 수 있게 해주었으며, 워크플로 소프트웨어는 세계 각지에 흩어져 있는 개인들이 동일한 디지털 콘텐츠상에서 거리에 상관없이 서로 협력할 수 있는 환경을 제공하였다.

기보다는 선진국을 중심으로 한 집단의 이익에만 관심이 있다고 비판한다. 150개 회원국을 중심으로 1995년 설립된 WTO는 국제무역협정을 제정하고, 국제무역의 규칙을 시행하는 데 목적을 두고 있다. 전 세계 대다수 국가들은 WTO 무역협정을 협상하고 이에 서명을 하였으며, 만일 국가 간의 무역분쟁이 발생했을 때 WTO는 이러한 문제를 해결하는 역할을 담당한다. 그러나 세계화에 반대하는 사람들은 이러한 국제기구가 비민주적이기 때문에 신뢰할 수 없다는 지적을 하고 있다.

◈ 환경침해 가능성

많은 후진국들은 세계적인 다국적기업들을 자국으로 끌어들이기 위해서 값싼 토지의 제공뿐만 아니라 환경 관련 규제를 완화할 가능성을 가지고 있다. 석유 및 천연가스와 광물채취를 위한 자원개발 계획을 실행하는 데 환경파괴 같은 문제는 고려하지 않고 단지 수익성만 강조하면서 대규모 다국적기업을 끌어들일 가능성이 있다고 지적한다. 그 결과 후진국들은 공해기업의 천국이 될 수 있다고 본다(이를 공해안식처가설이라고 한다).

◈ 부당한 노동관행

다국적기업의 경우 생산비용을 줄이기 위해서 임금이 싼 지역으로 공장을 이전하는

참고 세계화와 금융위기

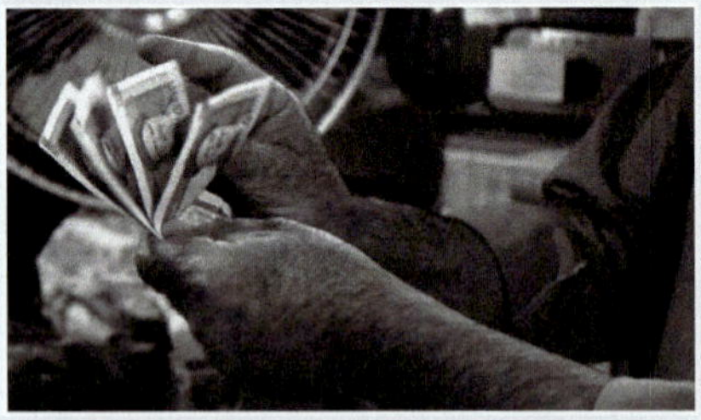

1990년대 후반에는 개발도상국가를 비롯한 많은 아시아 국가들이 금융위기를 맞았다. 이러한 금융위기가 세계화와 어떤 연관성이 있는가를 살펴보는 것은 매우 중요한 의미를 지닌다. 당시의 금융위기에 직면한 국가들의 경제지표를 살펴보면 다음과 같은 특징이 있다. 이들 국가들은 거의 모두 외국에 대해 상당한 단기부채를 안고 있었다. 말레이시아를 제외하고는 국제지급준비자산금액보다 많은 단기부채를 안고 있었다는 점은 이러한 금융위기의 심각성을 나타내는 것으로 볼 수 있다. 더불어 금융위기를 겪은 국가들의 공통된 특징은 다음과 같다. 첫째, 고정환율제도이다. 일반적으로 1993~1994년의 멕시코, 1997년의 동남아시아 국가 및 2002년의 아르헨티나와 같은 국가들은 고정환율을 유지하려는 과정에서 모순이 발생하여 대규모의 평가절하가 있으면 외국통화로 표시된 대부금을 지닌 국내 거주자는 매우 큰 손실을 입었다. 둘째, 국제지급준비금의 부족이다. 고정환율제도의 운영은 중앙은행이 외국통화를 얼마나 보유하고 있는지가 중요하다. 만일 지급준비금이 계속 부족하면 고정환율제도를 유지하는 데 많은 어려움을 겪게 된다. 셋째, 금융위기를 경험한 국가들은 대부분 정부정책의 투명성과 기업경영 상태에 대한 정보가 부족하였는데 이것은 외부적인 충격에 미리 대비하기 어렵게 만든 요인이 되었다.

경우가 많다. 특히 임금이 싸고 노동자의 권리가 취약하며 최저임금, 퇴직 보상 등이 제공되지 않는 지역을 선호할 가능성이 크다. 이런 곳에서는 노동자의 권익이 박탈될 가능성이 있을 뿐만 아니라, 값싼 노동력으로 생산된 상품 때문에 노동자의 권리가 보호되어 있는 선진국에서도 일자리가 없어지는 추가적인 영향이 파급될 수 있다고 주장한다.

(2) 세계화에 찬성하는 주장의 근거

세계화에 찬성하는 사람들은 경제학의 기본원리인 비교우위에 따른 무역의 이익을 강조한다. 그 결과 모든 국가의 생활수준이 향상될 수 있다고 주장한다. 비록 세계화를 통해서 손해를 보는 사람들이 생길 수 있지만 전체적으로 이익을 보는 사람들이 많기 때문에 그 손해를 어느 정도 보상만 해준다면 전체적인 측면에서는 이득이라고 주장한다.

◈ 자유무역의 이득

비교우위의 원리에 입각한 자유무역은 세계화를 통해 소비자들이 얻는 이득이 일자리 상실 등으로 인한 피해보다 크기 때문에 양자 간의 갈등을 잘 조정하면 된다고 주장한다. 선진국의 경우 보호무역의 대상이 되는 산업은 개발도상국에서 좀 더 저렴하고 효율적으로 생산할 수 있는 경우가 많기 때문이다.

◈ 국제기구의 역할 재조명

세계화를 지지하는 사람들은 각종 국제기구를 부정적으로 인식하기보다는 세계 모든 국가들이 한자리에 모여 자신들의 입장과 불만을 표출하고 이해관계를 조정할 수 있는 기회를 제공한다고 강조한다. 따라서 국제기구는 어느 한 집단의 이익을 위한다기보다는 세계 모든 국가의 국민을 대표한다는 입장이다.

◈ 세계화와 환경문제

세계화를 지지하는 사람들은 아직까지는 다국적기업이 생산기지 이전을 위해서 환경기준을 완화하거나 최저의 수준으로 낮춘 경우는 없다고 주장한다. 오히려 개방화가 덜 된 국가보다 세계화에 개방적인 선진국들이 엄격한 환경규범을 가지고 있기 때문에 세계화의 진전은 환경에 오히려 긍정적인 영향을 미친다고 한다. 〈그림 18-2〉에서 보면 스

그림 18-2

세계화와 환경

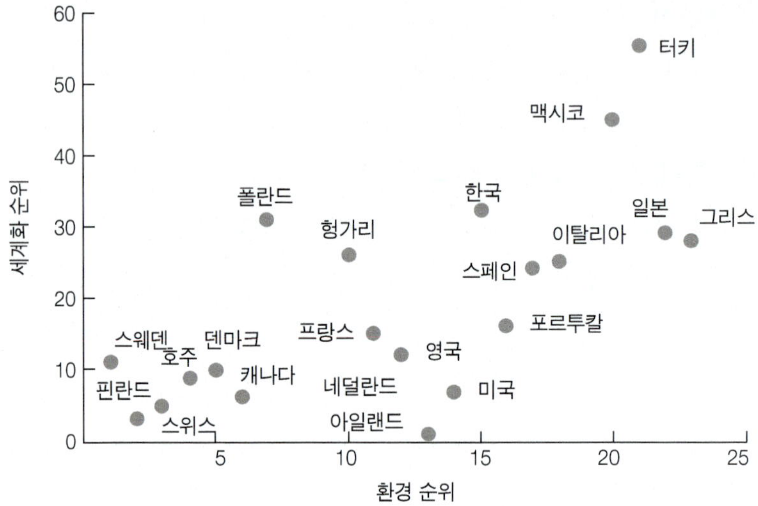

위스, 핀란드, 스웨덴과 같은 세계화 순위가 높은 국가일수록 환경 순위도 높다는 것을 알 수 있다.

1.3. 세계화와 경제성장

세계화와 경제성장의 관계를 살펴보면, 세계화는 경제성장을 촉진시키면서 선진국과 개발도상국의 격차도 해소하기 때문에 빈곤퇴치에도 기여한다. 범세계적으로 경제의 통합이 이루어지면서 1960~1970년대에 아시아의 용이라고 불리는 한국, 홍콩, 싱가포르, 대만은 빠른 경제성장과 높은 생활수준을 경험하였다. 최근에는 중국을 비롯한 인도, 러시아, 브라질 등이 세계화의 과정을 밟고 있다. 세계은행은 2002년 연구를 통하여 세계화로 인해서 경제가 성장하였다고 해서 소득불균형이 심화된 것은 아니고 오히려 빈곤이 축소되고 선진국과 개도국 간의 격차도 좁아지고 있다고 주장하였다.

세계화를 통해서 전 세계는 1인당 GDP의 평균 증가율이 1960년대에 매년 1.4%에서 1970년대에는 2.9%로, 1980년대에는 3.5%로, 1990년대에는 5.0%까지 증가하였다고 한다. 〈표 18-2〉는 세계적으로 하루에 1달러 미만으로 생활하는 사람과 2달러 미만으

표 18-2 세계화와 빈곤 탈출

지역	Demographic	1981	1984	1987	1990	1993	1996	1999	2002	1981~2002년 변화률
동아시아국가	하루에 1달러 미만	57.70%	38.90%	28.00%	29.60%	24.90%	16.60%	15.70%	11.10%	−80.76%
	하루에 2달러 미만	84.80%	76.60%	67.70%	69.90%	64.80%	53.30%	50.30%	40.70%	−52.00%
라틴아메리카	하루에 1달러 미만	9.70%	11.80%	10.90%	11.30%	11.30%	10.70%	10.50%	8.90%	−8.25%
	하루에2달러 미만	29.60%	30.40%	27.80%	28.40%	29.50%	24.10%	25.10%	23.40%	−29.94%
중부아프리카	하루에 1달러 미만	41.60%	46.30%	46.80%	44.60%	44.00%	45.60%	45.70%	44.00%	5.77%
	하루에 2달러 미만	73.30%	76.10%	76.10%	75.00%	74.60%	75.10%	76.10%	74.90%	2.18%

자료: 세계은행, 빈곤추정(2002)

로 생활하는 사람의 비중을 지역별로 보여준다. 세계화가 어느 정도 진전된 동아시아 국가는 하루에 1달러 미만으로 생활하는 사람들의 비중이 1981년에 57.7%에서 2002년에는 11.1%로 약 80%가 줄어들었다. 반면에 세계화의 흐름에 동참하지 않은 아프리카 지역의 국가들은 하루에 1달러 미만으로 생활하는 사람들의 비중이 1981년에 41.6%에서 2002년에는 44%로 오히려 증가하였다. 이와 같이 세계화를 지향하는 국가는 세계화에 반대하는 국가보다 경제성장의 속도가 빠르고 빈곤에서도 빨리 벗어났음을 알 수 있다.

참고 세계화와 양극화

세계화로 인해서 소득분배의 양극화가 더욱 심해질 것이라는 주장이 있다. 그러나 크루그먼(P. Krugman)은 1995년 논문에서 미국이 가난한 나라와 무역을 하게 되었다고 미국 내의 소득분배의 양극화가 심해지는 것은 아니라고 주장했다. 1980년대 숙련노동자와 미숙련노동자 간에 발생한 임금격차가 무역 때문에 발생한 부분은 1/10 정도에 불과하다는 것이다. 그러나 최근에 발표한 논문에서는 기존의 입장을 뒤집어 세계화를 통한 무역이 소득분배의 양극화에 큰 영향을 미친다고 주장하였다. 다시 말하면 중국과 같은 임금이 싼 나라와 무역을 하면서 미국의 미숙련 노동자들의 근로조건은 더욱 열악해졌다는 것이다. 아직까지는 소득분배의 양극화가 세계화 때문인지의 여부는 좀 더 연구가 필요한 것으로 보인다.

2. 비교우위와 국제무역

2.1. 비교우위론

비교우위(comparative advantage)는 어느 한 국가가 다른 국가에 비해서 비록 모든 상품이 생산 측면에서 비효율적인 경우라도 상대적으로 전문적인 것만을 만들고 무역을 통해서 소득을 증대시킬 수 있다는 논리이다. 일례로, 이승엽은 야구와 축구를 모두 잘한다. 그의 친구 김구라는 야구와 축구를 모두 이승엽보다 못한다. 이런 경우 이승엽은 김구라보다 야구와 축구 모든 면에서 더 효율적이라고 표현하며, 절대우위(absolute advantage)를 가지고 있다고 한다. 그러나 이승엽은 야구와 축구를 동시에 할 수 없기 때문에 상대적으로 더 잘하는 것을 선택해야 한다. 이때 축구보다는 야구에 더 뛰어난 재능을 가지고 있다면 야구에 비교우위에 있다고 말한다. 이승엽은 야구와 축구 모두를 김구라보다 더 잘해도 상대적으로 좀 더 잘하는 야구를 선택하고, 김구라는 상대적으로 덜 못하는 축구를 선택하게 된다.

일반적으로 A국가가 한 제품을 생산하는 데 B국가에 비해서 다른 제품보다 상대적으로 한 제품을 더 효율적으로 생산할 수 있다면, A국은 B국보다 그 제품의 생산에서 비교

참고 **베이브 루스의 비교우위**

야구 역사상 가장 뛰어난 홈런왕은 베이브 루스(Babe Ruth)라고 할 수 있다. 그러나 그가 가장 위대한 투수 중의 한 사람이었다는 것을 기억하는 사람은 거의 없다. 1918년 이후 베이브 루스는 투수 대신 타자로 포지션을 바꾸었기 때문이다. 신인으로 보스턴 레드삭스(Boston Red Sox)에서 활약할 때 그는 투수로서 절대우위를 가지고 있었다. 유명한 역사학자인 제프리 워드(Geoffrey C. Ward)는 다음과 같이 말한 바 있다.

"보스턴 레드삭스가 한창 잘나갈 때 베이브 루스는 그 팀의 가장 훌륭한 선수였고, 아메리칸리그의 가장 뛰어난 왼손 투수로 여섯 시즌에 걸쳐 무려 89승을 거두었다. 1916년 그는 처음으로 월드시리즈에서도 던질 기회를 가졌는데 여기서 1회에 1점을 내주었으나 바로 자신이 홈을 밟아 동점을 만들었고, 이후 11이닝 동안 상대팀인 브루클린 다저스(Brooklyn Dodgers)의 타선을 무실점으로 방어했다. 2년 뒤인 1918년 월드시리즈에서도 베이브 루스는 상대팀인 브루클린 다저스를 맞아 29와 2/3이닝 동안 무실점으로 방어했고 이 기록은 무려 43년 동안 깨지지 않았다."

베이비 루스는 투수로서 절대우위를 가지고 있었지만, 다른 동료들과 비교했을 때 타자로서의 능력이 더 뛰어났다. 양키즈는 1920년 베이브 루스를 영입한 후에 외야수로서 타자로만 기용하였다. 그해 베이비 루스는 54개의 홈런과 더불어 타격횟수 대비 진루수인 장타기록을 수립했는데 이 기록은 오늘날도 깨지지 않고 있으며, 양키즈를 미국 프로야구 사상 가장 유명한 팀으로 만들었다.

우위를 가진다고 한다.

2.2. 비교우위의 근거

(1) 절대우위

두 개의 제품인 백신과 TV를 생산하는 경우를 예로 들어보자. 백신을 생산하는 데는 화학적·생물학적 지식이 필요하고 TV를 생산하는 데는 전기공학과 미세회로에 관한 지식이 필요하다. 〈표 18-3〉에는 미국과 한국에서 백신과 TV를 생산하는 데 있어서 생산성의 차이를 보여준다. 노동만이 생산에 필요한 요소라고 단순하게 가정해보자. 이때 생산성이란 한 근로자가 하루 동안 생산하는 제품의 양으로 나타낸다. 미국은 백신과 TV 모두에서 한국보다 더 생산적이기 때문에 둘 모두 절대우위를 가지고 있다.

표 18-3 한국과 미국의 백신과 TV 생산

	근로자 1인당 생산량	
	백신	TV
미국	6	3
한국	1	2

(2) 비교우위와 기회비용

미국의 한 근로자는 한국의 한 근로자에 비해서 6배 많은 백신을 생산할 수 있고, TV는 1.5배 많이 생산할 수 있다. 즉 한국과 비교해서 미국은 TV보다 백신을 생산하는 데 있어서 더 효율적이다. 기회비용으로 따지면 미국은 TV 3대를 더 생산하기 위해서 백신 6병을 포기해야 한다. 달리 말하면 미국이 TV 1대를 더 생산하는 데 따른 기회비용은 백신 2병이 된다. 한편 한국은 TV 2대를 더 생산하기 위해서 백신 1병의 생산을 포기해야 한다. 즉 한국이 TV 1대 생산하는 것을 포기하는 데 따르는 기회비용은 백신 1/2병이 된다.

이와 같이 미국은 한국보다 두 상품 모두 노동생산성이 높기 때문에 한국보다 임금은 더 높고, 한국은 노동생산성이 떨어지기 때문에 미국과 경쟁하는 것이 반드시 유리하지는 않다. 그럼에도 불구하고 이런 상황에서 두 국가가 상호 거래를 하면 양측 모두 이득을 얻을 수 있다.

(3) 상대가격

사과가격이 개당 500원에 거래된다면, 사과 1개와 1원짜리 원화 500개가 동등한 가치가 있다는 의미이다. 그런데 화폐단위가 아닌 상품 간 교환비율로 가격을 표현할 수도 있는데 이를 상대가격이라고 한다. 앞의 사례에서 미국 근로자가 하루 노동으로 백신 6병과 TV 3대를 생산할 수 있다는 것은 백신 6병의 생산비용은 TV 3대의 생산비용과 같다는 의미이다. 따라서 백신 2병의 생산비용은 TV 1대의 생산비용과 같다. 결국 TV를 기준으로 나타내면 TV 1대의 상대가격은 백신 2병이 된다. 한국의 경우는 TV 1대의 상대가격은 백신 1/2병이 된다.

만일 무역이 발생하게 되면 두 국가 간의 상대가격이 다르기 때문에 더 싼 상품에 소비자들의 손이 갈 것이다. 국가 간 운송비용이 무시할 정도로 작고, 시장이 경쟁적이라면 결국에 한 상품의 가격은 미국과 한국이 같아야 한다. 왜냐하면 TV가격이 미국보다 한국이 싸다면 TV를 한국에서 사서 미국에 팔면 이득을 얻을 수 있기 때문이다. 따라서 무역이 발생하면 두 나라에서 백신과 TV는 각각 동일한 가격으로 수렴될 것이다. 〈그림 18-3〉에서 보여주는 바와 같이, 무역을 통해서 두 국가가 모두 이익을 얻기 위해서는 TV

그림 18-3

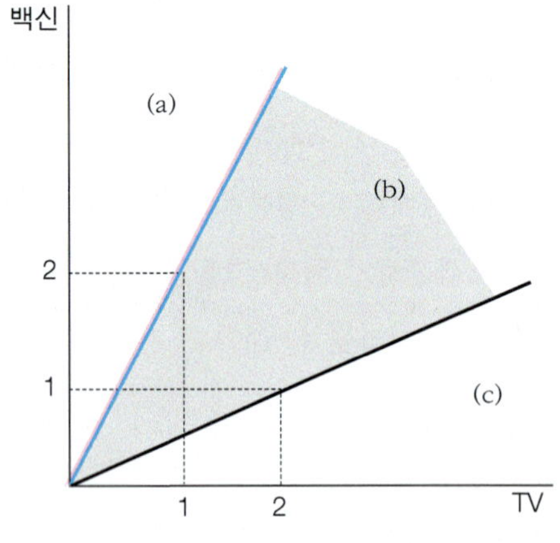

TV를 기준으로 한 백신의 한국과 미국의 상대가격

(a) 미국의 TV를 기준으로 한 백신의 상대가격
(b) 1원이 아닌 TV를 기준으로 백신의 가격을 나타낸 것이다. 미국의 상대가격이 더 크다는 것은 기울기가 더 가파르다는 것을 의미한다. 두 국가가 무역을 하게 되면 (b) 부분인 두 국가의 상대가격 사이에서 결정된다.
(c) 한국의 TV를 기준으로 한 백신의 상대가격

1대당 가격은 백신 2병(미국 상대가격)과 백신 1/2병(한국 상대가격)의 중간에서 결정될 것이다.

(4) 무역의 이득

비교우위를 통해서 무역이 발생할 때, 두 국가는 얼마나 이득을 얻을 수 있는지를 살펴보자. TV 1대당 백신 1병의 상대가격에서 미국과 한국이 백신 60병과 TV 60대를 교환한다고 가정하자. 미국은 백신에 비교우위를, 한국은 TV에 비교우위를 가지고 있다. 미국은 백신 60병을 더 생산하기 위해서 TV를 생산하는 근로자 10명을 데리고 오게 된다. 한국은 TV를 60대 더 생산하기 위해서 백신에 고용된 근로자 30명을 데리고 오게 된다. 이렇게 생산된 TV와 백신을 교환하게 되면 다음 〈표 18-4〉에서 제시한 바와 같이 한국은 백신 30병, 미국은 TV 30대의 무역이득(gains from trade)을 얻게 된다. 이때 한국의 TV 수출은 미국의 TV 수입량과 같다.

표 18-4 한국과 미국의 생산량의 변화와 무역이득

	한국		
	생산량 변화	무역량	무역이득
백신	30병 감소	수입 60병	30병
TV	60대 증가	수출 60대	0
	미국		
	생산량 변화	무역량	무역이득
백신	60병 증가	수출 60병	0
TV	30대 감소	수입 60대	30대

참고 특화를 하게 되면 잃어버리는 것

특화를 하게 되면 생산성은 증가하지만 기회비용이 발생한다. 대부분의 사람들은 자신이 좋아하는 일을 즐기면서 하기를 원한다. 그러나 일을 너무 세분화하면 제일 먼저 없어지는 것이 좋아한다거나 즐기는 따위의 감정이다. 마르크스(K. Marx)는 특화가 노동자들에게 심리적인 희생을 강요한다고 경고하였다. "생산 발전에 필요한 모든 수단들이 근로자를 기계의 부속물로 전락시켜, 자신의 일에서 느끼던 여러 매력을 다 파괴하고 일하는 것을 즐거움이라기보다는 고통스런 노동으로 바꾸어버렸다." 찰리 채플린(C. Chaplin)은 1936년 영화 '모던 타임스(Modern times)'에서 하루 종일 조립라인에서 너트와 볼트를 조이는 조립공 역할을 보여주었다. 하루 종일 반복된 너트 조이기 일을 하다 보니 채플린은 어느 순간 미친 듯이 공장에서 비틀거리며 나와 손에 든 스패너로 너트 모양의 돌기란 돌기를 모두 조이기 시작한다. 반복적인 공장 작업의 심리적 비용을 풍자적으로 잘 묘사한 장면이다.

2.3. 비교우위 결정요인

각 나라들은 비교우위에 따라서 전문화를 하고 서로 교역을 한다는 것이 비교우위 이론이다. 그렇다면 비교우위는 어디서 발생하는가? 그 원천에 대한 경제학자들의 몇 가지 견해를 소개한다.

(1) 생산성 차이

지난 200년 동안 경제학자들은 생산성의 차이가 비교우위를 결정한다고 제시하였다. 19세기 영국 경제학자 리카도(D. Ricardo)는 국가마다 노동생산성의 차이가 존재하기 때문이라고 보았다. 그렇다면 왜 국가마다 노동생산성의 차이가 생기는가 하는 문제를 제기할 수 있다. 이에 대해서 리카도는 국가 간의 기술적인 차이가 노동생산성의 차이를 결정한다고 본다. 즉 가장 앞선 기술을 보유한 국가는 그 기술로 가장 효율적으로 생산할 수 있는 재화에 대해 비교우위를 가진다는 것이다.

(2) 부존자원

어떤 상품을 생산할 것인가는 그것을 생산하기 위한 생산요소나 자원에 따라 달라진다. 북유럽의 경제학자인 헥셔(Hecksher)와 오린(Ohlin)은 각국의 생산요소 부존량에 따라 비교우위가 결정된다고 보았다. 생산요소에는 토지, 노동, 자본 등이 있는데 국가마다 보유한 양이 다르다. 따라서 기름진 농토를 많이 보유한 국가는 농산물에서 비교우위를 가지게 되고, 자본을 상대적으로 많이 보유한 국가는 공산품에서 비교우위를 가지게 된다.

(3) 노동자의 숙련도

키싱(D.B. keesing, 1967)의 연구개발이론에 따르면 노동자를 숙련노동자와 비숙련노동자로 분류하고, 많은 숙련노동자를 보유한 국가는 높은 숙련도를 필요로 하는 상품에 비교우위를 가지게 된다는 것이다. 잘 교육받은 노동자를 많이 보유한 국가는 비숙련노동자들이 많은 개발도상국가에 비해서 숙련된 노동자를 필요로 하는 산업에서 비교우위를 지니게 된다. 미국의 수출품은 대부분 고도로 숙련된 고임금산업의 제품이고, 수입품은 저임금산업의 제품이라는 점에서 확인할 수 있다.

(4) 제품수명주기론

제품수명주기론(product life cycle theory)은 제품이 초기에 디자인되고 개발되고 난 이후 시간이 지나면서 점차 성숙기에 접어들고 많은 후발업체들의 진입과 모방으로 표준화가 된다는 이론이다. 이를 제창한 버논(R. Vernon, 1961)에 의하면 신제품은 생물과 같이 신생기와 성장기 그리고 성숙기라는 과정을 겪는다는 것이다. 제품설명주기론은 첨단사업을 대상으로 어느 국가의 비교우위가 시간이 지남에 따라서 다른 국가로 어떻게 이동할 수 있는가를 설명해준다.

> **제품수명주기론**
> 제품이 초기에 디자인되고 개발되고 난 이후 시간이 지나면서 점차 성숙기에 접어들고 많은 후발업체들의 진입과 모방으로 표준화가 된다는 이론

컬러TV의 경우, 신생기라고 할 수 있는 초기에는 미국에서 개발되어 미국 기업들이 생산하고 수출을 담당했지만 성장기를 지나 생산기술이 알려진다. 성숙기가 되면 표준화와 대량생산을 하게 되고 저임금의 한국과 일본이 시장을 지배하게 된다. 다시 말하면 비교우위가 미국에서 한국과 일본으로 이전된 것이다. 이 이론은 미국이 처음에 비디오 플레이어(VCR)를 최초로 개발했음에도 처음의 선도적 지위를 빼앗겨 세계적으로 차지하는 비중이 왜 작아졌는지와 같은 현상을 이해하는 데 도움이 될 수 있다. 그러나 최근

그림 18-4

제품수명주기설

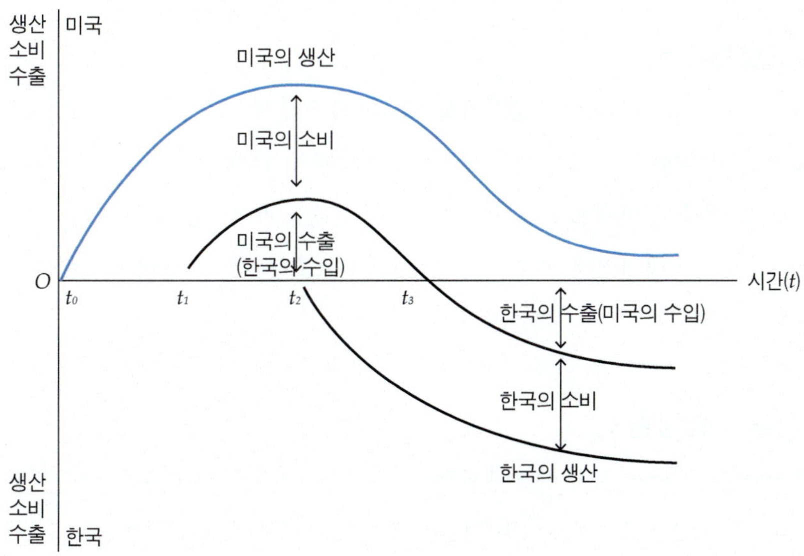

에는 기술이 광범위하고 빠르게 유포되고 보편화가 될 수 있으므로 낮은 임금으로 생산비를 더 낮출 수 있는 중국과 같은 국가들이 바로 경쟁력을 가질 수 있게 되어 설명력을 상실하게 된 측면이 있다.

2.4. 국제무역의 장벽과 정책수단

현실에서는 비교우위에 입각해서 국가 간의 자유로운 교역이 이루어지는 일은 흔치 않다. 정부가 국제무역에 개입을 하고 자국의 이익을 얻으려는 압력이 많기 때문이다. 자유무역을 제한하는 방법에는 정부의 직접적인 규제뿐만 아니라 문화적 제도 측면의 간접적인 장벽들도 존재한다. 일본의 경우는 외국인을 차별하는 문화적 관행으로 인해 미국으로부터 비난을 받기도 하고, 상품 유통망 시스템의 차이로 인해 국가 간 무역에서 어려움을 불러일으키기도 한다. 예를 들어 일본에서는 외국인이 소매점을 개업하기 어려울 뿐만 아니라 법적으로 인근의 다른 소매점들로부터 허가를 받도록 규정하고 있기 때문에 보이지 않는 장벽이 존재한다. 이러한 대규모소매점포법은 1990년 미국의 요구로 대폭 완화하게 된다. 무역협상이라는 형태의 외압이 작용하지 않으면 국내제도나 관행을 변경하기가 어렵다.

(1) 보호무역론

외국과의 경쟁으로부터 국내 생산자를 보호하기 위해서 정부는 보호무역정책을 실시하기도 한다. 특정한 경우에는 보호무역이 정당화될 수 있지만 대부분의 경우는 소비자에게 피해를 준다. 일반적으로 말해서 외국과의 경쟁을 제한하는 것은 국내 생산자에게는 이득이 되고 국내 소비자에게는 손실이 된다. 보호무역론과 관련된 특성을 몇 가지 살펴보면 다음과 같다.

◈ 국내 고용창출

보호무역주의자들은 외국 상품에 대한 수입제한은 국내에서의 고용을 증가시킨다고 한다. 외국에서 생산될 상품을 국내기업이 생산하기 때문에 국내 근로자들의 고용기회가 증가하는 것이다. 물론 보호 대상이 되는 산업에만 고용혜택이 돌아간다는 지적도 있다. 뿐만 아니라 국내 소비자들은 보호의 대상이 되는 산업의 제품을 더 비싸게 구입해야 하기 때문에 부정적인 측면도 있다. 만일 보호무역을 실시했다는 점에 대한 반발로 다른 나라도 자국 제품의 수입을 제한하는 보복을 한다면 국내 수출기업들의 생산에도 부정적인 영향을 미치게 된다.

◈ 공정한 무역

만일 어느 한 국가가 수입제한 조치를 취하면 상대국가도 상계 관세나 할당을 통해 수입을 제한해야 된다는 목소리가 커질 수 있다. 1960년대 미국 건설회사들은 일본에서 주요 건설 프로젝트를 수주받지 못한 적이 있다. 그러나 일본 건설회사는 미국에서 매년 많은 수주 실적을 올리고 있었다. 당시에 미국 건설사들은 일본에서 차별을 받고 있다고 주장했다. 혹자는 미국이 일본 건설회사에 대해 제약을 가하는 것이 공정하다고 주장할

참고 보잉과 에어버스의 전략적 무역 사례

세계 항공기시장에서 보잉사와 에어버스사라는 두 개의 기업이 경쟁하는 게임적인 상황이라고 하자. 보잉사와 에어버스사 두 기업 중에서 한 기업만이 생산하면 모두 100억달러의 이윤을 얻지만, 두 기업 모두가 생산에 참여한다면 두 기업 모두 손실을 보게 된다. 만일 두 기업 모두 생산에 참여하지 않는다면 두 기업 모두 이윤은 0이 된다고 하자. 이러한 상황이 게임 보수행렬로 나타나 있다. 이 경우 내쉬균형은 음영 부분이 된다. 이때는 누가 시장에 미리 진입을 하는가가 관건이 된다.

보잉사 \ 에어버스	생산	생산안함
생산	−5 / −5	0 / 100
생산안함	100 / 0	0 / 0

위의 사례에서 유럽연합이 전략적 무역정책에 입각해 에어버스사에 25억달러의 보조금을 지급하면 보잉사가 어떤 행동을 취하더라도 에어버스사는 항공기 생산 유인이 생겨 생산에 참여하게 되고 이윤을 얻게 된다. 이때 내쉬균형은 빗금 친 전략조합으로서 보잉사는 생산하지 않고 에어버스는 생산하는 것이 된다. 결국 유럽연합의 보조금 지급은 보잉사가 지녔던 선발자로서의 우위를 후발기업인 에어버스사로 이전시키는 결과를 초래하게 된다. 유럽연합은 보조금 25억달러를 투입해서 후발기업인 에어버스사의 보호는 물론 보조금 이상의 125억달러의 이익을 얻을 수 있기 때문에 전략적 무역정책은 의미가 있다고 할 수 있다.

보잉사 \ 에어버스	생산	생산안함
생산	20 / −5	0 / 100
생산안함	125 / 0	0 / 0

것이다. 공정한 무역이란 국가 간 상호주의에 근거를 두고 있는데 때로는 엉뚱한 근거를 들어 억지를 부리는 데 사용되기도 한다. 예를 들어 미국은 자국의 자동차 판매량이 감소하게 된 것이 미국의 수출에 대하여 한국이 불공정한 제약을 가했기 때문이라고 문제 제기하면서 미국 내 한국 자동차 수입을 제한하는 조치를 취하거나 수출을 자율적으로 규제할 것을 요구할 수도 있다.

◈ 정부 세수조달 수단

정부는 관세를 통해서 수입을 올릴 수 있다. 특히 개발도상국가와 같이 소득세를 징수하기 어려운 상황에서는 관세를 부과하는 대신 다른 영역에서 세금을 감면해 줄 수도 있다. 〈표 18-5〉에서 보여주는 바와 같이 일반적으로 개발도상국이 선진국보다 관세수입에 더 많이 의존한다.

표 18-5 재정수입 중 관세가 차지하는 비중

국가	관세가 재정수입에서 차지하는 비중
영국	0%
일본	1%
미국	1%
코스타리카	5%
가나	27%
도미니카공화국	43%
레소토	48%

◈ 유치산업과 방위산업 보호

유치산업
선진국과 경쟁할 수 있는 여건이 아직 형성되지 않아서 어느 정도 경쟁력을 갖출 때까지 일정기간 보호가 필요한 산업

유치산업(infant industry)은 선진국과 경쟁할 수 있는 여건이 아직 형성되지 않아서 어느 정도 경쟁력을 갖출 때까지 일정기간 보호해주어야 하는 산업을 말한다. 이러한 유치산업을 보호해야 한다는 주장은 미국의 초대 재무장관 해밀턴(A.Hemilton)과 독일의 역사학파 리스트(F.List)에 의해 체계화되었으며, 오늘날까지도 보호무역의 가장 전통적이고 유력한 이론의 근간을 이룬다.

유치산업보호론의 중요한 쟁점은 보호가 필요한 산업의 선정문제이다. 유치산업은 영구히 보호되는 것이 아니라 경쟁력을 갖춘 후 자유무역으로 돌아가는 것이다. 이러한 점을 고

려하여 세 가지 선정기준이 있다. 밀(J.S.Mill)의 선정기준은 일정기간의 보호를 통해 국제경쟁력을 갖출 수 있는 산업을 선정하는 것이다. 바스테이블(C.F.Bastable)의 선정기준은 밀의 선정기준에 보호기간의 손실보다 그 산업의 발전의 이익이 큰 산업을 선정하는 것이다. 켐프(M.C.Kemp)의 선정기준은 밀-바스테이블의 선정기준에 외부경제효과가 있는 산업을 선정하는 것이다.

한편 방위산업과 같이 국방은 경쟁의 개념이 도입되지 않아야 한다는 주장도 있다. 조선업의 경우 비록 비교우위가 없을지라도 전시에 배를 외국으로부터 수입하지 못하면 문제가 될 수 있으므로 이에 대비해 국내 조선업이 유지되어야 한다는 주장이다. 보호 대상이 되는 산업이 국방을 위해서 진정으로 필요한 산업인 경우는 어느 정도 타당성이 있지만, 국방과 밀접한 관련이 없는 산업까지도 보호 대상으로 적용되지 않도록 주의해야 한다.

◈ 전략적 무역정책

전략적 무역정책(strategic trade policy)이란 시장의 점유율을 높이기 위한 방법으로, 무역제한이나 보조금을 사용하여 본국에게 유리한 방향으로 정책을 변경시키는 조치이다. 규모에 대한 수확체증 효과가 존재하는 산업에서는 먼저 생산을 시작한 기업이 상대적으로 낮은 비용으로 시장에서 경쟁우위를 점할 수 있다. 전략적 무역정책은 보조금을 통해서 경쟁력을 확보할 수 있도록 생산비용의 격차를 보전해주는 것으로, 경쟁기업의 이점을 제거하려는 목적을 가지고 있다. 그러나 이러한 전략적 행동에 대해서 상대 정부가 보복적 행동을 하게 되면 두 기업은 모두 손실을 보게 될 수 있다.

전략적 무역정책
시장의 점유율을 높이기 위한 방법으로, 무역제한이나 보조금을 사용하여 본국에게 유리한 방향으로 정책을 변경시키는 조치

(2) 통상정책 수단

◈ 관세

관세(tariff)란 특정 수입품과 수출품에 대해서 부과하는 세금을 말한다. 관세는 외국과의 경쟁에서 국내 생산자를 보호하기 위해서 사용된다. 관세 부과 시 발생하는 효과를 간단히 살펴보기로 한다. 〈그림 18-5〉의 오렌지시장에서 국제무역을 하지 않는 폐쇄경제라면 국내 균형가격과 균형거래량은 국내 수요곡선과 국내 공급곡선이 만나는 P_d와 Q_d에서 결정된다. 이때 오렌지의 국제가격이 국내가격보다 더 싸다면 오렌지를 수입하

관세
특정 수입품과 수출품에 대해서 부과하는 세금

그림 18-5

관세의 경제적 효과

(a) 관세하의 수입 크기
(b) 자유무역하의 수입 크기

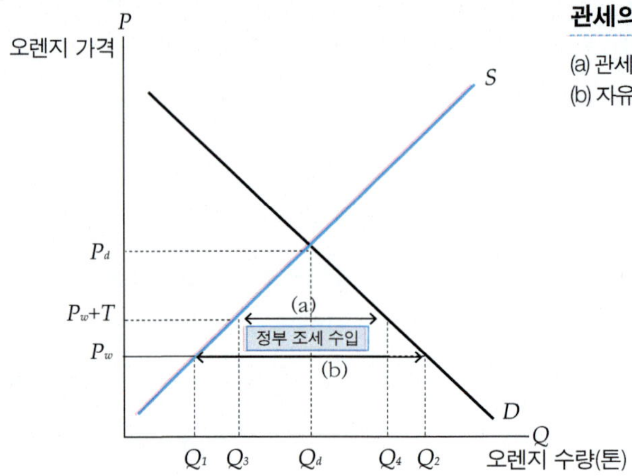

게 될 것이다. 만일 국제가격이 P_w라면 Q_2-Q_1만큼 수입하게 될 것이다. 주어진 국제가격에 대해서 국내 생산자가 공급하는 양보다 국내 소비자가 소비하는 수요량이 더 큰 초과수요 상태이다. 자유무역을 통한 가격하락은 국내 생산을 감소시키고 국내 소비를 증가시키며, 부족한 부분은 수입을 통해서 달성된다. 국내 소비자들은 더 싼 가격에 구입할 수 있기 때문에 이득을 보게 된다.

정부는 오렌지 수입에 관세 T를 부과했다고 하자. 그러면 소비자가 지불해야 하는 가격은 P_w가 아닌 P_w+T가 된다. 높아진 가격으로 인해서 국내 생산자의 공급은 증가하고 국내 소비는 감소하게 되어 수입량은 Q_4-Q_3이 된다. 관세 부과로 오렌지 생산량이 증가하고 판매가격이 상승하기 때문에 국내 생산자들은 이득을 게 된다. 국내 소비자들은 더 적은 양의 오렌지를 더 비싼 가격에 구매해야 한다. 정부의 입장에서는 관세부과만큼 즉 $T \times (Q_4-Q_3)$만큼 세수가 증가하지만 소비자는 관세부과로 경제적 손실을 입는다.

◈ 수량할당과 금액할당

수량할당
상품의 물리적 수량에 제한을 가하는 방식

금액할당
거래되는 상품의 화폐가치를 제한하는 방식

수량할당(quantity quota)은 상품의 물리적 수량에 제한을 가하는 방식이고, **금액할당**(value quota)은 거래되는 상품의 화폐가치를 제한하는 방식이다. 일반적으로 할당을 실시하는 이유는 외국과의 경쟁으로부터 국내 생산자를 보호하기 위해서이다. 할당

(quota)은 수입 혹은 수출되는 상품의 양이나 금액을 제한하는 것을 말한다. 수입되는 양을 제한함으로써 가격은 끌어올리게 되고, 국내 생산자가 자유무역하에서 좀 더 많은 양을 더 높은 가격에 판매할 수 있게 된다. 수량할당으로 국내 가격이 인상되면 그 뒤의 효과는 관세의 경우와 동일하다. 차이가 있다면, 관세의 경우 국내외 가격차가 관세수입으로 정부에게 돌아가고 수량할당의 경우 수입업자의 이익으로 돌아간다.

◈ 보조금

정부는 수출업자에게 더 저렴한 가격에 수출할 수 있도록 장려하기 위해서 수출지원금을 보조해준다. 보조금의 지급은 수출업자의 비용부담을 감소시켜 가격경쟁력을 확보할 수 있는 기반을 제공해준다. 수출보조금이 부과되면 그만큼 국내가격이 인상되므로 국내생산이 확대되고 국내수요는 억제된다. 이에 따라 국내생산자는 이익을 보는 반면 국내소비자는 손실을 입는다.

한편 필요한 보조금을 국민들의 세금으로 마련한다면 형평성의 문제가 발생할 수도 있다. 직접적인 현금보조와 같은 보조금정책 외에 세금감면이나 낮은 이자율로 대출해주는 경우가 있다. 미국 정부도 자국 기업이 외국에 수출을 하는 경우 대출과 보험을 제공하는 수출입은행을 설립해 수출활동에 보조금을 지급하고 있다.

◈ 보건 및 안전성 규제

정부는 국민의 보건과 안전성을 국내 기업을 간접적으로 보호하는 명분으로 내세우기도 한다. 일본은 자국 기업이 생산한 스키장비만 기준에 적합하다고 하면서 다른 나라에서 생산한 스키장비는 금지시키겠다고 위협한 적이 있다. 서유럽 국가뿐만 아니라 우리나라도 미국 정부가 허용한 호르몬제를 투입한 쇠고기 수입을 허용하지 않겠다고 발표하기도 했다. 보건 측면에서뿐만 아니라 안정성 측면에서도 국가마다 최소한의 기준을 설정해 규제하고 있다. 1960년대는 트랙터와 관련해서 프랑스는 시간당 최대속도가 17마일을 넘지 못하도록 했고, 독일은 13마일, 네덜란드는 10마일로 제한했다. 이처럼 국가마다 다른 표준을 설정하게 되면 이미 생산된 트랙터를 다시 개조해야 하기 때문에 추가적인 비용을 부담하게 되고 그 결과 가격이 상승하여 수출이 어려워진다.

부록 자유무역과 공정무역

1. 자유무역을 위한 기구

(1) GATT

근대부터 각국은 보호무역적 성향을 보였다. 제1차세계대전이 끝나고 각국은 자국의 산업을 보호하기 위해서 경쟁적으로 수입품에 대해서 보호무역장벽을 구축했다. 그 결과 국가 간의 교역이 감소하여 1930년대 세계대공황의 한 원인으로 작용하기도 했다. 이런 배경에서 제2차세계대전 이후에 좀 더 자유로운 무역환경을 만들기 위한 노력을 하게 된다. 특히 미국은 전쟁의 피해가 없었기 때문에 미국 상품을자유롭게 해외로 수출할 수 있는 기회와 환경이 조성되었다.

GATT
관세및무역에관한일반협정

새로이 조성된 국제환경속에서 1947년 미국과 영국이 중심이 되어 만든 '관세 및 무역에 관한 일반협정' 즉 GATT(General Agreement on Tariffs and Trade)가 탄생하게 되었다. GATT의 근본정신은 최혜국대우원칙과 내국민대우원칙으로 나눌 수 있다. 최혜국대우원칙(most-favored-nation treatment)이란 한 국가에 주어지는 무역상의 혜택은 자동적으로 다른 회원국 모두에게 똑같이 적용되어야 한다는 무차별원칙을 말한다. 내국민대우원칙(national treatment)이란 회원국이 수입품을 국산품과 동등하게 취급해야 한다는 원칙이다. 국산품과 수입품을 차별대우하면 실질적으로 무역을 확대하는 것이 어렵기 때문이다. GATT는 원칙적으로 인정된 관세수단 이외에 어떤 수량규제(수량할당, 수입허가)도 금지하는 '수량제한철폐원칙'을 두고 있다.

GATT는 1947년부터 회원가입국이 증가하면서 각종 관세 및 비관세 무역장벽을 낮추고, 이러한 무역장벽의 철폐를 위해서 여러 차례 라운드를 실시하였다. 그 결과 1940년대에는 40%에 달했던 회원국들의 평균 관세율이 2000년대에는 약 4%로 하락하였다.

경제협력개발기구
세계경제문제에 공동으로 대처하기 위해 선진국을 중심으로 1961년 20개 회원국으로 출발한 조직

(2) OECD(경제협력개발기구)

선진국을 중심으로 1961년 파리에 본부를 두고 설립된 경제협력개발기구(OECD: Organization for Economic Co-operation and Development)는 20개 회원국으로 출발하

여 현재 34개국이 가입하고 있다. 한국은 1996년에 29번째로 가입했다. 이 기구는 전 세계 상품생산의 2/3를 차지하고 있으며 세계경제에 막강한 영향력을 행사하고 있다. 특히 기존 회원국의 초청이 있어야 가입할 수 있다는 동질성이 강한 모임으로 만장일치 의사결정을 채택하고 있다. OECD 기본헌장은 형식상으로는 국제조약이 아니지만 사실상 법적인 구속력을 가지고 있다. WTO와 함께 세계경제질서를 형성하는 경제기구로서, 뒤에서 살펴볼 우르과이라운드 협상의 통상이슈도 먼저 OECD 국가 간의 논의를 거쳐 합의를 이룬 후 전 세계적으로 논의된다.

(3) UNCTAD(UN무역개발회의)

UN무역개발회의(UNCTAD: United Nations Conference on Trade and Development)는 선진국과 후진국의 경제적 격차인 남북문제를 해소하기 위해서 설립되었다. 선진국은 과거 식민지 정책으로 인해 후진국에 피해를 준 경험이 있기 때문에 무상이나 장기간의 낮은 금리 대출 등을 통해서 후진국 개발에 참여하려는 것이다. 선진국은 후진국에서 들여오는 수입상품에 관세를 철폐하거나 낮추어야 한다. 그렇지 않으면 1차 농산물과 2차 공산품 거래는 무역수지 불균형이라는 문제를 초래하게 된다. 그러나 UNCTAD는 선진국 간 힘겨루기에 의해서 그 목소리가 가려지기도 하고, 1980년대 개도국의 외채위기 때에는 선진국과 후진국의 갈등 심화에 적절히 대처하지 못해 유명무실해진 측면이 있다. 따라서 이에 대한 보완책으로 UN개발계획(UNDP: United Nations Development Program)을 UN 산하에 두어 2005년 말 현재 141개국이 가입되어 운영하고 있다.

UN무역개발회의
선진국과 후진국의 경제적 격차인 남북문제를 해소하기 위해서 설립될 조직

3.2. 우르과이라운드의 타결과 WTO체제의 출현

(1) 우르과이라운드(UR)의 등장배경

GATT의 기능 중 주목할 부분은 다자간협상이다. 다자간협상이란 일정기간 동안에 GATT 회원국이 여러 번 모여 관세율 인하나 철폐와 같은 무역정책을 협의하는 것이다. 1947년 GATT 창설 이후에 공산품의 관세율 인하에 초점을 맞춰 7차례 다자간협상이 진행되었으나 농산물이나 서비스는 교역 규모가 작아 협상 대상에서 제외되었다. 1980년대 이후 농산물, 서비스, 지적재산권 등 공산품 이외의 분야에서 교역 비중이 크게 높아

지자 새롭게 협상할 필요성이 생기게 되었다. 또한 철강, 자동차, 반도체 등의 산업에 한 번 도입된 무역제한조치가 사라지지 않고 그대로 남아 자유·다자·무차별로 특징지어지는 GATT체제에 큰 위협이 되었다. 이에 따라 1986년 남미 우르과이에서는 제8차 다자간협상의 개시(우르과이라운드)를 선언했으나, 난항을 겪다가 1994년 타결되어 1995년 발효되었다.

(2) UR협정의 주요내용

우르과이라운드에서는 GATT가 다루지 못했던 섬유, 농산물 등도 포함하여 다자간협상체제로 복귀시키고, 서비스, 지적재산권 같은 새로운 분야까지 포괄하였다.

우르과이라운드의 15개 의제는 다음과 같다: 관세, 비관세장벽, 천연자원상품, 섬유와 의류, 농업, 열대상품, GATT 조항, 동경라운드규약, 반덤핑, 보조금, 지적재산권, 투자조치, 분쟁해결, GATT 시스템, 서비스.

또한 세계무역기구(WTO: World Trade Organization)를 설립해 UR협정이 발표되는 1995년 GATT와 통합해 WTO체제 출범하였다. 특히 컴퓨터 프로그래밍을 저작물로 포함시켰을 뿐만 아니라, 보호기간도 50년 이상으로 연장하였다. 더 나아가 집적회로는 물론 이를 내장한 반도체칩과 최종제품까지도 지적재산권에 포함시켰다. 또한 국가 간 발생한 모든 무역분쟁은 WTO 산하의 분쟁해결기구가 관장하도록 하였고, 상소제도를 신설하고, 분쟁해결구조도 일원화하였다.

(3) 도하개발아젠다 출범

2008년 현재 WTO 가입회원국은 153개국에 이르지만, 공산품 분야에서 여전히 상당한 무역장벽이 존재하고 있다. 최근에는 몇몇 국가끼리 관세 및 비관세 장벽을 없애는 자유무역협정(FTA: free trade agreement)를 맺는 추세가 확산되고 있어 WTO는 위기에 직면하게 되었다. 이에 2001년 카타르 도하에서 WTO의 새로운 다자간 무역협상(제9차)이 출범하게 되었고, 서비스시장의 추가개방과 더불어 농산물시장의 추가개방을 위해 농산물에 대한 보호장벽을 추가로 낮추고, 농업보조금을 단계적으로 축소할 것, 비농산물분야의 관세와 비관세장벽의 감축, 기존 통상규범의 개정 등을 논의하였다.

FTA
자유무역협정

3.3. 지역경제통합

(1) 지역경제통합의 등장

지역경제통합이란 한 지역 내의 여러 국가들이 상호간에 관세 및 비관세 장벽을 제거하고 재화 및 서비스와 생산요소가 자유롭게 이동할 수 있도록 보장하는 협정을 말한다. 최근에 지역경제통합이 활발하게 진행되는 이유는 WTO체제하에서 모든 국가가 각종 무역장벽을 동시에 철폐하는 데는 시간과 비용이 많이 소요되기 때문에 일단 합의하기 쉬운 국가끼리 우선 경제통합을 이루기 위해서이다. 가장 대표적인 사례가 유럽연합(EU)이라고 할 수 있고, 그 밖에도 미국, 캐나다, 멕시코를 중심으로 한 북미자유무역협정(NAFTA: North America Free Trade Agreement), 남미의 아르헨티나, 브라질, 파라과이, 우루과이를 중심으로 한 MERCOSUR(Mercado Comun del Sur), 호주와 뉴질랜드의 CER, ASEAN 국가들의 AFTA, 결속력이 강한 자유무역협정은 아니지만 아-태평양지역을 중심으로 한 APEC 등 많은 지역경제협정이 있다.

NAFTA
북미자유무역협정

(2) 지역경제통합의 효과

지역경제통합의 경제적 효과는 정태적으로 무역창출효과와 무역전환효과로 나눌 수 있다(바이너(J.Viner), 1950). 무역창출효과는 새로운 무역의 발생으로 국민소득과 후생이 증가하는 효과이다. 무역전환효과는 기존의 수입국에서 새로운 수입국으로 전환되면서 후생이 감소하는 효과이다. 동태적으로 경제성장과 경제발전을 촉진시키는 효과도 발생한다. 시장의 확대로 규모의 경제효과가 발생하고, 경쟁이 촉진되면서 경제가 성장하고, 노동과 자본, 기술 등이 자유롭게 이동하여 비용을 낮추고 효율성을 높인다. 또한 경제통합으로 역외국가의 대외협상력이 높아진다.

지역경제통합은 경제적인 효과와 더불어 정치적인 효과도 있다. 유럽연합의 경우 세계대전과 같은 큰 전쟁뿐만 아니라 국지적인 전쟁도 끊임없이 발발하였다. 이에 지역 내에서 국가 간의 경제를 통합함으로써 정치적인 유대관계를 높여 정치적 갈등이나 분쟁을 미리 방지하는 역할을 수행하게 된다. 물론 자유무역을 통한 경제적 효과를 증진시키는 것이 주목적이다.

그러나 지역경제통합이 빠른 속도로 진행되므로 일부 산업은 도산하거나 실업자가 많이 양산되는 문제가 발생할 수도 있다. 또한 지역경제통합의 촉진을 위해서는 자국의 독자적 주권을 일부 포기해야 하는데, 최근 2012년 그리스의 정부재정적자 감축을 요구하는 채권단의 요구에 시민들이 유로화 탈퇴까지 불사하며 저항하는 모습을 볼 때 경제정책의 독자성을 포기하는 문제는 쉬운 일이 아니라는 것을 알 수 있다.

(3) 지역경제통합 수준에 따른 분류

지역통합의 유형으로는 자유무역지역에서 관세동맹, 공동시장, 경제연합, 그리고 정치연합의 순서로 그 범위가 넓어진다.

◈ 자유무역협정

자유무역협정(free trade agreement)이란 상호 협정 국가 간에 각종 무역장벽을 철폐하고, 비회원국에 대해서는 각 나라마다 독자적인 무역규제를 하는 것을 말한다. 자유무역협정에 참여하는 국가 간에는 차별적인 관세나 수입할당, 보조금, 행정적인 규제를 할 수 없다. 그러나 역외국에 대해서는 각 회원국이 독립적이고 차별적 관세가 가능하기 때문에 역외 비회원국의 입장에서는 최저관세를 부과하는 회원국에 수출한 후 다른 회원국에 재수출하려는 '무역굴절효과'가 발생한다. 이를 막기 위해 원산지증명 등의 규제를 강화하고 있다. 북미자유무역협정, 유럽자유무역연합(EFTA), 아세안자유무역협정(AFTA), 한국이 2004년도에 체결한 칠레와 싱가포르와의 FTA, 미국과 2007년 체결되어 2012년부터 시행된 FTA가 대표적인 사례이다.

◈ 관세동맹

관세동맹(customs union)은 자유무역협정에서 한 걸음 더 나아가 회원국 간에 무역장벽을 제거함과 동시에 비회원국에 대해서도 공통의 관세정책을 취하는 것을 말한다. 유럽연합도 초기에는 관세동맹으로 출범했다.

◈ 공동시장

공동시장(common market)이란 관세동맹보다 확대되어 재화뿐만 아니라 생산요소까지도 자유로운 이동이 보장된 경우이다. 노동과 자본이 자유로이 이동할 수 있어 이민과 국외취업, 자본의 해외이전 등이 자유롭다. 다시 말해서 거의 동일국가와 같은 상태에 놓인 경제통합유형을 말한다.

표 18-6 경제통합의 유형

통합유형	내용	특징	대표적인 경제블럭 또는 협정
자유무역협정 (Free Trade Agreement)	가맹국 간의 상품이동에 관한 일체의 무역장벽을 없애고 자유무역을 보장하는 한편, 비가맹국에 대해서는 각국이 독자적인 관세 및 무역정책을 실시	역외관세가 낮은 회원국을 통해 수입된 제3국의 제품이 역외관세가 높은 회원국으로 재수출되는 무역굴절(trade deflection)현상을 방지하기 위해 원산지규정 등 공동의 시장운용 규칙의 제정이 필요	•유럽자유무역연합(EFTA) •북미자유무역협정(NAFTA)
관세동맹 (Customs Union)	역내 자유무역에 더하여 비가맹국에 대해 공통의 관세 및 무역정책을 실시	공통관세의 실시로 무역굴절현상을 방지할 수 있으며 가맹국 간의 교역조건은 대체로 단일국 내 지방 간의 교역과 유사	•베네룩스 관세동맹
공동시장 (Common Market)	관세동맹보다 더욱 강화된 통합형태로서 역내 국가 간 노동·자본 등 생산요소의 자유로운 이동이 보장	생산요소의 자유이동은 역내 자원배분의 효율성을 극대화하여 역내 전체의 후생은 증진될 수 있으나 국별 산업의 비교우위에 따라 일부 가맹국의 후생은 통합 전보다 악화될 수 있음	•1993년 이후 EC •남미공동시장
경제동맹 (Economic Union)	공동시장에 더하여 가맹국 간 산업·재정·통화정책 등 경제 전반에 걸쳐 공동정책을 실시	경제면에서는 단일국가에 접근한 경제 통합형태로서 가맹국들은 사실상 독자적인 경제정책을 포기해야 함	•유럽연합(EU)
완전한 경제통합 (Complete Economic Integration)	가맹국 간에 초국가적 기구를 설치하여 각 가맹국의 사회·경제정책을 통합 실시	완전한 경제통합은 각국의 국가주권이 포기된 사실상의 정치적 통합을 의미	

◈ 경제동맹

경제동맹(economic union)은 공통의 통화를 가지고 회원국 간의 세율도 동일하게 적용하며, 공통의 재정금융정책을 시행하는 단계를 말한다. 이를 위해서는 전체를 총괄하는 행정부가 있어야 하고, 각국이 어느 정도 자신의 주권을 포기해야만 한다. 현재의 유럽연합이 이 경우에 속한다.

◈ 정치연합(완전한 경제통합)

경제통합의 최종 단계는 단순히 경제적인 통합에서 벗어나 정치적인 측면에서도 통합을 이루는 것이다. 결국 단일한 행정부, 의회, 군사를 가지게 되면 하나의 국가로 재탄생하게 된다.

CHAPTER | 19

국제수지와 환율

1. 국제수지와 국제수지표의 구성

1.1. 국제수지

국제수지(balance of payments)란 한 나라가 다른 나라들과 모든 거래에서 외화가 얼마나 남거나 모자랐는가를 나타내는 것을 말한다. 그리고 국제수지표란 일정기간 동안에 한 나라 거주자와 다른 나라에 있는 비거주자 사이에 이루어진 모든 경제적 거래를 체계적으로 작성한 통계표를 말한다. 구체적으로 개념을 풀이하면 다음과 같다.

국제수지
한 나라가 다른 나라들과 모든 거래에서 외화가 얼마나 남거나 모자랐는가를 나타내는 것

국제수지표
일정기간 동안에 한 나라 거주자와 다른 나라에 있는 비거주자 사이에 이루어진 모든 경제적 거래를 체계적으로 작성한 통계표

- 일정기간 동안에: 유량 개념
- 한 나라 거주자와 다른 나라에 있는 비거주자: 경제활동에서 이익의 중심을 기준. 한국에 1년 이상 거주하는 외국인이나 외국투자기업은 우리나라 거주자로 분류하고, 법인의 경우 본사는 거주자로 분류하지만 지점이나 자회사는 비거주자로 분류(따라서 본사와 해외지점 간 거래는 국제수지표에 기록)
- 모든 경제적 거래: 재화, 서비스, 자본, 외환의 거래 및 국제 간의 증여 등
- 체계적으로: 외화가 들어오는 것은 수취란(+란)에, 나가는 것은 지급란(−란)에 기록

표 19-1 **우리나라 국제수지 요약표**

(단위: 백만달러)

구분	2022 11월	2022 1~11월	2023 10월	2023 11월	2023 1~11월
Ⅰ. 경상수지	−2.2	271.5	68.0	40.6	274.3
1. 상품수지	−10.0	155.4	53.5	70.1	259.5
1.1 수출	527.4	6,347.9	570.0	564.5	5,844.3
1.2 수입(FOB)	537.4	6,192.6	516.5	494.5	5,584.8
2. 서비스수지	−7.4	−41.6	−12.5	−21.3	−226.0
2.1 가공서비스	−5.0	−55.0	−5.3	−5.6	−61.0
2.2 운송	1.5	129.5	−3.0	−3.4	−10.4
2.3 여행	−7.7	−67.9	−6.4	−12.8	−112.9
2.4 건설	4.9	46.7	4.0	4.1	43.2
2.5 지식재산권사용료	−0.0	−32.4	−3.4	2.4	−30.5
2.6 기타사업서비스	−1.2	−81.2	−4.7	−8.8	−85.8
3. 본원소득수지	16.6	181.0	27.7	−1.5	280.5
3.1 급료 및 임금	−1.2	−7.7	−0.6	−1.4	−15.7
3.2 투자소득	17.8	188.7	28.3	−0.1	296.2
(배당소득)	9.0	99.5	18.7	−8.1	212.0
(이자소득)	8.8	89.1	9.6	8.0	84.3
4. 이전소득수지	−1.5	−23.3	−0.7	−6.6	−39.7
자본금융계정: Ⅱ. 금융계정[1)]	22.6	337.7	83.7	20.2	258.4
1. 직접투자	1. 30.6	2. 453.9	−3.1	3. 33.6	4. 137.8
2. 증권투자	5. 25.9	6. 179.6	44.0	7. −22.1	8. 83.1
3. 파생금융상품	9. 4.7	10. 73.9	4.3	11. −2.3	12. −17.4
4. 기타투자	13. −22.2	14. −51.9	38.8	15. 4.9	16. 104.7
5. 준비자산	17. −16.4	18. −317.7	−0.4	19. 6.2	20. −49.8
Ⅲ. 자본수지	21. -1.4	22. -0.1	0.4	23. −0.1	24. 0.4

주 : 1) 순자산 기준, 자산·부채 증가는 (+), 자산·부채 감소는 (−)

자료: 한국은행 경제통계시스템(ECOS)

그림 19-1

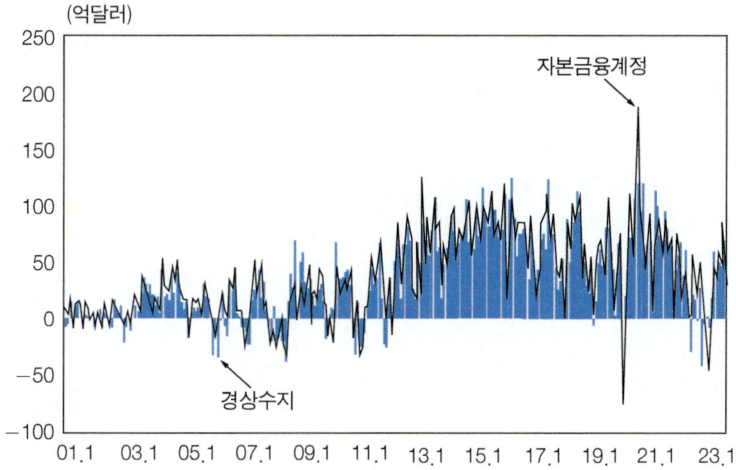

우리나라 국제수지 추이

자료: 한국은행 경제통계시스템(ECOS)

1.2. 국제수지표의 구성

(1) 국제수지표의 구조

국제수지표는 복식부기의 원리로 대변에는 수입을 가져오는 거래, 차변에는 지급이 발생하는 거래를 기재하고, 거래에 수반되는 반대급부의 이동을 반대편에 기록한다. 우리나라 국제수지표는 1958년 이후 IMF의 국제수지통계편제기준에 따라 작성되어왔다. 2010년 국제수지통계편제기준(BPM6)이 개편되어 국제수지표의 기본구조는 경상계정(current account)과 자본금융계정(capital financial account)으로 분류된다.

(2) 경상계정

경상계정에는 상품 및 서비스의 거래, 근로와 투자로 버는 소득, 이전소득 등이 포함된다.

경상계정=상품수지+서비스수지+본원소득수지+이전소득수지

- 상품수지: 상품의 수출입 기록[수출이 증가하면 상품수지는 양(+)으로 기록]
- 서비스 수지: 서비스의 수출입 기록(운송, 여행, 통신, 건설, 보험, 금융, 사업서비스, 정부서비스 및 지적재산권 사용료 등)
- 본원소득수지: 투자수익수지와 외국으로부터의 임금소득수취 포함
- 이전소득수지: 일방적인 부의 이전(송금, 무상원조, 국제기구 출연금 등)

그림 19-2

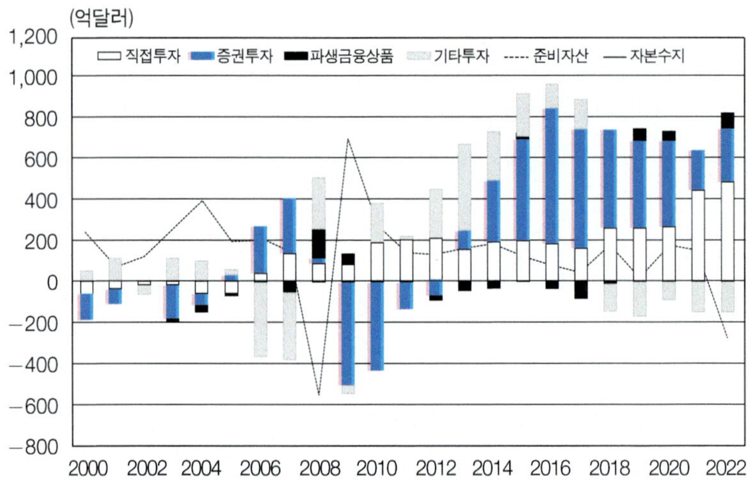

자본 · 금융계정 추이

자료: 한국은행 경제통계시스템(ECOS)

(3) 자본금융계정

자본금융계정에는 민간기업, 금융기관, 정부 등이 외국으로부터 외화를 빌려주거나 빌리는 외화의 유출과 유입이 포함된다.

자본금융계정=자본수지+금융계정

- 자본수지(capital account): 해외이주비 , 투자보조금 지급 등의 자본이전거래와 비생산유무형자산거래 포함
- 금융계정: 직접투자, 증권투자, 파생금융상품, 기타 투자, 준비자산으로 구분. 여기서 직접투자란 외국인이 국내현지법인을 설립하여 공장을 건설해 영업활동을 하는 장기적 대외투자를, 증권투자란 외국계 증권투자펀드가 국내시장에서 주식을 매입하는 주식거래 및 채권거래를 말함
- 준비자산(reserve asset): 통화당국이 보유한 대외준비자산을 기록[이번에 새롭게 편입된 것으로 화폐용 금, 특별인출권(SDR: special drawing rights), IMF 리저브포지션, 외화자산(현금, 예금, 증권) 등을 기록함]

(4) 오차 및 누락

복식부기 원리에 입각하여 차변과 대변의 총계가 일치해야 하므로, 오차 및 누락은 경상계정과 자본금융계정의 차이와 크기는 같고 방향은 반대가 된다. 예를 들어 경상수지가 30.5억달러 흑자이고, 자본금융계정이 15.2억 달러 적자라면 오차 및 누락은 -15.2억 달러가 된다.

1.3. 국제수지균형의 개념

(1) 자율적(독자적) 거래와 보정적 거래

자율적 거래는 국가 간 가격, 소득, 이자율과 같은 경제적 요인에 의해 발생하는 거래이며, 자율적 거래에는 경상계정의 상품 및 서비스 수지와 소득수지, 자본금융계정의 금융계정(투자수지)이 해당한다. 보정적 거래는 자율적 거래를 뒷받침하기 위해 발생하는 거래이며, 준비자산 증감을 말한다. 사전적으로 국제수지균형 여부는 자율적 거래만을 고려하지만, 사후적으로 보정적 거래를 포함하게 되면 복식부기 원리에 따르기 때문에 항상 균형을 이루게 된다.

참고 **대외채권과 외환보유액**

대외채권이란 일정시점에 다른 나라에 대해서 가지고 있는 확정 금융자산을 말한다. 대외채권 중 즉시 현금화가 가능한 공적 대외준비자산을 외환보유액이라고 한다. 우리나라는 1998년부터 2010년까지 경상수지가 13년간 흑자를 기록해 만성적인 채무국에서 벗어나 1998년부터 채권국이 되었고, 2010년 말에 외환보유액은 3천억달러에 달했다. 2010년 말 만기가 1년 이내인 단기외채는 1,350억달러로 단기외채가 외환보유액에서 차지하는 비율은 46.3%이다.

MF는 단기외채비율이 60% 미만이면 안정수준이고, 60~100%이면 경계수준, 100%를 초과하면 위험수준으로 분류하고 있다.

(2) 종합수지

종합수지(overall balance)는 경상수지와 자본금융계정의 합으로 정의한다.

$$BP=(X-M)+F$$

$(X-M)$은 순수출을 뜻하는 경상수지를, F는 순자본유입을 뜻하는 자본금융계정을 의미한다. 순자본유입은 거래결과 발생한 수입과 지급을 기준으로 한 것이고, 순해외투자(NFI: net foreign investment)와 순외화자산(NFA: net foreign asset)은 자산의 유입과 유출 자체를 기준으로 나타낸 개념이다. 만일 $BP>0$이면 국제수지가 흑자이고, $BP=0$이면 국제수지가 균형 상태라고 한다. 만약 정부부문이 없다고 가정하고, 국내총생산과 경상수지의 관계를 보면 다음과 같다.

$$\text{국내총생산}=\text{소비}+\text{투자}+\text{경상수지}$$

국내총생산에서 소비를 뺀 것을 저축이라고 하면,

$$\text{저축}-\text{투자}=\text{경상수지}$$

저축이 투자를 초과하는 경우($S>I$)에는 그 차액만큼 국외투자가 되고, 이를 순해외투자(NFI)라고 한다. 이 경우 외화가 밖으로 나가기 때문에 자본수지 적자(대외채권의 순증)가 된다. 요약하면 경상수지와 자본수지는 동전의 양면과 같아서 국외투자(+)=순해외투자(+)=경상수지(+)로 정리할 수 있다.

경상수지+자본금융계정+오차 및 누락 = 0

2. 환율과 환율제도

2.1. 환율의 개념

환율(exchange rate)은 두 국가 간의 거래로 발생하는 화폐의 교환비율로, 일반적으로 외국화폐 1단위를 얻기 위해서 지불해야 하는 국내화폐의 수량으로 표시한다. 이를 자

그림 19-3

국제통화제도의 변천

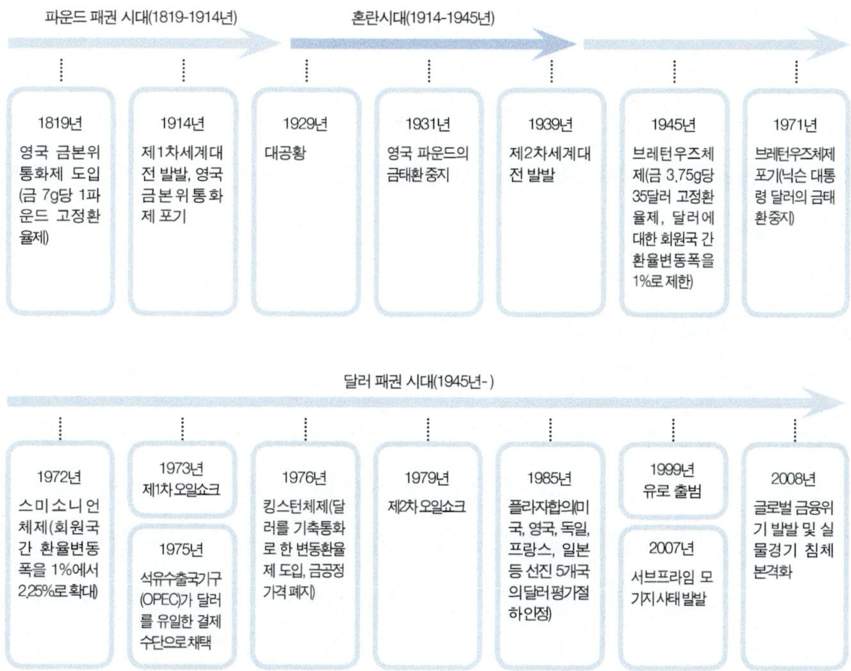

국통화표시환율이라고 하는데 미국 달러화의 환율은 1$=1,000₩으로 표현한다. 이렇게 표현하면 그림으로 나타낼 때 외환의 수요곡선은 우하향하고 외환의 공급곡선은 우상향하는 형태가 도출되는 장점이 있다.

2.2. 환율제도

환율제도에는 크게 고정환율제도와 변동환율제도 그리고 관리변동환율제도가 있다. 여기서는 고정환율제도와 변동환율제도에 대해서만 비교해서 살펴보기로 한다.

(1) 고정환율제도

고정환율제도에서는 환율이 일정한 수준에서 고정되어 있어 교역 당사자의 입장에서는 예상하지 못한 환율의 변동으로 인한 위험을 부담할 필요가 없고 일관성 있는 대외경제정책을 수행할 수 있다. 그러나 해외의 경기변동이 국내의 경기변동에 직접적으로 영향을 미친다는 문제가 있다. 다른 나라 경제가 불황이면 우리나라의 수출은 줄어들게 되고 그 결과 외환 공급량이 줄어들게 된다. 이때 환율이 고정되어 있다면 외환에 대한 초과수요가 발생하게 되므로 환율을 계속 유지하려면 외화방출과 더불어 긴축정책을 채택해 외환에 대한 초과수요를 감소시켜야 한다. 그렇지 않으면 계속 환율상승의 압박이 작동해 고정환율을 유지하기 어렵게 된다. 그러나 긴축정책을 사용하면 국내 경기도 불황이 될 수 있다.

(2) 변동환율제도

변동환율제도란 외환시장의 불균형이 환율의 변동을 통해서 자동적으로 조정되는 것을 말한다. 변동환율제도하에서는 환율이 완충적 역할을 담당하게 되어 해외의 경기상황이 국내로 파급되지 않는다. 고정환율제도와 달리 다른 나라의 경기 불황으로 인해 발생한 외환에 대한 초과수요가 환율의 변화로 조정되어 긴축정책을 사용할 필요가 없다. 고정환율제도의 단점은 변동환율제도의 장점이 되고, 고정환율제도의 장점은 변동환율제도의 단점이 된다. 현실에서는 두 제도의 장점을 취합한 관리변동환율제도를 많이 사용하는데 환율이 일정범위를 벗어나면 정부가 개입을 하게 되고, 일정범위 안에 있으면 외환시장에 의해서 자유롭게 결정되도록 놓아두는 방식이다.

2.3. 환율의 표현과 변동 추이

환율은 두 나라 화폐의 교환비율로, 자국 화폐단위로 표시한 외국화폐 1단위의 가격을 말한다. 환율이 상승한다는 것을 무엇을 의미하는가? 환율이 1달러당 1,000원에서 1,100원으로 상승하게 되면 우리나라 화폐 1원의 가치는 1/1,000달러에서 1/1,100달러로 하락(depreciation)하게 된다. 반대로 환율이 하락하게 되면 우리나라 화폐의 가치는 상승(appreciation)하게 된다. 결국 환율이란 다른 나라 화폐의 가치라고 생각하면 이해하기 쉽다. 한편 고정환율제도에서는 환율이 고정되어 있기 때문에 화폐가치 하락을 평가절하(devaluation)라고 하고, 반대를 평가절상(revaluation)이라고 한다. 즉 환율 인상 혹은 인하라는 표현을 직접적으로 사용할 수 없다.

〈그림 19-4〉는 미국 달러화 대비 원화의 환율 추이를 나타낸 것이다. 원/달러 환율은 1980년대 이후에는 약간 가파른 상승세를 이어오다가 1997년 외환위기를 거치면서 매

그림 19-4

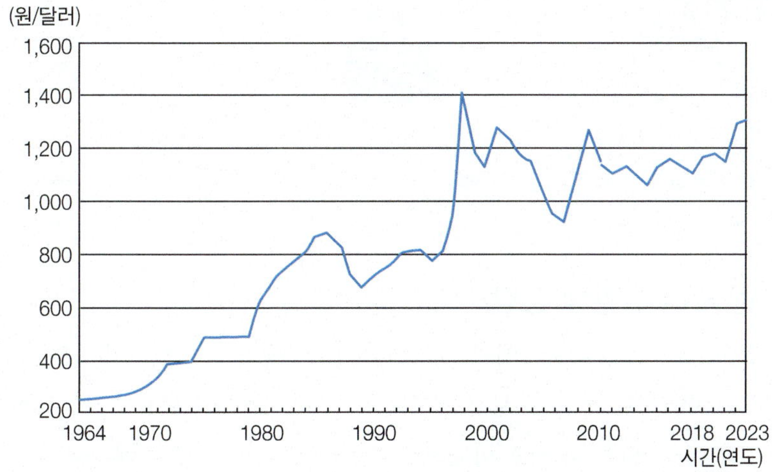

원/달러 환율 추이

자료: 한국은행 경제통계시스템(ECOS)

우 급격하게 상승하였다. 특히 외환위기 이후에는 관리변동환율제도 대신에 자유변동환율제도를 채택했기 때문에 변동률도 매우 큰 폭으로 상승과 하락을 반복하고 있음을 볼 수 있다.

2.4. 환율이 수출과 수입에 미치는 영향

(1) 기본적 상황 가정

똑같은 가방이 우리나라에서는 10만원에, 미국에서는 110달러에 거래되고 있다고 하자. 만일 현재 환율이 1$=1,000₩이라면 우리나라의 10만원짜리 가방을 달러로 표시하면 100달러가 된다. 이런 경우는 우리나라에서 가방을 구입하는 것이 상대적으로 더 싸기 때문에 자유롭게 무역이 이루어진다면 우리나라에서 가방을 수출하게 된다.

그림 19-5

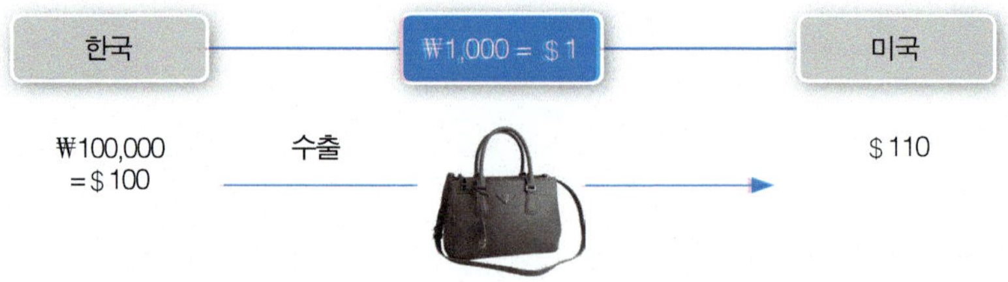

(2) 인플레이션 발생 영향

국내 물가상승으로 우리나라에서 가방 가격이 15만원으로 올랐다고 하자. 환율이 여전히 1$=1,000₩라면 달러로 표시된 가방의 가격은 150달러가 되므로 우리나라에서 구입하는 것이 더 비싸다. 이 경우 미국에서 구입하는 것이 더 낫기 때문에 수입을 하게 된다.

그림 19-6

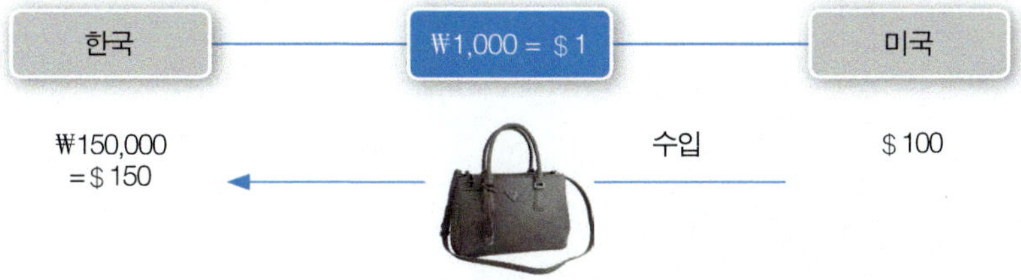

(3) 환율 상승 영향

이번에는 환율이 변화했다고 가정해보자. 우리나라에서 가방 가격이 10만원인데 환율이 1$=1,000₩에서 1$=1,100₩으로 상승했다면, 우리나라 가방의 가격이 100달러에서 91달러로 하락하게 되므로 가방을 수출할 수 있게 된다. 이와 같이 환율이 상승하게 되면 수출이 증가한다. 반대로 환율이 하락하게 되면 수입이 증가한다.

그림 19-7

2.5. 환율의 결정

환율은 다른 나라 통화(달러)인 외환의 가격이라고 볼 수 있다. 외환(달러)에 대한 수요는 우리나라 사람이 외국의 상품이나 자산을 구입하는 경우에 발생하고, 외환의 공급

그림 19-8

외환의 수요와 공급곡선

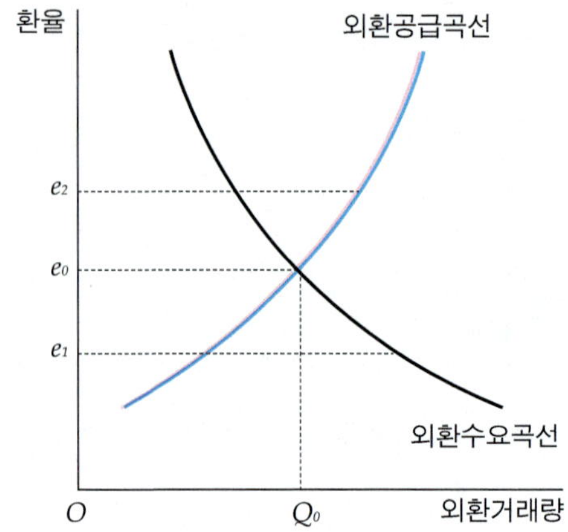

은 외국인이 우리나라 상품이나 자산을 구입할 때 발생한다. 결국 외환의 수요는 자국통화(원화)의 공급이 되고, 외환의 공급은 자국통화의 수요가 된다.

환율이 상승하게 되면 우리나라 사람이 부담해야 하는 수입품의 가격이 이전보다 더 비싸진다는 것을 의미한다. 100달러짜리 옷을 구입할 때 환율이 1,000원이라면 10만원을 주면 되지만, 환율이 1,100원으로 상승하게 된다면 11만원을 지불해야 하는 것이다.

요약하면 환율이 상승하게 되면 외국 상품의 가격이 상승하게 되고, 외국 상품에 대한 수요량이 감소하게 되면 외환이 덜 필요하게 되므로 외환의 수요량은 감소한다. 따라서 외환의 수요곡선은 우하향하게 된다. 환율의 공급곡선은 수요공급의 원리를 적용해서 반대로 생각하면 우상향한다는 것을 알 수 있다. 〈그림 19-8〉에서 보여주는 바와 같이, 균형환율은 외환의 수요곡선과 공급곡선이 일치하는 수준에서 결정된다.

2.6. 환율의 변동

(1) 국내의 물가변동(해외 물가변동)

국내 물가가 상승하면 수출품의 가격은 수입품에 비해서 상대적으로 상승하게 되고, 수입품의 가격은 상대적으로 하락하게 된다. 따라서 수출은 감소하고 수입은 증가하며,

그림 19-9

국내물가 상승이 환율에 미치는 영향

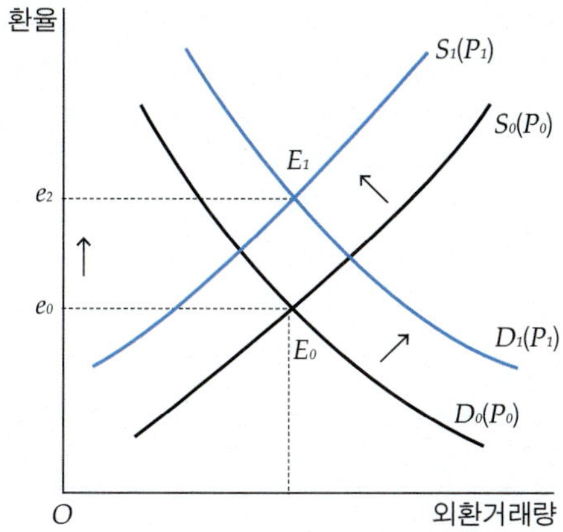

외환의 공급은 감소하고, 외환의 수요는 증가한다. 이러한 영향은 외환의 공급곡선을 좌측으로 이동시키고, 외환의 수요곡선을 우측으로 이동시킨다.

〈그림 19-9〉에서 보듯이 물가상승($P_0 \rightarrow P_1$)으로 인한 외환거래량은 외환 공급곡선과 외환 수요곡선의 이동 정도에 따라서 증가할 수도 있고 감소할 수도 있다. 그러나 환율은 반드시 상승한다는 것을 알 수 있다. 따라서 국내물가와 환율은 같은 방향으로 이동한다.

이처럼 환율과 물가 사이에는 밀접한 관계가 있는데 다음과 같다.

환율의 변화율=(국내 물가상승률)−(해외 물가상승률)

환율을 물가와 연계하여 장기적 변동을 설명하는 이론이 구매력평가설(PPP: purchasing power parity)이다.

(2) 경상수지와 국내외 경기

구매력 평가설이 나름대로 설득력을 가지지만 펀더멘털스(fundamentals)가 환율에 영향을 미친다. 펀더멘털스는 경제기본여건으로서 환율결정요인으로 고려해야 할 표준변

참고 구매력 평가설과 빅맥지수

영국의 유명한 경제전문지인 The Economist는 매년 빅맥지수(Big Mac Index)를 발표한다. 맥도널드(McDonald)에서 판매하는 3단으로 이루어진 빵에 소고기가 곁들여진 햄버거가 바로 빅맥이다. 빅맥은 전 세계 120여개국에 동일한 품질로 판매되고 있다. 전 세계에서 동일한 햄버거를 미국이나 한국에서 같은 비용을 가지고 구매할 수 있다는 점에 착안해서 국가 간 통화의 비율인 환율을 계산하려는 시도를 한 것이다. 이러한 아이디어는 구매력 평가설(PPP: purchasing power parity)을 응용한 것이다. 구매력 평가설이란 같은 돈 $1는 전 세계 어디서나 같은 물건을 구입할 수 있다는 가정에서 출발한다.

〈각국별 빅맥지수 현황〉

자료: 맥도날드, 이코노미스트

동일한 재화인데 국가마다 가격 차이가 존재한다면 싼 곳에서 구입해 다른 곳에서 비싸게 판매를 하는 일명 재정거래(arbitrage)가 존재할 수 있으므로 가격은 동일하게 된다. 2013년 1월 미국에서 빅맥의 가격은 $4.37인데 한국에서는 3,700원이었다. 한국의 빅맥 가격인 3,700원을 미국의 빅맥 가격인 $4.37로 나누면 846원/$이다. 이 값은 구매력 평가설에 입각한 균형환율을 의미한다. 이를 2013년 1월의 환율인 1084원과 비교해보면 한국의 원화는 달러와 비교해볼 때 약 22% 과소평가된 상태라는 것을 알 수 있다. 최근에는 빅맥지수에서 파생된 많은 지수가 생겼다. 전 세계에 널리 퍼진 스타벅스 커피를 이용한 스타벅스 지수(Starbusks Index)가 대표적이다. 이 지수는 스타벅스의 대표적인 메뉴인 카페라떼 톨사이즈(355ml)의 각국 판매가격을 기준으로 산정된다.

수를 말한다. 여기에는 경상수지, 이자율, 경기상황 등이 있다.

경상수지는 환율결정의 중요한 펀더멘털스이다. 경상수지가 흑자가 되면 외환공급이 늘어나 외환 공급곡선이 우측으로 이동하여 환율은 하락한다.

경기확대정책으로 국내 경기가 호황이라면 국민소득이 증가한다는 것을 의미하고 그 결과 수입이 증가한다. 수입의 증가는 외환의 수요 증가를 가져와 외환 수요곡선을 우측으로 이동시키고 그 결과 환율은 상승하게 된다.

(3) 이자율

이자율의 상승은 경상수지에 미치는 영향과 자본수지에 미치는 영향으로 나누어 설명할 수 있다. 경상수지 측면에서 살펴보면, 이자율이 상승하게 되면 국내의 소비와 투자가 감소하게 되고, 그 결과 국민소득이 줄어들어 수입이 감소한다. 수입의 감소는 외환 수요의 감소로 이어져 외환 수요곡선을 좌측으로 이동시킨다.

한편 자본수지 측면에서 살펴보면 이자율의 상승은 자본의 유입을 야기해 자본수지를 개선시키며 그 결과 외환의 공급이 증가한다. 따라서 외환 공급곡선을 우측으로 이동시킨다. 결론적으로 이자율의 상승은 환율을 하락시키므로 이자율과 환율은 음(−)의 관계가 성립한다. 이자율은 이렇게 환율결정에 중요한 변수로 작용하므로 환율결정의 펀더멘털스라고 부른다.

(4) 예상

경제현상에는 예상도 중요한 영향을 미친다. 환율의 단기적 변동은 외환시장참가자들의 예상에 의해 발생할 수 있다. 환율이 상승할 것이라고 예상하게 되면 기업들은 앞으로 외국상품이 비싸질 것으로 기대하게 되고, 그 결과 수출은 뒤로 미루고 수입은 앞당기는 현상이 일어난다. 따라서 외환의 공급은 감소하게 되고, 외환의 수요는 증가하게 된다. 결국 환율은 상승하게 된다. 이처럼 예상을 하게 되면 그 예상이 저절로 실현되는 현상을 예상의 자기 충족적(self-fulfilling) 현상이라고 한다. 이는 케인즈가 말하는 '미인투표'와 같다. 누가 가장 미인인지를 투표할 때 자신이 미인이라고 생각하는 사람이 아니라 남들이 미인이라고 생각할 만한 사람에게 투표하는 것이다. 예상이 현실을 움직인다.

부록 우리나라의 외환위기와 2008년 세계 금융위기

1. 1997년 한국의 외환위기

1997년 한국경제는 한보그룹 부도 등 경제 전반적으로 전망이 어두워 예상 밖의 큰 경상수지 적자를 기록하였다. 이전까지 낙관적인 전망을 유지하던 해외투자자들도 예상을 바꾸고 있었다. 1997년 7월 경제성장을 지속하던 태국이 바트화가 폭락하는 심각한 외환위기로 경제가 거의 마비상태에 이른다. 우리나라까지 여파가 미칠지 모른다는 우려가 있었지만 정부는 우리 경제의 경제기본요건(fundamentals)이 튼튼하기 때문에 거의 영향이 없다고 하였다.

그러나 그해 11월 환율이 불안해지면서 정부는 막대한 양의 달러를 환율 방어에 사용하게 된다. 그런데 900원대를 유지하던 환율이 12월에는 2,000원 수준까지 치솟았다. 결국 환율을 방어하기 위해 달러를 너무 사용했기 때문에 외환보유고는 거의 바닥나게 되었고, 국가부도 직전의 위기 상황으로 내몰리게 되었다. 이때의 외환위기로 지난 20여 년간 7%의 경제성장률을 유지하던 우리나라는 1998년에 -6.8%로 하락하였고 실업률도 8%를 넘어섰다.

참고 국가신용등급

국가신용등급은 한 나라의 전반적인 신뢰도를 나타내는 지표로 국제사회에서 높은 신뢰도를 얻기 위해서는 높은 국가신용등급을 필요로 한다. 국제적인 신용평가회사들은 스탠다드앤푸어스(S&P), 무디스(Moody's), 피치(Fitch)가 잘 알려져 있다. 역사가 100년이 넘는 이 회사들은 미국 철도회사들의 채권 발행에 대한 신용평가를 주로 담당했으나, 점차 업무가 확대되면서 오늘날 세계적인 신용평가사로 성장했다. 우리나라는 한국신용평가, 한국기업평가, 한국신용정보평가 등이 있고, 1980년대에 설립되어 기업들이 발행하는 채권, CP(기업어음), ABS(자산유동화증권) 등에 신용등급을 매기고 있으나 국가신용등급은 평가하지 않는다.

국가의 리스크는 전쟁 발발과 같은 지정학적 위험이나 그 국가의 특수한 상황이 반영된 위험을 말한다. 국가 리스크가 커지면 채권금리가 상승하고 채권가격은 하락한다. 구체적으로 국가 리스크를 측정하는 방법은 외평채의 금리와 미국 국채 금리의 차이인 외평채 가산금리로 알 수 있다. 정부가 외환시장의 안정과 외화 유동성 확보를 위해 해외에서 발행한 달러표시 국채를 '외국환평형기금채권(외평채)'이라고 한다.

참고 글로벌 임밸런스와 서브프라임 사태

전 세계적 차원의 글로벌 임밸런스(global imbalance)란 미국 등 일부 부유한 국가들은 지속적으로 경상수지 적자를 기록한 반면 중국과 산유국들을 중심으로 한 개도국들은 지속적인 흑자를 기록한 것을 말한다. 경상수지 흑자를 낸 개도국의 넘쳐나는 자금이 국내시장에 갈 곳을 찾지 못해서 그나마 안전하다고 생각되는 해외자산(달러)으로 몰리게 된다. 해외에서 유입된 자금으로 인해 미국 금융기관은 대출 가능한 자금이 풍부하게 되었다. 그러나 닷컴 버블 붕괴로 인해 기업들에게 대출하는 것을 꺼려했기 때문에 이 풍부한 자금을 어떻게 처리할지 고민이었다. 이때 창조적인 금융기법과 계속되는 자산가격의 폭등을 등에 업고 등장한 작품이 서브프라임 대출이었다. 신용이 별로 좋지 않은 사람에게도 대출해줄 수 있게 되었지만, 갑작스러운 자산가격의 폭락으로 인해 이들의 대출상환이 어려워지면서 글로벌 금융위기는 시작된 것이다.

참고 금융증권화와 그림자 금융시스템

금융의 증권화(securitization)란 수많은 종류의 대출채권, 주택담보대출채권, 회사채 또는 다른 금융 부채들을 분할하거나 묶어서 새로운 형태의 증권들로 변화시키는 과정을 말한다. 금융증권화를 통해 파생된 증권은 상대적으로 높은 수익을 제공하기 때문에 금융투자자들인 개인투자자, 뮤추얼펀드, 연기금에게는 매력적일 수 있다. 또한 금융당국도 은행의 위험을 낮춰 전체 은행 시스템의 안정성을 높일 수 있다고 판단하였다. 이러한 대출담보부증권(loan-backed securities)이 일단 발행되면 주식이나 채권같이 자유롭게 유통이 가능하기 때문에 전 세계의 개인투자자들은 물론 은행, 저축기관, 보험회사, 연기금 등 기관투자가들에게 널리 판매되었다. 일부 보험회사는 이러한 대출담보부 채권을 보유한 투자자들이 직면하는 채무불이행의 위험을 줄이기 위해서 새로운 보험 상품을 개발해냈다. 대표적으로 AIG(American International Group)는 보험계약의 일종인 신용부도스왑(credit default swap)을 발행하였다. 신용부도스왑은 기초자산(underlying securities)인 대출채권에 채무불이행이 발생하는 경우 증권의 보유자에게 손실을 보상하는 일종의 보험증권이다. 따라서 신용부도스왑 자체는 주택담보대출의 채무불이행의 위험에 크게 노출될 수 있다.

이러한 금융 증권화 경향이 보편화되면서 금융제도에서 그 중요성이 커지게 되었고, 이를 그림자 금융시스템(shadow banking system)이라고 부르게 되었다. 다양한 종류의 대출 또는 여타 채권을 담보로 한 증권이 매일매일 발행되고, 팔리면서 가계와 기업에 원활하게 신용이 제공되었다. 결국 금융증권화는 긍정적인 금융혁신이라고 볼 수도 있지만, 일부 주택저당증권 같은 위험성이 높은 경우도 존재한다. 주택저당증권화를 기반으로 한 주택담보대출이라는 카드 하나가 무너지면 이를 기반으로 형성된 모든 증권화 과정이 붕괴된다.

동남아시아를 비롯한 우리나라의 외환위기는 해외투자자들이 갑자기 투자자금을 회수하면서 유발되었다. 그동안 동아시아 국가들은 빠른 기간 동안 해외지향적 성장을 극대화하는 전략을 취했고, 기업들은 문어발식으로 확장하면서 성공하면 좋고, 비록 실패할지라도 정부와 금융기관이 지원해줄 것이라는 대마불사(too big to fail)의 믿음을 가졌다. 기업들은 수익성이 낮아져도 해외자본자유화로 낮은 이자율로 자금을 빌릴 수 있어 투자를 계속해서 확대하였고 그 결과 과잉투자 문제가 발생하였다. 결론적으로 우리나라를 비롯한 동남아 외환위기는 정부의 지나친 관리금융, 기업의 단기차익성 차입경영과 과잉투자 등 여러 복합적인 요인들이 작용했지만, 환율방어를 해야 하는 고정환율제와 외환시장의 급격한 자유화의 결정체라고 할 수 있다.

2. 2007~2008년 세계 금융위기

2007년 후반에서 2008년에 이르기까지 미국의 금융제도는 제대로 작동하지 못해 1930년대 대공황 이후 가장 심각한 위기에 직면하게 되었다. 미국 연방정부는 자가주택 소유를 촉진하기 위해 은행들에게 대출을 적극적으로 장려해왔다. 은행은 평균보다 신용위험이 높은 주택 구입자들에게 고금리의 서브프라임 주택담보대출(subprime mortgage loans)을 시행하였다. 새롭게 등장한 금융혁신 상품인 주택저당증권(MBS: Mortgage-Backed Security)은 다양한 주택담보 대출채권을 기반으로 발행되는 채권으로, 채권의 보유자는 매월 차입자가 지불하는 대출상환금의 일부 또는 전부에 대한 청구권을 가지는 것이다. 은행의 입장에서는 손해 볼 것이 없는 상품이었다. 왜냐하면 표면적으로는 주택담보채권에 대한 채무불이행 위험을 전부 채권의 구매자에게 부담시켰기 때문이다. 그러나 주택담보대출의 채무불이행이 빠르게 확산되면서 은행도 큰 손실을 보게 되었다. 갑작스럽게 채무불이행이 확산된 데는 자산소유를 장려하고 보조하던 정부 프로그램, 갑작스런 자산가격 하락, 변제능력이 없는 사람들에게까지 대출을 해준 은행과 대출업자들의 행태가 원인으로 작용하였다고 할 수 있다.

서브프라임 주택담보대출
평균보다 신용위험이 높은 주택 구입자들에게 고금리로 대출

MBS
주택저당증권

대출 채무불이행의 여파는 직접적으로 대출을 취급한 대출업자들은 물론 다른 금융기관으로까지 급속히 파급되었다. 메릴린치는 2년 만에 지난 10년 동안의 수익보다 더 큰 손실을 보게 되었고 헐값에 뱅크오브아메리카에 인수되었다. 주택저당증권을 대량 보

유했던 리먼브라더스(Lehman Brothers)는 파산했고, 골드만삭스(Goldman Sacks), 모건스탠리(Morgan Stanley) 등 투자은행들은 대규모의 긴급대출을 받고 은행지주회사 형태의 상업은행으로 전환하였다. 시티은행(Citibank)도 연방정부 대출에 의해 겨우 살아났으며, 보험회사인 AIG는 신용부도스왑의 대규모 손실에 따른 유동성 부족으로 파산위기에 직면하게 되었다.

2008년 말 미 의회는 부실자산구제프로그램(TARP: Troubled Asset Relief Program)을 통해 긴급대출에 약 7,000억달러를 사용하도록 승인하였다. 2009년 3월 AIG 파산을 막기 위해서 1,700억달러를 지출하였고, 시티은행, 뱅크오브아메리카, JP모건체이스, 골드만삭스 등도 모두 TARP 자금의 수혜를 받았다. 뿐만 아니라 GM이나 크라이슬러 같은 비금융회사들도 수십억달러의 자금을 수혈받았다. TARP는 경제 전체의 신용경색과 금융기관의 연쇄도산을 막아냈지만 도덕적 해이(moral hazard)의 원인이 되었다. 정부는 대규모화된 금융회사들이 일시적으로 경제의 혈액순환을 어렵게 할 것을 두려워하여 구제금융을 지원하게 되고, 결국 금융회사들에게는 대마불사(too big to fail)라는 인식을 심어주어 고수익의 위험성이 높은 투자에 손을 댈 유인을 높이게 된다.

결론적으로 세계 금융위기는 우리에게 두 가지 교훈을 주고 있다. 하나는 금융시장이 금융혁신(자금조달을 쉽게 하기 위해 위험도를 줄인 새로운 금융상품을 개발하는 것)으로 지나치게 효율적이어서 실패할 수 있다는 것이며, 다른 하나는 금융자본가의 도덕적 해이를 막을 수 있는 금융시장의 공정성 또는 자율규제능력이 없다는 것이다.

INDEX

국문

ㄱ

INDEX

ㅇ

INDEX

ㅈ

ㅊ

INDEX

F

G

H

I

K

L

INDEX

Q

R

S

T

INDEX

저자 약력

정승진

성균관대 경제학과 졸업, 同대학원 경제학과 박사(한국경제사 전공), 성균관대 대동문화연구원 연구교수, Univ. of Washington(Seattle) Jackson국제학부 초빙교수, 東京大學 農學部 연구원, 전북대 쌀·삶·문명연구원 HK교수, Universiteit Leiden LIAS Fellow 등을 거쳐, 현재 성균관대대학원 동아시아학과(동아시아학술원) 교수로 재직 중이다. 주요 저서로 『한국근세지역경제사』(2003), 정책보고서로서 (2019) 등이 있으며, 대통령기록관, 감사원의 자문위원 등으로 활동하고 있다.

장선구

성균관대 경제학과 졸업, 同대학원 경제학과 박사, 현재 성균관대학교 겸임교수이며, 에듀윌, 프라임법학원, 공단기 등 다양한 경로로 학생들에게 경제학 마인드를 전수 중이다. 또한 유튜브 경제학짱박사 채널을 운영하고 있다.

이진형

성균관대학교 경제학과 졸업, 미국 미네소타 주립대학교 박사, 텍사스 주립대학교 의대와 조지아 주립대학교 교수를 거쳐 현재 성균관대학교 경제학과 교수로 재직 중이다. 전공은 의료경제, 산업조직, 응용경제이고, 한국경제연구 편집위원장, 보험학회 상임이사로 활동하며. 건강보험 공단, 보건 사회 연구원, 건강보험심사 평가원과 다양한 연구를 진행하고 있다.

저자와의
협의하에
인지생략

와이드 경제학 5판

2008년 02월 29일 초판 발행
2010년 07월 05일 2판 3쇄 발행
2015년 02월 10일 3판 3쇄 발행
2019년 10월 11일 4판 1쇄 발행
2024년 02월 05일 5판 발행
2024년 02월 10일 5판 1쇄 발행

편저자 : 정승진 · 장선구 · 이진형
발행인 : 정 광 식
발행처 : **비앤엠 북스**
서울시 금천구 가산디지털1로 70 B1-103(호서대벤처타워)
등 록 2004. 12. 29. / 제313-2004-00298호
전 화 2627-5710~13, 팩스 2627-5720
홈페이지 www.대학교재.net
이 메 일 bnmbook@daum.net

정가 32,000원 ISBN 978-89-6821-195-9